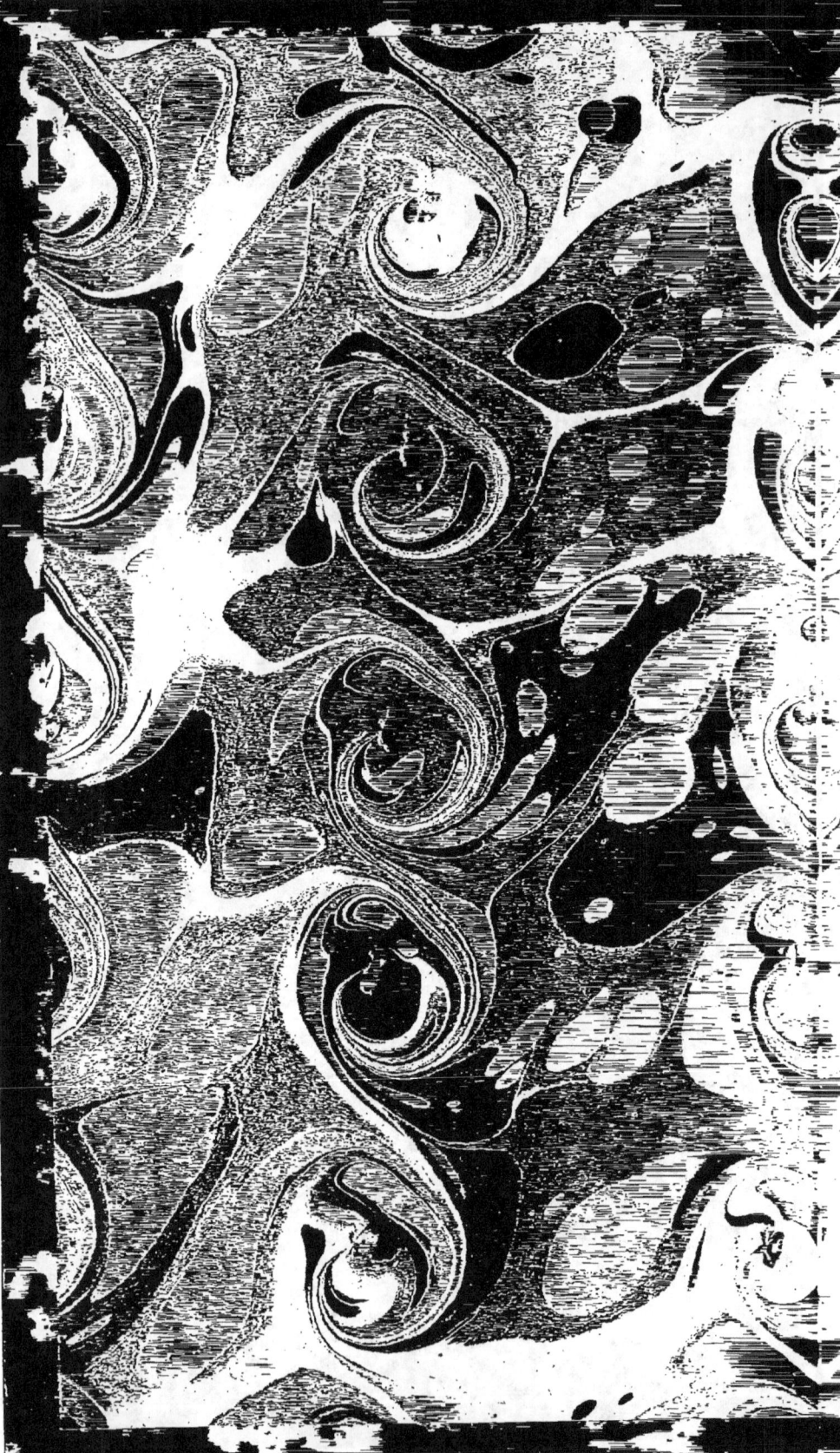

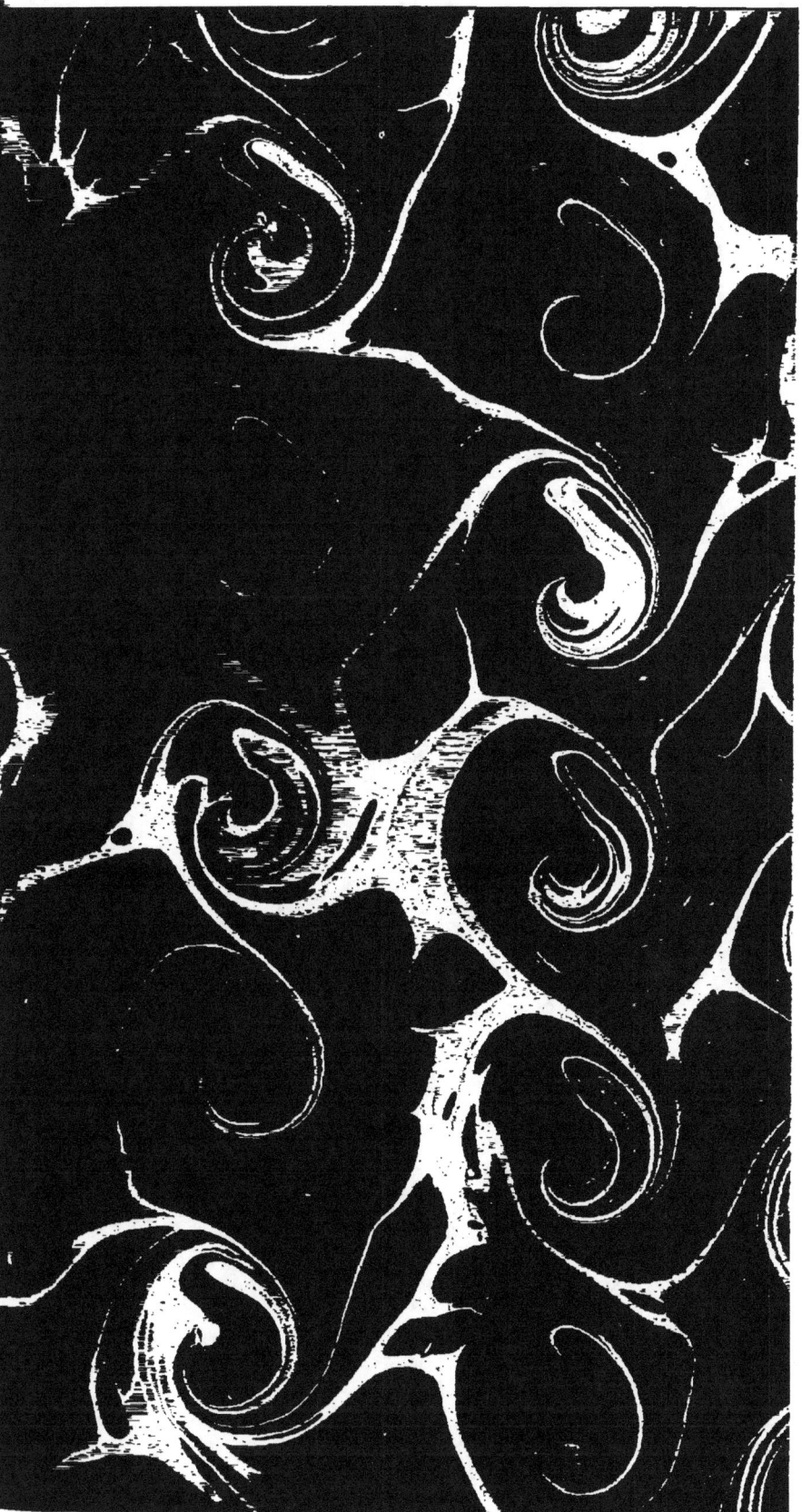

G 494
c.24.

9355

GÉOGRAPHIE
DE
BUSCHING.

TOME X.

SUITE
DE LA
GEOGRAPHIE
DE
BUSCHING,
Par Mr. BERENGER.

TOME DIXIEME.

COMPRENANT

L'AFRIQUE & les *ISLES qui en dépendent.*

A LAUSANNE,

Chez la SOCIÉTÉ TYPOGRAPHIQUE.

M. DCC. LXXXII.

GÉOGRAPHIE
DE
BUSCHING.

AFRIQUE.

CETTE partie est moins grande que l'Asie, mais elle l'est beaucoup plus que l'Europe; Pline dit le contraire, mais Pline était loin de la connaître toute entière, & il est incertain qu'on l'ait connue, avant que Vasco de Gama en eût parcouru les parties méridionales pour se rendre aux Indes: sa plus grande longueur est de 1780 lieues, sa plus grande largeur d'un peu plus de 1500 lieues; & sa surface d'environ un million huit cent lieues quarrées, sur lesquelles on répand 150 millions d'habitans; évaluation qui ne peut être bien sûre, puisque l'intérieur est très-peu connu.

Festus dérive le nom d'Afrique de la langue grecque, de l'*a* privatif & de *phriké*, sans froid; dénomination assez juste, puisque le froid ne s'y fait sentir vivement nulle part. On le fait venir encore d'Afer, fils d'Hercule le Lybien, ou d'Opher, petit fils d'Abraham : selon Josephe il dérive du mot Hébreu *Aphar*, poussiere, parce que la plus grande partie de l'Afrique connue alors, est couverte d'un sable léger que le vent éleve & chasse devant lui; ou du mot phénicien *ferueh* ou *pherih*, épi de bled, pour exprimer l'abondance des bleds qu'elle produit dans la partie que ces peuples connaissaient; on le derive encore d'Afer ou Ophrès, fils de Madian. On peut choisir entre ces différentes étymologies, si l'on croit devoir se déterminer sur d'inutiles opinions.

Les Maures nomment l'Afrique *Al-kebulan*, les Indiens *Bezecath*, les Arabes *Ifriquie*, du mot arabe *aphrah*, qui signifie ce qui est séparé, divisé; ou d'un roi de l'Arabie Heureuse qui s'y retira : les Turcs lui donnent le nom de *Magribon* ou *Magrip*, nom qui désigne plus particulierement la mer qui s'étend au couchant de l'Afrique. Les Grecs lui donnaient le nom de *Lybie*, & les Romains ne donnerent d'abord le nom d'*Afrique* qu'à une province particuliere renfermée dans le royaume de Tunis, & qui s'étendait de la Sirthe mineure au promontoire *Hermæum* ou cap Bon, & de ce cap aux limites de la Numidie : on retrouve encore ce nom dans celui de *Frikia*, *Afrikiah* qui est demeuré au canton principal de ce pays, arrosé par le *Bagradas*, aujourd'hui le Magerdah, & dont Carthage était la capitale.

L'Afrique est bornée au nord par la Méditerranée, à l'orient par l'Isthme de Suez & le golfe Arabique; au midi par la mer des Indes & l'océan Ethiopique, au couchant par l'océan Atlantique : celui-ci la sépare de l'Amérique, la Méditerranée de l'Europe, le golfe Arabique de l'Asie, à laquelle elle ne tient que par l'Isthme de Suez, qui a 30 lieues de large, & seul la lie au continent : partout ailleurs elle est environnée par la mer ; sa forme est à-peu-près celle d'une pyramide dont la base repose sur la mer Méditerranée ; les Anciens n'en connurent guere que les parties qui touchaient à cette base : tout ce qui était au-delà, vers les sources du Nil & les monts de la Lune n'était que conjectural pour eux. Ils croyaient même que tout ce qui s'étendait entre les Tropiques était inhabitable par la brûlante ardeur du soleil qui y tombait à plomb. Cependant ils connaissaient des contrées au-delà du Tropique, & même de l'équateur. Ptolomée borne l'Afrique connue de son tems au promontoire *Prasum*, ou promontoire verd, sous le quatorzieme degré de latitude sud ; l'auteur du Periple de la mer Erithrée la borne au promontoire *Raptum*, vers le dixieme degré de latitude méridionale ; promontoire qui paraît être celui que nous appellons *Capo Delgado*, ou *cap Delié* : cependant ces géographes connaissaient mal ces lieux où les Romains ne commercerent jamais, & qu'ils ne découvrirent que par des hazards ou des naufrages ; ils ne les décrivent pas & y placent des peuples cruels & antropophages. On a cru que l'île *Menuthias* de Ptolemée était celle de Madagascar ; mais il paraît évident que cette île était la principale des îles Zengibar. Ce géographe ramenait le rivage le plus reculé de l'Asie vers l'Afrique, en le faisant tourner vers le couchant ; & ceindre la mer qu'il appelle *Prasodis* ou verte, dénomination qu'elle semblait prendre du promontoire *Prasum* qui terminait l'Afrique connue. L'auteur du periple, dit cependant que du promontoire *Raptum*, l'Océan s'étend au couchant pour se joindre à la mer Occidentale ; mais il avoue qu'il ne s'appuye que sur des probabilités ou des conjectures.

Les Romains n'avaient fait aucune découverte dans la partie occidentale de l'Afrique ; mais les Carthaginois y formerent des établissemens. *Hannon* un de leurs plus fameux navigateurs, jetta les fondemens de diverses colonies entre le détroit de *Gibraltar* & *Cerné*, autant éloigné, disait-on, de ce détroit, qu'il l'était de Carthage, c'est-à-dire un peu au-delà des îles Canaries, sous le 25 degré de latitude septentrionale : il navigea ensuite vers le midi pendant vingt-six jours, au bout desquels la disette des vivres l'obligea de retrograder : on ne croit pas qu'il ait poussé ses découvertes au-delà du cap des Palmes, & bientôt elles devinrent inutiles & furent oubliées.

Herodote raconte une entreprise antérieure à celle-là, sans la croire. Neco, roi d'Egypte, envoya des Phéniciens sur des vaisseaux pour visiter l'Afrique : du golfe Arabique ils passerent dans l'océan Indien, cotayerent le rivage, & arriverent au détroit de Gibraltar dans la troisieme année : ce voyage regardé comme fabuleux, est cependant croyable ; qu'Herodote le croie ou ne le croie pas, il importe peu, comme il importe peu qu'il ait voulu prouver que la terre n'était point ronde : ce qui le rend probable, c'est le tems employé à le faire, combiné avec la maniere de naviger terre à terre, & les descentes des Phéniciens pour se fournir de provisions ; c'est qu'il est en effet plus facile d'arriver à la pointe méridionale de l'Afrique en partant du golfe Arabique, que du détroit de

AFRIQUE.

Gibraltar; la côte étant plus faine, & les orages moins fréquens: qu'enfin les obftacles qu'on trouve fur la côte occidentale doivent rebuter plutôt ceux qui partent du détroit, que ceux qui ayant déja doublé le cap de Bonne-Efpérance, ne voyent ces obftacles que comme les derniers qui leur reftent à vaincre; ils ne s'éloignent plus du lieu de leur départ, mais s'en rapprochent alors chaque jour: l'hiftorien le rejette, parce que ces navigateurs racontaient qu'ils avaient vu le foleil du côté oppofé où on le voyait chez eux, & c'eft au moins ce qui prouve qu'ils avaient paffé la ligne & le tropique du cancer même.

Les Romains n'eurent pas le génie des découvertes; les befoins d'un luxe infatiable les fit commercer dans l'Inde, où ils venaient, dit Pline, enfouir 50 millions de fefterces par année; mais ils commerçaient peu fur les côtes méridionales de l'Afrique & point du tout fur les occidentales. Les peuples Africains qu'ils connurent le mieux font ceux qui habitaient les contrées limitrophes des provinces qu'ils avaient formées dans cette partie de la terre. Ils la divifaient en fix contrées. L'Afrique propre, la Numidie, la Byzacene, la Tripolitaine & les deux Mauritanies, l'Egypte n'y était pas comprife; divers géographes Arabes & Africains ne la renferment pas non plus dans l'Afrique, qui pour eux eft bornée à l'orient par le Nil. Ptolemée divifait l'Afrique connue en douze provinces, favoir les deux Mauritanies, la Numidie propre, la Numidie nouvelle, l'Afrique propre, la Lybie cyrenaïque, la Marmarique, la Lybie propre & intérieure, la haute & la baffe Egypte, l'Ethiopie, l'Ethiopie intérieure & méridionale:

l'espace qui était au-delà du 6e. degré de latitude méridionale lui était presque entierement inconnue, comme nous venons de le dire. Les modernes en font une division bien différente. On divise cette vaste presqu'île en *pays des Blancs*, *pays des Noirs*, & *Ethiopie*. Le premier comprend, la *Barbarie*, qui renferme les royaumes de Maroc, de Fez, d'Alger, de Tunis, de Tripoli & de Barca ; l'*Egypte* divisée en basse, en province du milieu, en haute Egypte, auxquelles on ajoute les côtes du golfe Arabique ; la *Numidie* ou *Biledulgerid*, divisée en Tesset, Dahra, Tafilet, Segelmesse, Tegorarin, Zel, Biledulgerid propre & désert de Barca ; le *Zaara* ou *Désert*, qui renferme ceux de Zanhaga, de Zuenziga, de Lempta, de Berdoa, de Borno, de Gaoga, & de Targa. Le second comprend la *Nigritie*, composée des provinces de Gualate, de Genehoa, de Tombut, d'Agades, de Cano, de Cassena, de Guangara, de Melli, de Mandiggua, de Gago, de Guber, de Zegzeg, de Zanfera, & le pays des Jalofes, des Casangas, des Bisagos, & des Biafares ; la *Guinée* qui renferme les côtes de Maluguetta, celles d'Ivoire, de Quaqua & d'Or, le Benin ; la *Nubie* qu'on divise en septentrionale & en méridionale. L'Ethiopie est divisée en *haute* & *basse* : la premiere renferme les provinces de Barnagasso, de Tigremahon, de Dubassar, de Fatigar, d'Angore, d'Amara, de Beleguanze & de Bagamedri ; la seconde, les royaumes de Congo, d'Angola, de Biafara, de Loango, le pays des Hottentots en général, le Monomotapa, le Monoemugi, le pays des Cafres, celui de Zophala, la côte de Zanguebar, & celle d'Ajan. A cette division générale, il faut ajouter les îles.

Ses principales montagnes font le mont *Atlas*, & le *mont de la Lune* : le premier nommé par ceux qui habitent dans fes environs *Aidvacal* ou *Majufle*, s'étend d'occident en orient, depuis l'océan Atlantique jufqu'à l'Egypte, fous la direction de la côte à 60, 70 & 80 lieues de diftance : il eft quelquefois interrompu : les terres fur lefquelles il s'éleve font fablonneufes, lui-même eft aride dans fa pente méridionale ; mais des forêts ombragent fa pente feptentrionale, & il en defcend des fources nombreufes. Son fommet eft toujours couvert de neige. Les feconds font, dit-on, les plus élevés de l'Afrique : ils environnent prefque le Monomotapa, s'avancent au loin vers le midi, & font toujours couverts de neige : les habitans les appellent *Beth*, ils ne préfentent dans la plus grande partie de leur chaîne que des rocs efcarpés & inhabitables, & forment diverfes branches, dont l'une eft nommée *Picos Fragofos* par les Portugais.

L'Afrique a encore des montagnes célebres, telles que le petit *Atlas* ou l'*Errif* ou le *Derris* branche du grand atlas, remarquable par fa hauteur, ainfi que les monts du *Cryftal* & du *Soleil* dans le Congo, les montagnes de la *Table* & du *Lion* à la pointe méridionale de cette partie de la terre, fameux par les orages qui s'y affemblent ; les monts *Amara* qui s'étendent circulairement dans l'Abyffinie : les *Sierra-Leona* qui bornent la Guinée, &c.

Les caps les plus célebres de l'Afrique, font le *cap Verd*, terminé par un monticule rond & verd, c'en eft la pointe la plus occidentale : le *cap de Bonne-Efpérance* qui eft le plus méridional de l'ancien continent, & qui fut redoutable autrefois par fes tempêtes. Le *cap Gardafui*, le plus oriental de l'Afrique, & que les anciens nommaient *Aromatum promontorium*, parce que les vaisseaux qui apportaient les aromates passaient devant lui; le *cap Bon* nommé autrefois *Mercurii ou Hermæum Promontorium*, est la pointe la plus avancée vers le nord, & n'est éloignée de la Sicile que de vingt-cinq lieues.

La mer y forme divers golfes : au nord le *golfe des Arabes* & celui de *Sidre*, au couchant celui de *St. Thomas* ou de *Guinée*, à l'orient celui qu'on appelle mal-à-propos *mer Rouge* : il a 400 lieues de long ; sa plus grande largeur n'est que d'environ 80 lieues : il est peu profond : près des côtes il est bordé d'écueils & de bancs; le milieu offre seul une navigation assez sûre : le flux & le reflux y sont fort grands : de Tor à Suèz, ses eaux resserrées entre des rocs, sont toujours agitées & semblent bouillir, parce que le vent du nord y est très-fréquent, & y éleve des vagues menaçantes qui s'y brisent encore avec un grand bruit, après que le vent a cessé. On y trouve du beau corail, des poissons volans, celui que les anciens nommerent *syrenes*, & des perles.

Les principales rivieres de l'Afrique sont le *Niger*, le *Sénégal*, la *Gambie*, le *Zaïre*, le *Coanza*, le *Zambefe* ou *Cuama*, le *St. Esprit* ou *Manica*, & le *Nil* : presque toutes sont mal connues dans leur source : on a cru long-tems que le pere Pays avait découvert les sources du dernier en 1618, mais ce sont celles de l'*Abawi*, jadis *Astapus*, qui s'y jette. Le Nil, selon Ptolemée a ses sources cinq degrés au-delà de l'équateur ; Danville les place sous cette latitude au pied des montagnes de la Lune, il les fait sortir de deux lacs situés entre les branches de ces monts ; les courans qui en fortent fe joignent dans le lac *Couir*, d'où fort la riviere qu'El-Edrifi & Abulfeda nomment le *Nil* : elle coule au nord, reçoit le *Bahr-el-azurat* ou *Riviere bleue*, prend elle-même le nom de *Bahr-el-abiad* ou *Riviere blanche* ; l'*Abawi* ou *pere des eaux* s'y jette au-deffous de Toutti ; elle fe dirige au nord-eft, & près d'*Ilac* reçoit le *Tacaze* connu des anciens fous le nom d'*Aftaboras* ; elle fait enfuite un long circuit dans la Nubie où fon cours eft coupé par de nombreufes cataractes, entre en Egypte qu'il arrofe du fud au nord, fe partage en plufieurs branches au-deffous du Caire & difparait dans la mer Méditerranée.

Le *Niger*, felon d'anciens géographes fe divifait en trois branches connues fous les noms de *Sénégal*, *Riogrande* & *Gambie* : on le faifait naître dans un marais & lui donnait un cours de 900 lieues. Aujourd'hui l'on fait que le Niger & le Sénégal font des rivieres dont les fources font féparées par de hautes montagnes. La fource du premier eft dans le pays de *Gainbala* au midi du royaume de Tombut, dans un marais que Ptolemée nomme *Palus Nigritæ* : celle du fecond eft dans le lac *Maberia* de l'autre côté de la grande chaîne de montagnes de *Caphas*. Le Niger coule d'abord au nord : on le nomme dans le pays où il naît *Guin* ou *Ica* ; près de Tombut, il coule au nord-eft : à Salla, il tourne à l'orient, paffe à Tocrur, Beriffa, Ghana & Tirca où il fe divife en deux branches qui forment une grande île, dont la plus grande largeur eft entre *Marafa* & *Ghanara*, villes fituées fur les branches du Niger : elles fe réuniffent près de Secmara, & fe divife encore plus bas : l'une de ſes branches ſe perd dans un lac ſur les rives duquel eſt la ville de *Semegonda*; l'autre dans un lac encore, au bord duquel eſt la ville de *Reghebil*.

Le *Sénégal* naît près de *Caffaba*, à l'orient du lac *Maberia* : il coule au couchant ; & ſe jette dans l'Océan : on a navigé dans la moitié de ſon cours qui eſt d'environ 400 lieues : les rochers, les cataractes qu'on trouve au-delà du rocher de *Felou*, dans le *Galam*, n'ont pas permis d'aller plus avant. La *Gambie* ſort du lac *Saper*, coule au couchant, arroſe la Guinée, & ſe perd dans l'Océan. On ne connait pas les ſources des autres fleuves ; le *Zaire* & le *Coanza* coulent dans le Congo, l'un au nord, l'autre au midi : le *Manica*, le *Zambeſe* arroſent la Caffrerie & ſe jettent dans la mer, vis-à-vis de Madagaſcar.

Quoique l'Afrique ſoit ſous la zone torride pour la plus grande partie, qu'en général le climat y ſoit très-chaud ; les côtes en ſont bien peuplées, & diverſes parties de ſa partie intérieure ne le ſont gueres moins : cette chaleur y eſt inſupportable pour l'étranger, mais l'indigene la ſupporte, ſans en éprouver de grandes incommodités : la fertilité n'y eſt point dans une relation exacte avec les climats : il y a des contrées extrêmement abondantes, où l'on trouve des plantes ſingulieres, où l'on fait des vins délicieux, où de nombreux troupeaux errent dans les pâturages qui donnent à leur chair un goût exquis ; il y a de vaſtes déſerts ſous les mêmes latitudes, qui ne ſont couverts que de ſables brûlans. Parmi les animaux qu'on y trouve, ſont l'éléphant, le tigre, le léopard, l'once, le panthere, le rhinoceros, le chameau, la giraffe ou cameleopard, le *Zebre*, différentes eſpeces de gazelles, des chevres, l'hippopotame, le bufle, le bifon, le cheval fauvage, le coedoes, le guib, le gnou, le pafan, le gerbo, le fanglier, la civette, différentes efpeces de finges, des autruches, des crocodiles, des ferpens dont quelques-uns font d'une groffeur énorme, des aigles redoutables, une variété infinie d'oifeaux, d'infectes, de poiffons. Nous décrirons les plus finguliers en parlant des contrées où ils naiffent.

On y trouve des mines de fel : il en eft du blanc, du gris, du rouge; l'antimoine s'y trouve dans les mines de plomb. Diverfes montagnes y fourniffent du foufre ; mais fes richeffes les plus recherchées des autres nations, font les mines d'or & d'argent : les plus abondantes fe trouvent dans le Monomotapa : on trouve encore dans l'intérieur de l'Afrique beaucoup de poudre d'or.

Le commerce y fut prefque anéanti par la deftruction de l'empire Romain. Venife en eut un floriffant avec l'Egypte : le refte des Européens n'eurent commerce fur fes côtes occidentales que vers le milieu du 14e. fiecle ; il y en a peu depuis les royaumes de Maroc & de Fez jufqu'au cap Verd. Ils ont formé divers établiffemens entre ce cap & les rivieres de Sénégal & Sierra-Lione, fur-tout les Anglais & les Français : les premiers avec les Portugais ont feuls des établiffemens à Sierra-Lione; cependant toutes les nations commerçantes peuvent y aborder. Les Anglais feuls ont des comptoirs près du *cap Miferado*. Les Français commercent fur les côtes de Malaguette, au petit Dieppe & au grand Seftre : les autres nations commerçantes Européennes, ont des établiffemens fur la côte d'Ivoire, fur celle d'Or, le cap Corfe eft un établiffement floriſſant des Anglais. Benin eſt fréquenté par toutes les nations commerçantes ; Angola, Congo ſont les lieux les plus fréquentés par les Portugais qui y dominent. Les Hollandois commercent plus avec les Européens qu'avec les naturels du cap de Bonne-Eſpérance où ils ſont établis. La Cafrerie eſt peu connue, parce qu'on y commerce peu. Sofala a un établiſſement Portugais. Ils en ont un à Moſambique, ils font le commerce de Melinde.

Les principaux objets de commerce du nord de l'Afrique, ſont le bled, les dattes, des fruits, quelques plantes médicinales : on tire des vins des Canaries, du cap Verd, & par-tout ailleurs de la gomme, de la poudre d'or, de l'ivoire, des épiceries & ſur-tout du poivre. La plus grande partie de ces établiſſemens ſont utiles pour le trafic honteux des hommes : on y achete des negres qu'on tranſporte en Amérique pour les y forcer à cultiver pour nous le caffé, le ſucre, l'indigo, &c. où ils ſe conſument dans les travaux les plus mal-ſains & les plus accablans.

Une partie de l'Afrique eſt habitée par des hommes blancs, ou d'un teint baſané : telle eſt l'Egypte & toute la bande du nord de l'Afrique ſur une largeur inégale, mais qui n'excede pas 300 lieues, tout ce qui eſt au midi eſt habité par des hommes noirs. On ſait qu'on a attribué cette couleur d'une grande partie des Africains à la malédiction que Noé prononça ſur ſon fils Cam, dont on dit qu'ils étaient deſcendus. Elle pourrait bien n'être que le long effét du climat.

L'Afrique renfermait autrefois un grand nombre de petits peuples : les Grecs y avaient fondé des colonies. Herodote nous peint à ſa maniere quelques

AFRIQUE.

unes de ces nations : les *Adyrmachides* étaient la plus voisine de l'Egypte, & ils en avaient pris les institutions : leurs femmes, dit-il, portaient des cuissarts de cuivre ; ils avaient des cheveux longs, & mordaient la vermine qui les avait mordus avant de la jetter : leur roi pouvait coucher avec toutes les nouvelles épouses, si elles lui plaisaient. Ces peuples touchaient aux *Gigames*, qui avaient des institutions semblables : les *Cyrenéens* occupaient les côtes maritimes au couchant des Adyrmachides, plusieurs des nations qui les environnaient en avaient imité les mœurs & pris les coutumes. Plus au couchant était le peuple nombreux des *Nasamones*, qui laissaient leurs bestiaux errer pendant l'été le long des bords de la mer, & se retiraient dans la contrée d'Aigile ou Egile, où ils cueillaient les fruits du palmier qu'ils faisaient sécher au soleil, & dont ils composaient un breuvage recherché en les trempant dans le lait : chaque homme y avait plusieurs femmes, & la dot de chaque femme se formait des présens qu'elle recevait des hommes auxquels elle se livrait le jour de sa nôce ; les plaisirs qui naissent de l'union des deux sexes n'y étaient point assaisonnés par la pudeur ; ils se recherchoient publiquement : leur serment le plus redoutable était de prononcer le nom d'un homme de bien en mettant la main sur son tombeau : lorsqu'ils étaient inquiets sur l'avenir, ils s'endormaient sur le sépulcre de leurs peres, & le songe qu'ils y faisaient leur paroissait le dévoiler à leurs yeux : ils se donnaient une foi mutuelle en buvant ensemble. Plus loin étaient les *Psylles*, qui périrent, disaient leurs voisins, dans une expédition contre le vent du midi, qui les ensevélit sous des tourbillons de sable. Au midi sont les *Garamantes*, qui fuyaient l'aspect des autres hommes, étaient sans courage pour attendre un ennemi, & sans armes pour s'en défendre. Plus au couchant étaient les *Gindames*, dont les femmes portaient sur leurs habits autant de bandelettes de cuir, qu'elles avaient eu d'amans. Les *Machlyes*, qui laissaient croître leurs cheveux par derriere ; les *Aufes* qui les laissaient croître par devant, & chez qui les femmes étaient communes : lorsque les enfans avaient la force de marcher, on les menait dans l'assemblée du peuple, & l'homme auquel chacun d'eux s'adressait le premier, devenoit leur pere. Les *Ammoniens* étaient les derniers peuples de la Lybie ; ils adoraient Jupiter, dont le simulacre avait une tête de belier : des deux côtés des possessions de ce peuple, il y avait sur les bords de la mer des roches de sel. Les *Atlantes* habitaient à l'orient de l'Atlas, peuple qui haïssait & maudissait le soleil qui brûle ses campagnes, qui ne mangeait jamais de viande, & ne faisait jamais de songes. L'Atlas, dit Herodote, a des mines de sel blanc & rouge ; & quelques-uns des peuples qui l'habitent bâtissent leurs maisons avec ce sel qu'ils taillent. Les Lybiens Nomades mangent de la chair & boivent du lait, mais ne mangent point de vache ; ils ne nourrissent point de porc : quand leurs enfans sont parvenus à l'âge de quatre ans, ils leur brûlent les veines du haut de la tête avec la laine grasse, pour les préserver des fluxions : c'était en effet le peuple qui connaissait le moins les maladies : ils ensevelissent les morts comme les Grecs, & ne permettent pas qu'ils expirent couchés : leurs cabanes suspendues à un lentisque, tournent facilement de tous les côtés.

Les Romains connurent les nations qui habitaient

la partie septentrionale de l'Afrique sous des noms différens : les principaux peuples qui leur étaient connus étaient les Maures, les Numides, les Carthaginois, les Getules, les Garamantes & les Lybiens. Nous en parlerons en décrivant les pays qu'ils cultiverent.

Il y a différentes religions observées en Afrique: les Arabes y ont introduit le mahométisme ; les anciens chrétiens avaient répandu leur croyance dans toute la partie orientale de l'Afrique, & elle s'y conserve encore en divers lieux : les modernes ont formé quelques colonies sur ses côtes occidentales & méridionales : tous les peuples de l'intérieur ont pour culte une espece de fétichisme aussi divers dans son objet que dans ses cérémonies. Il faut en voir les détails dans tous les articles particuliers.

En général les Africains sont robustes, grossiers, peu aguerris, adonnés au larcin, paresseux & ignorans. Les Arabes qui s'y sont établis le long des côtes de la Médiderranée sont plus exercés aux armes, ils ne sont que bazanés, connoissent médiocrement la navigation, & se font redouter par leurs pirateries.

Nous ne ferons point de divisions générales de l'Afrique, nous nous bornerons à passer de la description d'un peuple à celle de son voisin, en commençant vers le midi : ce sont d'abord les îles de cette partie qui vont attirer nos regards.

Isle de Diego Ruis ou Rodrigue.

C'est une île de cinq à six lieues de tour, & qui est à cent lieues de l'île de France : le terroir en est médiocrement bon, facile à cultiver ; elle est arrofée par quelques ruisseaux : on dit qu'on y a vu un animal nommé le *solitaire*, qu'on n'y retrouve plus : peut-être ce solitaire est le *casoar* ou *tonyou*, qui a été mal observé. Les tortues de mer y étaient grandes & d'un excellent goût ; leur bonté leur a fait déclarer une guerre cruelle : celles de terre n'y viennent plus pondre que rarement : les oiseaux bons à manger & dont les aîles ne peuvent suffire pour les faire échapper à la rapacité de l'homme, y ont été détruits. Michelburne y en vit qui étaient blancs, & n'avaient pour queue que deux longues plumes. Des Français s'y étaient établis & vivaient du commerce des tortues, mais ils les ont détruites & l'ont abandonnée.

Isle de France.

Un Portugais de la maison de Mascarenhas la découvrit & la nomma *Cerné*; les Hollandois lui donnerent le nom de *Maurice*; ils l'abandonnerent en 1712, & les Français y passerent de l'île de Bourbon & lui donnerent le nom qu'elle porte aujourd'hui : elle a environ quarante lieues de tour, un peu moins de quatorze lieues du sud au nord, & neuf lieues & demi de l'est à l'ouest : sa surface est de 432680 arpens de cent perches chacune égale à vingt pieds. Au nord-ouest elle est unie ; au sud-est elle est couverte de montagnes hautes de 300 ou 350 toises de hauteur : la plus haute s'éleve à l'embouchure de la riviere Noire, & à 424 toises : la plus remarquable est celle de *Pieterboth*, haute de 420 toises, terminée par un obelisque surmonté d'un roc cubique qui lui sert de chapiteau & le fait ressembler à la statue d'une femme. Soixante ruisseaux l'arrosent :
quelques

AFRIQUE. 17

quelques uns peuvent recevoir le nom de rivieres; quelques autres ne font rien durant l'été : l'intérieur est rempli d'étangs : il y pleut souvent : les montagnes & les forêts qui les couvrent y arrêtent les nuages : le fol y est rougeâtre, mêlé de mines de fer qu'on recueille souvent fur la furface en grains de la groffeur d'un pois : la terre est gluante lorfqu'elle est détrempée par la pluie; elle est dure lorfqu'elle est feche, mais on n'a pu encore en faire de la brique : on n'y trouve pas de fable; celui du rivage est formé de débris de madrépores & de coquilles : le fol y est couvert de rocs remplis de trous, plufieurs font formés de couches concentriques : les montagnes en font formées par de grandes couches obliques à l'horifon, & paralleles entr'elles : la couleur de leurs rocs est gris de fer, ils fe vitrifient au feu, & cependant font imprégnés de particules métalliques : dans quelques fragmens on trouve des cavités cryftalifées où l'on trouve un duvet blanc & fin. (*) On y voit un fouterrain long de 300 toifes, large de cinq, qui paraît être le lit d'une riviere fouterraine. Trois efpeces de gramen couvrent les prairies, le feul vraiment utile a les feuilles larges, & demeure verd toute l'année : parmi les autres plantes, on remarque une afperge épineufe, une mauve à petites feuilles, un nenuphar dont les fleurs font belles & odorantes, une plante dont la fleur est femblable à la giroflée rouge, & dont chaque branche n'a jamais à la fois qu'une fleur épanouie ; la raquette, plante hériffée d'épines aiguës, dont les

(*) On a cru cette île produite par un volcan : cependant ces rocs font du fimple quartz ; les bancs de pierre qui font fous le fol font par couches horifontales ou inclinées felon la pente du fol, & toujours régulieres.

feuilles font épaiffes, & les fleurs jaunes marbrées de rouge : un arbriffeau qui croît au bord de la mer, & dont les fleurs en grappes exhalent une odeur déplaifante, qui devient agréable en s'en éloignant : fes fleurs font femées de poils brillans, & fes branches d'un duvet femblable au velours, d'où lui vient le nom de *veloutier* ; une efpece de ronce qui produit une noix liffe, fort dure, couleur gris de perle, dont l'amande eft fort amere ; un arbriffeau dont les feuilles ont la forme d'un cœur, & dont l'odeur eft celle du baume, une fauffe patate qui ferpente le long de la mer, & dont les fleurs en cloche font rouges ; une herbe ligneufe à petites feuilles, dont on fait du fil & de la toile qui n'eft pas mauvaife. On y trouve diverfes fortes de liannes, & plufieurs fortes d'arbriffeaux différens de ceux d'Europe : en général les prairies n'y font point embellies par des fleurs : il n'en eft pas qui ait l'odeur agréable ; les arbres y font triftes : la violette n'y orne point les lifieres des bois. Le *mapou* eft un grand arbre qui croît au milieu des rochers : fon tronc n'a que la dureté du navet, le goût en eft défagréable, le fuc en eft âcre & corrofif : le *bois de canelle* ne reffemble au canellier que parce qu'il exhale une odeur d'excrément comme la fleur de cet arbre : il eft bon pour la menuiferie, & a la couleur & les veines du noyer : le bois de natte eft le plus beau bois rouge du pays : le *benjoin* eft un gros arbre propre au charonnage, parce qu'il n'éclate jamais : le *colophane* eft fort haut, & donne une refine femblable à celle de ce nom : le faux *tatamaca* eft gros, liant & donne une refine : le bois de fer a un tronc qui parait fe confondre avec les racines, & d'où fortent des côtes ou ailerons ; la hache qui le frappe rebrouffe avec force : le figuier ne reffemble au nôtre que par la forme de fes fruits qui croiffent en grappes : fon fuc épaiffi fe change en une gomme élaftique : le bois d'ebene a l'écorce blanche, la feuille large & cotonneufe, d'un verd fombre en deffus : l'aubier en eft blanc, le centre feul en eft noir : il exhale une odeur de fumier; fa fleur a celle du gerofle, & fon fruit l'apparence d'une nefle : fon fuc vifqueux, fucré, eft d'un goût affez agréable : les citrons y font petits, les oranges y font ameres ou aigres : le *vocoa* eft un petit palmier dont les feuilles croiffent en fpirales autour du tronc, & dont on fait des nattes & des facs : le latanier eft un palmier plus élevé : il ne produit qu'une feuille par an ; elle eft en forme d'éventail, & fert à couvrir les maifons : le chou du palmifte eft une efpece de fleche formée de feuilles roulées les unes fur les autres, fort tendre & d'un goût agréable : le manglier croît dans la mer : ces bois ont tous l'écorce mince; leurs racines font à fleurs de terre, leur feuillage eft trifte & fombre, leur bois peu durable. Le chant des oifeaux n'anime pas les forêts de cette île : on n'y entend que le croaffement du perroquet, & le cri aigu du finge deftructeur : ces quadrupedes ont le poil gris roux, leur taille eft médiocre, leur queue longue ; ils grimpent les monts les plus inacceffibles, & vivent en fociété : la terre y eft dévaftée par une multitude de rats; dans une nuit ils détruifent une recolte entiere : ils font des magafins de grains & de fruits, vont faifir les petits oifeaux au haut des arbres & percent les folives les plus épaiffes : les fouris y font auffi communes : l'oifeau nommé *corbigeau* eft le meilleur gibier de l'île : on n'y trouve point, ou l'on n'y trouve peu de flamands, bel oiseau marin, couleur de rose : il y a deux sortes d'*oiseaux du Tropique*, l'un est d'un blanc argenté ; l'autre a le bec, les pattes & les plumes flottantes rouges : on y compte diverses sortes de perroquets, mais il n'en est point qui soit beau : il y a des merles dans les bois ; une espece de ramier dont les couleurs sont magnifiques ; deux sortes de chauve-souris dont on trouve la description dans M. de Buffon ; un épervier qui mange les poules, les sauterelles, & se tient dans le voisinage de la mer : les sauterelles y sont l'insecte le plus nuisible ; elles tombent sur les champs comme la neige, & les dévorent : les chenilles, les papillons y désolent les potagers : celles du citronnier sont très-belles : un gros papillon de nuit a sur son corselet une tête de mort, & vole dans les appartemens ; le duvet qui couvre ses ailes nuit aux yeux qui en sont atteints : les fourmis y percent & dévorent tout ; elles n'ont pour ennemis que le fourmilion ; souvent elles dévorent le centpieds, insecte dont la morsure est dangereuse, qui se tient dans les lieux obscurs & humides, & a quelquefois six pouces de long : la guêpe jaune à anneaux noirs s'y bâtit des ruches dans les arbres, dans les maisons ; la piquure en est redoutable ; là il y en a de maçonnes, de découpeuses de feuilles, &c. l'abeille y donne un miel liquide assez bon : le scarabée cancrelas, les carias y infestent les maisons : le cancrelas a pour ennemi une mouche verte, leste & légere : en le perçant de son aiguillon, elle le rend immobile, puis elle l'enfonce dans quelque fente, dépose un œuf dans son corps & l'abandonne : on y mange un ver blanc, à pattes, qui se nourrit dans le tronc des arbres :

toutes les mouches d'Europe s'y trouvent, mais le coufin y eft plus incommode encore : des rideaux l'écartent durant la nuit : on y voit une efpece de demoifelle de couleur violette, dont la tête eft couleur de rubis : les petits papillons de nuit y ont pour ennemis un petit lezard : fon œil eft vif; fon caractere doux : on l'apprivoife jufqu'à venir manger fur la main : il en eft dans les bois couleur d'azur & verd changeant, ayant des traits cramoifis fur le dos : l'araignée y attaque la guêpe, le fcorpion, les cent-pieds ; leurs toiles font fi fortes que les petits oifeaux s'y prennent : tout y eft couvert de puces & de pucerons.

La mer y nourrit des baleines, des lamentins, des vieilles, des requins, des carrangues, des rougets, des fardines, des maquereaux, un turbot nommé *poule d'eau*, diverfes efpeces de raies, des merlans colorés en jaune, des lunes, des bourfes, des poiffons nommés *perroquets*, parce qu'ils font verds, qu'ils ont la tête jaune, & le mufeau blanc & courbé : le *poiffon armé*, dont la tête eft faite comme celle du brochet, a fur fon dos fept pointes auffi longues que fon corps, unies par une pellicule ; il eft rayé de bandes brunes & blanches qui commencent à fon mufeau : le *poiffon cofre*, parce qu'il en a la forme quarrée ; il a la tête armée de deux cornes : le *poiffon porc-épi*, &c. On y voit un polype ramper dans des flaques d'eaux avec fept bras terminés par des ventoufes : il change de couleur, vomit l'eau, & tâche de faifir celui qui veut le prendre : tous ces poiffons de mer font moins bons à manger que ceux d'Europe, mais ceux d'eaux douces y font meilleurs : telle eft la lubine, le mulet, la carpe, le cabot qui vit dans les torrens & s'attache aux rochers par une membrane concave, des grandes chevrettes fort délicates : l'anguille y eſt coriace, longue de ſept à huit pieds, & de la groſſeur de la jambe : elle attaque l'homme & quelquefois le dévore. On y trouve des homars ou langouſtes d'une groſſeur prodigieuſe, n'ayant point de groſſes pattes : ils ſont bleus, & marquetés de blanc : il en eſt d'une forme charmante, & d'un bleu céleſte, ayant deux petites parties diviſées en deux articulations, dont l'une ſe replie dans la rainure qui eſt dans l'autre : le bernard l'hermite y eſt commun : les crabes y ſont de différentes eſpeces & de figures bizarres : il en eſt un qui a ſes yeux au bout de deux longs tuyaux, qu'il couche dans une rainure de ſa coquille lorſqu'il ne s'en ſert point : des boudins roux & noirs peuplent les rivages : il eſt encore un poiſſon à coquille ſingulier ; la coquille eſt au centre & l'animal au dehors : on y peche des ourſins de pluſieurs eſpeces : le plus remarquable eſt peut-être l'ourſin violet à très-longues pointes, & dont les yeux brillent dans l'eau comme deux grains de lapis : des lepas unis & applatis, étoilés, fluviatiles ; des oreilles de mer, des vermiculaires, des cornets de St. Hubert, des nautiles ordinaires & des papiracés, des limaçons divers, des bouches d'argent & d'or, la conque perſique, la tonne alongée, la nerite canelée, la liſſe à rubans de toutes les nuances, la harpe, l'œuf de pintade marbré de bleu, la lampe antique, diverſes eſpeces de rouleaux, tels que les olives, le drap d'or, le tonnerre, l'oreille de Midas, le grand caſque, l'araignée ; des porcelaines ſingulieres, des vis telles que l'enfant en maillot, la culotte de Suiſſe, le fuſeau, la mitre ; un grand nombre de bivalves, parmi leſquelles on trouve l'huitre tuilée, qui eft fi grande aux Maldives, que deux bœufs la traineraient à peine, & qu'on trouve foffile en Normandie; trois efpeces de moules; la hache d'armes, plufieurs efpeces de petoncles dont il en eft de rares.

L'île eft environnée de madrepores : on y trouve le champignon, le plumet, le cerveau de Neptune, le chou-fleur, &c. Difons encore qu'on trouve fur le rivage beaucoup de tortues, & qu'il eft criblé de trous où logent des tourlouroux.

Telles font les richeffes naturelles de l'île de France; mais elle a été enrichie encore de celles des autres contrées : on y a apporté le creffon, l'herbe blanche, la brette, efpece de morelle qui fert comme l'épinars, & eft le feul mets à la difcretion des Noirs, le manioc, le maïs, le froment, le riz, le petit mil, le tabac, le fataque ou fatak, qui eft un gramen à larges feuilles, tiré de Madagafcar, & qui forme de bonnes prairies artificielles : le fainfoin, le trefle, &c. n'ont pu y réuffir : tous les légumes d'Europe, toutes les plantes potageres y dégénerent: il y croit deux efpeces d'aubergines : l'une a la tige épineufe, le fruit rond & jaune, & vient de Madagafcar : l'autre eft violette comme la nôtre : des deux fortes de piment qu'on y trouve, l'un eft naturel au pays, & il eft le plus brûlant; l'ananas n'y peut meurir; la fraife, la framboife y dégénerent : la pomme de terre américaine n'y vient que de la groffeur d'une noix : celle des Indes y pefe une livre; fa chair eft blanche & fade, fa peau eft d'un beau violet : le gingembre y a perdu de fa chaleur : on y apporta en 1770 des plantes & des graines du mufcadier & du gerofier; ils n'y réuffirent pas : on y en tranfporta de nouveau deux ans après : les premiers n'avaient donné encore que des fleurs en 1779; les seconds avaient déja produit 7 à 8000 clous: le cotonnier en arbrisseau, l'indigo y fournissent de faibles objets de commerce: le reseda, la balsamine, la tubereuse, le pied d'alouette & quelques autres plantes s'y plaisent comme en Europe: on y cultive avec succès des immortelles & une tulipe du cap, mais toutes ces fleurs y sont sans odeur: l'aloès y prospere & pourrait y être utile: les arbrisseaux à fleur y ont aussi dégénéré : ceux d'Asie, d'Afrique, d'Amérique n'y ont rien gagné: la canne à sucre y fleurit, & l'on n'a qu'une sucrerie dans l'île: le cafier y prospere, & les habitans n'en ont pas assez pour leur consommation: le pin, le sapin, le chêne y dépérissent promptement : le pêcher est le seul de nos arbres fruitiers qui y donne des fruits: la vigne n'y réussit qu'en treille : le laurier, l'agatis y embellissent les jardins: le *polché*, arbre indien dont le feuillage est touffu y donne une ombre agréable: le jam-rose sert au même usage: le bambou y croit vîte & sert à faire des avenues : l'attier y donne un fruit rempli d'une crême blanche & sucrée dont on se lasse bientôt: le manguier s'y couvre de superbes girandoles de fleur, & donne un fruit qui plaît au goût, mais rebute par une odeur de térébenthine: le bananier y vient partout: le goyavier a un fruit désagréable à l'odorat, & le seul peut-être de l'île qui ait des vers: le papayer a un tronc de la substance d'un navet; il est sans branches, & ses fruits semblables à des melons sortent du tronc : le *badamier* forme une belle pyramide: son feuillage est beau, ses amandes d'assez bon goût : l'*avocat* est un bel arbre qui donne une poire semblable à du beurre, qu'on assaisonne avec

AFRIQUE.

le sucre & le jus de citron : le *jack* a un beau feuillage, un fruit de la grosseur d'une longue citrouille, qui a l'odeur du fromage pourri : le *tamarinier* a une belle tête ; ses feuilles se ferment la nuit : on fait de la bonne limonade avec le mucilage de sa gousse : le *cocotier* se plait dans le sable sur les bords d'une eau salée : le dattier y donne rarement des fruits : on y a planté depuis quelques tems le *ravinesara*, ou le muscadier de Madagascar, le mangoustan, le litchis, l'arbre du vernis, celui du suif, celui de técque, & quelques autres ; mais ils n'y prospèrent pas : il semble que la température y est trop froide pour les plantes asiatiques, trop chaude pour les européennes. En général on y a trop défriché de forêts : le sol y est privé par là des pluies qui en sont le seul engrais.

On y a transporté des chevres, des cochons marons, des cerfs, & tous se sont multipliés dans les bois : les bœufs qu'on y trouve viennent de Madagascar, & portent une loupe sur le cou : les vaches en donnent peu de lait : les moutons y maigrissent & perdent leur laine : la viande de boucherie y est rare : la chair de porc y est meilleure qu'en Europe : les chevaux n'y sont pas beaux, y sont très-chers, & dépérissent promptement : les mulets, les ânes y sont petits & très-rares : on y a amené du cap de beaux ânes sauvages, mais ils sont indomptables : on a transporté des poissons de Batavia ici, tel est le *gourami*, qui est plus délicat que le saumon auquel il ressemble : les poissons dorés de Chine y ont perdu leur beauté : on a essayé en vain d'y transporter des grenouilles qui dévorent les œufs des moustiques : *l'ami du jardinier* est un oiseau qui vient du cap, vit de vermisseaux, de chenilles, de petits serpens : il est brun & de la grosseur du moineau : le *martin*, sansonet de l'Inde qui ne differe du nôtre que par son plumage, y est utile parce qu'il dévore les sauterelles : on y avait apporté des corbeaux pour détruire les souris & les rats, mais les habitans les ont détruits : le seul oiseau de chant y vient du cap : c'est un petit tarin ; il vit aux dépens des récoltes, & sa tête est à prix : la mésange & le cardinal y viennent de Bengale : on y a transporté différentes especes de poules, des pintades, des faisans, des canards, des oies : les pigeons y réussissent bien.

M. de la Bourdonnais a fondé en quelque maniere cette colonie : des hommes de différens états s'y établirent & y porterent leurs préjugés : ces préjugés les séparerent les uns des autres ; la haine, les dissentions y régnerent ; aujourd'hui encore la fausseté y tient lieu d'esprit : on n'y a nul goût pour les sciences & les arts, nulle émulation pour les choses utiles : les familles y sont sans amour ; le luxe éloigne du mariage ; le libertinage y détruit tous les sentimens honnêtes. Les femmes y aiment la danse avec passion : elles sont jolies, bien faites, mais ont peu de couleur ; par les sentimens elles valent mieux que les hommes ; elles sont sobres, très-propres, & aiment passionnément leurs enfans dont elles s'étudient à rendre l'enfance heureuse : des filles s'y marient à onze ans. On ne compte guere que 400 cultivateurs dans l'île : il y a peut-être 100 femmes dans un état aisé. Les domestiques sont presque tous des Indiens du Malabar, hommes doux, assez sobres, économes, passionnés pour les femmes, graves pour toute autre affaire, plus noirs que les Negres, ils ont les traits réguliers : les Noirs qui cultivent les terres s'achetent à Madagafcar pour un baril de poudre, pour des fufils, des toiles, des piaftres; le plus cher coute environ trente écus : ils ne font pas d'un noir foncé; quelques-uns ne font que bruns : il en eft qui portent de longs cheveux noirs, blonds ou roux : ils font adroits, intelligens, fenfibles, aiment la danfe, la mufique, font très-hofpitaliers; mais les blancs les traitent avec une cruauté qui devrait les changer en de vils affaffins, cependant leur défefpoir ne fe tourne que fur eux-mêmes; ils fe pendent, ou s'empoifonnent, ou s'enfuient dans les bois, d'autres s'expofent fur la mer fans voiles, fans vivres, fans bouffole : ils périffent ou arrivent à Madagafcar : on les voit aller au fupplice avec joie : ils ne peuvent que gagner à mourir. L'île a un gouverneur & un confeil : la Bourdonnais y fit conftruire un hôpital qui a quatre ou 500 lits, un aqueduc de 3600 toifes de long qui conduit des eaux douces au port & aux hôpitaux, un chantier, &c. L'île de France a deux ports : l'un au fud-eft eft le grand port : c'eft-là que les Hollandois s'étaient fixés, & on voit des reftes de leurs édifices : on y entre, mais on n'en fort pas avec facilité.

Le petit port ou *port Louis*, eft au nord-oueft : c'eft-là qu'eft le chef-lieu, fitué dans l'endroit le plus défagréable de l'île. La ville, ou le camp n'eft qu'un bourg bâti au fond du port, à l'ouverture d'un petit vallon formé en cul-de-fac par une chaîne de montagnes hériffées de rochers fans arbres & fans buiffons, & dont les flancs font couverts pendant fix mois d'une herbe brûlée & noire : il en fort un ruiffeau qui traverfe la ville; mais l'eau n'en eft pas bonne à boire. La ville eft formée de maisons de bois qui n'ont que le rez-de-chaussée : chacune est isolée & ceinte de palissades; les unes sont alignées, mais sans pavé, sans arbres qui les ombragent, couvertes de débris de rocs. Elle n'a ni enceinte, ni fortifications : un retranchement de pierres séches le défend vers la mer : le *fort blanc* en défend l'entrée : une batterie est placée sur l'ile aux Tonneliers. La longitude de ce port est de 75 degrés : sa latitude méridionale est de 20 degrés 10 m. Au nord de l'île de France est un archipel peu connu.

Isle de Bourbon.

Elle est à quarante lieues de celle de France; sa forme est circulaire : elle paraît de loin comme une portion de sphere : son diametre est d'environ 20 lieues : son centre est sous 70e. d. 15 m. de longitude, sous le 21e. d. 20 m. de latitude. Mascarenhas la découvrit sur la fin du 14e. siecle, & lui donna son nom : Pronis, commandant du fort Dauphin dans l'île de Madagascar y exila des séditieux en 1646 : des pirates s'y retirerent en 1657. En 1664, Flacourt en prit possession au nom du roi de France, & quand les Français abandonnerent Madagascar, ils s'y retirerent. La compagnie des Indes y eut dès lors un comptoir & un gouverneur qui vivait en paix avec les pirates à force de menagemens. Ces hommes courageux prirent des mœurs plus douces en se livrant à des occupations paisibles : il ne leur restait que l'esprit d'indépendance qui s'affaiblit par leur commerce & leurs liaisons avec d'honnêtes agriculteurs qui vinrent s'y établir.

Le sol y est plus sablonneux qu'à l'île de France ; il est mèlé de galets que la mer amene encore sur ses bords, & l'on en conclut que la mer s'en est retirée : au centre sont trois hautes montagnes qu'on nomme les *Salasses* : ces monts inaccessibles sont hauts de 1600 toises ; au sud-est est un volcan environné de montagnes, de précipices affreux & de cendres, de pierres calcinées qu'il lance quelquefois abondamment. Le sommet brûlant est entouré d'une plate-forme sur laquelle se trouvent des pierres qui ont formé autour d'elles des cercles concentriques, comme en forme une masse lancée dans l'eau. Il vomit souvent des matieres enflammées, & la terre alors tremble autour de lui & à une assez grande distance. Ce volcan fait dire à M. Comerson, que c'est là comme aux Moluques, comme aux Philippines, que la nature a établi ses fourneaux & ses laboratoires pyrotechniques. Cette île est arrosée par une multitude de rivieres qui la fertilisent : le tabac y réussit & y est excellent : les melons y prosperent, les légumes y viennent bien, le poivre blanc y est commun, le café n'y est pas mauvais & y fut transplanté de Mocka : on y a planté le muscadier & le geroflier comme dans l'île de France. On y trouve beaucoup de bois : les uns portent des gommes odoriférantes, les autres offrent de beaux bois de construction : la neige couvre ses montagnes une grande partie de l'année, & les vents qui en viennent comme ceux de la mer, y temperent la chaleur ; les eaux y réjouissent la vue par les cascades nombreuses qu'elles forment : elles sont claires & pures : l'air y est très-sain, & l'homme y prolonge sa vie plus long-tems qu'ailleurs. Un ouragan s'y éleve régulierement chaque année au mois de Novembre, ou de Décembre : il déracine les arbres, renverse les maisons & fait de grands ravages, mais il purifie l'air, & lorsqu'il manque, l'homme s'en porte moins bien : il est annoncé par un bruit sourd dans les montagnes, par un calme effrayant sur la terre & la mer : la lune alors paraît enflammée ; les oiseaux, les quadrupedes sont inquiets ; alors les vaisseaux s'éloignent & les habitans assurent leurs maisons, étaient leurs arbres, & mettent en sûreté tout ce qui peut l'être : il arrive avec un bruit épouvantable ; la mer agitée dans tous les sens, mugit & jette sur la terre des flots d'écume, de coquillages, de sable & de pierres : le ciel est couvert d'épais nuages, la terre semble s'agiter sur ses fondemens : quelquefois cet ouragan terrible dure deux jours.

Il n'y a pas de fontaines dans cette île, dit la Barbinais : la terre y est trop séche pour qu'on puisse y creuser : en Juin, Juillet & Août, les pâturages sont brûlés, & on chasse le bétail dans les montagnes où il vit de feuilles d'arbre : chaque possesseur reconnaît celui qui lui appartient à la marque qu'il lui a imprimée : on y cultive le froment qui s'y conserve peu, le ris qu'on y préfere aux autres grains, le maïs dont la récolte est presque toujours assurée. La plus grande partie des terres cultivables est employée à la culture du cafier : elle est peu pénible ; il demande une terre légere, & réussit même dans le sable : chacun de ces arbrisseaux y rapporte année commune une livre de café : il y meurit tard, & s'y recueille dans un tems sec ; ce qui le rend supérieur à celui d'Amérique recueilli dans le tems des pluies.

A F R I Q U E. 31

On compte 60000 noirs à Bourbon, & 5000 habitans Français, dont le tiers préfente les diverfes nuances du blanc au noir. Elle eſt trois fois plus peuplée que l'ile de France dont elle dépend pour le commerce extérieur ; elle eſt auſſi bien mieux cultivée. On y recueille juſqu'à 15000 quintaux de bled, qui s'y vendent 15 francs le quintal ; elle produit autant de café dont le quintal fe paye 45 francs : on y voit des champs cultivés à 200 toiſes au-deſſus de la mer : les troupeaux de bœufs & de moutons n'y font pas rares : les côteaux font animés par les cabris & les vaches qui y paiſſent : les fangliers & les cochons y font nombreux, & la chair en était très-délicate, parce qu'ils ne vivaient que de tortues : elles y font très-rares aujourd'hui. Les côtes, les étangs y font remplis de poiſſons. On n'y trouve, dit-on, ni crocodiles, ni ſerpens, ni moſquites, ni fourmis, ni rats, ni fouris : exception ſinguliere, ſi la remarque eſt vraie, puiſque l'île de France en eſt infeſtée. On y avait apporté des lapins qui n'ont pu s'y creuſer des terriers, des cailles qui ne s'y font pas arrêtées, des perdrix qui ont diſparu, des pintades qui s'y font multipliées. Au pied des Salaſſes, dans la plaine des Coffres, on voit voltiger un oiſeau d'un bleu vif, dont la chair eſt de bon goût : on y trouve auſſi des pigeons & des perroquets.

Elle ſe diviſe en quatre quartiers principaux. Celui de *St. Denis* eſt le principal, parce que le gouverneur & le conſeil y réſident : ſa ſituation eſt agréable ; une rade ouverte y reçoit les vaiſſeaux : le bourg eſt compoſé de grands emplacemens bien alignés, entourés de haies, au milieu deſquels eſt une cafe où loge la famille : il a l'air d'un grand hameau, & eſt défendu par une grande redoute conſtruite en pierre, par une batterie & quelques petits ouvrages: derriere eſt une grande plaine qu'on nomme le *camp de Lorraine*.

Au couchant eſt le quartier de *St. Paul*, le premier habité, & le plus peuplé. Le bourg eſt au pied d'une montagne qu'on monte par un ſentier fort rude, pour cultiver ſa cime où ſont les plantations de chaque famille: on y cultive le riz, le bled, le tabac, la canne à ſucre, des bananes, des ananas, des goyaves, des oranges, des citrons & autres fruits: St. Paul eſt bâti près d'une grande plaine ſablonneuſe & ſur le bord d'un lac d'eau vive qui s'écoule dans la mer; on pourrait peut-être en faire un port, entrepriſe utile, puiſque la nature n'en a formé aucun dans cette île. Deux pointes de ſable forment cependant un abri à St. Paul. Dans l'eſpace qui le ſépare de St. Denis eſt un vallon formé par deux montagnes eſcarpées, paralleles, ſans verdure, où l'on ne voit que des rocs ſur ſes côtés, & le ciel que ſur ſa tête: il y coule un ruiſſeau, & un calme éternel y regne: on nomme ce vallon la *grande Chaloupe*: la riviere de St. Gilles ou du Gallet coule au nord de St. Paul.

A l'orient de St. Denis eſt le quartier *Ste. Marie* qui eſt le moins étendu & le moins peuplé. Le plus riche & le plus fertile eſt celui de *Ste. Suſanne*: tous ſont ſitués au bord de la mer, & ne comprennent pas le tiers de la circonférence de l'île. On en fait le tour avec facilité, mais il eſt difficile de la traverſer. La partie méridionale eſt brûlée ou couverte des matieres que le volcan vomit; & les montagnes y ſont arides. On recueille ſur ſes rivages du corail, de l'ambre, & les plus beaux coquillages.

Les

Les mœurs des anciens habitans de Bourbon étaient simples; la plupart des maisons ne fermaient pas ; une serrure était une curiosité, & quelques-uns mettaient leur argent dans une écaille de tortue au-dessus de la porte : ils allaient nuds pieds, s'habillaient de toile bleue, vivaient de riz & de café, ne tiraient rien d'Europe : cette indifférence pour les besoins de luxe leur donnait de la bonne foi dans le commerce, de la noblesse dans les procédés, & une hospitalité qui ne tenait point à une curiosité avide. La derniere guerre de l'Inde a un peu altéré ces mœurs : les volontaires de cette île y sont revenus avec de la vanité, des étoffes brillantes de l'Asie, & la soif des distinctions militaires : aujourd'hui ils vont chercher en Europe des plaisirs & des honneurs, en échange de l'union des familles & du repos de la vie champêtre : les peres envoyent leurs fils en France, d'où ils reviennent rarement : de-là vient qu'on voit dans l'île plus de 500 filles qui vieillissent inutiles sans trouver d'époux.

Isle des Sechelles.

Cette île moins étendue que les précédentes, n'est point marquée sur les cartes, ni décrite par nos géographes : peut-être est-elle l'île que les anciens navigateurs nommaient *Apollonie*. Tout ce que nous en savons, c'est que son sol est bon ; que M. Poivre y a fait planter le geroflier & le muscadier, comme dans les îles que nous venons de décrire, & qu'on y a découvert, il y a dix ans, une espece de palmier qui donne des cocos doubles, dont quelques-uns pesent quarante livres, mais un arbre n'en porte que trois ou quatre ; sa feuille

Tome X.   C

faite en éventail peut couvrir la moitié d'une cafe : son fruit a le même goût que le coco vulgaire : les Malabares qui en voyent quelquefois fur leurs côtes amenés par le vent & les courans le croyent une production de la mer : ils le nomment *coco marin* & lui attribuent des vertus merveilleufes.

Isle de Madagafcar.

C'eft une des plus grandes îles de la terre; elle eft fituée entre le 12 & le 25ᵉ degré de latitude méridionale, le 61 & le 68 de longitude : elle a 370 lieues de long, environ 120 dans fa plus grande largeur, & 800 de tour. Sa pointe au fud, s'élargit vers le cap de Bonne-Efpérance; celle au nord fe retrecit & fe courbe vers la mer des Indes : elle fe nomme *Madegaffe* ou *Albargra* dans la langue du pays : Marco Polo lui donna le nom de *Madagafcar*; les Portugais, qui la découvrirent en 1506, celui de *S. Laurent*; les Français qui s'y établirent plus de 150 ans après, *île Dauphine*. On croit que Ptolomée en parle fous le nom de *Menutias*, & Pline fous celui de *Cerné*, dont il dit ne connaître ni la grandeur, ni l'éloignement des côtes de l'Ethiopie. Elle eft couverte de montagnes efcarpées & hautes de 1800 toifes au deffus du niveau de la mer : à leurs pieds font d'agréables plaines, de grands bois toujours verds, & d'arbres fi durs que la coignée s'émouffe au premier coup, & qu'il faut vingt ans à leurs rejettons pour atteindre à la groffeur du bras; des marais où les débris des végétaux fe pourriffent, en corrompent l'air & le rendent dangereux : le citronnier, l'oranger, le grenadier s'y mêlent à des arbres dont les fleurs font femblables au jafmin d'Efpagne

& y forment des berceaux charmans : de grandes rivieres, une multitude de fontaines l'arrosent, & les eaux en sont saines & pures. Elle est peuplée, mais moins que ne l'annonce sa fertilité & son étendue ; on y compte à peine 1,600,000 ames : presque tous sont noirs. Parmi les habitans d'une petite province au-dessus de Matatames, la plupart des Grands qui sont descendus des Arabes ne sont que basanés, mais le deviennent toujours davantage. Il faudrait en excepter encore les *Quimos* ou *Kimos*, peuple décrit par M. de Commerson : ces hommes sont, dit-il, fort petits & plus pâles que les autres noirs : ils ont les bras allongés, & leurs mains atteignent au genou sans qu'ils se plient : leurs femmes ont le sein peu marqué : ils sont les habitans de l'île les plus spirituels, les plus actifs, les plus belliqueux : leur courage les rend redoutables, tandis que leur taille semblerait devoir les faire mépriser : ils ne sont pas nombreux ; ils n'ont point d'armes à feu, & cependant ils n'ont pu être opprimés par leurs voisins : les montagnes qu'ils habitent au centre de l'île leur servent de forteresses : ils vivent de riz, de légumes, de racines & de différens fruits qu'ils recueillent : ils élevent des troupeaux de bétail parmi lesquels on remarque des bœufs à bosse & des moutons à longue queue : ils ne commercent, ni ne s'allient avec les peuples qui les environnent : ils cédent volontairement une partie de leurs troupeaux à ceux qui veulent les attaquer; mais s'ils veulent aller plus loin, ils se défendent avec courage ; leurs armes sont la zagaie & le trait qu'ils lancent avec adresse. M. Commerson vit une femme Quimosse : elle avait trente ans, & n'avait que trois pieds, huit pouces de haut : sa couleur étoit bronzée, sa taille bien fermée, membrée; ses cheveux étaient courts & laineux, sa phisionomie se rapprochait de celle des Européens; elle avait l'air riant, & ses tempes étaient *sérénement* ridées ; elle était douce, complaisante, intelligente : sa gorge était celle d'une fille de dix ans. Ce peuple serait très-singulier; mais disons aussi qu'il est revoqué en doute par des hommes instruits, tels que le baron de Clugni, qui a demeuré quatre ans dans l'île, & qui n'en a point vu, qui prétend que la femme dont nous venons de parler était telle par accident. Ses cuisses, dit-il, étaient maigres, son corps court, sa tête grosse, ses organes altérés, sa voix un son confus; elle était sans intelligence. Qui devons-nous en croire? de nouvelles observations qu'on n'a point faites encore.

Les *Madecasses* ou *Malgaches* sont grands, agiles, d'une contenance fiere : ils savent cacher de grands desseins sous un air riant, & dissimuler comme les Européens; il y a parmi nous peu de métiers, & même de sciences, dont ils n'ayent au moins quelques notions imparfaites; ils écrivent en caractères arabesques sur un papier fait d'écorce de bois ; ils parlent une langue qui tient beaucoup de l'arabe, s'appliquent à l'astrologie, & prédisent l'avenir par des calculs; les femmes sont bien faites, ont les traits beaux, les yeux brillans, les dents admirables, la peau douce & d'un noir inaltérable : elles aiment avec autant de fidélité que de tendresse : les hommes leur témoignent beaucoup de complaisance, évitent de se livrer devant elles à la colere ou à la tristesse , & semblent trouver dans leur présence une source de joie; elles charment leurs ennuis, consolent les misérables, & les soulagent dans leurs maux. On compte parmi elles de vraies héroïnes :

mais les femmes d'un même époux se haïssent, & ne parlent d'elles que comme si elles étaient des ennemies naturelles. L'usage de remarquer à la naissance d'un enfant si le jour est heureux ou malheureux, s'y oppose à la population, parce qu'il fait exposer sans pitié ceux qui sont nés sous des auspices funestes : les autres sont lavés & nourris avec soin : cette distinction fait que souvent ils demeurent quatre ans à bâtir une maison : on n'y travaille que dans les jours heureux. On y trouve des meres de dix ans ; les nouvelles accouchées s'annoncent par un petit ballet de feuilles de latanier qu'elles portent devant elles : l'époux donne en échange de sa femme de l'or, de l'argent, des bœufs, des moutons, selon la nature de ses richesses : peu lui importe ce qu'elle fit dans son état de fille, mais devenue femme, elle doit être fidele, sur-tout quand son mari est à la guerre ; si elle cessait alors de l'être, il serait vaincu par son adversaire : la religion n'entre pour rien dans les mariages : un Grand épouse ordinairement quatre femmes qu'il loge séparément : Ils pratiquent la circoncision, soit qu'ils la doivent aux Juifs ou aux Mahométans : ils ont des coutumes anciennes qui leur servent de loix : ils percent la main aux voleurs, ou les condamnent à payer le quadruple de ce qu'ils ont pris : ils coupent la tête aux meurtriers ; ils offrent une femme à celui qui les visite : le *Dian* ou *Bohandrian* de chaque province en est le juge souverain : il est assisté de quelques vieillards : le prix de sa peine est dans la persuasion qu'il a délivré le pays d'un malfaiteur ; mais dans les causes civiles, il reçoit un nombre d'animaux proportionnés à l'importance des affaires qu'il a terminés : l'un de ses conseillers leve les impôts ; un second préside aux moiſſons, un troiſieme veille ſur les maiſons du prince : le quatrieme aſſemble les troupes. Ses vaſſaux ne peuvent ſe diſpenſer de le ſuivre à la guerre : ſon courage leur en donne, ſa fuite le leur ôte ; le vaincu ſe montre lâche, & le vainqueur cruel : il pardonne quelquefois, mais ſon ennemi rarement ſurvit à la honte qu'il reſſent de ſa défaite ; leurs armes ſont la zagaie & le trait ; ils n'ont point d'arc ; ſurprendre ſon ennemi eſt leur plus grand art à la guerre : les femmes croient en danſant, donner du courage à leurs maris.

On compte environ mille caſes dans leurs villes : elles ſont entourées d'un foſſé large & profond de ſix pieds, dont le bord intérieur eſt défendu par une forte paliſſade : les caſes ſont baſſes, conſtruites avec des planches, & couvertes de feuilles, ainſi que le *donac*, ou maiſon du chef, ſituée dans le lieu le plus élevé, & autour duquel les habitans s'aſſemblent le ſoir pour danſer, pour chanter, en hurlant ſouvent avec fureur les exploits de leurs ancètres, ou de leur prince : les femmes danſent en rond, ou jouent d'un inſtrument à cordes fort ſimple, au ſon duquel elles joignent celui de la voix : les meubles de leur caſe ſont des nattes de jonc, des paniers, des cruches & pots de terre, cuillers de bois, crochets de fer, &c. Les bourgs ne ſont formés que d'une palliſſade de pieux : les villages ſont ouverts, & quelquefois ſont ambulans : ſi l'on eſt mécontent du lieu où il ſe trouve, quatre hommes tranſportent chaque maiſon dans un endroit plus agréable. Les hommes veillent ſur les troupeaux ; les femmes cultivent le riz & les racines : les deux ſexes s'occupent à faire des pagnes (*) ou des tapis de coton teints

(*) D'autres auteurs diſent que c'eſt ſeulement l'ouvra-

de diverses couleurs : les fils sont étendus à terre, & ils font la trame avec un bâton qu'ils baissent & levent alternativement : ils ne connaissent point la charrue, ni le vilebrequin ; mais la beche, la hache, le couteau, les pincettes, le gril, le tour, le rabot, &c. Le lait de vache, le riz & les racines sont leurs principaux alimens : dans les grandes cérémonies, ils mangent du bœuf qu'ils rotissent avec sa peau : de l'eau & du miel bouillis ensemble, composent leur liqueur chérie : ils font aussi du vin avec des bananes ou avec des cannes à sucre : celui-ci est le plus fort : leurs vêtemens consistent uniquement en une ceinture, ou en un morceau de toile par devant, & un par derriere : les riches portent une sorte de paniers sur la tête, une semelle de cuir sous leurs pieds, un pagne sur les épaules, & un autre qui les couvre de la ceinture aux genoux : les femmes cousent ensemble ces deux pagnes ; celles des grands portent de riches colliers & des bracelets.

Ils n'ont point de temples ; on ne leur connaît de divinité honorée qu'un grillon qu'ils nourrissent au fond d'un panier qui renferme leurs effets les plus précieux : c'est là leur *Oly*, autour duquel ils dansent avec emportement, & qu'ils croient les inspirer dans leurs projets : leurs idées astrologiques les remplissent de craintes superstitieuses : tout ce qui frappe leurs sens tient selon eux par une chaîne invisible avec l'avenir. Leurs savans sont distingués par le nom d'*Ombiasses* : plus éclairés que le peuple, ils réverent dans le grillon le Dieu qui l'a

ge de la femme ; que l'homme qui s'en occuperait, ferait méprisé : peut-être ces usages different dans les différentes nations qui peuplent cette ile.

fait : " la nature s'ouvre pour expliquer elle-même, difait l'un d'eux à un Français, un rayon de la lumiere qui anime ce grand Etre s'épanchant de tous côtés, pénétre tous les fujets, qui en reçoivent d'autant plus de vertu qu'ils font plus fimples " : On croit entrevoir ce qu'il voulait dire, mais le concevait-il clairement ? En général il parait que ce peuple croit à un Dieu bienfaifant, & à un Etre qui eft la fource de tout le mal qui fe fait : ils craignent les revenans, les lutins, &c. Ce pays, dit M. de Commerfon, eft admirable par fa fertilité : il eft la terre de promiffion pour le naturalifte : les formes les plus infolites, les plus merveilleufes s'y rencontrent à chaque pas. Les plantes fur-tout y font variées, fingulieres, différentes de celles qu'on connait en Europe. On y recueille aujourd'hui un vin excellent, du froment, du feigle. On y compte quatre efpeces de miel, dont l'un femblable à du fucre, eft excellent pour les maux de la poitrine : il eft le fruit du travail de mouches nommées *facondro*. Nul pays ne nourrit autant de bœufs & de vaches : il en eft qui ont les cornes comme ceux d'Europe : il en eft qui les ont pendantes ; d'autres n'en ont point du tout ; mais tous ont une maffe de graiffe entre les épaules & le cou ; elle eft un mets délicat. Les moutons y trainent une queue large de demi-pied, & pefant vingt livres (*) : les porcs fauvages, les cochons privés, les chevres y font communes malgré les ravages du *farafe*, animal plus vorace encore que le loup, & qu'on n'éloigne que par des feux. Le fanglier y a deux cornes à côté du nez ; le he-

―――――――――

(*) M. Poivre dit feulement huit livres.

riffon, le bleireau, le renard, le chat fauvage, les chiens de diverfes efpeces, l'écureuil, la belette, la civette y font à quelques variétés près, femblables à ceux que nous connaiffons. Le *tretretratra* eft de la groffeur d'un veau de deux ans; fa tête eft ronde, fa face & fes oreilles font celles de l'homme, fes pieds ceux du finge, fon poil eft frifé, fa queue courte : il eft folitaire, & les Infulaires l'évitent comme il les fuit. Le *mangarfahoc* eft grand, fes pieds font ronds comme ceux du cheval, fes oreilles font longues, & lorfqu'il defcend des montagnes, elles lui tombent fur les yeux, & l'empêchent de voir au loin : fon cri eft celui de l'âne. Le *breh* parait une efpece de grand cabri : il n'a qu'une corne fur le front. Le *famocantrara* reffemble au lezard; il fe tient attaché fortement à l'écorce des arbres par le moyen de petites pattes qu'il a au-deffus du dos, de la queue, des jambes, du col, & à l'extrêmité du mufeau : les Infulaires le craignent, parce que lorfqu'ils en approchent, il faute fur leur poitrine d'où ils ne peuvent l'arracher qu'avec un rafoir. On y trouve des couleuvres de la groffeur de la cuiffe, qui vivent de rats & d'oifeaux, qu'elles prennent dans leurs nids; des fcorpions dangereux qui vivent dans les eaux croupies; une forte d'araignée dont la plus légere piquure fait perdre connaiffance; un ver plat, menu, long de cinq à fix pouces, rempli de jambes, couvert d'une peau très-dure, qui s'engendre dans l'écorce du bois pourri, & dont le venin eft très-fubtil; il y a d'autres vers rongeurs. Les rats, les fouris, les punaifes, les perce-oreilles & autres infectes y font moins de mal que l'*acolalau*, qui ronge meubles, habits, tout ce qu'il rencontre, qui multiplie d'une maniere surprenante; d'abord très-petit, il vient de la grosseur du pouce, prend enfin des aîles & ne cesse point d'être incommode : l'*herechereche* est une mouche luisante qui fait paraître les bois qu'elle remplit comme étincelans; la maison où l'un des essaims qu'elle forme s'attache, paraît être en feu : parmi les fourmis, il en est deux especes qui donnent un miel agréable : l'une est ailée & dépose son miel dans le creux des arbres ; l'autre le fait dans de grosses mottes de terre, pointues, dures, percées d'une infinité de trous : on y compte quatre especes de ver à soie : il en est une qui renferme près de 500 coques dans une grande : une autre qui place les siennes sur un arbre semblable au cyprès qui croît sur les rivages : elles sont suspendues à un fil & couvertes des feuilles de l'arbre; la soie en est la plus fine & la plus forte.

La volaille y est plus petite qu'en France, & les œufs de poule n'y surpassent pas en grosseur les œufs de pigeon : il y a de gros faisans, & parmi eux, une espece fort petite, dont le plumage est violet, le bec rouge, la chair excellente; des perroquets, dont les verts sont de la taille du moineau : les plus gros sont noirs : l'oiseau de feu a le plumage écarlate ; il est d'une beauté extraordinaire dans l'*aigrette* qui vit près des eaux : il en est de blanches, de noires, de grises : une espece d'oie porte une tète rouge. Le *taleva*, oiseau de riviere de la grosseur d'une poule, est un des beaux oiseaux de l'univers: ses plumes sont violettes; son front, son bec, ses pieds sont rouges : un grand nombre d'oiseaux volent sur les étangs & le bord de la mer : parmi ceux-là on en remarque un plus grand que le cygne, &

dont le bec terminé en pointe a plus d'un pied de long. Le *fany* est une chauve-souris de la grosseur d'un chapon ; elle se pend aux arbres secs par deux crochets qui sont à l'extrêmité de ses aîles, & est, dit-on, vivipare : elle alaite ses petits comme une chienne : son corps est velu, son museau pointu, sa chair très-grasse.

On y pêche des poissons peu connus ailleurs, tel est le sanglier de mer qui est sans écaille, couvert de poils, de la grosseur d'un bœuf, ayant un trou sur la tête, une nageoire sur le dos, les pieds du crocodile, les yeux petits, une cinquantaine de dents grosses comme le doigt de chaque côté de la gueule, la queue pointue, velue, longue d'une brasse. Le *fiant-fado* est couvert d'os au lieu de peau. Dans des étangs qui ont dix à douze lieues de tour, on pêche des carpes, des anguilles, des brochets, des perches, des tanches d'une grosseur monstrueuse. Les coquilles y sont d'une beauté, d'une variété de forme admirables : dans les roches de la mer qui sont une espèce de corail blanc, la nature paraît avoir imité les arbres, les buissons, les excressences, des grappes de raisins, des potirons. La variété des plantes y est infinie, & c'est quelque chose d'étonnant que la différence qui se trouve dans les végétaux des trois îles de Bourbon, de France & de Madagascar, quoique si voisines : nous ne parlerons que des plus remarquables. On y recueille une noix de la grosseur de la muscade, plus brune, plus ronde, qui a l'odeur de toutes les épiceries ; un riz rouge qui croît sur les montagnes ; des oranges, des citrons, des ananas, des melons ; différens légumes estimés, des racines d'une grosseur étonnante : le tabac y est d'une violence extraordinaire : fes forêts font remplies d'aloës, de bois d'ébene & de brefil, du fandal, de magnifiques tamarindes : parmi les arbres qui lui font particuliers, on doit placer celui qui porte le *voanato*, fruit dont la chair pâteufe & nourriffante fe mange avec le lait ou le miel ; il croît au bord de la mer, & fon bois eft rouge, dur, pefant, incorruptible, excellent pour bâtir. Le *voanounoue*, eft le fruit d'une efpece de figuier dont les feuilles reffemblent à celles du poirier : il a le goût & la forme des figues de Marfeille : l'arbre eft élevé, fes longues branches fe recourbent vers la terre, y prennent racine, & forment des arbres nouveaux : fon tronc coupé donne du lait ; fon écorce fert à faire des cordages. L'arbre le plus dur du pays donne un fruit qui a la forme de la poire & le goût de la chataigne : il eft haut ; fon bois eft veiné, fufceptible d'un beau poli, fes feuilles font déchiquetées & portent à chaque déchiqueture une fleur inodore, femblable à celle du romarin par la forme & la couleur : le fruit croît de même autour & à l'extrêmité des feuilles. L'*entfafacale* eft un fruit qui croît fur l'écorce du tronc d'un arbre de la grandeur de l'amandier : il y tient par une petite queue. Le *balifier* eft une des plantes les plus utiles : fes feuilles vertes, nettes, unies, fervent de napes, & on en fait des affiettes, des cuilleres, des gobelets : il en eft qui ont douze pieds de long & quatre de large : féches, elles fervent à couvrir les maifons, & durent fix ans : les tiges de la feuille fervent à faire des parois & des enclos : la plante croît en panache ; fon fruit eft une efpece d'épi des grains duquel on fait de la farine : il eft enveloppé d'une chair bleue dont on fait de l'huile. Le *voazatre* eft un fruit de la grosseur d'un œuf, qui contient une substance molle qui a le goût du pain d'épice : l'arbre qui le porte a des feuilles longues, larges, en forme d'éventail dont on fait des nattes, des cordages & des paniers. Le *ravendsara* a la grandeur & la feuille du laurier : sa fleur ressemble à celle du girofle, son fruit est une noix verte, dont l'écorce & la chair ont le goût de cette épice. Le *fansha* a la feuille de la fougere, le bois dur & ondé de noir : il est fort grand & lorsqu'on le coupe, il en distile une liqueur rougeâtre. Le *fimpi* a la grandeur de l'olivier ; l'écorce en est grise, sent le musc & a le goût plus piquant que le poivre : elle seche comme la canelle, devient blanche, & répand comme son bois un parfum agréable en brûlant : en quelques endroits, l'arbre donne une gomme d'un blanc gris au-dedans, noire au-dehors, employée dans les parfums. Le *sandraha* est haut & droit ; son bois est plus noir que l'ébene, aussi uni que la corne : les plus gros n'ont que sept pouces de diametre. Le *varococo* est un arbrisseau rampant qui s'entortille autour des arbres, son fruit est violet & de la grosseur d'une pêche : la chair en est pâteuse, mais douce & d'un goût agréable : de son bois on fait des cercles pour les sceaux & les barils ; son écorce donne une gomme rouge & résineuse : sa seconde écorce brûle à la chandelle, comme la gomme laque, dont elle a l'odeur. Le *vouli-vaza* porte un fruit estimé, de la grosseur d'une prune impériale, sa fleur exhale l'odeur suave du jasmin, de la canelle, de la fleur d'orange & de girofle ensemble ; elle est épaisse, blanche, bordée de rouge, aussi longue que celle du narcisse : on la porte dans la poche, parce qu'elle répand une odeur plus douce encore lorsqu'elle est flétrie. Les pâturages, tels que la nature les y a formés, sont excellens : plusieurs cantons sont couverts d'un gramen à larges feuilles, qui s'éleve à la hauteur de six pieds, qui nourrit & engraisse le gros bétail, c'est le *futak* : un autre petit gramen croît dans les sables voisins de la mer & nourrit les bêtes à laine. Mais il faudrait un livre entier pour décrire les richesses de cette île, & d'autres objets doivent remplir celui-ci.

Les Insulaires se servent d'or & d'argent, mais on ignore d'où ils les tirent, peut-être vient-il des côtes du continent de l'Afrique. On soupçonne qu'il y en a des mines plus qu'on ne les connaît : le talc de leurs montagnes garnit leurs fenêtres en place du verre qu'ils n'ont pas : ils ont encore des mines de charbon de terre, de salpêtre & de fer ; ils savent travailler ce dernier métal. L'île a des rubis-balais, des aiguemarines, des topazes, des opales, des amethistes, du beau cryfstal, des diamans même : l'ambre-gris qu'on y recueille est le meilleur des Indes. Ces richesses, avec la cire, le sucre, le tabac, le poivre blanc, le coton, l'encens, le benjoin, l'huile de palma-christi, le beaume verd, la civette, le salpêtre, le soufre, les terres de couleur pour la peinture, sont les objets de commerce qu'on en tire : les Insulaires reçoivent en échange des fusils, des toiles peintes, de la mercerie, des quincailleries, de la verroterie, des eaux-de-vie.

Il ne nous reste plus qu'à jetter un coup-d'œil sur le peu que nous connaissons de ses différentes parties. On la divise en plusieurs provinces, mais la plupart sont mal connues, sur-tout celles de l'intérieur du nord & du couchant de l'île. *Anossi*,

AFRIQUE.

ou *Carcanoffi*, ou *Androkeizaha*, province située vers le 25ᵉ. degré de latitude, bornée à l'orient & au midi par la mer, au nord par la vallée d'Amboule & le pays de Mandrerey, au couchant par celle d'Ampatrès : elle est très-peuplée & renferme un grand nombre de bourgs : sa côte est sablonneuse, couverte de broussailles, bordée de petites îles ; l'intérieur est semé de collines, de plaines fertiles, & de prairies où vivent de nombreux troupeaux : la principale riviere qui l'arrose est celle de *Fanshere*, qui prend sa source dans la montagne de Manghaze, reçoit plusieurs petites rivieres & se jette trois lieues au midi du fort Dauphin : elle forme un étang profond à son embouchure, & ses eaux sont salées à une lieue d'elle. On voit dans cette province des montagnes couvertes de forêts ; l'une d'elles est aride, & par-là même semblait annoncer des mines qu'on n'y a point trouvé. Les Portugais avaient une forteresse sur le penchant du *Vohits-messin* ou montagne heureuse : au bas ils avaient formé un petit bourg : ils venaient relâcher & prendre des provisions dans l'anse *Ranoufoutchi*, qui de-là prit le nom d'anse aux Gallions ; mais les habitans les ayant massacrés, ils ne n'y sont plus montrés. Ces habitans reconnaissent un Dieu suprême auquel ils n'élevent point de temples, & qu'ils ne prient pas, mais ils lui sacrifient quand ils sont malades, qu'ils ensévelissent leurs parens, qu'ils ont eu des songes, vont habiter une nouvelle maison, ou font circoncire leurs enfans.

C'est dans l'enceinte de cette province que les Français avaient formé un établissement, & élevé le fort *Dauphin*, sur une peninsule qui forme d'un

côté un golfe ou anfe, qui a la forme d'un croiſ-
fant, qui portait le nom de *Tnolangare*, & auquel
ils donnerent celui de baye Dauphine : elle eſt aſſez
profonde pour les vaiſſeaux, mais l'entrée en eſt
difficile : près d'elle eſt la petite île de *Ste. Claire*.
Plus au nord, ils avaient d'abord formé un établiſ-
bliſſement à *Manghafia*, baye qu'ils nomment *Ste.*
Lucie. Leur vivacité, leur hauteur, leur avidité,
leur cruauté, les firent détefter des naturels qui
tuerent les uns & chaſſerent les autres. Depuis ce
tems, les Français fe bornent à vifiter cette île. On
a parlé d'y former un nouvel établiſſement, mais on
ne fait encore où on doit le placer. Vers le fort
Dauphin, dit M. de Commerfon, l'air eſt fain & bon
toute l'année. Vers le nord & à Foulpointe le fol eſt
plus fertile en grandes fubfiftances : on y peut faire
des traites plus abondantes en efclaves, en bétail,
en grains, en bois précieux, en gommes, réfines,
&c. mais depuis Décembre en Mai, l'air y eſt mortel. Selon le baron de Clugny, le fort Dauphin eſt
une pointe reculée, une langue de terre fablonneufe & ingrate ; la végétation y eſt lente & moins nour-
rie qu'ailleurs ; il n'y a point de port, la rade eſt
remplie de rocs fous l'eau : les vaiſſeaux y font toujours en danger, les nations qui l'avoifinent ne font
riches ni en bétail, ni en efclaves, & il y a peu de
commerce. Le peuple y eſt efclave des Bohandriens
ou chefs qui les gouvernent : l'air même y eſt mal-
fain : mais Foulpointe eſt au milieu de l'île ; il y a
un port commode, environné d'un peuple doux,
affable, intelligent, aimant les arts & le luxe : des
rivieres, des lacs arrofent fes campagnes & font
communiquer avec facilité jufqu'à cinquante lieues
dans les terres, & depuis qu'on y a abbattu des fo-
rèts,

rêts, que les eaux n'y croupiſſent plus, l'air y eſt devenu ſain. Lequel de ces deux avis ſuivront les Français ? Peut-être ni l'un ni l'autre. Selon M. le Gentil, le poiſſon eſt abondant & très-bon au fort Dauphin, la volaille de même, le bœuf n'y a de défaut que parce qu'il eſt trop nourriſſant.

Le pays de *Mandreray* touche au précédent & à la province de Manatingha : l'un au midi, l'autre à l'orient ; il doit ſon nom à la riviere qui l'arroſe : le ſol en eſt ſablonneux ; le palma-chriſti, le coton en ſont les principales richeſſes.

La province de *Manatingha*, ou de *Manampani* ſe joint ordinairement à la vallée d'*Amboule* qui la borne au nord : la province doit ſon nom à une riviere qui arroſe l'une & l'autre : la vallée a un grand bourg : ce pays eſt agréable, & on y voit de riches pâturages, beaucoup de fruits, des ignames blancs, du ſezame dont on fait beaucoup d'huile : le bétail y eſt gras & de bon goût : on y travaille le fer & l'acier qu'on tire des mines qu'elles renferment : il y a une fontaine d'eau chaude qui, dit-on, cuit les œufs, & les durcit dans vingt-quatre heures : près d'elle eſt une petite riviere, dont l'eau, dit-on encore, eſt très-froide, quoique le ſable de ſon lit ſoit trop chaud pour y pouvoir ſouffrir ſes pieds : ſur une montagne eſt une eau ſalée dont les habitans profitent. Les habitans de la vallée ſont inſolens & brutaux ; ils reçoivent parmi eux tous les brigands de l'île : ils y ſont au nombre de 3000 ; leur chef eſt riche, mais peu reſpecté ; dans les tems de diſette, ſon peuple le force de lui ouvrir ſes magaſins ; mais il lui rend dans l'abondance le quadruple de ce qu'il lui a pris. Au couchant de la vallée eſt un canton nommé *Izame* : habitée par huit cents hommes qui travaillent le fer avec beaucoup d'induſtrie, font de l'huile de fezame, & font les foldats les plus intrépides de l'île.

Le pays d'*Alhſſach*, ou pays de la *Vigne*, eſt au couchant de la vallée d'Amboule, dans l'intérieur du pays: on le connaît peu. La vigne y croît naturellement; mais fes habitans ne favent pas faire du vin de fon fruit.

Anachimouſſi, petite province que borne à l'orient la riviere d'*Yongh-aivou*, & au nord celle de *Magharae*; au couchant elle confine à celle de Matatane, dont une chaîne de montagnes la fépare: elle eſt peuplée, riche en bétail, en riz, en ignames.

Le pays de *Matatane*, celui de *Manacarongha*, font fitués entre les rivieres de Mananghara & Mananzari: le premier doit fon nom à une riviere qui forme à fon embouchure une île longue de fept lieues, d'une fertilité extraordinaire, & qui eſt habitée par les Ontampaſſemaci, pêcheurs expérimentés: le fecond à une riviere encore qui fe forme d'un grand nombre de ruiſſeaux, & fe jette dans la mer par fept embouchures femées de rochers. Dans tous les deux le miel, le riz, les cannes à fucre font abondans; on y recueille beaucoup d'ignames: la multitude de rivieres & de ruiſſeaux qui les arrofent, les fertilifent & en rendent l'air humide & mal-fain pour les étrangers: leurs habitans font divifés en deux claſſes dont l'une eſt le tyran de l'autre: ils font fuperſtitieux & fe flattent de détourner la foudre, les tempêtes, d'éloigner le poifon & la mort avec des morceaux de papier couverts de caracteres Arabes. La petite province d'*Yvonrbon* & le canton de *Saca* dépendent de Matatane qui les a conquis.

AFRIQUE. 51

Erin-Dranou ou *Eringdraner*, province étendue dans l'intérieur de l'île : elle est hériflée de montagnes qui forment des vallées riches en pâturages, & ont à leur fommet de grandes plaines dont le fol eft fertile. La nation qui l'habite peut mettre trente mille hommes fur pied en tems de guerre : elle eft riche en bétail. Leurs ennemis irréconciliable font leurs voifins de la province de Vohits-Anghombes : ceux-ci font plus nombreux ; ils peuvent mettre cent mille hommes fur pied : leurs villages annoncent plus d'intelligence & de goût dans ceux qui les conftruifent : le pays eft fertile, fur-tout en riz ; fes montagnes renferment des mines de fer & d'acier, & fes vallées nourriffent beaucoup de bétail. On y fait des étoffes avec un fil que fournit le bananas, & elles font auffi fines que celles de la foie qu'on y fabrique auffi, & qui n'y font point cheres.

Le pays des *Antavares* a plus de cinquante lieues de côtes : la mer le borne à l'orient, & la riviere de Tametavi au nord ; cette riviere fe jette dans la grande baie qu'on nomme *Port aux prunes* : le Mananzari l'arrofe dans fa plus grande partie, & fort des montagnes rouges : les barques peuvent la remonter à quelque diftance : le pays eft bas & marécageux : on y a vu un lac de quinze lieues de long fur prefque autant de large, rempli de petites îles. Les Français y avaient une habitation qu'ils ont abandonnée, quoiqu'ils euffent vu de l'or dans les mains des noirs : on y trouve du riz, des ignames, des bananes, des cannes à fucre, du miel, beaucoup de fruits, des bœufs, des boucs, de la volaille, diverfes provifions. Au couchant de ce pays eft celui d'*Ambohitfmene*, qui doit fon nom aux montagnes rouges, qui par leur élévation fe voyent à quinze lieues dans la mer; elles forment une chaine dont le pied est couvert de marais & d'étangs.

Gallemboulou ou *Voulouilou*, province qui doit son nom à une baie qui peut recevoir des barques légeres derriere une islot : elle a peu de fond, & est remplie d'écueils. Là est le port de la *Longuepointe* ou *Foulpoint* : il est un des meilleurs de l'île, & nous en avons parlé ci-dessus : c'est le seul endroit de la zone torride où la mer soit assujettie à des loix fixes. Le *Mananghourou* arrose cette province; les barques peuvent y entrer : près de ses bords on trouve du beau cryftal, dont il en est des morceaux de quatre pieds de circonférence : au milieu de la riviere est une île qui renferme des aigues marines & autres pierres colorées : ses habitans sont des hommes paisibles, gais & laborieux : le sol y donne jusqu'à trois recoltes de riz : les montagnes mêmes y sont très-fertiles, & ses rivages sont bordés de forêts : on y fabrique des pagnes avec une herbe nommée *moufia* : les villages y sont bâtis avec solidité, avec beaucoup de régularité, dans les lieux élevés, près des rivieres, au milieu d'enceintes fermées par des palissades : on croit que la nation qui l'habite descend des Juifs ou des Arabes, parce qu'ils ont le teint plus blanc que leurs voisins, & en different aussi par leurs coutumes; ils observent le jour du sabbat, sont circoncis, vénerent Abraham, Moïse, David, &c. : ils fument la terre avec la cendre de bambou qui est commun dans leur pays.

Andouvouche, province au nord & au couchant de la précédente : son nom lui vient du grand nombre de baies & d'anses qui coupent ses côtes : parmi elles est la baie d'*Antougill* ou d'*Antonio-Gillo*, Portugais qui la découvrit : elle a quatorze lieues de profondeur, & neuf de large : au fond est une île élevée, tapissée d'une verdure agréable, riche en plantes & en fruits, en fontaines, en miel, en bananes, en volailles : elle a deux lieues de tour, & le nom de *Marotte* : des îlots & des rochers sont répandus dans cette baie : divers villages sont sur ses côtes.

Vohemaro ou *Boamora*, province peu connue, au nord de celle dont nous venons de parler : tout ce qu'on en sait, c'est qu'elle est abondante en riz, & qu'on y voit de l'or : une baie qui a été fréquentée des Portugais lui a donné son nom : la partie septentrionale de cette île est inconnue : le cap qui la termine a le nom de *Natal* ou de *cap d'Ambre*, parce qu'on y en a trouvé sur les côtes : les îles de *Gumby* ferment l'entrée d'une baie assez grande, qui reçoit la riviere de Mangahelli.

Lamanou est encore un pays inconnu : ceux de *Mazelage*, de *St. André*, d'*Antsianac*, de *Hazon*, de *Conchaa*, ne le sont pas davantage : un long banc de sable, de petites îles comme celles des *Crabes* & de *Sanhago* bordent la partie occidentale de cette île, que les Portugais semblent avoir mieux connus que les autres nations.

Juouron-Heboc, pays situé près du tropique : il est en général pauvre, stérile, presque désert : les rives de l'Ouglagé sont seules abondantes en riz & en pâturages : on y trouve beaucoup de tamarins. Au midi est le pays de *Houlouve*, où les pâturages nourrissent beaucoup de bétail, où les monts renferment des amethystes couleur de fleurs de pêcher, & de très beaux cristaux.

Sieuh, province maritime, voisine des précédentes : le sol en est stérile & aride ; il manque d'eau douce : ses habitans vivent de laitage, de pois, de fèves, de pulpes de tamarin qu'ils broient avec des cendres pour la rendre moins acide : ils salent les citrons, ou les cuisent comme les pommes.

Les *Mahafales* sont au midi de *Sieuh*, ils en sont séparés par la riviere de Sacalité, & furent soumis aux Machicores : ils sont pasteurs, sont sans demeures fixes, & vivent de laitages, de racines, sous des huttes éparses : les femmes y font des pagnes de coton, de soie, & d'une écorce d'arbre qui donne un fruit aussi doux que la soie. On y voit un arbre haut de trente-cinq pieds, d'une grosseur prodigieuse, creux en dedans, & y formant une voute haute de vingt-cinq à trente pieds, sur douze de diametre : le dedans & le dehors en sont fort lisses : l'arbre entier ressemble à une tour pyramidale.

La province de *Machicore* à soixante-dix lieues du levant au couchant, cinquante du midi au nord : elle est arrosée par la riviere d'*Yonghelahé* qui se dégorge dans la baie de *St. Augustin*, située sous le tropique : on dit qu'au nord de cette riviere, il y a des mines d'or : des guerres civiles ont dépeuplé ce pays, ses habitans sont dispersés dans les bois où ils vivent de racines & de bœufs sauvages. Un de ses rois avait soumis à son autorité les pays voisins, & même celui de *Concha* : sa mort fit naitre des dissentions cruelles.

Au midi de cette province est celle de *Caramboulles*, qui n'a que dix lieues de long sur six de large, mais on y voit de beaux pâturages, du bétail, beaucoup de coton, des légumes : le bled n'y réussit pas, & ses habitans sont redoutables par leur méchanceté. Le *cap Marie*, situé dans la partie la plus méridionale de Madagascar, est dans cette province.

Ampatres, à l'orient de *Caremboulles*, a douze lieues de côtes : son sol est couvert d'épines, au milieu desquelles sont les villages entourés de palissades. Chaque canton, chaque village y a son chef indépendant ; de-là naissent des guerres sanglantes : ses habitans sont cruels & détestés de leurs voisins qu'ils haïssent : une partie n'est arrosée par aucune riviere ; cependant le sol y est fertile : les fourmis y donnent une gomme qui sert à affermir la zagaie dans son manche.

Itomampo, est une vallée qui touche à la province de Machicore, bordée par de hautes montagnes, arrosée par la riviere de son nom : ses habitans sont riches en bestiaux : le pays y produit du riz, des ignames, des légumes, des cannes à sucre.

Manamboule est à l'orient d'*Itomampo* : il a les mêmes richesses, mais le bois y est plus rare, & les monts y renferment des mines de fer & d'acier.

Icondre touche aux deux derniers districts ; ses productions sont les leurs.

Bornons-nous à cette courte description : nous sentons combien elle est imparfaite ; mais les connaissances que nous avons sur cette île ne nous permettent pas de la faire ni plus étendue, ni plus exacte.

Isle de Ste. Marie.

Les habitans l'appellent *Nossi Ibrahim* ou *Isle d'Abraham* : elle forme avec celle de Madagascar un canal large de trois lieues : elle a près de dix-huit lieues de long fur trois de large ; des rochers l'environnent, parmi lesquels il en est d'un beau corail blanc : fur fes rives orientales, on trouve de l'ambre gris dont les habitans fe fervent dans les facrifices qu'ils offrent à leurs ancêtres : elle est couverte de collines d'où defcendent une multitude de ruiffeaux, & qui forment de belles fontaines : le fol y produit du riz, des cannes à fucre, des légumes, des bananes, des ananas, du tabac excellent, des arbres à gomme : le bétail y est nombreux ; il erre à fon gré dans les prairies, & la chair en est fucculente : l'air n'y est pas fain : il n'y a pas de jour où il n'y pleuve, & il y pleut quelquefois quinze jours de fuite. Les arbres y produifent diverfes gommes dont on fait des parfums : fes habitans cultivent la terre & pêchent, & leur fuperflu offre à leurs voifins un commerce affez confidérable : ils vivaient difperfés dans les bois avant que les Français s'y fuffent établis : raffurés par eux contre leurs ennemis, ils formerent une douzaine de villages : ils ont un chef dont les revenus font la cinquieme partie de la recolte & de la pêche : tous fe prétendent iffus d'Abraham.

Au midi est l'iflot *Ste. Marie* féparé d'elle par un canal large de trente toifes & profond de deux pieds. les bestiaux y vont paître, & ce font fes feuls habitans : plus au midi on voit une multitude de rochers qui rendent la navigation dangereufe.

Au nord de l'île de France, à l'orient & au nord de Madagafcar, font diverfes îles peu connues : telles est l'*île de Sable*, celles d'*Angafay*, les *Cardouins de Graios*, *St. Brandon*, *Roquepie*, *Diego-Garcie*, celles de *Chagos* & de *Pedros Banhas* ; les bancs ou

AFRIQUE. 57

baffos de *St. Michel*, de *Saya*, de *Malha*, de *Nazareth*, les îles *Agallega* ou *Gallega*, celles d'*Afiove*, de *St. Jean de Nove*, d'*Alohonfe*, d'*Albrahos*, &c. toutes fort peu connues : celle qui l'eft davantage eft celle de *Roquepie* ou *Roquepiz* : fur fes bords la mer eft profonde, des cocotiers & d'autres arbres couvrent fes campagnes, les fleurs qui y naiffent exhalent au loin leur parfum ; un grand nombre d'oifeaux l'embelliffent : elle eft fous le 10e degré de latitude, fous le 83e de longitude : celles de *Banhas* font au nombre de cinq, & abondent en oifeaux & en cocos : celle de *Diego-Garcie* préfente un afpect agréable, mais l'accès en eft difficile. Celles de l'*Amirante* font affez peu connues : on n'en connait pas bien le nombre, & toutes font inhabitées : les tourterelles y font en grand nombre ; plufieurs ont des fources d'eau vive : le fol y eft ombragé par le cocotier, le palmier : leurs côtes font abondantes en poiffons : les Anglais les nommerent en 1609 *Defolate-Islands*.

Isles de Comore ou Gomara.

Elles font au couchant de Madagafcar, entre le 12 & le 15e degré de latitude : on n'en compte que quatre, & la plus grande leur donna fon nom, & cependant c'eft la moins connue : elle a fix lieues de long, trois de large, eft arrofée par des ruiffeaux, mais le fol parait n'en être pas fertile : fes habitans en petit nombre y font miférables, & n'offrent aucun objet à l'avidité ou aux befoins des navigateurs qui ne la fréquentent point. On y nourrit cependant des beftiaux, on y recueille des fruits, & les habitans en portent le fuperflu dans le continent, & l'échangent contre des toiles de coton dont ils s'habillent. On appelle aussi cette île *Agarsia*.

Celle de *Mohilla* ou *Moaly* ou *Molalia* offre de bonnes rades : c'est la plus riche en bétail : on y trouve des vaches, des boucs, des moutons à queue longue & large, des lapins, de la volaille, des oranges douces & aigres, des citrons de diverses grosseurs, des cocos, des bananes, du gingembre, du miel, du sucre, du riz qui étant cuit prend une couleur violette, du betel. Ses habitans sont, dit-on, moins sociables que ceux des autres îles : leurs maisons sont bâties de pierres liées par du ciment, recouvertes de plâtre : le toit en est bas, & formé de branches & de feuilles d'arbre.

Mayotta est une île circulaire, & la plus grande après celle de *Comore* : les rochers couverts d'eau qui l'environnent, en rendent l'approche dangereuse, & font qu'elle est peu connue : Houteman en 1598, y aborda ; les habitans lui parurent honnêtes ; ils s'empressèrent de lui apporter des provisions : le roi de l'île était vêtu d'une longue robe de soie brodée, était précédé de trois timbales & avait une suite nombreuse.

Anzuame, *Anjuan*, *Johanna* ou *Juanny* a la forme d'un chapeau : son sol est varié de monts & de vallées, par-tout il est fertile & rapporte beaucoup de fruits dans les parties élevées ; les vallées sont riches en pâturages & nourrissent de nombreux troupeaux : une multitude de ruisseaux l'arrosent : ses limons, ses oranges, ses figues, sont utiles aux navigateurs, ainsi que ses chevres, ses oiseaux & ses poissons : on y trouve le *koris*, coquillage connu aux Indes où il sert de monnaie. Ses habitans sont des Arabes basanés : on y voit des hommes & des femmes noires : c'est en général une nation indolente qui craint presque moins la faim & la nudité que le travail : ils se piquent d'avoir des principes d'honnêteté, des sentimens d'honneur, & d'être courageux : leur langage est l'arabe, & leur religion, s'ils en ont une, est le mahométisme. Les Portugais paraissent s'y être établis, & l'avoir ensuite abandonnée. Les femmes y sont esclaves : on y respectait un arbre dont le tronc paraissait formé de plusieurs, & avait huit pieds de circonférence : sa feuille ressemblait à celle de l'if : on exposait les cadavres des criminels sur ses branches.

Les autres îles plus voisines du continent, seront décrites en parlant des côtes près desquelles elles sont situées.

Du cap de Bonne-Espérance.

Barthelemi Diaz découvrit ce cap en 1493, & le nomma *Capos dos totos tormentos* : Jean II. changea ce nom en celui qu'il porte aujourd'hui : Diaz n'y débarqua pas : Vasco de Gama prit terre à *Rio d'Infante*; d'autres capitaines y descendirent ensuite & se firent détester des Hottentots par leur orgueil & leur violence; ils s'exposerent, & à des attaques qui leur couterent du sang, & à en tirer des vengeances cruelles : depuis ce tems ils fréquenterent peu cette partie du continent. Les Hollandais dans leurs voyages aux Indes, y descendaient pour prendre de l'eau & des provisions; ceux qui allaient, déposaient leurs lettres dans une boête de fer blanc ou de plomb, placée sous une pierre quarrée dans un lieu déterminé, & ceux qui venaient, prenaient les lettres, & jettaient à leur place les nouvelles qui pouvaient intéresser les vaisseaux alors en route pour le pays d'où ils venaient. Un chirurgien nommé *Jean-Van-Riebeck*, homme instruit, bon naturaliste, imagina qu'un établissement fixe serait très-utile à sa patrie dans un lieu également éloigné des Indes & de l'Europe, qui pouvait servir de lieu de relâche ; il en parla, la compagnie de Hollande en sentit les avantages, & résolut d'y faire construire un fort & des maisons, d'y fonder une colonie ; une flotte de quatre vaisseaux partit pour s'y rendre, commandée par Van-Riebeck : il débarqua dans le pays, s'acquit l'amitié des Hottentots par des présens, les fit consentir à le laisser élever son fort, & cultiver les terres voisines : on y fit d'abord des jardins, & y planta des vignobles. Van-Riebeck fit construire une maison de plaisance sur une hauteur ; tout réussit au gré de ses souhaits : un grand nombre de personnes vinrent s'y établir. Bientôt la colonie s'accrut, s'étendit, prospéra & se divisa en six établissemens particuliers dont nous ferons autant d'articles séparés, mais parlons du pays en général.

Le cap de Bonne-Espérance, si redouté des marins, est un promontoire formé par une montagne qui termine la pointe la plus méridionale de l'Afrique, & le pays des Hottentots : la ville du cap en est à quinze lieues. Ce pays des Hottentots forme un triangle dont un côté au sud-est a 300 lieues de longueur ; le côté ouest en a 200, & celui du nord 250 : c'est dans une partie de cet espace que sont dispersés les établissemens Hollandais. Le sol en est semé de grandes & hautes montagnes formées de rocs amoncelés, laissant entr'elles des vallées sablonneuses, pierreuses ou hérissées de ronces, & coupées de marécages. Peu de pays présentent un aspect plus désert & plus stérile. On y voit aussi de belles plaines, des collines fertiles qu'on a converties en prairies, en champs & en vignobles. Quoique les terres soient très-fécondes dans plusieurs cantons isolés, plusieurs plantes médecinales d'Europe, & divers fruits des Indes n'ont pu y réussir : parmi les plantes qu'on y trouve, il en est peu de naturelles au pays : presque toutes y furent apportées ; (*) on n'en excepte que quelques plantes bulbeuses, une sorte de figue, une de raisin, & quelques autres baies : les légumes qui y croissent sont excellens, excepté l'asperge qui n'y réussit pas, & le céleri qui y est petit & racorni : les choux y sont très-bons, les carottes y sont excellentes, même crues. La pêche, l'abricot n'y sont point inférieurs à ceux qu'on recherche en France : les prunes y sont mauvaises, les pommes & les figues médiocres, la bergamotte est la seule poire qui n'y ait pas dégénéré, le coing y est bon, les oranges y sont moins bonnes qu'en Portugal, les melons y dégénerent à la troisieme année, les fraises y ont un goût excellent, la plupart des raisins y sont exquis : il y a peu de groseilles; la cerise y est plus douce qu'en France; on y recueille une grande quantité de noix : parmi les fruits des Indes, on distingue le melon d'eau & la grenade : ces légumes, ces fruits y sont abondans, mais les vaisseaux qui s'en approvisionnent les rendent toujours chers : les arbres disperfés dans les montagnes ne s'y élevent pas à plus de cinq pieds. Les seuls arbres

---

(*) C'est ce qu'assurent des hommes peu observateurs : on y a trouvé un très-grand nombre de plantes nouvelles : les docteurs Thunbergh & Sparmann y ont rassemblé plus de mille plantes absolument inconnues avant eux.

naturels au pays qui s'élevent jufqu'à une hauteur de quinze à feize pieds, font l'arbre d'or & l'arbre d'argent, dont le bois n'eft bon qu'à brûler.

On y voit des plaines couvertes d'un fable mouvant, que le vent éleve & difperfe, que des ferpens & des infectes vénimeux habitent : pour s'en garantir, on n'y marche qu'en bottes faites d'un cuir flexible. Les pluies en defcendant en torrent dans les vallées, & s'évaporant enfuite, dépofent fur la terre un fel qui peut fervir à toutes fortes d'ufage, quoiqu'inférieur à celui d'Europe : chaque habitant peut en faire fa provifion. Dans d'autres vallées, on voit couler des ruiffeaux d'une eau douce, limpide & pure : quelques uns font chargés d'un limon rouge ou noirâtre : il en eft même, dont l'eau, d'abord douce & claire, devient amere & purgative en fe repofant : on y trouve auffi différentes fources, dont quelques-unes font thermales : il en eft une à trois journées du cap, qui guérit les maladies de la peau.

La température du climat y eft plus modérée, que fon voifinage du tropique ne femble l'annoncer : la chaleur y eft quelquefois exceffive dans le mois de Décembre ; mais elle n'y eft pas conftante, & eft bientôt tempérée par des pluies, par des vents de mer, par des brouillards, & même par la hauteur des montagnes, qui interceptent une partie des rayons du foleil. Il y regne deux vents conftans : l'un foufle entre le midi & le levant ; l'autre lui eft directement oppofé : celui-ci eft quelquefois faible & doux : quelquefois il eft très-violent & dure long-tems. Prefque toujours, lorfque ce vent foufle, l'air devient fombre & couvert : lorfque le premier regne, le ciel eft pur & ferein : quelquefois en chassant les vapeurs, il les suspend sur le sommet des hautes montagnes en nuages blancs qui s'accumulent, & dont bientôt une partie retombant dans les vallées, s'y dissipent insensiblement. Quelquefois encore, ce vent éleve & répand devant lui des nuages de sable & de poussiere, qui obscurcissant l'air & couvrant les rues & les maisons de la ville, forcent ceux qui s'y trouvent à fermer les yeux, & à marcher au hazard : dans les plaines, on le voit en peu de tems applanir des monts de sable, & en former de nouveaux à quelque distance; il dessèche les plantes, brise les arbres, les arrache ou les fait sécher sur pied : ceux qui sont sans abri, & qu'il ne fait pas périr, ont un aspect singulier & triste : du côté où ce vent souffle, ils sont secs, dépouillés, & sans branches ; c'est vers le côté opposé qu'ils étendent de longs rameaux touffus qui ombragent la terre : ses secousses violentes mettent en danger les maisons, les jardins, les vignobles, les terres ensemencées ; il les renverse & les dévaste quelquefois.

La plus grande chaleur qu'on ait observé au cap répond au 111e. degré du thermometre de Fahrenheit: la plus commune au 96e. mais elle est si peu constante qu'on n'y quitte point l'habit de drap. L'hiver y regne du mois de Mai à celui d'Août : les nuits alors y sont très-froides ; mais il y gele rarement, & le thermometre n'y descend jamais plus bas que le 43e. de Fahrenheit : on y voit cependant de la glace qui ne dure que quelques heures : la pluie y est fréquente, par ondées, & souvent mêlée de grèle : ce n'est qu'alors qu'on y voit des éclairs, qu'on y entend le tonnerre : cependant c'est alors la belle saison du cap, parce que ces bourrasques sont suivies assez souvent de sept à huit jours de beau tems calmes & tempérés; tandis qu'en été le sud-est fait sentir ses ravages, & souvent fait succéder assez rapidement, une chaleur excessive à une froidure incommode. Cet été comprend, les mois de Janvier, Fevrier & Mars : alors les prés sont brûlés, les animaux affaiblis, languissent & desséchent. Les variations du baromètre y sont souvent promptes, mais jamais étendues : leurs limites extrêmes sont, entre 27 pouces 10 lignes, & 28 pouces 6 lignes : c'est à midi qu'il est ordinairement le plus haut.

L'air y est très-sain, & très-doux; il y regne peu de maladies, le scorbut s'y guérit promptement, quoiqu'on n'y trouve pas de tortues de mer; mais la petite vérole y fait des ravages affreux; la plupart des Hottentots qui en sont attaqués en meurent; & un grand nombre de colons en sont marqués.

Le pays est coupé par différentes chaînes de montagnes noires, escarpées, stériles, d'un granite grossier : la plus considérable s'étend du cap *Fals* jusqu'au rivage oriental, & renferme ainsi les établissemens Européens. Cette chaîne est large, composée en quelque maniere de plusieurs chaînes jointes ensemble; les intérieures sont métalliques, & renferment du cuivre & du fer. Il y a aussi diverses montagnes isolées, dont trois sont célebres par leur situation, leur forme & même leur hauteur : ce sont celles de la Table, du Lion, & du Diable, si voisines l'une de l'autre, qu'elles paraissent d'abord n'en former qu'une qui a trois sommets; & en effet, elles ont le même pied. Celle de la Table est haute de 555 toises au-dessus du niveau de la mer : sa pente est couverte de pierres, de terre &
d'arbrisseaux

d'arbrisseaux : elle est formée par bancs horizontaux, d'une espece de grès que l'air décompose en sable : le sommet est un vaste rocher plat, de quartz blanc, revêtu çà & là d'un pouce ou deux de terre noire végétale, mêlée de sable & de gravier blanc, où végetent diverses especes de plantes, parmi lesquelles on remarque dix especes d'immortelles, de petits mirthes, une fougere, & un grand nombre d'autres, dont la plus singuliere a une fleur ronde en rose platte de six lignes de diamètre, ornée des plus riantes couleurs ; n'ayant ni tige, ni feuilles : elle croît sur le gravier, où elle tient par des filets imperceptibles. Si on la manie, elle se résoud en une substance glaireuse. Du sommet de la montagne on jouit d'un aspect varié & très-étendu : rien ne borne la vue vers la mer ; elle ne l'est vers la terre que par une chaîne de montagnes qui en est à quinze ou dix-huit lieues : du creux de quelques rochers, on voit sortir sans cesse de l'eau, & un ruisseau y sort d'une source abondante, & se précipite jusques dans la plaine : plus bas sont deux vallons profonds & couverts de bois, à l'entrée de l'un desquels la compagnie Hollandaise a fait élever une maison de plaisance.

La montagne du Diable n'est séparée de celle de la Table que par une gorge qui n'est pas bien profonde : elle n'est élevée que de 524 toises, & sa base est à un quart de lieue de la mer. Celle du Lion n'est élevée que de 430 toises ; elle présente aux vaisseaux qui arrivent la figure d'un Lion accroupi qui guette sa proie, & de-là vient son nom : sa cime ou la tête du Lion, est inaccessible : il est difficile d'atteindre à sa croupe, sur laquelle on place une sentinelle avec un pavillon & une piece de canon, qui annoncent à la ville les vaisseaux qui approchent.

Parlons des principales baies du pays possédé par les Hollandois : celle de la Table est au pied de la montagne de ce nom, & tient lieu de port : son enceinte est de six lieues, & son ouverture d'un peu plus de quatre. Les montagnes la défendent des vents de terre : mais du côté de la mer elle est ouverte à toute l'agitation des flots, & aux vents qui la causent. Pour prévenir les malheurs, qui souvent y sont arrivés, on a essayé d'en resserrer l'embouchure par un môle; mais les vagues ont toujours renversé les travaux à mesure qu'on les élevait. On s'est borné à faire jetter l'ancre aux vaisseaux dans la baye *Fals*, où ils sont en pleine sûreté dans la saison où les vents qui regnent viennent de la mer.

Vers l'embouchure de cette baye est l'île *Robben*, île basse & sablonneuse où l'on exile les coupables, & où on les occupe à chercher des coquillages & des pierres à chaux, à travailler dans les fours à chaux, &c. Au nord de cette île est celle de *Dassen* qui est remplie de lapins qu'on y a transporté d'Europe, & de pingouins qui fournissent le duvet ; on y pêchait des chiens de mer ; mais aujourd'hui cette pêche a été transportée dans l'île des *Enfans trouvés*, située à l'embouchure de la baye *Saldanha*, petit golfe très-profond dont l'ouverture est étroite & dangereuse par les écueils & îlots dont elle est semée : sa profondeur varie entre trois & cinq brasses ; elle nourrit une multitude de poissons ; ses bords sont couverts de bois, mais on n'y trouve ni eau douce, ni rafraîchissemens. La *Berg-Rivier*, le fleuve le plus considérable de ce pays, s'y décharge.

Au midi de la montagne de la Table est la *Hout-Baye* qui n'a que 800 toises de long, sur 600 de

AFRIQUE.

large : elle est entourée de rochers & de montagnes, pleine de brisans, presque inabordable : la côte est toute formée de rocs, le vallon qui la termine est agréable.

La *baye-Fals* doit son nom à un cap qu'on nomme aussi *Hanglip*, qui est à quatre lieues de la baye de la Table : son embouchure est très-large ; elle est à couvert du vent d'ouest : un banc de sable y offre un bon ancrage : vers le nord elle est très-profonde, & c'est-là que la pêche est abondante : un fort y été élevé, & l'on y trouve les mêmes commodités, les mêmes provisions qu'au cap.

C'est près du cap *Fals* que commence le banc *das Agulhas*, parce qu'il a la forme d'une aiguille : il s'étend à l'orient dans un espace de dix lieues ; son sable rouge le fait distinguer ; & il est facile d'y naviger ; il y a trente brasses de profondeur, & le vent du nord seul y forme des brisans impétueux. En remontant au nord-est on trouve diverses autres baies, telles que la *Jolie baie*, la baie *Lagoa* & autres dont il est inutile de parler ici.

Ce pays est habité par diverses petites nations, comprises sous le nom général d'Hottentots. Les Hottentots ont le nez plat & large, leurs meres prennent soin de le rendre tel dès leur naissance : ils ont les levres fort grosses, les dents blanches, les sourcils épais, la tête grosse, le corps maigre, les membres menus : leur taille ordinaire est de cinq pieds trois pouces ; on y en a vu qui avaient plus de six pieds sept pouces ; mais c'est une exception rare : ils sont vieux à quarante ans ; la mal-propreté dans laquelle ils croupissent, les viandes corrompues dont ils se nourrissent, contribuent sans doute à rendre leur vie aussi courte : ils sont d'une force, d'une vivacité, d'une activité remarquables; leurs yeux font ternes & fans expreffion, leur teint eft couleur de fuie : ils ont les mœurs des peuples pafteurs; les coutumes de leurs peres font leur code religieux & civil : ils fe raffemblent auprès des rivieres & des forêts en différentes peuplades, qui forment autant de petites républiques indépendantes: ces rivieres fécondent leurs bords, & l'ombre des forêts y défend les plantes de l'ardeur defféchante de l'été. Les arbres qui les compofent, font des efpeces d'arbriffeaux qui ne s'élevent pas au-delà de fept pieds. Les cabanes d'un village font rangées en cercle autour d'un centre commun; elles font couvertes de peaux ou de joncs, on n'y peut entrer qu'à genoux, & leurs poffeffeurs n'y entrent que pendant la pluie; c'eft-là qu'ils mettent leurs provifions & leurs uftenciles : fouvent le Hottentot chaffe, plus fouvent il eft étendu à fa porte, le dos tourné au foleil. Sa feule occupation conftante eft le foin des troupeaux. Chaque village a le fien, fur lequel un habitant veille tour-à-tour; s'il apperçoit quelque bête féroce, il en avertit les fiens, il les conduit au repaire de l'animal : ils l'agacent, l'en font fortir & le tuent à coups de flèches & de lances empoifonnées. Leur bétail eft la feule richeffe qu'ils poffedent, auffi vivent-ils en paix, & ce n'eft qu'avec d'autres peuplades qu'ils font en guerre; un mouton volé, une difpute entre ceux qui gardent les troupeaux les font naître, & elles font cruelles : le vainqueur n'épargne ni les femmes, ni les enfans. Ils vivent de légumes, de la chair de leurs troupeaux, & du gibier qu'ils tuent. Dès le matin, la femme fort du village fuivie de fes enfans, s'avance dans les bois, fuit le bord des rivieres, &

AFRIQUE. 69

cueille des racines & des fruits sauvages; elle revient ensuite à la cabane, y allume une herbe sèche en faisant rouler avec ses mains un morceau de bois dans le creux d'un autre, & prépare le repas: toute la famille s'assied à terre pour le prendre.

Ils sont vêtus de peaux de moutons, dont la laine est en-dehors pendant l'été, en-dedans pendant l'hiver; les chefs le font de peaux de lions, de tigres ou de zebres: les femmes ont une peau en forme de mantelet qui leur couvre les épaules, & laisse leur gorge à découvert: une seconde leur descend jusqu'aux genoux: des bracelets de joncs ou de roseaux ornent leurs bras & leurs jambes: des colliers de coquillages parent leur col; elles s'oignent le visage & la gorge de graisse de mouton: elles boivent le lait des brebis, & les hommes celui des vaches: ils ont une liqueur enyvrante, faite du suc d'une racine, mêlé au miel fermenté, dont ils font des excès qui les accablent: ils font des nattes grossieres de jonc, ignorent l'art de l'agriculture, & savent fondre les métaux. Leur langue est assez stérile & le doit être, quoiqu'elle ait deux voyelles de plus que celles d'Europe; l'une exprimée par un claquement de langue, l'autre par un froissement d'air entre la langue & le palais.

Lorsqu'un jeune Hottentot a atteint l'âge de dix-huit ans, on l'admet à la compagnie des hommes, qui lui fut jusqu'alors interdite; tous les hommes d'un village s'asseient en rond, ayant derriere eux le jeune homme assis sur ses talons; le plus considérable d'entr'eux se leve, demande le consentement de tous pour recevoir un nouveau compagnon parmi eux, & lorsqu'il l'a reçu, il s'approche du jeune homme, lui défend de converser désormais avec sa mere, comme de s'amuser aux jeux de son enfance, l'exhorte à se montrer homme, lui pisse sur le corps, lui souhaite du bonheur & de la barbe, & le proclame homme : la cérémonie finit par un festin : alors le nouvel Hottentot peut insulter sa mere, & n'en être que plus digne du titre qu'on lui a donné. Lorsqu'il veut se marier, il en parle à ses parens, qui vont visiter ceux de la fille : l'amant présente à tous du tabac ; on fume, on parle du mariage, le pere consent ; si la fille refuse, elle passe une nuit avec son amant, qui cherche à la vaincre : vaincue, elle est forcée de le prendre pour époux ; si elle ne l'est pas, elle demeure libre : lorsqu'elle a consenti, l'amant tue deux ou trois bœufs gras ; les hommes, les femmes s'oignent de leur graisse, & forment deux cercles : l'épouse se place au milieu de celui des femmes, l'époux dans celui des hommes ; le prêtre vient, arrose celui-ci de son urine, va en faire autant à l'épouse, leur souhaite une longue vie, un fils qui soit bon chasseur, & finit ainsi la cérémonie. Un homme peut prendre autant de femmes qu'il veut ; mais les riches mêmes en prennent rarement plus de trois. Autant de fois qu'une veuve veut se remarier, elle doit se faire couper un article du doigt ; après cette mutilation elle redevient fille. Les mariages entre cousins & cousines y sont défendus sous peine de mort. Lorsque la femme accouche de deux filles, ou d'un garçon & d'une fille, & que la mere ne peut suffire à nourrir deux enfans, on expose l'une des filles, ou la fille, dans le repaire d'une bête sauvage dont on bouche ensuite l'entrée, ou dans un bois. Dans une de leur tribu, quelques hommes s'amputent un testicule. Si un Hottentot est

attaqué d'une maladie mortelle, les parens se raſ-
ſemblent autour du malade; ils crient, pleurent,
frappent des pieds & des mains comme des inſen-
ſés, & c'eſt au milieu de ce vacarme que le malade expire: les cris ſe renforcent encore alors; puis
on plie le cadavre de maniere qu'il a la tête entre
les jambes & on l'enveloppe dans une peau : on le
fait paſſer par une ouverture qu'on fait à la cabane,
on l'emporte ſuivi d'une troupe d'hommes & d'une
de femmes, qui heurlent, ſe lamentent & font les
geſtes les plus violens & ſouvent ridicules; puis on
met le corps dans une caverne ou dans une foſſe,
qu'on recouvre de terre, de pierre & de bois : la
troupe revient enſuite former deux cercles, renouvelle ſes plaintes, appelle à grands cris le défunt,
& l'aſperſion de l'urine finit encore la cérémonie.
Celle de couper un teſticule aux jeunes garçons
finit de même. Les amis, les voiſins du défunt le
pleurent encore pendant trois ou quatre jours, puis
ils font un feſtin : l'héritier tue une brebis, dont
la membrane pendue à ſon col annonce qu'il eſt en
deuil : s'il n'en a point, il coupe une partie des treſſes
de ſes cheveux. Les vieillards inutiles ſont abandonnés dans une caverne, où ils périſſent de faim,
ou ſous la dent de quelque bête féroce : ils n'ont
point de culte, ne croyent point en Dieu, n'y penſent point, mais craignent ſeulement des puiſſances
mal-faiſantes de qui viennent tous les maux qu'ils
éprouvent : leur uſage de danſer à la pleine lune
n'eſt point un culte, peut-être qu'il en fut un autrefois, ou qu'ils l'ont imité de leurs voiſins, ſans
lui donner le même but. Au reſte, ce qu'on raconte
du tablier naturel des Hottentots, eſt ou faux, ou
extrêmement exageré.

Le vin ferait excellent au cap, fi l'on n'y fumait trop la vigne, & fi l'on favait le clarifier, mais on ne l'y conferve qu'à force de foufre, qui le rend défagréable : la culture des champs y a été très-perfectionnée ; la vente du beurre & du fromage, forme le principal revenu des lieux où la vigne ne profpere pas; mais ils y font affez mauvais, parce que le foin des troupeaux eft abandonné aux efclaves : on y tranfporte tout par des chariots traînés par des chevaux ou des bœufs qui marchent avec vîteffe : tous les charrois y font fi chers, que les habitations éloignées ne peuvent avoir pour objet de commerce que les beftiaux : le bled qu'on y recueillerait, ferait trop cher lorfqu'il ferait rendu au cap. Le froment y eft excellent, & l'on y fait de mauvais pain, parce qu'on le moud & paîtrit mal : on n'y fait point faire de bonne bierre, les viandes fraîches y font abondantes; & les mets les plus recherchés, font les viandes & les poiffons falés apportés de Hollande : la volaille y eft plus chere que la viande : un homme à fon aife, eft celui qui y poffede 600 brebis & 100 pieces de gros bétail; il en eft qui en ont 1000 des premiers & 300 des autres (*) : auffi les habitations de ces payfans doivent-elles être à une lieue l'une de l'autre. Le bœuf, le mouton y font très-bons, la vache y eft plus petite que celle d'Europe, mais d'une taille plus élégante ; elle a des cornes plus longues: la toifon des moutons tient du poil & de la laine : leur queue pefe plus de douze livres : on n'y peut manger la chair de chèvre.

(*) M. Forfter dit qu'en en voit plufieurs qui ont 6 à 7000 moutons, & des vaches à proportion.

AFRIQUE. 73

On y voit une belle sauterelle rouge, marbrée de noir; de beaux papillons, un scarabée brun, qui court vîte, & lache avec bruit, quand on veut le saisir, un vent suivi d'une petite fumée, qui fait au doigt qui en est atteint une tache obscure qui dure plusieurs jours: il fait jouer plusieurs fois son artillerie, on l'appelle le *canonier*. Le colibri y est assez commun; il y est gros comme une noix, d'un vert changeant sous le ventre, brun sur les ailes, rouge comme un rubis autour du cou & sur l'estomac: son bec est noir, assez long, un peu recourbé. On y voit un oiseau couleur de feu, dont la tête & le ventre sont comme du velours noir, qui devient brun pendant l'hiver : il y a plusieurs especes d'oiseaux de mer, & de poules d'eau. On y voit des aigles: on donne le nom de *secretaire*, à un oiseau qui leur ressemble beaucoup; il doit ce nom à une fraise de longues plumes propres à écrire, qu'il a autour du cou; il ne peut se tenir debout sur ses longues jambes, couvertes d'écailles, & vit de serpens; l'autruche y est commune; le casoar y est couvert de poils au lieu de plumes: il y a un grand nombre de pingouins, dont on remarque que le blanc des œufs, quoique cuit, demeure toujours transparent.

Les bêtes féroces se tiennent loin des lieux habités: ce n'est qu'au-delà de la chaîne de montagnes qui s'étend de la baye *Fals*, jusqu'à celle de *Ste. Helene*, qu'on trouve des élephans, des lions, des élans, des zebres, des chevaux sauvages, des hyenes rayées & tachetées: il y a peu de gros tigres, mais un grand nombre de petits, à qui l'on a donné improprement ce nom: ce sont des *chacals* ou *tschakals*; ils n'attaquent guere que les agneaux : on trouve dans les rivieres des vaches marines, ou hippopotames : ces animaux, les plus gros des quadrupedes après l'éléphant, ont treize à quinze pieds de long, dix à douze de circonférence sous le ventre ; ils se plaisent au fond de l'eau, mais viennent dormir sur la terre, & y font leurs petits ; ils broutent l'herbe des bords du fleuve : leur chair est bonne & saine, leur graisse est préférée au lard : ils sont bien moins nombreux qu'ils ne l'étaient dans le pays. On y voit encore des girafes, ou came-léopards qui ont sept pieds de l'épaule à la queue, dix-sept pieds de hauteur des pieds de devant à la tête, & huit pieds & demi des pieds de derriere au croupion : des rhinoceros qui ont douze pieds de long, autant de circonférence, & six à sept pieds de haut ; un animal encore inconnu, nommé *quachas*; des *gnous*, animaux qui excedent la grandeur d'un âne, dont le poil est court, fauve, blanc à la pointe, sa tête ressemble à celle du bœuf ; cette tête est couverte de poils noirs, & il en pend une barbe blanche : elle est couronnée de deux cornes noires, qui s'avançant en avant, se recourbent ensuite vers le haut ; leur longueur est de dix-neuf pouces : une criniere épaisse, formée de poils roides, s'étend du cou sur le dos, qui est uni : sa croupe est semblable à celle d'un petit cheval, ses jambes à celles du cerf : il mugit souvent comme le bœuf. On y voit encore quelques animaux rares ; tels que le *pasan*, espece de gazelle, qui a la tête d'une beauté admirable, ornée de deux cornes longues & droites ; *coedoes* ou *condoma*, animal qui a la phisionomie douce, dont la taille est celle du plus grand cerf, dont le corps couvert d'un poil brun-clair est partagé de raies blanches qui du dos vont sous

AFRIQUE. 75

le ventre, qui a une barbe, deux cornes longues de trois pieds & demi, tortueuses & en spirales : il paraît être le *strepsiceros* de Linnæus : le *tzeiran* qui a l'aspect du cerf, mais dont la tête est moins en avant, long d'environ six pieds, haut d'un peu moins de quatre, couvert d'un poil gris argenté, orné de longues cornes, dont la courbure approche de celle des cornes du chamois; le *sanglier*, qui differe du nôtre par sa tête énorme, large, platte, armée de quatre défenses redoutables; le *grand gerbo*, animal sauteur de la grandeur du lievre; une espece d'*hamster*, plusieurs autres animaux, & un zoophite qu'on nomme *jet-d'eau marin*; c'est une substance charnue, informe, qui tient aux rochers, & qui, dès qu'on le touche, pousse par deux ou trois petits trous des especes de jets-d'eau; qu'il recommence autant de fois qu'on y met la main, jusqu'à ce que le réservoir soit épuisé.

On compte environ 50000 personnes d'origine Européenne au cap de Bonne-Espérance, & dans le pays qui en dépend. Cette colonie pourrait devenir puissante, si l'on pouvait arracher les habitans naturels, à la vie oisive & indépendante qu'ils menent dans les déserts; mais l'éducation, le commerce des hommes civilisés, les honneurs, les plaisirs, ne peuvent leur en faire perdre le souvenir, ni les retenir quand ils peuvent y retourner.

La compagnie en tire plusieurs avantages; mais de moins grands qu'il semble qu'on n'en devrait espérer : elle préleve la dixme sur les bleds & le vin qu'on y recueille, des douanes, d'autres droits, mais le tout ne va guere au-delà de 250 mille liv. elle en gagne environ 40000 sur les gros draps, les toiles, les quincailleries, les charbons de terre;

les dépenses nécessaires absorbent ce revenu ; mais cet établissement offre un asile sûr à ses vaisseaux, lorsqu'ils viennent des Indes, ou y vont ; ils y trouvent un ciel pur, un air tempéré, des rafraichissemens, des instructions, & il sauve la vie à un grand nombre de matelots, comme il donne plus de sûreté au commerce.

Cette colonie serait plus peuplée & plus florissante si elle n'appartenait pas à des marchands, qui croyent convenable de se réserver la propriété des terres, & d'empêcher que les colons n'y deviennent trop riches & trop puissans.

Toute la colonie est divisée en trois jurisdictions & six paroisses. La premiere jurisdiction ne renferme qu'une paroisse : c'est celle de la ville du cap : mais c'est-là que réside le conseil de justice, présidé par le commandant, & qui décide de tous les procès par appel. La seconde est celle de *Stellenbosch* & *Drackenstein*, qui renferme quatre paroisses ; la cour de justice est composée de six conseillers & d'un landrost, & siege dans le bourg de Stellenbosch. La troisieme est celle de *Zwellendam*, qui ne forme qu'une paroisse, mais qui s'étend sur tout le pays qui est au-delà de la grande chaîne de montagnes. Le gouvernement civil & militaire dépend du gouverneur & du conseil de police, composé du vice gouverneur, du fiscal, du major, commandant du fort, du sécretaire, du trésorier, du controleur des provisions, de celui des liqueurs fortes, & du teneur de livres : il y a encore une cour de justice : deux parens ne peuvent sieger dans le même conseil. Le gouverneur a des appointemens fixés, des maisons, des jardins, des meubles, sa table ; il perçoit, dit-on, les deux tiers de 4000 dollars, produit par l'impôt fur la fortie du vin : le major y a le rang de *koop-man*, ou de marchand : on y compte 700 foldats réguliers : le fort près de la ville en a 400 ; la milice monte à environ 4000 hommes : les efclaves y font cinq fois plus nombreux que les hommes libres. La colonie dépend immédiatement des chambres de la compagnie Hollandaife des Indes orientales : le gouverneur cependant doit entretenir une correfpondance fuivie avec le gouverneur de Batavia, & correfpondre à fes vues.

I. *Jurifdiction du cap.*

Son territoire eft borné au nord, & au couchant par la mer, au midi par le Hout-Bay, au levant par celle de Stellenbofch, dont une plaine fablonneufe la fépare, & par le *Moffer-banks* : il eft fermé de montagnes qui temperent la chaleur, & fourniffent une multitude de ruiffeaux qui le fertilifent, & rendent les vallées très-agréables. La vallée de la Table y eft renfermée, ainfi que la ville, la forterefle & les jardins de la compagnie. La ville s'étend du rivage dans la vallée ; elle eft affez grande, bâtie avec régularité ; fes rues font larges ; on y compte 1200 maifons dont les premieres furent prefque toutes bâties de briques, peintes en blanc, & n'eurent qu'un étage ; mais aujourd'hui elles en ont deux ou trois : les chambres en font fpacieufes, élevées, bien aërées ; prefque toutes ont devant elles une grande & belle cour, & derriere de beaux jardins : elles font très-propres, & couvertes de joncs ; les ouragans ne permettent pas de les couvrir de tuiles ; la plus belle rue eft coupée par un canal ombragé de grands chênes : d'autres ont le même ornement, & les côtés des portes des maisons sont bordés de sieges de briques ou de gazons, où les dames prennent le frais. Le château ou forteresse est un pentagone régulier, ceint d'un fossé, défendu par divers ouvrages extérieurs, & par une artillerie nombreuse : à ses côtés s'étendent deux batteries qui défendent l'approche de la baye. Le gouverneur, les officiers, les riches habitans ont de fort belles maisons ; l'hôpital est vaste & superbe, les malades y sont traités avec soin ; chacun y a son lit à part ; l'air y peut être renouvellé, & la vue des environs est agréable : les matelots y sont reçus gratis pendant 15 jours ; s'ils sont malades plus longtems, on retient la moitié de leur paye. On vient d'élever encore un hôpital à l'orient de la ville. Les esclaves de la compagnie sont renfermés dans un vaste bâtiment qui est encore un des ornemens de la ville : des magasins nombreux sont répandus çà & là : l'église n'est pas grande ; mais elle a deux belles avenues, & un beau portique de marbre blanc & rouge pour chacun d'elles : sa latitude est de 33°. d. 55 m. sa longitude de 36°. d. 10 m.

Il y a un plus grand nombre de Hollandais dans cette colonie que dans toutes celles que la république a fondé dans l'Inde : les femmes y sont belles, & ont le teint blanc, elles sont épouses fidelles, bonnes meres, excellentes œconomes ; elles ne sortent jamais sans faire porter devant elles une chauferette, souvent sans feu que le climat ne rend pas nécessaire ; c'est un usage qu'elles ont rapporté de leur patrie. En général les habitans sont doux & sociables : ils manquent de moyens pour s'instruire, mais ils sont dans l'aisance. Les environs sont ornés de vastes jardins : la compagnie y en possède trois, dont le plus grand est un potager, long de 1000 pas, large de 260, entouré d'une haie élevée de chênes & de lauriers, arrosé par deux canaux : une partie est ombragée d'arbres fruitiers : les deux autres servent principalement à fournir des légumes aux vaisseaux de la compagnie, & sont arrosés par la petite riviere qui descend de la montagne de la Table.

Parmi les petites rivieres de ce territoire, on peut nommer le *Zout-rivier*, ou riviere salée, le *Mosselbank* & le *Keisers-rivier* : la premiere se forme de plusieurs ruisseaux qui descendent de la montagne de la Table, la marée y remonte, & en rend les eaux saumâtres, mais la remplit de poissons : après le flux, son eau redevient pure & douce ; jamais elle ne tarit. Le *Mosselbank* ne coule qu'en hyver, ou dans la saison des pluyes, parce que les ruisseaux qui la forment descendent de montagnes peu élevées ; son cours au travers de plaines arides & sablonneuses est fort tortueux. Le *Keisers-rivier* se perd dans l'été dans une vallée de sable où elle forme un lac, parce que le sud-est accumule le sable dans son embouchure ; mais les pluies enflant la riviere & le lac, lui fait rompre cet obstacle, & s'ouvrir un passage.

C'est dans ce territoire que sont les montagnes des vaches ou *Koebergen*, qui doivent leur nom à des pâturages, mais l'eau y est rare : les *Montagnes bleues* paraissent au loin de cette couleur ; ce sont deux petits monts isolés. C'est près des monts *Steenbergen* qu'est le hameau de Constance, fameux par le vin qu'on y recueille. Ce vignoble dont les plans sont originaires de Schiras en Perse, est dans un terrein graveleux, disposé en pente douce ; il appartient à deux particuliers qui en retirent chaque année 270 muids, dont une partie eft mêlé à celui des vignes voifines, & rendu en Europe fous le nom de vin du cap : le véritable vin de Conftance fe vend 4 francs la bouteille ; le rouge eft plus eftimé que le blanc ; on y a effayé des feps de Bourgogne, & ils y ont très-bien réuffi : les habitans boivent un vin fec, produit par des plants apportés de Madere. Pour arriver à ce vignoble, on traverfe une forêt d'arbres femblables à des pins dont la feuille approchant de celle du faule eft revêtûe d'un duvet blanc très-éclatant, qui leur a fait donner le nom d'arbre d'argent; lorfque le vent agite cette forêt, & que le foleil l'éclaire, chaque feuille brille comme une lame de métal.

II. Jurifdiction de Stellenbofch.

Elle fut formée en 1670 : la terre y étoit alors couverte de ronces & d'arbriffeaux ; on les arracha par l'ordre du gouverneur *Van der Stel*, & de là vient fon nom, bois de Stel : il y bâtit un village, y éleva une églife, une maifon de ville, & des maifons publiques: il fut confumé en 1710, & bientôt rebâti : on y voit aujourd'hui plus de 50 maifons, qui forment deux rues ombragées par de gros chênes ; une petite riviere le traverfe, & à fon extrémité eft l'églife : l'océan, la fauffe baye, la colonie du cap, le Moffelbank en font les limites. On le divife en *Hollande Hottentote, Moddergat, Stellenbofch propre & Bottelary*.

La Hollande Hottentote eft le pays le plus beau, le plus fertile, le mieux fitué de la jurifdiction : les eaux y font abondantes, les pâturages nombreux ;

breux; tout ce qu'on y plante y réuſſit; les chênes y ſont devenus grands & beaux : trois rivieres l'arroſent, celle de *S. Laurent* toujours ombragée conſerve ſes eaux fraîches & pures : elle ſe deſſechait en été, & ſe débordait en hiver ; mais le gouverneur Van del Stel a fait creuſer un vaſte reſervoir qui ſe remplit du ſuperflu de la riviere en hiver, & prolonge le tems où elle coule ; les deux autres ſe deſſéchent auſſi, & dans aucune on ne trouve que du poiſſon de mer, qu'y amene & remporte la marée. Là eſt la *montagne aux brebis*, couverte d'une herbe excellente toute l'année, qui nourrit de nombreux troupeaux de brebis, dont la chair eſt ſucculente & délicate. Là auſſi eſt la *vallée de la vache marine*, où eſt un lac d'une lieue de tour, bordé de roſeaux, & où nagent de grands vols d'oiſeaux aquatiques ; l'eau de la mer pouſſée avec violence par le vent du ſud-eſt, vient ſe mêler à la ſienne, & y amene beaucoup de poiſſons qui bientôt y meurent.

Au nord de la Hollande Hottentote eſt le *Moddergat*, qui doit ſon nom aux marais qui s'y forment, & à ſes chemins fangeux : ſes terres arroſées par un grand nombre de ruiſſeaux ſont très-fertiles, & nourriſſent beaucoup de bétail : il eſt ſujet aux inondations ſubites & violentes.

Au nord-eſt de ce diſtrict eſt celui du *Stellenboſch* dont l'aſpect eſt très-agréable : ſes monts ſont couverts de plantes & de fleurs ; c'eſt-là qu'on trouve l'arbre à cire que l'on connait en Amérique, qu'on ſavait être au cap de Bonne-Eſpérance, mais dont on ne fit aucun uſage juſqu'en 1760 : c'eſt un arbriſſeau haut de 5 à 6 pieds qui pouſſe pluſieurs branches flexibles, garnies de feuilles oppoſées, & ayant la forme de cœur ; ſon fruit rond, blanc,

Tome X. F

croît au bas des branches : un muid de ces fruits qu'on fait boüillir dans des chaudieres rend 25 livres d'une cire blanche, feche, répandant une odeur douce & aromatique : il ne croît que dans un terroir fablonneux & aride. Les montagnes à l'orient de ce diſtrict font preſqu'égales en hauteur à celles de la Table : de-là defcend la riviere qui paſſe à Stellenbofch, & en porte le nom : on la traverſe fur un beau pont élevé par un particulier ; la vallée qu'elle arrofe, les autres vallées qui y correfpondent font couvertes de vignobles & de jardins embellis d'arbres fruitiers.

Le diſtrict de *Bottelary* eſt peut-être le plus riche en pâturages : vers le nord il y a une grande montagne qu'un rocher ayant la figure d'une perle, fait appeller *montagne de la Perle*, & où l'on taille des meules de moulin : prefque partout on y feme, on y recueille le froment ; l'eau des puits & des bas fonds y devient falée dans les tems de fécherefſe, & cependant on eſt forcé d'en faire ufage ; le bois y eſt rare.

III. *Juriſdiction de Drakenſtein.*

Elle prit fon nom d'un feigneur de Drakenſtein, dans la province d'Utrecht ; on commença à s'y établir en 1675 ; mais c'eſt en 1685 que la révocation de l'édit de Nantes l'étendit, la peupla, la rendit floriſſante : elle eſt formée de plufieurs vallées, dont la plus confidérable eſt arrofée par le Berg-rivier, la plus grande riviere du pays, que l'été ne deſſeche point, qui fouvent inonde fes rivages pendant l'hiver, & qu'on ne peut traverſer que dans de petits bâteaux : des vignobles, des champs qui ren-

dent 25 & 30 pour un, font fes principales richeffes : on y nourrit auffi beaucoup de beftiaux : l'ef-
pérance d'y découvrir une mine d'or y a fait faire
bien des dépenfes inutiles. L'une de ces vallées eft
dominée par une montagne qu'on nomme le château de Riedbeck ; elle eft haute & longue ; fon
fommet n'eft acceffible qu'au couchant ; elle eft
couverte d'herbes, d'arbres affez gros, mais dont
le bois eft fpongieux, habitée par un grand nombre de babouins, de marmottes ; on y trouve encore des chevaux fauvages ; autour font des habitations, dont les champs féconds font arrofés par
des ruiffeaux qui naiffent à fon pied. Plus haut eft la
vallée des 24 rivieres, vallée riche en pâturages,
habitée par des hommes pafteurs, qui n'y ont point
de propriété : plus au nord encore font les montagnes de miel, *Honig-bergen*, nommées ainfi parce que les abeilles y en dépofent une grande quantité dans les crevaffes des rochers où on va le ra-
maffer pour le vendre au Cap : leurs environs font
habités par des Européens qui ont abandonné la
culture pénible des champs pour fe nourrir du lait
& de la chair de leurs troupeaux : ils ne font pas
riches, mais jouiffent d'une fanté vigoureufe : la
montagne du Piquet eft plus au nord encore, elle
eft environnée de terres arides & en friche, hériffées d'épines & d'arbuftes, où vivent quelques pafteurs de brebis.

Les Hollandais ont formé encore quelques établiffemens voifins de ceux-ci : telle eft la *colonie de
Waveren* féparée du Drakenftein par une chaîne
de monts formés de fable rouge. La terre y eft
dure & pefante ; on y attele quelquefois 20 bœufs
à une charrue, & fes champs ne rendent pas le

vingt pour un : cette colonie forme aujourd'hui une paroiffe particuliere : au couchant on y voit la montagne de *Kapoe*, nom d'un arbufte qui donne une efpece d'ouate dont on fait des lits : de cette montagne la vue s'étend fur toute la vallée que termine la mer. Au nord eft la vallée de *Groene-Kloof*, qui doit fon nom à la beauté de fes pâturages ; la riviere qui y coule fe rend dans la baye de la Table : plus au nord encore eft le *Zwarte-Land*, ou pays noir, qui forme auffi une paroiffe : le fol en eft varié; une partie feulement en eft fertile. La derniere colonie qui fe foit formée dans ce pays eft le *Zwellendam*, formée par le gouverneur *Zwellengrabel*; fes habitations font répandues en partie le long des côtes & des bayes jufqu'auprès de la riviere de S. Chriftophle : ils communiquent avec le Cap par la mer; les montagnes & les rivieres rendent le chemin par terre prefqu'impraticable.

Les peuples qui habitent dans le voifinage font peu différens par les ufages & les mœurs des Hottentots dont nous avons parlé : ils paraiffent fimples, humains, compatiffans. Nous ne parlerons donc pas des différentes peuplades qui errent dans ce pays ; il faudrait nous appefantir fur des détails pour ne pas les confondre : d'ailleurs la plupart n'habitent pas toujours le même lieu ; elles voyagent, fe déplacent mutuellement. Nous nous bornerons à faire mention de quelques-unes d'entr'elles.

Les *Kokbaquas* ont de belles prairies ; leur pays manque d'eau douce; il a des falines dont les Hollandais profitent comme de la plus grande partie de fes pâturages : les Kakbaquas quittent le lieu où leurs troupeaux ont brouté l'herbe, vont en avant,

AFRIQUE. 85

& font ainſi le tour de leur canton ; quand l'herbe eſt vieille, ils y mettent le feu, & ſes cendres redonnent une nouvelle force à la végétation : les Européens ont adopté cette coutume.

Les *Suſſaquas* ont formé une nation puiſſante : aujourd'hui leur pays eſt preſque déſert ; les villages y ſont rares, les troupeaux peu nombreux ; l'eau pure y manque ; cependant la terre y eſt fertile.

Les *Khirigriquas* ſont voiſins de la baye Ste. Helene : ils ſont connus par leur force, par l'adreſſe avec laquelle ils lancent la zagaie : leur pays eſt rempli de montagnes, les terres en ſont excellentes, les vallées ſont ornées de fleurs variées, qui plaiſent à l'œil & flattent l'odorat ; mais on y trouve beaucoup de ſerpens ; on y voit une forêt d'arbres gros & élevés où les bêtes féroces s'aſſemblent, percée de différentes routes, & où les branches forment des antres où la lumiere ne pénetre pas.

Les grands & les petits *Namaquas* habitent une contrée ſablonneuſe qu'arroſe la riviere verte, & quelques autres rivieres. Ils ſont diviſés en peuplades diſtinctes, parmi leſquelles on remarque les *Comeinacquas* qui habitent un ſol aride où l'on ne trouve que de l'eau de puits ; & qui vivent de leurs troupeaux : les *Tradiamacquas* qui habitent près de la montagne *Comma*, & ſont doux & pacifiques ; peut-être ils en tirent leur nom qui ſignifie peuple efféminé : les *Cabonas* qui vivent ſur un ſol pierreux, nourriſſent du gros bétail, & des troupeaux de chèvres qui n'ont point de cornes ; leur pays a encore beaucoup de chevaux ſauvages : les *Korikambis* dont les terres ſont arroſées par le Cham & où l'on trouve un grand nombre de rhinoceros,

F 3

de bufles, de chevaux : les *Keiramacquas* qui voyagent le long de la *Vifch-rivier* ou riviere des poiffons, quelquefois deffechée, & où l'on ne trouve alors que de l'eau de puits : tous ces peuples & leurs voifins habitent fous des cabanes faites de rofeaux ou de jonc : deux ou trois familles fe réuniffent dans une feule : les femmes les conftruifent ; les hommes ne s'occupent que de leurs armes & de la chaffe ; ils favent employer le fer pour leurs flèches & leurs zagaies ou *affagaayen*, & ils les ornent de cuivre & de corail : ils rendent hommage à la lune croiffante, affis en cercle, jouant de leurs flûtes de rofeaux; les femmes danfent autour en frappant des mains, & crient que la lune paffée a confervé eux, & leurs troupeaux, & que celle-ci les confervera auffi : ils ont quelque idée d'un être fuprême nommé *Chuyn*, le grand, le puiffant : dans leurs mariages, on remarque que fi le pere de la fille accepte tout le bétail que l'amant lui préfente, il n'a plus de droit de la redemander; mais qu'il la conferve s'il n'en accepte qu'une partie : le frere ainé d'un mort eft obligé de prendre fa femme & fes enfans, & de les élever comme les fiens, à moins que la veuve ne foit riche : ils favent fondre & travailler le cuivre : ils le fondent dans un creufet d'argille, placé fur un foyer de fiente de vache & de terre glaife. Une nation nommée *Birinas* vient commercer avec eux, & leur apporte du fer, du cuivre, des grains de verre & de corail : les cabanes de ces peuples font pofées fur des pieux, & font formées de rofeaux entrelaffés, & crépis en dehors avec un mortier fait de fiente de vache & d'argille ; il ne fe graiffe pas le corps comme les Hottentots, mais comme eux il eft vêtu de peaux. On avait prétendu qu'on trouvait dans leur voisinage une nation bazanée ou jaune, portant de longs cheveux, s'habillant avec la toile, & nommée *Damrocquar* ; mais des recherches exactes n'ont pu en découvrir aucune trace.

Le pays des *Attaquas* est sec, presque stérile ; aussi vivent-ils en peuplades dispersées, nourrissant peu de bétail, tirant une partie de leur subsistance de la chasse : mais ils sont gais & contens ; leurs montagnes leur servent d'asyle, quand ils sont menacés d'une guerre soudaine, & ils s'y rassemblent par des signaux, & forment bientôt une armée nombreuse. Le pays des *Kopmans* a des vallées bien arrosées, riantes, fertiles : la *Palamite*, riviere rapide, féconde en anguilles, en éparlans, en d'autres petits poissons en arrose une partie ; il y a de belles salines dans la vallée de Suthenhall. Les *Hessaquas* sont riches & nombreux : leurs pâturages sont couverts de bœufs & de moutons : l'abondance leur fait aimer la paix, & les expose à des attaques fréquentes : leurs *Kraals* ou villages sont peuplés & étendus. Les *Sonquas* forment un peuple guerrier, ils habitent un pays pauvre, ont peu de bestiaux, mais beaucoup de racines, de plantes & de légumes ; ils recueillent du miel dans le tronc vuide de leurs arbres, & l'échangent contre les utenciles à leur usage. Les *Damaquas* possedent un pays uni, abondant en gibier, en bestiaux, qui produit des melons d'eau, du chanvre sauvage, est riche en salines inutiles, pauvre en bois auquel la mousse supplée. Les *Gauros* sont riches en bestiaux, en bois, en eaux pures ; les bêtes féroces y sont nombreuses ; ils se vêtissent de peaux de tigres, de chats sauvages & autres animaux voraces : c'est dans le canton des *Khamtovers* qu'on trouve les plus beaux arbres de toute cette partie de l'Afrique : on y trouve des cerisiers, des abricotiers, beaucoup de gibier, un grand nombre de rivieres abondantes en poiffons. Les *Heufaquas* s'adonnent à l'agriculture, ils cultivent une racine aromatique qui infufée dans l'eau en fait une liqueur enivrante ; on dit qu'ils favent prendre les lions dans des pieges, les apprivoifer, les faire fuivre comme des chiens & les exercer pour la guerre.

Tierra di Natal.

C'eft la côte qui s'étend du pays des Hottentots à celle *dos Fumos*, dans un efpace d'environ 70 lieues : elle fut découverte par Vafco de Gama en 1497 ; il lui donna ce nom, parce qu'il la vit le jour de noël : des rochers en rendent le rivage quelquefois dangereux : le fol en eft fertile & couvert d'arbres élevés, de bois épais ; l'air y eft mal-fain : les Hollandais ont arrêté cette terre (on ne fait trop comment), pour aggrandir leurs poffeffions dans cette partie de l'Afrique : la nation qui l'habite parait être diftincte de celle des Hottentots : elle ne s'enduit pas le corps de graiffe comme eux ; ils n'ont pas leur bégaiement, leur prononciation, vivent fous des maifons quarrées, faites avec le plâtre, fement une forte de maïz dont ils font un breuvage : ils font fort noirs, ont la taille médiocre, bien proportionnée, les cheveux crépus, le nez bien fait, les dents blanches, la phyfionomie agréable. On leur donne le nom de Cafres, mot arabe qui fignifie *infidele*. Les Anglais y font quelque commerce : ils y achetent des dents d'éléphans : des corfaires du golfe arabique y viennent échanger des étoffes de foie contre la même marchandife : fouvent ces Cafres échangent de nouveau ces étoffes aux Européens pour d'autres objets, comme du goudron, des ancres, des cordages : ils commercent auffi avec les habitans du Monomotapa, & avec les Portugais du Mofambique, ils élevent auffi beaucoup de troupeaux de bétail. Ce pays recele beaucoup d'éléphans, de rhinoceros, de lions, d'ours, de léopards, de loups, de daims, de renards, de différens oifeaux, tels que l'autruche; les rivieres y font abondantes en poiffons, & on y trouve des hippopotames & des crocodiles.

Entre cette terre & la riviere de Spirito Santo, eft la *Tierra dos Fumos* : elle eft moins connue encore que celle *di-Natal*; tout ce qu'on en fait, c'eft que le peuple, le fol, le commerce y font les mêmes; la plupart de fes habitans font errans dans l'une & dans l'autre : elle eft terminée au nord par une vafte baye que les Anglais ont nommée *Agoa* où fe jette le fleuve de Spirito Santo. Entr'elles eft celle de *Naonetas*, très-peu étendue.

Les habitans de ces pays ont quelque connoiffance de la divinité, & l'honorent par des danfes & des fêtes : la fertilité de leur fol les rend indolens & pareffeux.

Des Etats qui forment l'empire du Monomotapa.

En remontant la côte on trouve le royaume d'*Inhambane*, ou *Jnnanbam*. Il dépendoit du Monomotapa; fes côtes s'étendent de la riviere du S. Efprit au cap des Courans : une riviere lui donne fon nom, & fa capitale eft fur les bords du fleuve; *Tonge* eft le nom de cette ville dont on ne connait presque rien, & qui peut être la *Bokhah* des orientaux. Vers le sud, les Portugais possedent le fort d'*Inhaqua*; on donne aussi ce nom à une île & à un lac long de 10 lieues.

La chaleur est extrême dans ce pays situé sous le Tropique ; cependant il est fertile, & arrosé par diverses rivieres, par celle d'*Aroe*, qui naît au pied de montagnes où sont des mines d'or, & qui en dépose des paillettes parmi le sable de ses bords; par celle d'*Or*, celles d'*Inhapura* & d'*Inhanga*; l'*Inhanbane* y forme un port où l'on fait le commerce. On y a peu converti de Cafres au christianisme. Ce royaume est borné au couchant par les terres du roi de Biri, arrosé par les rivieres de *Magrica* ou de *Laurent Marquez*, & par celles de *Maumbe* ou de *S. Christophle*; toutes les deux navigables.

Le royaume de *Sabia* est au nord d'Innhanbane, il est peuplé, riche, composé de diverses provinces, dont la plus méridionale est celle de *Botonga*, la plus septentrionale celle de *Quilomne*; le sol en est fertile, la chaleur y est extrême; une riviere navigable en partie le traverse & lui donne son nom: on trouve de l'or dans le sable de ses bords : le roi de Sabia prend le titre de *Sesenda*; sa capitale est *Manbone*, située près de la mer; plus au midi sont le cap S. Sebastien & les îles *Bascias* qui dépendent de cet état, & sont connues des navigateurs.

Le royaume de *Quitervé* ou *Zofala* ou *Sofalah* a environ 80 lieues du levant au couchant, & 30 du midi au nord : le pays est plat, fertile, peuplé : la mer y a peu de fond, ainsi que sur les côtes de Sabia, les rivieres y forment de vastes atterrissemens; le sol même y est si peu élevé que les navigateurs sentent le parfum des fleurs qui le couvrent avant que de le voir : on y voit beaucoup d'éléphans, de lions & autres bêtes féroces ; ses peuples font un mélange d'Arabes & de Cafres, tous assez bien faits, cultivant le riz, qui avec la chair des bestiaux qu'ils élevent, & le poisson abondant sur leurs côtes & dans leurs rivieres, forme leur principal aliment : un habit de soie ou de coton fabriqué dans le Guzarate leur couvre le corps du haut de la ceinture aux genoux ; ils portent le turban, & à leur côté est suspendu un poignard à poignée d'ivoire : les étoffes, les draps, l'ambre que les Portugais leur vendent, ils les paient avec de l'ivoire & de l'or, qui est, dit-on, si abondant dans le pays, qu'on le donne sans le peser, & que depuis bien des siecles les Arabes & les Portugais en emportent des sommes immenses ; de-là on a prétendu que Sophala étoit l'*Ophir*, ou le *Sophira* des Juifs ; mais ces richesses ont été bien exagerées : on ne connait pas de mines de ce métal dans son enceinte, & l'or qu'on en tire se trouve dans le sable. On y fabrique aussi des étoffes de coton qu'on n'y fait pas teindre : les peuples savent s'y servir du mousquet comme de l'arc & de la flèche.

La capitale est *Sofala*, située dans une île formée par la riviere de ce nom, à quelque distance de son embouchure : elle est peuplée d'Arabes Mahométans, & l'on y fait un grand commerce : près d'elle s'éleve la forteresse que les Portugais y éleverent en 1500, & qu'ils conservent encore : elle assure leur commerce en ivoire & en or, qu'on leur apporte de *Manica* ; elle les rend redoutables & met dans leur dépendance le roi du pays, qui prend le titre de *quitivé* ou *quitervé*, & réside à

Zimbaoé, dans l'intérieur du pays : Zimbaoé fignifie *Cour*.

Au couchant de Sofala, le fleuve forme auffi l'île de *Maroupé*, longue de huit lieues, fur quatre de large ; fon embouchure eft défendue par l'*île Sainte*, nommée autrefois *Incahato* : au nord de Sofala eft le fort & la bourgarde d'*Inhaquéa* qui appartient aux Portugais : plus au nord encore eft la vafte forêt de *Zebe*.

Sofala avait donné fon nom à toutes les côtes voifines, depuis le cap des courans, jufqu'au-delà des embouchures de la Cuama : la partie de ces côtes fituées entre les frontieres de Quiterve & la Cuama, eft habitée par des Cafres guerriers & indépendans.

Les frontieres occidentales de cet état touchent à celles du royaume de *Manica*, dont l'étendue eft confidérable ; mais qui n'eft guere connu que par fes montagnes, où l'on trouve de riches mines d'or : c'eft de ces montagnes que fort la riviere de *Sofala*, c'eft de-là qu'elle entraîne dans fon cours rapide les paillettes d'or qu'elle mêle au fable de fes rives. La ville de *Manica* eft fur cette riviere, donne fon nom au pays connu auffi fous le nom de *Chacanga* ou *Chikanga*, titre que prend le roi qui le gouverne.

Ces états font des démembremens de l'empire du *Monomotapa* ou *Mune-motapa*, dont ils femblent encore être dans une efpece de dépendance : il était compofé, dit-on, de vingt-cinq royaumes ; il l'eft encore de plufieurs ; mais fes limites & fes dépendances font mal connues : il ne l'eft que par les Portugais, qui nous en ont appris peu de détails fur lefquels on puiffe compter, & beaucoup de fables. Difons ce qu'on en a pu favoir de plus affuré.

L'intérieur du pays eft très peuplé : l'air y eft fain, des montagnes fort hautes en temperent la chaleur : les campagnes font abondantes en pâturages, en fruits, en tout ce qui eft néceffaire à la vie ; elles font plantées d'arbres, & la canne à fucre y vient fans culture ; plufieurs rivieres les arrofent, mais la principale, celle dont le lit eft le plus large & le cours le plus étendu, c'eft le *Zambezè* ou la *Cuama*, nommée auffi *Zambeze-Empodo* : la fource en eft inconnue ; mais on lui connaît deux cents lieues de cours ; c'eft un fleuve rapide, qui en quelques endroits a un lit large d'une lieue. Il fe déborde régulierement aux mois d'Avril & Mai, & fes débordemens engraiffent les terres : il fe jette dans la mer par cinq embouchures, qui forment des îles peuplées, dont une a cinquante lieues de tour, eft habitée par les *Macuas* : c'eft celle de *Shingen*. Le bétail, les dents d'éléphant, l'or, font fes principales richeffes : on y trouve, dit-on, une efpece de cerf grand & féroce, qu'on nomme *alfinge*, des autruches de la groffeur d'un bœuf ; l'arbre nommé *cofcoma* y rapporte des pommes violettes, dont le fuc eft doux, mais dont l'excès eft dangereux : l'or fe trouve dans des mines, dans le fable des rivieres, dans le fond des lacs où on va le chercher.

La capitale fe nomme *Banamatapa*, ou felon Vincent le Branc *Mardogan* : les géographes lui donnent le nom de l'empire : l'empereur réfide dans un palais de bois très-vafte, qu'on ne diftingue que par le nom de *Zimbaoé* ou cour : il eft ceint de tours & gardé par des foldats ; fes meubles, fes murs, fes planchers, font ornés d'or & de tapifferies teintes des couleurs les plus vives. Les maisons des villes sont de bois ou de terre, blanchies proprement en-dedans & au-dehors : leurs toits finissent en pointe, & les plus élevés annoncent des possesseurs plus respectés.

Les habitans sont noirs, bien faits, de taille moyenne ; leurs cheveux sont courts & frisés : ils aiment la guerre ; on vante leur agilité extrême à la course : ils sont nuds jusqu'à la ceinture : les grands portent des espèces de manteaux qui traînent à terre ; les filles n'ont qu'une ceinture, les femmes se couvrent tout le corps : on y respecte le sexe, & les fils des rois en donnent l'exemple : la poligamie y est permise, & l'empereur en nourrit un grand nombre, mais toutes n'ont pas le même rang, & peu d'entr'elles ont le titre de reines : on y vénere les morts, & l'on dit que chacun y conserve les os de sa famille dans une espece de cour ; chaque semaine on les visite en habits de deuil, c'est-à-dire, en habits blancs ; on y fait un repas, où l'on invite les défunts, & où l'on fait des cérémonies en leur honneur. Ces peuples reconnaissent un Dieu, qu'ils nomment *Maziri* ou *Atuno*, & un être mal-faisant qu'ils appellent *Mazuko* : on dit qu'ils honorent la vierge *Peru*, & ont des couvens où ils tiennent leurs filles renfermées. Ils croient que leurs empereurs vont au ciel après leur mort, & ils les honorent & les invoquent : ils n'ont pas, dit-on encore, l'usage de l'écriture, ce qu'il est difficile de croire, puisque les Arabes qui le connaissent depuis long-tems, commerçaient & s'établissaient dans le pays il y a déja quelques siecles : leur vie est frugale : le miel, la racine d'igname, de gâteaux de riz, le bœuf salé, font leurs principaux mets; l'huile de fefame, le lait qui commence à s'aigrir eft leur boiffon. On affure que les fouris y font regardées comme un mets très-friand.

L'empereur, les fujets, n'y changent point de mode; l'habit du prince y eft toujours le même; c'eft une robe longue, d'un drap de foie tiffu dans le pays. Il porte ordinairement une ferpe à manche d'ivoire à fon côté, d'autres, difent une houe; & une flèche dans chaque main; l'une marque le pouvoir de punir les criminels, l'autre qu'il doit protéger fon peuple & en éloigner l'ennemi; la ferpe lui trace fans ceffe l'importance de l'agriculture. Les officiers qui le fervent dans l'intérieur du palais, font des fils des grands, dont aucun ne peut avoir plus de vingt ans, pour qu'ils puiffent être envifagés comme ne s'étant point encore livrés aux femmes. On les éleve enfuite aux premieres charges de l'état: les principaux miniftres font le *ningomofcha*, ou le vifir; le *mokomoafcha* ou capitaine général, l'*ambuya* ou miniftre d'hôtel, qui a le droit de nommer la principale femme du monarque parmi les femmes de la maifon royale; l'*inhautovo* ou furintendant de la mufique; le *netombo* ou garde des parfums & des inftrumens de magie; le *nebono* ou grand portier, &c.

On n'impofe point de tributs fur les peuples; mais celui qui veut parler au prince, ou aux grands & à fes fupérieurs en général, commence par leur faire un préfent: les marchands ne peuvent fe difpenfer de faire des dons. Les troupes n'y confiftent qu'en infanterie; & on dit qu'auffi long-tems que la guerre dure, ni les foldats, ni les généraux, ne fe lavent ni les mains, ni le vifage:

on a dit que ce prince menait au combat une nation d'Amazones qui était redoutable pour les hommes ; mais le fait s'eſt trouvé faux. Les vaſſaux doivent envoyer leurs enfans à la cour pour y être élevés. Toutes les années, ces vaſſaux, dit-on encore, doivent éteindre tout le feu qui ſe trouve allumé dans l'étendue de leur domination, pour le rallumer avec celui que l'empereur leur envoie : la juſtice y eſt prompte ; les criminels ſont exécutés en pleine campagne ; on n'empriſonne pas un criminel, mais on l'attache à un arbre juſqu'à ce que le jugement ſoit prononcé : quand le fait eſt douteux, on lui fait avaler un breuvage, & la force de ſon eſtomac le rend innocent, comme ſa faibleſſe le rend coupable. Le prince nourrit les pauvres, & par-tout où ils voyagent, les habitans leur fourniſſent des guides & des proviſions.

Ces peuples commencent les mois à la nouvelle lune, & ce mois eſt diviſé en trois parties égales : le quatrieme & le cinquieme jour de chaque diviſion ſont des jours de fêtes, où le prince donne audience depuis le matin juſqu'au ſoir : s'il eſt malade, le *ningomoſcha* tient ſa place.

Le jour de la nouvelle lune, le monarque environné de ſes courtiſans, armé de ſes javelines, court dans le palais, comme s'il fallait combattre : la courſe finie, on lui apporte une gamelle remplie de blé d'Inde bouilli, la renverſe, & par ſon ordre, les grands mangent les grains répandus. La nouvelle lune du mois de Mai eſt la plus grande fête de l'année. Tous les grands aſſemblés dans le palais, donnent pendant tout ce jour le ſpectacle d'un combat ſimulé, après lequel le prince diſparaît, & ſe cache à tous les yeux pendant une ſemaine :

AFRIQUE. 97

ne : les tambours ne cessent de battre jusqu'à ce que l'empereur paraisse : il se montre, enfin & fait immoler quelques-uns de ses courtisans aux *Muzimos* ses ancêtres ; la fête finit ainsi.

On connaît peu les villes de cet empire : les Portugais en possedent quelques-unes sur les bords de la Cuama : telle est *Sena*, grand village qui donne son nom à la côte, & que les habitans nomment *Marzali* ; cinquante lieues plus avant sur le même bord de la riviere, est le château de *Teté*, bâti par eux, & autour duquel il s'est formé une bourgade. C'est de-là qu'ils font le commerce de l'or : il se fait en trois lieux différens : à *Massapa*, ville au confluent de la Mazeno avec la Cuama, selon des auteurs Portugais, mais soixante lieues au midi de Teté, selon M. Danville ; à *Luâne*, petite ville dans une vaste plaine ; & à *Buento*. Les Portugais du Monomotapa dépendent tous du gouvernement de Mozambique. *Inhamior* est une ville voisine de Sena, qui paraît être l'*Hamtamah* des Orientaux : elle donne son nom à un royaume.

C'est dans la province de *Toraea* ou *Butua*, ou *Abutua*, dont on fait aussi un royaume particulier, que sont les principales mines d'or, il y en a aussi d'argent : celles de *Burro*, de *Quiticui*, d'*Ofur*, *Afur*, sont les plus connues. On a cru voir dans ce dernier nom l'origine de celui d'*Ophir*. La principale ville du pays est *Fatuca*, située dans une plaine au pied de ces montagnes. On y commerce en or, en argent, en pierres précieuses. On dit qu'à l'extrêmité de cette province, entre des mines de fer, on voit un château quarré, bâti de pierres de taille, d'une grandeur prodigieuse, & polies avec soin, posées l'une sur l'autre sans chaux ni ciment :

Tome X.   G

les murs en font peu élevés, mais ils ont onze à douze pieds d'épaisseur; comme il est le seul bâtiment de pierre qu'on trouve dans ces lieux, le peuple dit qu'il a été bâti par l'être mal-faisant, qu'ils nomment *Mazuco*. On dit que ce pays est dénué d'arbres, que le fumier y sert de bois, qu'il est arrosé par le Zambeze qui le partage; que des vents frais y obligent les habitans de se faire des habits de peaux; que les principaux objets de commerce y sont après l'or, l'ivoire & le sel.

Les *Mongas* occupent une partie de l'empire vers le nord, & ils en dépendaient autrefois : on place dans le territoire qu'ils occupent de riches mines d'or. On peut remonter la Cuama, ou le Zambeze jusqu'au royaume de *Sacumba*, au nord de *Chicova*, & des *Mongas* ou *Munbos* à 130 lieues de son embouchure : une cataracte en interrompt en ce lieu la navigation.

Les Portugais ont des missionnaires inutiles dans ce pays : les Dominicains ont un couvent à *Massapa*, ils en ont un encore sur les bords de la Cuama, qu'on nomme la *Victoire*.

Au couchant du Monomotapa est le royaume de *Chicova* qui a des mines d'argent.

ROYAUME DE MONGALE,
ou *GALLO* ou *GUILOG*.

LA Cuama le sépare du Monomotapa. Il est habité par les Arabes Mahométans qui y dominent, & par les Macuas, peuple qui s'est répandu dans les îles formées par la Cuama, & dans de plus petites situées sur ces côtes. On y commerce en or, & en étoffes de coton. *Mongale*, ville qui y donne son nom, est sur la riviere de Moma: d'autres rivieres arrosent encore ce pays: telle est celle de *Loranga* ou des bons signes. *Kilimane*, *Quiliamo*, est un fort près de Cuama, possédé par les Portugais: il semble que ce soit la *Giosthah* des Orientaux. Le roi de Mongale a plusieurs vassaux.

ROYAUME D'ANGOS,

ANGOCHE, ou ANGOXO.

Des auteurs n'en font qu'une province du royaume de *Mozambique* : son roi, ou gouverneur est mahométan ; mais une grande partie de ses sujets sont de la nation des Macuas, & commercent avec ceux de Quiloa, de Mombase, & de Melinde en os, ivoire, coton, & ambre. Il étend sa domination sur les petites îles qui bordent la côte : telle sont celle de *Primeiras*, & celle d'*Augoxas*.

ROYAUME DE MAURUCAS.

Il est fort étendu; & c'est le plus considérable de tous les états possédés par les Macuas, nation très-répandue dans tout le Zanguebar. Ces negres sont de taille moyenne, portent des turbans & des robes de soie ou de coton; ils ont une langue & une religion qui leur sont particulieres, & que l'on connaît peu. La partie occidentale de ce royaume est hérissée de montagnes qu'on nomme *Chiri*, abondantes en sources, en pâturages, & fort peuplées: celles qui le bornent au nord ont le nom de *Picos fragosos*.

C'est au couchant de Mauruca, qu'habitent les *Zimbas*, ou *Mazimbas*, nation Cafre peu connue, & les *Mumbos*, dont il paraît qu'on ne connaît que des fables: telle est celle des boucheries publiques, ouvertes chez ce peuple, & où l'on vend la chair humaine.

ROYAUME DE MOZAMBIQUE.

C'Est un petit état situé entre le Mauruca & la mer: son roi, despotique sur ses sujets, est soumis à son tour aux Portugais: lui & ses officiers sont mahométans; son peuple est de la religion des Macuas. La bourgade où ce roi fait sa résidence est celle de *Dud*: c'était autrefois dans l'île de Mozambique qu'il résidait, mais les Portugais l'en ont expulsé & s'y sont établis. Dans la terre ferme, le sol produit du riz, du millet, des légumes: on fait une sorte de vin avec le millet & avec le riz: les monts, les campagnes sont exposées aux visites importunes des éléphans, des sangliers & d'autres animaux féroces, qu'on ne met en fuite qu'en leur lançant des tisons embrasés: on dit qu'on y trouve dans les bois une espece de poule, dont le plumage est moucheté de blanc & de gris, qui ont le corps aussi gros que le coq d'Inde, & la tête plus petite que celle des poules ordinaires: leur crête est basse, épaisse & d'une couleur fort vive.

Les habitans ont les cheveux courts & frisés, le visage ovale, les levres grosses, les dents blanches: une piece de coton bleu qui leur ceint les reins, est leur seul habillement: ils se peignent le reste du corps, & suspendent à leurs levres percées des morceaux d'ivoire: ils se nourrissent de fruits, & des animaux qu'ils tuent à la chasse, ou qu'ils nourrissent dans la campagne: ils sont cruels, violens, & supportent le travail sans en être abattus: ils trouvent de l'or dans les rivieres, & commercent aussi en ivoire, en bois d'ébene & en esclaves : les Portugais seuls y trafiquent.

L'île est à l'entrée d'un golfe d'environ dix lieues de tour : elle n'a qu'une lieue de circonférence ; au fond elle reçoit la riviere de Magineale, qui amene beaucoup de sable : les vaisseaux jettent l'ancre à peu de distance du fort qui est à l'extrémité septentrionale de l'île : la ville est sur le rivage occidental : l'air y est très-chaud & mal-sain ; il n'y a point d'eau fraîche, que celle d'une petite fontaine qui sort d'un petit bois de palmier : on conserve l'eau de pluie dans des cîternes très-vastes : on s'en sert pour boire & pour arroser les jardins, que ces soins ont fait prospérer dans un terroir sablonneux, sec & stérile : on y cultive des melons, des orangers, des citronniers, des figuiers, des ananas ; on y a même des vaches, & des brebis, dont la queue pese douze à quinze livres. La chair de porc y est excellente & saine : on y mange des especes de poules qui font le bouillon noir, mais dont la chair est délicate. L'île est peuplée par des Portugais & des Negres qui s'occupent à faire des nattes qu'on envoie à Goa : c'est ici que réside le gouverneur, de qui dépendent ceux qui commandent les possessions Portugaises du Monomotapa, & qui dépend lui-même du viceroi de Goa qui le nomme. Cette île est un lieu de rafraîchissement pour les vaisseaux Portugais qui vont ou reviennent des Indes : les soldats & les matelots qui les montent s'y guérissent promptement des maux qu'ils ont contracté sur la mer, par l'usage des fruits acides & des racines salutaires qui y croissent ; mais il ne faut pas qu'ils y demeurent long-tems. C'est en ce lieu qu'on amene les criminels qui n'ont pas mérité la mort, ou qui lui échappent par indulgence ou par faveur; ils y périssent bientôt. Les objets de commerce sont les vins d'Espagne, les étoffes, le corail, que le gouverneur, qui est presque le seul négociant de l'île, échange contre de l'or & de l'ivoire.

Le continent voisin est souvent inondé en partie : à côté de l'île, plus au midi, sont celles de St. Jago & de St. George, toutes les deux désertes, & ne produisent que des arbrisseaux & des buissons.

Isles de Quirimba ou Queriba.

Ce sont de petites îles opposées à la côte de Zanguebar : elles sont entremêlées de rocs & d'écueils : l'approche en est dangereuse par la violence des courans qui y regnent : la plupart ne sont séparées que par des canaux qu'on peut traverser sans bateaux, lorsque la mer est basse. Les Portugais ont donné le nom de *Quirimba* à la plus voisine de l'île de Mozambique : peu d'entr'elles ont plus d'une lieue de circuit : elles sont fertiles en dattes, oranges, raisins & autres fruits, en plantes potageres, en pâturages où l'on nourrit du gros & menu bétail : la chasse, la pêche y sont abondantes ; les pigeons ramiers, les tourterelles y sont communs ; le riz, le froment qui leur manquent, leur est apporté du continent : on n'y a que de l'eau de puits, mais elle y est bonne. Ces îles étaient peuplées par des Arabes, quand les Portugais les découvrirent : ils les égorgerent tous ; il n'y reste plus que des ruines de maisons & de mosquées bâties avec de la chaux, des pierres ou de la brique : des Portugais nés aux Indes ou dans leurs possessions voisines s'y sont établis ; chaque famille s'empara d'une île, y bâtit une maison, y cultiva les champs par des esclaves qu'elles acheterent: elles s'y sont étendues : un juge nommé & envoyé par le gouverneur de Mozambique y vient chaque année terminer leurs différends, & peut-être il y en fait naître.

L'île de *Quirimba*, est une des plus grandes & des plus peuplées, & on n'y voit qu'une trentaine de maisons dispersées : au centre est l'église. Celle d'*Oibo* ou *Maoibo* est moins étendue, mais l'air y est plus sain, & seule de toutes ces îles, elle a des sources abondantes. *Matemo* & *Changa* sont après elles, les plus considérables ; mais ainsi que celles que nous ne nommons pas ici, elles sont sans rade, sans abri, & ne sont séparées que par des canaux qui dans la basse marée, n'ont que trois pieds de profondeur.

DU ZANGUEBAR ou ZENGIBAR.

SElon les uns, ce pays doit son nom aux *Zenghis*, ou *Egyptiens* ; selon d'autres *Zangue* signifie noir, & par conséquent le nom de *Zanguebar* viendrait de la noirceur du peuple qui l'habite. Les Orientaux parlent des géans qu'on y trouvait, & dont le plus célebre était *Antaloun* : mais on n'y a vu des géans qu'en imagination : on donne à cette côte dix-huit degrés de latitude; communément on la fait commencer à la Cuama, & finit au fleuve Quilmanci qui sort des frontieres de l'Abyssinie, & qu'on croit le même que le Zebée qui nait dans la province de Narca & arrose le royaume de Gingiro. L'air en général y est mal-sain, la chaleur y est extrême, le sol stérile dans une partie, fertile en d'autres, presque par-tout entrecoupé de marais, de lacs, de rivieres qui se débordent : ses richesses sont l'or & l'ivoire : ses habitans ont les cheveux courts & frisés : ils ne sont vêtus que de la ceinture en bas ; ils vivent de fruits, de lait, de chair. Ceux qui sont éloignés des côtes sont pasteurs : les îles sont habitées par des Arabes de la secte d'Ali. Dans l'étendue qu'on lui donne, on renferme les royaumes dont nous venons de parler, & ceux dont nous allons parler jusqu'à la description de la côte d'Ajan.

ROYAUME DE QUILOA.

IL fut étendu & très-puissant autrefois ; mais les Portugais, & ensuite les Zembas, & les Jagas, l'ont ravagé tour-à-tour : son roi résidait dans une île située à l'embouchure du Rio-Coavo, ou Cuavo, riviere qui sort, dit-on, du lac de Zembre, le même, ce me semble, qu'on nomme aussi *lac de Maravi*. L'île semble être nouvelle ; la mer a laissé autour de la ville que les Arabes y ont élevé un terrain assez étendu pour y former de petits bois de palmiers ; pour y cultiver des arbres, des plantes diverses, pour y nourrir des bestiaux : la ville en est assez grande ; ses maisons ont des toits plats, & sont ornées derriere de jardins & de vergers. Les riches habitans font briller sur leurs habits la soie & l'or : les femmes portent des chaînes d'or ou d'argent autour des bras ; elles se font des pendans d'oreille

AFRIQUE. 107

des mêmes métaux : elles les quittent dans le deuil, comme les hommes coupent leurs cheveux & leur barbe. On y parle diverses langues, parce que le commerce de l'or, de l'argent, du musc, des perles, de l'ambre-gris, y amene beaucoup de commerçans. Le sol dans le continent est fertile & arrosé par des sources d'eau pure & limpide; on y recueille diverses sortes de grains & de fruits, du maïs, du riz, des oranges, des citrons, &c. le bétail, le gibier, les pigeons, les poulets, les poissons y sont communs. Là est le *vieux Quilao*, bâti, dit-on, par un fils d'un roi de Perse. On remarque que les maisons y sont assez bien construites, & qu'on emploie également pour les élever & la pierre & le bois. Le prince paie ou payait aux Portugais un tribut de 1500 marcs d'or.

La terre au nord de Quilao est appellée *terre de St. Raphaël;* les Portugais lui donnerent ce nom parce que le *St. Raphaël*, vaisseau de la Flotte de Gama, s'y perdit sur un banc : elle est stérile en partie. A dix ou quinze lieues de cette côte, est une chaîne d'îles dont les plus considérables sont celles de *Monfia*, de *Zangibar*, & de *Pemba* ou *Penda*. Chacune d'elles forme un petit royaume sous la domination du Portugal qui reçoit leurs tributs : la seconde est la plus considérable, & il est probable qu'elle est la *Menutias* de Ptolemée; elle a de petites villes ou de grands bourgs, dont les maisons sont bâties avec des pierres jointes sans chaux & ciment : on en unit les faces par le frottement, & on les arrange avec tant d'adresse qu'elles ne paraissent former qu'une masse. Cette île a un bon port, où les vaisseaux de 500 tonneaux peuvent entrer sans crainte. Les deux autres îles n'ont que des hameaux difperfés. Toutes ont des fources d'eaux pures, beaucoup de beftiaux, de volailles, de poiffons : les orangers, la canne à fucre, le riz, le miel, y font abondans. Leurs habitans font des Arabes mahométans ; ils commercent avec les pays voifins, & y échangent leurs denrées furabondantes contre des toiles de coton ou *calicos*, de l'or & de l'argent.

ROYAUME DE MOMBACA

ou *MOMBAZE.*

IL s'étend affez avant dans le pays, mais on en connait mal les limites ; il s'étend au nord jufqu'au près des bords du Quilimancis & des monts *Amara*. On dit que fon roi peut mettre fur pied 60 à 70 mille hommes, qu'il fait précéder de troupes d'animaux féroces, & d'hommes qui portent du feu, indice du fort qui attend les ennemis qui tomberont dans fes mains ; car on dit qu'il les tue, les brûle, les fait manger : fes titres font faftueux, fon orgueil prefque ridicule ; Dappen dit même que lorfque le foleil le brûle, & que la pluye l'incommode, il lance des flèches contre le ciel. Ceci nous parait une fable abfurde. Quoiqu'il foit prefque fous la ligne, le climat y eft affez tempéré ; les vents de la mer, les pluyes, les rofées abondantes le rafraîchiffent : la terre y eft abreuvée par des ruiffeaux nombreux qui lui font produire beaucoup de millet, de riz, d'oranges douces & aigres, de figues, de

AFRIQUE. 109

citrons, de grenades, de pêches qui n'ont pas de noyaux ; les champs font féparés par de beaux pâturages : la volaille, le gros & le menu bétail y font abondans ; on y trouve des éléphans très-gros. Ses habitans font les uns noirs, les autres bafanés, d'une belle taille : la plupart font vêtus comme les Arabes dont ils tirent leur origine : de leur grain ils font des gâteaux & des liqueurs qu'ils confervent dans des vafes faits de corne de bœuf.

Le roi réfide dans une île qui a 5 lieues de tour, féparée du continent par les deux bras de la riviere de fon nom. La ville eft bâtie fur un roc, fes maifons font de pierres, leurs toits en terraffe, & leurs plafonds de plâtre : les rues en font belles ; fon port eft bon, défendu par un fort, & prefque toujours rempli de vaiffeaux : on y commerce en ivoire, en denrées, en cire & miel. Le terroir qui l'environne eft rempli de vergers plantés d'arbres : l'eau en eft excellente : les beftiaux y font gros, & les moutons n'y ont point de queue : cette circonftance parait être douteufe. Les Portugais s'en étaient emparés : fes rois étaient devenus chrétiens ; mais des querelles les armerent contre leurs tyrans & leurs catéchiftes ; ils les chafferent, redevinrent Mufulmans, laifferent encore les Portugais dans la fortereffe d'où ils furent expulfés par les Arabes Muskats en 1698. Les Portugais s'y font rétablis en 1729, & y font un commerce affez lucratif.

ROYAUME DE MELINDE.

MElinde paraît être la *Rapta* de Ptolemée, qui place cette dernière ville vers le 2° d. de latitude australe, & Melinde est sous le 2°. d. 30 m. On nous peint cette ville comme une des plus belles de l'Afrique orientale pour la régularité de ses rues, l'élégance, la solidité des maisons bâties en pierres, ayant plusieurs étages couverts d'un toit en terrasse; sa situation est riante; des jardins, des palmiers, des orangers & d'autres beaux arbres l'environnent; les citronniers parfument l'air de ses campagnes : son port est vaste & de facile accès : mais à ses côtés sont des chaînes d'écueils & de rocs dangereux. Le terroir qui l'entoure est abondant en ris, en millet & autres grains, le seigle & le froment n'y réussissent pas; mais des racines y suppléent : la volaille, les bestiaux y sont abondans : on y voit des moutons dont la queue souvent pèse plus de 20 livres.

Les Arabes paraissent avoir dominé dans le pays bien avant le Mahométisme qu'ils y ont apporté; ils sont les principaux habitans du pays, & surtout de la capitale; ils se piquent de politesse & de magnificence : les femmes sont blanches, & leur beauté est passée en proverbe : elles ne sortent que couvertes d'un voile; leurs habits sont de soie; leurs coliers, leurs bracelets d'or ou d'argent. Les Kafres ou Kiafars qui sont les anciens habitans, sont répandus dans les bourgades du continent : leur taille est avantageuse, & leur constitution robuste :

ils portent le turban, & leur robe, qui eſt de coton, ne va que de la ceinture en bas : le commerce y a pour objets l'or, l'ivoire, le cuivre, l'ambre, la poix, la cire qu'ils donnent en échange aux Indiens de Guzarate pour des épices, du vif-argent ; toutes ſortes d'étoffes & des toiles : ces peuples ſont encore alliés des Portugais, ſont bons ſoldats ; leurs armes ſont l'arc & la flèche, le dard & l'écu.

Le roi de Melinde vit au milieu d'une cour brillante ; lorſqu'il ſort, les grands le portent ſur leurs épaules ; on brûle des parfums dans les rues où il paſſe : il fait brûler auſſi des parfums des ſeigneurs qui viennent le viſiter : quelquefois il monte à cheval, & il marche précédé du peuple qui ſe précipite ſur ſes pas en pouſſant des cris de joie : en ſortant du palais, il paſſe ſur le corps palpitant d'une biche immolée, dont les entrailles annoncent au prêtre le ſuccès ou les malheurs qui vont le ſuivre. S'il fait ſon entrée dans une ville, toutes les jeunes filles viennent lui offrir des fleurs, chantent ſes louanges, & brûlent de l'encens devant lui. Il eſt le juge ſuprème de ſes ſujets, & s'il ordonne qu'un de ſes ſujets, ou de ſes officiers ſoit battu, le malheureux fuſtigé vient baiſer ſes pieds, & le remercier de ſes bontés.

On croit auſſi qu'Avicenne a parlé de Melinde ſous le nom de *Moudel*, dont les environs produiſent l'aloës noir.

Au nord de Melinde ſont trois petites îles qui forment de petits états particuliers. *Paté* ou *Patta*, a 4 lieues de tour, eſt poſſédée par les Arabes, eſt riche en ivoire & en eſclaves : les Anglais, les Portugais, les Indiens, y faiſaient un commerce avantageux que les Arabes leur ont interdit en 1692.

Paté a une grande ville, bien bâtie, ayant un bon havre dans la baye *Formosa*. *Lamo* a aussi un port. Le pere Dos Santos dit que cette île produit des ânes beaucoup plus grands que ceux d'Europe, mais moins propres au travail : la ville est fermée de murs.

Ampusa est une ville assez commerçante que les Portugais ont attaquée & détruite, qui se releva de ses ruines, & où les conquérans eurent un comptoir.

Sian, *Sio*, *Ciò*, ville qui a formé un petit état, & où était une ville de ce nom qui ne subsiste plus.

On trouve encore dans quelques auteurs le royaume de *Chelicie*, dont on ne connait que le nom. C'est peut-être le même que d'autres auteurs nomment le royaume des *Abagnes*; ou celui d'*Adea*, dont nous parlerons ci-après.

A l'orient de la côte de Zanguebar, sont des états peu connus : tel est celui des *Borores* dont les peuplades s'étendent à 200 lieues de la mer : Danville place la ville de *Maravi* dans l'enceinte de leur domination, située à l'extrémité méridionale d'un lac qui a plus de cent lieues de long, mais qui est étroit & semé d'îles; on lui donne le nom de cette ville; mais on soupçonne qu'il est le même que les Arabes nomment *Zambre*. Les Zimbas sont voisins de Borores; leur nom rappelle celui d'*Agizymba*, contrée méridionale, dont parle Ptolemée. Le royaume de *Massy*, dont on ne connait que le nom, les borne au nord, & touche aux limites du Mono-Emugi.

AFRIQUE

Du *Mono-Emugi*.

Le *Mono-Emugi* ou le *Nimaama*, & *Nimeamay*, a au nord le pays des Galles, au levant la côte de Zanguebar, au couchant le pays de Macoco, au midi les peuples dont nous venons de parler. Une longue chaîne de montagnes y pénetre & s'y étend: ce sont les monts *Lapata*, ou épine du monde. Le long lac de Zembre y est renfermé en partie. On y trouve plusieurs mines d'or & d'argent. On dit que ses habitans ne sont point noirs, (*) qu'ils sont hauts de taille, s'habillent d'étoffes de soie & de coton, & ont des coliers faits avec de l'ambre transparent qui leur sert aussi de monnaie. Leur prince cherche à vivre en paix avec ses voisins pour faire fleurir le commerce. Une grande partie de ce pays baignée par le lac a diverses rivieres & des sources, est agréable & fertile, couverte de palmiers dont on tire du vin & de l'huile, riche en animaux divers, abondante en miel qu'on n'y peut tout consommer: l'air y est mal-sain : les chemins qui y conduisent sont dangereux par les peuples barbares qui demeurent dans le voisinage. Les *Maracatos* qui habitent au nord-ouest sont mahométans : ils sont bien faits, moins noirs que leurs voisins, & ont le visage plus agréable : ils sont adroits & laborieux : ils pratiquent l'infibulation ; mais d'ailleurs cruels & traîtres : leur pays est rempli d'éléphans, de lions, de tigres, de cerfs, de gazelles, de grands singes, de serpens aussi gros qu'un homme : plus au nord sont les *Machidas*, dont le roi prétend descendre des empe-

---

(*) Le dictionnaire de Vosgien dit le contraire, & paraît avoir raison, sans qu'on puisse le prouver.

Tome X.

reurs Abyssins auxquels il fait une guerre perpétuelle ; les autres nations sont la plupart antropophages : telle est celle des *Mossegayes* ou *Mosseguajos*, qui longtems furent amis des Portugais, & dont on raconte une coutume singuliere : dès l'âge de 7 à 8 ans, on leur applatit sur la tête un morceau de terre grasse & compacte, en forme de calotte. A mesure qu'elle se séche, on accroît l'épaisseur de la calotte jusqu'à-ce enfin qu'elle pese huit ou dix livres ; ils ne peuvent la quitter ni le jour ni la nuit, obtenir aucun emploi, parvenir à aucun grade qu'ils n'aient apporté la tête d'un ennemi à leur chef qui leur permet alors d'ôter la calotte. Ce peuple est pasteur : il vit du lait de ses vaches, & même de leur sang, car on les y saigne souvent pour qu'elles ne deviennent pas trop grasses.

Côte d'*Ajan*, ou *Ajem*.

Elle s'étend du cap de Guardafui jusques sous la ligne ; elle était connue des anciens sous le nom de *Barbaria* ou d'*Azania*, dans un espace d'environ 300 lieues. La partie septentrionale en est déserte : au midi il est peuplé, & l'on y fait un commerce assez actif. Le peuple des villes est mahométan, & d'origine arabe. On y remarque la ville de *Brava*, le royaume de *Jubo*, de *Magadoxa*, celui d'*Adel* & quelques peuples particuliers, comme les *Ommo-Zaïdes*, sujets d'Adel, & qui menent une vie pastorale.

Brava est une ville commerçante, fermée de murs, ayant ses maisons bâties à la Moresque, peuplée de commerçans qui trafiquent en or, en argent, en étoffes de soie & de coton, en ambre, en productions du pays. Les principaux habitans sont descendus de sept freres Arabes qui s'y réfugierent : ils choisissent 12 des plus anciens d'entr'eux pour régir les affaires publiques, & juger les procès : c'est peut-être la seule république qu'il y ait dans ces mers. On dit qu'elle paie aux Portugais qui la prirent en 1505, un tribut annuel de 400 livres d'or : son territoire s'étend assez loin dans le pays : on prétend qu'on a trouvé sur ses côtes un morceau d'ambre gris d'une grosseur si extraordinaire qu'un chameau pouvait se cacher derriere.

Le Royaume de *Jubo*, tributaire du Portugal, touche à l'état de Brava : la capitale est un port : le roi en est peu respecté : l'ambre, les cocos qui se ramassent sur ses bords lui appartiennent, mais il ne reçoit que celui qu'on ne peut lui cacher : ses sujets trafiquent en poudre d'or, en ambre, en esclaves, en fruits & surtout en ivoire, car les éléphans sont nombreux sur ces côtes.

Magadoxa, *Magadasho*, *Maedoscho*, royaume dont la capitale est à une lieue de la mer, d'où ses mosquées & ses édifices présentent une belle perspective ; mais son port est peu fréquenté, parce que les habitans en sont soupçonneux & perfides, & parce que les orages y sont dangereux ; une chaîne de rochers borde le rivage à un mille de distance : la ville est cependant le rendez-vous des commerçans du Guzarate & d'Aden qui y apportent des étoffes, des drogues & des épiceries qu'ils échangent contre de l'or, de l'ivoire & de la cire ; il y coule un fleuve qui déborde comme le Nil, & prend sa source dans un lieu voisin de celui où il prend la sienne, c'est le troisieme Nil des Arabes. Le Soler est fertile : on recueille dans les campagnes beaucoup d'orge & de fruits : on y nourrit de bons chevaux

& du bétail. Le mahométifme eft la religion du pays : les habitans font Arabes, & ont le teint bafané : ils ont parmi eux des Africains naturels qui font plus noirs : ils lançent à la guerre des flèches empoifonnées. Cet état avait autrefois 130 lieues de long, & 30 à 40 de large : il comprenait le royaume d'*Adea*, dont les villes les plus confidérables font *Barra-boa*, ou bonne côte, fituée fur une riviere qui eft navigable jufqu'auprès de fes murs. *Barra-maa*, rivage dangereux, eft à l'embouchure de la Sabale, où il eft difficile d'arriver. *Granze* eft dans l'intérieur du pays, ainfi qu'*Orgabra*. Les peuples font mahométans, payens & chrétiens : le terroir y eft gras, fécond en fruits & en pâturages, couvert de bois épais dans quelques-unes de fes parties : les vaches y font très-graffes, font fans cornes, portent les oreilles pendantes, & couvertes d'un poil blanc comme la neige.

ROYAUME D'ADEL.

IL fit partie de l'Abyssinie, & en fut démembré au commencement du 16ᵉ siecle par un Arabe mahométan, & depuis ce tems ces deux états se font une guerre perpétuelle. Le pays n'a que des collines & des plaines dans la plus grande partie de sa surface : ailleurs elle est traversée par la chaîne de *Baba-Feluk* : rarement il y pleut, mais diverses rivieres l'arrosent : du nord au midi ses côtes ont environ 200 lieues ; elles en ont 150 du cap Guardafu au cap de Rasbel, à l'entrée de la mer Rouge. Le fleuve *Havash* ou *Hawasch* le traverse, grossi des eaux de la Mach ; son cours d'abord large & profond, s'épuise dans les sables arides, dans les canaux qui la dispersent dans les champs, & elle ne peut arriver jusqu'à la mer. Le terroir partout où il peut être arrosé produit du froment, du millet, de l'orge, du susame ou jugoline dont on fait de l'huile. On y commerce avec de l'or, de l'ivoire, de l'encens, du poivre, des chevaux Arabes, des esclaves négres ; on y apporte de l'ambre, des grains de verre, des raisins & des dattes : on y voit des brebis dont la tête & le cou sont noirs, & dont la queue pese 25 livres ; d'autres sont toutes blanches, & ont des queues moins épaisses, mais longues & recoquillées. On y remarque, dit-on, des vaches à poil noir & rude dont les cornes sont semblables à celles du cerf, d'autres ont le poil rougeâtre, & n'ont qu'une corne qui se replie sur le dos. Ses côtes sont d'un accès difficile, & la mer qui les baigne est si profonde qu'on ne peut jetter l'ancre à plus d'un mille du rivage. Ses habitans font bafanés, de haute taille, d'une maigreur extrême, d'un caractere féroce & perfide : au deſſus de la ceinture ils font nuds ; au deſſous ils ont des eſpeces de jupe de coton : les grands ſe couvrent tout le corps d'une robe de ſoie : ils aiment la guerre & la font avec intrépidité, mais on dit qu'ils ne ſavent pas ſe forger des armes.

Le cap de Guardafu en eſt la partie ſeptentrionale : il eſt en face du cap Fartac en Arabie, à la diſtance de 60 lieues : ils forment l'extrêmité du large canal qui conduit au golfe arabique : les côtes qu'il arroſe ſe reſſerrent inſenſiblement, & ne forment enfin qu'un détroit large de 5 lieues, que les Arabes nomment *Bal-al-mandab*, partagé par une île qui porte ce nom, & que les anciens appellaient *île de Diodore*, & quelques modernes *île du Pin*, rocher aride, battu par les vents, brûlé par le ſoleil, où aucune plante ne recrée la vue, & qui peut avoir 4 lieues de tour ; quelques hommes miſérables y habitent ; les Abyſſins & les Arabes ſe la ſont longtems diſputée, les Portugais la prirent, & aujourd'hui les Turcs la poſſedent : c'eſt dans le paſſage entre cette île & la côte d'Arabie que les vaiſſeaux pénétrent dans le golfe Arabique : celui qui borde les côtes de l'Ethiopie eſt le plus large, mais il eſt ſi embarraſſé d'écueils qu'on n'y navige que dans des canots : c'eſt de ce côté qu'eſt la montagne de *Mondeb* que les orientaux diſent n'être qu'une énorme pierre d'aiman qui attire les vaiſſeaux joints avec le fer.

Le roi eſt reſpecté des Turcs, parce qu'il fait la guerre aux Abyſſins qui ſont chrétiens. La capitale a le nom d'*Auça-Gurule* : elle eſt à 40 lieues de la mer, & fur les bords de l'Atavash. *Afum* ou *Affion* eſt une petite ville ſur la côte orientale : ſon territoire eſt fertile, les vaiſſeaux y trouveraient des rafraîchiſſemens, mais elle manque de port. Plus au nord eſt *Mera-Cobin*, *Bandel-Caus*, *Enceada da Bela*, petites villes ou bourgades au bord de la mer. Cette derniere eſt voiſine du cap Guardafu, d'où la côte ſe dirige au couchant : dans cette direction on trouve la petite île & la bourgade de *Meth* ou *Meta*; puis la ville de *Barbora* ou *Tagora*, dans une ſituation & un pays agréable, mais dont un vaſte roc ne permet d'approcher qu'à de petits bâtimens : près d'elle eſt une île habitée par des hommes noirs; ſon terroir fécond en pâturages nourrit de nombreux troupeaux. *Zella* ou *Zaleg* fut autrefois la ville la plus conſidérable de cet état, & elle en eſt encore une des plus belles. Elle eſt ſituée dans un golfe, preſqu'à l'entrée du golfe arabique: elle a un bon port, eſt peuplée, a des maiſons de pierres unies avec de la chaux, des rues aſſez bien alignées, & un commerce aſſez étendu. Son territoire n'eſt qu'un ſable fin & aride, & l'on ne trouve de l'eau qu'à deux lieues de ſes murs. Près de là était la ville de *Dalacca*, qui fut poſſedée par les Turcs.

DE L'ABYSSINIE.

LEs anciens la nommaient *Abasene*, les modernes lui ont donné les noms d'*Abash*, *Abesh*, *Abassin*, d'où s'est formé le nom d'Abyssinie. Cet empire fut plus étendu autrefois : du sud au nord il a 200 lieues ; du levant au couchant son étendue est presqu'égale : on croit qu'une colonie de Sabéens ou d'Homerites traverserent le golfe d'Arabie, s'établirent dans ce pays, & fonderent cet état : la physionomie agréable des Abyssins, leur couleur olivâtre, leurs longs cheveux qui les distinguent des Ethiopiens naturels, le nom même d'*Habesh* qui annonce un mèlange d'hommes, semblent appuyer cette opinion. Eusebe dit que cette transmigration se fit dans le tems que les Israélites s'établirent en Egypte. Ce peuple se donne le nom d'*Ijopjavian*, & le pays qu'il possede *Manghesta-It jo pja*, mots d'où il parait que les anciens ont fait celui d'*Ethiopia*, qui comprenait l'Arabie même, conquise en partie par les Ethiopiens. Il l'appelle aussi *Geez-Asi* ou *Ag-Asan*, pays des passans ou des hommes libres ; & de là vient le nom d'*Azania*, donné à la côte voisine. Le mot *Inde* s'étendait aussi autrefois à l'Abyssinie.

On fait remonter les rois de ce pays jusqu'à Chus fils de Cam ; mais les 172 successeurs qu'on lui donne sont ignorés, ou imaginés. Ludolfe admet une chronologie qui fait commencer la liste de ces rois a *Makeda*, fille de Hod-had, roi des Homerites, connue aussi sous le nom de reine de Saba. Salomon fut pere de *Menilehec*, successeur de Makeda, élevé, instruit, proclamé roi par les Juifs qui y porterent avec lui leur religion & leurs loix : de-là vient que les Abyssins donnent aux fils de leurs rois le nom d'*Israëlites*, que leurs armoiries rappellent le lion de Juda ; que les principales familles se disent issues des Juifs, & que le gouverneur de l'un de ces peuples a beaucoup de ressemblance avec celui de l'autre.

Les premiers successeurs de *Menilehec* sont presque tous inconnus : on remarque parmi eux *Abra* & *Azba*, sous le regne desquels le christianisme pénétra dans l'empire, & trois freres, qui régnerent, dit-on, alternativement, chacun pendant le tiers de chaque jour : la succession de ces rois fut interrompue dans la famille de Menihelec en 960, & se rétablit vers l'an 1300. C'est sous *Alexandre*, sur la fin du 15ᵉ siecle qu'un Européen nommé *Pierre Covillan*, Portugais, pénétra en Abyssinie, & que le roi d'Adel se rendit redoutable aux Abyssins. Sous *Claude*, que Bermudès nomme *Gradéus*, les Portugais vinrent combattre les Adéliens Claude. tour à tour vainqueur & vaincu, fut tué enfin en 1559 dans une bataille contre ce même peuple : c'était un prince éclairé & sage. Les Galles lui firent aussi la guerre ainsi qu'à ses successeurs. Sous son frere *Menas*, les Adéliens s'emparerent de tous les ports que l'Empire avait sur le golfe d'Arabie ; des guerres contre les Galles, & les Adéliens, les efforts des Jésuites Portugais ou Espagnols, pour ramener cet empire à l'obéissance du pape, des discordes civiles ; c'est le spectacle qu'offre l'histoire des Abyssins jusques dans ce siecle. Nous ne devons pas nous y arrêter. On dit que *Bochus*, roi de Mauritanie, porta ses armes en Ethiopie. Les anciens Ethiopiens empoisonnaient leurs flèches qu'ils lançaient avec des arcs longs de six pieds : leur adresse à tirer a fait dire qu'ils avaient quatre yeux ; le cuivre leur était, dit-on, précieux, & ils méprisaient l'or : les uns renfermaient les morts embaumés dans un cercueil de fayence & juraient par eux : d'autres croyaient que la sépulture la plus honorable était les flots : on dit qu'ils imprimaient sur le plâtre le visage de leurs parens, & en conservaient l'empreinte dans une caisse de verre ou de cristal, sur laquelle ils veillaient religieusement ; que leur Dieu assistait à leurs festins ; qu'ils avaient des statues, des figures hierogliphiques & des caracteres semblables à ceux dont on se servait en Egypte.

Ces rois ou empereurs exercent une autorité absolue ; tous les biens-fonds leur appartiennent ; ceux qui les cultivent sont des domestiques qu'ils peuvent déplacer à leur gré, & qui cherchent par des présens à ne pas l'être : il y a cependant des familles qui jouissent de biens & de gouvernemens héréditaires que le roi ne peut leur ôter ; il n'a que le pouvoir de les conférer à ceux qu'il choisit parmi elles. Les grands, la reine même se disent ses esclaves quand ils s'adressent à lui : sa tente est un lieu sacré devant lequel on ne peut passer à cheval. Autrefois ces princes étaient presque inaccessibles : en perdant de leur puissance, ils ont perdu de leur orgueil, & se sont rapprochés du peuple. Leurs revenus sont médiocres : ils consistent en une espece de dixme qui se leve en nature sur les productions des champs : deux provinces riches en mines d'or, leur fournissent tous les ans 2600 onces de ce métal : celle de Gojam leur fournit encore des tapis,

DE L'ABYSSINIE. 123

& des étoffes : les autres leur donnent des chevaux, des bêtes de charge, des grains, des cuirs, des beſtiaux, des habits. Ils prennent le dixieme des beſtiaux tous les trois ans. Ils payent leurs miniſtres, leurs officiers, leurs ſoldats avec ces denrées : ces derniers n'ont que leur nourriture pour ſalaire. A un de ces rois décédés doit ſuccéder l'héritier mâle le plus proche ; mais ſouvent la volonté du défunt, ou les intérêts des grands troublent cet ordre ; les loix ſont impuiſſantes pour le maintenir, & les révolutions y ſont fréquentes. Ils avaient autrefois une capitale : c'était *Axuma* ; mais aujourd'hui ils habitent des camps qui changent de ſituation à leur gré, mais preſque toujours dans la province de Dambée : ils ſont vaſtes, partagés en quatre quartiers, formés de tentes ou de cabanes où habitent leurs gardes, leurs familles, des artiſans, des marchands, &c. Dans le centre ſont les tentes impériales, & deux chapelles où l'on garde un autel qui a la forme de l'arche d'alliance, dont les Abyſſins ſe croient ſeuls poſſeſſeurs. Dans quelques heures on peut conſtruire cette eſpece de ville ambulante, & c'eſt ordinairement ſur les bords d'un lac ou d'un fleuve qu'on les place : il ne faut pas plus de tems pour les détruire & les tranſporter. Le plus long ſéjour que le roi faſſe dans un canton eſt de trois ou quatre ans. Le monarque mange ſeul, mais frugalement : il honore ceux à qui il abandonne les reſtes de ſon repas : on couvre de petites tables rondes & baſſes de gateaux de froment larges & minces qui lui ſervent de pain & de ſerviettes pour eſſuyer ſes doigts : les plats ſont de terre noire & couverts de paille treſſée : des eſclaves coupent les viandes, le pain, & leur mettent les morceaux à la bouche : on commence, on finit les repas par des prieres. Son inauguration confifte à couper une corde tendue par de jeunes filles, & à recevoir des mains de l'Abuna un bonnet doublé de fatin bleu, parfemé de fleurs d'or & d'argent, avec quelques pierres fauffes, que ce peuple croit avoir été apporté du ciel : il prend alors un nom qu'il joint à fon nom de baptême : fon titre ordinaire eft *Négus*, mot qui vient de *Négioufcha*, roi ou *Negioufcha-Nagart zaipopja*, roi des rois d'Ethiopie ; on lui donnait auffi jadis le nom d'*Hithi*. Plufieurs de ces Négus fe font fait ordonner prêtres, & de-là vient le nom de *Prêtre-Jean* que les Européens leur donnerent : ils prennent toujours la qualité de diacres, & le défignent par une petite croix qui leur tient lieu de fceptre.

Ils prennent plufieurs femmes, mais ne donnent qu'à une le rang d'*Iteghé* ou d'imperatrice : leurs enfans étaient élevés autrefois dans une fortereffe élevée fur la montagne efcarpée d'*Amba-Geshen*, prefqu'au centre de la province d'Amhara, où des cabanes bâties entre des arbuftes fauvages leur fervaient de demeures ; mais cet ufage n'exifta plus dans le feizieme fiecle : les princeffes font élevées & vivent dans les intrigues & le libertinage.

Les Négus avaient autrefois deux miniftres qui exerçaient toute leur autorité : ils en abuferent & les maitres la confierent aux *ras* ou généraux des armées qui en abuferent auffi : ils ne donnent plus cette dignité qu'à leurs parens ; mais ce moyen ne prévient pas les révolutions. Le ras a fous fes ordres deux officiers dont l'un a infpection fur les vicerois, les gouverneurs, les grands magiftrats, les juges ordinaires, & l'autre fur les domeftiques & les efclaves du palais. Les commandans des provinces sont nommés ou destitués au gré du Négus. Ceux de *Gojam*, de *Valaha*, prennent le nom de *nagarh* ou administrateur : ceux de quelques autres provinces ont celui de *ras* ou généraux ; les moins puissans se contentent de celui de *shum*, *préposés* : ceux de *Gan* & d'*Enarez* ont le titre des rois.

Sous ces gouvernemens sont d'autres officiers, chargés de lever les tributs, de veiller sur la police. Quand deux parties se sont soumises à un arbitre, le gouverneur nomme un juge qui décide après les avoir entendues, & fait jurer les témoins qu'on trouve par-tout avec de l'argent : de ce jugement on peut appeller au tribunal de la cour, ou au roi ; mais ces cas sont rares, parce que cette ressource est couteuse & qu'elle expose à la haine du gouverneur : ces juges sont si souvent corrompus, qu'en sortant de charge, ils demandent une amnistie pour toutes les injustices qu'ils ont commises, & on ne la leur refuse presque jamais, pourvu qu'ils la paient. La vénalité décide de tout à la cour, & auprès des gouverneurs : le gouvernement n'y est qu'un pillage autorisé : & le peuple vexé, errant, incertain de recueillir le fruit de ses travaux, n'aspire qu'après des révolutions.

Les loix y sont peu séveres : le mari dégoûté de sa femme, a mille moyens pour la quitter ou la reprendre à son gré : les alliances n'y durent qu'autant que les époux y trouvent une satisfaction commune. La femme adultere est renvoyée de la maison, n'ayant pour douaire qu'une aiguille ; son amant paie quarante vaches, ou compose, puis mange avec l'époux offensé : l'homme convaincu du même crime est condamné à une amende, dont une partie est pour la femme : l'homicide est soumis à la volonté arbitraire des parens du mort : s'il se commet un meurtre, dont l'auteur se dérobe aux recherches, les habitans du lieu où il s'est commis sont soumis à une forte amende : les vols y sont peu punis, & les voleurs très-nombreux : il n'y a pas de prisons : un criminel est attaché à une chaîne, dont un bout est remis dans les mains d'un soldat qui en répond. On lapide, on étrangle, on décole, on enterre vivant l'homme du peuple qui a mérité plus que la bâtonnade : le noble est transporté dans une île du lac de Dembée, ou dans des tours élevées sur des rocs inaccessibles.

Il n'y a presque point de villes, mais des villages formés de cabanes d'osier en forme d'entonnoir, ou de tentes : il est rare d'y voir des maisons de pierre : on y est frugal, on ne s'y sert que de vaisselle de terre : chaque jour on cuit les galettes qu'on y peut consommer : la dignité y est d'avaler de gros morceaux, pour se distinguer de ceux que la nécessité contraint de n'en avoir que de petits, & de faire du bruit en mangeant : une piece de bœuf crue & sanglante, assaisonnée du fiel de l'animal est le mets le plus exquis : on n'y connaît de boisson que la bierre & l'hydromel : l'habit du peuple est une petite camisole & des hauts de chausses de grosse toile : les grands portent des robes de soie qui leur descendent jusqu'aux talons : tous graissent leurs cheveux avec du beurre, tous les tressent avec soin ; & de peur de déranger leur coëffure, ils appuyent leur cou pendant la nuit sur une fourche qui laisse flotter leurs cheveux sans en gâter l'arrangement. Les femmes portent aussi des pendans d'oreille & des coliers. Les jeunes hommes s'y masent à douze ans, les filles à neuf ou dix ; le prêtre les confesse, les communie, puis les bénit : un lien les sépare & leur fait contracter d'autres engagemens. La polygamie y est défendue par la religion, & tolérée par les loix civiles. Les prêtres ne peuvent se marier qu'une fois.

Les Abyssins voyagent peu, même dans leur pays, quoiqu'ils le puissent faire sans frais ; car dès qu'un voyageur paraît dans un village, les habitans se cotisent pour fournir à ses besoins : on peut agir dans la maison d'un homme qu'on ne vit jamais comme dans celle de son meilleur ami. Il est difficile de pénétrer chez eux à cause de leurs voisins.

Ils lavent les morts, les parfument, les pleurent avec un fracas effroyable : le tambour s'y joint aux cris des parens, & à ceux des gens gagés pour en pousser de plus grands encore : on se roule par terre, on se meurtrit le visage & les bras : on enterre le mort avec ses armes, son cheval, tout ce qui lui appartient en propre : on fait des prieres sur sa tombe, puis on chante *alleluya* & on l'oublie.

Leur ancienne religion différait peu de celle des Egyptiens : ils adoraient la lune, le soleil, la nature, un serpent monstrueux, &c. ils paraissent ensuite avoir adopté les loix des Juifs, la religion chrétienne leur a succédé vers le commencement du quatrieme siecle : ils ont adopté ensuite les opinions des Jacobites ou Monophisites, & le sont encore : l'écriture est la regle de leur foi, mais ils ont ajouté au nouveau Testament un recueil de regles fait, dit-on, par les Apôtres, rédigées par St. Clément : ils communient sous les deux especes, & avec du pain levé, n'ont qu'une idée confuse de la transsubstantiation, & qu'une confession générale faite en commun dans l'églife, qui peut devenir particuliere, fi on le veut : ils invoquent les faints, vifitent & confultent leurs tombeaux, adorent prefque la vierge, prient pour les morts fans croire au purgatoire, obfervent la circoncifion, le fabbat & le dimanche, & s'abftiennent des animaux défendus par l'ancienne loi. Leurs temples font bas, obfcurs, bâtis de terre & de cailloux, couverts de chaume ou de rofeaux : on y entre fans fouliers, on n'y crache point, on s'y tient debout fur un bâton qu'on prend à la porte : on n'y voit aucune figure de pierre ou de métal ; mais le peuple fait le figne de la croix & les prêtres en portent : ils bâtifent par immerfion ; & le prêtre donne aux enfans la communion avec le baptême : chaque année on obferve le baptême de l'Épiphanie, dans lequel tous les hommes fe plongent nuds dans un étang béni. On ne prêche point dans les temples ; mais les prêtres lifent au peuple affemblé des homélies des peres : l'ufage des cloches y eft inconnu ; on joint au chant d'églife le fon des fiftres & des cymbales : fouvent on y danfe dans les fêtes folemnelles. Les jeûnes y font rigoureux, fouvent bizarres dans leur auftérité : leurs fêtes font nombreufes, & il en eft trente-deux en l'honneur de la vierge.

Ce peuple n'a qu'un évêque qu'on nomme l'*abuna* ou le pere, nommé, confacré par le patriarche d'Alexandrie, & prefque toujours ignorant & groffier : il jouit de plufieurs terres exemptes de toutes impofitions, & du produit d'une quête de fel & de toile : le patriarche le dépofe à fon gré. Le prêtre le plus confidéré après lui eft le *komos*, fous lui eft le chef des chanoines : tous les prêtres portent la croix, mais leur habillement eft celui du peuple : ils ne
jouiffent

jouiffent d'aucune immunité, & font foumis aux juges féculiers. Les moines y font très-nombreux, & forment, dit-on, la cinquieme partie des habitans : ils ne payent point d'impôts, ne vont point à la guerre & ne peuvent fe marier, c'eft leur feule regle : chaque monaftere a un abbé, chaque abbé eft indépendant des autres : tous vivent dans des monafteres femblables à des hameaux formés de cabanes, cultivent leurs champs, rentrent quand il leur plaît, honorent les moines les plus diftingués des premiers tems, dont ils racontent des actions ridicules, & exaltent des vertus qui ne le font pas moins.

Les Abyffins font les plus beaux hommes de l'Afrique : leur taille eft haute, leur corps bien proportionné, leur phyfionomie agréable ; leur teint eft un noir olivâtre, & ils font rouges en naiffant : vifs, agiles, robuftes, les hommes y deviennent vieux, les femmes y accouchent prefque fans douleur : généralement ils font doux, faciles à pardonner, fpirituels, fenfés, amis de la paix, bienfaifans ; accoutumés à une vie dure, ils font braves, adroits, bons hommes de cheval : les foldats ne font nourris que lorfqu'ils font en campagne : chaque communauté eft obligée de leur fournir au premier ordre les chofes néceffaires ; un refus, un retard les fait taxer au double ; ufage qui fait naître mille vexations qui affligent le payfan. Toutes les milices montent à environ 35000 hommes de pied, & quatre à 5000 cavaliers : leurs armes font la zagaie, la pique, le fabre, le bouclier, la maffe d'armes : quelques-uns font armés de moufquets, mais ils ne favent pas s'en fervir. Ils ignorent l'art de fe ranger en bataille ; ils s'avancent avec impétuofité, mais fans ordre : ils ne connaiffent pas mieux l'art de fortifier les

Tome X. I

places, & cependant la guerre y eft prefque un état habituel.

L'ancienne langue des Ethiopiens paraît être un dialecte de l'hébreu, ou du fyriaque, ou plus vraifemblablement encore de l'arabe : cette langue fert encore pour les livres, la religion, les diplômes, les actes publics; on la parle encore dans le royaume de Tigré; mais dans les autres provinces, on fe fert d'un dialecte de cette ancienne langue; c'eft l'amharique; devenu le langage de la cour, il a fait oublier celle dont il tirait fon origine; la moitié de fes mots font différens des fiens. Chaque province y met des différences affez différentes, & peuvent être regardées comme des langues diverfes. On y a peu de livres : tous les arts, toutes les fciences y font peu cultivées : l'ufage de quelques fimples, celui du feu pour les cauteres, celui de la torpille pour guérir les fievres, de la ventoufe, de la faignée, forment toute leur médecine. Leur philofophie eft pire que l'ignorance; elle n'eft compofée que de mots qui n'apprennent rien : ils n'ont pas d'aftronomie : ils croient que le foleil entre & fort par un trou lorfqu'il fe leve & fe couche. Leur année commence au premier de Septembre, parce que le monde, difent-ils, fut créé en Automne; elle n'a que 360 jours, & tous les ans ils y ajoutent cinq jours : ils connaiffent l'ufage de l'épacte & du nombre d'or : leur poéfie eft très-imparfaite : la fculpture, l'architecture y font inconnues; la peinture y eft dans fon enfance, & cette enfance fera éternelle : leur mufique n'eft rien. Les Juifs y fabriquent des inftrumens de fer, y font des toiles : les autres arts méchaniques y font très-informes, & le fils fuccede à fon pere, fans rien ajouter à ce qu'il pratiqua. Le commerce extérieur y est peu considérable, & ne se fait que par les Turcs & les Arabes; il consiste en étoffes & en aromates : le commerce intérieur se fait particulierement par les Arméniens : tout ce qu'on leur apporte, ils le paient en or, & ce commerce leur devient onéreux; il ne s'exerce entr'eux que par des échanges ; il consiste en grains, vaches, brebis, chevres, toiles, cire, miel, poivre, sel : ce dernier est fort en usage : chaque personne en porte un morceau dans un sachet suspendu à sa ceinture : deux amis qui se rencontrent, se le présentent, & se le sucent réciproquement; ce serait une incivilité de ne pas se l'offrir, c'en serait une de ne pas l'accepter. L'or s'y vend en poudre, & vaut cinquante francs l'once : le sel y sert de monnaie; il y en a quelques-unes de fer.

Le climat y est divers : dans les plaines & les vallées, sur les côtes du golfe Arabique, le soleil rend le sable brûlant, il desseche & fait peler la peau : l'air dans les montagnes est frais; la grêle y est commune, mais la neige y est rare : l'hiver y est la saison des pluies : l'été d'abord assez doux, est la saison de la moisson, de la vendange, de la récolte des fruits ; puis il devient très-chaud, très-sec, il dévore tout & ne produit rien. L'hiver est une saison d'orages : le matin le soleil luit, l'après midi il se couvre d'épais nuages sillonnés d'éclairs ; le tonnerre se fait entendre & la pluie tombe, forme des torrens qui entraînent les arbres, les rochers des pentes des montagnes, & en hérissent la plaine qui s'inonde & devient impraticable. On se renferme dans sa maison ; souvent on est obligé de fuir dans les lieux élevés : des vapeurs infectes s'élevent &

causent des maladies : une foule de ruisseaux & de rivieres serpentent alors dans les vallées, & portent dans le Nil leurs eaux troubles & abondantes qui le font déborder à leur tour. Un vent frais & sain regne sans cesse dans les lieux élevés : souvent on voit s'élever dans les lieux bas un tourbillon semblable au typhon, qui renverse les maisons, déracine les arbres & les rochers, & les éleve dans l'air. Les Abyssins leur donnent les noms de *sendo* ou *presler*, qui signifient l'un & l'autre un serpent, parce que la vapeur qui le rend visible en prend la forme.

L'Abyssinie est hérissée de montagnes, & l'on croit qu'elle est la plus haute contrée de l'Afrique ; ses fleuves qui y naissent peuvent faire présumer au moins qu'elle est très-élevée. Ses plus hautes montagnes sont dans la province de Tigré : le mont *Lamalmon* repose sur la montagne de *Guça* : arrivé au sommet de celle-ci, on trouve une assez belle plaine, puis il faut escalader le mont dont la pointe domine sur toutes celles de la province : toutes sont escarpées, & pour y parvenir, il faut se servir d'échelles & de cordes : des défilés étroits bordés d'affreux précipices s'offrent aux voyageurs, qui lorsqu'ils se rencontrent, ne peuvent se donner passage, ni reculer, sans s'exposer à des chûtes suivies de la mort. Celle de *Thabal-Mariam* est encore très-haute : son sommet s'éleve au-dessus des nuages : sa base est arrosée par deux rivieres, & on y a élevé sept églises, dont l'une dédiée à St. Jean, servit de sépulture aux rois Abyssins. Les autres montagnes présentent quelquefois l'aspect d'une ville entourée de tours & de murs à crenaux : quelques-unes ont au sommet une plaine couverte de verdure & d'arbres, arrosée par des sources & par des lacs. La cime du *Geskon* ou *Amba-Geschen*, dans la province d'Amhara, a demi lieue de tour, & sa base cinq lieues de circuit : c'était-là que les rois reléguaient leurs enfans : sa pente est d'abord assez douce, puis elle devient très-escarpée.

Les principales rivieres de ce pays sont le *Nil*, le *Bashlo* ou *Bachilo*, qui coule entre les provinces d'Amhara & de Bagemder ; le *Guecem* sépare l'Amhara du Holeca ; le *Malec* & l'*Anguer* qui arrosent les provinces de Damot, d'Enareu, & de Bisamo ; le *Tacaze* connu des anciens sous le nom d'*Astaboras*, fleuve qui naît de trois sources, au pied des montagnes d'Arivagua, sur les confins de l'Angol & du Bagemder : il nourrit l'hippopotame & le crocodile, coule au couchant dans le Dembea, puis au nord dans le Dekin, où il atteint le Nil ; le *Mareb* qui naît dans le Tigré qu'il arrose, se perd dans le sable (*), reparaît, & se perd dans les sables du Dekin : l'*Havash* aussi grand que le Nil, qui naît sur les confins de Shewa & se perd dans le royaume d'Adel ; le *Zébée* aussi grand que l'Havash, qui traverse l'Enarea, embrasse dans ses détours le royaume de Gingiro, coule dans des pays inconnus & se perd enfin dans la mer des Indes. On a prétendu avoir trouvé les sources du Nil. Ce sont, disent les Jésuites, deux sources voisines, sur le penchant de la montagne de *Guish*, dans la province de Sacala, qui fait partie du royaume de

---

(*) Des voyageurs prétendent qu'après s'être enfoncé dans la terre, on n'a qu'à la creuser à la profondeur de quatre à cinq pieds pour trouver ses eaux & y prendre des poissons.

Gojam : le fol qui les environne eft mouvant ; on y voit fouvent fourciller l'eau, ce qui annonce un réfervoir profond qui s'écoule au bas de la montagne : on l'appelle *Abavi*, pere des fleuves en Abyffinie, où les Agaus l'adorent & lui font encore des facrifices : d'abord il n'eft qu'un ruiffeau ; plufieurs rivieres s'y joignent, & bientôt il devient un grand fleuve, qui traverfe le lac de Dembea, fans y mêler fes eaux, dit-on; puis tombe d'un rocher & forme une belle & bruyante cafcade, & s'échappe entre des écueils, arrofe diverfes provinces, remonte à neuf ou dix lieues de fa fource après un cours de 300, va au couchant, puis au nord, où il traverfe des pays inconnus, puis entre dans le pays de Sennar, ceffe d'être navigable par les rocs qui hériffent fon lit, & on le retrouve enfin à 100 lieues de-là dans la haute Egypte qu'il traverfe, & après un cours de 800 lieues fe perd dans la mer Méditerranée.

Il eft bien incertain qu'on ait trouvé les fources du Nil : l'Abavi qui fe perd dans des pays vaftes & inconnus, dont par conféquent on ne peut affurer que celui qui entre eft bien le même que celui qu'on en voit fortir, paraît être l'*Aftapus* des anciens ; mais non le Nil. Ptolemée fait fortir l'Aftapus d'un lac qui eft fans doute celui de Dembea : cet Abavi ou Aftapus, reçoit dans la Nubie le fleuve nommé *Barh-el-abiad*, riviere blanche qui vient de l'intérieur de l'Afrique : celui-ci eft très-probablement le Nil : lorfqu'il déborde il forme un canal qu'on nomme *Barh-el-azurak*, riviere bleue, qui eft le *Gir* de Ptolemée, & fait communiquer le Nil avec la riviere qui fort d'un lac dans le pays de Bournou, qu'on nomme d'abord *Kamodon*, & paraît être le même que le Niger : de-là vient que les géographes Arabes font sortir le Nil & le Niger d'un même lac. Mais cette opinion, pour ne pouvoir plus être contestée, demande des connaissances plus sûres, plus détaillées que nous n'en avons.

Venons aux productions de l'Abyssinie : ces montagnes y renferment des mines de différens métaux; l'or s'y trouve dans le sable des torrens qui en descendent, & c'est avec cet or que la province d'Enarea paie son tribut : on n'y en voit pas d'argent, mais il y a du plomb, métal avec lequel il se trouve souvent mêlé : on n'y travaille, ni on n'y fait travailler des mines; le fer dont on s'y sert se recueille sur la surface des champs. Le sel se trouve dans les montagnes des provinces d'Angot & de Tigré, accumulé par couches de l'épaisseur d'une brique commune; tendre dans la mine, il se durcit à l'air : ces salines sont inépuisables ; & le sel en est pur & blanc : il y a, dit-on, aussi du sel rouge qui est un remede : les pierreries y sont fort larges; l'antimoine, qu'ils nomment *cuehel* ou *cohol* est utile pour guérir les maux des yeux; ils le mêlent à la suie & s'en noircissent les sourcils.

La fertilité du sol n'est pas par-tout la même : il est des lieux stériles; d'autres où l'on fait deux & même trois moissons chaque année : on y recueille du froment, de l'orge, du millet, une petite graine longue, qui a le goût & l'odeur du seigle, qu'on nomme *tef*; l'avoine y est méprisée & abandonnée à la nature : les bleds y sont à si bas prix, que vingt-deux livres n'y coûtent que quatre à cinq sous. Cependant la paresse des habitans, les ravages des sauterelles y rendent les disettes fréquentes & cruelles. Les prés y sont couverts de plantes &

de fleurs qui fourniſſent une récolte ſi abondante aux abeilles, qu'il n'y a pas de pays où il y ait autant de miel, les campagnes arroſées par de nombreux ruiſſeaux font toujours vertes : les arbres ne ceſſent point de l'être : on y recueille des pêches, des oranges, des citrons, des grenades, des amandes ; mais point de poires ni de pommes ſemblables aux nôtres : les figues y ont la forme & la grandeur du concombre, dont ſouvent cinquante tiennent à une ſeule tige ; elles ont un goût exquis & un parfum agréable : l'*enſeté* eſt un arbre particulier au pays : ſes feuilles larges & longues ſervent à tapiſſer les chambres, à couvrir les planchers ; on s'en ſert auſſi comme de ſerviettes : ſéchées, teillées comme le chanvre, on les teint de couleurs diverſes & on en fait des étoffes : leurs groſſes côtes, les branches donnent, étant broyées, une farine blanche, fine, qu'on trempe & cuit dans le lait, & fournit un mets délicieux : ſon tronc, ſes racines, coupées en morceaux, ſont un aliment nourriſſant : auſſi le nomme-t-on, *l'arbre des pauvres* : à ſon ſommet il porte une longue gouſſe qui renferme cinq ou 600 figues peu recherchées : les Abyſſins lui donnent du ſentiment & croient entendre ſes ſoupirs lorſqu'on le frappe : ſa tige a ſix pieds de diametre, & pouſſe de nombreux rejettons quand on la coupe à quelques pouces de terre. On recueille encore en Abyſſinie beaucoup de coton, de cannes à ſucre & de ſéné. L'*amaragda* eſt une herbe qui guérit les membres démis : l'*aſſazoë*, aſſoupit, dit-on, les ſerpens : celui qui en mange la racine n'a rien à redouter de ces reptiles dangereux : ſi le fait était vrai, cette herbe rendrait croyable ceux qu'on nous raconte des Pſylles qui maniaient sans crainte les serpens les plus dangereux. La vigne y produit un raisin noir excellent, mais on n'en fait pas du vin, dont on ignore l'usage.

On y nourrit un grand nombre de bestiaux : les bœufs y sont beaucoup plus gros que les nôtres : on nourrit ceux qu'on mange avec le lait de trois ou quatre vaches, qui y sont en un nombre prodigieux, parce qu'on n'en tue pas ; les cornes des bœufs y servent de cruches ; il y en a une espece plus petite qui sert au labour, & a de petites cornes molles & flexibles qui leur pendent sur le front. Autant de milliers de vaches qu'on possede, autant on doit de bains de lait à sa famille. Les chevaux y sont très-robustes, pleins de feu, d'une belle taille; ils sont de diverses couleurs; les plus nombreux sont les noirs; on ne les ferre pas, & on ne s'en sert que dans la plaine pour les courses & la guerre ; c'est avec le mulet qu'on franchit les passages dangereux des montagnes : il a le pied ferme, l'allure douce, & il est la monture la plus ordinaire : le chameau sert dans les plaines arides & les sables brûlans. On trouve dans les forêts le *zecora*, animal semblable au mulet par sa taille & ses oreilles, mais dont le poil a la douceur de la soie : son corps est rayé comme le zebre, & pourrait bien en être un : mais on ne doit pas le confondre avec l'âne sauvage moins grand, ayant le poil rude, les pieds fendus, & des cornes, dit-on. Lorsque le zecora court, il met sa tête entre ses jambes, & commence par faire des bonds : il naît sauvage & devient facilement domestique. Le *bada* est de la grandeur d'un poulin de deux ans, & a deux cornes sur la tête, l'une en avant, longue de deux pieds, épaisse, d'un brun obscur, recourbée par la pointe ; l'autre en arriere

& plus petite. On y voit souvent des bergers Abyssins attaquer & vaincre des lions longs de douze pieds : on n'y apprivoise point les éléphans qui y vivent en troupeaux, n'attaquent point le bétail, ni les hommes qui ne les inquiétent pas ; mais qui ravagent les champs, dévastent les jardins & les vergers, se frayent des chemins dans les bois, en brisant tout ce qui s'oppose à leur marche : ils vivent d'un bois tendre qui y est très-abondant ; on dit que lorsqu'on les laisse tranquilles dans la demeure qu'ils ont choisie, ils évitent de nuire, comme s'ils connaissaient les loix de l'hospitalité. On trouve encore dans les forêts des rhinoceros, des tigres, des léopards, des giraffes, des hienes, des sangliers, des loups, des renards, des cerfs, des lapins, des lievres. Les singes y sont un fléau destructeur. On y a vu aussi des licornes que les Abyssins appellent *arweharis*, des serpens énormes, hideux, redoutables, des chersydres, qui se tiennent dans les marais, font des blessures mortelles ; d'autres qui vivent dans l'eau, sont d'un rouge foncé, & exhalent une haleine empestée ; les sauterelles y dévorent souvent les moissons, & on les mange à leur tour, mais elles ne suffisent pas pour échapper à la famine qu'elles ont fait naître : on y compte quatre especes de fourmis ; la plus grande, marchant en ordre de bataille dévore tout sur son passage ; & diverses especes d'abeilles, dont la plus singuliere est petite, noire, sans éguillon, fait sa ruche en terre, & produit un miel noirâtre & doux, une cire très-pure.

Les oiseaux y frappent par leur varieté & la beauté de leur plumage. Le *casuarius*, presqu'aussi grand que l'autruche, s'éleve avec peine, mais comme elle, court avec une agilité extrême; il mange, dit-on, des serpens, & sa chair est l'antidote de leur morsure, c'est l'ibis des anciens Egyptiens: le *faitan-favez*, ou cheval du diable, de la grandeur de la cigogne, ressemble à un homme couvert de plumes, marche avec gravité, court avec vitesse, & vole rapidement: le cardinal a le plumage d'un rouge éclatant sur le dos, d'un noir velouté sous le ventre; le *moroc* découvre, dit-on, aux passans les ruches souterraines des abeilles; ils vont où ils les appellent, & pour le récompenser lui laissent une partie du miel : le *sipi* qui avertit l'homme du voisinage de quelque animal dangereux. On assure qu'on ne trouve dans ce pays, ni aigles, ni oies, ni coucous; mais il y a une espece de rossignols blancs, dont la queue est longue de plus d'un pied; des perdrix grosses comme des chapons, toutes sortes de pigeons & de tourterelles. On y donne le nom de Bihal à l'Hippopotame, mot qui vient, ou est l'origine de celui de *behemoth* que Job donne à cet animal ; Pline dit qu'il hennit, & qu'il a une longue criniere, tous contes faits pour justifier un nom qui lui fut donné sans raison ou par erreur; on le dit sujet à la goutte : il s'en trouve beaucoup dans le lac de Dembée. Le Takazé & le Nil nourrissent de grands crocodiles, diverses rivieres reeclent l'*angueb*, animal de l'espece du lézard, dont le corps est de la grosseur du chat, qui a quatre pieds, une queue tranchante & redoutable, une tête difforme & point de poils. On y connait la torpille, & ses effets électriques, la baleine, le requin; la tortue se voient sur les côtes de la mer : cette derniere a pour ennemi le *sapi*, animal long de 16 pouces, couvert d'une écaille large de trois doigts, ayant un long cou & une peau noire : il guette, caché dans les rochers, les attend, les faisit. On s'en sert pour les pêcher.

On serait mieux instruit sur l'Abyssinie, sur ses productions & les animaux qu'elle nourrit, si le chevalier Bruce avait publié ses observations : nous sommes réduits à les regretter.

Dans la description des provinces, nous joindrons les côtes de la mer Rouge, quoique les Abyssins ne les possèdent plus : leur situation & l'ordre que nous suivons nous y invite.

Au-delà du détroit de *Bab-al-mandab*, le long des côtes, est un Archipel composé d'une multitude de petites îles, les unes à fleur d'eau, d'autres élevées, & quelques-unes ne sont que des pics qui semblent s'élancer dans la nue : elles offrent un mouillage sûr, dans les bayes & les ports qu'elles forment. Une des plus méridionales est celle de *Sarbo*, terre basse, couverte d'herbes & de petits arbres stériles : elle est à 4 lieues de la côte ; toutes sont sans eau, on n'en trouve que dans celle de la *Baleine* où il y a aussi beaucoup de bétail. Plus au nord est une autre chaîne de petites îles, parmi lesquelles on distingue celle de *Schama* qui a deux lieues de tour, & où l'on trouve des fontaines & des puits. Plus avant est l'île de *Dallaka* ou *Dalhaka*, qui a 25 lieues de long sur 12 de large, & ne présente par-tout qu'un sol uni & bas ; elle est environnée d'un grand nombre de petites îles ; son sol est rougeâtre ; il est abondant en herbes, mais on y voit peu d'arbres : la mer de ses bords est abondante en poissons, & en perles peu estimées : l'air y est sain, l'eau pure : on n'y seme, ni n'y moissonne ; mais on y trouve de grands troupeaux de bœufs, de chameaux & de chèvres : c'est du continent voisin que les habitans tirent l'orge & le miel qu'ils consomment : ce sont des Africains naturels qui y vivent; ils ont la religion des Abyssins, une langue un peu différente, & s'occupent à courir sur les vaisseaux marchands qu'ils pillent ou rançonnent : leur prince regnait aussi autrefois sur l'île de *Mazua* ou *Matçua*, petite île d'une lieue de tour, mais les Arabes s'en sont emparés. Elle est platte, peu éloignée du continent, & ne renferme que les cabanes de quelques Arabes élevées dans sa partie occidentale, défendues par un petit fort : ses productions les nourrissent ; mais on n'y a d'autre eau que celle de cîterne, & lorsqu'elle manque, il faut en aller chercher à deux lieues de-là. On y éleve des mulets & des ânes ; il est dangereux d'en approcher par le vent du midi : son port est entr'elle & le continent : à ses côtés sont deux petites îles incultes.

Un peu plus au nord, en passant dans le continent, on arrive dans le royaume de *Balou*, qui peut avoir soixante lieues de long, & quarante de large : il a l'Egypte au nord, la Nubie au couchant, le golfe Arabique au levant; il est traversé par une longue chaîne de montagnes; son roi partage avec les Turcs le produit des douanes de Suaquem qui leur appartient. Ses habitans sont grands & robustes; ils sont Mahométans & font un grand commerce de toiles avec les Abyssins. Les côtes sont bordées de montagnes, entrecoupées de plaines larges & unies. En général le pays de *Balou* est mal peuplé; on y voit beaucoup d'éléphans, de lions, de tigres & autres bêtes féroces.

Au midi est la province de *Barh-nagash*, ou une partie du royaume de Tigré. Son nom signifie roi de la mer, & elle eſt ſoumiſe à un viceroi particulier, qui réſide à *Dobarua*, qui paraît être l'ancienne *Coloe*, eſt bâtie ſur une colline, près du Mareb. *Arkiko* ou *Ercocco*, ou *Arcouet*, le ſeul port qui appartînt aux Abiſſins, leur a été enlevé par les Turcs : il a un prince particulier : une forterelle le défend, & on y entretient ſoixante hommes de garniſon : c'eſt l'*Adulis* des anciens, la ville eſt peuplée d'hommes noirs, qui n'ont pour vêtement qu'une ceinture : les femmes ſe treſſent les cheveux, & tous ſont Mahométans. Le pays voiſin eſt preſque ſtérile par l'exceſſive chaleur qui y regne ; des ſaules y ornent les bords de la mer ; ailleurs on trouve des jujubiers & des tamarins, dont les fruits ſervent aux habitans pour faire une liqueur agréable. Une montagne de cinq à ſix lieues de tour, en eſt la principale richeſſe ; elle eſt couverte de champs cultivés, & de pâturages où paiſſent des troupeaux de vaches & de brebis.

Plus au midi eſt le petit royaume de *Dancalé*, ſoumis à un prince Arabe qui reconnaît l'autorité du Negus Abyſſin : ſon état eſt baigné par la mer, borné au midi par le royaume d'Adel, au couchant par la province d'Angol ; le ſol y eſt ſtérile, & ſes richeſſes uniques, ſont d'abondantes ſalines, & du miel : les chaleurs y ſont brûlantes ; nul ombrage n'offre d'aſyle contr'elle ; preſque par-tout une terre aride y inſpire la triſteſſe, & l'on n'y peut marcher ſans rencontrer des ſerpens. Souvent le peu que la nature y donne eſt dévoré par les ſauterelles, ou enlevé par les Galles, peuple guerrier, dont nous parlerons plus bas. Le roi de ce pays habite au pied d'une colline qu'arroſe une petite riviere : une vingtaine de cabanes ſous des arbres forment son palais, & sa famille, ses officiers ou sa cour y logent. Il a une cabane particuliere, où il donne audience sur un trône de briques, souvent de tapis & de carreaux de velours ; l'usage est que son cheval soit à ses côtés dans toutes les cérémonies, un javelot lui sert de sceptre, & de son turban descendent des anneaux sur son front. Devant lui marchent quarante officiers, l'un chargé d'un broc d'hydromel, l'autre d'une coupe de porcelaine, le troisieme d'une boëte de coco remplie de tabac, avec une cruche d'eau, le quatrieme d'une pipe d'argent avec un charbon de feu pour l'allumer : telle est sa magnificence, & c'est beaucoup pour son pays. Le principal lieu est *Baylur*, port au midi de la mer, au fond d'un golfe, près du détroit : on la nomme aussi *Vella* ou *Laila*. On faisait mention autrefois de *Korkora*, où étaient un palais, une église, un riche monastere de Nazareth, & de *Monadelli*, ville où l'on comptait deux mille maisons : on n'en parle plus aujourd'hui.

Au midi encore est le royaume de *Bali*, qui fut la premiere province de l'empire Abyssin, conquise par les Galles ; & c'est ici le lieu d'en parler : les uns en font une ancienne nation qui habitaient la partie orientale de l'Afrique, près de l'océan Indien : d'autres les font descendre d'esclaves fugitifs de l'Abyssinie qui s'attrouperent dans le royaume de Bali, & y formerent différentes peuplades de brigands : la premiere opinion est la plus probable, parce qu'ils parlent une langue commune à tous, & différente de l'Ethiopien : leurs premiers succès les enhardirent ; ils sortirent des limites de Bali, s'emparerent des provinces de *Gedmas*, d'*Angot*, de *Dewara*, de *Weda*, de *Fatagara*, d'*Ifara*, de *Guraga*, de *Da-*

mot, de *Walaka*, de *Bizama*, d'une partie du *Schewa*, & de quelques autres diſtricts : la diviſion arrêta le cours de leurs conquêtes ; & aujourd'hui ils font partagés en différentes peuplades qui forment deux nations ; l'une habite vers le couchant, & ſe nomme *Bertuma-Galla*; l'autre dans les provinces conquiſes à l'orient, & s'appelle *Boren-Galla*: ils preſſent ainſi l'Abyſſinie, en formant un demicercle qui embraſſe une moitié de ſes limites actuelles, & interceptent la communication de cet empire démembré avec les provinces de *Cambat* & d'*Enarée* qui lui reſtent. Dans le dernier ſiecle, on a reçu dans l'Abyſſinie quelques-unes de leurs peuplades chaſſées par les autres; on les a établies dans les provinces de *Gojam* & de *Dembée*, & on les oppoſe à leurs anciens compatriotes ; c'eſt en les diviſant, qu'on cherche à les rendre moins redoutables, & même à les ſoumettre.

Leur gouvernement eſt militaire : leur chef appellé *Luva*, eſt élu pour le terme de huit ans ; tous les chefs des différentes peuplades lui obéiſſent. Son autorité ne conſiſte qu'à raſſembler les guerriers de la nation, & à les conduire contre les Abyſſins : les ravages, la deſtruction marquent leur chemin; ils ne font point de quartier : ce n'eſt qu'après avoir donné la mort à un ennemi, ou dompté une bête féroce, que ces guerriers jouiſſent du droit honorable de ſe couper les cheveux. Dans leurs repas, le morceau le plus recherché eſt pour celui qui s'engage à l'action la plus courageuſe : le butin ſe partage avec égalité entre les combattans : ils combattent à pied, quelques-uns cependant montent des chevaux : des dards, des bâtons brûlés par un bout, font toutes leurs armes : mais ils ont des boucliers

cliers de cuir de bœuf ou de buffle : tous les arts leur font inconnus ; ils ne favent que faire la guerre en barbares : ils poffedent de belles provinces qu'ils laiffent en friche, & ils y mourraient fouvent de faim fans le brigandage qui fupplée à leur indolence ; ils fe bornent à nourrir les troupeaux, dont la peau fert à les vêtir, dont ils mangent la chair crue : l'eau & le lait font leurs feules boiffons : ils fe frottent le corps du fang de la vache qu'ils tuent ; les boyaux leur fervent de coliers qu'ils donnent à leurs femmes, après les avoir portés quelque tems : auffi long-tems qu'ils font la guerre, la premiere femme qu'ils rencontrent eft la leur, & fouvent ils en expofent les enfans dans un bois : mais lorfqu'ils fe bornent à veiller fur leurs troupeaux, ils ont des femmes qu'ils ne quittent plus, & dont ils prennent foin des enfans : ils pratiquent la circoncifion, & ne paraiffent pas avoir de religion, quoiqu'ils reconnaiffent une divinité qu'ils appellent *Oul*, mais ils ne l'invoquent, ni ne l'honorent : le ferment le plus facré parmi quelques-unes de ces tribus, eft de promettre en mettant la main fur la tête d'une brebis ointe de beurre, qui eft alors comme le type de leur mere : les chefs de ces tribus vivent dans des cabanes de paille au milieu de fes femmes & de fes troupeaux ; perfonne ne peut être introduit auprès de lui fans recevoir la bâtonnade ; la longueur de l'inftrument annonce plus de diftinction ; puis ceux qui ont exercé leurs bras à bien recevoir leur hôte, viennent refpectueufement lui faire leur compliment : cette réception eft une maniere de prouver la fupériorité de la nation fur toutes les autres.

Parmi les provinces poffédées par les Galles, on remarque *Bali* par fa fertilité, *Angot* ou *Hangor* par la bourgade de *Dofarzo*, où l'on compte mille maisons ou cabanes, & l'église d'*Imbre-Christos*, *Damoz* ou *Damute* par la montagne morte, une des plus hautes & des plus froides de l'Abyssinie, où l'on reléguait les criminels dont on desirait la mort, par ses richesses naturelles, son or pur, son crystal de roche, son air pur & tempéré, la succession non interrompue de ses fruits, ses riantes forêts, ses monts couverts de côteaux; *Fatagar* par un marché où les habitans se réunissent par deux chemins étroits & opposés, pour échanger leurs productions, & par deux montagnes, l'une nommée *de la fievre*, l'autre *du lac*, parce qu'on y voit un lac de 3 lieues de tour, environné de monasteres. On ne connait rien de particulier sur les autres.

L'Empire des Abyssins n'est aujourd'hui composé que des provinces d'*Amhara*, de *Bajemder*, de *Cambat*, de *Dembea*, d'*Enarea*, de *Gojam*, de *Schewa*, de *Bugna*, de *Gonga* & de *Samen*.

Schewa ou *Chaoa* & *Xaoa* fut autrefois la résidence des empereurs: on y voit divers châteaux, & un grand nombre de monasteres: il est divisé en haut & bas, & l'on y remarque les villages de *Debra Libanos*, de *Ime* & de *Wenthed*.

Gojam, *Goyam*, est environné par l'Abawi qui y prend sa source, & y forme une cataracte dont la hauteur est de demi-lieue, selon l'exagérateur Bermudez; serait-ce celle dont le bruit rend sourds les habitans voisins, comme le dit Ciceron? On lui donne 50 lieues de long sur 40 de large: on le divise en 20 districts; les *Agoas*, les *Gafates*, les *Goragues* peuples tributaires de l'empire, occupent une partie de cette province où l'on remarque plusieurs bourgades, comme *Leda-Negus*, *Debra-Selalo*, *Ena-*

mera, *Tarcoa*, &c. Les Gafates habitent un pays montueux, mais riche en or & en prairies : on les croit descendus des Juifs : ils sont farouches, superstitieux, adorent des simulacres ridicules & résistent souvent aux Abyssins ; on fabrique chez eux des étoffes de soie & de coton. Les Goragues paient aux negres un tribut en or, en bestiaux & en peaux de bêtes féroces : leur pays est abondant en ébéne, sandal, civette & ambre. Bermudez dit qu'ils sont de grands sorciers, & qu'ils se tiennent assis dans une chaire dans un grand feu, pour répondre aux questions qu'on leur fait sur l'avenir. On voit que Bermudez n'était pas lui-même un grand sorcier.

Cambat, province méridionale, peu étendue, habitée par les *Seb-a-adja*, peuple formé d'un mélange de chrétiens, de mahométans & de payens, qui est soumis à un prince chrétien, tributaire du Negus : elle est peut-être la Kalem des Arabes, abondante, disent-ils, en pêches, en abricots, grenades, cannes à sucre, &c.

Enarea ou *Narea*, province conquise par les Abyssins au commencement du 17e siecle. On vantait la fidélité des habitans, leur sincérité ; ils sont courageux, grands, assez beaux ; ils sont devenus chrétiens : leur sol est fertile : ils ont des montagnes riches en or, qu'ils échangent contre diverses marchandises ; tout le pays abonde en bestiaux, en toutes sortes de denrées : des lames de fer, longues de trois doigts, un peu moins larges, empreintes d'une marque particuliere, servent de monnaie : ce peuple paie un tribut au Negus, obéit à un chef qu'on nomme le *benero*, & fait sans cesse la guerre aux Galles qui n'ont pu les soumettre.

Au midi de cette province est le royaume de *Gin-*

girot ou *Zendero*, tributaire du Negus, allié du roi de Macoco, & dominant fur 15 petits rois. Le peuple y eft fauvage ; il adore, dit-on, des êtres malfaifans qu'il craint fans les connaitre. On y réduit en cendres la cabane, les meubles, les habits, les arbres plantés par la main d'un homme qui vient de mourir, pour l'empêcher de revenir inquiéter les vivans qui fe ferviraient de fes biens. Lorfqu'il s'agit d'élire un roi, tous les parens du défunt fe cachent dans une forêt voifine du palais, comme pour échapper à une dignité dangereufe ; mais les grands qui ont le droit d'élire, cherchent celui qu'ils préferent, le faififfent, l'emmenent malgré fa réfiftance : une tribu qui a le droit d'inftaller le prince vient le difputer aux grands, & l'on fe bat à qui l'aura : les vainqueurs le couronnent, & en font récompenfés : on dit que le premier acte de fon regne eft de faire mettre à mort les miniftres & les favoris du dernier roi, afin qu'ils puiffent lui rendre dans l'autre monde les fervices qu'ils lui rendaient dans celui-ci. Son trône eft une efpece de cage élevée au fommet de fa cabane : c'eft-là qu'il donne fes audiences : s'il eft bleffé dans un combat, on acheve de lui donner la mort, parce qu'il ne convient pas qu'un roi porte les marques honteufes de la fupériorité de l'ennemi.

La province de *Gonga* eft peu connue ; l'Albawi la traverfe, la riviere Blanche la borde : les Gorges l'habitent, errent avec leurs troupeaux dans fes campagnes. Le *Sancala* en fait partie.

Dembea eft partagée en 14 diftricts : il renferme un lac long de 30 lieues, large de 20, parait être le *Coloc* de Ptolemée, femé d'un grand nombre d'îles, fur lefquelles on a bâti beaucoup de monafteres, & où les Negus releguent les grands qui ont commis quelques crimes. C'est ordinairement près de ses bords que le Négus place ses camps; les plus fréquentés sont ceux de *Coga*, de *Gorgora*, de *Dancaza* & de *Guerder* : c'est dans celui de Gorgora que le pere *Pays* fit bâtir un joli palais, où le roi habitait l'hiver ; il était à deux étages, ce qu'admiraient les Abyssins, qui voyaient ainsi une maison bâtie sur une autre maison. Les *Agoas* ou *Agaus* ou *Agaves* habitent encore une partie du Dembea ; c'est une nation composée de diverses tribus : la plupart font profession du christianisme, qu'ils mêlent à des superstitions payennes : les autres sont idolâtres : tous sont redoutables par leur indocilité & leur nombre : souvent ils ont tenté de s'affranchir de la domination des Abyssins : leur pays est escarpé & rempli de vastes cavernes, où lorsqu'ils sont pressés, ils se retirent avec leurs troupeaux ; il est difficile de les y découvrir, & plus difficile encore de les en faire sortir.

On trouve beaucoup de Juifs dans cette province comme dans tout l'empire : on les y nomme *Falos-jam*, ou les exilés : ils s'y occupent à fabriquer des draps, & à forger des métaux : ils y possédaient autrefois des districts considérables, & s'y étaient rendus indépendans ; mais ils n'y ont pas possédé un grand empire, comme le dit le Fa'muld, qui était séparé de l'Ethiopie par le fleuve *Sabatique*, qui cessait de couler le jour du sabbat. Pline parle d'un ruisseau de Judée qui se desseche tous les jours de sabbat. (*) Joseph en fait un fleuve de Syrie qui ne coule que ce même jour. Mais

―――――――――――
(*) Plin. liv. 31, sect. 18.

quelles fables l'ignorance religieuse n'a-t-elle pas fait faire ?

Amhara, province au centre de l'empire, à l'orient de l'Abawi : on la divise en 36 districts : le sol en est bon : on y voit des montagnes & des vallées remplies de singes. On y remarque dans un lac une île qu'on nomme *St. Etienne* : nous avons parlé de la montague près du lac *Haïk* où les princes étaient gardés. Les habitans d'Amhara sont regardés comme les Abyssins les plus honnêtes & les plus doux : le pays a des mines de cuivre, d'étain & de plomb. On y voit des églises taillées dans un roc dur, que le peuple croit avoir été taillées par les anges.

Bagemder ou *Bagameder* est divisée en 13 districts ; c'est une province fertile & bien arrosée ; la riviere de *Bashlo* la sépare d'Amhara. On y voit une caverne où vivait un saint révéré, nommé *Dabra-Libanos* : sa demeure est respectée encore, & les Négus y donnaient une couronne aux vice-rois de Tigré.

Samen ou *Semen* est située plus au nord, est riche en fer : ce fer est si estimé, dit Bermudez, qu'on l'échange contre de l'or à poids égal. Ptolemée, roi d'Egypte, avait poussé ses conquètes jusques dans cette province, qui portait alors le même nom, & qu'on représente comme de hautes montagnes.

Tigré ou *Tégré*, province de l'Abyssinie, mais qui n'en dépend plus aujourd'hui. Les Négus tinrent autrefois leur cour dans la ville d'*Axuma*, *Kaxumo* ou *Accum*, qui, par sa grandeur & son opulence, donna son nom au pays. On voit encore des cabanes bâties parmi des ruines, & des restes de dix-sept pyramides très-hautes. Mendez y remarqua une inscription presque effacée, en lettres grecques & latines. A 3 lieues d'*Axuma* est la bourgade de *Maegoa* ou *Fremona*, où les Jésuites s'établirent, lorsqu'ils eurent pénétré dans le pays pour le ramener à l'obéissance du pape : elle doit son nom à *Frumentius*, que S. Athanase, patriarche d'Alexandrie, envoya pour convertir les Abyssins, & qui en fut en effet le premier apôtre. C'est lui qu'on nomme dans l'orient *Salamah*.

Cette province est divisée en 27 districts ; elle fut, selon quelques-uns, le lieu où régna la reine de Candace, & celle de Saba. Aujourd'hui cette province s'est formée en une espece de république aristocratique. Ses habitans sont hardis, peu faciles à persuader, à intimider, un peu féroces, transmettant leur haine à leurs enfans.

Nous n'avons pas parlé dans cette description d'une province voisine de *Damot*, habitée par des amazones qui se brûlent la mammelle gauche pour mieux tirer de l'arc, qui permettent à leurs voisins de les visiter dans un mois de l'année, renvoient les enfans mâles à leur pere, & ne gardent que les filles, ont une reine qui demeure vierge, & par cette raison est adorée comme une divinité. On les souffre dans ce pays, dit Bermudez, parce qu'elles y ont été établies par la reine de Saba : permettons aussi à ce patriarche de nous transmettre les contes absurdes que lui faisaient les Abyssins, & rangeons son histoire des amazones avec celle des griffons qui habitent avec elles, oiseaux qui enlevent un buffle avec autant de facilité qu'un aigle emporte un lapin.

DE LA NUBIE.

LEs anciens l'ont mal connue, & en ont raconté bien des fables. Pline dit que tous les quadrupedes n'y ont point d'oreilles, pas même les éléphans, qu'il y avait une nation dont le roi était un chien ; d'autres que les Nubiens étaient de petits hommes noirs & velus, qu'ils étaient des pygmées. Ils renfermaient ce pays dans l'Ethiopie, & c'est principalement de ses habitans qu'ils parlaient sous le nom d'Ethiopiens : les prêtres y élisaient les rois parmi les plus honnêtes ou le plus adroit d'entr'eux ; ce roi devait suivre en toutes choses les coutumes du pays : & ceux qui l'avaient élu, les prêtres de l'île *Maroc* pouvaient lui ordonner de mourir, au nom des Dieux dont ils étaient les interpretes. Un roi nommé *Ergamenès*, indigné de cette tyrannie, vint attaquer la forteresse des prêtres, où était, dit-on, un temple d'or, fit égorger les prêtres, & institua un culte nouveau. Ceux qui vivaient auprès des rois croyaient qu'il était indécent que leurs serviteurs n'eussent pas la même infirmité qui les frappait; ils perdaient l'usage d'un bras, d'une jambe, quand eux l'avaient perdue; souvent ils cessaient de vivre avec eux : on dit qu'ils n'ordonnaient jamais de mettre à mort quelqu'un, comme n'en ayant pas le droit : le coupable se punissait lui-même, quand les juges ou le roi l'avaient déclaré indigne de vivre : leurs usages sur les morts étaient les mêmes que ceux dont nous avons parlé dans l'article *Abyssinie* : le verre était si commun, que toutes les familles pouvaient s'en pourvoir pour conserver la ressemblance de ses parens, ou leurs corps embaumés ou salés : on les renfermait aussi dans des cercueils de terre cuite ; on les gardait un an, leur faisant des sacrifices, leur offrant les premices de tous leurs alimens, puis on les transportait dans quelque lieu peu éloigné de la ville ou de sa demeure ; ils se servaient de caracteres hierogliphiques : l'œil annonçait l'observation de la justice ; la main droite étendue marquait l'abondance, la gauche fermée l'épargne ; le milan désignait un événement prompt & subit, &c. Les Nubiens qui habitaient près des rives du Nil étaient peints comme des hommes sauvages & féroces, secs, brûlés, portant de longs ongles crochus, n'ayant de voix qu'un son aigu, faisant la guerre avec de petites lances, des traits recourbés, d'arcs qu'ils bandaient avec le pied, des massues pesantes, des boucliers de cuir de bœuf : leurs femmes ornées d'un anneau de cuivre suspendu à leurs lèvres les suivaient dans leurs camps. Quelques-uns de ces peuples étaient nuds, d'autres étaient couverts de peaux : ceux-là n'avaient que des ceintures faites de poils, ceux-ci en faisaient de queues de brebis : leur principal aliment était un fruit qui croissait sans culture dans les marais, ou les jeunes rejettons des arbres, ou les racines des roseaux ; quelques-uns semaient du sesame & du lotos ; la plupart allaient à la chasse, & possédaient des troupeaux. Près du Nil, on voyait un canton remarquable par sa fertilité, mais semé de marais ; les Africains & les Ethiopiens se le disputaient avec acharnement : on y voyait beaucoup d'éléphans qu'y attiraient la multitude des arbrisseaux, des roseaux, & la beauté des pâturages qui le couvraient.

On n'a pas d'idée nette de leur religion ; peut-être ils n'en avaient pas : on dit cependant qu'ils croyaient que plusieurs des Dieux étaient d'une nature éternelle, incorruptible comme le soleil, la lune & tout l'univers ; que d'autres nés parmi les hommes étaient devenus Dieux en faisant le bien. Quelques-uns ne connaissaient pas des Dieux, & ne voyaient pas le soleil se lever sur eux, sans le maudire comme leur ennemi, sans fuir dans les marais pour se cacher à lui.

Les orientaux appellent la Nubie, *Noubah*, *Beled-al-Noubah*. Elle est bornée au nord par l'Egypte, à l'orient par la mer Rouge, au couchant par diverses peuplades de la Nigritie, au midi par l'Abyssinie. Sans doute, elle devint chrétienne comme l'Abyssinie : on sait qu'elle fut attaquée l'an 31 de l'Hegire par Abdallah-ben-saïd, gouverneur d'Egypte, sous le calife Othman, & qu'elle n'obtint la paix qu'en se soumettant à payer un tribut en esclaves, seule richesse que les Musulmans en pouvaient tirer ; aujourd'hui encore, elle en fournit aux Turcs. L'an 120 de l'Hegire, Cyriaque roi de Nubie, envoya en Egypte une armée de 100 mille hommes pour venger les chrétiens des insultes que leur faisaient les officiers du calife Heschar, un des Ommiades : mais sur l'assurance que les Arabes lui firent donner par le patriarche d'Alexandrie, que l'on ferait cesser ces vexations, il se retira.

Le grand nombre de mazures d'églises qu'on y remarquait encore il y a peu de tems, & où la vierge, Jésus & plusieurs autres saints étaient représentés en bosse, prouve encore que ce peuple a été chrétien : aujourd'hui on n'y remarque plus qu'un mèlange de judaïsme & de mahométisme : on dit encore qu'ils administrent une forte de baptême, en appliquant un fer chaud, qui a la figure d'une croix fur quelque partie du corps. Le patriarche d'Alexandrie y nommait un métropolitain ; le service divin s'y faisait dans la langue des Coptes. L'air y est chaud, le terrein sec, & presque stérile, si ce n'est dans les lieux que le Nil, la Nube & le Tocase arrosent ou inondent ; là il produit beaucoup de grains, de pâturages ; la canne à sucre y prospere, mais le sucre qu'on en tire est noir, & n'a pas un goût agréable : les objets du commerce sont encore la poudre d'or, le musc, l'ivoire, le tabac, le tamarin, le bois de sandal, & un poison violent & subtil qu'on y vend, dit-on, au poids de l'or, & sous la condition de n'en pas faire usage dans le pays : un seul grain peut faire périr 10 hommes. Ses habitans viennent jusqu'au Caire faire le commerce ; les uns suivent les bords du Nil. Avant qu'on eût trouvé le moyen des caravanes, on descendait le Nil malgré ses cataractes : on débarquait lorsqu'on y arrivait, on transportait les marchandises sur les épaules jusqu'au dessous des cataractes, & on les rechargeait alors : aujourd'hui on fait passer les marchandises sur des chameaux par les déserts de Nubie, où ils demeurent sept jours sans trouver de l'eau ; mais on les y forme par une longue habitude. Au couchant du Nil, le pays est hérissé de montagnes, & presque désert. Partout on y trouve des bêtes féroces, mais la plus commune est l'éléphant, & la plus utile peut-être est le cheval. Ses habitans sont noirs, subtils, courageux ; leur langue leur est particuliere. On connait peu les villes qui y font, & peut-être on leur donne ce nom mal-à-propos. Les anciens nous ont parlé de celle de *Tanapſis* qu'on croit être celle de *Dungala*; mais commençons à dire le peu qu'on en ſait par les bords de la mer Rouge.

Le peuple qui habitait les côtes était connu autrefois ſous le nom de Troglodytes; il était léger à la courſe, ne vivait, dit-on, que de ſerpens, de lézards & autres reptiles; leur langue, dit-on, encore imitait le ſiflement des chauve-ſouris: ils habitaient des cavernes. Cette côte appartient aujourd'hui aux Turcs: la ville la plus méridionale qu'on y trouve eſt *Suakem* : c'eſt la ville appellée *Theonſoter*, ou *Soterôn*, ſous les Ptolemées. Dans un baſſin peu étendu, une île contient une ville peuplée encore, & qui fut autrefois très-floriſſante; un pacha Turc y réſide : ſon port eſt à l'abri de tous les vents, l'eau y eſt toujours tranquille, & le fond excellent ſur une profondeur de 5 à 7 braſſes : il peut renfermer plus de 200 vaiſſeaux, & ils s'approchent du rivage juſqu'à pouvoir débarquer avec une planche : autour eſt un labyrinthe de canaux, de rocs, de bas-fonds, qui s'étend à 14 ou 15 lieues, & où la mer écume & mugit ſans ceſſe : l'île eſt ronde, plate, preſqu'à fleur d'eau, & ſon circuit n'eſt que d'un mille. Plus au midi eſt *Ras-Abehaz* ou *Pointe Abeha*, nommée autrefois *Epi-theras* ou *Ferarum*, elle eſt ſur une langue de terre, dont une coupure faiſait jadis une île. Les habitans de ces lieux furent connus ſous le nom de *Suches*, & la bible leur donne celui de *Suchûm*.

Fuſchaa eſt une baye formée par deux pointes baſſes, dominée par un pic élevé & pointu : la mer y eſt tranquille, la rade bonne, la côte ſeche, ſtérile, sans eau, & bordée de bas-fonds & d'îles dispersées presqu'à fleur d'eau.

Salaka est le nom d'un port & d'une côte peu étendue, où l'on voit s'élever la montagne *Ollaki*, ou *Aleki* dont on tirait autrefois beaucoup d'or : près de là était *Bérénice Parchrysos*, ou *Bérénice tout or*.

Plus au nord est l'embouchure d'une riviere qui coule du couchant au levant, & que Castre appelle la *Farate*, & à une lieue de là, *Kilfit*, beau port de trois lieues de circuit, & à l'abri de tous les vents.

Aidhab ou *Gaidhab*, ville sur les bords du golfe, & où passaient autrefois les pélerins qui allaient à la Mecque : son port est encore fréquenté.

Komol, dont le port est petit, mais sûr, & défendu par un banc de sable, est environnée d'une campagne agréable, habitée par des Bedouins. Plus au nord encore est l'île élevée & stérile de *Zermogete*, au-dedans de laquelle est le golfe de *Guin-al-Malik*, ou golfe du Roi, nommé par les anciens *Sinus Immundus*. Zermogete était fameuse autrefois sous le nom d'*Ophiodes*, parce qu'elle était infestée de serpens, & sous celui de *Topazes*, parce qu'on y trouvait la pierre de ce nom, qui était transparente comme le verre, & d'une belle couleur d'or. L'entrée de l'île était défendue aux voyageurs sous peine de mort : ses habitans menaient une vie triste & solitaire, souvent ils manquaient de vivres, & on les voyait alors assis sur le rivage, cherchant des yeux le secours qui leur manquait : la topaze croissait dans les rochers, & on dit qu'elle ne brillait & qu'on ne la cherchait que pendant la nuit : ils marquaient l'endroit où ils l'avaient vue, en le couvrant d'un vase, puis le lendemain ils coupaient la roche à laquelle elle était attachée, & la donnaient à travailler.

La partie septentrionale de la Nubie est unie à l'Egypte, & comme elle, sous la domination des Turcs. *Ibrim*, autrefois *Premis*, est le chef-lieu de cette partie du pays, & un cashif y commande: elle est à dix-huit lieues de la grande cataracte : c'est dans cette contrée qu'habitaient les *Blemmyes*, qui, disent Pline & St. Augustin, n'ont point de tête, & ont la bouche & les yeux sur la poitrine : là aussi demeuraient les *Nobata*, qui devaient s'opposer aux Blemmyes : aujourd'hui la nation qui y est fixée est appellée *Al-Kennim*; c'est un petit peuple Arabe soumis à un émir.

Le reste de la Nubie est partagé en plusieurs royaumes particuliers : ce sont les royaumes de *Sennar*, conquis par le roi de *Fungi*, & ceux de *Dekin*, de *Dungala* & de *Soudain*. Le premier a rendu tributaire les deux autres. *Sennar* est située sur une colline, dans un pays agréable, fertile qu'arrose l'Abawi. Les Tonges qui ont conquis cet Etat habitaient la contrée qu'on nomme *Bagiah*, ou *Baggiat*: c'était un peuple de brigands redoutables à leurs voisins, par leurs courses & leur avidité ; *Sennar* est devenue leur capitale : on dit qu'elle renferme cent mille habitans, logés sous de pauvres cabanes. Le roi a un palais de briques, formé d'un amas confus de bâtimens sans ornemens au-dehors & richement meublés en-dedans. La principale nation qui occupait le Sennar, est celle de *Barabra*, partagée en différentes peuplades ; celles des Mehasses, les *Kenu*, comme les Al-Kinnim, sont plus voisins de l'Egypte, & en dépendent en partie : ce sont tous des hommes noirs, à levres grosses, à narines larges, & dont le corps est très-robuste : ils sont fourbes & méchans, sans mœurs, avides de butin ;

leurs enfans vont nuds, & les femmes ne font couvertes que d'un tablier. Les Fonges commercent beaucoup avec le Caire.

Dungala ou *Donkalah*, forme un royaume particulier, qui paie tribut au roi de Fungi ou de Sennar : il doit son nom à une ville qui fut très-peuplée, située sur la rive occidentale du Nil ; on y comptait dix mille maisons de bois & de terre. Ses habitans passent pour les mieux faits de tous les noirs ; ils vivent d'orge, de millet & de dattes, qui leur sont apportées du dehors ; ils n'ont d'autres viandes que celle de chameau, fraîche ou sèche : quelques-uns sont pirates. Là sont aussi les *Balbanins* ou *Albanins*, descendans de Grecs ou d'Egyptiens, qui se retirerent dans le pays pour éviter le joug des Musulmans. *Mosho*, est une bourgade à la sortie d'un désert, vis-à-vis de l'île *Argo*, dont il paraît que Ptolemée parle sous le nom d'*Arbos*. *Galouwah* ou *Ghalvah*, est sur les bords du Nil.

Ilak, ou *Jalak*, ville au confluent du Nil avec le Takasé : elle eut, & peut-être a encore son prince particulier : ses habitans commercent avec l'Egypte par le Nil, qu'ils descendent dans des bateaux jusqu'à la montagne de Genadel, où une cataracte les oblige de les débarquer, pour les transporter par terre à Assonnan. Ilak paraît-être l'ancien *Meroe*, île ou presqu'île formée par le Nil avec le Takasé, l'Abawi, autrefois l'Astaboras & l'Astapus. Une reine était autrefois sur le trône dans cette île.

Soudain, qu'on place dans la partie occidentale de la Nubie, paraît-être peu étendu. Son nom rappelle celui de *Soudan* qui, chez les Orientaux a la même signification que celui de Negre. *Dekin*, n'est pas bien connu : sa principale bourgade est sur le Takasé.

DE L'EGYPTE.

L'EGYPTE est la seule partie de l'Afrique qui touche à l'Asie : elle est bornée au nord par la mer Méditerranée, à l'orient par l'Isthme qui la joint à la Phénicie, & par le golfe d'Arabie; au midi par la Nubie, au couchant par divers Etats qui formaient autrefois la Lybie, & la Numidie, & font partie aujourd'hui de la Barbarie, & le désert de Barca. Son nom ne fut pas toujours le même. Bereve l'appelle *Oceanie*, Homere *Hefestia*, Xenophon *Ogygie*, Herodote *Potamit*, Lucien *Melambolos*. Les Orientaux l'appellent communément *Kehth*, d'où est venu le nom de *Coptes*, donné aux Egyptiens : les Arabes l'appellent aussi *Mesca*, les Syriens *Misri*. Elle est célebre par les sciences & les arts, qu'elle donna à la Grece, & qu'elle a perdu elle-même, ce semble pour toujours : des édifices plus solides que beaux, sont les seuls monumens qui nous restent de son ancienne puissance. Elle n'est qu'une vallée longue de 160 lieues; d'abord peu large, elle a près de la mer soixante & quinze lieues d'étendue du mont *El-Kas* à l'orient jusqu'à *Aboufer*, ou la *tour des Arabes* au couchant. Un voyageur la compare à une fourche, dont le Nil forme les pointes, & dont la haute Egypte est le manche.

L'Egypte fut d'abord gouvernée par des rois de sa nation, tantôt divisée en plusieurs royaumes, tantôt réunie en un seul : leur histoire est mêlée de fables, leur succession n'est pas connue. Elle fut conquise par Cambyse, fils de Cyrus, & porta avec

avec impatience le joug des Perses : à ce joug succéda, par le démembrement de l'empire d'Alexandre, la domination des Ptolemée, qui dura, d'abord sous des rois estimables, mais dont les successeurs furent la honte du trône, jusqu'à la réduction de l'Egypte en province Romaine, sous Auguste. Elle fit une partie de l'empire d'Orient, qui la perdit l'an 640 : Amrou, général du khalife Omar la conquit alors : Salahesdir, y fonda en 1164 un empire qui comprenait la Palestine & la Syrie, auquel succéda celui des Mamlucks, qui dura jusqu'en 1516, que Selim I. vainquit & tua le Soudan Campson, & l'année qui suivit il fit pendre Tomumbey, qui avait succédé à Campson. Depuis ce tems, l'Egypte est envisagée comme une province de l'empire Ottoman qui en tire de grandes richesses, mais qui souvent y voit son autorité contestée.

On divise l'Egypte en haute, moyenne & basse : chacune de ces parties est soudivisée en *Sangialics*, & en *Cashiflics*, ou *Cassilics*, qui tous reconnaissent l'autorité d'un Begierbeg. On ne peut dire combien chaque division de l'Egypte renferme de ces gouvernemens subalternes, parce que des scheiks Arabes se sont emparés de plusieurs. Ces scheiks exercent une autorité presque despotique & succédent à leurs peres ; mais ils demandent & achetent la confirmation du Beglierbeg. L'autorité de celui-ci se borne à communiquer au Divan, & aux corps militaires, les ordres qu'il reçoit du Grand-Seigneur ; il les fait exécuter par ses officiers, il reçoit les sommes que le fils donne pour succéder aux biens de son pere : souvent il ne se fait respecter qu'en semant la division entre les chefs militaires, qu'en se débarrassant des plus intrigans. S'il a un appui auprès du Grand-Seigneur, & fait plaire aux militaires de l'Egypte, sa charge est aussi aisée à exercer qu'elle est lucrative. Le gouvernement y fut d'abord militaire ; mais le Turc craignant le pouvoir & l'indépendance dont jouissaient les troupes, crut devoir vendre les villages aux chefs qui les commandaient, & par-là, ils sont devenus plus attachés, plus soumis aux *Beys*, ou membres du Divan, dont il peut se débarrasser quand il croit avoir à les craindre : d'ailleurs la charge de Bey n'est point héréditaire, & à sa mort, ceux qui commandaient sous lui s'épuisent en dons, pour obtenir sa place : mais ce n'est point assez : il aurait fallu y changer chaque année les troupes qu'on y entretient, & peut-être, ne nommer à la dignité de Beys que des Turcs. Le gouvernement y est donc une aristocratie civile & militaire tout-à-la-fois, dont le Turc est plutôt le protecteur que le souverain ; il est sans cesse agité par des factions, par des combats entre les aristocrates & les Beys, que le Sultan nomme, mais sur l'indication qu'en font les autres & qu'il n'ose mépriser. La plupart de ces beys sont des esclaves achetés qui se rendent maîtres des volontés de celui qui les achete, ou qui lui paraissant propres à devenir les instrumens de sa puissance, & sont élevés par lui aux premieres charges de l'Etat. Ces beys sont très-orgueilleux.

 Le Beglierbey a un *Caia* ou *Bey*, qui lui sert de premier ministre, & préside au Divan, où le chef assiste quelquefois assis dans une tribune : l'office du Caia est amovible. Il y a aussi un *Dragoman-aga* qui lui sert d'interprete & de maître des cérémonies, des *Choufes*, des *Shatirs*, des *Bostangis*, & une garde de Tartares à cheval.

La Porte y nomme tous les deux ans un Emir-Hadgi, ou prince des Pélerins de la Mecque ; il en conduit la caravane, il envoie des *fardars*, pour veiller fur les Etats qui dépendent de la Mecque ; il reçoit une paie du fultan & le dixieme de tous les pélerins qui meurent en chemin : la faveur peut prolonger fon office pendant fix ans.

Elle peut nommer tous les ans un *tefterdar*, ou grand tréforier qu'elle choifit parmi les beys les moins intrigans & les moins riches : elle prolonge le terme de cet office à fon gré : les villes ont des fangiacs, ou des cashifs, ou des fcheiks, pour les gouverner : les villages ont des *cacmacans* qui relevent des premiers.

Il y a cinq corps de cavalerie en Egypte : les *chaoufes* exécutent les ordres du Grand-Seigneur, & font commandés par le *chouflers-caifi* : le *muteferrika*, font confidérés, & font placés en garnifon dans les châteaux ; à leur tête eft le *muteferrika-bashi* ; les *circafi*, les *giomelu*, les *tuferfi*, font commandés par un aga. Lorfque les efclaves des officiers de ces différens corps ont obtenu la faculté d'y être agrégés, ils laiffent croître leur barbe & font des hommes libres : prefque tous font des enfans de tribut tirés de la Géorgie : ils font bien vêtus, ont un valet pour panfer leurs chevaux, & favent lancer le dard & le javelot. Cependant les troupes qui ont le plus de part au gouvernement font le *janiffaires*, ou *jenit-cheri*, & les *azabes*. Les premiers font divifés en *odas* ou chambrées, dont chacune a un *odabashi*, qui porte un turban pointu, avec un bouclier pendant fur leurs épaules : ces odabashi s'élevent de grades en grades, jufqu'au rang de *aias*, office regardé comme rendant facrés ceux qui l'exercent, & auquel est attachée beaucoup d'autorité. Les caias sont les représentans du corps, & forment son conseil, son divan. Le général des janissaires est nommé par le Grand-Seigneur, & veille sur la police, a le droit de vie & de mort dans les tems où l'on craint une émeute, sans être obligé d'en rendre compte. Lorsqu'une partie de ces soldats marche, elle est commandée par un *sardar*, choisi parmi les caias. Les *azabes* sont les rivaux des janissaires; ils suivent les mêmes usages, mais leurs officiers ne parviennent jamais au rang de caias. Presque tout le peuple s'incorpore dans l'un ou l'autre de ces corps, afin d'en être protégés: c'est par cette institution que l'autorité du beglierbey est limitée; car la plupart de leurs officiers siegeant au divan de ce chef, s'oppose souvent à ses ordres; mais ils causent souvent de grands troubles: ces deux corps se sont arrogés le droit de le déposer, de l'emprisonner. Chacun de ces soldats a l'autorité d'un petit magistrat: un fripon qui leur tombe entre les mains, est bastonné s'il ne leur donne de l'argent: en tems de guerre, ils sont maîtres de la fortune des habitans, tout commerce cesse, chacun fuit, car le janissaire d'Egypte est le soldat le plus insolent des Etats du Turc. Lorsque la Porte l'exige, le pays doit fournir tous les trois ans 1200 janissaires, 900 azabes, & 900 cavaliers ou spahis: en les renvoyant, elle a droit de demander tous les ans un nouveau secours.

 La Porte envoie tous les ans un *cadiliskier* au Caire & des *cadis* à Alexandrie, Rosette, Damiette & Girze; le cadiliskier nomme les cadis des autres villes: au Caire, il y a huit cadis qui lui sont subordonnés, & un *nakib*, qui est son lieutenant &

chez qui se rend la justice : l'homme de loi y est considéré, le Grand-Seigneur doit craindre d'attaquer leur ordre, & ce n'est que par adresse qu'il réussit à se défaire de ceux qui lui paraissent dangereux : les cadis ne sont pas juges en dernier ressort : les grands jugent la plupart des causes avant ou après que ces juges en ont décidé : appeller de leur jugement serait un inutile effort ; ils savent le moyen de faire que le cadi décide comme eux.

Le Grand-Seigneur forme ses revenus en Egypte des revenus des terres, des douanes, de la capitation sur les Chrétiens & les Juifs : la première branche est ce qu'on nomme *basha*, imposition payée par tous les villages, & produit environ dix millions de livres, qui servent à nourrir les soldats, à fournir les dons qu'on fait à la Mecque, à nettoyer les canaux, réparer les murs, payer les beys, &c. le reste, qui monte à environ 400,000, est porté à Constantinople. Le beglierbey donne annuellement à la Porte 1,400,000 livres du produit de la vente des terres, qui sont des possessions à vie, & de la rente qu'on en paie. Les douanes sont ordinairement affermées aux janissaires : on peut juger de leur produit par celui des douanes d'Alexandrie, de Damiete & de Suez, qui rapportent deux millions & demi, sans le profit des fermiers. Ces sommes proviennent d'un droit de dix pour cent sur toutes les marchandises qui viennent du dehors, du dix-sept pour cent pour celles qui vont au Caire ; les Français, les Anglais, les Vénitiens, les Suédois, ne paient que le trois pour cent. Chaque chrétien, ou juif, paie dès l'âge de seize ans, les plus pauvres environ quatorze livres, les plus riches cinquante livres.

L'agriculture se réduit en Egypte à l'art de bien arroser : si le champ est plus bas que le Nil, l'arrosement est facile, s'il est plus haut, il faut y amener l'eau à force de machines : la plus commune est une roue garnie de cruches mises en mouvement par des bœufs, qui seuls y font l'ouvrage qu'ailleurs on fait faire à l'eau, ou aux vents : toute la science du cultivateur se réduit ensuite à bien distribuer cette eau.

Le commerce intérieur de l'Egypte consiste en bleds, légumes & dattes, que la haute fournit à la basse ; en riz, sel, marchandises du dehors que la basse fournit à la haute. Le commerce y était bien plus considérable, lorsque de l'Europe avec les Indes il se faisait par elle ; aujourd'hui les marchandises des Indes y sont à plus haut prix qu'en Angleterre, parce que la navigation y est négligée, & que tout y vient par terre. On tire de l'Egypte des drogues, comme le séné, la casse, la coloquinte, la fleur du *carthamus tinctorius*, du lin, du coton, des cuirs, des toiles, du sel ammoniac, &c. On en exporte par an 80000 peaux de buffles, de chameaux, de vaches, 18000 quintaux de saffranon, &c. Les marchandises qu'on y porte sont des draps d'Europe, de l'indigo, de la cochenille & autres matieres colorantes, de l'étain d'Angleterre, du plomb & du marbre de Livourne, du fer, du corail, de l'ambre, de la quincaillerie, de la vaisselle de cuivre étamé, des fourrures, des tapis de l'Asie mineure, des étoffes de laine de Barbarie, des soies crues de Syrie : tout ce qu'on y fabrique s'y consume, excepté la toile : ils fabriquent aussi des étoffes de laine & de soie, des tapis unis de différentes couleurs, des mouchoirs de soie, des coussins, des couvertures, de petits satins blancs, dont les uns sont fort grands & servent de voile aux femmes, d'autres sont tissus d'or & forment des fleurs de couleurs différentes : le lin que fournit le Delta se file au fuseau.

Les Turcs se bornent au commerce ; les chrétiens, presque seuls exercent les arts : l'orfevrerie, la bijouterie en sont les plus lucratifs, les plus occupés, parce qu'on aime y orner les harnais des chevaux, & parce que les femmes qui ont des enfans, n'héritent que de leurs bijoux & de leurs nipes : les jalousies des fenêtres de maisons & de mosquées y sont très-bien travaillées : on y polit l'agathe & le caillou ; on en fait des manches de couteaux, des tabatieres & divers ouvrages, on y fait des lampes & des bouteilles de verre : l'arquebuserie est l'art qui s'y est le mieux conservé, il est aussi le plus exercé : on y fabrique du maroquin, du sel ammoniac, & quelques autres objets : les monnaies dont on s'y sert sont, le *burber*, morceau de cuivre qui vaut la douzieme partie d'un medin ; le *medin*, morceau de fer argenté dont il faut trois pour un apre, 146 pour un sequin *funduclí*, & 110 pour un sequin *zumaboob*. Le medin peut être la valeur d'un sol, six deniers. Les mesures n'y sont pas uniformes.

Les Mahométans de l'Egypte sont, ou originaires du pays, domiciliés dans les villages, ou de race Arabe. Les premiers se nomment *Filaws* ou *Felaques* ; les seconds viennent de la Barbarie, & ont le nom de *Mugrabi*, ou *Auladit-Arab* ; ce sont les moins estimables ; ou de l'Arabie même, & la plupart sont des Bedouins. On compte deux millions de ces derniers en Egypte : ils sont d'une frugalité extrême : c'est en hiver qu'ils couvrent les prairies :

puis ils s'éloignent dans les déserts avec leurs troupeaux.

Les Chrétiens Coptes sont les naturels du pays: ils sont adroits à tenir les livres de compte; ils sont superstitieux plus que dévots: observer les jeunes, réciter machinalement leurs prieres, c'est-là tous leurs actes religieux: les couvens y sont habités par un ou deux moines mariés: tous sont ignorans: les prêtres font le service en langue copte qu'ils n'entendent pas; ils ont cependant des traductions Arabes de leur liturgie: ils ont retenu l'usage de circoncire les filles & les garçons, celui de ne pas manger du sang, &c. Leur nombre diminue beaucoup: on n'y en compte plus que 15000. Ils voulurent être Chrétiens malgré les empereurs Payens, qui en firent massacrer un grand nombre: ils voulurent demeurer Eutychiens, malgré les empereurs Orthodoxes, qui n'épargnerent pas leur sang. Les Mahométans ne les ont pas ménagés; il serait étonnant qu'ils eussent résisté à tant de malheurs. Des Grecs attirés par le commerce se sont mêlés avec eux.

Cette langue copte est différente du grec, de l'hébreu, de toutes les autres langues orientales; c'est l'ancien égyptien, & ce qui le fait penser, ce sont les noms des douze mois, & ceux de diverses plantes, conservés par d'anciens auteurs: ils sont les mêmes que les Coptes leur donnent aujourd'hui: une phrase n'y forme en quelque maniere qu'un seul mot: le pluriel se marque au commencement des mots, non à la fin; cette langue s'y corrompt & s'y perd tous les jours.

Les Juifs y sont nombreux, ils ont trente-six synagogues au Caire: il en est une pour la secte des Esséniens qui s'y est conservée; c'est dans les villes qu'ils fe tiennent ; dans les campagnes ils fe cachent pour éviter les infultes des payfans qui les détestent. En général les naturels de l'Egypte font fainéans & pareffeux : refter affis, faire ou écouter des contes, c'eft-là leur bonheur : ils font menteurs, diffimulés, fourbes, envieux, & cependant hofpitaliers, vertu qu'ils doivent aux Arabes : leur phyfionomie eft repouffante, leur teint bafané, tout leur extérieur mal-propre.

Les Turcs ne fe mêlent point avec les naturels du pays : ils n'en prennent ni les habits, ni les coutumes : ils font plus actifs & plus intrigans qu'eux.

Les mœurs de ces différentes nations fe rapprochent en divers points, s'éloignent en d'autres : les Coptes favent écrire, lire, fupputer ; peu d'entre les Mahométans naturels favent lire ; les efclaves entendent le turc & l'arabe, les parlent, les écrivent, & de-là vient qu'ils parviennent aux principaux emplois : tous croyent à la prédeftination, mais les Turcs plus fortement que les autres, & cette opinion fait qu'ils fe conduifent mieux dans l'adverfité que dans la profpérité : tous aiment les préfens, mais les Turcs paraiffent encore en être plus avides. Comme le Chriftianifme y confifte en quelques actes extérieurs, ils croyent auffi qu'en fe lavant les mains & les pieds, ils fe lavent des plus grands crimes : ils aiment leurs enfans & s'attachent peu à leurs parens : les grands, les foldats boivent de l'eau-de-vie : les gens d'affaires font fobres ; les Arabes n'aiment point les liqueurs ; la populace fe fert des feuilles du chanvre verd qu'on avale, ou dont on fait une boiffon qui enyvre : les Arabes font polis & curieux ; les Turcs font méprifans, & ne careffent que pour avoir de l'argent : ils faluent en avançant la main droite, la portant fur la poitrine, & inclinant la tête; les Arabes joignent les mains, & panchent la tête : les enfans des Coptes ne s'affeyent jamais en public devant leurs parens à moins qu'on ne le leur ordonne : ils ne mangent point de cochon non plus que les Turcs : ceux-ci ne mangent point de viande l'été : le bas peuple feul mange du bœuf & du buffle, & boit une bierre faite avec l'orge, boiffon ancienne, puifqu'Hérodote en parle. Les Turcs & les Coptes mangent affis, ont une table, & prennent le café après le repas. Les Arabes mettent les mets fur la chambre couverte d'un tapis : quand ils ont affez mangé, ils fe levent, d'autres leur fuccedent, les mendians même font invités, jufqu'à ce qu'il ne refte plus rien : ils aiment l'égalité, regardent les hommes comme freres, & fe font aimer par une généreufe hofpitalité : c'eft leur faire affront que de ne pas manger chez eux. L'habillement le plus fimple y eft une longue chemife, dont les manches font fort larges, & liées au milieu du corps; il était en ufage chez les anciens Egyptiens : fur cette chemife, les gens du commun en portent une de laine noire, & les grands un jufte-au-corps fur lequel ils paffent une chemife bleue. Les Arabes & les naturels du pays, ont des habits à longues manches, avec des caleçons de toile : l'habillement des Turcs eft plus modefte que celui des femmes : ils ont des caleçons fur lefquels il en eft d'autres de drap rouge, qui defcendent jufqu'à la chemife, & ils y coufent des bas de cuir jaune, fous un habit court fans manches, ils mettent une vefte courte, qui recouvre un habit long. Le tout eft recouvert d'une robe à manches étroites. Dans la haute Egypte on ne va aux mofquées qu'habillé de blanc. Les Coptes ont des babouches rouges, les Turcs les portent jaunes, les Juifs bleues. Les enfans vont nuds, souvent le peuple n'a pour vêtement qu'une piece de toile dont il s'enveloppe : les Arabes, les naturels, portent un bonnet de drap rouge : les Turcs ont un bonnet pointu, fait de feutre grossier : leurs femmes ont un habillement semblable à celui des hommes ; mais plus court ; elles se coëffent avec des mouchoirs brodés, tressent & rassemblent en rond leurs cheveux qu'elles recouvrent d'une calote de laine blanche : les femmes du commun portent une espece de surplis de toile ou de coton bleu, sur leur visage un morceau de toile qui ne laisse voir qu'un œil, & au nez des anneaux auxquels sont suspendus des grains de chapelet de verre : suivant leurs richesses, elles portent des bagues de plomb ou d'or, & des bracelets de fer, de cuivre, ou d'or, des colliers d'étain ou de perles, avec des passages de l'Alcoran pliés dans de petites boetes : elles ne sortent que le vendredi, pour orner les tombeaux de leurs parens de fleurs & de rameaux, y suspendre une lampe, y verser de l'eau, & en mettre auprès un vase plein. Elles voyagent montées sur des ânes, suivies de leurs esclaves plus élégamment vêtues qu'elles, & sur la même monture : quelques femmes vont le visage découvert, ce sont des chanteuses & des danseuses : le plus grand nombre se peignent les levres & le bas du menton en bleu, & les ongles en jaune ; usage ancien, dont on croit voir des traces dans les momies.

Les maisons sont de terre & de chaume mêlés & séchés au soleil : dans les villes, les fondemens jusqu'à 5 pieds de hauteur sont de pierre : le haut eſt de bois, le comble en eſt plat, couvert de terre ou de ciment : un petit dôme ouvert y renouvelle l'air, & éclaire les ſallons : les maiſons les plus belles, les plus ſolidement bâties ſont du tems des Mamelucs : le bas ſert d'office & de magazins ; le haut eſt diviſé en ſallons où ils couchent, reçoivent compagnie, qui ont un plancher en moſaïque, & des ſophas qui ſont lambriſſés à la hauteur de 6 pieds, & en petits appartemens ſéparés aſſez commodes.

En général on ne croit pas que l'Egypte renferme 4 millions d'habitans fixés. Elle en renferma autrefois plus du double.

L'Egypte dont le ſol eſt ſablonneux, qui eſt preſſée entre deux chaînes de montagnes, & voiſine du Tropique, éprouve des chaleurs exceſſives : dans l'hiver même il fait chaud dans le milieu du jour ; mais les nuits & les matinées y ſont très-froides, & par conſéquent les rhumes & les fluxions fréquentes : la roſée y eſt abondante, & on l'eſtime mal-ſaine ; on peut dire cependant que l'air y eſt ſain ; il n'eſt mauvais que là où le Nil forme des marais : les femmes, les femelles des animaux y ſont très-fécondes, les arbres y ſont toujours verds, les fruits y ſont délicieux ou ſalutaires. Il pleut ſouvent du mois de novembre au mois de mars vers la mer ; le tems des pluyes eſt plus court vers le Caire, & les pluyes y ſont légeres, & ne durent pas demi-heure : elles ſont rares dans la haute Egypte : les tonnerres y ſont plus fréquens vers le nord-eſt : les tremblemens de terre ne s'y font preſque point ſentir : le vent du midi qui s'approche du levant eſt très-chaud, & ſemble ſortir de la gueule d'un four : il l'eſt moins s'il approche du couchant. Souvent

DE L'EGYPTE.

il éleve des nuages de pouffiere qui pénètrent par-tout ; on l'appelle *Mirify* & *Hamfeen*, vent de cinquante jours. Celui du nord eft appellé *Meltem*, ce font les vents étéfiens des anciens ; il fouffle un peu avant que le Nil s'enfle, il eft frais, & tempere les chaleurs de l'été, aide au débordement du fleuve, & en retardant fon cours, fait qu'on peut y naviger ; il fait la fanté comme la richeffe de l'Egypte ; fouvent il fait ceffer la pefte.

Les montagnes qui ferment la vallée qui forme ce pays, font de granite, de marbre, de roches ; on en trouve qui font remplies de coquillages pétrifiés ; le fol y eft rempli de nitre & de fel; là où le nitre abonde on en voit des croûtes fur la furface des étangs dont l'eau s'évapore : les animaux mangent la terre imprégnée de fel; ce fel mêlé au limon que le Nil dépofe donne à ce pays une fertilité extraordinaire : là où les eaux ne peuvent atteindre les arbres viennent bien, mais tous les végétaux languiffent. C'eft-là ordinairement que les villages font bâtis : il en eft auffi dans la plaine fur des hauteurs près des rives du Nil.

Ce fleuve dépofe chaque année une couche nouvelle de limon qui hauffe le fol, & en prépare un nouveau fur les bords de la mer : ce limon enlevé aux terres de l'Ethiopie eft très-léger, & auffi fin qu'une poudre impalpable : fa couleur noire a fait donner au fleuve le nom de *Melas* chez les Grecs, de *Sichor* chez les orientaux : le mot *Nil* parait être une contraction de celui de *Nahal*, riviere. Hérodote, Diodore de Sicile, Pline, penfaient que le fol de l'Egypte était un don du fleuve : des modernes ont penfé comme eux, & difent que le Delta fut autrefois un golfe profond, & l'Egypte entiere une vallée profonde, couverte d'eaux : les dépôts faits par le fleuve ont hauffé infenfiblement le terrein : des levées, des canaux ont cédé au fleuve; des parties du terrein font demeurées à fec, elles ont été cultivées. C'eſt alors que Thebes fut bâtie ; quelques fiecles après on put bâtir Memphis & d'autres villes : la profondeur du fol qui diminue en s'éloignant de la riviere, les levées de terre avec lefquelles on garantit les villes de l'inondation; le hauſſement du fol y eſt fenfible dans les lieux où l'on bâtiſſait les villes, celles qui ont été bâties fur des collines fe trouvent aujourd'hui dans la plaine, leur ancienne élévation fur le fleuve n'exiſte plus. Damiette qui était un port de mer fous St. Louis, eſt éloignée aujourd'hui de plus de trois lieues du rivage. *Fooab*, fituée il y a trois fiecles à l'embouchure de la branche Canopique, en eſt aujourd'hui à deux lieues & demi. *Rofettè*, dans l'eſpace de quarante ans s'eſt éloignée de la mer de demi-lieue : des expériences & des calculs font croire que le fol s'éleve d'un pied par fiecle.

Le débordement du Nil fi intéreſſant pour le peuple, eſt mefuré par une colonne qu'on nomme *Mikeas* ou *Niloſcope*, élevée dans un quarré foutenu par des arches, conſtruite à la pointe d'une île fituée entre Geeza ou Dsjizeh, & le Caire ; elle eſt divifée en coudées; il faut que l'eau monte à feize coudées pour que les Egyptiens paient le tribut : les Turcs le mefurent à leur maniere & fuppléent fouvent à ce qu'il manque : ces feize coudées font la mefure ancienne ; mais dans le fait, il faut aujourd'hui dix-neuf à vingt coudées d'eau pour fertilifer tout le pays, & il manquera toujours davantage à cette mefure; & moins il fera cultivé, moins il nourrira d'habitans, & plus cette diminution fera fenfible.

C'eft le Nil qui fournit de l'eau à toute l'Egypte : il n'y a point de fource au deffous du Caire; au deffus on ne connait qu'une efpece de fource dans une vallée fermée de hautes montagnes à l'orient d'*Akmim* : l'eau fort des rochers, les habitans voifins creufent des creux dans les rochers pour l'y retenir; le refte forme de petits étangs dans la vallée : dans la haute Egypte on creufe des puits à une diftance du Nil qui n'excede pas une lieue; on y trouve une eau faumâtre, & parait venir du Nil.

Les Coptes croient que ce fleuve commence à s'enfler tous les ans au même jour ; c'eft une erreur : fouvent c'eft à la fin de juin, quelquefois plutôt, quelquefois plus tard : fa plus grande hauteur eft au mois d'aouft, quelquefois en feptembre ou en juillet : cet effet dépend des vents qui chaffent les nuages contre les chaînes des montagnes de l'Abyffinie & de l'intérieur de l'Afrique, & ils font tardifs ou hâtifs. L'eau eft, dit-on, mal-faine pendant le premier mois, & on ne boit alors que de l'eau de citerne; on la boit dit-on encore fans danger enfuite, quoiqu'elle foit plus épaiffie par le limon, dans tout autre tems elle eft faine & nourriffante. Là où l'inondation ne peut parvenir, on éleve l'eau avec des machines; mais lorfque l'inondation eft peu confidérable, il n'arrofe que quelques cantons, & dans ces cantons mêmes, l'eau s'écoulant plutôt, il faut femer en été, les chaleurs couvrent les champs d'une croûte qui étrangle les plantes, & multiplie les infectes qui les dévorent, & tout le pays fouffre prefque également; des canaux conduifent l'eau dans des lacs d'où on la répand fur les terres quand elles fe defféchent. Les terres fituées aux embouchures du

Nil font plus baffes, & plutôt inondées : les eaux s'élevent à une plus grande hauteur dans la haute Egypte que dans la baffe, parce que celle-ci eft plus large.

Les Egyptiens modernes ne connaiffent pas l'*Hippopotame*, qui ne fort pas de l'Abyffinie, ni le véritable *crocodile* qu'on ne trouve plus, ou prefque plus au deffous des cataractes du Nil : ils le nomment *timfah*, au rapport de Shaw : felon les autres voyageurs, on n'en voit point dans le Delta : il eft commun partout ailleurs : l'*ibis*, très-connu autrefois eft devenu très-rare; mais les cigognes y font nombreufes & vénérées des Mufulmans, parce qu'elles dévorent beaucoup d'infectes : on ne parle plus de l'*Ichneumon*; *le rat de Pharaon*, auquel on donne quelquefois ce nom reffemble au furet puant; il eft plus gros, & ne déchire plus le ventre du crocodile, mais caffe fes œufs. Parmi les quadrupedes domeftiques de l'Egypte, on remarque les chevaux qui font fins, mais ont le col court; les ânes, les mulets, les chameaux par leur utilité. Les lieux écartés & déferts recelent des tigres, des gazelles de la taille la plus élégante. Il y a une efpece de crocodile terreftre qui vit & fe cache dans les grottes & les cavernes des montagnes : on le nomme *Worale* ou *Warral*, & les Grecs lui avaient donné le nom de *Sincos* : il a quatre pieds de long fur huit pouces de large, n'a point de dents, mais une langue fourchue, bien différente de celle du crocodile aquatique qui reffemble à une maffe de chair; il fe nourrit d'infectes, & dort pendant l'hiver : c'eft un gros lézard, il aime la mufique, fe familiarife, danfe avec les Dervis, dit Schaw, mais Pockock en doute. Le renard y eft d'un fauve clair; le lievre y eft rare :

les

les vaches y ont la même couleur que les renards & les lievres, & font très-groffes : les boucs, les moutons y font très-gras & charnus : ces derniers font couverts d'une laine noire ; ils ont les oreilles comme celles des bœufs, & une queue longue & large, qui traîne à terre : les oreilles des chèvres pendent prefque jufqu'à terre. On y voit une efpece de finges que les Grecs appellaient *Kinocephales*, parce que leur tête a la forme de celle du chien : ils font plus gros, plus forts, plus fauvages que les autres : c'était l'animal dont les prêtres Egyptiens difaient qu'il urinait douze fois la nuit, & douze fois le jour, lorfque le foleil était dans l'équinoxe. Pocoke dit qu'il n'y a ni lions, ni tigres, ni léopards en Egypte ; que ceux qu'on y montre font plus doux que les porcs domeftiques. On trouve beaucoup de caméléons autour du Caire, animal qui n'a d'agilité que pour atteindre & dévorer les infectes ; il marche lourdement, & grimpe avec preftesse fur les arbres : fes yeux fe meuvent en tous les fens, l'un à droite, l'autre à gauche, l'un en haut, l'autre en bas : c'eft avec fa langue vifqueufe qu'il lance avec rapidité qu'il atteint fa proie ; elle eft charnue, fpongieufe & comme un tuyau creux ; le long du canal eft un nerf tendu qui tient à l'origine de la langue, laquelle peut s'emboëter dans un os qui lui fert de fourreau : il n'a point d'oreilles, & on le croit muet & fourd ; on connaît la propriété qu'il a de changer de couleurs, propriété un peu exagerée. Les lézards d'Egypte font jaunes, ainfi que les viperes dont une efpece a des cornes : c'eft le *cerafte* des anciens : la piquure de la falamandre y eft feule mortelle ; car, dit-on, les ferpens font moins vénimeux dans les pays chauds qu'ailleurs : l'épervier sacré, ou le *baieth* est de la grosseur du corbeau ; il a la tête d'un vautour & la couleur du faucon ; c'est l'oiseau de proie le plus commun en Egypte ; il était l'image de la divinité & du soleil chez les anciens prêtres, & de là vient son nom ; car *bai* signifie la vie, *eth* le cœur, & le soleil est le cœur, la source de la vie : ses jambes, sa tête, son bec, formaient plusieurs lettres de la langue Egyptienne : celui qui lui donnait la mort de quelque maniere que ce put être, perdait la vie : l'autruche y est nommée par les Arabes *ter-gimel*, on la trouve au couchant d'Alexandrie, & sa graisse est un remede estimé pour les rhumatismes & autres maladies froides : on y voit encore la poule de Pharaon, ou vautour blanc à ailes noires, oiseau laid qui vit comme le faucon ; d'autres vautours, des aigles, des oies, des cailles, des canards, des coqs de bruiere, des becasses, des becque-figues ; le petit hibou noir, le *tercaous* ou oiseau messager, qui est de la grosseur du pigeon, a le plumage tacheté, & porte sur la tête une hupe qu'il déploye toutes les fois qu'il se pose ; le *belsery* qu'on a cru être l'*ibis*, dont le mâle a le bec, les jambes & les ailes noires ; & la femelle, les jambes, le bec & les yeux d'un beau rouge qui se répand sur des plumes de ses ailes & de sa queue : les pigeons sont un des biens des habitans des champs : le petit pigeon noir y fréquente impunément les maisons ; les perdrix y different de celles d'Europe ; la femelle ressemble au coq de bruiere par ses couleurs, & le mâle est un bel oiseau brun ; la chauve-souris y est fort grosse. L'air y est souvent obscurci par une multitude de moucherons, & pour échapper à leurs piquures, on dort sur les terrasses à la hauteur desquelles ils ne s'élevent point.

L'Egypte est très-abondante en plantes, mais la chaleur & les inondations en font beaucoup périr : on y recueille beaucoup de riz & de froment, d'orge, de lupins, de lentilles, du bled de Turquie, de millet d'Inde sucré, du sésame : elle en nourrit les pays voisins : la luzerne y tient lieu du foin ordinaire, dont on y manque : on y voit un gramen qui porte quatre épis en croix, & c'est ce que signifie son nom nejem-el-jak : toutes les plantes qui demandent beaucoup d'eau ; le lin, les fèves, le *melo chia*, des melons, des cocombres différens des nôtres ; la canne à sucre qu'on y mange verte, dont on fait des pains de sucre, du sucre candi, du sucre fin, une espece de vesce que Linnæus appelle *cicer arietinum*, le saffranon ou *carthame*, dont la fleur donne une teinture couleur de rose, le *nil*, plante dont on fait une espece d'indigo, y prosperent : la *datura* dont la graine servait aux voleurs pour endormir ceux qu'ils voulaient dépouiller ; la *colocasie* qui, dit-on, en est originaire, & n'y fleurit point ; la *coloquinte*, l'*apocin*, le *ketmia*, le *lotus*, &c. y sont communs. Parmi les arbres on remarque le *sebeste*, dont le fruit fournit la glu, & un emplâtre émollient ; le cassier croît dans les lieux humides, & l'usage de ses gousses guérit les Egyptiens de différens maux : l'*elhanna* ou *alcanna*, arbrisseau dont la feuille ressemble à celle de l'olivier, & dont le suc teint en jaune doré : l'*ablab*, qui est toujours vert, dure un siecle, & donne des fèves qui fournissent un aliment salutaire ; le *sesban*, le *sofera*, le *papyrus* ou *berd*, le *tamarisque* ou *ettle* & *atle* dont l'écorce ou les racines guérissent de l'hydropisie, dont les feuilles ne semblent être que des filamens ; des orangers, des limoniers, des grenadiers, des abricotiers & un grand nombre d'autres arbres, dont nous ne parlerons pas ; diverses especes de palmiers, qui fournissent un fruit qui a le goût de la chataigne, qui jettent des fibres dont on fait des cordes & des vergettes ; les feuilles de l'extrèmité des tiges servent à faire des matelats, des paniers, des balais ; les branches à faire des cages, des boëtes : leur tige est haute, leur bois poreux, mais durable ; la fleur mâle doit être approchée de la femelle pour qu'elle donne le fruit. Une d'entr'eux est le *dome* ou *domb* que Schaw a confondu avec le *chamacrops* : de sa tige qui demeure basse s'élevent deux branches qui chacune en pousse deux, & celles-ci deux autres, jusqu'à cinq fois de suite : sa feuille est demi-circulaire, en éventail, & de trois pieds de diamètre ; son fruit ovale a trois pouces de long sur deux de large, & sa chair épaisse de trois lignes est dure, coriace, mais a le goût du pain d'épice : au centre est un noyau creux dont on se sert pour faire des tabatieres & des grains de chapelets : le *careb* ou *carneb* dont on tire un miel fort doux, le *sant* ou *sount* est l'*acacia* des anciens dont les feuilles petites, ovales, se ferment quand le soleil se couche, s'ouvrent lorsqu'il se leve ; qui ainsi que les fleurs & le fruit donnent un suc qui teint les peaux en noir, & sert pour différens maux : une autre espece a une fleur jaune qui exhale une odeur fort douce, tandis que ses racines pilées en répandent une très-désagréable : le *dumez* est le sycomore des anciens, & le *ficus ficomorus* de Linnæus : sa figue est petite, & est appellée fruit de Pharaon par les Européens : l'arbre s'étend au loin, sa feuille est ronde, les grosses branches en sont ornées, & celles qui portent le fruit n'en ont point : on en plante autour des villages, & son bois presque incorruptible servait autrefois à faire des cercueils ; on n'y trouve point de peupliers, mais beaucoup de mirthes ; il y a deux especes de cotoniers ; l'un est annuel, l'autre dure longtems. On y voit aussi des fleurs rares : on remarque que les jacinthes, les narcisses & autres fleurs qu'on y apporte d'ailleurs y perdent leur odeur par l'humidité du sol.

On divise encore l'Egypte en trois grandes parties qui sont le *Bahri*, le *Vostani* & le *Saïd*.

I. Du Saïd ou *Sahid*.

C'est l'ancienne *Thébaïde* : il confine au midi à la Nubie, au nord au Vostani : au levant & au couchant, il a les mêmes limites que l'Egypte, & c'en est la partie la moins peuplée, la moins cultivée : il est resserré entre deux chaînes de montagnes qui ferment la vallée que le Nil arrose : tout le reste du pays, au-delà de ces limites, est un désert sablonneux & aride. Les bleds, le riz, les cuirs, le lin en font les principales richesses. C'est le district d'*Assouan* qui en fait la partie la plus méridionale.

Assouan ou *Essené*, est une petite ville fort pauvre, défendue par un fort de bois habité par les janissaires qui commandent au pays ; ses habitans sont presque noirs ; Dapper la croit l'ancienne Thebes & se trompe : les ruines qui sont sur la hauteur qui la domine, sont celles de l'ancienne *Syene*, ville qui fut le lieu de l'exil de Juvenal, située presque sous le Tropique, & sur le sol de laquelle on ne voit plus que des débris d'un granit rouge & de décombres de briques crues : on y découvre encore des colonnes, un édifice qui servait à des observations astronomiques, des hieroglyphes, &

quelques vestiges de ses forts. Son district nommé *Alvahat*, renferme les monts *Basanites*, aujourd'hui mont de *Baram*, nom d'une pierre noire & dure, qu'on en tire & dont on fait des vases & autres ustenciles, des carrieres de granit où l'on voit encore des colonnes ébauchées, des mines d'or, d'argent & d'émeraudes qui n'en sont pas éloignées : les petites îles de Phylœ & d'Éléphantine formées par le Nil : cette derniere était la limite de l'ancienne Egypte du côté du couchant ; elle a un mille de long sur un quart de large : on y voit des restes d'un petit temple, d'une porte, & les décombres accumulés d'une ville sur lesquels est un chetif village : autour sont six îles plus petites & des masses de granit rouge, d'où l'on tira peut-être cette chambre d'une seule pierre qui fut transportée à Saïs. *Philæ* est très-escarpée, élevée de vingt à trente pieds au-dessus de l'eau, fort petite, ayant à peine 200 toises de long sur 100 de large ; elle avait une ville ou un temple environné de maisons, bâti de pierres de taille : on en voit encore les colonnes avec différens chapiteaux, des figures colossales, deux obélisques de granit rouge, & les ruines d'un autre temple. Auprès sont des rocs de granit d'une figure singuliere, où l'on a gravé des hiéroglyphes. Plus haut encore sont les petites cataractes formées par des rocs qui font trois chûtes, dont la plus haute n'est que de sept à huit pieds : les grandes cataractes sont dans la Nubie. Près de-là est une île qui semble formée de rochers entassés : on n'y voit au loin autour de soi que des rocs arides, que des monts de sable ou de pierre.

Koum Ombo, ou colline d'Ombo, est le lieu où fut jadis la ville d'Ombos, & on y en voit les ruines. En fuivant le cours du Nil, on arrive en un lieu où les montagnes s'approchent & femblent faire croire qu'une chaîne eft tendue de l'une à l'autre; de-là vient le nom de *Gebel Silfili*, ou *Hajar Silcili*, mont de la chaîne; on y voit des corniches, des pilaftres, des niches ornées d'hiéroglyphes. Avant d'y arriver, on trouve quelques îles dont deux font très-fertiles: ce font celles d'*Alakiah* & *Manfunah*: la premiere a un village. Près de-là, fur les deux rives du fleuve, étaient les deux villes d'*Hieracônpolis* & d'*Elethyia* ou ville de Lucine: la premiere connue parce qu'on y adorait l'épervier; la feconde parce qu'il y avait un autel où l'on facrifiait les victimes humaines. *Edfu* montre, dit-on, des vestiges qui prouvent que là fut élevée *Apollinopolis magna*, dont les habitans déteftaient les crocodiles autant que ceux d'Ombos les vénéraient. Cette ville a un fcheik.

Le diftrict d'*Efna* ou *Afna*, eft gouverné par un cashif qui a fous lui des fcheiks Arabes. La ville qui lui donne fon nom, eft fituée fur la rive occidentale du Nil dans le lieu où fut jadis *Latopolis*, qui devait fon nom à un poiffon qu'on y adorait, & qui était plus grand dans le Nil que dans les autres fleuves. Son nom actuel fignifie l'*illuftre*, la *brillante*. Des auteurs ont cru y reconnaître l'ancienne *Syene*, & l'ont fait bâtir des ruines de *Barbanda* détruite par les Romains. Elle eft affez confidérable : fes environs ont des ruines, des reftes de temple dont le plafond eft orné de figures d'oifeaux de couleurs très-vives, & d'un autre temple où l'on voit divers hiéroglyphes ; au midi de la ville eft le couvent de *St. Helene*, élevé en l'honneur des martyrs, morts fous Dioclétien dans le champ

M 4

voisin : il a un vaste cimetiere, dont les tombeaux sont magnifiques, mais bâtis de briques ; le couvent & l'église sont mal bâtis : deux moines l'habitent & y vivent tranquillement. Les environs d'*Asna* sont fertiles en toutes sortes de grains & en palmiers.

Asfun est l'ancienne *Aphroditopolis*, l'*Asphynis* des postes militaires de la Thébaïde. *Erment* jadis *Hermonthis*, montre des ruines considérables : on y voit les débris d'un temple antique, dont la frise est couverte de figures de faucon, & d'homme, & d'un antre qui a servi ensuite d'église aux Chrétiens : on y trouve des colonnes de granit, des peintures, des inscriptions en vieil Egyptien.

Thebes montre encore de superbes ruines qui l'étaient déja peut-être avant que nos villes les plus anciennes fussent fondées : les Grecs l'appellaient *Diospolis magna*, ou la grande ville de Jupiter, & *Hecatompylo*, à cause de ses cent portes ; elle fut bâtie par Osiris ; on dit qu'elle avait six lieues de tour : (*) sa plus grande partie était à l'orient du fleuve, dans les lieux où l'on voit les villages d'*Akvorein*, & ceux de *Carnac*, de *Madamut*, de *Korna* & de *Medinet-Habu* : les restes du temple de Jupiter étonnent encore ; elles couvrent un espace long de près de mille pas : ses portiques de granit rouge, & ses entrées sont magnifiques encore, ses figures d'hommes, d'animaux, de sphinx, presque tous d'une grandeur colossale, sont nombreuses & variées ; on y voit des colonnades, des obélisques. A quelque distance, sont les ruines d'autres temples. La partie de la ville qui était au couchant du fleuve

(*) M. Danville dit que sa circonférence est de neuf lieues.

s'appellait *Memnonium*, & s'appelle aujourd'hui *Gournou* : là font des efpeces de chambres creufées dans le rocher : plus loin eft *Babel-Meluke*, la porte ou la cour des rois : là étaient les tombeaux des rois de Thebes, dans lefquels on avait élevé des obélifques, où étaient annoncés la puiffance, les richeffes, les armées des rois qui y avaient été dépofés : ces tombeaux étaient des grottes taillées dans le roc tendre, en forme de longues galleries : quelques-uns fe communiquaient, avaient jufqu'à cinquante pieds de long, & quinze à feize de hauteur, conduifaient à une falle fpacieufe où était le tombeau : les murs, les lambris des caveaux font peints de figures d'oifeaux & d'autres animaux, & les couleurs en font fraîches encore. Il faudrait plus d'efpace que nous n'en pouvons donner à cet article, pour donner une idée jufte de ce qu'on voit encore dans ces édifices fouterrains : bornons-nous à dire qu'ils renferment un grand nombre de niches, de ftatues, des figures d'animaux, d'hieroglyphes. Ailleurs on voit les ruines d'un temple magnifique, à quelque diftance duquel font les ftatues coloffales de Memnon, hautes de trente à trente-deux pieds; on fait qu'on a prétendu qu'elles rendaient un fon aux premiers rayons du foleil. A *Lukfor* ou *Akfor*, fur la rive occidentale du Nil, on croit reconnaître les ruines du tombeau d'Ofymandias : fes ftatues coloffales, fes obélifques d'un beau granit poli & de foixante & dix à quatre-vingt pieds de haut, couverts d'hieroglyphes en relief, d'autres figures très-bien confervées, atteftent fon ancienne magnificence: mais on n'y voit plus cette ftatue où Ofymandias femblait défier les rois de faire un monument fupérieur aux fiens, cette bibliothéque facrée qui renfermait les *remedes de l'ame*. Quelques misérables cabanes sont dispersées autour de ces ruines. Remarquons que des auteurs ont cru voir dans le nom de Thebes, celui de *Sheba* transformé par les Grecs, & qu'ils faisaient venir de-là cette reine amante de Salomon, qu'on ne place en tant de lieux différens que parce qu'on ne sait d'où elle venait.

Kous ou *Cass*, misérable ville, bâtie de briques cuites au soleil, sur la rive orientale du Nil ; ce fut une ville puissante il y a quelques siecles, parce qu'elle était l'entrepôt du commerce qui se faisait entre les villes situées sur le Nil & la mer Rouge. Elle est sur une hauteur faite de main d'homme ; on y voit encore un petit temple antique : c'est l'*Apollinopolis parva* des anciens. Golius prétendait qu'elle était bâtie sur les ruines de Thebes. Les Arabes la nomment *Ain-al-Schams*.

Nekhadi ou *Nequade*, sur la rive occidentale du Nil, est une ville habitée en partie par des Chrétiens ; un évêque y siege, & sa jurisdiction s'étend jusqu'aux limites de la Nubie : on croit qu'elle est bâtie sur les ruines de *Maximianopolis* : d'autres placent cette ancienne ville au levant de Kous.

Kept, *Kift*, *Kibth*, est l'antique *Coptos* : un canal rempli des eaux du Nil y conduisait les barques & en faisait une ville commerçante qui communiquait avec *Berenice*, port sur le golfe Arabique, par un chemin que Ptolemée Philadelphe avait rendu praticable au travers d'un désert aride, dans un espace que Danville dit être de 257 milles, & que Pocoke réduit peut-être mal-à-propos à 100 : ce roi d'Egypte avait placé des hotelleries de distance en distance, y avait fait creuser des puits & construire des citernes : alors il ne fut plus nécessaire de n'y voyager que la nuit, d'y porter de l'eau fur le dos des chameaux, de fe diriger par les étoiles. *Coptos* devint l'afyle des Chrétiens perfécutés par les empereurs Romains, & de-là vient, dit-on, le nom de *Cophtes*, donné aux Chrétiens d'Egypte. Dioclétien la détruifit; elle fe rétablit enfuite : Abdalmoal, géographe Arabe, dit que de fon tems tous fes habitans étaient Chrétiens. Elle a fait donner fon nom à l'Egypte, que les Arabes appellent auffi *Al-Kibth*. On en voit encore divers débris ; un grand baffin long de 300 pas, large de 200, une foffe profonde s'y joignait à des réfervoirs utiles que rempliffait le fleuve ; il refte encore un des deux ponts qu'on avait jetté fur fon canal ; çà & là, on voit plufieurs farcophages, & les habitans y trouvent des médailles, de petites figures de terre cuite, des pierres précieufes, & fur-tout des émeraudes : Ptolemée parle en effet d'une mine d'émeraudes dans ces cantons, & Strabon dit qu'il y en avait plus d'une. *Kept* ou *Keft*, n'eft plus qu'un village.

Scheikhielgargih, eft un château fur la rive orientale du Nil ; *Etouerat* eft une bourgade où l'on conftruit de groffes jarres de terre, qui fervent à la conftruction de lourds radeaux ; *Kena*, autrefois *Canopolis*, *Neapolis*, ou nouvelle ville, eft une petite ville bâtie fur une éminence : une île voifine en reçoit fon nom, elle eft formée par le canal qui conduifait à Coptos, & eft couverte de palmiers. On fabrique dans cette ville une poterie légere de terre noire : les caravanes s'y raffemblent pour fe rendre à Koffir.

Amarah, village voifin de *Dendera*, qui paraît être l'ancienne *Tentyra*, où Ifis & Vénus étaient adorées, où elles avaient chacune un temple ; la ville était grande, très-fréquentée ; mais bâtie en grande partie de briques cuites au foleil. On voit encore les ruines du grand temple qui paraît avoir été celui d'Ifis, par les hieroglyphes & les chapiteaux qui en reftent; on difait mal-à-propos que la ville entiere était bâtie fur le temple, car celui-ci n'a que 200 pieds de long, & la ville en a près de 3000. Ses habitans étaient de grands ennemis du crocodile.

Hou, *How*, petite ville fur une hauteur qui femble un ouvrage de l'homme : on croit que c'eft la *Diofpolis parva* des anciens; elle pourrait être auffi le *Fhoun* des Orientaux, & qu'ils difent avoir été bâti par le patriarche Jofeph. Sur la rive oppofée, *Carf-Effaiad*, ou le château du pêcheur, eft dans le même lieu où fut *Chenobofcion*. *Badjoura* eft une grande bourgade.

Furshut ou *Furshout*, eft une ville pauvre, mal bâtie, prefque ruinée, qui peut avoir mille pas de tour. Là, réfide le grand fcheik qui gouverne tout le pays au couchant & au midi du Nil. Autour font des campagnes agréables, ombragées par des Acacias. Des Francifcains y ont une maifon qu'ils nomment *couvent*, un fallon qu'ils décorent du nom de *chapelle*, & c'eft en fe difant médecins qu'on les laiffe en paix : on croit qu'elle eft l'ancienne *Acanthias*, ou que cette ville était dans fon voifinage.

Vers les montagnes eft *Madfune*, dont le nom fignifie *ville enfevélie* : c'eft l'ancienne *Abydus*, où réfida Memnon, & dont la grandeur & la magnificence égalaient prefque celle de Thebes. Déja du tems de Strabon, elle était déchue & peu habitée; on y admirait cependant encore le palais de Memnon, & un canal y conduifait toujours les eaux du Nil. D'autres ont cru qu'Abydus était le lieu nommé *El-Berbi*, ou le temple, situé à une grande lieue au couchant de *Girgé*.

Bardis, est une bourgade où réside un scheik qui fait reconnaître son autorité dans un long district coupé par le Nil.

Girgé, est aujourd'hui la principale ville du Saïd : elle est éloignée du Nil d'environ 200 toises : elle a un peu moins d'une lieue de circuit : ses maisons sont pour la plupart bâties de briques cuites au four. On dit qu'elle doit son origine à un grand monastere dédié à St. George, ou *Girgé*, & que de-là vient son nom; un scheik de *Menshié* l'envahit; il existe encore au pied de plusieurs rochers & sert d'église à quelques Franciscains qui se disent médecins, & sont souvent insultés & pillés par les soldats insolens : ils y dirigent une centaine de Chrétiens. Cette ville souffre des inondations du Nil : son commerce consiste en bleds, en légumes, en toiles & en laines : on y recueille aussi du vin. Le bey de la haute Egypte y réside.

Mensheeh ou *Menshié*, est située à l'entrée d'une peninsule formée par le Nil. C'est une ville pauvre & mal bâtie, qui a un mille de circuit : près d'elle sont des ruines qu'on croit être celles de *Ptolémaïs Hermii* : on y voyait un petit lac, dont l'eau évaporée dépose une couche de sel; un beau quai, des temples dont il reste des vestiges; plus à l'orient est le couvent délabré de *Der-Embadsag*, où les Chrétiens de la ville viennent pour faire leurs prieres.

Akmin ou *Ekmin*, ville qui paraît être l'ancienne *Chemmis*, qui prit ensuite le nom de *Panopolis* qui s'est perdu, & qui était fameuse par ses tailleurs de pierres & ses manufactures de toiles : aujourd'hui on n'y fabrique plus que des toiles de coton grossieres,

& elle est la résidence d'un émir dont le district s'étend à l'orient du Nil : sa famille vint de la Barbarie pour affermer les terres qu'il possede. Ses rues sont larges & tirées au cordeau, ses maisons sont bâties de pierres, ou de briques cuites au soleil, mais celles-ci ont des encoignures de briques cuites au four. On y voit de grands débris de bâtimens, sur-tout de deux temples qui devaient être magnifiques, & l'on y lit beaucoup d'inscriptions en caracteres hieroglyphiques. Les Franciscains de la Terre-Sainte y ont un hospice de six à sept religieux. On compte environ 2000 Chrétiens dans la ville & les environs; ils s'assemblent dans une grande salle, & un religieux y vient répondre aux questions qu'ils jugent à propos de lui faire. A une lieue de-là est le couvent des Martyrs, dans la montagne d'Agathon qui a servi de tombeau à un grand nombre de Chrétiens sous Dioclétien : plus loin est le couvent *Dermadoud*, composé de grottes taillées dans le roc, au bas duquel est le puits *Bir-Elaham*, dont l'eau est, dit-on, la seule du pays qui ne vienne pas du Nil. Près du village *El-Gourney*, sont des grottes sépulcrales, taillées les unes au-dessus des autres; plusieurs sont peintes; quelques-unes avaient une autre issue souterraine. A quelque distance sont deux couvens magnifiques; dont l'un paraît avoir été bâti par Helene, mere de Constantin; dans l'espace qui les sépare sont dispersés des morceaux de colonnes antiques, & l'on a cru y reconnaître les ruines de *Crocodilopolis*, d'autres les placent à *Adribé*, comme celles d'*Aphoditopolis* à *Idsu*. Le pays voisin nourrit des loups & un grand nombre de serpens.

Kau-il-Kubbara, bourgade qui semble avoir été l'ancienne *Antæopolis*, Pococke l'appelle *Gava-Kie-*

ère, & la croit le *Paſſalon* de Ptolemée : on voit un beau portique de dix-huit colonnes chargées d'hieroglyphes, & un mur ſingulier, dont la friſe a une inſcription grecque preſque effacée : parmi les pierres dont il eſt bâti, il en eſt de très-groſſes : l'une d'elles a trente pieds de long.

Silin ou *Seling*, contrée à l'orient du Nil, où ſont pluſieurs villages, & où *Sélinon* fut bâtie : on n'en retrouve pas même les ruines. *Sebafé*, village où l'on voit encore quelques veſtiges d'*Apollinis minor civitas*.

Aboutig, autrefois *Abotis*, que Pococke croit être *Hypſelis*, que d'autres penſent être le même que *Phium*, eſt encore une grande ville au couchant du Nil, dans une eſpece d'île formée par des canaux : elle a un évêque : ſon port s'appelle *Nackele*. *Scioth* qui eſt à quelque diſtance, eſt l'ancien *Hypſelis*.

Sciout, *Siuto* ou *Oſiot* & *Aſtith*, ville à deux milles du Nil, qui y eſt profond. Elle eſt ſur une hauteur faite par la main de l'homme, & diviſée en trois parties, dont celles des extrèmités ſont les plus élevées : elle eſt bien bâtie, & entourée de jardins ; c'eſt une des plus belles villes d'Egypte, capitale d'une province qui s'étend ſur la rive orientale du Nil : elle a un évêque qui dirige environ 500 Chrétiens. Dans les environs ſont des égliſes & des monaſteres ; la montagne qui la domine a une infinité de grottes creuſées dans le roc, & l'une d'elles renferme une douzaine de familles Coptes, qui y exercent l'hoſpitalité, ne vivent que d'herbes, de pain & d'olives, & y ont une égliſe formée auſſi à coups de ciſeau. Cette ville fournit les toiles les mieux façonnées de l'Egypte. Pococke la croit l'*Anteopolis* des anciens, Danville & d'autres leur *Lycopolis* ou *Lycôn*, ville des loups, parce que le loup y était adoré. *Cuſ-ſié* eſt l'ancien *Cuſa*.

Manfalouth ou *Manf-loth*, au couchant du Nil, à demi-lieue de ſon bord, eſt une ville aſſez bien bâtie, qui a un mille de tour ; elle donne ſon nom à une province dont le cashif réſide dans ſes murs. Le géographe Perſien dit que ſa moſquée eſt très-conſidérable. Quelques auteurs parlent de ſes ruines antiques : d'autres n'y en ont point vu. On y compte 200 Chrétiens & un évêque. *Melavi*, *Mallaoui* ou *Meloni*, eſt une petite ville ſur le Nil. Elle eſt la plus ſeptentrionale de la Thebaïde.

Au couchant de cette partie de l'Egypte, eſt un vaſte déſert de ſable, où s'élevent quelques montagnes, telles que la montagne du Salpêtre, celles du Granit, & où l'on voit répandus quelques terrains couverts de verdure, que les anciens appellaient *Oaſès*, & qui ſemblaient des îles au milieu de cette mer de ſable : l'*Oaſès magna* était à la hauteur de Manfalouth ; lieu d'exil, que les Grecs par dériſion ſans doute, nommaient l'*île des Bienheureux*. Là ſont encore les bourgades de *Gourgon*, de *Dongon*, d'*Alafaha*, &c. C'eſt ce qu'on appelle l'*El-houah*.

Ce canton, ou cette vallée, ſituée au milieu d'une vaſte campagne de ſables arides, eſt fertiliſée par les eaux du Nil, amenées par un canal, dont l'ouverture eſt à vingt-ſix lieues de-là : c'eſt par là que les caravanes de Nubie viennent en Egypte. Elle n'a point dégénéré de ſon ancienne fécondité ; le palmier ombrage ſes vaſtes champs, & ſon fruit fait la principale richeſſe des habitans.

A l'orient, était ce fameux déſert de la Thébaïde qu'habitaient autrefois de ſaints ſolitaires. Deux tribus d'Arabes errans & qui campent ſous des tentes,

y

y exercent leurs brigandages & n'épargnent pas les caravanes, quand il y en passe : on les nomme *Beni-Wassel* & *Beni-Arabdé*. Quelques monasteres y sont encore répandus : les plus considérables sont ceux de *St. Antoine* & de *St. Paul* : le premier, situé au pied du mont *Colzim*, est habité par une vingtaine de religieux : le second, sur la même montagne, à huit lieues du précédent, à deux lieues de la mer, a une église, dont la grotte de St. Paul l'hermite fait une partie.

Sur les bords du golfe Arabique habitent des Arabes Ichthyophages ou mangeurs de poissons. *Berenice* était un port célebre, sous la même latitude que Syene : le cap qui est au nord du golfe où elle fut située s'appelle aujourd'hui *Ras-al-enf* ou tête du nez ; c'est probablement le *Lepte extrema* des anciens : le mont situé à quelque distance de la mer, nommé *Maaden-vzzumurud* ou mine d'émeraude par les Arabes, est l'ancien *Smaragdus mons*. *Caseir* ou *Kosir* ou *Kossir*, port dont le nom en Arabe signifie *petit* ; c'est le *Philoteras* des anciens ; le port est peu fréquenté, presque désert. On n'y voit que quelques mauvaises maisons : les vaisseaux de Gedda y passent quelquefois l'hiver : ses environs sont très-fertiles, le poisson y manque, l'eau n'y est pas supportable, des monts pointus & noirs le dominent. Près d'elle est la vallée d'Hosaib, où est un désert connu par le monastere d'*Askith* ou d'*Arsenius*, ministre de Théodose qui s'y retira. *Myoshormos*, *Portus muris*, qui eut aussi le nom d'Aphrodite qui s'étendait aussi sur quelques îles voisines, paraît porter aujourd'hui le nom de *Sufange-ul-bahri*, ou éponge de mer : l'île de ce nom est sans arbres, sans eau & a deux lieues de long & deux

Tome X. N

ports commodes. Peut-être *Koffir* ou *Alkoffir* eft la *Nekhefia* de Ptolemée. Le vieux Koffir ne montre que des veftiges: l'ile de *Scheduan* s'appella autrefois *Sapirene*: c'eft un grand rocher élevé, long de 3 lieues, large de deux, fitué à une égale diftance des côtes du golfe ; elle n'a point de fource, & ne préfente aucun arbre, aucune plante : tout y eft trifte & mort.

Du Voftani ou *Souf*.

C'eft l'Egypte du milieu, ou l'*Heptanome* des anciens. Les Turcs ne la divifent qu'en fix diftricts : il s'étend des limites du Said que nous venons de parcourir au lieu où le Nil fe partage & où commence le Bahiré. Il eft riche, parce que la capitale eft renfermée dans fon enceinte : il eft célebre furtout par fes antiquités : on y voit des cantons très-agréables, abondans & peuplés.

Afhmunein, *Afebmounein*, village qui donne fon nom à un canton & le doit, dit-on, à Ishmun, fils de Mifraim, pere de la nation Egyptienne : il eft placé au milieu des décombres d'*Hermopolis magna* ou de la grande ville de Mercure, qui paraît avoir été d'une figure irréguliere, longue d'un mille, fur la moitié de large ; éloignée du Nil d'une petite lieue vers le couchant : il n'y a plus rien d'entier que les reftes d'un temple. *Tauna*, village près d'un canal qui paraît être le *Baher-Jofeph*, femble rappeller le nom de *Tanis*.

Enfené, *Enfineh*, *Anfine*, eft l'ancienne *Antinopolis*, nommée auparavant *Befa* : on l'appelle quelquefois *Shek-Abadé*, parce qu'on y a enfeveli un Arabe révéré. On fait que le favori d'Hadrien s'y noya, & qu'on l'y adora comme un Dieu : ses ruines font entrevoir quelle a dû être son ancienne magnificence. Auprès est le village d'*Ebadie*, habité par des chrétiens qui y vivent en paix, parce qu'on croit qu'un Musulman qui s'établirait dans ce lieu y mourrait bientôt.

Beni-hassan à l'orient du Nil, est remarquable par ses grottes creusées dans les montagnes, & qui ont servi de temples : on croit y reconnaître le *Speos-Artemidos* des anciens.

Souadi ou *Suady* est une petite ville sur la rive orientale du Nil : elle ne paraît point être antique.

Miniet, *Minio*, *Moniah*, ville au couchant du fleuve, capitale d'une province de son nom, résidence du Cashif qui la gouverne : c'est une des plus belles villes de cette partie de l'Egypte, & elle est remarquable par ses marchés, ses bains, ses colleges & ses mosquées.

Samalout petite ville où est une mosquée : les montagnes qui en sont voisines ont des grottes taillées : les parois sont de coquilles pétrifiées, & surtout de petoncles, d'huitres & de coquillages plats : la chaîne nommée *Olkseir*, parce qu'elle sert de gîte à une multitude d'oiseaux, renferme aussi des grottes : à son sommet est un couvent qui possede & cultive des terres, sous la condition de recevoir les voyageurs.

Abu-Girgé que des voyageurs croyent être l'*Oxyrynchus* des anciens, capitale d'une province, & qui devait son nom à un poisson à nez pointu, qu'on adorait dans toute l'Egypte & auquel on avait bâti un temple dans ce lieu.

Au couchant de ces differens lieux, on trouve un canal qu'on a nommé *Calig-Joseph* ou *Barh-*

Juſeb, & *Bathen* qui a communiqué avec le Nil par ſes deux extrêmités : il eſt long de 36 lieues, large d'une ; c'eſt, dit Mr. Danville, le *Lac Mœris* qui fut fait de main d'homme comme ce canal, qui s'étend fort loin au midi & au nord, comme le dit Herodote, & dont les eaux ſortent & rentrent dans le Nil. D'autres penſent que le lac Mœris eſt le *Lac Karoun* dont nous parlerons bientôt.

Neslet Sharony, ſitué à l'orient du Nil, eſt une bourgade qui près d'elle a des débris de quai & un édifice ſur un mont, qui pourraient être des reſtes de *Muſa*. Plus haut & ſur la rive oppoſée eſt le port de *Fetne*. Il donne ſon nom à une île fertile, où les plantations de melons & de concombres ſont ombragées par du bled de Turquie & par le roſeau *Leſe* dont on fait des cordes.

Bibeh, petite ville où il y a un couvent de St. George. *Berangieh* parait une ville ancienne, & pourrait être *Cynopolis* où Anubis était adoré & les chiens nourris d'une nourriture ſacrée. Anubis, compagnon d'Oſiris, portait une armure de peau de chiens, & delà eſt venu le culte qu'on leur rendait.

Benesvief, *Bineſoef*, *Behneſé*, ville d'un mille de circuit, capitale d'une province, réſidence d'un Bey : ſes maiſons ſont bâties de briques cuites au ſoleil : on y fabrique des tapis étroits, ſans poil, moitié laine & moitié fil, des tuniques ſans manches pour les enfans. C'eſt, ſelon Danville, l'*Oxy-rynchus* des anciens : vis-à-vis était la ville de *Timonepſi*.

Bouche, petite ville ſur le canal qui ſe rend à *Feium* ; ce canal pourrait être auſſi le *Bahar-Juſef*, comme Bouche être *Ptolemaïs* ou le port d'*Arſinoé*. *Sment* ou *Eſchment-el-Arab* eſt un village ſur le bord du Nil ; le faîte de ſes maiſons eſt terminé par des colombiers, & c'est la maniere de bâtir dans tous les lieux que nous venons de parcourir.

Atfieh ou *Etfih* est le chef-lieu d'un des districts du Vosta-ni ; on croit qu'elle était l'ancienne *Aphroditopolis*, & que le nom d'*Ibsit* donné aux campagnes qui l'environnent, est une alteration de ce nom.

Righah, Esououd, petits villages où l'on quitte le Nil pour se rendre à deux pyramides, dont la plus grande est nommée par les Musulmans *Al Herem-Kiebir*, la grande Pyramide, ou *Al Herem-Elkadab*, la fausse pyramide, peut-être parce qu'il semble que c'est une petite montagne faite des mains de l'homme, revêtue de pierres ou de brique crue, au sommet de laquelle est une pyramide extraordinaire.

Saccara est un village à quatre lieues du Nil, connu par le commerce des momies qui s'y faisait & par dix-huit pyramides qui furent élevées sur la croupe de diverses montagnes : quelques-unes sont ruinées & paraissent n'avoir été que des élévations de terre revêtues de pierres de taille : ces monticules qu'on élevait en l'honneur d'hommes célebres devenaient ainsi plus durables, & peut-être, c'est là l'origine des pyramides : la plus grande a 350 pieds dans chacune de ses faces : elle est construite de pierres longues de six pieds, revêtue d'une pierre menue extrêmement dure : au tiers de sa hauteur, elle a une entrée de trois pieds cinq pouces de large, profonde de quatre pieds deux pouces : elle conduit à une chambre de vingt-deux pieds & demi de long sur la moitié de large & dix pieds & demi de hauteur : elle communique à une autre chambre ; chacune a une porte d'où l'on descend dans une troisieme : toutes font revêtues d'une pierre blanche très-polie, & d'un travail admirable. Nous ne parlerons que de celle-là : près de l'une d'elles, dans une plaine ronde, eft une hauteur qui couvre des offemens : ce font les catacombes des *Momies* : on y defcend par un puits profond de vingt pieds, creufé dans un rocher d'ardoife mêlé de talc : au bas on trouve un canal fouterrain qui a d'un côté des efpèces d'appartemens, des niches, des cellules, des bancs élevés de deux pieds où fans doute on plaçait les cadavres : une autre allée conduit à des niches où les cercueils fe plaçaient debout, & à des appartemens remplis de reftes de momies : là peut-être chaque famille avait fa fépulture : des enveloppes de branches de palmiers ou de rofeaux y demeurent entieres, des têtes dont on a tiré le bitume ou le baume dont elles étaient remplies font difperfées çà & là. A quelque diftance font les catacombes des oifeaux : elles étaient le fépulcre des oifeaux & des autres animaux que les Egyptiens adoraient ; ils les embaumaient, les enfermaient dans des vafes de terre fcellés avec foin & les defcendaient dans ces fouterrains.

La vallée qui forme le Nil s'élargit au couchant à la latitude où nous fommes parvenus ; elle eft refferrée à l'orient par le *Mons Arabicus*, & forme à fon couchant la province de *Fium* ou *Feium*, qui s'étend à huit lieues du Nil, & eft coupée par un grand nombre de canaux artificiels, dont l'eau devient falée lorfqu'elle n'eft pas renouvellée par le fleuve, & qu'on traverfe fur des ponts de brique : elle eft abondante en oliviers qui ne profperent que dans ce canton de l'Egypte, & dont on pourrait tirer une huile excellente, fi l'on connaiffait mieux l'art de la faire ; riche en légumes, en froment, même en vin : sept villages y ont des vignobles : tout ce qui y croît a meilleur goût que dans les autres provinces. *Faiume*, *Foium* ou *Al-faium* est une ville de deux milles de circuit, mal bâtie & avec de la terre séchée au soleil : le cashif y demeure, plusieurs scheiks puissans l'habitent : on y fabrique des nattes pour couvrir les planchers, des couvertures & de gros draps : on y distille de l'eau rose dont on se parfume avec l'encens ; on y prépare les cuirs & y fait des outres pour transporter l'eau sur des chameaux. Plusieurs Cophtes y demeurent, ils y font des toiles, ils y cultivent des vignobles qui donnent un bon vin blanc, qui produisent un raisin dont les Musulmans font un sirop qui leur sert de sucre en plusieurs occasions : l'évêque en sort pour faire l'office : son église est au village de *Defié*. Au nord de la ville sont les ruines d'*Arsinoé* qu'on appellait auparavant *Crocodipolis*, parce qu'on y adorait un crocodile & qu'on le nourrissait dans un petit lac voisin. Cette ville avait plus d'une lieue de tour ; il n'en reste que des décombres, des chapiteaux, des corniches, des colonnes brisées. *Bijige*, village près d'un obelisque de granite rouge, haut de quarante-trois pieds & couvert d'hieroglyphes. *Nesle*, grosse bourgade sur le bord d'un canal qu'on croit être le Barh-Jusef : c'est dans ses campagnes que se font les moissons les plus hâtives ; son principal commerce est en eunuques ; c'en est la manufacture. *Bahana* que d'Herbelot place près de Feium, sur les bords d'un lac que les arbres fruitiers dérobent à la vue, où Jésus régna, & que les Juifs possederent en qualité de ses successeurs. Le labyrinthe n'était pas éloigné delà : on a dit qu'il fut construit lorsque l'Egypte était divisée en douze gouvernemens, qu'il renfermait douze palais & 3000 chambres; que tout l'édifice était taillé dans le roc, qu'aucun bois n'était entré dans sa construction, que celui qui sans guide y entrait, n'en pouvait sortir seul; qu'il avait deux étages, & que celui d'en haut était habité par les vivans, celui d'en bas par les morts; qu'on y déposait les corps des souverains, ainsi que ceux des crocodiles. Il est divisé en plusieurs vastes bâtimens: le plus grand est nommé aujourd'hui *Casr-Caroon*, le château de Caron. Strabon dit qu'il avait 400 pieds en quarré & autant de hauteur: tous renferment encore des chambres entieres, des ornemens d'architecture singuliers, de longues cellules, des puits qui descendent de l'étage supérieur.

A une petite lieue, au couchant du labyrinthe est le *Lac Karoon* que divers auteurs croyent être le lac *Mœris*, parce que Diodore dit qu'il est à peu de distance de la ville des crocodiles; qu'Herodote rapporte qu'il communique avec la Syrte d'Afrique par un conduit souterrain qui passait derriere la montagne de Memphis; parce que Strabon & Ptolemée l'assurent. Pococke croit avec assez de vraisemblance que le Nil eut autrefois une branche qui venait se rendre à la mer par la vallée *Baher Bellomah* ou le lac sans eau, qui s'étend du Karoon à la mer; que les habitans pour mieux arroser leur pays, fermerent l'embouchure par où les eaux s'écoulaient & formerent ce grand lac, que le canal qui y conduisait l'eau s'engorgea, que le lac peut-être se desséchà, & que Mœris en rouvrant & pratiquant ce canal, en creusant le lac, avait donné lieu de dire que seul il l'avait fait. Il a 16 lieues de long & 5 de large; ses rives sont escarpées, son lit est une espèce d'ardoife couverte d'un limon épais, fes eaux font falées & ont le goût défagréable du limon ; on n'y trouve d'autres poiffons que ceux du Nil, aucun coquillage ne fe voit fur fes bords, & il n'eft jamais à fec ; on dit que Mœris y avait placé deux pyramides, furmontées de deux ftatues coloffales, & on croit en voir les bafes fur un cap ou île entourée de rochers blanchâtres. On dit auffi que lorfque les eaux font baffes, on découvre les ruines des palais. Quatre lieues au midi de Faium, on voit deux grandes pyramides de briques.

Baiamout, village voifin de ruines qui annoncent une ville antique, & près duquel font des pyramides ruinées.

Taniea, bourgade à l'extrêmité du défert, au bord du canal qui conduit l'eau du Nil dans le lac Mœris. Divers couvens font répandus çà & là dans cette province.

La fituation de *Memphis* eft aujourd'hui ignorée : on a des raifons pour croire qu'elle était dans les lieux où l'on voit les villages de *Metrahenny* & de *Mocanan*, fur le chemin des pyramides de Saccara, où l'on voit beaucoup de décombres, & dans les montagnes voifines une multitude de grottes qui fervaient de tombes au bas peuple : de petits lacs, des bois, un canal, une levée de terre, divers paffages des anciens concourent à le placer dans ce lieu. Elle dépériffait fous Strabon, mais elle exiftait encore lors de l'invafion des Arabes qui lui donnaient comme à tout le pays, le nom de *Mefr*. Sur le rivage oppofé, *Tora* rappelle le nom de *Troja* bâtie par des Troyens, qui avaient fuivi Menelas en Egypte.

Gizeh ou *Dejifé*, eft une petite ville à l'occident du Nil, prefque vis-à-vis du Caire : elle donne fon nom à une province : son origine est inconnue, elle paraît ancienne & a quelques fabriques. Près d'elle sont encore des pyramides : la plus grande a pour base un quarré un peu irrégulier de 690 pieds de tour, d'environ 11 acres de surface, de 456 pieds de hauteur perpendiculaire ; son plan incliné est égal à sa base : on y monte par 210 marches qui ont de deux pieds & demi à quatre de hauteur : quelques morceaux de marbre blanc attachés à sa surface avec du mortier, ont fait penser qu'elles en étaient revêtues, & quelques passages des anciens portent à le croire : elles sont bâties d'un roc calcaire pris sur les lieux. On a dit que ces édifices énormes avaient été élevés pour conserver l'état des sciences, dans un Etat où des inondations extraordinaires pouvaient les faire oublier ; le plus grand nombre des auteurs croient qu'elles furent les tombeaux des rois : quelques-uns voyant de l'analogie entre les pagodes indiennes & ces pyramides ont cru qu'elles étaient consacrées à la religion : ces deux dernières opinions peuvent être conciliées, & la dernière paraît la plus probable ; car à quoi aurait servi dans un sépulcre, ces entrées étroites & tortueuses, ce puits de 86 coudées de profondeur, cette chambre basse, cette grande niche du côté oriental, les cavités étroites de la chambre haute, des deux antichambres, de la gallerie bordée de bancs qui y conduit, de ce cofre de granite qui ne ressemble point à un cercueil, mais plutôt à ceux dans lesquels les Egyptiens renfermaient leurs divinités, ou à une *favissa* ? au reste leurs angles font face aux quatre points cardinaux, comme dans les pagodes des Brames.

Le Sphinx est sur le chemin qui conduit aux pyramides : il est d'une seule piece, taillé dans le roc qui sert de base à la pyramide : il a 27 pieds de haut, quoiqu'il n'ait que la tête & le cou hors de terre : il a plus de 113 pieds de long, & son visage en a dix-huit : sur sa tête est un trou qui peut-être servait à rendre les oracles : sur son croupion il en est un autre long de quatre pieds, large de deux, qui semble aussi communiquer avec des chambres qui étaient au-dessous.

Le grand Caire est la capitale de l'Egypte : il est formé de trois villes éloignées de deux milles l'une de l'autre : ce sont le *vieux Caire*, le *Caire* & le *port de Bulac*; quelques-uns y ajoutent *Carafat*. Le vieux Caire paraît être l'ancienne *Babylone*, bâtie par les Perses : l'on y voyait un pyrée; un de ses quartiers conserve le nom de *Bablion* dont on a fait *Baboul*. Il eut le nom de *Mesr* ou *Massr* : les Arabes y bâtirent le *Fastat* ou la tente, dans le lieu où leur général avait campé, & ce nom s'est aussi étendu sur toute la ville. Le grand *Caire* ou *Caher*, mot qui signifie ville dans plusieurs langues anciennes, ou *Caherah* la victorieuse, fut bâti par Giavhar général du premier calife Fathmite Moer Ledinillah, l'an 968 de l'ére chrétienne. Entre ces deux villes, on avait bâti celle de *Kebaseh* aujourd'hui détruite.

Le vieux Caire a deux milles de circuit : le Nil y amene les bateaux de la haute Egypte : on y voit les greniers de Joseph, formés de cours quarrées remplies de grains recouverts de nattes, & destinés pour les soldats : vers le nord on remarque un bâtiment simple & magnifique bâti par Campion : il a six côtés, chacun de 80 à 90 pieds de long; on y éleve l'eau quand le Nil est bas par une roue que cinq bœufs font mouvoir, qui fait monter l'eau à 100 pieds dans cinq refervoirs qui fe rendent dans un grand, d'où l'eau coule dans un aqueduc d'une architecture ruftique, compofé de 300 arches. La fynagogue bâtie il y a 1600 ans, eft vénérable encore parce que le prophète Jérémie y a prêché : les chrétiens Cophtes y ont douze églifes d'une ftructure uniforme, & les Grecs une églife dont une colonne rend fages les fous qu'on y attache. La mofquée *Amrah* était, dit-on, autrefois une églife & doit fon nom au conquérant Arabe de l'Egypte ; fes 400 colonnes paraiffent avoir été tirées d'anciens édifices : près de là eft le *Jardin* ou *Roida* & *Roaudah*, île longue d'un mille, couverte de fycomores, où l'on voit un village : c'eft à fon extrêmité méridionale qu'eft le *Mikiœs* ou Nilomètre dont nous avons parlé : on y trouve encore les ruines d'un palais. Au nord du vieux Caire eft le *Caffaraline*, lieu planté d'orangers, de citronniers & de caffiers, où de graves derviches vivent dans une mofquée quarrée, furmontée d'un beau dôme, & où l'on trouve des curiofités & des monumens antiques. Plus au nord encore eft *Bulac*, dont l'enceinte eft égale à celle du vieux Caire, & où abordent les bateaux qui viennent de la baffe Egypte : il paraît être le *Lytopolis* des Grecs : un bain, une douane, des magafins, un vafte *bafar* font tout ce qu'on y remarque.

Le *Caire* proprement dit, a deux lieues & demi de tour ; il eft à un quart de lieue du Nil, & fut ceint de murs de pierres de taille, & flanqué de tours dont on voit encore les ruines. Ses grandes portes font d'une fimplicité qui s'allie à la magnificence, & très-bien bâties : des canaux & des refervoirs qui y reçoivent l'eau du Nil y présentent un aspect singulier ; de vastes places, entourées des plus belles maisons du Caire, y sont couvertes d'une verdure charmante pendant une partie de l'année, & dans l'autre s'y changent en lacs où voltigent une multitude de bâteaux ; les concerts, les feux d'artifice s'y succedent dans la nuit ; les maisons sont illuminées, & les fenêtres remplies de monde : quelquefois deux mois après on y moissonne. Les rues sont étroites, & des toiles y garantissent les passans de l'ardeur du soleil : les boutiques y sont nombreuses, mais elles n'y sont pas ornées ; les maisons sont en général bâties autour d'une cour, sont basses, ont peu d'apparence, & sont sans fenêtres sur la rue ; les sallons seuls en sont beaux. Il y a plusieurs mosquées magnifiques, & on y en compte, dit-on, 20000, (*) la plupart petites, & ayant toutes sortes de formes ; l'une des plus belles est murée, & sert de fort : c'est un édifice quarré, très-haut, couronné d'une corniche saillante, orné d'une sculpture grotesque, & dont la façade est incrustée de marbre de diverses couleurs. Une autre a 60 pieds à chaque face, est surmontée d'un dôme dont la base a 16 faces, & autant de fenêtres ; elle est lambrissée en dedans de marbres précieux & de porphyre rouge & verd, ornée de dorures, de peintures, d'inscriptions Arabes en lettres d'or, & garnie de lampes de verre & d'œufs d'autruche. Dans la partie méridionale du Caire, nommée *Tailoun*, on voit les ruines de l'ancien palais, une tour quarrée qu'on nomme le siege de Pharaon, & un ancien sarcophage de marbre noir, où passe un filet

---

(*) Il en est qui reduisent ce nombre à 1200.

d'eau, & qu'on appelle la fontaine des amans ; il eſt orné d'hieroglyphes, & à chacune de ſes extrèmités eſt une ſtatue & ſix colonnes, chargée des mêmes ornemens. Le château fut bâti ſur un rocher par Saladin ou Salak-ed-din ; il eſt dominé par la montagne, preſque entouré de ruines, & a plus de demi lieue de tour : on y fabrique les riches tapiſſeries qu'on porte annuellement à la Mecque, comme un hommage du grand-ſeigneur : le Beglierbey l'habite, le Divan s'y aſſemble ; on y voit le puits de Joſeph, conſtruit par un viſir de ce nom, ſous le ſultan Mahammed Calaon : ce ſont deux puits l'un ſur l'autre, taillés dans le roc, ayant enſemble 270 pieds de profondeur, ne tariſſant jamais, mais rendant ſaumâtre l'eau du Nil qui le remplit. Le roc eſt une pierre calcaire, aſſez tendre. Le palais de Joſeph conſerve des reſtes de magnificence ; les tiſſerans y travaillent ; & près de là eſt une hauteur d'où l'on voit toute la ville, les pyramides & les campagnes voiſines. Il renferme un grand nombre de maiſons, & quatre moſquées, dont l'une contient le magnifique tombeau d'un compagnon de Mahomet.

Carafah ou *El-Karaf*, fauxbourg dont l'entrée eſt remarquable par des tombeaux magnifiques, couverts de dômes, monumens des anciens rois d'Egypte ou des premiers califes : là était l'ancienne univerſité, & des colleges l'atteſtent : on y voit beaucoup de moſquées qui tombent en ruines.

Le Caire a un grand nombre de bains ou *birkets* & de karavanſerais ou *oquals* : elle fut plus belle, plus riche & plus étendue quand les Soudans y réſidaient, & qu'elle était l'entrepôt du commerce des Indiens ; elle eſt diviſée par contrées qui ne renferment qu'une ou deux rues, & ont au moins chacune une mosquée. Les habitans sont un mélange de Turcs, d'Egyptiens, d'Arabes, de Barbaresques, de Nubiens, de Persans, de Taraces, de Cophtes, de Grecs, d'Arméniens & de Juifs : on en fait monter le nombre à cinq cent mille : il n'y a guere d'Européens que quelques marchands de Livourne & de Venise : mais un assez bon nombre de capucins, de cordeliers, de peres de la propagande. On y porte des draps, de l'étain, du plomb, de la soie ; on en tire du café, du séné, du saffranon, du chanvre, des drogues; on y fabrique des satins, diverses étoffes, des toiles grossieres, des étriers, des selles, des harnais, on y rafine le sucre qui y naît; on y trouve un grand nombre d'orfevres. Sa latitude est 3°. d. 2 m. 30 sec. sa longitude de 49°. d. 6 m. 15 sec.

Suez, *Sous*, *Saus*, qui peut être l'ancienne *Arsinoe*, est une petite ville de 300 maisons, sur un petit promontoire, dans un sol sablonneux & aride, qui repose sur un roc : on y compte quatre mosquées, une chapelle pour les Grecs qui y sont au nombre d'environ 150, & quelques Cophtes. Son port est bon, mais il manque de fond ; un banc de sable long d'une petite lieue ne laisse qu'un passage pour les bâteaux qui se rendent aux vaisseaux mouillés à un mille de la ville : des écueils & un rivage escarpé rendent une descente difficile. La ville est gouvernée par un caimacan : les provisions y viennent de loin ; autour d'elle on ne voit presque aucune plante; les poissons, des coquillages sont les seuls objets qui y soient abondans : il n'y a pas un seul filet d'eau douce; on y abreuve les animaux avec l'eau du puits *Bir-suès* qui en est à une lieue, & ne peut fervir pour les hommes ; la feule eau potable des environs eft celle du puits de *Naha*, à deux lieues de Suez, de l'autre côté du golfe, & encore elle eft mauvaife ; cependant cette ville a été confidérable autrefois. On y fabrique des vaiffeaux, dont le gouvernail eft une groffe poutre. *Arfinoe*, *Cléopatris*, *Polidonium* furent des villes bâties dans le voifinage, mais Suès parait avoir été élevée fur un fol abandonné par la mer.

Entre le Caire & Suez eft un défert, des montagnes arides & aucun lieu qui mérite quelque confidération : *Adjerud* eft un château près du lieu où fut Heroopolis, à quatre lieues de Suez ; c'eft peut-être auffi le *Pithom* & l'*Auaris* dont il eft parlé dans les écrits des Juifs. *Kolfum*, port abandonné par la mer, parait avoir été l'ancien *Clyfma* : il fut autrefois fi fréquenté qu'il donnait fon nom au golfe.

Mataré, *Ma-tarea*, eau fraiche, parce qu'on y voit la feule fontaine qu'il y ait peut-être en Egypte, village ou bourg à deux lieues du Caire, célebre parmi les dévôts, parce qu'il renferme un fycomore, qui dit-on, ouvrit fon tronc à la fainte famille qui fuyait la fureur d'Hérode : chacun veut avoir un morceau de ce fycomore que les prêtres renouvellent de tems en tems. Près de là était *Heliopolis* qu'on nommait auffi *On*, terme Egyptien qui défignait le foleil ; les Arabes lui donnent le nom d'*Ain-Schem*, fontaine du foleil. On y avait élevé deux obelifques qui mefuraient la crue du Nil ; ils étaient furmontés d'un chapiteau d'airain, & environnés de ftatues ; l'un de ces obelifques exifte encore. Ce lieu fut célebre autrefois, parce qu'on y cultivait l'arbufte qui produifait le baume d'Egypte, arbufte que les Turcs y ont laiffé périr.

Birket-

Birket-el-Hadsji, ou l'étang du pélerin, assez grand lac, à quatre lieues à l'orient du Caire : il reçoit les eaux du Nil, & sur ses bords on voit divers villages, & des maisons de campagnes ruinées : c'est-là que s'assemble la caravane de la Méque.

Du Bahiré ou Rif.

Il s'étend du point où le Nil se partage jusqu'aux limites de l'Egypte, au levant, au couchant & aux bords de la mer Méditerranée. Les Grecs lui donnerent le nom de Delta de la quatrieme lettre de leur alphabet : il peut avoir 150 lieues de tour, & est coupé de canaux & de petits lacs ; il semble être une grande ville qui a de grands jardins & des champs autour de ses maisons : c'est une plaine continue que la nature enrichit, que le Nil rend fertile, & où le commerce des denrées entretient un mouvement perpétuel : il se fait par eau : plusieurs cantons du désert de Barca y sont annexés ; & c'est une partie de ce qu'on appelle l'*Ougiat* ou *Vagiat* ou le *Vagou*, la Pentapole des anciens. On divise le Bahiré en trois districts : le Bahiré, le Garbié & le Sharkié.

Le *Bahiré* s'étend depuis le lieu où finissait le Delta jusqu'à la mer, en suivant la rive gauche du bras du Nil qui descend à Rascid ou Rosette ; il comprend la province d'*Aheiram*, mais la ville d'Alexandrie ou *Escanderiah* en forme un canton particulier qui s'étend sur une portion des déserts de Barca. C'est le *Marakiah* des géographes orientaux, la Marmarique des anciens.

Alexandrie a été la seconde ville de l'Afrique : Carthage était la premiere : c'est la plus ancienne des villes existantes de l'Egypte : elle est située suune langue de terre, entre une presqu'île & les murs de l'ancienne ville, au milieu de deux ports : le sol paraît être sorti des eaux ; aujourd'hui déchue de son opulence, de son antique splendeur, elle en impose encore par des restes de bâtimens magnifiques, des palais, des temples, des mosquées entremêlées de palmiers. Il paraît qu'elle a été d'une grandeur extraordinaire ; ses beaux monumens se détruisent tous les jours par l'effet du tems, & du mépris qu'ont pour eux ses possesseurs actuels : mais il en reste encore assez pour inspirer de l'admiration. Le Phare montre à peine des ruines : vis-à-vis est le petit Pharillo, château couronné d'une lanterne qu'on n'allume plus : ces deux pointes de terre forment l'entrée du port. L'Obélisque de Cléopâtre est peutêtre le monument le plus superbe qu'elle puisse offrir encore ; quoiqu'une partie de sa base soit enterrée, il est élevé de 62 pieds au dessus du sol : il est de granit rouge, & chargé d'anciens caracteres Egyptiens qu'on ne peut plus déchiffrer. La colonne de Pompée, placée autrefois dans l'enceinte de la ville, en est aujourd'hui à un quart de lieue : sa base a 5 pieds de haut ; elle en a quatre-vingt-neuf de large, est construite en granit rouge, & de trois blocs différens. Les catacombes sont taillées dans le roc ; ces appartemens souterrains ont été en partie destinés à servir de tombeaux, mais il en est qui paraissent l'avoir été pour des magasins de bleds. Ce qu'on appelle les *bains de Pompée*, sont aussi creusés dans le roc formé d'une pierre calcaire, facile à travailler. Les citernes méritent encore qu'on en parle : elles étaient bâties sous les maisons, étaient soutenues par deux ou trois étages de colonnes, & recevaient & conservaient les eaux du Nil ; on y peut descendre par des puits, & les nettaier : on en tire l'eau avec un vindas, on en charge des chameaux qui la portent dans les maisons. La ville vieille est ruinée, & l'on s'est servi de ses matériaux pour bâtir la nouvelle ; elle fut bâtie dans un lieu nommé *Rhacotis*, & on voit encore quelques restes de ses murs qui avaient 20 pieds d'épaisseur sur 30 à 40 de haut : ils sont flanqués de tours. Ce sont ceux que fit élever Alexandre le grand. La nouvelle ville a été entourée par les Arabes d'un mur épais, haut de 50 pieds : ce mur avec un petit fort, & une garnison de cinquante hommes font toutes ses défenses. Son plus beau bâtiment est l'église de S. Athanase, changée en mosquée ; elle est vaste, ornée de colonnes magnifiques, & renferme, dit-on, des manuscrits curieux. Une autre mosquée, élevée sur les ruines d'une église dédiée à S. Marc, est appellée, la mosquée aux *mille & une colonnes*. L'air est mauvais dans Alexandrie ; ses deux ports sont sûrs, mais l'approche en est dangereuse : l'un était le *port des rois*, où est l'île *Rondettin*, célebre autrefois par ses palais, & qui ne l'est plus que par ses figues & la multitude d'oiseaux de passage qu'on y prend : l'autre le port *Eunostus*, nommé aujourd'hui le port vieux, d'où un canal navigable s'étendait jusqu'au lac *Mareotis* qui baignait les anciens murs : ce lac était navigable, & communiquait avec le lac Moeris ou Karoon par un canal : de nos jours c'est une plaine desséchée en hiver qui a le nom de *Birk-Mariout*. Le canal de *Canope* qui conduisait les eaux à Alexandrie est aujourd'hui bouché.

Le commerce de cette ville est peu de chose : les révolutions des empires, & celles de la nature ont conspiré pour l'anéantir : le bras du Nil qui l'arrose n'est plus navigable ; c'est avec des soins qu'on réussit à s'y procurer de l'eau douce : elle ne se soutient que parce qu'elle est encore l'abord des vaisseaux d'Europe ; des vaisseaux marseillois y viennent chercher des étoffes du levant, des épiceries, des plumes d'autruche, du séné, des simples, des racines médicinales, des momies, &c. ce sont eux qui lui donnent encore quelque activité. Ses habitans parlent arabe, & ont beaucoup de dispositions pour le commerce, mais rien ne les y encourage, & ils sont pauvres, méprisables & en petit nombre dans une ville qui cependant a deux lieues de tour. on n'y peut marcher la nuit sans s'exposer à être volé.

La douane y rapporte des sommes considérables. Autour d'elle habitent des Arabes qui payent des contributions, & quelquefois s'en font payer en pillant la province : les gazelles sont communes dans le territoire qui en dépend.

A quatre lieues au couchant d'Alexandrie, entre le Birk-Mariout & la mer, on voit *Abousir*, *Aboukir*, bourgade & château, d'où une chaîne de rocs s'étend jusqu'à une petite île où l'on voit des traces de passages souterrains, & des restes d'une statue : cette île séparée du continent par l'effet des eaux, a peut-être formé autrefois le cap *Taposiris*, & Abousir conserve des traces de ce nom. La mer a englouti divers monumens qu'elle montre encore quand elle est basse. Plus au couchant était *Plintine* qui donna le nom de *Plinthinetes* au golfe qu'on nomme aujourd'hui *des Arabes*, parce que les Arabes habitent presque tout le pays où l'on ne voit plus de villes qui méritent ce nom. *Al-Baretoun*, bourg & port qui parait être la *Parætonium* des Romains; les autres lieux, comme *Salonef*, *Caffilis*, *Laguxi*, ne font que des villages voifins de mauvais ports. Là habitait la nation des *Adirmachidœ*. *Akaffeb Affelam*, connu autrefois fous le nom de *Catabathmus magnus*, lieu remarquable, parce qu'on en a eu fait la borne de l'Afrique & de l'Afie.

Kafr-Kiaffera, château des Céfars, lieu qui occupe aujourd'hui la place de *Nicopolis*, dont on ne voit plus que les ruines, parmi lefquelles on remarque celles d'un camp romain, dont les murs ont encore jufqu'à 20 pieds de hauteur. Plus haut eft *El-Bekier* ou *El-bukir*, bourgade à l'extrémité d'une langue de terre où fut autrefois *Canopus* felon de favans géographes, ville connue par les diffolutions des habitans d'Alexandrie, & qui dit-on, dut fon nom à un pilote de Manelas qui y mourut, & le donna à une embouchure du Nil. On a trouvé dans fes ruines en 1760 vingt belles colonnes : la ville d'*Heracleum* n'en était pas éloignée.

Rafchid, *Roffet* ou *Rofette*, ville affez grande, bâtie il y a un fiecle & demi pour remplacer Foua trop éloignée du fleuve, fituée fur la rive occidentale de la branche du Nil qu'on appellait *Bolbitinum*, qui eft aujourd'hui la plus navigable, & qu'Hérodote croit l'ouvrage des hommes. Elle eft fur une hauteur d'où l'on jouit d'une vue charmante, fur le fleuve, fes îles & une partie du Delta : longue de demi lieue, elle n'a que trois rues : on y fabrique beaucoup de toiles rayées; mais la plus grande occupation de fes habitans eft de conduire au Caire les marchandifes qu'on vient dépofer dans fes magafins. L'eau y eft bonne malgré fon voifinage de la mer, excepté lorfque le vent du nord y foufle : les eaux du Nil ne s'y élevent jamais de plus de quatre pieds. Son château eft à demi lieue vers le nord ; il eft quarré, bâti de briques, a des tours rondes dans les angles, & des embrafures. A l'orient font des étangs falés dont on tire beaucoup de fel : fes environs, furtout vers la mer, font remplis de jardins ombragés par des orangers, des citronniers & autres arbres fruitiers ; ils font féparés par de petits lacs, par des bois de palmiers, par de magnifiques champs de riz. A l'embouchure du fleuve eft la petite île inhabitée de *Latomia* : au delà du fleuve, à quatre lieues de la ville eft le lac *Brulos*, formé des lacs Sebennitique & *Butice* ; il a 15 lieues de long, & reçoit fes eaux des branches & des canaux du Nil, qu'il rend à la mer par une feule embouchure : près de fes bords était une ville nommée *Lycopolis* ; fur une des branches du fleuve qui le forment étaient les villes d'*Andropolis* & *Gynæcopolis* qui étaient contiguës ; on croit les reconnaître dans les bourgades de *Shabur* & *Selamun*.

Au midi de Rofette eft une île où l'on voit la bourgade de *Fafaa*. En fuivant le bord occidental du Nil, on trouve le grand village de *Romania*, celui de *Demenhier* ou Damanchou, où paffe un canal rempli par les eaux du Nil ; celui de *Mehal-Leben*, qui eft fur les bords du fleuve, celui d'*Alcani* fur le même bord, mais plus au midi, la ville de *Terane* qui parait être l'ancienne *Terenuthis*, où l'on embarque le natron ; & les bourgades d'*Oarden*, de *Cercafferum*, d'*Embabe*. Au couchant de ces lieux eft un grand défert, auquel Ptolemée donne le nom de *Scithiaca*, connu enfuite fous le nom de *Sceté*. Là font quelques monafteres difperfés, tels que celui de *S. Paes*, celui des Syriens placé fur un mont près de deux lacs, celui d'*Ashit* ou de *S.*

Macaire, & un autre dont on ignore le nom : les environs font infestés de sangliers : c'est dans ce désert qu'on voit le natron ou l'aphronitron des anciens, suinter pendant l'hiver ; les eaux l'entraînent dans de petits lacs, que les vents dessèchent en partie : & le natron commence à se cristaliser ; on l'en retire, on l'égoutte, & on le transporte à Demenhier ou à Terané, d'où on le conduit au Caire : il parait que ce sel est le nitre des anciens ; ils s'en servaient pour laver leurs habits, pour faire le verre, pour mêler dans leurs bains : les Arabes s'en servaient pour blanchir leur cuivre & leur linge, les Egyptiens pour faire le savon & le verre ; les boulangers pour faire leur *forgo*, les tanneurs pour préparer leur cuir, les bouchers pour attendrir & conserver leur viande : il a des rapports avec le borax, ou peut-être il est le *Tiakal*, terre qui donne le borax, lequel dit-on, doit son nom à la ville de *Bora*, située dans ce district, près de la mer.

Le *Garbié* comprend tout le pays renfermé entre les deux principaux bras du Nil. Ses principaux lieux sont *Menif* ou *Menuf*, chef-lieu d'un canton particulier qui porte son nom : *El' Farastac, Mehatuabuali*, grands villages sur le bord oriental de la branche du Nil qui sépare le Bahiré du Garbié : *Fua, Foua*, que les anciens Cophtes nommaient *Missil*, & qui semble entre l'ancienne *Metelis*. Elle a été une ville considérable, l'entrepôt du commerce entre Alexandrie & le Caire ; mais le canal qui la faisait communiquer avec la premiere n'est plus navigable, & la ville est déchue ; c'est un peu plus au midi qu'était située *Naucratis*, fondée par les Milésiens.

Sa, à trois lieues du Nil, parait être l'ancienne

Saïs, l'afile & le tombeau d'Ofiris. *Taua* eft encore une bourgade affez grande. *Nikios* eft l'ancien *Nicii*. *Athrib*, l'ancienne *Athribis*, *Belkin*, *Mehalkebir* font plus à l'orient & fur des canaux. *Berelos*, jadis *Paralus* eft fur le Nil, près de la mer, à l'embouchure qu'on nommait autrefois *Sebennytique*, qui prenait fon nom de Sebennytus, ville qui exifte encore fous le nom de *Semennud*. *Bufir*, *Abufir*, petite ville fur le bord du Nil, retrace le nom de Bufiris, dont les ruines paraiffent avoir aidé à le bâtir. Cette branche du Nil eft femée d'îles, & bordée de villages dont les maifons baffes, & de briques féchées, font relevées par les colombiers d'une forme finguliere, & les palmiers qui les environnent.

Le *Sharbieh* renferme toute la partie de l'Egypte qui s'étend à l'orient du Nil jufqu'aux frontieres de l'Arabie. On l'appelle auffi province de *Dequabali*.

Damiette ou *Damiat* eft une ville dont la fituation eft auffi avantageufe que celle de Rofette : fon port eft, difent quelques auteurs, très-dangereux ; il l'eft moins que celui de Rofette, affurent les autres, mais ce port en eft éloigné de plus d'une lieue. La ville eft grande, mal bâtie ; fes habitans font pêcheurs ou janiffaires, & tous déteftent les chrétiens : fon plus grand commerce confifte en riz que l'on cultive dans fes environs, en café que les Damiatins tranfportent en Turquie, en lin, en toiles, en caffe : ils rapportent du tabac de Latichea, du favon des côtes de Syrie, & du bois dont on trouve peu en Egypte. Elle eft défendue par une groffe tour ronde, bien bâtie, mais fans foldats, qui la difent habitée par les fpectres. Damiat pourrait être l'ancienne *Tamiathis* : on y fabrique une étoffe de lin & de coton de couleurs variées, que l'on connait sous le nom de deminthe. Elle est la capitale de Sharbiah.

Le pays qui s'étend entre Damiette & Gaza ou Ghassa, est habité par des Arabes indépendans, pauvres & avides, qui en rendent le voyage dangereux. Entre ces deux villes est le lac de *Baheire* ou *Menzaleh*, qui paraît avoir été formé par le Nil dans un terrein bas & marécageux, autrefois inondé par la mer : on n'en connait pas le nom ancien : il a 22 lieues de long, & 8 dans sa plus grande largeur ; trois canaux y conduisent les eaux du fleuve dans la mer quand le Nil est enflé : il est semé de petites îles & très-poissonneux ; on y prend surtout une espèce de mulot dont les œufs salés sont connus en Egypte sous le nom de *Botargo*, & qu'on trempe dans la cire lorsqu'on veut les conserver, les Italiens donnent à ce poisson le nom de *Cefalo* : les dauphins y sont en grand nombre. Les bords du lac sont remplis de superbes ruines de diverses villes considérables. Là est *Ashmun-Tanah*, qui semble montrer des vestiges de Mendès : *Tmaïé* qui probablement a remplacé *Tmuis. Demischli* où l'on fabrique de belles toiles, *Bibays* & *Tasnul* qui conservent de beaux monumens, *Menzaleh* qui a donné son nom au lac : *Sann* habitée par des prêtres est dans le lieu où fut *Tanis*, ville royale. *Tennis* est l'ancien *Tennesus* & donne aussi son nom à ce lac. *Sethron* est la petite Heraclée, nommée aussi *Setbrum*.

Tineh est le nom que porte la ville qui a succédé à *Peluse*, l'ancien rempart de l'Egypte, & ces noms signifient également un lieu situé dans des marais : il est à l'extrêmité du lac de Mensaleh. Plus à l'orient est le *Mont-Cassius*, montagne sablonneuse qu'on nomme aussi *El-Kas* ou *Capdel-Kas* ou du ciseau, près du lieu connu des mariniers sous le nom de *Tenere*: il y avait un temple de Jupiter dans la ville, qui était au pied, & qui s'appellait *Cassium* & aujourd'hui *Catieh*. Près delà était le lac Sirbon, sur la surface duquel on recueillait du bitume: il est devenu un marais qui est aujourd'hui le *Sebaket Bardoïl*, appellé ainsi de Baudouin, le premier des rois de Jérusalem, qui mourut près delà dans l'ancienne *Rhinococura* aujourd'hui *El-Avish*: un torrent qui en reçoit quelques autres dans le désert vient se rendre dans le lac Sirbon : c'est le ruisseau d'Egypte dont il est parlé dans l'écriture, qui marquait à l'orient les limites de l'Egypte, en serpentant au travers du canton, couvert de sables profonds & mouvans qui défendait l'entrée de ce royaume. Ce canton se nomme aujourd'hui *Al-Giofar*.

Tel-Essabé, ou colline du Lion, conserve les vestiges de Léontopolis ou d'Onias. *Basta* est sur le canal qui se rendait à Peluse : c'est l'ancienne *Bubastus*, nommée aussi dans les livres saints *Pibeset*. *Belbaïs*, bourgade sur le canal qui passe à Basta, est selon quelques auteurs la *Pharbætus* des anciens. *Tacasarta* est un lieu moderne peu connu. *Mansoura* est connu par les désastres des chrétiens au tems des croisades : c'est encore une des plus grandes villes de la basse Egypte: un canal qui est au nord, la fait communiquer avec le lac Mensaleh. Sa situation est belle, les habitans y sont doux & honnêtes. On éléve dans ses environs beaucoup d'abeilles, dont on promene les ruches sur un bateau, le long du Nil. Elle fut bâtie par Almansor Billah, troisieme calife de la race des Fatimites, &

il lui donna son nom : d'autres disent qu'elle le fut par *Malek al Camel*, roi d'Egypte de la famille des Jobites.

Près du lac Sheïb, sur les frontieres de l'Arabie est un lieu nommé *Habaseh*; c'est l'ancien *Thaubastum*. *Demsis*, *Sabmie*, *Sifte* sont aux bords du Nil : la derniere est une ville médiocre qui a trois mosquées & une église pour 300 familles Cophtes qui l'ont fait orner de mauvaises peintures.

En général, il est difficile de voir un plus beau pays que celui qui est arrosé par cette branche du Nil : les villages semblent s'y toucher ; le sol est d'une fertilité étonnante, & au printems il n'offre partout que des champs variés de verdure & de fleurs, ombragés par les palmiers qui semblent couronner les maisons. On y trouve diverses traces du séjour qu'y ont fait les Juifs. Nous nous bornerons à parler de celle-ci : à l'orient de cette branche du Nil est une bourgade qu'on nomme *Tel-el-Judieh*, ou colline de la juiverie : c'est le *Vicus Judeorum* où fut un temple où les Juifs oubliant leur loi qui défendait à la nation d'avoir d'autres sanctuaires que celui de Jérusalem, pratiquerent leur culte religieux pendant deux siecles & demi : Vespasien le détruisit.

DE LA BARBARIE.

LEs Arabes lui donnent le nom de *Berber*, nom dont ils cherchent quelques étimologies ridicules : la plus vraisemblable est celle qui se dérive du mot *Ber*, désert. On ne sait si les Romains ont pris le nom qu'ils lui donnerent, & que nous lui donnons encore, de leur langue ou de celle des Orientaux ; si *Berber* & *Barbarie* ont une origine différente, ou si le dernier vient du premier. Elle a pour bornes la mer Méditerranée au nord, l'Egypte à l'orient, le Sahra ou désert au midi, la mer Atlantique au couchant : sa plus grande longueur de l'orient à l'occident est de 900 lieues : sa plus grande largeur est de 150 ou 160 lieues, mais cette largeur se resserre beaucoup en quelques-unes de ses parties. Elle renferme les républiques militaires de Tripoli, de Tunis, d'Alger, & l'empire de Maroc.

Elle est située sous la zone temperée, mais les mois entre Mai & Septembre y sont très-chauds, quand des vents de mer ne les temperent pas. Au milieu d'Octobre les pluies y sont abondantes, l'hiver y est court, il ne couvre de neige que le sommet des montagnes ; le printems y est très-variable : sur la fin d'Avril on y trouve des cerises en pleine maturité. Le sol y est en général très-fertile, surtout en bleds & en fruits : on connait les beaux chevaux barbes qu'on en tire, les peaux de maroquin, le corail, les amandes, les dattes, &c. qu'on y va chercher. Les peuples qui l'habitent sont ou

Africains d'origine, ou Turcs, ou Arabes, nations qui different pour les mœurs & se mêlent peu. Tous sont d'assez beaux hommes, robustes, adroits, basanés ; mais leur éducation les rends cruels, fourbes & paresseux ; ils sont hardis pirates & dissolus dans leurs mœurs. Presque tous sont Mahométans, mais ils souffrent parmi eux des Juifs & des Chrétiens.

Les Carthaginois, les Romains, les Vandales, les Arabes, les Turcs en ont possédé tour-à-tour la plus grande partie : ces derniers sont regardés encore comme les protecteurs des trois royaumes ou républiques militaires qui s'y sont formées. Les descendans des Arabes ou Sarrasins qui investirent le pays, les Africains naturels, les Turcs habitent les villes : les Arabes qui y sont venus depuis sont dispersés dans les campagnes, & la plupart sont des Bédouins.

On joint encore à cette grande région le *pays des Dattes*, dépendant des républiques qui sont au nord, si l'on peut appeller domination celle qui s'exerce dans des déserts & sur des peuples errans, dont on ne reçoit des tributs que par les armes.

ROYAUME

OU REPUBLIQUE DE TRIPOLI.

CET Etat n'est pas considérable; on ne doit point mesurer sa puissance sur l'étendue des côtes qu'il possede sur la Méditeranée, car elles ont une étendue d'environ 250 lieues; mais cette étendue même fait sa faiblesse, parce qu'elle est entrecoupée de longs espaces déserts : il fut tributaire des Romains, puis fut soumis successivement après la chûte de leur empire à divers princes Africains : les Arabes s'en emparerent. *Macumen*, roi de Tunis, y régnait avec une sévérité qui le rendit odieux ; les Tripolitains l'assassinerent, élurent l'un d'entr'eux qui régna d'abord avec douceur, puis devint soupçonneux & cruel, il eut le sort de celui auquel il avait succédé. Un hermite fut élu roi, & il possedait ce titre depuis quelques mois, lorsque les Espagnols s'emparerent de la ville, la démantelerent, & emmenerent ses habitans. Leur roi, renvoyé par Charles-Quint, rebâtit la ville & y regna jusqu'à l'invasion de Barberousse en 1535. Charles-Quint la reprit & la donna aux chevaliers de Malte, qui partagerent ses differentes petites provinces avec des émirs Arabes. En 1551, *Sinan Bacha* ou *Dragut Rais* la reprit encore ; elle resta sous la domination Ottomane jusqu'en 1600. Un Bacha nommé par la Porte, y avait l'autorité d'un roi ; mais à cette époque, la milice Turque secoua le joug, abolit la dignité de Bacha, & forma une république indépendante & militaire, qui élut fon chef fous le nom de *Deis* & fouvent le dépofa. Cette révolution fut conduite par un renegat Grec qui devint le premier Deis, & qui pour éviter la vengeance des Turcs, affecta de ne commander qu'au nom de leur chef, lui envoya des efclaves & de riches préfens; & dut fur-tout fon impunité à fon courage & à fon activité qui le rendirent redoutable. Cette république paye d'un léger tribut la protection que le grand-feigneur lui accorde. Le gouvernement y eft peu different de ceux de Tunis & d'Alger fur lefquels nous nous étendrons davantage. Les parties méridionales de cet Etat font expofées à des chaleurs exceffives, divers cantons font ftériles & n'offrent que de vaftes & défolées folitudes : quelques autres produifent du bled en abondance, les dattes font une de fes plus grandes richeffes : on y recueille des oranges, des citrons, des figues, des olives, du féné, de la cire, du miel, & du fafran qui eft eftimé le meilleur. On évalue les revenus de l'Etat à 1500 mille livres : un vaiffeau & 5 ou 6 galliottes compofent toutes fes forces navales.

Nous allons parcourir fes differentes provinces qui font le pays de *Derne*, le défert de *Barca*, le *Raffem*, le *Faffan*, le *Gadamir*, l'*Ezzab*, le *Zedic*, la *Tripolitaine*. Tous ces pays font mal connus.

Le *pays de Derne* eft une partie de l'ancienne *Cyrenaïque* : il doit fon nom à une ville connue des anciens fous le nom de *Darnis*, & que les Mores expulfés d'Efpagne fous Phillippe III, vinrent rebâtir. Elle eft fituée au pied des montagnes, à une petite diftance de la mer, à l'orient du cap Rafat;

elle est ceinte de murs, mais n'est pas considérable ; le sangiac ou bei du pays, nommé par la régence, y réside : son autorité est reconnue dans un pays vaste où l'on compte trente mille douars ou tentes d'Arabes. Les Français y ont un vice-consul, dont la jurisdiction s'étend jusqu'à *Benguzi* ou *Bengasi*, bourgade maritime sur les bords du golfe de Sidre. Darnis était la premiere des cinq villes de la Cyrénaïque.

Curen ou *Grene* ou *Cairoan* est l'ancienne Cyrene, & elle conserve encore des vestiges de son ancienne grandeur. Une colonie de Lacédémoniens sortis de l'île de *Thera* dans la mer Egée la fonda : les Romains firent de la Cyrénaïque & de l'île de Chypre une seule province : cette ville, sur une colline élevée, étendait sa vue sur la mer dont elle était à quelques lieues. *Marza-Susa* ou *Sosush*, est l'ancien *Apollonia*, & celui-ci fut le port de Cyrene, comme le premier l'est de Curen, qui n'est plus qu'une bourgade ; les bois qui l'environnent sont habités par des Arabes indépendans, vêtus de peaux de chèvres, vivant sans loix & sans mœurs. Plus au couchant est le cap *Rasat* ou *Ras-al-sem*, autrefois *Phicus promontorium* : c'est la pointe de cette partie du continent qui s'avance le plus dans la mer. *Tolometa*, bourg maritime qui fut l'ancienne *Ptolemaïs* : près d'elle au midi, est le village de *Barca*, autrefois *Barce*, lieu souvent confondu avec le précédent à cause de leur voisinage. *Teukera*, sur le même rivage, rappelle le nom de *Teuchira*, à qui les Ptolemées avaient voulu donner le nom d'*Arsinoe*. *Hesperis*, où l'on plaçait le jardin des Hesperides, qui n'était pas éloigné de cette derniere ville : on la confond quelquefois avec *Bernu* ou *Ben-gasi*,

l'ancienne

l'ancienne *Adriane*, à laquelle on donna aussi le nom de *Berenice*. Ce pays se termine à la partie la plus méridionale du golfe de Sidre, ou de la grande Syrte & à l'île de la petite *Sydra*; ces lieux-ci étaient la demeure des *Nasamones*, peuple qui s'enrichissait des naufrages qu'on faisait sur ses côtes, & qui détruisit les *Psylli*, qui guérissaient la morsure des serpens en la suçant.

L'intérieur du pays est aride, couvert de sables, mais semé de cantons agréables, arrosés par des sources, plantés de dattiers, où l'on voit des maisons dispersées, & des montagnes où se nourrissent de grands troupeaux : c'est de cette contrée qu'on tire les meilleurs chevaux de Barbarie, un excellent miel & de la cire; les Arabes qui y vivent, quoique tributaires de Tripoli, sont indépendans, ne connaissent d'autres loix que leurs mœurs, & se font la guerre d'une montagne à l'autre, comme il la finissent sans s'inquiéter si elle convient ou ne convient pas aux intérêts du bey.

Tels sont ceux du désert de *Barca*, district sablonneux, inculte, & presque sans eau; quelques cantons y produisent du grain & des dattes, dont le superflu leur sert pour échanger contre des chameaux & des moutons. Les Arabes trouverent le pays désert, ils se fixerent dans les lieux qui pouvaient être habités, & ils vont de l'un à l'autre avec leurs troupeaux : ils sont laids, leur corps est sec, la misere les rend voleurs, & pour éviter de les rencontrer, les caravanes sont obligées de faire un long détour. Dans la partie méridionale qui confine avec le désert de Berdoa, & qui même en fait partie selon qu'on resserre ou étend les limites respectives de ces contrées, on trouve deux villes assez considérables, c'eſt *Ouguela* & *Siouah* ou *Si-wah* : cette derniere qui ſemble être le même lieu connu autrefois ſous le nom de *Mareotis*, eſt voiſine des frontieres d'Egypte, & ſous la dépendance du dei de Tripoli : elle ſe gouverne en République. *Ouguela* eſt l'ancien *Augila* : le pays qui l'environne a des ſources d'eaux, des palmiers, & quelques champs, quelques monts couverts de verdure. Au midi de Si-wah, eſt un canton riant, une eſpece d'île, au milieu d'un vaſte déſert de ſable qu'on nomme *Sant-rieh* ; c'eſt là qu'était le Temple de Jupiter Hammon repréſenté avec des cornes de béliers, là qu'habitait un Roi dans un des quartiers qu'une triple enceinte environnait. A l'occident d'*Ouguela* eſt un pays déſert, célebre par des pétrifications : les Arabes le nomment *Raſſem*, ou le pétrifié, parce qu'on y voit des plantes de toute eſpece, des animaux, des hommes qui ont éprouvé une pétrification entiere ſans changer de forme, & dit-on de couleur. Le ſol y eſt couvert d'un ſable épais que le vent agite avec une impétuoſité extrême ; il en forme des monticules, ſous leſquels on rencontre ces plantes, & ces animaux pétrifiés. On apporta de ces lieux inhabitables des branches d'oliviers & de palmiers avec leurs feuilles & leurs fruits, qu'on préſenta à M. de Pontchartrain, & tel qu'on ne pouvait les diſtinguer de celles qui végétaient, que par le toucher & le poids. Le Maire, ancien Conſul de France à Tripoli, nous a fait connaître ces lieux : il eſt fâcheux que lui ſeul nous les ait décrit, & il peut s'être trompé : des eaux minérales, corroſives, diſſéquent des rochers, & leur donnent mille formes ſingulieres ; on en voit des exemples à Alger, & les pétrifications de Razem pourraient bien être de ce genre.

Feſſen ou *Fezzan*, autrefois *Phazania*, grande contrée féparée de Tripoli par le mont Atlas, & au couchant de Razim. On y compte, dit Dapper, 28 villes & 100 villages; on pourroit y en trouver moins ſi on le connoiſſoit mieux : on en apporte des dattes, du féné; l'argent n'y eſt pas rare, parce qu'on y commerce avec les negres.

Gademis ou *Gadamir*, où *Ghedemes*, contrée à l'occident du Fezzan, à 100 lieues des côtes de la Méditerranée. Elle a les mêmes richeſſes que le pays dont nous venons de parler : on y compte, dit-on, 92 villages. Ces deux contrées ont dépendu de Tunis; aujourd'hui Tripoli y a plus de prétentions que de droits. On y voit encore quelques reſtes d'antiquités, & des traces des chemins qu'avaient fait les Romains pour communiquer de-là aux villes maritimes. Ces deux dernieres provinces étaient le pays des Garamantes.

Ezzab eſt au nord des provinces précédentes. Elle eſt bornée au couchant par la montagne de *Garion*, montagne qui fait partie de l'Atlas, qu'elle a au midi, qui eſt très-haute, ſouvent couronnée de neige, environnée de déſerts ſablonneux, & où l'on compte 130 villages ou hameaux ſur une étendue de 5 lieues : ſes habitans ſont des hommes ſans courage : à quelque diſtance eſt la montagne *Beniguarid*, où l'on compte 150 villages habités par des hommes belliqueux qui ont battu quelquefois les troupes de Tripoli : on y comptait autrefois, dit-on, 20000 combattans. La province en général eſt peu fertile en bleds, mais ſes dattes, ſes olives, & ſon ſafran ſuppléent à ce qui lui manque d'ailleurs.

Le *Zedic* eſt la partie orientale de la province de

Tripoli proprement dite; là font les villes ou bourgades de *Licondæ* ou *Laucudia*, de *Kolbene*, de *Zedic* ou *Cedic*, qu'on croit être la *Sacazama* des anciens, & de *Sukéné* qui eft dans l'intérieur du pays. La province eft abondante en dattes & en olives; fa borne eft au levant le fond du Golfe de Sidra, ou l'ancienne Syrte fameufe par fes écueils; là eft le village de *Naïn* qu'on a bâti dans le lieu où fut élevé autrefois l'autel des Philenes. Un lac qui fe joignait au Golfe eft aujourd'hui une faline, jointe à la mer par un détroit nommé la *Succa*. C'eft au midi de ce lac qu'eft la ville de *Gherzé*, autrefois *Genifa*, qu'on difait être une ville entiere pétrifiée, parce que des prêtres ignorans y ayant vu des figures d'hommes, d'animaux, de fruits fculptés dans le marbre, en avaient répandu le bruit. Le Golfe eft terminé par le cap *Canan* ou *Mefrata*. Plus loin eft une riviere qui porte le nom de *Wadi-Quaham*: c'eft le *Cinyphs* des anciens, & prend fa fource au pied d'une colline qui eft à dix lieues de la mer.

La *Tripolitaine* comprend le refte de cet état jufqu'aux frontieres de celui de Tunis. L'Atlas y fournit plufieurs fources; le bled y eft rare, & les fruits affez communs: le lotus, l'orange, les citrons y réufliffent. La premiere ville qu'on y rencontre eft *Lebida* ou *Lebda*; c'eft l'ancienne *Leptis*: fes environs font agréables, & devant elle eft une petite isle. *Tripoli* eft fur le rivage, & fe divife en vieille & nouvelle ville. Cette derniere eft d'une grandeur médiocre, mais elle eft bien peuplée: les murs qui l'environnent font hauts, affez faibles, flanqués de tours pyramidales, & munis de gros canons. Le voifinage de l'Egypte y rend la pefte fréquente, les maifons font propres, affez bien bâties; les religieux de St. François y ont une belle Église & un hôpital où l'on reçoit les esclaves Chrétiens, lorsqu'ils sont malades. Autour d'elle est une plaine aride où l'on ne voit que quelques palmiers épars, où l'on n'a d'eau que celle du ciel recueillie dans des citernes. On y fait un commerce d'étoffes, & de quelques autres objets; mais ses plus grandes richesses sont dans ses pirateries. Son port est défendu par deux forts. Tripoli la nouvelle est le lieu que les anciens nommoient *Oca*, ou *Oea*: Tripoli la vieille est leur *Sabrata*; elle est presqu'entiérement ruinée, mais il lui reste des monumens de son ancienne splendeur : tel est un arc de triomphe de marbre blanc dont une moitié est ensevelie dans la terre, dont les pierres qui le composent sont assises sur des plaques de plomb, & retenues par des crampons de fer; ce sont des cubes de 6 pieds en quarré : c'est peut-être là encore que fut trouvée la belle statue de marbre d'une vestale, qu'on voit aujourd'hui à Versailles. A demi lieue de Tripoli est un lieu agréable où les riches marchands ont des maisons de campagne. *Mifias*, bourgade. *Fiſſato*, bourg & port qui paraît être l'ancien *Pifida*; vis-à-vis est la petite isle de *Zirna*, d'autres croient que *Pifida* est *Zoara*, bourgade voisine où l'on fait de la chaux & du plâtre. Divers géographes renferment la ville de *Caps* ou *Cabés* & l'isle de *Jerba* dans le Royaume de Tripoli, mais nous suivrons ici la description du Docteur Shaw qui les place dans celui de Tunis.

ROYAUME DE TUNIS.

LE Royaume de Tunis est borné au nord & à l'orient par la Méditerranée, & l'Etat de Tripoli, au midi par le Sahara, au couchant par le Royaume d'Alger : il est entre le 33e & le 37e 30e de latitude, le 26e & le 29e de longitude ; sa plus grande longueur est donc de 112 lieues, sa plus grande largeur de 75 ; sa surface en y comprenant toutes ses possessions dans le désert, est évaluée à 9500 lieues quarrées. Il fut le siege de l'Empire des Carthaginois, devint une partie de celui des Romains, & fut ensuite conquis par les Arabes : diverses dinasties de cette nation s'y succederent jusqu'en 1200. Alors le Calife *Naser-Ledin Allats*, de la race des Almohades, ayant confié le gouvernement de Tunis à *Mohâmed Abdol-Ouahed* Africain, qui descendait d'*Abou-Haff*, Scheik d'une tribu de negres; celui-ci s'y maintint, & s'y rendit indépendant : ses descendans y régnerent après lui : ils pouvaient soudoyer une armée de 40,000 hommes, la plupart cavaliers. *Cheredin*, frere de Barberousse, s'en empara en 1538 ; Charles-Quint y rétablit *Moulei-Hassan*, descendant d'Abou-Haff : bientôt après les Tunisiens rejetterent la dépendance que l'Espagne leur avait imposée; ils furent forcés à la reprendre par D. Juan d'Autriche, & en 1574, ils appellerent les Turcs qui se rendirent maîtres du Royaume, y établirent un Bacha, y formerent un divan ou conseil, y laisserent 4000 Janissaires, dont les chefs de chambres, ou *Oldak-Bachi* devaient devenir à leur tour par le rang d'ancienneté, membres du divan, d'où parvenant au titre de *Boluk-Bachi*, ils pouvaient être élus gouverneurs de ville, ou grands officiers de l'Etat. A la tête du divan était un *Aga* qui se changeait & se change encore tous les six mois : une pension de 100 livres était sa récompense, mais avant de sortir de charge, il savait s'enrichir. Le bacha avait un grand pouvoir; il s'en servit pour accumuler des tresors, & la milice indignée donna la puissance suprême aux chefs du divan qui en abusa de même, & la milice résolut d'élire un dei comme les Algériens; *Osman* fut élu en 1596; il habita dans le château, eut une garde turque & de grands revenus. Le bacha seul ne reconnoissait pas son autorité, & les secours qu'il recevait de Constantinople lui permettaient d'entretenir 3000 hommes & de se rendre redoutable au dei, qui avait à craindre encore le bei chargé de lever les tributs, & qui sous ce prétexte entretenait une petite armée qui seule les fait payer. Le dei voulut aussi avoir des troupes; mais celui qui possédait & des troupes & des trésors l'emporta, le bei s'empara de toute l'autorité en 1509 *Mourat* né à Elvi dans les montagnes de Corse parvint à cet emploi, le rendit héréditaire dans sa famille, & se rendit maître de l'élection des deis. Son fils Amouda eut autant de talens & de plus grands succès : il étendit sa domination dans le Sahra, résigna sa charge à ses fils, fut nommé bacha, & remplit cet emploi avec une intégrité rare : il réprima les vexations, soulagea le peuple, le nourrit dans la famine qui survint, & dans son testament il dota des hôpitaux, & affranchit 80 esclaves Chrétiens : il mourut en 1668.

Ses fils furent obligés de combattre contre les deis qu'élut succeffivement le peuple, & leur famille tour-à-tour infultée ou triomphante, aurait donné à fon pouvoir une bafe folide fi elle ne fe fut divifée; elle s'éteignit après un fiecle de profpérités. *Mourat*, lui fuccéda, homme d'abord malheureux que la puiffance rendit plus méchant & plus cruel. *Ibrahim Scherif* le tua & lui fuccéda, le meurtrier de celui-ci occupa auffi la place : ce dernier était *Affem-Ben-Ali* qui était bei dans l'année 1736.

Le bei exerce le fouverain pouvoir ; il n'affemble le divan que lors qu'il lui plaît : il réfide à *Bardo*, palais voifin de Tunis, où tous les matins il rend la juftice ; des fecretaires écrivent fes jugemens, & l'importance du procès, celle des perfonnes réglent la retribution qu'il exige : cet argent eft porté au bacha qui en paye les troupes : chacun plaide fa caufe affis, & avec une éloquence naturelle. Le bei tempere fon autorité en faifant faire par des juges inférieurs ce qui pourrait le rendre odieux : il témoigne un grand refpect pour la religion, & par-là il s'attache le peuple. Le dernier bei, toujours environné de prêtres & de marabous, faifait réguliérement fes cinq prieres par jour. Il eft maure de naiffance, & a fu affaiblir les Turcs. Tous les officiers de fa maifon, vivent avec propreté. La communauté des Juifs leur fournit le damas, les draps de laine & les autres étoffes néceffaires pour s'habiller à neuf tous les ans : le riz, les patifferies, les viandes bouillies font les alimens des grands ; ils font fervis fur une longue table haute d'un pied, couverte d'un cuir : là ils prennent le riz à pleines mains, & le laiffent dégouter fur leurs barbes & leurs habits. La loi leur défend des uftenciles d'or ou d'argent, & le bei ne fe fert que d'une cuiller d'écaille pour les alimens liquides : l'eau eft leur unique boiffon : on s'en fert tour à tour à la table du bei dans un fceau de fer : il mange en filence avec fes principaux officiers. Il peut avoir trois femmes légitimes ; le nombre de fes concubines eft fans limite.

Les tributs font exigés deux fois l'année, l'une en hiver, l'autre en été ; le bei va les lever à la tête de 3000 hommes, en hiver dans les provinces méridionales, en été dans les feptentrionales. Les troupes réglées entretenues par l'état, montent à 8000 hommes, dont 1200 gardent les châteaux & 1200 fervent fur mer : les autres fervent tour à tour dans les champs d'hiver ou d'été. Leur paye eft de 4 afpres par jour, (environ 2 fous), & tous les trois ans elle augmente d'un quart : en devenant invalides, ils perdent un quart de ce qu'elle était dans le tems de leur fervice. Le dei, tous les grands officiers font infcrits fur le rôle de la milice ; ils en reçoivent la folde qui eft de 3 francs par jour payés tous les deux mois : cette objet de dépenfe coute à l'état trois millions de livres par an : on peut lever jufqu'à cent mille hommes dans le Royaume ; les *Zouaves* forment un corps particulier de maures qu'on ne paye que lors qu'il eft en marche. Les forces maritimes de l'état confiftent en 4 ou 5 vaiffeaux de 40 à 20 pieces de canon, en 25 ou 30 galiotes dont les plus grandes ont 120 hommes d'équipage, & les moindres 15, ces vaiffeaux vont en courfe deux fois l'année. Le bei fournit l'huile, le beurre, le bifcuit ; les capitaines fuppléent au refte : la courfe ne peut être plus longue de 50 jours ; ordinairement les efclaves chrétiens manœuvrent, les Rénégats commandent, les Turcs combattent : 300 piastres suffisent pour équiper un vaisseau de 40 canons, parce qu'on n'embarque aucun meuble, aucune commodité : si le capitaine manque une prise par sa faute, il reçoit 500 coups de bâton, & bientôt se rembarque pour recommencer : s'il fait une capture, le bâtiment, la moitié des effets & des esclaves appartiennent au bei. On divise en parts le reste : le capitaine en a six, son lieutenant, son pilote, son premier canonier, chacun quatre, l'écrivain trois, chaque timonier deux, le patron de la chaloupe deux, les simples soldats ont demi part. De dix esclaves le divan en prend un. Les armateurs particuliers profitent seuls de leurs prises.

Les revenus publics sont en partie dans les mains de fermiers lesquels exercent aussi les fonctions de juges & dépendent du bei, qui leur rend les vexations qu'ils exercent sur le peuple, & si l'on résiste, la prison, la bâtonnade, la confiscation des biens forcent à se soumettre. On dit que la ferme des fruits & de l'huile rapportent seule dans la capitale près de deux millions ; celle des filles de joye rapporte 24000 livres : celles des cuirs, du bled, du beurre, du sel, des chevaux, du bois, du charbon produisent de fortes sommes. Les vaisseaux marchands qui chargent & déchargent, payent le droit d'ancrage, l'avarie & quelques autres droits.

Le *dei* n'a qu'une ombre d'autorité, & on le nomme aujourd'hui *Doleti* : il est le juge & le général des soldats Turcs parmi lesquels il est choisi : tous les matins il donne audience dans le château qu'il habite.

Le *bacha* n'a plus de part au gouvernement ; sa

principale fonction est de payer les troupes : ses appointemens sont de 18000 livres, & sa maison est entretenue aux dépens de l'Etat. On ne le visite point pour ne pas donner de l'ombrage au bei : le grand seigneur nomme ce bacha ; la monnaie se bat à son coin ; on prie pour lui dans les prieres publiques, ses envoyés sont reçus avec beaucoup d'honneur, ses ordres se publient en plein divan au bruit de l'artillerie, mais ils ne sont exécutés qu'autant qu'ils plaisent au gouvernement. Il a une apparence de souveraineté qu'il paye par une protection apparente.

Lorsque le bei est absent, le *chaya* commande dans Tunis : il est grand trésorier, receveur général des douanes, & juge civil ; le matin il rend la justice dans la maison du bacha, le soir dans celle du bei.

Le *Divan* est composé de 400 personnes, la plupart officiers, répandus dans les villes, chargés des principales branches de l'administration, & par conséquent dispersés : rarement ce divan rassemble-t-il plus de soixante conseillers : on y traite des grandes affaires de l'Etat ; on y juge les procès des Turcs ; chaque matin il s'assemble : l'aga qui le préside six mois en reçoit 6000 livres ; les six mois écoulés, il n'exerce plus d'emploi, & conserve une pension de onze sous par jour.

Le *Chara* subordonné au divan, est un tribunal respecté du peuple, composé de deux cadis, l'un Turc, l'autre Maure, de trois muftis Turcs, de trois marabouts Maures & de plusieurs gens de loi : c'est dans la maison du cadi Turc, nommé par le mufti de Constantinople qu'il s'assemble : les affaires civiles & criminelles s'y expédient à peu de frais ; il est le seul corps dans l'Etat qui inflige peine de mort.

Le gouvernemeut des villes ressemble à celui de la capitale : dans les campagnes ce sont les scheiks, nommés par les beis, qui l'exercent. Chacun a son district appellé *Neige* : chacun a son tribut réglé qu'il doit payer à la premiere sommation : ceux qui leur sont soumis vivent sous des tentes où ils retirent leurs troupeaux. Les scheiks Arabes qui sont sur les frontieres, devenus plus puissans, affectent l'indépendance, & sont ménagés, moins parce qu'on en espere, que parce qu'on en craint. Il est de ces tribus d'Arabes qui peuvent mettre en campagne trois ou quatre cent chevaux, des milliers de chameaux, & beaucoup plus encore de bœufs & de brebis.

Les Algériens sont les seuls ennemis que Tunis ait à redouter ; elle cherche à les affaiblir, à ménager la France & l'Angleterre, comme à se préparer des ennemis dont elle n'ait rien à craindre en général, & qu'elle puisse attaquer en détail avec fruit.

L'habillement des Turcs & des Maures est formé d'une longue veste, & d'une camisole courte, serrées par une large ceinture, recouvertes d'un manteau blanc ou brun surmonté d'un capuchon ; dessous est une chemise à manches amples, quelquefois façonnées : leur turban est enveloppé d'une étoffe rayée, dont le bout tombe sur la ceinture : leurs pieds nuds sont enfermés dans des babouches. Les dames portent jusqu'à trois chemises, dont celle de dessus a des manches larges, plissées, bordées, valant quelquefois 300 livres, recouvertes d'un caleçon qui descend jusqu'aux talons, & de vestes de deux couleurs aussi longues ; un bonnet autour duquel est roulé un mouchoir brodé, orné de pierres précieuses, est sur leur tête; elles portent des babouches dans la maison, & dehors des especes de patins noirs très-propres : tout leur corps est parfumé; leurs doigts, leurs orteils sont peints en rouge ; leurs jambes, leurs bracelets chargés d'anneaux d'or ou d'argent : elles se rougissent les joues, se font des cercles noirs recouverts de filets d'or autour des yeux, & se noircissent les levres pour faire mieux ressortir la blancheur de leurs dents. Leurs cheveux nattés, noués avec des rubans d'or ou d'argent & des flocons de soie, flottent sur leurs épaules. C'est une grande beauté pour elles que d'avoir de l'embonpoint, & elles n'épargnent rien pour l'acquerir : elles sont toujours voilées.

Les maisons y sont basses, petites, en terrasses, & n'ayant de jour que sur la cour : des nattes, des tapis étendus à terre, quelques coussins, quelques peintures en mosaïque en sont les ornemens & les meubles. Les mosquées y sont belles, & surtout riches : il y a des chapelles où reposent le corps de quelques marabouts, espece de prêtres, qui d'abord hermites, erraient le long des côtes pour tuer ou faire esclaves les chrétiens qui avaient fait naufrage : la vénération du peuple en attira dans les villes, & leur y donna des revenus : leurs cellules, leurs tombeaux devinrent de petits temples : ceux-ci se civiliserent, & sont devenus d'honnêtes gens : les autres toujours errans, couverts de mauvais haillons, courent les rues comme des imbéciles & des furieux, ce qui inspire pour eux une admiration stupide, & rend même leurs cadavres sacrés.

Les *bazars* sont de grands édifices divisés en quartiers, destinés chacun pour une communauté commerçante : ici sont les jouaillers, là les bonnetiers, ailleurs les droguistes, les cordonniers; ces derniers sont les plus considérés. Tous ces édifices communiquent les uns aux autres, & sont gardés durant la nuit, pour une légère contribution. Les *bagnes* sont des bâtimens très-vastes qui servent de prisons aux esclaves, & renferment des tavernes ou auberges; reduits obscurs, où le musulman, le juif, le chrétien sont rassemblés, boivent & s'énivrent ensemble. Ceux de ces esclaves qui avec adresse se rendent maîtres de l'esprit de leurs maîtres, jouissent d'un esclavage assez doux : les plus malheureux sont ceux qu'on employe aux travaux publics, ou qui servent sur les galeres : ils mangent un pain dégoûtant, & on ne leur épargne ni les injustices, ni les coups.

L'ancienne langue des Africains ne s'est conservée que chez les *Kabyleah* retirés dans les montagnes ; aujourd'hui on n'y parle que l'arabe, déja un peu défiguré, le turc & un italien corrompu. La médecine s'y réduit à un usage peu éclairé des simples. Les femmes paraissent y être sujettes aux vapeurs ; maladie qu'elles croyent causée par un esprit, & pensent guérir avec des caracteres magiques.

La religion du pays est le mahométisme : les Turcs l'observent dans sa pureté : les Maures y mêlent différentes superstitions.

Le ciel est beau dans le royaume de Tunis, l'air y est pur & très-vif : la fraîcheur de la nuit & du matin y causent des maladies mortelles; l'été y est sec, & d'une chaleur extrême ; l'hiver y est pluvieux, assez froid; mais il n'y gèle jamais : la peste y est rare : le sol y est excellent, mais mal cultivé : les bestiaux y sont nombreux. Le chameau, le plus utile des animaux peut-être, y est commun : les chevaux y ont la tête haute, les jambes déliées, la taille moyenne; vigoureux, infatigables, ils bravent la guerre & les longues courses jusqu'à l'âge de trente ans : l'âne y sert souvent de monture ; le mulet a le pas plus sûr, & est plus vigoureux encore que le cheval ; on en connaît une espece nommés *kumrah* qui vient d'un âne & d'une vache : cette derniere donne peu de lait : le beurre, le fromage se font de celui de chevre & de brebis : le bœuf y est moins gros qu'en France ; les moutons y sont gras & velus, une espece porte une queue très-grosse : la volaille y est maigre, les pigeons gros & d'un goût exquis : la poule de Carthage égale un beau chapon auquel elle est inférieure en bonté. Les montagnes y renferment beaucoup de singes, & des bœufs sauvages qui ont le corps plus rond, la tête plus platte, les cornes plus rapprochées l'une de l'autre que le bœuf domestique ; des daims qui ont les cornes du cerf, mais n'en ont pas la taille ; une espece de chevre de la grosseur d'une genisse d'un an, qui a des touffes de poil sur les genoux, & des cornes canelées, longues d'un pied, & que la peur fait précipiter parmi les rocs ; des gazelles, des lions dont le nombre diminue tous les jours, que le feu arrête quelquefois, mais que souvent ils bravent ; differentes especes de pantheres, des *Faado* qui different du léopard par une peau plus obscure, & moins de férocité ; des ours, des sangliers, des hyenes au col roide, au corps plat, qui a le poil d'un brun rouge, & boite naturellement ; des jackalls ; des *jirds*, especes de gros rats, des gerbo', des porc-épis, des hérissons, des renards, des furets, des lievres, des lapins, des taupes, différentes especes de lézards, des caméléons, des tortues de mer & de terre, des serpens longs de six pieds, & d'environ quatre pouces de diametre; il en est de plus petits qui s'élancent avec une rapidité singuliere.

Parmi les oiseaux sauvages, on remarque l'Aigle, le *karaburno*, espece d'épervier qui a le bec noir, les yeux rouges, les pieds jaunes, le dos bleu sale, les ailes noires, le ventre & la queue blanches; une espece de corbeau plus grand que l'ordinaire; le *shaga-rag* qui a le bec plus petit & les jambes plus courtes, l'*hou-baara* qui a le corps d'un chapon, & une fraise de longues plumes blanches & noires autour du cou; deux especes de *saf-saf*, oiseau qui vole en troupe, vit de grains, est de la grosseur d'un poulet; le *lagopus* d'Afrique; la caille y est excellente, la perdrix médiocre & un grand nombre d'autres oiseaux: parmi les aquatiques, on distingue deux especes d'anas, ou pelicans de Barbarie, diverses especes de canards, la grise queue, la sercelle, la poule d'eau, le francolin, & une espece de butor.

Les insectes y sont nombreux: on y voit des papillons, des escarbots de toutes formes, de toutes les couleurs: des races de sauterelles dont les ravages sont connus, & qu'on mange frites & salées, deux especes de scorpions, dont l'une porte un poison qui donne la mort, & une tarentule dangereuse.

Les poissons en sont connus. Rondelet les a décrit; mais il a omis le barbeau d'eau douce, la petite perche de Capsa qui a le nez relevé & les nageoires bigarrées; un large plumet de mer, un

petit

petit polype de figure circulaire. Les coquillages y font très-variés & en grand nombre.

Les recoltes montent à 12 pour un, & en des cantons, elles font plus abondantes encore : tel grain donne 80 à 120 épis : on n'y connoit qu'une efpece de froment & d'orge, on y feme peu de feigle. Ces grains varient en bonté felon le fol qui les produit : le meilleur du royaume de Tunis vient des plaines de *Bufdeerah* : là où l'eau eft abondante on féme du riz, du bled de Turquie & une efpece de millet blanc : les fèves, les lentilles, une efpece de pois chiche qu'on mange rotis, font les légumes qu'on y cultive : on y recueille une grande abondance de navets, de choux, de carottes, de petits panais d'un goût piquant & agréable, des laitues, des chicorées, des artichaux, des melons, de prefque tous les légumes que nous connoiffons : le palmier y eft l'arbre le plus utile ; il porte des fruits à 7 ans, eft en pleine vigueur à 30, continue à donner des fruits pendant 60 à 70 ans, rapportant chaque année 15 à 20 grappes de dattes, pefant chacune 15 ou 20 livres, ils ne demande qu'à être arrofé & taillé par le bas : fa feve recueillie au haut de l'arbre fe change en un firop plus agréable que le miel, & donne par la diftillation un efprit d'un goût & d'une odeur charmantes. Le *Lotus* des anciens paroit être le *Seedra*, arbriffeau très-commun, dont le feuillage, les épines, la fleur, le fruit reffemblent au jujeb : fon fruit eft encore très-recherché & fe vend dans tous les marchés des provinces méridionales : l'amandier y fleurit en Janvier, l'abricot s'y cueille en Mai ; on y a différentes efpeces de cerifes & de prunes très-médiocres, des poires, des pommes, des meures, trois efpeces de figues, des pêches, des grenades, citrons, oranges, brignoles, le fruit de l'oppuntia, des noix, des olives, de petites chataignes qui ont un bon goût, des raifins, des coings, des neffles, &c. La plupart de ces fruits croiffent dans des jardins, où l'on ne voit ni parterres, ni lits de fleurs, ni allées, & où tout eft confondu; le fol y eft léger, rouge ou noir, par-tout rempli de fel & de nître, par-tout également fertile, repofant fur des couches de gravier étendues fur d'autres de pierres fous lefquelles il y a de l'eau. On tire 6 onces de nitre de chaque quintal de la terre ordinaire: les bords des rivieres font couverts de fel & de nître fouvent à 2 ou 3 braffes de profondeur; tel eft l'engrais naturel de ce fol, & on ne lui en donne point d'autre; ces minéraux impregnent prefque toutes les eaux: des lacs y montrent des couches de fel accumulées, des montagnes en font formées, des efpaces couverts des eaux en hiver, le font en hiver de cubes entaffés. Le pays abonde en eaux foufrées ou chargées de minéraux: les eaux chaudes y font communes: il en eft qui cuifent la viande en un quart d'heure; d'autres calcinent le roc fur lequel elles coulent. Cette abondance de matieres propres à entrer en fermentation, y caufe de fréquens tremblemens de terre. Le marbre y paraît rare; on n'y trouve point d'agathes, point de pierres précieufes, point de pierres à fufil; mais beaucoup de felenites, d'autres efpeces de gypfe comme un talc jaune, des criftaux à doubles cônes, beaucoup de foffiles, des coraux, des hériffons de mer, des terres glaifes, de la terre à foulon, à favon, du lac-lunæ, de l'ocre: çà & là, on trouve des paillettes qui femblent être d'or &

d'argent, on n'y trouve que des mines de plomb & de fer : il paraît qu'il y en a de cuivre ; mais on ne fait pas les y chercher : les mines de plomb *d'Jibelris* font très-abondantes.

Le commerce de cet Etat n'eft pas fi confidérable qu'il pourrait l'ètre. Le Bei exerce feul celui du bled, de l'orge & de l'huile, qu'il achete à vil prix de fes fujets & vend cher aux chrêtiens : le cultivateur en eft découragé, & ne cherche qu'à ne pas mourir de faim. Ces objets, la laine, la cire, les peaux de maroquin, les cuirs communs font les principaux du commerce d'exportation : les Européens y apportent des laines d'Efpagne, du vermillon, des draps, du fucre, des épiceries, du papier, des clincailleries, de l'acier, des vins, des eaux de vie. Les Maures envoyent au levant des bonnets, des étoffes de laine, du plomb, de la poudre d'or & des fequins ; ils en rapportent de la foie, des toiles peintes, du fer, de l'alun, & ils portent en Egypte de l'huile, du favon, des bonnets, des piaftres, de la poudre d'or ; ils en rapportent des toiles, du café, du riz, du lin & du coton. Le commerce d'Italie eft feul entre les mains des Juifs. Une caravane de Saletains arrive chaque année, & répand dans le commerce la valeur d'un million foit en efpeces, foit en poudre d'or. Il en arrive deux par an d'un Etat qui confine à ceux des nègres & qu'on nomme *Cadenfis*. Cette nation trafique en filence & fans voir ceux qui doivent acheter fa marchandife : les commerçans donnent une quantité de poudre d'or qui leur paraît proportionnée au balot dont il eft le prix ; fi on la prend, tout eft fait : fi on la laiffe, il faut en augmenter la quantité, ou l'emporter. On dit que ce peuple habite une grande bourgade partagée en deux grandes rues, dont chacune sert de demeure à une tribu particuliere qui ne communique point avec l'autre, & qui ont leurs loix, leurs chefs & des usages différens.

Divers usages des Tunisiens leur sont communs avec les Algériens : mais en général ils sont plus doux & plus sociables que leurs voisins : sans leur religion qui leur fait un devoir de la guerre contre les chrétiens, ils auroient volontairement abandonné la piraterie.

Passons à la description particuliere des parties de cet Etat : Schaw sera principalement ici notre guide, & il seroit difficile d'en avoir un meilleur. On ne le divise qu'en quartier d'hiver & en quartier d'été, selon le tems où le bei va y recueillir les tributs. On peut encore le diviser en provinces du nord, de l'est, du midi & de l'ouest.

Province du nord.

Commençons à suivre la côte du nord : la riviere de *Zaine* ou de *Wad-el-Berber*, autrefois *Tusca* & *Rubricatus* est la limite qui le sépare d'Alger. Ce pays étoit celui de Carthage, la *Zeugitanie* & l'*Afrique* proprement dite : le sol y est presque aride, & cependant la population y est plus florissante qu'ailleurs.

Ta-banka, ancienne ville connue sous le nom de *Thabraca*, est située sur le bord de la Zaine : on n'y trouve plus que des pans de murs, des citernes, & un petit fort avec une garnison Tunisienne : vis-à-vis est une petite île ayant le même nom, possedée par les Lomelleni, nobles Genois qui payent 4000 écus au bacha de Tunis & 2000 à celui d'Alger pour n'y être pas inquiétés : ils l'ont recherchée pour la pêche du corail, mais cette pêche a cessé d'être fructueuse, & peut-être ils l'ont abandonnée: ils y ont, ou y avaient un petit fort.

Cap-Negro, péninsule peu avancée dans la mer, & où la compagnie française d'Afrique a établi un comptoir, & un petit fort pour le défendre: elle achete cette habitation & les privileges dont elle y jouit par une somme assez forte. A quelques lieues de là est l'île *Jalta*, autrefois *Galata* ou *Calathe*, élevée & remplie de rochers. Le pays voisin du Cap-Negro est hérissé de rochers, entremêlés de marais & de rivieres; il est habité par des Arabes connus sous le nom de *Zenati*, *Mo-godi* & *Nephijeem*.

Cap serra, c'est la pointe la plus septentrionale de l'Afrique: près de là sont les *Frati*, nom qu'on donne à trois petites îles pleines de rochers.

Bay-jah, paraît être la *Vacca* de Salluste, le *Vaccensa* de Pline: elle est encore une ville commerçante sur-tout en bleds: elle est comme l'étape du royaume: située sur le penchant d'une colline, diverses sources lui donnent de l'eau: une citadelle est sur le sommet du mont: au dessous dans les plaines qu'arrose le Me-jerdah, se tient une grande foire où accourent les Arabes, leurs familles & leurs troupeaux.

Tuckaaber, village qui fut l'ancienne *Thuccabori*; il est sur le Me-jerdah, ainsi que *Tub-urbo* qui paraît être le *Tuburbum minum*: un bey de Tunis avait planté dans ses environs un vaste verger formé de bosquets de divers arbres fruitiers. Des maures Andalous peuplent cette ville & ses campagnes.

Le *Cap Blanco* est nommé *Ras-el-Abeadh* par les Arabes, *Promontorium pulchrum* ou *Candidum* par les Romains: à 3 lieues vers l'orient est la ville de

Q 3

Bizerte, située au fond d'un grand golfe, de quatre lieues de diamêtre & d'un sol sablonneux, bordé sur un canal entre un lac & la mer. C'est l'*Hippo Zaritos*, ou *Regius*, ou *Diarrhytus* des anciens; elle devait son nom aux canaux & aux coupures dont elle était environnée : la géographie Arabe le nomme *Ben-Zert*, *Nabzent* & les mariniers Bizerte. Le lac communique avec la mer; les eaux s'y rendent dans les tems de pluie; celles de la mer y viennent reparer ce que l'évaporation lui fait perdre dans un tems calme : le canal y sert de port & il fut autrefois le plus beau, le plus sûr de ces côtes, mais il dépérit tous les jours : il ne reçoit plus que de petits ruisseaux, & malgré son utilité, les Turcs le négligent : ils ne savent rien reparer. Cette ville pourrait devenir florissante; le pays qui l'environne est riche en poissons, en fruits de toutes espèces, en grains, légumes, huile, coton, &c. le golfe & le canal offrent un asile aux navigateurs; le fond de la baie est couronné de bois charmans, de belles plantations d'oliviers qui s'étendent au loin dans le pays : d'un côté du Golfe sont les *Cani*, deux îles plates où les Italiens attendent quelquefois les petits vaisseaux Tunisiens pour les surprendre; de l'autre le *Pilloe*, grand rocher pointu qui a la couleur du riz cuit. *Thinida*, *Mezzel-jemeine*, villages qui furent les villes de *Theudalis* & de *Thinissa* : on y voit des restes d'antiquités. *Ibbel-Iskell*, montagne appellée *Cirna* par les anciens, au pied de laquelle est *Maller*, autrefois *Mallerense*; c'est un village au milieu d'une plaine fertile. *Al-Aleah* est située sur le penchant d'une colline entre Bizerte & Porto-Fatina : son nom ancien paraît être *Cotuza*.

Le *cap Zibeeb* est le *promontorium Apollinis* des anciens, & il fait la pointe occidentale du golfe de Tunis, dont le *cap Bon* ou *promontorium Mercurii*, situé à onze lieues de là, fait la pointe orientale. Entr'elles sont quelques îles dont une est nommée *Zowamoure*, & fut l'*Aegimurus* des anciens, une autre est connue sous le nom de *Gamelora*. Près de là est *Porto-Farina*, le *Ruscinona* des Romains, nommée aujourd'hui *Gar-el-Mailah* ou la *cave au sel* par les habitans du pays. Elle fut une ville considérable, mais n'a aujourd'hui de remarquable qu'un beau port nommé *Cothon* où les Tunisiens tiennent leurs vaisseaux : il est sûr dans les tempêtes, & contre tous les vents : il s'ouvre dans un grand étang navigable, formé par le *Me-jerdah* qui est le *Bagrada* des anciens, fleuve qui charrie un limon fécond, il arrose un pays riche & fertile, paraît avoir changé de lit. *Utica*, *Ithica* est nommée aujourd'hui *Boo-Staiter* & *Stacor*. On y voit de vieux murs, un large aqueduc, des citernes & des vestiges d'anciens édifices.

Les ruines de Carthage ne sont pas éloignées de là : cette ville avait une enceinte extérieure de vingt-quatre lieues, mais son circuit intérieur paraît n'avoir été que de cinq lieues ; elle était dans une péninsule, sur trois collines médiocrement élevées. Fondée par les Tyriens, le nom de *Carthada* qu'ils lui donnerent, signifie *ville nouvelle* ; les Romains la nommaient *Carthago*, les Grecs *Carchedon* : elle avait une citadelle sur une éminence, & on la nommait *Byrsa* ; & un port intérieur, creusé par la main de l'homme, appellé par cette raison *Cothon* : ce port est aujourd'hui à une lieue de la mer, & forme un marais. On en admire encore quelques ruines, comme un large aqueduc dont on voit des veſtiges qui s'étendent à dix-ſept lieues de la ville : près du village *Arriana*, il conſerve des arches entieres, qui ont ſoixante & dix pieds de haut : l'eau coulait au-deſſus de ces arcades par un canal voûté, revêtu d'un ciment ſi dur qu'il n'eſt preſque plus poſſible de le détacher ; les ſources de cette eau étaient à Zow-wan & à Zunggar où l'on avait élevé des temples dont il reſte des débris. Cet aqueduc ſuppléait aux citernes qui pouvaient s'épuiſer dans une ville immenſe qui renfermait une multitude d'hommes, de chevaux, d'éléphans & d'animaux de toute eſpece. *Sakarah* qui touchait aux faux-bourgs de la ville montre encore une voûte de réſervoirs & de canaux dans l'étendue d'une lieue, où l'eau pouvait filtrer par de petites ouvertures pratiquées au bas des murailles : il y a encore d'autres citernes conſervées : celle qui recevaient les eaux du grand aqueduc eſt compoſée d'une vingtaine de réſervoirs contigus, dont chacun a 100 pieds de long ſur 30 de large.

La *Goulette*, nommée par les Arabes *Halck-el-wed* ou la *Gorge de la riviere*, parce que là eſt le canal de communication du lac de Tunis avec la mer, défendu par deux forts.

Le lac de Tunis, en Arabe *Fom-alouad*, formait autrefois un lac ſpacieux & profond où une grande flotte pouvait ſe rendre en ſûreté : aujourd'hui ce lac eſt bas, & à ſec en pluſieurs endroits ; il n'a que huit lieues de tour : le canal qui le joint à la mer n'a plus que ſix où ſept pieds d'eau : les immondices accumulées de Tunis l'infectent & le rempliſſent : ſon agrément eſt dans les oiſeaux qui y voltigent, & dans les poiſſons qu'il nourrit : l'un de ces derniers, le mulet, est estimé, & ses œufs pressés & desséchés composent la bo-targo, mets recherché au levant.

Tunis, *Tounes*, autrefois *Tunes* & *Tunetum*. Al-Edrissi dit qu'elle est l'ancienne *Tharsis* d'Afrique : elle est située au bord du lac dont nous venons de parler, au pied d'une colline, au milieu de marais bourbeux : l'air y serait mal-sain, s'il n'était purifié par les fleurs & les plantes aromatiques qu'on y brûle dans les poëles & les bains. L'eau de ses puits est amere, & ses citernes sont éloignées de pouvoir lui suffire : c'est à demi lieue de la ville qu'on est obligé d'aller chercher de l'eau. Elle a un peu plus d'une lieue de tour ; ses rues sont étroites & mal pavées ; ses maisons basses, à un étage surmonté d'une terrasse, sans croisées sur la rue, ayant au lieu de fenêtres des lucarnes grillées ; les palais ne sont que de plus grandes maisons ; mais toutes sont bâties de même. On y trouve des restes d'antiquité, tels qu'un monastere de S. Augustin qui subsiste en partie, & des inscriptions. Le château que Charles-Quint y fit construire domine la ville ; son enceinte est vaste ; mais il tombe en ruines. Le divan est un édifice plus singulier que magnifique ; c'est-là qu'est le tribunal pour rendre la justice, l'arsenal pour les armes & le trésor. Parmi les mosquées on remarque celle de Lassis qui sert de sépulture aux beis.

Ses environs sont abondans en légumes & en fruits : on y voit beaucoup d'oliviers, & l'on fait du charbon avec leur bois : les rosiers y sont communs. Ses habitans sont les plus civilisés, les plus industrieux de toute la côte de Barbarie : elle est une des plus anciennes villes du monde ; sa prospérité fut prompte, & dans les tems les plus reculés on en parle comme d'une ville fortifiée par l'art & par la nature, fameuse par ses bains chauds & ses carrieres. Sa longitude est de 28°. 15 m. sa latitude 36°. 40 m.

Rhodes, autrefois *Ades*, petite ville sur une hauteur, entre le lac de Tunis & la mer, à quelque distance des hautes collines où Regulus vainquit Hannon. Près d'elle coule le Miliana appellé *Catada* par Ptolemée, & plus loin les bains de *Hamman-Leef*, très-fréquentés par les Tunisiens.

Soliman, petite ville près d'une belle plaine, où serpente une riviere. Des Maures chassés d'Espagne habitent ses environs; ils ont conservé leur langue & leurs mœurs, & sont plus honnêtes que les autres Africains.

Maraisah, petite ville qui paraît être la *Maxula* des anciens: on y trouve des restes de citernes & un petit port. Plus loin sont des ruines de l'ancienne *Carpis*, où il y a des bains chauds.

Seedy-Doude, tombeau d'un maure révéré, qui n'est qu'un reste d'un pretoire romain, près duquel on voit des restes de mosaïque exécutés avec une précision singuliere, & une grande variété de couleurs très-vives: autour sont les ruines de la ville de *Nisuæ*, qui fut étendue & florissante: elle avait un grand port très-commode.

Lawha-reah n'est qu'un village: c'était autrefois une ville connue sous le nom d'*Aquilaria*: près d'elle est une montagne couverte de bois, taillée artistement, où les voûtes sont rafraîchies par des courans d'air qu'on y a ménagé, & soûtenues par des piliers: probablement il y eut là de belles carrieres. Plus loin est le cap *Bon* ou *Ras-addar*, d'où par un tems ferain, on découvre les montagnes de Sicile.

Province de l'eſt.

Clybea ou *Aklibia*, amas de chaumieres, qui a près de lui un château : c'eſt l'ancienne *Clypea*, bâtie ſur le promontoire *Taphitis*, qui avait la figure d'un bouclier, & lui donna ſon nom.

Gurba, jadis *Curobis*, fut une ville conſidérable, dont on voit encore des ruines, telles qu'un grand aqueduc, quelques citernes, un pont, un autel : une partie de la ville a été engloutie par la mer, & l'on dit qu'on peut lorſquelle eſt baſſe, en découvrir des veſtiges.

Nabal, près de l'ancienne *Neapolis*, eſt floriſſante par l'induſtrie de ſes habitans, & connue par ſa vaiſſelle de terre : on y trouve des inſcriptions & d'autres veſtiges d'antiquité.

Hamam-et, petite ville, bâtie dans une ſituation agréable, fortifiée par la nature : elle n'eſt point ancienne, & paraît avoir été le *Siagul* de Ptolemée. Son nom lui vient probablement du grand nombre de pigeons ſauvages nommés *Hamam*, qui habitent les crevaſſes des monts voiſins : d'autres le font venir des ſources chaudes qui ſont dans ſon voiſinage.

Caſſir Aſeite, eſt la *Civitas Siagitana* des anciens, ville conſidérable ſous les Antonins : près de là eſt un *Me-narah*, grand mauſolée de ſoixante pieds de diamètre, bâti en forme de piedeſtal cylindrique, avec une voûte au-deſſous. Au-deſſus de ſa corniche ſont de petits autels où l'on allumait autrefois des feux pour guider les navigateurs. On ne ſait ſi elle eſt la même que la *Casr-Ahmed* du géographe Persien, où l'on conservait de grands amas de bleds sous des voûtes.

Jerads ou *Grasse*, village où fut un palais des rois Vandales, orné de jardins délicieux.

Faradeese, lieu qui fut dangereux par les pirates qui l'habitaient, & qui sont devenus des commerçans à Hamamet : peut-être c'est l'*Aphroditium* des anciens.

Zow-waan ou *Zag-wan*, petite ville bâtie au pied d'une montagne qui porte son nom, connue par sa teinture de bonnets en écarlate, & par ses blanchisseries de toiles qu'on y apporte de tous les lieux du royaume : le ruisseau qui sert à cet usage était conduit autrefois à Carthage par un aqueduc dont nous avons parlé : on voit à sa source les ruines du temple qu'on y avait élevé. Les Arabes qui habitent la montagne trouvent dans le miel une de leurs plus grandes richesses. Une belle tête de belier qu'on voit sur le portail d'une ancienne porte de la ville, semble annoncer qu'elle fut sous la protection de Jupiter Ammon : son nom paraît venir de *Zeugis*, qui fit appeller le pays *Zeugitanie*. Sur la montagne même était une petite ville nommée *Giuf*, aujourd'hui *Ziuf*.

Jeraado, ville ruinée, sur le penchant d'une colline, & où l'on trouve encore un aqueduc, des citernes & des inscriptions.

Tubernoke, *Oppidum Tuburnicense*, est bâtie en forme de croissant, dans un enfoncement formé entre les deux sommets d'une montagne verte, qui fait divers contours coupés par des défilés. Elle a été un évêché.

Mesheargah ou *Elmesherka*, petite ville au milieu

d'une grande plaine : c'est le *Gitifitanum magnum*.

Bousha, paraît s'être appellé *Turza* ou *Turceta* : ce n'est plus qu'un monceau de ruines dans une plaine.

Tes-toure, jolie ville habitée par les Maures d'Andaloufie, fur la rive méridionale du Me-jerdah, elle femble être la *Colonia Bifica Lucana*. *Slougeah*, village où l'on trouve des infcriptions, des citernes, des colonnes, des murs, qui prouvent qu'il s'appella *Chidilbelenfium*.

Tunga, *Tannica*, fut une grande ville, où l'on ne trouve plus que des ruines & des infcriptions.

Tuberfoke, petite ville fur le penchant d'une colline, & qui eft ceinte d'un mur où l'on trouve d'anciennes infcriptions : une fontaine belle, abondante, eft au centre de la ville : elle fut un évêché, & fe nommait alors *Thiburficumbure*.

Dugga, *Tugga*, petite ville au milieu des ruines de l'ancienne *Tucca* ou *Thugga*, fituée à l'extrémité d'une chaîne de collines : un aqueduc y conduifait de l'eau ; on y voit encore des maufolées & le portique d'un temple orné de belles colonnes.

Lorbufs, *Laribus colonia*, n'a plus rien de remarquable que fa fituation, fur une éminence : plus au midi eft *Meftura*, dans de grandes plaines. *Beiffons* eft le *Municipium Agbienfium* ; on y trouve des ruines de deux temples, d'un château, & des infcriptions.

Seedi Abdel-abbufs, village dans une plaine ; il doit fon nom à un Marabou qui y eft enterré, & montre encore des reftes d'un bel arc de triomphe : c'eft l'ancienne *Mufti*.

Province du midi.

Le long de la mer, elle est sèche, sablonneuse; ailleurs elle n'a que des montagnes, des bois, des marais; les plaines arrosées par de petites rivieres sont seules fertiles: elle était cependant célebre autrefois par sa fécondité.

Herkla, l'*Heraclée* du bas empire, pourrait être l'*Hadrumete* des anciens: d'autres croyent qu'elle est nommée aujourd'hui *Susa*, & précédemment *Cabar-Susis*, tandis qu'Herklia ou Erklia est l'ancien *Horrea Cœlia*. Près d'elle est une grande & belle plaine: elle pouvait avoir un mille de tour & était située sur un cap hémisphérique. *Susa* est considérable par son commerce d'huile, de toiles, de cire & de coton: on y trouve des voûtes, des colonnes de granit & divers vestiges d'antiquité. Son terroir produit de l'orge, des fruits, des pâturages. Le golfe d'Herkla est un port sûr, sans rochers, sans bancs de sable.

Monasteer, petite ville fondée par les Arabes, sur une peninsule qui s'avance dans la mer, *Sahaleet*, village près d'une baie qui communique à un petit lac, & qui paraît être l'ancienne *Ruspina*: on n'y a que de l'eau de puits; les environs de ces petites villes rapportent de l'orge, des fruits, & beaucoup d'olives.

Lempta, la *Leptis parva* des anciens, n'est plus qu'un amas de pierres: elle avait un mille de tour.

Boohadjar, ou la ville pierreuse, village sur un roc couvert de ruines antiques, qui peuvent être celles de l'ancienne *Agar*: près de lui est un lac & le village de *Tobulba*.

Demafs ou *Demfas*, eft l'ancienne *Thapfus* : on y voit encore une partie de fon port artificiel ou *Cothon*, dont les murs font faits de petits cailloux & de mortier, fi bien liés qu'ils ne forment qu'un bloc auffi dur, auffi folide que le roc même : quelques îles font difperfées fur fes bords.

El-Medea Mahdia, Mehediah & *Africa*, ville fituée dans une peninfule, & qui fut autrefois confidérable : fon port eft prefque comblé. Un patriarche rétablit fes murs, fes tours, fes maifons, & lui donna fon nom *Mahdi* : fes ruines prouvent qu'elle exiftait avant lui : on croit auffi qu'elle eft le *Turris Annibalis*, d'où ce Carthaginois partit pour l'Afie : Herbelot dit qu'elle fut bâtie fur les ruines d'*Aphrodifium*.

Saleoto, la *Sullecti* du moyen âge, montre encore les reftes d'un château d'une vafte étendue qui paraît avoir été bâti pour défendre l'entrée d'une baie voifine ; ce peut-être auffi de ce lieu qu'Annibal s'embarqua pour fe rendre en Afie.

Elalia qui paraît être l'*Achola*, l'*Acilla*, l'*Anolla* des anciens, elle n'eft plus aujourd'hui qu'un monceau de ruines : elle était fituée à l'extrêmité d'une plaine fertile qui s'étend jufqu'à *She-ab*, village formé de miférables chaumieres, & qui peut être l'ancienne *Rufpæ*.

Cap-oudia eft un promontoire qui eut autrefois différens noms. Strabon le nomme *Ammonis-Prom*, Ptolemée *Prom-Brachodes*, Procope *Caput-Vada*, d'où il femble que fon nom actuel fut formé. C'eft une langue de terre baffe, étroite, qui s'avance au loin dans la mer, à l'extrêmité de laquelle eft un fanal élevé & des ruines. C'eft-là que commençait la petite

Syrthe qui finissait à l'île Jerba, c'est un golfe semé d'écueils & d'îles plattes & sablonneuses.

Insbilla est l'ancien *Vsilla* : ses ruines sont auprès d'une baie terminée par un promontoire, où il y a un fanal. A l'orient sont les deux îles *Querkeiness* ou *Kerkeines* : l'une a près de quatre lieues de long sur un peu plus de deux de large : c'est la *Cercina* des anciens : l'autre lui était jointe par un pont, & a deux lieues de long sur une & demi de large : toutes deux sont plattes & incultes.

Sfax, *El-Sfakuss*, est une ville florissante, assez propre, entourée de murs ; ses habitans font un commerce lucratif en huiles & en toiles : ils ne sont point opprimés ; peut-être qu'on les ménage parce qu'ils sont voisins des frontieres de Tripoli. Cette ville est moderne, & doit son nom à l'abondance des concombres, en arabe *fakouses*, que son territoire produit.

Beghui, petite ville qui paraît être la Bizacium qui donna son nom à la province.

Thainée est la *Thenæ* des anciens, elle fut bâtie sur un terrain bas & pierreux, & avait deux milles de circuit : cette ville autrefois fameuse était mal située ; ses environs étaient arides, ni ruisseaux, ni sources ne l'arrosent, le Tanaïs, ou Thainée coule loin de ses murs, & elle n'a point de port.

El-Mabres, *Mabaress*, village qui a des citernes & où l'on remarque les ruines d'un grand château ; ce fut peut-être l'ancienne *Macodama*.

Ungha est un château entouré d'un marais, près de quelques puits, dans une campagne stérile, sans port, ni rade. *Ellamaite* est un village où il y a beaucoup de tombeaux, construits avec simplicité & sans inscriptions.

Gabbs

Gabbs, Cabès, est l'*Epichus*, le *Tapake* des anciens, une des premieres villes que les Romains bâtirent en Afrique : ses ruines sont sur une éminence voisine que la mer baignait autrefois, mais dont elle s'est retirée : on y remarque de beaux pilliers quarés de granit; d'Herbelot en fait une ville forte, éloignée de la mer de trois milles. Le commerce de Gabbs a pour objet la feuille séchée & pulvérisée de l'arbre nommé *Alhennas*, dont on fait une grande consommation dans le pays : dans le voisinage on voit de grandes plantations de palmiers. La riviere de son nom fut connue des anciens sous le nom de *Triton*; dès sa source, qui est à quatre lieues de son embouchure, elle est une riviere : les géographes anciens se sont trompés en lui donnant un plus long cours : mais dans les limites étroites que la nature lui a données, on l'a rendue utile, en la faisant circuler dans les terres par un grand nombre de canaux. On a dit que l'eau en était si chaude qu'on ne pouvait la boire qu'après l'avoir exposée une heure à l'air : sans doute qu'on la confondait avec le ruisseau d'*El-Hemmah*.

Gerba, Jerba, île que les anciens nommaient *Lotophagitis*, du lothus qu'elle produit & qui nourrit ses habitans, *Meninx* d'une ville qui y était située, *Brachion*, &c. nommée encore *Algelbens* par les Arabes, *Gebres* par les Espagnols. Elle est située près de la terre à laquelle on la joignit par un pont, à l'entrée de la petite Syrte. Son sol est sablonneux & maigre; il ne rapporte que de l'orge, des sodars, des figues, des olives, & sur-tout des raisins. On n'y voit plus que des villages : ses habitans parlent, dit-on, l'ancienne langue des Africains. Elle a environ sept lieues de tour.

Tome X.

El-Hammah, ville où l'on entretient une garnison : elle tire son nom de quelques-uns de ses bains : tous sont couverts d'un toit de paille, & ont des bassins de douze pieds en quarré sur quatre de profondeur, entourés de bancs de pierres : les eaux en sont très-chaudes : jointes ensemble, elles forment un ruisseau qui arrose ses jardins & se perd au-delà dans le sable : l'ancienne ville est auprès & n'a point de ruines remarquables. Au couchant de son territoire est un désert long de dix lieues.

Terso est l'ancien *Taphrura* : il est entre des montagnes. *Rugga*, autrefois *Caraga*, est encore une petite ville, & l'on y trouve un grand *damuss*, citerne vaste, dont le toit est soutenu par plusieurs rangs de piliers massifs ; elle fournissait de l'eau à toute la ville.

Jemme, autrefois *Tisdra*, est remarquable par des restes d'antiquités : on y voit des autels, des colonnes, des statues de marbre, & des débris d'un amphithéatre circulaire qui avait soixante-quatre arches & quatre rangs de colonnes : les dehors en sont bien conservés ; au-dedans, la platte-forme des sieges, les galleries sont entieres encore, & au centre est un puits profond, revêtu de pierres.

Surseff, est l'ancien *Sarsura* ; c'est un village situé au pied d'une chaîne de collines. *Menzil*, autrefois *Zeta*. *Jimmel*, qui semble être l'ancien *Tegea*, sont des villages au milieu d'une campagne ouverte où sont dispersés des plans d'oliviers.

Kair-wan ou *Cairoan*, ville murée, la seconde du royaume par son commerce & le nombre de ses habitans, est située dans une plaine stérile : ses habitans ne se servent que de l'eau de pluie, recueillie dans un grand étang où le bétail se désaltere, & dans une citerne où les hommes vont puiser ; mais souvent cette eau manque ou se corrompt, & devient malsaine. La grande mosquée de cette ville est la plus belle, la plus sainte de la Barbarie : Occuba, général du calife Othman la fit élever ; elle est soutenue par un nombre surprenant de colonnes de granit, & deux sont d'un prix inestimable par leur rouge vif & éclatant, semé de taches blanches : les rois de Tunis y eurent leur sépulture. Elle fut la capitale des états que les Fatimites possederent en Afrique, & la ville est regardée comme sainte : les grands seigneurs se déchaussent pour y entrer, ils y font bâtir des chapelles, & leur assignent de grands revenus : cette superstition fait encore la prosperité de cette ville, où toutes les denrées sont cheres : une multitude d'Arabes y vient l'été avec ses troupeaux & des dattes : ses habitans préparent des peaux d'agneaux dont on fait des camisoles. On croit qu'elle eut autrefois le nom de *Vicus Augusti*; peut-être ne fut-elle fondée que par le général d'Othman qui lui donna le nom qu'elle porte, dérivé de caravane ou rendez-vous. On dit qu'il choisit un terrain vaste, couvert d'un grand bois rempli de bêtes sauvages & de serpens dangereux, où tous les mécontens pouvaient trouver un asyle : les ruines d'une ville voisine, l'abbatis qu'il fit dans la forêt lui servirent pour élever *Cairoan*.

Jelloulah, petite ville au pied des montagnes d'*Usalel*, *Usaletus*, & qui paraît être l'*Usalitanum* des anciens.

Province de l'ouest.

Zung-gar, ville la plus septentrionale du Bizacium : c'est l'ancienne *Zuchara* : ses ruines, celles de son temple sont si couvertes de chênes verds qu'il est difficile d'en approcher.

You-seph, à la source du Scilliana, qui se perd dans le Me-jerdah : *Kisser*, autrefois *Assurus*, ne sont plus que des amas de ruines : on en trouve beaucoup encore à *Zowareem*, à *Mansouse*, à *Seebbah*, à *Fuh sanah*, sans pouvoir dire quelle ville exista dans ces lieux. *Ibeebah* paraît être cependant l'ancienne ville de *Tucca* ou *Terebinthina*.

Truzza, *Truzo*, n'offre plus que des ruines au pied d'un mont qui porte aussi ce nom, & des bains ou étuves fréquentées par les Arabes : ce ne sont que des chambres voûtées, toujours remplies d'une vapeur sulfureuse. Plus au midi sont les vestiges d'une grande ville sur les bords du Mergaleel : elle paraît être l'*Aquæ-Regiæ* des Romains : les ruines de *Masclianis* sont vraisemblablement celles qu'on trouve sur les bords du *Defailah*, rivière qui sort d'une chaîne de montagnes qui s'étend de Truzza à Spaitla, & se nomme *Jibbel-Megala* ; les Arabes la font déborder pour arroser de grandes plaines voisines.

Gilma, *Cilma* ou *Oppidum Chilmanense*, montre les ruines d'une grande ville, les vestiges d'un temple & d'autres édifices.

Spaitla est l'ancienne *Sufetula* : c'est un des lieux les plus remarquables de la Barbarie par l'étendue & la magnificence de ses ruines : on y voit un superbe arc-de-triomphe, un pavé de grandes pierres noires, un très-beau portique, les ruines de trois temples contigus, dont les murs & les fontaines sont très-bien conservés. Cette ville est agréablement située, sur une éminence couverte de genevriers : près d'elle un ruisseau se perd dans les sables & reparaît ensuite pour se rendre à Gilma.

Cassareen est aussi sur une éminence, au pied de laquelle serpente le Derb : une inscription de l'arc-de-triomphe qui s'y voit encore, apprend qu'elle s'appella jadis *Scillitana* : au-dessous de cette ville sont des plaines où l'on voit un grand nombre de mausolées qui peut-être ont donné leur nom à Cassareen, mot qui signifie tour ou forteresse : plusieurs de ses habitans sont morts pour le Christianisme.

Ferre-anah paraît avoir été la plus grande ville du Bizacium : des colonnes de granit & de marbre, sont tout ce qui reste de son ancienne grandeur : l'air y est pur, un grand ruisseau en baignait les murs, & dans son enceinte on voyait plusieurs puits entourés d'un corridor & couverts d'un dôme ; mais ses environs sont secs & stériles ; un seul canton arrosé par le ruisseau peut être cultivé : de tous côtés on ne voit que des champs arides & des rocs pelés. Cette situation fait croire qu'elle est l'ancienne *Thala*.

Hidrah est la ville la plus occidentale du royaume de Tunis : elle est située dans une vallée étroite qu'arrose un ruisseau, & où l'on voit de vastes ruines : on y trouve encore des autels, des mausolées, des rues pavées, des murs : les mausolées sont ronds ou quarrés, ou octogones, soutenus par quatre, six ou huit colonnes : c'est peut-être la *Tynidrum* ou le *Thunudromum* des anciens.

Kefft ou *Keff* ou *Urbs*, autrefois *Sicca*, surnommée *Veneria*, d'un temple fameux de Vénus où les filles du pays allaient faire leurs dévotions, & fe proftituaient au premier venu pour de l'argent ; ce qui leur procurait un établiffement honnête par des moyens qui ne l'étaient pas. Elle eft fituée fur le penchant d'une colline, & prefque à fon centre eft une fource abondante. Quoique fon château foit démoli, elle eft encore la troifieme ville du royaume par fa force & fes richeffes. Des tribus de Bedouins habitent les contrées voifines de fon territoire.

DU BILEDULGERID.

C'Eft le nom que nous donnons à cette partie du *Sahara* ou défert, qui dépend de l'état de Tunis : les Tunifiens lui donnent le nom de *Blaid-al-gerrid*, ou *Gerrid*, c'eft à-dire, pays fec, & c'eft de là qu'on a formé le nom de *Biledulgerid*; peut-être vient-il encore de *Beled-ul-gerid*, pays des fauterelles. On donnait à cette contrée une plus grande étendue qu'elle ne doit avoir; nous fuivons ici les relations les plus exactes.

Toute cette contrée eft fablonneufe, féche, montueufe; elle ne produit guere que des dattes; mais elles y font très-abondantes, & la moitié de fa furface eft couverte des arbres qui portent ce fruit. Les habitans font un mêlange d'Africains & d'Arabes errans : ceux-ci habitent fous des tentes, errent de lieu en lieu pour trouver des pâturages : fouvent ils pillent les voyageurs. Les autres joints à des Arabes habitent des bourgades groffierement bâties &

fermées d'une enceinte de boue féchée & de branches de palmiers : ils commercent en dattes, & reçoivent en échange du froment, de l'orge & d'autres marchandifes. Il y a des Arabes qui portent ces fruits jufqu'en Ethiopie, d'où ils amenent des efclaves : un homme y eft l'équivalent de deux ou trois quintaux de dattes. La plupart de ces bourgades font fituées fur les bords d'un lac long de vingt lieues, large de cinq ou fix, que les Arabes nomment *Shibkab-el-Low-deab* ou lac des marques, parce qu'on y a planté de diftance en diftance plufieurs troncs de palmiers, pour guider les caravanes qui le traverfent, & leur faire éviter les fables mouvans & les précipices qu'on y rencontre : outre les fables fecs qui l'entrecoupent, il contient un affez grand nombre de petites îles, dont une au moins eft couverte de palmiers. Sa fituation femble annoncer qu'il eft le *Lybia*, le *Palus Tritonis* des anciens, & que l'île couverte de palmiers eft la *Phla* dont parle Hérodote : on peut y retrouver encore la divifion que Ptolemée en fait en trois parties diftinctes ; mais on n'y peut voir le fleuve Triton, ni le traverfer comme le dit ce même géographe, parce que ce fleuve, comme nous l'avons dit, naît au pied des montagnes éloignées du lac de plus de douze lieues, & qu'il n'a qu'un cours de quatre lieues entre ces montagnes & la mer : d'ailleurs fes eaux font douces & faines ; & celles du lac font auffi falées que les eaux de la mer. Son extrèmité orientale eft le *Jibbel-Had-deffa*, montagne qui eft toute entiere d'un fel dur & folide comme la pierre, de couleur rouge ou violette : celui que la rofée en détache devient blanc comme la neige. Celui du lac même s'accumule en cubes cryftallifés fur le fol qu'il couvre, & le fait reffembler à un pavé de marquéterie. Au couchant on trouve le moineau nommé *capsa*, qui est de la couleur de l'alouette, & dont le chant surpasse celui du rossignol, par sa douceur & son harmonie. Au reste ce lac a aussi le nom de *Bahire Faraoun*.

Parmi les villes du Biledulgerid, nous remarquons *Gaffsa*, bâtie sur une éminence qu'environnent de toutes parts des montagnes arides : autour d'elle, ses environs sont rians, plantés de palmiers, d'oliviers & d'autres arbres fruitiers, mais cette perspective est tristement resserrée par des rocs pelés & des vallées arides : deux sources arrosent ces arbres, l'une est dans la citadelle, l'autre dans la ville ; toutes deux se réunissent & forment un ruisseau que des canaux épuisent, en dispersant ses eaux dans les plantations. Parmi les murailles des maisons, on trouve des autels, des colonnes de granit, des entablemens, des inscriptions. Les murs de la forteresse sont antiques : les contributions rendent ses habitans très-pauvres.

Gor-bata est un village situé sur une colline hémisphérique, qui en a plusieurs autour d'elle ayant la même figure : un ruisseau d'une eau saumatre roule au midi. Ce lieu peut être l'*Orbita* de Ptolémée.

Sbekkah est probablement la *Cerbica* de Ptolémée, située à quelque distance d'une chaîne de montagnes qui se rend à Gor-bata.

Tegewse est un village qui fut ville sous le nom de *Tichafa*, sur un ruisseau qui se rend dans l'El-Lowdeah. *Ehba* est l'ancienne *Thabba*.

Tozer, *Touzar*, est voisine du lac : elle est le marché le plus considérable du pays, & ses dattes sont les plus estimées de toutes celles qu'on recueille dans la province : elle eſt bien arroſée, a des champs féconds, & quoiqu'on y voie peu de ruines, on la croit l'ancienne *Tiſurus*.

Nafta, bourgade connue autrefois ſous le nom de *Negeta* ou *Nepta*, preſqu'à l'extrèmité du lac, qu'on traverſe ordinairement à Tegewſe, pour arriver à la bourgade de *Fatnaſſa*.

Telemeen autrefois *Almœna*, ou peut-être *Turris Tamallenis*; *E-billee*, autrefois *Veſpillium*; *Maggs*, &c. ſont des villages où l'on rencontre quelquefois des fragmens d'inſcriptions, des morceaux de granit & de marbre employés par les Romains; mais ils n'ont rien de remarquable.

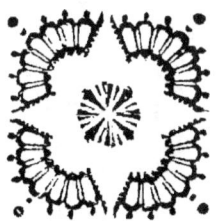

DU ROYAUME D'ALGER.

CET Etat s'étend sur la Méditerranée, dans un espace de 200 lieues, sur une largeur qui varie entre vingt & vingt-cinq lieues (*) : il est borné au couchant par les montagnes de Trara qui font partie du Maroc, au levant par la riviere de Zaine qui le sépare de Tunis; au nord par la Méditerranée; au midi par le Sahara ou désert. Il fit partie de la Numidie, fut soumis aux révolutions de ce pays, & devint une province de l'empire des Arabes. Les Zeirides y jetterent les fondemens d'un royaume particulier sur la fin du dixieme siecle, qu'ils étendirent sur presque toute la Mauritanie ; leur dynastie subsista deux siecles ; celle des Almohades lui succéda & s'étendit sur toute l'Afrique septentriona & sur l'Espagne ; mais Maroc était leur capitale : ils firent place au milieu du treizieme siecle aux *Beni-Merin*, qui disparurent bientôt, leur empire fut divisé, & la province d'Alger seule, le fut en quatre principautés qui furent englouties par l'une d'elles ; ce fut celle de Bugie : elle dominait dans le commencement du seizieme siecle ; mais les Espagnols l'attaquerent, l'affaiblirent, mirent les Algériens dans la nécessité d'appeller à leur secours un prince Arabe qui ne put les soutenir. *Barberousse* les vengea, les soumit, s'en fit détester. Il périt

---

(*) Lenglet lui en donne quatre-vingt de large : c'est qu'il y joint la partie du Sahara qui en dépend & dont nous ferons un article séparé.

dans une bataille contre les Espagnols : son frere *Cheredin* lui succéda, mais ne pouvant à la fois éloigner les Espagnols & calmer les ennemis qu'il avait dans Alger même, il soumit son état à Soliman I qui lui en laissa le gouvernement sous le nom de bacha ; sous lui, sous son successeur, les Espagnols firent de vains efforts pour s'emparer d'Alger ; ils furent forcés de renoncer à leur entreprise.

Ces bachas s'érigerent bientôt en tyrans, & la milice indignée proposa au sultan Turc de les éloigner du gouvernement, pour le mettre dans les mains d'un *dei* qu'elle élirait elle-même. Achmet I y consentit, & il ne resta au bacha que des appointemens & des honneurs : mais ils fomentaient les divisions entre les deis & les soldats, & en 1710, le dei *Baba-Ali* se saisit du bacha & le fit embarquer pour Constantinople, en le menaçant de le faire étrangler, s'il osait se remontrer dans Alger, il fit encore déclarer à Achmet III que désormais l'on ne recevrait plus de vicerois. Le sultan dissimula cette injure, & se contenta de réunir la dignité de bacha à celle de dei : dès lors Alger fut indépendante de l'empire Turc, qui quelquefois encore y envoye des chiaoux qui y sont reçus avec honneur, mais dont on se débarrasse le plus promptement qu'il est possible.

Aujourd'hui le gouvernement y est aristocratique : les soldats sont les nobles en qui réside la souveraineté : tous prennent le nom d'*effendi* ou seigneurs : leur chef jouit d'un pouvoir assez étendu : il fait la paix & la guerre, nomme aux emplois, dispose des finances, administre la justice, mais ne peut se mêler de la religion. Il doit être élu unanimément par la milice ; mais cette unanimité exigée n'existe jamais & fait presque toujours que les élections sont sanglantes. On a vu six deis élus dans un jour, massacrés dans un jour. Celui qui emporte les suffrages est vêtu d'un caftan & porté sur un trône par les soldats, où le mufti lui expose les devoirs qu'il doit remplir ; quelques coups de canon finissent la cérémonie.

Tout soldat peut aspirer à cette charge, & c'est un mal pour eux peut-être, parce qu'ils sont plus exposés aux soupçons & aux vengeances de celui qui l'occupe. Tel dei pour s'assurer sur le trône a fait périr dans un mois 1700 d'entr'eux.

Le dei réside dans le palais public, & ses femmes, ses enfans dans une maison particuliere ; les derniers ne jouissent d'aucunes prérogatives, ils sont exclus de toutes les charges, & réduits à la simple paie des janissaires. C'est dans une salle basse du palais que le dei rend la justice, assis sur un siege de briques, couvert d'un tapis commun & d'une peau de lion : les procès civils & criminels y sont décidés sans délais, sans frais, sans appels ; chacun y est admis & chacun y plaide sa cause ; à la porte sont les plus anciens capitaines qui exécutent ses ordres. Les peines y sont séveres : les voleurs sont jettés du haut d'un mur sur des crochets de fer où ils demeurent suspendus jusqu'à ce qu'ils expirent : le supplice ordinaire des Juifs dans les crimes publics, sont d'être brulés vifs. La bâtonnade y est souvent prodiguée. C'est dans ce palais encore que les quatre hojes ou sécretaires d'état, & le *cosnadar*, ou grand trésorier viennent regler les affaires de leur département.

Au milieu de sa puissance, ce dei doit craindre le moindre soldat, & les peuples en général : peu sont morts dans leur lit, & l'on a vu l'un d'eux affiégé dans son palais, & assommé avec des grenades de fer, pour avoir tenté de corrompre la femme d'un rénégat Portugais.

Il y a auffi des *beis* dans Alger : ils font au nombre de trois, & chacun a son gouvernement: celui du Levant réside à Constantine & a une garde de 300 cavaliers Turcs & de 1500 Maures. Le bei du Couchant siége à Tremecen, & a une garde plus forte encore que le précédent. Celui du Midi n'a aucune ville dans son ressort : ses sujets forment des villages ambulans formés avec des tentes: il campe au milieu d'eux entouré de 100 cavaliers Turcs & de 500 Maures : mais lorsqu'il s'agit d'exiger des tributs dans le Sahara, on lui envoye un corps de troupes, afin qu'il puisse rançonner les nations tributaires.

Ces beis font nommés par le dei qui leur laisse dans leur gouvernement un pouvoir égal au sien : ils reglent les impositions & les perçoivent : tous les ans ils viennent à Alger déposer l'argent des tailles dans le trésor public ; voyage dont ils reviennent quelquefois avec des présens, mais qu'ils font toujours avec peine, parce que les soupçons ou l'avidité du dei les y conduit aussi affez souvent à la mort.

Les quatre *hojas*, font chargés de l'inspection des finances, des douanes, des comptes de dépense & de revenus de l'état: ils font le conseil du dei & l'accompagnent à son tribunal.

Le *cadilesker* est un juge eccléfiastique, nommé par le mufti de Constantinople, envoyé par le grand-seigneur, pour exercer la charge de grand pontife. Sans autorité dans le civil, il décide arbitrairement pour les caufes religieufes, & celle qui rapporte le plus au juge, lui paraît auffi la plus jufte. Les Maures ont auffi un cadilesker de leur nation.

Le *caznadar* ou tréforier, a fous fes ordres divers officiers Turcs, & deux Juifs, dont l'un pefe les monnaies, l'autre les examine.

Le *mezouard* eft chargé de maintenir l'ordre, il commande une compagnie de foldats, étend fon autorité fur les filles de joie dont il reçoit le tribut, & fert même de bourreau.

Le *chekelbeled* reçoit dans fa maifon les dames qu'on emprifonne & leur fait fubir des châtimens fecrets : il eft le gardien des efclaves étrangers dont on attend la rançon.

Le *bethmagi* eft chargé de recueillir les fucceffions de ceux qui deviennent efclaves, ou qui meurent fans avoir d'enfans ni de freres : elles appartiennent à l'état : pour cette raifon, perfonne ne peut être enterré fans l'ordre de cet officier, qui vifite avec foin la maifon du défunt : car l'ufage y eft d'enter-rer fes tréfors pour échapper à l'avidité des chefs.

Le *dragoman* traduit en turc les lettres étrange-res, & fert de truchement : il garde le fceau du prince & l'appofe fur tous les ordres qui en émanent.

Le *bachaout* eft confidéré, fouvent il devient dei. C'eft le chef des douze chaoux qui font les huif-fiers du divan, les meffagers du prince : ils ne font point armés & l'homme le plus intrépide tremble devant eux : ils arrêtent les criminels Turcs ; ils s'aviliraient en mettant la main fur un maure, fur un chrétien ou fur un juif : ils portent un habit vert, une écharpe rouge, un bonnet pointu & blanc.

Un *grand bachi*, choisi parmi les anciens capitaines de navires, préside sur les bachis qui veillent sur les bagnes ou prisons d'esclaves : il jouit d'un grand pouvoir.

Le *rais* de la marine ou capitaine du port, rend compte des navires qui entrent, conduit les capitaines au dei, & juge les différends qui s'élevent entre les gens de mer. Les *rais* ou capitaines de vaisseaux forment un corps redoutable ; chacun est absolu dans son vaisseau : ils ne reconnaissent de supérieurs en mer que leur amiral.

Le *divan* est formé par tous les officiers de la milice : il est souvent composé de huit cent personnes.

On compte environ 7000 Turcs dans Alger, tous soldats, tous fiers de leur titre de janissaires & méprisant les Maures & les Arabes, qui sont deux cent fois plus nombreux qu'ils ne le sont. Les renégats qui entrent dans la milice sont estimés Turcs, & peuvent aspirer à tout ; & ils perdent comme eux cette prérogative, en épousant une femme Arabe ou Moresque : leurs enfans sont dans ce cas appellés *coulalis* : ils peuvent être soldats, mais sont exclus des grands emplois : ceux qui épousent des Chrétiennes demeurent Turcs, & leurs enfans ont les mêmes privileges. Ces soldats si orgueilleux sont formés d'un ramas de corsaires, de proscrits, de débiteurs insolvables, de brigands de toute espece, hommes de mœurs dépravées, & méprisés par-tout ailleurs que chez eux : tous les Turcs qui se présentent sont admis à la paie : leurs privileges est d'élire ou de déposer le dei, de maltraiter impunément les Maures, les Arabes, les Chrétiens, d'être exempts de toutes taxes ou impositions, & de recevoir une folde reglée. Leur chef eft le plus ancien d'entr'eux; il eft en charge deux mois, n'eft plus obligé à aucun fervice, mais ne peut parvenir à aucune charge. Cet *aga* a un lieutenant qui lui fuccede, c'eft le doyen des capitaines : le *chaïa* préfide à un tribunal formé de vingt-quatre capitaines veterans qui font à la tête du divan, & décident des affaires que le dei trop occupé leur envoye. C'eft l'ordre d'ancienneté qui regle le rang parmi tous les officiers, & parmi les foldats. Leur habillement differe peu de celui des Turcs du Levant : les dames s'y habillent avec magnificence, ont de riches bracelets, des bagues, des pendans d'oreilles, des colliers à plufieurs rangs : elles mèlent des pierres précieufes ou de l'ambre, ou du corail dans leurs cheveux : les enfans ont des toques couvertes de fultanins.

Les *Maures* ont pris leur nom peut-être de *Mouerim* ou les occidentaux, parce qu'ils font à l'occident de l'Arabie : ils font bafanés; quelques-uns tirent leur origine des négres, & ont un teint qui en approchent : les uns habitent les villes, & vivent en fociété avec les Turcs; ceux-ci font foldats, ou exercent des emplois de finance : le plus grand nombre commerce, & s'adonne aux arts méchaniques; la plupart defcendent de ceux qui furent expulfés d'Efpagne, & on les reconnaît à leur induftrie, à leur propreté, & leur civilité : il en eft de fort riches. Ceux qui vivent aux champs font partagés en tribus, errent en divers lieux, tâchent de s'éloigner des villes, & méprifent comme des efclaves ceux d'entr'eux qui les habitent : indépendans, parce qu'ils font pauvres, ils ne poffédent de terre qu'à bail & jufqu'à ce qu'ils en ajent de meilleures. Ils forment des *adouars* ou camps, compofés

sés d'un grand nombre de tentes de laine où les hommes & les bestiaux habitent, qui sont puantes, & sales, gardées au dehors contre les bêtes sauvages par des chiens, & au dedans protegées par les chats, des rats & des serpens. A leur tête est un scheik qu'ils élisent, & qui porte au bei chaque année la capitation réglée : des nattes de palmier leur servent de lits & de chaises : quelques pots de terre, deux pierres qui agissent en tournant l'une sur l'autre pour moudre leur bled, forment tous leurs ûtenciles : avec la farine paîtrie, ils font des gâteaux plats qu'ils font cuire dans la cendre chaude ; les tremper dans de l'huile & du vinaigre est leur mets le plus recherché : ils mangent beaucoup de fruits & peu de viande. Les principaux portent une chemise recouverte d'un *barnus*, manteau de laine sans couture, surmonté d'un capuchon qu'ils plient, & sur lequel ils s'asseient quand il pleut, pour l'avoir sec après l'ondée : les autres ne sont envoloppés que d'une piece de laine blanche. Les femmes n'ont pas d'habits plus composés, mais elles tressent avec grace leurs cheveux, & portent aux bras & aux jambes des cercles ornés de corail, de dents de poisson, de perles & de coquillages : elles se font aux mains & aux cuisses des incisions avec une aiguille, & les frottent d'une poudre noire qui ne s'efface jamais : elles élevent des vers à soie, veillent sur les bestiaux, sur leur ménage, & portent leurs enfans sur le dos : ils vivent nuds jusqu'à l'âge de sept à huit ans, couchent sur des feuilles, & courent dès l'âge de sept à huit mois. Les hommes cultivent la terre, & vendent leurs denrées : ils sont robustes, forts, basannés, ont pour armes le zagaie & un long poignard, manient le cheval avec une adresse étonnante, sont fiers, sensibles aux affronts, & se font rendre justice par les armes: tous les soirs ils s'assemblent à cheval autour de leur scheik dans une prairie, & délibèrent sur ce qui intéresse la tribu : ils donnent en échange de la femme qu'ils demandent une partie de leur troupeau, & se marient à l'âge de quatorze à quinze ans, comme les filles à neuf ou dix. Ils parlent un arabe corrompu, ont mêlé au musulmanisme beaucoup de superstitions, & ont des mosquées ambulantes. Tuer un chrétien est pour les moins instruits d'entr'eux un acte méritoire.

Les *Arabes* ont, dès le tems des Numides, fait des excursions dans le pays, & se sont mêlés à ses habitans ; d'abord après les conquêtes des califes, ils y furent le peuple dominant : puis forcés d'appeller les Turcs à leur secours, ils en ont été opprimés : ceux qui habitent les villes sont tombés dans une honteuse servitude : ceux qui ont pu s'en retirer avec leurs troupeaux se sont maintenus libres. Ils vivent comme les Maures campagnards, sans se mêler avec eux, ni avec d'autres peuples, s'estimant les hommes les plus nobles de la terre ; ils payent tribut, mais quand ils y sont forcés : dès qu'ils apprennent qu'on vient l'exiger à main armée, ils enterrent ce qu'ils ne peuvent emporter, & fuient dans les forêts & les montagnes du mont Atlas, dans les déserts du midi : ils y vivent du produit de leur industrie, de la chasse, de leurs bestiaux, de l'agriculture ; leurs habits sont décens, leurs tentes sont propres ; ils sont polis entr'eux, fiers & durs avec les étrangers qu'ils méprisent : ils se piquent de parler un arabe pur, cultivent l'astronomie & la poésie, & commercent avec les voisins d'Alger, non avec cet

Etat : ils lancent le javelot avec adreffe, manient un cheval avec dextérité, ont des chevaux excellens, des ânes fauvages agiles & forts dont la chair eft délicate : s'ils font la guerre, ils s'excitent au courage par la vue de leur famille : ils donnent le nom de *Medars* ou courtifans, aux Arabes des villes qu'ils méprifent.

Les *Juifs* fe retirerent dans ce pays à différentes époques : ils y vivent dans des quartiers féparés, font obligés de porter des habits & des bonnets noirs, & leurs femmes de n'avoir pas de voiles : s'ils ont des procès entr'eux, des juges nationaux en décident : fi c'eft avec un Mufulman, le divan en décide : ils ne peuvent fortir de l'Etat fans donner caution de leur retour, vivent dans la pauvreté & la fervitude, font accablés d'exactions & de punitions cruelles ; fouvent une banqueroute eft punie en eux par le *fupplice* du feu. Il y a auffi des Juifs étrangers qui jouiffent des privileges des Francs ; ils y font un grand commerce, prennent à bail les principales fermes, s'enrichiffent, & font méprifés & enviés.

Les *efclaves chrétiens* y font nombreux : les Turcs ne cherchent à convertir que les plus jeunes, mais leur apoftafie ne les rend pas libres : ceux du dei font bien entretenus : ceux qui font dans les bagnes ne reçoivent que trois petits pains par jour, mais leur induftrie fupplée à ce qu'on ne leur donne pas : s'ils favent un métier, ils l'exercent, & retirent le tiers de ce qu'ils ont gagné : s'ils n'en favent point, ils font employés aux travaux publics : s'ils combattent avec courage, on les affocie au profit des prifes : ceux qui font efclaves des particuliers, font plus ou moins bien, felon le caractere de leur maître : quelques-uns font traités comme les enfans de la maifon ; les plus à plaindre font ceux qui tombent dans les mains d'hommes qui cherchent à en faire un objet de gain : en public, les efclaves font traités avec plus d'égard que les chrétiens libres : ils font libertins, & peuvent l'être, ce qui leur fait fupporter fans peine l'efclavage. Lorfqu'un vaiffeau eft pris, on l'amene au port, on abandonne les paffagers à leurs confuls refpectifs ; les matelots, les foldats font condamnés à l'efclavage : le dei en prend un à fon choix fur huit, & il a auffi le huitieme du butin : les autres efclaves font vendus au marché public ou rachetés.

Tous les Turcs font infcrits fur un régiftre, & reçoivent la paie : la moins haute eft de dix francs par lune; elle augmente d'un huitieme chaque année : de plus on leur donne à chacun quatre petits pains par jour, & on les loge dans des cafernes fpacieufes : on leur donne le prêt tous les deux mois : c'eft l'aga qui le fait, & il commence par le dei, regardé comme le premier foldat de la république : les vétérans ou les invalides reçoivent leur paie entiere. En campagne, on raffemble vingt-cinq hommes fous chaque tente, dont dix-fept font Turcs, cinq ou fix Maures deftinés à conduire les bagages, un vivandier & deux officiers : fix mulets ou fix chevaux font deftinés au fervice de chaque tente.

Tous les ans, trois armées partent du camp pour lever les tributs, & répandent la terreur : ceux qui tardent à le payer font taxés au double, & c'eft là une fource d'exaction & d'injuftice : chaque bei cherche à augmenter le tribut fur les nations qui l'ont payé ; chacun cherche à le faire payer à de nouvelles peuplades, & ces peuplades presque toujours en guerre entr'elles, se livrent aux Turcs qui les assujettissent les unes par les autres. La campagne est ordinairement de six mois : s'il y a quelque combat, les Turcs s'abstiennent du pillage, & laissent aux Maures & aux esclaves les dépouilles de l'ennemi.

Le *dei* n'a que le titre d'*effendi* comme le simple soldat, & celui-ci est plus haut, plus dur que ceux qui sont élevés en grade, parce que ces derniers cherchent à plaire à tout le monde : faire une grace à un Turc ou à un Maure, c'est s'imposer un tribut : ils exigent ensuite ce que vous leur avez donné d'abord volontairement. La vie des Algériens n'est pas gaie ; ils n'ont de jeux que les échecs & les dames ; ils sont sobres, simples dans leurs meubles, exacts dans les cérémonies que leur impose la religion de Mohammed qu'ils professent ; mais la plupart n'ont point de religion ni de probité. Les femmes y sont plus vicieuses encore que les hommes.

Il y a peu de commerce ; il est presque tout entier dans les mains des Juifs. Les Français peuvent y envoyer annuellement deux vaisseaux exempts de tous droits, & ils en profitent peu, quoiqu'ils y entretiennent un consul. Des religieux y ont formé un établissement pour le soulagement des captifs. Les Grecs y ont une chapelle ; les protestans n'y ont ni prêtres, ni temples. Les Anglais y ont un consul : les Hollandais abandonnerent le comptoir qu'ils y avaient en 1716.

Les marchandises qu'on y porte sont des étoffes d'or & d'argent, des damas, des draps fins, des épiceries, du fer, de l'étain, du plomb, du vif-argent, des toiles de chanvre & de lin, de la poudre, des balles & des boulets, des cordages, des voiles de navires, des ancres, de la cochenille, de l'alun, de la couperose, de l'arsenic, du cumin, du vermillon, de la gomme laque, du mastic, de l'opium, de l'encens & d'autres drogues, du papier, du soufre, du riz, du sucre, du caffé, de la clincaillerie, &c. & l'on reçoit en échange des plumes d'autruche, de la cire, des laines brutes, des cuirs, des dattes, du cuivre, des mouchoirs brodés, des ceintures de soie & des couvertures de laine. Le droit d'ancrage y est de vingt piastres pour un vaisseau musulman, de quarante pour un chrétien, de quatre-vingt pour ceux qui sont en guerre avec la république : toute marchandise paie le douze & demi pour cent d'entrée, le deux & demi pour la sortie : les Français & les Anglais ne payent que le cinq pour cent des marchandises qu'ils apportent.

Les revenus de l'Etat ont leur source dans les tributs que les beis retirent des sujets, dans les droits que paient les marchandises dans les marchés ou les douanes, dans les taxes des boutiques & des corps de métiers ; dans les fermes du sel, des cuirs, de la cire, de certains droits domaniaux ; dans les prises sur mer, les amendes & autres bénéfices casuels. Ces revenus montent à vingt-quatre millions 500000 livres, sans y comprendre les tributs qui se paient en grains, chevaux, mulets, bestiaux & autres objets de consommation.

La marine consiste en un vaisseau de haut-bord qui appartient à la république, & vingt autres vaisseaux plus petits, sans compter les barques qu'on arme aussi pour la course, & qui appartiennent aux particuliers. Lorsqu'un vaisseau périt, les propriétaires sont obligés d'en équiper un autre de même grandeur, pour que les forces de l'Etat soient toujours les mêmes; ils les construisent à peu de frais; le fond de la carene est seul de bois neuf; le reste est formé des débris des bâtimens dont ils s'emparent : les bois de construction y sont rares. Ils ne pourraient soutenir leur marine, s'ils n'étaient toujours en guerre avec quelque puissance Européenne, & le gouvernement tel qu'il est serait exposé aux plus grands dangers, s'il était en guerre avec les Etats voisins dont la mer ne les sépare pas. L'empereur de Maroc, le bei de Tunis sont Maures, & joints aux Maures d'Alger, ils pourraient aisément détruire la domination des Turcs : c'est pour cette raison qu'ils évitent d'être en guerre avec ces voisins, & surtout de l'être avec l'un & l'autre à la fois.

Alger jouit d'un climat tempéré : le baromètre y varie de vingt-neuf pouces $\frac{1}{16}$ à trente pouces & $\frac{4}{16}$. De mai en septembre regnent les vents d'est; de septembre en mai ceux d'ouest, les arbres n'y perdent point leur verdure. Le terroir en est sec & sablonneux, mais on y voit des plaines fertiles, d'excellens pâturages, de beaux vignobles, souvent séparés par des déserts incultes; les palmiers y vivent 200 ans, des seps de vigne y ont plus de cinq pieds de circonférence, & produisent des grappes d'un pied & demi de long; des pêches d'un parfum admirable, & qui pesent onze onces : les vins d'Alger furent autrefois estimés, ils le sont encore, quoiqu'ils aient beaucoup dégénérés : on dit qu'il y avait des fontaines qui avaient la propriété de rendre la voix harmonieuse & sonore. Les lions, les sangliers, les autruches, tous les animaux, toutes les productions du royaume de Tunis se retrouvent ici, & s'il en eſt quelques-unes qui lui ſoient particulieres, nous en parlerons dans la deſcription des lieux où elles naiſſent.

Ce pays fut une partie de la Numidie ; il renfermé une partie de l'Afrique de Ptolemée & de Pomponius Mela, c'eſt-à-dire de la Numidie des *Maſſyles*, & auſſi une partie de la Numidie des *Maſſaeſyles*, appellée enſuite *Mauritanie Céſaréenne*. L'*Atlas* qu'on voit au midi eſt formé d'un grand nombre de montagnes qui ſe joignent, dont la hauteur perpendiculaire excede rarement 4 à 500 toiſes, couvertes de bois, d'arbres fruitiers & de haute futaie, s'élevant en rangs ſucceſſifs les unes derriere les autres, offrant rarement des précipices, des rocs eſcarpés, & montrant ſur une pente aiſée des villages de Kabiles, fermés d'un mur de terre. C'eſt là ces monts ſi fameux nommés auſſi *Dyris*, *Adderim*, *Aſtrixis*.

Abulfeda, & d'autres géographes donnent différentes diviſions de cet Etat. Aujourd'hui on ne le diviſe qu'en trois provinces, l'une au levant, l'autre au couchant, la troiſieme eſt entr'elles ou au midi. Nous commencerons par la premiere.

Province du levant.

Elle eſt renfermée entre les rivieres de Zaine & de Bouberak, & égale preſque en grandeur les deux autres priſes enſemble : elle a près de 90 lieues de long ſur 35 lieues de large : le tribut que ſon bei apporte dans le tréſor public monte à environ 300 mille livres : celui des deux autres provinces ne l'égale pas. La côte en eſt montueuſe & élevée : le pays eſt mêlé de collines & de plaines, mais les

DU ROYAUME D'ALGER.

sources & les rivieres n'y sont pas abondantes : sa partie maritime est habitée par des tribus Arabes, dont on ne connait que les noms. Les *Merdass* sont les plus considérables, & s'étendent de Mafragg aux forêts voisines du Bastion de France : les *Mazoulah* sont plus loin, & habitent un sol marécageux & mal-sain : les *Nadies* s'étendent de la Wed-el-erg jusqu'aux monts de Tabarka : ils sont avides & voleurs ; quelques-uns paient tribut aux Tunisiens. Mais suivons d'abord les côtes de cette province.

La *Zaine* dont le nom en langue kabyle signifie un chêne, eut autrefois le nom de *Tusca*, puis celui de Guadilbarbar : sur ses bords sont les ruines de *Thabraca* où l'on trouve encore des pans de murs, des citernes & un fort qui appartient à Tunis. Le pays qui s'étend de cette riviere à celle de Wed-el-Erg, qui sort du lac des Nadies, paye souvent des contributions aux Tunisiens & aux Algériens.

La *Calle*, lieu où se sont établis les Français, qui ont dans le voisinage une belle maison & des jardins, occupent 300 pêcheurs de corail, entretiennent une compagnie d'infanterie, & ont des canons & une place d'armes : de-là ils font aussi le commerce du bled, de la laine, des cuirs, de la cire dans les villes de Bona, de Tuc-kush, de Sgigita & de Cull : ils achetent ce privilege par une somme de 120 mille livres payés au gouvernement d'Alger, au Kaïde de Bona, aux chefs des Arabes.

Le *Bastion* est une petite baie où l'on voit les ruines d'un fort abandonné par les Français à cause de l'insalubrité de l'air, que des marais voisins corrompent : plus au nord est le cap *Rosa* : au couchant coule le *Ma-fragg*, autrefois Rubicatus, riviere dont le cours est étendu.

Bona, ville sur le penchant d'une colline, au sommet de laquelle est un château gardé par des soldats. Cette ville est appellée par les Maures *Blaid-el-Aneb*, ville de jujubes, de l'abondance de ce fruit dans ses environs : le mot *Bona* parait être une corruption de celui d'*Hippo*, *Hippona*, ville dont les ruines sont peu éloignées de ses murs : deux ou trois de ses rues semblent être l'ouvrage des Romains ; on y montre un édifice qu'on dit être la cathédrale de S. Augustin, avec une fontaine & des figures qui portent son nom, & une statue mutilée, devant laquelle les matelots Français & Italiens se prosternent en invoquant le St. évêque. Quelques moines le leur ont dit, & ce sont là leurs preuves. Son port se remplit & devient dangereux ; cependant on y fait un grand commerce en blés, en laine & en d'autres objets ; il serait facile d'y conduire de l'eau douce dont elle manque & de la rendre très florissante : près-d'elle est une plaine marécageuse qui fut autrefois son port que la mer abandonna : là aussi est l'embouchure du *Sei-bouse*, assez grande riviere, dont les sources sont à Temlouke & à Shaibée, qui reçoit l'Ain-el-Trab ou la fontaine bourbeuse, l'Alleegah, le Sebba Aioune ou les sept fontaines, l'Ain-mylfah, ou la fontaine du drap, le Hammah & le Wed-el-Mailah : elle arrose un beau pays avant de se jetter dans la mer ; mais ce pays est bas, sujet aux inondations, & la riviere y seme souvent des racines & des troncs d'arbre qu'elle arrache dans son cours. *Hippo Regius* était sur les bords de cette riviere & du Bou-jeemah : elle était forte par sa situation & par l'art, bien située pour le commerce, pour la pêche, pour la chasse ; l'air y était pur, la vue magnifique & diversifiée par des montagnes couvertes par toutes sortes d'arbres, & des plaines entrecoupées de rivieres.

La côte se dirige de là vers le nord, & forme le *Ras el Hamrah* ou cap Rouge, le *Mabra* des anciennes cartes, & le *Hippi promontorium* de Ptolemée, où l'on voit les ruines de deux bâtimens : la peninsule qu'il termine est habitée par quelques tribus Arabes dont la principale est celle de *Senhadjah* : elle est semée de monticules parmi lesquels s'éleve le mont *Edouah*, & renferme un lac de huit lieues de tour : sur la mer on voit le village de *Tuckusch*, autrefois *Tacatua*, environné d'un canton fertile, près duquel est une petite île & une chaîne d'écueils : au couchant cette peninsule est terminée par le *Ras Hadeed*, rocher escarpé & blanchâtre, que les Européens nomment *cap de fer*.

Ce cap ferme le golfe de *Stora* que les anciens appellaient *Sinus Numidicus*, au fond duquel est *Sgigata* ou *Stora*, ville qui porta le nom de *Ruficada* : c'est une ville médiocre où l'on trouve des antiquités, parmi lesquelles on remarque des citernes qui servent de magasins à bleds. Les Kabiles voisins se refusent à la domination d'Alger, & lui échappent presque toujours.

Cull est le *Collops Magnus* des anciens ; c'est une ville chétive qui a un port assez bon. Elle est située au fond d'un golfe : plus vers le nord est le *Sebda-Rous* ou les *sept caps*. Le pays jusqu'aux ruines de *Jigel* est habité par diverses tribus Arabes, arrosé par diverses rivieres dont la plus considérable est celle de *Wed-el-Kibeer*, autrefois *Ampsaga* qui forme le *Mers' el Zeitoun* ou port des olives. Sur les bords de celle de *Zhoore* qui vient des montagnes au midi de Conſtantine, & traverſe un pays montueux, ſont cachés dans les creux des monts les deux tribus de *Welled Attiah* & de *Beni-Friganah* : à la vue d'un vaiſſeau menacé du naufrage, ces hommes ſortent de leurs trous, & levent au ciel les mains pour demander qu'il périſſe, & qu'ils puiſſent rançonner les malheureux qui échapent aux flots. C'eſt pour cette raiſon ſans doute que les Italiens appellent les ſept caps *Boujaronie* : les anciens, dit Danville, l'appellaient *Tretum*, & il ſéparait les *Maſyli* des *Maſſæſili*.

Jigel, autrefois *Igilgili*, ville ruinée où l'on ne voit que quelques chétives maiſons & un petit fort, près d'elle eſt la petite île *Zeerle al Heile*, & vis-à-vis un port qu'on nommait jadis *Audus*.

Plus loin on trouve l'embouchure de la *Manſoureah* ; la *Siſaris* de Ptolemée, grande riviere qui amene à la mer tout le bois qu'on employe dans les chantiers d'Alger, & qui ſépare le territoire de deux tribus qui ſe font une guerre conſtante depuis deux cents ans, parce que l'une d'elles avait donné le ſobriquet de *Sheddi* ou ſinge au chef de l'autre.

Boujeiah ou *Bugie* eſt la ſeconde ville d'Alger par ſa grandeur & ſon opulence : elle eſt ſituée au pied d'une montagne, ſur les ruines d'une grande ville dont l'ancien mur ſubſiſte encore en grande partie, & qu'on croit la *Saldæ* des anciens. Un château la commande ; deux autres protégent le port : une garniſon veille ſur elle ; mais elle eſt trop faible pour en impoſer aux Kabiles turbulens qui ſont établis autour d'elle, & y viennent vendre leurs denrées. Ses habitans font un grand commerce de focs, de charrues, de bêches & autres outils qu'ils fabriquent du fer qu'ils tirent des montagnes voisines ; ces mines sont peu abondantes, mais le fer en est blanc, & très-bon : les Kabiles y apportent beaucoup d'huile & de cire qu'on transporte en Europe : près d'elle à l'orient coule la riviere de son nom que Ptolemée appelle *Nasava*, elle est composée de plusieurs ruisseaux qui y arrivent sous différens noms & de différens lieux : les torrens qu'elle reçoit l'enflent, & la font déborder vers son embouchure ; le pays qu'elle arrose est montueux, excepté les plaines de *Hamra* & de *Seteef*. Le port de Bugie est assez grand, & fermé par une longue langue de terre qui fut revêtue en partie d'un mur de pierres de taille, & où était un aqueduc qui conduisait une eau douce vers le port : on n'y voit plus que le tombeau d'un saint Mahométan qui protége la ville. Près du port est une petite île & le *Mettse-coube* ou rocher percé où l'on dit que Raimond Lulle se retirait souvent pour méditer.

Ash-oune-mon-kar est un promontoire fameux, où l'on voit des masures qui sont peut-être les restes de la *Vabar* de Ptolemée. Plus loin est le *Zuf-foone* ou le *Mers el Falom*, port au charbon, qui parait avoir été le *Ruzasus* des anciens : ce port doit son nom à la quantité de charbons qu'on y embarque pour Alger.

Dellys, *Teddeles*, autrefois *Rusucurium*, est une ville qui couvre le pied nord-est d'une montagne, au sommet de laquelle on voit l'ancien mur & des ruines antiques ; sa rade est petite & peu commode : au bord de la mer, on voit les restes d'un mur épais qui parait avoir enfermé un port creusé de main d'homme : il y a peu d'eau dans ses environs.

A une lieue de là est la riviere Bouberak, limite de la province, & qui prend sa source à dix lieues de là, mais serpente beaucoup autour des montagnes. Entrons dans l'intérieur du pays : il est semé de montagnes : au couchant les peuples qui les habitent échappent à la rapacité du bei par une situation avantageuse ; au levant ils lui rendent une sorte d'hommage, mais quand ils y sont forcés l'épée à la main. Entre Seteef & Constantine le sol est entrecoupé de collines & de plaines ; il est borné au midi par une chaîne de montagnes du Sahara qui parait être le *Mons Burara* des anciens. Au-delà de Constantine, jusqu'à Ta-barka, est une autre chaîne de montagnes, le *Thambes Mons* de Ptolemée, derrriere laquelle sont de vastes plaines labourables & abondantes en pâturages qui se terminent au Sahara. Nous ne parlerons que des principaux lieux & des principales peuplades qu'on trouve dans cette province.

Près du lieu où l'Atlas tourne du côté du Sahara sont *Bicari-ab* & *Lerneb*, lieux situés au milieu des ruines d'anciennes villes. *Tipsa*, autrefois *Tipasa*, est une ville bien située, près de quelques montagnes où l'on voit une spacieuse carriere : on y entretient garnison : la Melagge l'arrose, riviere qui se jette dans le Mejerdah.

Uk-kuss, *Barbar*, *Neeny* sont des villages situés au milieu de ruines de grandes villes. *Tout*, village qui prend son nom d'un bois de meuriers, arbre qui prospere dans ce canton. *Ba-gay* est le nom d'une ville ruinée, arrosée par une rivière de ce nom qui se perd dans un étang salé au pied du Jibbel-bost, montagne fameuse. Près de là coule le *Seratt*, riviere qui sépare la province du territoire de Tunis ; elle tombe dans le Ma-jerdah ; l'eau en est saumache : près de ses bords est *Callah* ou *Gellah ot Snaan*, grand village bâti au sommet d'un mont élevé & pointu où un seul chemin conduit : on ne peut le prendre que par famine, & il est l'asyle des rebelles & des brigands qui échappent à la justice d'Alger : on les reçoit & les nourrit jusqu'à-ce qu'ils puissent retourner en sûreté. Près de ce mont sont les ruines de *Gasta*.

Elgattar, *Taje-elt*, sont deux anciennes villes : cette derniere était fameuse par l'abondance des fruits qui sont dans son territoire. *Cassir Jebbir*, village, montre les ruines d'un aqueduc, & d'autres vestiges d'une ville qui parait être la *Nadagara* où Scipion campa, parce qu'il y trouva des sources qu'on y remarque encore.

Les *Hen-neishab* forment une tribu puissante & guerriere qui occupe le pays entre le *Mons thambes* ou la riviere Hameesy, & le fleuve Melagge, district étendu & fertile : ce peuple est poli & généreux : les Algériens leur doivent des succès : une multitude de sources arrosent les ruines qu'on voit encore dans un lieu où les villes, les villages se pressaient autrefois. Il y eut de grandes villes à *Daha-mam*, à *Ama-mah*, à *Greesah*. *Tiffesh* est la seule qui ait conservé son nom, car elle est la *Thevesse* des anciens ; elle était dans une belle plaine qu'arrose un ruisseau : les Arabes en ont détruit les murs.

Constantine, nommée *Costhinah* par les Arabes, est l'ancienne *Cirta*, l'une des plus fortes villes de la Numidie. On a cru que *Sittius* qui rendit de grands services à César lui donna ensuite son nom : rétablie ensuite, par une fille de Constantin, la reconnaissance lui fit prendre celui qu'elle porte encore.

On y voit beaucoup de ruines qui donnent une grande idée de son ancienne magnificence : les plus remarquables, sont un rang de citernes situées au milieu de la ville, & que remplissait un aqueduc, dont l'exécution demandait du courage & du génie ; les restes d'un palais vaste & superbe où l'on voit les bases de pierres noires d'un portique ; & que la garnison Turque occupe ; les pilastres de marbre rouge des anciennes portes, dont le travail est très-bien fait ; un autel de marbre blanc ; un pont bâti sur la Rummel, orné de colonnes, de galleries, embellies de corniches, de guirlandes, de festons, de têtes de bœufs, de figures en relief, parmi lesquelles on distingue une femme coëffée en cheveux, ayant pour dais une coquille, & pour marchepied deux éléphans dont les trompes s'entrelassent ; elle regarde la ville d'un air moqueur, en levant sa jupe de la main droite ; un arc-de-triomphe à trois arches qu'on nomme le *château du géant*, & dont les bordures, les frises, sont enrichies de figures & de fleurs, de faisceaux d'armes & d'autres ornemens. Aux deux côtés de la porte principale sont des pilastres corinthiens d'une belle architecture : au dehors on trouve des inscriptions sépulcrales curieuses.

La ville était défendue d'un côté par des vallons profonds, par des rochers, par la riviere Rummel, qui se fait jour au travers d'un mont d'où elle sort ensuite avec impétuosité & forme une grande cascade, de laquelle, du haut de la ville, on précipite les criminels, selon l'ancienne coutume de la ville : d'un autre côté on jouit d'une perspective très-agréable. On y commerce en grains qu'on y conserve pendant un siecle, dit d'Herbelot, dans des fossés semés de ruines romaines. Près d'elle est une belle

fontaine

fontaine d'une eau claire, transparente & tiede, où vivent des tortues, auxquelles les femmes attribuent les fievres ou autres maladies qui les attaquent. Constantine est la capitale de la province que nous parcourons; son bei y réside; parmi les tributs Arabes qui habitent dans ses environs, on dit qu'il en est une nommée *Ammer*, dont le commerce consiste à prostituer ses femmes & ses filles au premier venu.

Shbai-bée, restes d'une ville considérable, située dans une plaine fertile & toujours verte, parce qu'elle est arrosée d'une multitude de ruisseaux. *Burgh-Twill*, ou la grande Tour, est probablement la *Turris Cæsaris* des Romains. *Gelma* ou *Kalmah*, est la *Calama* des anciens, l'on y voit encore des rangs de colonnes & d'autres antiquités. *Meelah*, autrefois *Milevium* & *Mileu* est dans un pays bien arrosé : on y voit de beaux jardins qui fournissent Constantine d'herbages & de fruits : ses belles grenades ont un goût agréable, mêlé de doux & d'amer ; ses pommes sont aussi estimées.

A l'orient de Constantine sont les *Girfahs*, dans le district desquels sont les *Hamman Mescouteen* ou bains enchantés : ce sont plusieurs fontaines situées dans un lieu bas, entouré de montagnes, dont l'eau est chaude & se jette dans le Zenati : près d'elles on en voit d'autres très-froides, & un peu au-dessous des ruines de bâtimens. Ce district & ceux qui l'avoisinent, sont fertiles, entrecoupés de collines, de vallées, de monts couverts de bois de haute futaie, de plantations d'oliviers. *Anounah*, *Alleegah* sont de grands amas de ruines antiques.

Au midi de Constantine on trouve *Tattubt*, qui fut autrefois une ville considérable, &

Tome X. T

dont les décombres forment aujourd'hui la plus grande partie : on a tiré de ses ruines de belles colonnes de granit d'épaisseur égale, ayant douze pieds de haut, & on en a fait orner une mosquée de Constantine ; cette ville est peut-être l'ancienne *Tadutti* ; à ses côtés est un pays stérile ou montueux, où les eaux sont salées : plus au midi encore est le *Jimmel Auress*, le *Mons Aurasius* du moyen âge, le *Mons Audus* de Ptolemée ; il est formé d'une longue chaîne de hauteurs qui se perdent les unes derriere les autres, & sont entrecoupées de petites plaines & de vallées : à son sommet & vers sa base, il est très-fertile & forme le jardin de la province : il a plus de quarante lieues de circuit : les Turcs tirent des tributs des peuplades qui habitent sa partie septentrionale ; ils n'osent pénétrer dans les méridionales où habitent les *Near-dée*, peuple vaillant & que la nature encore met en sûreté : leur chef habite un rocher inaccessible, entouré de précipices, connu déja des Romains sous le nom de *Geminianus*. On trouve une fontaine intermittente dans l'enceinte de ces montagnes, & diverses ruines : les plus considérables sont celles de la ville de *Lambese* : on y voit les restes d'un amphithéâtre, le frontispice d'un beau temple dédié à Esculape, un beau mausolée, &c. Au reste, les hommes qui habitent l'*Auress*, ont une physionomie qui les distingue de leurs voisins : leur teint est blanc & coloré, leurs cheveux d'un jaune foncé, & quoiqu'ils parlent la langue Kabyle, il paraissent être un reste des Vandales qui regnerent dans ce pays.

Au couchant de cette montagne, au pied de *Jibbel-Yousef*, qui est une continuation de l'Atlas, habitent les *Welled-Abdenorr*, tribu qui forme des camps nombreux, & souvent divisés, qui possedent des plaines étendues & les montagnes escarpées de *Mustewah*, qui se tiennent tantôt sur les hauteurs, dans des cabanes faites de boue, tantôt dans les plaines sous des tentes : leur valeur les rend redoutables aux Algériens auxquels ils résistent souvent.

Au midi de ce peuple, est la ville de *Nie-Kowse*, où le déi entretient une petite garnison : on y voit des vestiges d'une grande cité, des restes de colonnes, de murs, de citernes : autour d'elle sont un rempart de terre & trois pieces de canon : une plaine l'environne, & l'on y voit couler un ruisseau dont les eaux sont imprégnées de parties nitreuses : là, dit-on, furent les sept Dormans, que d'autres placent dans une caverne du mont Ochlon, près d'Ephese, & dont le chien a été placé en Paradis.

Au midi de *Nie-Kowse* ou *Ben-Kowse*, sont les ruines de *Thubana*, aujourd'hui *Tubua*, située dans une belle plaine : les Arabes croient qu'il y a des trésors sous ses ruines.

Mes-Seelah, ville à l'extrémité de la vallée de Sholt : elle est sale ; ses maisons sont bâties de roseaux enduits de boue, ou de briques séchées au soleil. Quelques cavaliers y servent de garnison : les dattes ne peuvent croître dans son territoire où l'air est froid : les seuls arbres qui ombragent ses vergers, sont des pêchers, des abricotiers, pommiers, pruniers, &c. Plus entre le midi & le levant on voit de belles plaines cultivées par les *Welled-Draaje*, qui distribuant avec art les eaux dans leurs champs secs & sablonneux, leur font produire d'abondantes moissons.

T 2

Au nord de Mes-Seelah, habitent les *Beni-Bou-Taleb*, kalybes puissans & factieux qui possedent des montagnes riches en mines de plomb, qu'ils ne permettent pas d'exploiter. Au nord-est de cette peuplade sont les ruines de *Seteef*, la *Sitifi* ou *Sitipha* des anciens, & qui fut la métropole de cette partie de la Mauritanie : elle était bâtie sur une éminence qui avait une lieue de tour : les Arabes en ont détruit les monumens ; mais on y trouve encore quelques inscriptions : les sources qui sont au centre de la ville sont agréables & commodes. Dans la même direction on trouve la ville de *Jim-melah* autrefois *Gemellæ*, au milieu d'un pays varié de montagnes & de vallées, où coule une riviere de son nom. On y voit de belles ruines, des restes d'un amphithéâtre & ceux d'une porte de la ville.

Kasbaite ou *Gasbaite* est au nord de Seteef : c'est une ancienne ville romaine, peut-être *Satafi*, située sur une colline environnée de plusieurs éminences : de ses ruines on voit sortir la *Wel el Dsahab* ou riviere d'or qui serpente dans une riche vallée, & met en mouvement un grand nombre de moulins : divers monumens existent encore autour d'elle. *Baboura*, l'ancienne. *Basilica* est une ville ruinée sur une montagne fertile qui porte son nom : on y voit divers vestiges d'ouvrages des Romains. *Eesah* est l'ancienne *Sava*. *Callah*, bourg moderne. *Zammorah*, ville bâtie près du tombeau d'un Saint Mahométan : les Algériens y entretiennent une petite garnison : son nom qui signifie *Olives*, semble en annoncer l'abondance ; ici finit le district montueux de cette province, & c'est là aussi que nous en finirons la description.

Province du midi ou de *Titterih*.

Elle a à peine vingt-cinq lieues de long & autant de large : elle a moins de montagnes que celle que nous venons de parcourir : le long de la mer regne une longue plaine, large de six lieues : elle eft bordée d'une chaîne de monts efcarpés qui femblent être la continuation de l'Atlas, & au de-là defquels font d'autres plaines terminées par un diftrict montueux : dans les premieres plaines habitaient les *Tulinfiens* & les *Baniures*; dans les fecondes, les *Machures*, les *Salampfiens* & les *Malchubiens*. Le bei ne commande pas dans toute la province ; le diftrict de *Mittijiah*, le pays qui eft au bord de l'*Yiffer* appartient à des *Kaïdes* qui dépendent immédiatement du dei : la Bouberak la termine au levant, la Maffaffran au couchant : fuivons en d'abord les côtes.

Le premier lieu qu'on rencontre en partant de l'orient eft *Jinnett*, petite baie d'où l'on embarque beaucoup de bleds pour l'Europe : c'eft, dit-on, le port aux poules d'Edrifi : fon nom fignifie Paradis, & il le reçut parce qu'un navire y échappa au naufrage : la *Yffer* ou *Ser*, la Serbetes de Ptolemée fe rend près de là dans la mer : plus avant eft une plage circulaire où viennent fe jetter un grand nombre de rivieres, & qui eft terminée par le cap peu élevé de *Temendfufe* qui ferme à l'orient le golfe où Alger eft fituée : il a de ce côté un port défendu par un château : on y voit les traces d'un quai, & l'on croit y reconnaître la *Rufguniæ Colonia*. Le fond du golfe où eft Alger, reçoit deux rivieres qui arrofent un pays fertile, la *Hameefe* & la *Haratch* : cette derniere eft la plus grande.

Alger, Al-Gezaïr, Al-Je-Zeirah, tire peut-être son nom d'une petite île qui couvre son port, & qu'on a joint au continent par un mole long de 500 pas. Cette ville est située sur le penchant d'une colline qui regarde le nord & le nord-est, les maisons s'en élevent les unes sur les autres, & toutes ont la vue de la mer : elle n'a que demi lieue de circuit, & cependant elle renferme cent mille Musulmans, dont un tiers sont renégats, 15000 Juifs, & 2000 esclaves chrétiens : ses murs sont faibles, son fossé est comblé ; de petits bastions en défendent les portes ; un château vaste la domine : vers la mer elle est fermée de murs, défendus par des canons de fonte dont l'un a sept cylindres, chacun de trois pouces de diamètre. Le port est de figure oblongue, il est très-vaste, & fermé à l'orient par un môle qui formait l'île dont les Espagnols furent longtems les maîtres, & où ils avaient bâti le château rond qui le défend : d'autres forteresses la défendent du côté de terre, mais ne la garantiraient pas d'une attaque bien conduite. Ses édifices sont bâtis en brique ; ses maisons n'ont qu'un étage, leur forme ordinaire est quarrée ; presque toutes ont une grande cour autour de laquelle regnent quatre galeries soutenues de colonnes : sur ces galeries on peut faire un petit jardin, une promenade : on peut même parcourir la ville en allant de terrasse en terrasse : les cheminées faites en dôme en ornent les quatre angles. Le plus beau de ses bâtimens est celui du dei, élevé au milieu de la ville, entouré de deux belles galleries soutenues par deux rangs de colonnes de marbre : ses rues sont étroites, & par-là on les garantit des rayons du soleil : on y compte dix grandes mosquées, & cinquante petites. Elle n'avait autrefois ni puits, ni fontaines; l'eau de pluie raſſemblée dans des cîternes en tenait lieu. En 1611 un maure Andalous y fit faire un aqueduc dont les eaux diſtribuées dans pluſieurs canaux forment plus de cent fontaines dans la ville & dans la campagne : les collines & les vallées de ſes environs ſont fertiles, bien arroſées, ornées de maiſons de campagne & de jardins ou *Bahiras*, où les riches habitans ſe retirent durant l'été, & de tombeaux des principaux Turcs : ces maiſons blanches, ſurmontées par de beaux arbres, préſentent un aſpect charmant depuis la mer. Les jardins produiſent toutes ſortes de plantes potageres, des fruits, des melons. On compte autour d'Alger 1800 metairies, cultivées par des eſclaves : les vignes y proſperent, & on y recueille auſſi du chanvre, du riz, des grains de toute eſpece; les choux fleurs qu'on y recueille ſont d'une blancheur & d'une groſſeur étonnante. On a penſé qu'elle était l'ancienne *Icoſium* : Danville la croit poſtérieure aux villes connues dans l'antiquité. Sa longitude eſt de 21°. 21 m. ſa latitude de 36°. 45 m.

D'Alger juſqu'au Ras ou cap *Acconnater* ou *Caxines*, la côte eſt hériſſée de rochers & d'écueils. Vers ce cap on voit s'élever la haute montagne de *Boujereah* : la côte forme enſuite un golfe ouvert qui ſe termine à une pointe hériſſée de rochers : là eſt la *Turretta Chica* ou petite tour, que les Maures appellent *Seedy-Terje* du nom d'un Ma-rab-butt qui y eſt enterré. Là eſt une baie où les vaiſſeaux ſont a couvert des vents d'eſt : on y trouve quelques cîternes, & plus loin des reſtes d'un grand chemin des Romains. C'eſt près de là encore qu'eſt l'embouchure de la Ma-Zafran qui eſt la limite occidentale de cette province. Revenons à l'orient pour parcourir l'intérieur du pays.

C'est au pied du *Jurjura*, la plus haute des montagnes d'Alger, & de la Barbarie que naît la Bouberak qui sépare cette province de celle du levant : la montagne a huit lieues de long, elle est toute hérissée de rochers escarpés couverts de neige en hiver, qui défendent un grand nombre de Kabyles de la domination des Algériens ; ces Kabyles ont un lac ou étang autour duquel sont des terres labourables : ceux qui habitent un côté de la montagne sont les ennemis constans de ceux qui cultivent l'autre. De-là à la mer, & à l'Ysser, est un canton montueux, possédé par différentes tribus de Kabiles. Au sud-ouest de cette montagne est *Sour Guslan*, l'ancienne *Auzia* que Tacite nous peint environnée de vastes forêts, & c'est en effet un morceau de terre uni qu'entourent des rochers & des forêts. Ses anciens murs subsistent encore, flanqués de distance en distance par de petites tours quarrées : ils peuvent avoir un tiers de lieue de circuit.

Au nord-ouest de ce lieu habitent les *Castoula*, tribu nombreuse, de leurs possessions au nord de Sour, sont les vastes plaines de *Hamza* qui doivent leur nom à un *Marabutt* vénéré qui y a son tombeau près du roc Magrowa ; elles se terminent aux monts *Vannougah*. Au midi de ces monts habitent des Arabes Gétuliens, dans des plaines sablonneuses qu'arrose l'*Inenne*, qui après quarante lieues de cours entre dans la vallée de Shott dont nous avons parlé ailleurs. Ces Arabes sont exempts de taxes, parce qu'ils sont les *enfans des domestiques des Marabuts*, qualité respectée dans cette partie de l'Afrique : là est le tombeau de Seedy Ecsa dans une communauté qui porte son nom ; plus loin est *Ain-Githan* ou *Kidran*, source de goudron qui leur fut accordée par leur premier pere, & dont ils se servent pour oindre leurs chamaux.

Au couchant de ces lieux est *Shil-ellah*, monceau de ruines qui semble être le *Turaphilum* de Ptolemée, que les Arabes nomment *Joun ebb*, où l'on voit les traces d'une ville qu'on croit l'ancienne *Ussara*. Plus au couchant est la source *Ain-be-seefe* qui sort d'un rocher, fendu, dit-on, par le sabre d'Ali, gendre du prophète. Au midi de cette province sont les *Titterie Dosh*, chaine de rochers escarpés, longue de quatre lieues, à quelque distance du Sahara, qui ont sur leur sommet une grande plaine où l'on ne parvient que par un sentier étroit : c'est là que les *Welled-Eisa* ont leurs magasins de bled. *Titterie* signifie froid, gelé, & ce nom convient à ces rochers : plus au midi est le *Burgh Souary*, petit fort élevé sur les confins du Sahara, & qui était une place frontiere de l'Etat d'Alger. Au couchant est l'étang ou lac de *Titteri*, long de cinq à six lieues, large de trois, formé par la riviere *Sheliff* qui le traverse. Au nord de ce fleuve habitent les Arabes *El Elma* dont le district est remarquable par un bain chaud qui porte leur nom, & par les ruines d'une ville qui a le nom d'*Herba*, nom qui dans la langue de ces peuples annonce une ville saccagée, & qu'on croit la *Tigis* des anciens.

Près de la rive septentrionale de la Sheliff est un grand amas de ruines ou *Herba*, au milieu desquelles est une belle fontaine, & tout auprès passe le ruisseau d'*Harbeene* ; ce peut être la *Casinara* de Ptolemée. *Ain Athreede* montre encore les vestiges d'une ville ancienne : le pays voisin est arrosé par de belles fources, & eſt agréablement diverſifié de vallons & de côteaux.

Au couchant d'*Ain Athreede* eſt *Medea* au pied méridional de l'Atlas : au bas de la pente oppoſée eſt *Bleeda* : ces deux villes ont un tiers de lieue de tour; leurs murs font de boue féchée, & troués par les frelons : une partie de leurs maiſons ont des toits plats, d'autres ont des toits couverts de tuiles; toutes deux font entourées de jardins & d'habitations agréables : l'eau d'un ruiſſeau peut être amenée dans toutes les maiſons & dans tous les jardins de *Bleeda* : divers aqueducs dont quelques-uns paraiſſent conſtruits par les Romains en fourniſſent les habitans de Medea. Ces deux villes paraiſſent être, la premiere, l'ancienne *Bida Colonia*, la ſeconde le *Lamida* de Ptolemée. Cette derniere eſt dans une grande plaine, & l'on y voit encore une vieille fontaine de marbre. Les *Summata* habitent entre ces deux villes.

La plaine de *Mettijah*, *Mottya*, *Mottijye* eſt ſituée au midi & au couchant d'Alger : elle a environ dix lieues de long ſur quatre de large, eſt arroſée par une multitude de ſources & de ruiſſeaux, eſt abondante en toutes ſortes de grains, ſurtout en ris, en fruits, en plantes potageres : on y fait deux, quelquefois trois recoltes par an : pendant toute l'année elle fournit des melons excellens : près de la mer ſont quelques cantons ſtériles, & des bois épais infectés d'animaux venimeux : diverſes tribus Arabes l'habitent : là régnait le prince *Selim Eutemi* détrôné, maſſacré par Barberouſſe, & qui fut un homme auſſi aimable que ſa femme était courageuſe & fidelle.

Province du Couchant ou de *Tremecer* ou de *Tlem-Sain*.

De la riviere Ma-Saffran, elle s'étend jusqu'aux monts de Trara, dans un espace de 70 lieues. Tout le pays est entrecoupé de montagnes & de vallées, & s'il était mieux arrosé, il serait la partie la plus fertile & la plus agréable de ce royaume. Il produit des cerises, des pêches, des melons, des noix, des amandes, des figues noires, grosses, fort douces, & beaucoup de grains. Les montagnes bordent la côte & le Sahara : entr'elles il en est qui ne leur sont point inférieures en hauteur, en fertilité, en population, & l'on a peine à distinguer parmi elles le Mont-Atlas : on donne ce nom à celles qui forment la chaîne la plus continue. Suivons encore ses côtes.

Ma-Saffran se forme d'un grand nombre de ruisseaux réunis ; son cours est tortueux & son lit assez large : elle doit son nom à la couleur foncée de ses eaux, qui approche de la couleur du saffran. *El-co-le ab* est le premier lieu qu'on rencontre après l'avoir passée : c'est un village propre, de 400 pas de circuit : on soupçonne qu'il est l'ancien *Casæ-Calventi*. Plus loin est le *Kubber Romeah*, ou le sépulcre romain, situé au milieu des monts & des forêts qui bordent la côte ; c'est un édifice solide, haut de 20 pieds, & dont le diamètre de la base en a 90 : tout est en belles pierres de tailles ; il sert à diriger les matelots, il a passé pour être le tombeau de la fille du comte Julien, & parait être le monument dont parle Pomponius Mela, situé entre Jol & Icosium, & qui servit de tombeaux aux rois de Numidie.

Tefessad, *Tfessad*, *Blaid-el-Madoone*, ville dont les ruines s'étendent le long de la mer dans l'espace de près d'une lieue : on y trouve des briques d'une belle terre, d'une couleur agréable, d'un pied en quarré fur moins du quart en épaisseur, & qui fe trouvent peu dans les ouvrages des Romains. Elle fut peut-être l'ancienne Tipafa : plus loin eft *Bludah*, grand village ruiné, & la *Guirmaat*, riviere qui fe forme de plufieurs ruiffeaux qui defcendent de la montagne *Shenooah*, qui s'étend deux lieues le long de la mer ; l'un de ces ruiffeaux tombe dans un refervoir de ftructure romaine.

Berin-Schul, ile pleine de rochers, & où l'on peut fe rendre à la nage.

Sher-Shell ou *Serfel* ou *Sargel* eft une ville connue par fon acier & fa vaiffelle de terre qui font d'un grand ufage pour les Kabyles & Arabes : fes maifons font couvertes de tuiles, fes remparts d'oliviers, de vignes, de meuriers ; elle a un mille de circuit & en avait autrefois huit fois davantage : un petit roi du pays y avait fixé fa demeure : fes reftes donnent une grande idée de fon ancienne magnificence ; on y voit encore de belles colonnes, de grandes citernes & de fuperbes pavés de mofaïque ; l'*Hafhem* riviere qui en eft à deux lieues, y était conduite par un grand & fomptueux aqueduc dont les fragmens font répandus fur les montagnes & dans les vallées du voifinage : deux autres conduits qui fubfiftent en leur entier, y amenaient des eaux excellentes des fources d'autres montagnes ; foins néceffaires, parce que l'eau des puits y eft un peu falée. Nulle fituation plus avantageufe que celle de cette ville : une forte muraille, haute de 40 pieds, foutenue de boulevards, la défend vers la mer : delà le fol d'abord plat, s'élève par degrés à une hauteur confidérable, & la ville était bâtie sur cette pente : des montagnes l'entourent & les peuples Arabes qui habitent au delà, lui coupent avec facilité toute communication avec le reste du royaume. Son port autrefois grand & commode, est aujourd'hui impraticable par les sables & les débris de bâtimens qu'un tremblement de terre y a renversé ; le fond dans les basses marées y parait couvert de débris de colonnes & de grands quartiers de murailles : le reservoir qui conduisait l'eau dans le port mérite d'être vu encore : le port est circulaire ; à son entrée est une île couverte de rocs. Ses environs sont bien arrosés & très-fertiles. Cette ville est la *Julia Cesarea* des Romains selon Schaw ; c'est *Icosium* selon Danville, qui place Césarée ou *Jol* au port *Vacur* plus au couchant.

Parmi les ruisseaux qui arrosent ses campagnes, on nomme le *Billack*, qui coule près de *Jim-meil* vieille ville ruinée qui pourrait être le *Chozala* de Ptolemée : près delà est un fort gardé par des soldats Maures & Arabes. Ce pays est riche par ses productions & charmant par les points de vue.

Bresk ou *Brescar*, bourgade au fond d'une baie, environnée de peuplades turbulentes qui l'ont fait abandonner : on dit que ses habitans étaient robustes, bien faits & portaient une croix peinte sur la main & la cuisse ; coutume prise des anciens Goths.

Delà, la côte est semée de petites iles jusqu'au promontoire *Nakos* ou *Nackouse*, ou cloche, d'une caverne qui en a la forme : les Maures l'appellent Cap *Tenes*, & c'est peut-être le *Promontorium Apollinis* des anciens. *Tniss* ou *Tennis* est sur un sol humide & bas ; elle fut la capitale d'un petit Etat ; & n'a plus aujourd'hui que quelques maisons peu apparentes, près d'un ruisseau qui se rend à la mer, vis-à-vis d'une île peu éloignée du continent. Tniff est connue par le bled qu'on y charge pour l'Europe; sa rade est mauvaise, ses habitans sont fripons & passaient autrefois pour sorciers. Sanson y fixe la *Julia Cæsarea* des anciens. Schaw la croit l'ancienne *Carcome*.

De ce lieu à la rade de *Ham-meese* est une montagne salée & une île rocailleuse qui n'a que 215 toises de tour, où un grand nombre de pigeons sauvages viennent faire leurs nids, & delà vient son nom d'*Isle des Pigeons*, ou *Zour-el-Hammam*.

Après avoir passé différentes baies on arrive à l'embouchure de la *Shellif*, la riviere la plus considérable de l'Etat d'Alger, qui naît dans le Sahara au lieu nommé *Sabaoun Aioun*, les 70 sources; il reçoit plusieurs autres petites rivieres parmi lesquelles est le *Wellel-Fudah* ou riviere d'argent, parce qu'elle couvre ses bords de paillettes brillantes de plomb que ses eaux détachent du mont *Wan-nashreese* où il prend sa source.

Musti-gannim, *Mostagran*, ville bâtie en forme d'amphithéâtre, ayant la mer devant elle, & des montagnes derriere & sur ses côtés: c'est la seconde ville de la province: elle paraît s'être formée de la réunion de plusieurs villages voisins: au centre sont les ruines d'un antique château: un autre château a une garnison Turque; mais cette ville commandée de toutes parts, tire sa plus grande force d'une citadelle bâtie sur une éminence: ses environs sont couverts de jardins, de vergers & de maisons de campagne, arrosées par les sources nombreuses qui descendent des montagnes: ses anciens murs paraissent un ouvrage des Romains, & cette ville jointe à la petite ville de *Masagran* ou *Mazachran* qui en est voisine, a probablement formé celle de *Cartenna*. Mafagran est ceinte d'un mur de terre. Le *Sikke* & le *Habrah* unis étaient aussi, ou le *Car-nnus* ou le *Muruftaga* des anciens.

Arzew est l'ancienne *Arfenaria* ou le *Portus magnus*; derriere elle est une vaste & riche plaine; devant elle sont des précipices & la mer. Ses habitans ont fait leurs demeures des citernes qui conservaient l'eau de pluie, & ils ne se servent que d'eau de puits, qui étant plus basse que le niveau de la mer, est un peu salée. Parmi les ruines de cette ville on voit des chapiteaux, des bases & futs de colonnes: un magnifique chapiteau d'ordre corinthien & de marbre de Paros y sert d'enclume à un maréchal. Au midi est un sol étendu rempli de salines inépuisables, c'est un étang long de deux lieues, couvert en été d'une couche de sel d'un pouce d'épaisseur. Au levant sont deux ports pour les galeres, défendus autrefois par un fort qui les séparait, & bien fournis d'eau: au couchant est le port d'Arzew qui pourrait être le *Port des Dieux* des Romains: *Canaflel*, village situé plus au couchant, est dans un bois d'oliviers, au pied d'une chaîne de montagnes: les lieux voisins recelent des lions & des sangliers. *Geza*, nom d'une petite tribu d'Arabes, semble rappeller le nom de *Quiza* dont parle Ptolomée, & qui paraît être la ville dont nous allons parler.

Warran ou *Oran* est une ville fortifiée qui a un mille de circuit, bâtie au bas de la pente d'une haute montagne sur le sommet de laquelle sont deux châteaux, dont l'approche est défendue encore par la montagne plus élevée de *Mazetta*: une vallée profonde qui sert de fossé à la ville la sépare de deux autres châteaux: dans cette vallée jaillit une source dont l'eau est excellente, & qui forme un ruisseau qui passe sous les murs : là encore elle est défendue par un château où sont des rocs coupés en précipices d'où découlent des filets d'eau, des plantations d'orangers & d'autres arbres fruitiers, qui forment un paysage admirable & des retraites fraîches & délicieuses. La ville n'a que deux portes; trois de ses châteaux sont des poligones fortifiés à la moderne; les deux autres le sont par des tours & des crenaux. Les Espagnols qui la prirent en 1509, la perdirent en 1708, & la reprirent en 1732, ils y ont élevé de belles églises & des édifices à la Romaine : on n'y trouve pas d'antiquités.

Mers el Kebeer, *Maz-al-quivir*, ou *Mersalcubir*, port formé par une pointe de terre, défendu par un château remarquable par sa grandeur, plus que par sa force & sa beauté; il est taillé en partie dans le roc : près de lui sont des ruines de la ville qui l'environnait autrefois. Cette place est aux Espagnols, & le port en est excellent; on pourrait croire qu'il est le *Portus Magnus* des anciens, ou selon Danville le *Port Divin*.

Andalouse, petite ville bâtie par les Maures chassés d'Espagne : elle a au levant la riviere *Kasaah* ou des roseaux, & la petite isle de *Ha-beeba*; au couchant elle a la grande isle *Ha-beeba* où l'on trouve de l'eau douce & un abri pour les vaisseaux. Plus au couchant est le *Wed-el-Mailah* ou riviere salée, connue sous ce nom chez les anciens : elle prend sa source à 10 lieues au sud-est de la ville : les eaux sont alors fort salées; mais les ruisseaux qui s'y jettent les adoucissent, & quoiqu'elles ne le soient pas assez pour que les Européens puissent les boire, les Arabes s'en servent sans inconvénient.

Im-mi-sea

Im-mi-sea est une petite baie, près de laquelle sont les décombres de la ville de *Trans-rart*, dans la belle plaine de Zei-doure, arrosés par un ruisseau qui se perd dans le port. On croit qu'elle est l'ancienne *Camarata*.

La mer forme ensuite un golfe profond nommé *Harsgone*, autrefois *Meta-gonium*: la riviere de Tafna vient s'y jetter, & il est mis à couvert des vents par l'isle *Acra*: la riviere est formée de plusieurs autres qui se réunissent à quelque distance de son embouchure: près delà sont les ruines de *Tackumbreet*, ville que Schaw croit être *Siga*, ville royale des rois Numides. Le pays s'avance ici vers le nord pour former le cap *Hone* ou Ras *Huncine*, formé par l'extrêmité des monts Trara, & que Ptolomée appelle le *Grand Promontoire*, ou peut-être le *Metagonium promontorium*: sur une pente occidentale de ces monts est le village *Twunt* protégé par un petit fort, & qui pourrait être l'*Artisiga* des anciens, selon Schaw. Ce village est la derriere possession de l'Etat d'Alger vers le couchant. Le mont *Trara* forme une chaîne de belles collines qui fournissent toutes sortes de fruits aux marchés de Tlemsam.

Nedromé ou *Ned Roma*, ville au pied de ces collines, dans une belle situation, environnée de campagnes fertiles, près d'une petite riviere: on y fabrique beaucoup de poterie: son nom, dit Léon, vient de ce qu'elle a été bâtie sur le modele de Rome; elle n'a pas eu le même sort: c'est la *Siga* des anciens, selon les uns; la *Calama* ou l'Urbara selon d'autres. On y voit des restes de vastes édifices, de grandes tables & des colonnes d'albâtre, des tombes de pierre, des murs hauts, bâtis de grandes pierres quarrées, liées avec de la chaux : les monts voisins & les bords de la riviere qui y passe sont ombragés d'arbres fruitiers, parmi lesquels on remarque le *Carobier* dont le fruit est fort doux : les habitans nourrissent beaucoup de bétail & font les plus belles toiles de coton de la Barbarie. A sept lieues au sud-est sont les montagnes des *Beneshouse* fameuses par les figues & les pommes de pin qu'elles produisent, comme leurs possesseurs le sont par le grand nombre de leurs villages bâtis de boue. *Tesra* en est le plus considérable.

Tlemsam ou *Telemsam*, improprement *Tremesen*, ville située sur une éminence au nord des monts Durdus, au-dessous d'une chaîne de rochers escarpés nommés *Sachratam*, ou les deux rochers, sur la côte de laquelle sont des vignobles, & au pied, des moulins que fait mouvoir le ruisseau *Annasrari*. Sur ces rochers est une plaine remplie de sources qui forment des ruisseaux & des cascades. Il y a encore dans la ville une fontaine abondante dont les eaux passent dans un canal souterrain & sont rassemblées dans diverses sources dont le pays est rempli : seule elle fournit aux besoins de la ville, des tuyaux conduisent l'eau dans ses mosquées & les autres lieux publics : on y voit encore un bassin long de six cents pieds, sur la moitié de large où l'on rassemblait les eaux pour s'en servir dans le besoin, à désaltérer les habitans ou arroser les jardins. Presque tous les murs de la ville sont composés d'un mortier de sable, de chaux & de petites pierres, jetté dans des moules dont quelques-uns avaient 450 pieds de long & 5 de hauteur & d'épaisseur : le tems a donné à ce mortier la dureté de la pierre. Elle était partagée en quartiers fermés par des murs, & chacun pouvait être regardé comme une ville séparée. Elle avait une lieue & demi de tour; mais en 1670 le dei Hassan qui avait trouvé de l'opposition parmi ses habitans, la détruisit presque entiere, & ce qu'il en reste aujourd'hui n'en est qu'à peine la sixieme partie: on y comptait 150 mosquées; on n'y en voit plus que huit: on y trouve encore des antiquités romaines. Les princes Arabes de la maison de Beni-Merin y avaient établi leur résidence: la direction d'une voie romaine semble indiquer qu'elle est la *Regiæ* des Romains; Schaw a cru y voir la *Lanigara* de Ptolomée. Près d'elle est le tombeau révéré de Seede Boumaidian, & la ville de la *Mansourah*, dont les murs subsistent, mais qui n'a plus ni maisons ni habitans, & dont la moitié est changée en champs: au milieu de son enceinte est une fontaine abondante & une tour belle & haute.

Plus au nord sont les ruines de *Tibda*, près lesquelles commencent les plaines charmantes de Zeidouré, arrosées par un grand nombre de sources & de ruisseaux, habitées autrefois par les *Telalusiens* & aujourd'hui par deux tribus Arabes. Au centre est le *Shurph'-el-Graab* ou pinacle des corbeaux, grand roc pointu au pied duquel coule le ruisseau Sinan qui arrosait autrefois la ville de ce nom, située plus au nord-est.

Au midi de la plaine de Zeidouré sont les monts Carkar & les *Beni sneal*; l'espace qu'elles laissent entr'elles est fameux par ses bois de palmier qui fournissent de dattes toute la partie occidentale de cette province. Le fleuve Salé ou *Hueada* ou Wed-l-Mailah, descend des premiers: c'est sur ses bords que Barberousse avait répandu ses trésors pour retarder la marche des chrétiens qui le poursuivaient.

Les villages de *Bredeah* & de *Mesergeen* sont remarquables, l'un par un grand étang, l'autre par un ruisseau d'eau excellente & qui arrose une plaine fertile; au midi est la plaine sablonneuse de *Sibkah*, sèche en été, couverte d'eau en hiver, & près de laquelle habitent les *Beni-Ammer*, communauté nombreuse & guerriere qui sait la langue espagnole. Là aussi est *Arbailah* ou *Arbaal* qui fut autrefois une ville considérable.

Tessailah, ville dans une plaine fertile en grains qui porte son nom: elle paraît être l'ancienne *Astacilis*.

Entre les rivieres de *Tagiah* & de Makerrah, habitent les *Hashem*, tribu nombreuse qui ne paye aucune taxe, mais sert la république comme volontaire, quand elle en a besoin. La Makerrah prend le nom de Sigg en s'approchant de la mer, & arrose les plaines de *Midley*, qui appartiennent au bei & sont cultivées à ses frais: l'ancienne *Timice* ne pouvait être bien éloignée delà. *Tagulmemmet*, paraît avoir été un lieu considérable: les belles plaines de *Romaleah* en sont voisines: le sol en est sablonneux & d'une fertilité extraordinaire.

El-Callah, petite ville sale, mal distribuée, sans égoût, sans pavé, bâtie sur une éminence: c'est le grand marché du pays pour les tapis & diverses autres étoffes qu'on y fabrique, ainsi que dans les villages voisins. Elle a une citadelle & une garnison: de grandes pierres & des morceaux de marbre font croire qu'il y eut ici une ville romaine, & y font placer la *Getlui* ou l'*Apsar* de Ptolomée.

Mascar, ville composée de maisons faites de terre détrempée, située au milieu d'une belle plaine semée de plusieurs villages : les habitans y ont élevé un fort pour s'opposer aux courses des Arabes; mais ils ne souffrent pas qu'on y mette une garnison Turque : ici était l'ancienne *Victoria*. Au midi, sur les confins du Sahara sont diverses tribus d'Arabes que les Turcs n'ont pu obliger à payer un tribut. Il y a dans ces lieux des fragmens de murailles romaines qui font penser que la bourgade de *Shubah* peut être l'ancien *Ritia*, comme celle de *Giran* peut être *Arina*. Au nord d'El Callah sont les *Mahall*, tribu qui campe auprès de la Fretissah, ruisseau dont les bords sont couverts de peupliers : au delà du Sheliff sont les *Béni-Zerwall* dont les montagnes sont connues par les bonnes figues qui y croissent.

Mazouna, ville auprès d'une petite chaîne de monts d'où descend le Warissa qui l'arrose & se distribue dans ses campagnes abondantes en pâturages & en grains : elle paraît avoir été bâtie par les Maures; on n'y trouve nul vestige d'antiquité : Danville cependant la croit le *Fundus Mazucanus*. Au nord est le pays de *Magrowah*, nommé ainsi d'une tribu Africaine qui le cultive, & qui parait être les *Machusiens* dont parle Ptolomée.

Entre la Mina & l'Arhew, habitent les *Swidder*, ou noirs qui cultivent des campagnes fertiles : ils sont exemts de taxes ; plus au midi sont les ruines de *Taga dempt*, *Tagadeont* ou *Tigedent*, grande ville que les Arabes ont abandonnée & où ils ont laissé des restes de leur architecture grossiere qui a fait disparaître de beaux monumens : c'était le *Gadaum Castra* des anciens. *Mina* conserve son ancien nom. *Swamma*, ville ruinée sur les confins du Sahara : les Mindass habitent le pays où elle fut.

Au nord de *Tagadeont* sont les deux villes ruinées de *Meratti* & de *Lo-ha*. Les anciens plaçaient dans cette contrée diverses villes dont on ne retrouve point les traces.

Mejidah n'existe plus que dans des ruines : elle était située sur une éminence & le Sheliff baignait ses murs : à quelque distance est le *Memoun-turroy*, vieille tour quarrée, bâtie selon les Maures pour cacher des trésors, selon des savans pour servir de tombeau à un Romain : autour on voit plusieurs cercueils de marbre. *Memon* & *Sinaab* sont deux villes voisines & ruinées, situées sur les bords du Sheliff : la derniere avait une lieue de tour, & fut l'*Oppidoneum* des anciens : on n'y voit plus que quelques pans de murs & des citernes.

Les monts *Wan-nash-reese*, *Waneseris* ou *Gueneseris* ou *Ganser*, montagne qui s'élevant au-dessus de toutes celles du pays, sert pour diriger les matelots, elle est selon Schaw le *Zalacus* de Ptolémée, & paraît être en suivant le recit d'Ammien Marcellin, la montagne qu'il nomme *Mons Ancorarius*.

Tessum-Seedy, bourgade ruinée sur les bords du désert. Les *Jaite*, les *Boo-Samm* habitent au nord de ce lieu, & nous ramenent sur les rives du Sheliff où nous trouvons le mont *Tmulga* avec les ruines d'une ville de son nom : plus loin, sont celles de *Ze-dée-my*, ville arabe.

El Koada-rah, *Chadra*, ville située sur une colline, au bord du Sheliff : une chaîne de montagnes qui s'élève sur le bord opposé, la met à couvert du vent du nord, & le Jibbel Dwée situé au midi, lui fournit une source abondante qui arrose la plaine voisine : elle semble devoir son nom aux vertes prairies qui l'environnent, ou du mot arabe Chadra qui signifie ville, elle fut autrefois une des plus florissantes du pays. On y voit les restes d'un pont de pierres, le seul qu'il y ait sur le Sheliff: c'est selon des savans le *Succabar* ou *Zuccabaris* des anciens.

Au nord sont des tribus que les Turcs n'ont pu encore soumettre. Au couchant est le village de *Merjejah* protégé par une famille de Marabouts : il est situé sur une éminence & ses murs sont de terre détrempée.

Beni Rashid ou *Beni Arax* fut autrefois considérable : on y voyait une citadelle & environ deux mille maisons; ses habitans étaient guerriers, & faisaient reconnaître leur autorité dans les campagnes voisines. Tout a changé, maisons, citadelles, hommes; on n'y trouve plus que des chaumières & des poltrons. Leurs figues, leurs autres fruits sont toujours fort estimés : les environs sont riches en bétail & en miel. Plus à l'orient est *El Herba*, ancienne ville Romaine qui avait demi lieue de tour, & était sur les bords du Sheliff; du côté du nord elle touchait à une plaine étroite, mais fertile : il y a dans ce lieu des colonnes d'un marbre bleuâtre très-bien travaillé & des tombeaux : à l'orient encore sont des ruines qui portent le même nom : c'est ici que le Sheliff cessant de rouler dans l'enceinte resserrée par les montagnes, arrose & fertilise une grande plaine.

Maniana ou *Maliana* est sur le penchant de montagnes couvertes de noyers : de loin elle semble annoncer une ville remarquable par ses bâtimens ; en y entrant, on ne trouve que de chétives maisons couvertes de tuiles : le *Jibbel Zickar*, autrefois *mons Garaphus*, lui fournit de bonnes eaux; de beaux jardins, des vignes abondantes l'environnent ; un beau pays s'ouvre devant elle ; son saint tutelaire est vénéré des tribus du voisinage qui viennent en baiser la chasse tous les printems. Cette ville a conservé son ancien nom *Malliani* : ses habitans sont presque tous tisserans ou tourneurs.

A trois lieues au nord-est de cette ville sont les *bains de Mereega* ; là était autrefois l'*Aquæ Calidæ Colonia* des anciens. Le plus grand & le plus fréquenté de ces bains, est un bassin de 144 pieds quarrés de surface & de 4 pieds de profondeur ; l'eau y bouillonne & sa chaleur est à peine supportable ; elle passe ensuite dans un bassin destiné pour les Juifs. Tous deux étaient couverts autrefois d'un beau bâtiment, des corridors de pierre régnaient autour des bassins, & aujourd'hui des décombres en remplissent la moitié : on y vient au printems s'y guérir du rhumatisme, de la jaunisse, &c. Plus haut est une source trop chaude pour qu'on puisse s'y baigner : entre cette source & les bains sont les ruines de la ville Romaine ; à quelque distance sont des tombeaux & des cercueils de pierre. Autour est un pays rempli de montagnes escarpées, de vallées profondes dont le passage est difficile ; mais c'est le chemin qui conduit aux magnifiques plaines de *Mettijiah* qu'Abulfeda nomme *Bledeah Kibeerah*, ou le pays vaste. Nous en avons parlé ailleurs. La seule partie qui dépende de cette province en est l'occidentale qu'on nomme *Hadjoute* : on y recueille aussi du chanvre.

Partie du Sahara qui dépend d'Alger.

On le divise en trois parties comme l'Etat même, & chacune de ces parties dépend d'une des trois provinces que nous venons de décrire.

Partie du Sahara qui dépend de la Province du Levant.

Il contient la ville de *Wurglah*, le village d'*Engousah*, & les deux grands districts de *Zaab* & de *Wadreag*, tous situés au midi du *Wed-Adje-dée* autrefois le *Ghir*, ou *Geir*. Ce dernier district & la ville de Wurglah, paient aux Algériens un tribut annuel de 40 esclaves noirs; les autres communautés ne paient rien. Tous les villages ont leurs murs faits de terre détrempée & sont soutenus par des solives de bois de palmiers : cultiver ces arbres, cueillir leurs fruits, c'est là toute l'occupation de leurs habitans.

Le *Wad-reag* renferme 85 villages, rangés du nord-est au sud-ouest : celui de *Majyre* est le plus oriental. *Tum marrah* est après lui le plus considérable, & est situé sur le chemin de *Tuggurt* la capitale, que Leon nomme *Tegort*, qu'il place sur une montagne dont une riviere baigne le pied & se perd après avoir traversé une forèt, tandis que les Arabes disent qu'elle est dans une plaine où ne coule aucune riviere, aucun ruisseau. Ces villages du Wadreag, n'ont ni fontaines, ni sources, mais les habitans creusent des puits à cent & deux cent brasses de profondeur, & ne manquent jamais d'y trouver des eaux abondantes : les premieres couches ne leur présentent que de la terre & du gravier ; puis ils trouvent une pierre argilleuse qui ressemble à l'ardoise & se perce aisément, & qu'ils savent recouvrir leur immense réservoir d'eau souterrain. Dès qu'on a percé cette épaisse couverture, l'eau s'élance au dehors avec rapidité, & suffoque quelquefois ceux qui viennent de lui ouvrir un passage.

A trente lieues au midi de Tuggurt, on trouve le village d'*En-gousah* : autrefois ce district renfermait plusieurs villages, habités par des hommes noirs qui s'enrichissaient par le commerce des agathes que le sol leur fournissait : aujourd'hui En-gousah existe seul.

Wurgláh ou *Guargala* est à cinq lieues au couchant de ce village : c'est une ville commerçante, fameuse, bien peuplée, & la communauté la plus éloignée de la Méditerranée, la plus voisine du Niger, quoique d'autres auteurs placent le village de *Nadrama* plus au midi encore : elle est au delà du 32e. degré de latitude. Tous ces villages sont des *Oasis*, des isles vertes & fertiles, entourées d'un vaste désert : ici habitaient les *Melanogetuliens* ou *Getules noirs*.

Au nord de ce pays est le *Zaab*, le *Zebe* des anciens, qui faisait une partie de la Mauritanie de Stife & de la Getulie : on y voit plusieurs communautés dont chacune forme un village : celle d'*El-Fythe* est la plus orientale.

Occuba, ou *Ocs'ba*, un de ces villages, est remarquable par le tombeau d'un général Arabe, & par celui d'un saint protecteur du lieu nommé *Seedy Lascar*. On dit que la tour qui joint le sanctuaire de Seedy Occba tremble lorsqu'on prononce de certains mots ; le fait serait plus croyable, si l'on parlait de certains sons ; mais la voix humaine ne paraît pas aussi propre à expliquer un fait semblable, que le serait le son d'une cloche.

Lyæna est le plus riche de tous ces villages ; c'est

là que les Arabes indépendants viennent déposer leur argent & leurs effets précieux, parce qu'il est sous la protection des *Welled-Soulah*, tribu nombreuse & guerriere qui a bravé les efforts des Turcs pour les soumettre, & les a toujours repoussé.

Biscara ou *Pescara* est au couchant de *Lyæna*: c'est la capitale ou le chef-lieu du Zaab. Le bei de Constantine y a fait élever un petit fort & y a mis une garnison turque, six pieces de canons & de lourds mousquets montés sur une espèce d'affut: elle fut bâtie par les Romains & détruite par les Arabes qui l'ont rebâtie ; elle eut le nom de *Vescerita* ou *Vescether*: sa population est médiocre: on dit même qu'elle est déserte pendant les chaleurs, parce qu'il naît alors dans ses environs tant de scorpions dangereux que toutes ses maisons en sont infectées. On y afine le salpêtre en filtrant l'eau dans lequel il est dissout. La riviere qui y passe vient du mont Atlas, & se rend dans le Wed-Adje-deé ou la riviere du Chevreau, qui se perd dans le *Mel-gigg* ou *Maljir*, grand marécage salé : cette riviere paraît être le *Jirad* ou *Garrar* d'Albufeda.

Plus au couchant est un amas de villages presqu'entassés les uns près des autres : parmi les villages les plus remarquables sont *Tulgah* nommé aussi *Theolacha*, qui fut une ville autrefois, fermée de murs de terre, & sur les bords d'un ruisseau dont l'eau est chaude: *Daufan* ou *Deussen*, autrefois *Defena*, fut élevée par les Romains, détruite par les Arabes : près du village qui lui a succédé & qui est le plus occidental du Zaab, sont d'antiques sépulcres ; dans ses champs on trouve des médailles & des monnaies Romaines. Le *Bou-me-leah* est un canton de terres labourables : on y recueille des grains

& des racines : sur l'autre bord du Wed-Adjedée sont le *Zouawiah* ou enfans des domestiques de *Sudy Kallet*, prophète révéré, & les *Welled-Jil-leel*, tribu Arabe composée d'hommes exercés & courageux : dans le besoin elle peut fournir mille guerriers. Presque dans tout ce district on mange de la chair de chiens : leurs ancêtres & les Carthaginois même avaient cet usage.

Cette partie du Sahara conserve des vestiges des anciens Romains; tels que des restes de murs & des réservoirs ; car partout où ce peuple voyait couler des ruisseaux dans des terres arides ou marécageuses, ils en revêtissaient les bords de pierres de taille & en pavaient le lit de cailloux.

Le long des confins du Sahara, dans un espace de plus de 15 lieues s'étend la vallée de *Shott*; mot qui exprime le bord d'un lac, d'une plaine alternativement inondée ou couverte de sel. Son terroir est fangeux, resserré entre deux chaines de montagnes : les rivieres y coulent du nord au midi : la principale est l'Iinenne qui y entre, après avoir traversé dix lieues d'une plaine sablonneuse & aride.

Partie du Sahara dépendant de la Province du midi.

Cette partie est couverte de montagnes basses : près de l'Jin-enne & au couchant du Shott, sont les villages du Seedy *Braham Aslemmy* & d'*Adjerass* : le premier n'est habité que par une seule famille. Au midi sont les *Bousaadah*, tribu qui habite différens villages aux pieds des monts *Jibbel Seilah* : le seul aliment de ce peuple sont les dattes.

Douze lieues au sud-ouest de ces montagnes sont les *Theneate-el-Gannim*, ou les rochers des brebis, ou les sept collines : plus au midi sont les éminences & sallines de *Zaggos*, cinq lieues plus au midi est la montagne *Saary*, & à 6 lieues de celle-ci la montagne *Zeckar* : ce pays forme la Getulie montueuse de Strabon. Au levant de Zeckar coule le *Wed-el-Shaier* ou riviere d'orge, qui prend sa source vers un monceau de ruines & se rend dans la vallée de Shott après un cours d'environ 20 lieues. Près de ses bords, au couchant, sont les villages suivans.

Fythe-el-Bothmah est le plus voisin de sa source : l'abondance des therebintes que portent son territoire lui a donné son nom. *Fhyte-el-Botum*, qui est à 7 lieues du premier, signifie l'arbre épais de therebentine. Ces deux villages sont deux stations des *Beni Mezab*, quand ils se rendent à Alger. *Bouferjoune*, situé au-dessous d'une chaîne de collines, est remarquable par les palmiers, les abricotiers, les figuiers & autres arbres qui ombragent ses environs : on y voit de l'autre côté de la riviere d'anciennes ruines nommées *Gahara*. La riviere devient salée au delà de Bouferjoune & en prend le nom de *Mailah* : près de ses rives on voit encore l'*Ain Difla*, source des Oleandres, nom d'un arbrisseau aquatique qui a la feuille du laurier & la fleur en rose, dont le fruit est une sorte d'amande qui est un poison dangereux : plus haut est le mont *Maiherga*, repaire de Léopards, de serpens & d'autres animaux redoutables.

Au midi de Fythe-el-Bothmah, sont les *Malashlah* dont les villages les plus connus sont *Gomra* & *Amoura*; ils sont grands, arrosés par de bonnes eaux & riches en fruits. Plus au couchant, vers la source du Gir, sont ceux d'*Ain Maithie*, de *Dimmidde* & de *Tejemoute* ; tous ont de grands plantages de palmiers, & un grand nombre d'arbres fruitiers.

Entre la riviere Jen-enne & les montagnes des Low-attes & des Ammer, habitent les nombreuses familles de *Maithie*, des *Noïle* & des *Mel-luke*: une partie n'ont pas de demeures fixes.

Les montagnes des *Lowatte* & des *Ammer* paraissent être le mons *Phruræsus* : ces tribus mêmes paraissent être dans le lieu occupé par les anciens Pharusiens, tribu de Getules, & peut-être ils en sont les descendans.

Le pays des *Beni-Mezzab* est à 35 lieues au midi de ces montagnes : ses habitans sont dispersés en petits villages où l'on ne trouve point d'eaux courantes ; on s'y sert de l'eau de puits. Leur chef-lieu est *Gardeiah* située au pied d'une longue chaîne de monts, qui borne le pays au couchant. *Berigan*, est après celle-là, la communauté la plus considérable. *Grarah* est encore une communauté assez étendue. Ce peuple commerce avec les Négres, il ne paie point tribut aux Algériens, & jouit du privilege de leur fournir des bouchers : en général ces Benizab sont plus noirs que les autres Getules, & peuvent être les Melanogetuliens les plus occidentaux. C'est encore les Getules à qui on a donné le nom de *Bereberes*, d'où est venu dit-on le nom de Barbarie.

Partie du Sahara qui dépend de la Province du Couchant.

Elle n'est pas étendue, & elle est moins connue encore que les autres. On y voit d'abord la riviere de *Midroe* qui se rend dans le Sheliff : elle doit son nom à une communauté qui habite près de sa source, & qu'on soupçonne avoir été le *Medianum Castellum* des Romains. *Tuckereah* paraît avoir été leur *Tigava*. *Go-jeeda* est située sur une chaîne de collines qu'on croit être le *mons Malethubalus*. *Nador*, au pied de la même chaîne, mais plus au couchant : cette derniere est une ville considérable des Arabes Getuliens : le *Susellim* passe auprès d'elle & va se perdre à quelque distance dans les sables. Au reste la domination des Algériens sur ces contrées est très-incertaine & précaire : elle se fait peu sentir au delà de ce que les Arabes appellent le *Tell* ou la terre labourable.

On compte le *Tegorarin* ou *Taguriri* parmi les pays qui reconnaissent la domination des Algériens : quelques Géographes le font dépendre de Maroc : on dit qu'il est peuplé de plus de cent villages, qu'on trouve quelquefois de l'or dans ses champs, & qu'il fait un commerce avantageux avec les nègres : la terre y est sablonneuse & aride : on n'y seme ni froment, ni orge ; on y arrose les plantages avec l'eau de puits : le fumier y est d'un grand prix ; la viande y est chere, parce qu'on ne peut y nourrir de troupeaux ; le lait des chevres y est estimé : on y achete de vieux chevaux, de vieux chameaux des Arabes pour en manger la chair : les dattes sont la principale richesse du pays, & delà vient le nom de pays des dattes, dont il fait une partie, ainsi que le Zab, &c.

EMPIRE DE MAROC.

IL comprend la Mauritanie Tangitane, & une partie de la Mauritanie Céfaréenne : c'eſt la partie la plus occidentale de la Barbarie ; il eſt renfermé entre le 7 & le 19 degré de latitude, entre le 28 & le 40 de latitude ſeptentrionale : d'orient en occident il a environ 300 lieues ; du midi au nord il peut en avoir 400 : la méditerranée le limite au nord, l'océan Atlantique au couchant, le Sahara ou déſert au midi, l'Etat d'Alger au levant.

C'eſt la dynaſtie des Marabutts, qui deſcendait d'Africains naturels, qui jetta les fondemens de cet empire : le ſecond de ſes chefs nommé *Youſouf* bâtit Maroc ſur la fin du onzieme ſiecle. Son fils Ali ſe fit aimer par ſa ſageſſe. *Iſhac* ſon petit fils fut le dernier de cette dynaſtie ; il fut détrôné en 1146 par les Almohades, iſſus des premiers Arabes qui conquirent l'Afrique vers le milieu du ſeptieme ſiecle. Ils s'étaient fixés dans les montagnes de Sus, *Abou Abdal Mohammed Mahadi* jetta les fondemens de leur puiſſance, en faiſant l'apôtre fanatique, en reprenant avec aigreur les femmes de l'empereur qui paraiſſaient en public ſans être voilées : il ſe fit chaſſer de Maroc, ſe retira à Sus, & s'y fit proclamer émir par les vagabonds qui le ſuivaient & qui ſe nommaient *Mouaedin*, unitaires, mot dont on forme celui d'*Al-Mohades* : de ſes douze diſciples, le premier, le plus habile fut *Abdoloumen* qui lui ſuccéda. Ce dernier remporta de grandes victoires

victoires fur les Marabutts, s'empara de leurs Etats, fit trancher la tête à Ishac le dernier de leurs princes, soumit les *Senahedgiens*, peuple belliqueux qui habitait dans les montagnes, chassa les Siciliens de la côte de Tripoli où ils s'étaient établis, passa en Espagne, y bâtit Gibraltar, & mourut à Salé après un regne de 33 ans. Son petit fils *Yacoub* lui succéda, & mourut en Espagne où il eut quelques succès : mais son successeur & son fils *Almanzor* y en remporta de plus grands : il soumit le reste des Marabutts qui s'étaient emparés de la plus grande partie du royaume de Tunis, & passa en Espagne où il vainquit les chrétiens dans deux sanglantes batailles : il mourut en 1199, & son frere *Nafer Ledin Allah* lui succéda sans l'égaler. Ses successeurs déchurent toujours davantage jusqu'à *Ouathec-Billah* qui fut détrôné en 1269.

Un nouvel empire se forma; *Abdol Hacq*, de la tribu des Zenetes ou Beni-Merin, en jetta les fondemens : il se forma un petit Etat en 1213, & fut d'abord vassal des Al-Mohades. *Abou-Youfouf* son troisieme fils sécoua leur joug, & les détruisit : il posséda Fez, Maroc, les pays adjacens, & Malaga en Espagne : il mourut en 1286 ; son fils *Aboul Zaradat* fut massacré par ses sujets : ses successeurs ne sont connus que par leurs divisions. *Aboul-Haffan* occupait le trône en 1331, & s'empara des royaumes d'Alger & de Tunis : il mourut en 1351, & après sa mort les divisions recommencerent Cette dynastie fut détruite enfin par les *Oatases*, princes d'Afrique qui regnerent dans ce pays jusqu'à la fin du treizieme siecle. Alors commença le cinquieme empire, celui des sherifs qui subsiste encore aujourd'hui. Ce nom de sherif indique un descen-

Tome X.   X

dant de Mohammed ; c'eſt un titre égal à celui d'émir, à celui de prince : ceux de Maroc ſortent de la Lybie ſeptentrionale. *Moulei-Meherez* détrouſſait les caravannes ; car c'eſt un des moyens de parvenir aux grandeurs : l'empereur de Maroc reprima ſes brigandages & le força de mener une vie privée dans la province de Tafilet : il avait beaucoup d'enfans qui ſe trouvant plus d'ambition que de pouvoir, ſe diſperſerent dans les Etats de Fez & de Maroc, où les Arabes les reçurent avec conſidération ; ils s'y établirent, s'y marierent, & aujourd'hui le pays eſt rempli de leurs deſcendans, tous n'ayant pour richeſſes que le titre de sherifs. L'un d'eux nommé *Mohammed Ben Ahmed* fit le docteur, expliqua l'alcoran, fit préferer un des nombreux interprétes de ce livre à tous les autres, fut traité d'hérétique par ceux qui n'adopterent pas ſa doctrine, & ne les ménagea pas davantage : c'eſt encore là un des moyens des ambitieux Muſulmans pour atteindre à l'autorité, & c'eſt un des plus heureux. Celui-ci paſſa pour magicien : ſes enfans furent d'abord les inſtituteurs de leurs princes, puis ils les détrônerent, & maſſacrerent lâchement l'empereur de Maroc en 1519. *Abdol-Quivir*, l'ainé d'entr'eux, eut en partage le royaume de Tafilet, le ſecond, *Moulei Mohammed*, fut roi de Maroc. *Ahmed* régna à Sus. Ces princes ſe diviſerent, ſe combattirent : tout l'empire, excepté Tafilet, tomba dans les mains du dernier. L'un de ſes deſcendans, *Moula Ahmed* fut détrôné par un uſurpateur qui regna pluſieurs années, & fut chaſſé à ſon tour par *Moula-Sherif*, roi de Tafilet, qui eut, dit-on, quatre-vingt-quatre fils, & cent vingt-quatre filles. Son fils ainé, homme doux & juſte, fut vaincu & détrôné par ſon frere

EMPIRE DE MAROC. 323

Arebi, courageux, adroit, perfide, & d'une férocité inouie : il régna fur les royaumes de Tafilet, de Fez, de Maroc, fur Mikinez, Salé, les Algarves, le pays des Chavarets, la contrée de Haha, la principauté de Sus : il établit une police févere dans les villes, & mourut dans la force de l'âge d'une chûte de cheval. Deux de fes freres, fon neveu, fe partagerent fes Etats, que bientôt ils fe difputerent & s'arracherent. Prefque tout l'empire fut foumis à Moulei Ifmael, homme qui joignait une cruauté barbare à de grandes qualités : fon regne fut long, & toujours agité par des confpirations & par des guerres inteftines : fa fermeté le fit triompher, & il mourut paifiblement en 1727; ceux qui lui fuccederent ont peu régné, ils ont été détrônés par des factions, & le dernier détrôné en 1735, fut rétabli cinq ans après.

Cet empire eft compofé des royaumes de Fez, de Maroc, de Sus & de Tafilet. Son chef prend le titre d'empereur d'Afrique, roi des quatre royaumes que nous venons de nommer, feigneur de Gago, de Dahra & de Guinée, grand sherif du prophète, &c. Sa volonté fait une loi facrée, quand le chef de la religion ne s'y oppofe pas, & auffi longtems que fon caprice ne la détruit pas : ce chef ou Moufti crée fes officiers eccléfiaftiques, il les établit, mais ne peut les dépoffeder de leurs charges. Le prince n'a ni cour, ni confeil, ni miniftre proprement dit, fes fujets ne peuvent fortir de fes Etats, fous peine de la vie. Ses revenus font grands : il n'a pas de domaines particuliers, tout l'empire eft fon domaine : fes Etats font gouvernés par des *Kaïdes* ou *Al Faquis* à qui il abandonne les revenus de leurs gouvernemens, & en reçoit annuellement des sommes considérables ; ce sont proprement des fermiers : lorsqu'ils meurent, il s'empare de leurs biens, donne des charges civiles ou militaires aux fils en état de les exercer, fait élever ceux qui sont encore dans l'enfance, marie leurs filles ; & parce qu'il hérite de ses officiers, il les choisit ordinairement parmi les riches pour mettre sous sa main un héritage qui lui échapperait, s'il n'employait ce moyen. Aussi ceux qui ont des richesses les cachent avec soin, & se tiennent loin du prince autant qu'ils le peuvent.

Ses revenus consistent principalement en une capitation générale : toutes les personnes des deux sexes, depuis l'âge de douze ans & au dessus, lui doivent annuellement 113 francs par tête : chaque foier donne autant : la moitié des légumes & des grains qu'on recueille ; le dixieme de la totalité des grains, & le dixieme encore du reste ; il prend encore ces deux dixiemes sur tous les bestiaux qu'on exporte, & le vingtieme de ceux qui restent, si le troupeau n'excede pas cent pieces : s'il va au-delà, il en prend le dixieme. Il reçoit les premices de tous les fruits : il prélève le dixieme de ceux que les montagnards recueillent, parce qu'il leur accorde la permission de cultiver les champs qui sont au pied de leurs montagnes : chaque sac de graine qu'on reduit en farine lui doit environ seize sols : ces impôts ne sont pas les seuls, & il y a encore des douanes, des péages considérables ; les Juifs lui doivent vingt francs par tête dès l'âge de treize ans : les marchands chrétiens achetent aussi chérement le droit de commerce, & celui de faire entrer des marchandises étrangères : les Français, les Anglais, les Hollandais trafiquent beaucoup dans cet Etat ; ils y apportent des draps & autres marchandises de leur fabrique ; ils les échangent contre des cuirs, du pastel, du sucre, de l'huile, de l'or & de la cire : ils ont des consuls dans quelques-unes de ses villes.

Les habitans sont ordinairement robustes & bien faits : ils sont mélancoliques, coleres, vindicatifs ; ils ont de l'imagination, mais perdent leur vivacité, leur génie dès l'âge de vingt ans : dans l'âge mûr ils deviennent presque stupides : en général ils aiment le commerce, la guerre, les arts ; la magie est chez eux comme chez tous les peuples ignorans, & qui ne croyent pas l'être, la premiere, la plus importante des sciences. Ils parlent trois sortes de langues : le *more* est l'ancienne langue des Africains, corrompue par un mélange d'Arabe ; l'*Arabe* qui n'est pas pur dans sa prononciation ; le *Gemique* qui est un mélange de ces langues avec le plus grand nombre de mots Espagnols & Portugais. Vers le mont Atlas on trouve des peuplades composées d'hommes blancs qui se disent issus des chrétiens, & parlent un jargon nommé *Tamacete* qui, dit-on, ne peut se mettre par écrit.

Le Mahométisme est la religion des habitans ; mais elle differe en quelques points de la doctrine des Turcs : ils soutiennent que les décisions des premiers califes, celles des interpretes de la loi ne sont que des traditions, qui n'ont ni force, ni autorité ; que le seul interprete qu'on puisse admettre, le seul qui soit fidele & sûr, est celui qu'ils réverent & qu'ils nomment *Esurcan*. Ils ont aussi quelques usages différens des Turcs : ceux-ci par exemple, interdisent l'entrée de leurs mosquées à ceux qui ne sont pas Musulmans, & eux permettent aux Juifs, aux Chrétiens, d'affifter à leurs cérémonies, leurs affemblées, leurs folemnités : ces petites différences font qu'ils déteftent les Turcs, & les traitent comme ceux qui ne font pas de leur religion. Ils ont les mêmes fêtes : dans celle de pâque, le fcherif fe promene à cheval fuivi de fes principaux officiers, au fon des inftrumens de guerre, avec beaucoup de pompe & de magnificence. Dès qu'il eft arrivé à une place défignée dehors la ville, on lui préfente deux beliers, autour defquels on fait divers mouvemens prefcrits par l'ufage & la fuperftition ; plus il leur donne un coup de couteau dans la gorge : s'ils en meurent en peu de tems, on s'en félicite ; s'ils vivent encore longtems après, c'eft un figne de calamité pour l'année qui doit fuivre.

Les mœurs, les coutumes different dans les divers royaumes qui compofent cet empire : les productions y font en général les mêmes que dans toute la Barbarie, & s'il y a quelque diférence, c'eft dans la defcription de chacun de ces royaumes que nous en ferons mention : difons feulement que le fol y eft prefque partout entrecoupé de plaines & de montagnes ; que fa fertilité eft très-grande, puifqu'il fournit trois recoltes de productions différentes chaque année, & peut produire. difent quelques exagérateurs, cent fois plus que les habitans ne peuvent confommer : il eft vrai que la plus grande partie des terres y demeurent incultés. On n'y permet pas l'exportation du bled, & l'on en conferve dans des fouterrains affez pour nourrir le peuple pendant cinq ans. Il eft riche en vin, en miel, en cire, en laine, en coton, en gingembre, en fucre, en indigo, &c. Les vallées

& les pentes des montagnes sont abondantes en fruits, les montagnes sont la plupart couvertes d'arbres, de pâturages, & recélent des mines de cuivre & d'argent; mais l'or n'y est commun que parce qu'on l'y apporte du Tombat. On trouve dans les diverses parties de cet empire, des *Bereberes* qu'on croit être les anciens habitans du pays; ils habitent les montagnes, forment des peuplades différentes, vivent sous des huttes, & n'ont jamais entierement été subjugués : ils conservent leurs coutumes & même leur langue qu'on soupçonne la même que celle des Carthaginois. Les Arabes y sont aussi répandus, & ont conservé leur langue comme eux : ce sont des descendans des conquerans de l'Espagne qui aujourd'hui vivent sous des tentes, & errent en différens cantons, divisés par races, dont chacune forment divers adouars ou camps, composés de quarante ou cinquante tentes, disposées en rond, où ils rassemblent leurs femmes, leurs enfans, leurs bestiaux, & qu'ils transportent dans un autre lieu, quand ils ont consommé les productions de celui où ils les avaient élevées : chaque adouar est présidé par les plus anciens des hommes qu'il renferme : ce sont tous d'excellens hommes de cheval, & le corps de cavalerie qu'ils fournissent à l'empereur lorsqu'il le demande, est la force de son armée.

Les négres sont en grand nombre dans le pays : Mulei Ismael qui les aimait, les y a attirés : les renégats n'y sont pas nombreux, mais on dit qu'ils surpassent en méchanceté ceux d'Alger, peut-être parce qu'ils y sont bien moins estimés. Les esclaves chrétiens y sont aussi plus malheureux; leurs travaux y sont accablans & continus, ils sont mal nourris : souvent on les accouple à des charettes avec des ânes & des mulets : la nuit on les descend dans des souterrains qu'on recouvre d'une trape de fer.

DU ROYAUME DE FEZ.

IL forme la partie orientale de la Mauritanie Tangitane ou de l'*El-Garbe* : à l'orient il touche à l'Etat d'Alger, au nord à la méditerranée, au couchant à l'océan, au midi aux royaumes de Maroc, & de Segelmesse. Il y a 90 lieues de long, 80 de large. Le sol y est montueux, mais fertile. Il est peuplé ; le peuple s'y nourrit assez bien, parce que le terroir y produit abondamment toutes sortes de grains & de fruits, surtout des figues, des olives, des amandes, des raisins très-gros ; le lin, le coton y sont communs ; les chevaux, les chameaux, les bœufs, les brebis, les chevres, les lievres y sont nombreux : les cigognes y arrivent en grands vols, au mois de fevrier, & le peuple les venere.

Mais tout le pays n'est pas également bon : au couchant du vieux Fez, il est un espace long de 15 lieues sur la moitié de large où le sol est plein de sources qui forment beaucoup de marais, & rendent l'air humide & mal-sain : ses habitans sont jaunâtres, languissans, travaillés d'une fievre qui les ronge. Presque partout, on cultive beaucoup de légumes : les montagnes sont abondantes en gibier ; les forêts en bêtes féroces : c'est-là qu'on trouve les lions les plus cruels, les plus redoutables de l'Afrique : on les prend quelquefois dans une espece de grande souriciere. Le *Faadh* qui ressemble au léopard, le *dubbah* qui paraît être l'hyenne des anciens, n'y sont pas rares.

L'homme du peuple y est vêtu d'une casaque & d'un manteau : sur sa tête est un simple bonnet ; l'homme qui s'en distingue, porte de plus une chemise & une espece de brandebourg d'argent : son turban est semblable à un bonnet de nuit envoloppé d'un bandeau qui fait deux tours par dessous le menton : tous ne portent point ni bas ni caleçons ; à cheval pendant l'hiver ils portent des bottes. Les femmes en été n'ont qu'une chemise : en hiver elles ont un habit à manches larges, fermé par devant : lorsqu'elles sortent, elles ont un masque sur les yeux, & un voile qui leur couvre tout le corps : les riches ont des pendans d'oreille d'or avec des pierres précieuses, des bracelets, & des chaînes d'or ou d'argent aux jambes : plusieurs portent des pantoufles brodées.

Les Arabes sont enveloppés d'une piece de bouracan, & couverts d'un bonnet rouge. Plusieurs n'ont qu'une ceinture qui leur descend jusqu'aux genoux : leurs émirs sont habillés à la turque : leur turban est petit & pointu : ceux qui paient le tribut sont au nombre de 3000 mille, & ils ne le doivent qu'à l'âge de 15 ans. Les Juifs y sont, dit-on, au nombre de 800,000, plusieurs sont orfevres.

On voit dans ce pays trois sortes de nobles : les uns le sont par leurs ancêtres, les autres par leurs offices, les troisiemes par leurs richesses : tous jouissent des mêmes privileges, portent les mêmes marques de dignité, qui sont une espece particuliere de mules : cet honneur les oblige à prendre des charges, & à suivre le prince à la guerre.

Les rivieres qui arrosent ce royaume sont le *Buregreg*, autrefois *Sala*, qui nait au pied de l'Atlas, arrose diverses vallées, traverse des forêts, s'étend dans une plaine, & se perd dans l'océan : le *Subu*, jadis *Suber*, prend sa source dans le mont *Selego* : son cours est d'une rapidité effrayante, & emporte avec lui des pierres qui pesent cent livres : on le traverse sur un pont long de 150 toises : après avoir serpenté autour de diverses montagnes, se grossissant de rivieres & de torrens ; il arrive dans la plaine, passe près de Fez, arrose la province d'Azgar, & coule près de Mahmore où il se perd dans l'océan : le *Lycus*, aujourd'hui *Ebmazassen*, traverse les provinces de Habat & de Azgar, se sépare en deux branches pour former une île dans laquelle Gezir ou *Larache* est située. Le *Guir* nommé par Ptolemée *Dyos* sort des monts de Temesne, & se perd encore dans l'océan ; la méditerranée reçoit le *Gomere*, le *Cherzer*, le *Nocor*, le *Melulo* qui sort de l'Atlas, traverse des déserts, & se perd dans le *Mulucan*, grand fleuve qui nait dans la montagne, court rapidement au travers des déserts, baigne le pied de monts habités par les Zenetes, & se perd dans la mer près de Caçaça : la *Muluie* ou *Maluya* ou *Malva* qui séparait autrefois ce pays de celui d'Alger, & qui nait aussi dans l'Atlas ou dans le Sahara ; elle est grande & profonde : elle fut navigable pour les grands vaisseaux, & il serait facile de la rendre telle encore.

On divise ce royaume en sept provinces qui sont celles de *Fez*, d'*Hasat*, d'*Azgar*, d'*Errif* ou *Riffe*, de *Chaus* ou *Cust*, de *Garet* & de *Temesna*.

DU ROYAUME DE FEZ.

I. *Province de Garet ou d'Alcalaya.*

C'eſt la plus orientale : la plus grande partie eſt fertile : ſes montagnes ſont bien peuplées, comme celle de *Mequed Huan*, où l'on a compté ſoixante & douze villages, celle de *Beni-ſabid* qui a douze lieues de long, eſt abondante en pâturages, en orge, en miel, & où l'on a compté 182 villages : celle de *Beni tenſir* a 15 lieues de long, nourrit de beaux chevaux, & touche vers le midi à celle d'*Asgangan*, qui eſt riche en orge, en pâturages, en mines de fer, & s'étend juſqu'aux déſerts de la province qui ont auſſi le nom d'*Anggadd* : ces déſerts ſont cependant habités par une tribu nombreuſe d'hommes guerriers qui dévaſtent les terres de leurs voiſins, & entretiennent de grands troupeaux de bétail : au nord de ces déſerts habitent les *Jeſnetes* ou *Zeneſſels*, tribu puiſſante de Cabyles qu'on n'a pu forcer encore à paier le tribut ; leur ſituation avantageuſe a aidé leur courage ; ils occupent le ſol cultivé autrefois par les *Herpiditanes*. Parcourons les villes de cette province.

Wooje da eſt une ville ancienne qui eut le nom de *Guagida* : elle eſt ſur les frontieres de la province, à trente lieues de la méditerranée, dans une vaſte plaine, près du déſert d'Anggadd : ſes campagnes ſont fertiles, & une petite riviere l'arroſe.

El-Joube, vaſte château où l'on tient mille hommes en garniſon, chargés de veiller ſur les courſes des *Anggadd*, & de les reprimer ; ſon nom ſignifie les citernes : *Mullooïa* eſt encore un château bien fortifié ſur la riviere de ce nom ; une garniſon auſſi forte y eſt entretenue.

Mai-ſeerda, village bâti de terre, de pierres & de

bois : on croit que c'est la *Lemnis* des anciens : près de lui est une rade commode. *Seedy-Abdel moumem*, village célèbre par le tombeau d'un Marab-butt, il a une rade fréquentée par les barques.

Tezout, *Teſſot*, est, dit-on, la capitale, parce que le kaïde y réside : elle est bâtie sur un grand roc, & l'on n'y arrive que par un chemin qui tourne autour comme une vis.

Mellile, anciennement *Ruſadir*, *Ryſſadium*, fut autrefois la capitale de la province : elle a un bon port, une citadelle fortifiée avec soin, & appartient aux Espagnols qui y ont une forte garnison : son nom vient, dit-on, de l'abondance du miel qui se trouve aux environs : à quelque distance est le cap *Tres-forcas*, autrefois le promontoire de Ruſadir. Le long de la côte sont diverses îles qui servent d'abri aux vaisseaux : la plus grande partie est connue sous le nom d'*Abuſam*.

Caſaſa ou *Caçaça*, ville qui a un port excellent environné de rochers. Ferdinand V la prit aux Maures qui l'ont reprise.

On place à trois lieues de la mer, sur un mont, une ville à laquelle on donne le nom de *Meggeo* : au bas du mont est une plaine abondante en grains.

II. *Province d'Erriff.*

Elle est au couchant de celle dont nous venons de parler : elle est remplie de montagnes difficiles & froides, ombragées par d'épaisses forêts dont les arbres sont très-élevés ; mais elle rapporte peu de fromens ; l'orge, l'avoine y réussissent : les raisins, les figues, les olives, les amandes y sont communes : les bêtes féroces y sont rares ; mais les chèvres, les anes, les finges y font fort nombreux : les eaux y font abondantes, mais il en eſt peu de pures ; la plupart font bourbeuſes, ou ameres, où impregnées des mineraux : preſque tous les habitans ont le goëtre ; en général ils font laids, ignorans, groſſiers, mais bons foldats ; ils aiment les boiſſons fortes, leurs alimens font fimples & communs. Les uns font Arabes, les autres Bereberes : les rivieres y font poiſſonneuſes. Parmi fes montagnes nous remarquerons *Beni-Manſor* longue de 20 lieues, large de 7, habitée par un grand nombre d'hommes qui vivent d'oignons, d'aulx, de raiſins, de harengs, de pain d'avoine & de bled noir, fous des cabanes de branches d'arbres, couvertes de paille ou d'écorce. *Bucchia*, ou *Butoya* qui a fix lieues de long, quatre de large & nourrit beaucoup de chevaux ; *Beni - Chelid* ou *Guelid* où font diſperſés foixante villages, & où l'on peut armer 6000 hommes : *Beni - Zarval* voiſine de la mer, où l'on nourrit de grands troupeaux de boucs & de chèvres, & où l'on peut raſſembler 1000 hommes portant les armes : *Beni-Gébura* qui eſt haute & touffue, d'où deſcend une multitude de ruiſſeaux & où l'on élève des bœufs qui ne font pas plus grands que des veaux. Le mont *Alcaï* eſt haut, eſcarpé, & produit des coins odoriférans & de belles figues. *Beni Guazeval* a 15 lieues de long, 8 de large, eſt formé de trois montagnes qui fe touchent, & abondent en oliviers : on y voit une ville, 120 villages & on y compte 25000 habitans. *Beni-guriachil* où l'on compte 60 villages, & au pied de laquelle font des plaines agréables qui s'étendent juſqu'aux environs de Fez, arrosée par la riviere de Guarga : les autres sont moins considérables.

Les villes en sont peu connues. *Targa*, bâtie par les Goths n'est qu'une bourgade, elle est sur une langue de terre étroite, & paraît être le *Tæria longa* des anciens. *Telles* a un petit port, mais le fond en est bon, & il est à l'abri des vents. *Velez de la Gomera*, située sur la riviere de Gomera, est la principale ville de la province : il semble qu'on l'appelle aussi *Bedis* : elle est entre de hautes montagnes ; a une citadelle, un port, un arsenal où l'on fabrique des galeres : elle pourrait être l'ancien *Parietina*. Près delà est *Pignon de Velez*, forteresse des Espagnols, bâtie sur un roc, dans une isle qu'un petit canal qui lui sert de port, sépare du continent; elle est hérissée de fortins qui joints à sa situation, la rendent presque imprenable. *Mesemma* ou *Bouzemma* est située sur une petite montagne qui domine une plaine longue de 9 lieues, large de trois, traversée par le Nocor : cette ville n'est plus habitée que par quelques Arabes. *Tagasa*, qu'on croit la *Thalude* de Ptolomée, peut-être sur la faible ressemblance des noms, est une petite ville au bord d'une riviere, à 3 lieues de la mer. *Sensaon* donne son nom à la montagne sur laquelle elle est placée : quelques cartes, celle du détroit de Gibraltar par Weidler, nomment une ville de *Riffi*, située au bord de la mer.

III. *Province de Hasbat* ou *Elhabad*.

C'est une espèce de presqu'isle, pressée d'un côté par la Méditerranée & l'Errif, de l'autre par l'Océan & l'Azgar; elle est bornée au nord par le détroit de Gilbraltar ou *Khalig'alSebthad*. Les Romains & les Goths y avaient établis autrefois des colonies puissantes ; les plaines en sont arrosées d'un grand nombre de rivieres qui aident à leur fertilité : les unes sont couvertes de jardins ou d'arbres à fruits ; les autres le sont de champs qui rapportent beaucoup de grains, ou de lin : il en est qui offrent de riches pâturages. Ses montagnes les plus remarquables sont, *Rahone* ou *Arahone*, qui a dix lieues de long, quatre de large, & produit une multitude de raisins rouges & blancs: *Beni-Aros* qui a 7 lieues de long & renferme des villages qui seraient plus peuplés si l'on n'y craignait les incursions des chrétiens : le mont *Chebib* ou *Tetliz* qui a 6 ou 7 bourgades fermées de murailles. *Benigurdarfeth* qui est couverte de bouis dont on fait de bons peignes. Les habitans des montagnes y sont comme ailleurs, plus robustes & plus indociles que ceux des plaines ; on les nomme *Gomeres*. Suivons d'abord les bords de la mer pour en décrire les villes.

Tetuan, *Tettegen*, ou plutôt *Tetewen*, autrefois peut-être, *Jagath*, est une ville agréable, s'étendant en longueur, au bord d'un fleuve qui près delà se jette dans la mer. Ses maisons sont assez bien bâties, ses environs sont rians ; c'est dommage que des corsaires l'habitent. On y compte 5000 Juifs, que la persécution a chassé de l'Espagne.

Ceuta, *Sebtah* est située sur le mont Abyla, & n'est séparée de l'Espagne à qui elle appartient, que par un détroit large de 5 lieues : les Maures l'ont assiégée pendant 26 ans & n'ont pu la prendre : c'est l'ancienne *Septum* ou *Septa* dont il est parlé dans Procope & dans le code Théodosien : au dehors est une colline élevée qu'on nomme *Vinmone*, parce qu'elle est couverte de vignes ; mais les champs qui l'environnent font prefque ftériles. On dit que l'Abyla eft divifé en fept coupeaux ; mais il eft un mont diftinct de ces coupeaux nommés jadis *Septem fratres*, aujourd'hui *Gabel mouza*.

Cofa-Ezzachir ou *Alcacer*, ville bâtie par le calife Almanfor : les Efpagnols la prirent en 1448 & ne l'ont pas gardée.

Tanger, *Tinja*, *Tangiah*, autrefois *Tingis*, fut jadis la capitale du pays & a été bâtie par les Romains : elle eft à l'entrée du détroit ; les Portugais s'en emparerent en 1471, & la donnerent pour dot de l'infante de Portugal à Charles II roi d'Angleterre, qui laffé des dépenfes qu'elle lui caufait & qu'il aimait mieux faire pour d'autres objets, la rafa & l'abandonna : l'ancienne ville était à la droite de l'anfe dont elle occupe la rive gauche : fon territoire eft fablonneux ; on y a planté des vignobles ; de petites vallées voifines font arrofées par des torrens, & abondantes en citrons, limons & autres fruits. A une lieue de la ville il y a de bonnes falines.

On nomme *Spartel* le cap qui fépare le détroit du rivage de l'Océan Atlantique, peut-être parce qu'il fépare l'un de l'autre : les Grecs lui donnaient le nom d'*Ampelufia*, parce qu'on y voyait des vignobles ; par la même raifon les Phéniciens l'appellaient *Cotes*. Ce canton de l'Afrique eft remarquable par la beauté des raifins qu'il produit. *Almadronis* eft un village.

Arzeyla, *Arzilla*, autrefois *Zilis*, fut bâtie par les Romains, faccagée par les Goths, prife, défendue, puis abandonnée par les Portugais : elle eft fur les bords

bords de l'Océan & de la riviere d'Alcharab : les murs qui la ceignaient font tombés en ruines : fes habitans vivent de la pêche & de la culture du tabac.

Ezagen, ville fur le penchant d'une montagne, près de laquelle coule le Guarga qui fe joint à quelque diftance au Subu : fes environs font arrofés par une multitude de fontaines : fon territoire eft très-étendu.

Beni-teude ou *teced*, ville qui fut autrefois très-grande, mais que les guerres ont ruinée : autour d'elle font des jardins : les uns la croient bâtie fur les ruines de *Babba*, ville dont parle Ptolomée, & qui eft la *Julia Campeſtris* de Pline : d'autres placent cette place antique dans un lieu planté d'orangers, & que pour cette raifon on appelle *Naranja*.

Mergo eft déferte & n'a plus que des infcriptions : on y croit voir les ruines de *Tocolofide*.

Tanfor, *Tebart* autrefois *Trifide*, eft entourée de campagnes riches en grains & en fruits, abondantes en bétail : fes habitans font groffiers : *Agle*, *Aguila* eft ceinte d'un bon mur, eft riche en bétail, furtout en bœufs, & on y voit des lions, qui, dit-on, fuient au cri d'une femme ou d'un enfant. *Homam* a été détruite : elle était fur un côteau, près d'une riviere, dans des campagnes abondantes en lin.

IV. *Province d'Azgar.*

Elle n'eft pas d'une grande étendue ; mais le climat y eft doux, l'air fain, le fol très-fertile : on y recueille beaucoup de grains & nourrit beaucoup de chevaux : les Arabes s'y appliquent à l'agriculture : les autres habitans éprouvent l'effet de la beauté du climat ; ils font doux, simples & bons. Les guerres ont détruit la plupart de ses villes. Quelques Géographes la réuniffent à celle d'Hasbal, & appellent les deux enfemble *Algarbe*.

Larache, *Elharaïs* ou *Araïs* eft l'ancienne *Lixas*, ou *Linx* dont la tradition fait la demeure d'Antée vaincu par Hercule, ou la demeure des Hefperides. Elle fut livrée aux Efpagnols en 1610, les Maures la reprirent en 1681 ; elle a un bon port, un château la défend : il y a de jolies maifons bâties jadis par les Chrétiens, habitées aujourd'hui par des corfaires : d'un côté elle a le fleuve Lucos dont l'embouchure eft fort profonde, & où l'on pêche beaucoup d'anguilles ; de l'autre elle eft baignée par la mer : fes environs font un terroir maigre où profpere le cotonier.

Cafar-el-Cabir ou *Alcaçar-el-Quivir*, ville dont le nom fignifie un grand palais, eft près des rives du Lucos qui l'inonde quelquefois : on y compte plus de mille maifons, plufieurs mofquées & d'autres édifices. C'eft près d'elle que le roi Sebaftien combattit en 1578, & difparut. Autour d'elle les champs rendent le trente pour un.

Elgiumba ou *Gemaa-el-Carvax*, petite ville qui tombe en ruines, mais fituée près de la petite riviere d'Ergile, dans une plaine dont la fertilité eft extraordinaire.

Province de Fez.

Cette province s'étend des bords de l'Océan jufqu'à la province de Chaul qui la borne à l'Orient, comme elle l'eft au midi par celle de *Temefna*. Elle est fertile en fruits & en légumes : on y éleve des troupeaux nombreux de brebis, de chameaux & de bœufs ; les chevaux y sont aussi communs. Les forêts qui couvrent ses montagnes sont les repaires des lions les plus féroces de l'Afrique ; ceux des plaines sont moins courageux & moins cruels. Parmi ses montagnes, on remarque celle de *Zalagh* longue de 6 lieues, couverte de vignes au midi, touchant d'un côté au fleuve Sebu, de l'autre à la plaine où Fez est bâtie, & où est la ville de *Lampte* : celle de *Zarhon* ou *Zarabanum*, qui est longue de 10 lieues, qui renferme 40 bourgades peuplées & ombragées d'oliviers : sur son sommet fut la ville de Titulit, autrefois la plus considérable de la province, mais ruinée par un prince de la maison des Almoravides : on n'y voit plus que quelques maisons & une mosquée : là aussi est *Elcasar Faron* ou *Cazan Zarabanum*, ville arrosée par deux rivieres ombragées d'oliviers, & qu'habitent des Bereberes, elle fut détruite par le même prince, mais elle est devenue un marché fréquenté : *Dar-El-Hamere*, & *Maguile* sont existantes & sur la même montagne : ses habitans ont à redouter les lions qui ont des repaires dans leur voisinage. Le mont *Guerygure* est voisin de l'Atlas, entre les plaines d'*Ecais* & d'*Adhasen* ; il est peuplé, & la riviere Aguber en sort. La plaine d'*Ecais* renferme un grand nombre de bourgades peuplées, ce sont les Arabes & les Bereberes qui la cultivent.

Mamobre ou *Mahamore* la vieille & la nouvelle ; toutes deux presque ruinées : la premiere est située où fut autrefois *Banasa* ville dont parle Ptolemée ; la nouvelle a un bon port, & un château pour le défendre ; les Espagnols la posséderent, des corsaires l'habitent : son territoire est ombragé par des chênes : les pâturages y sont abondans & de nombreux troupeaux s'y engraissent : on n'y trouve ni cerises, ni poires, ni pommes ; mais il rapporte une multitude d'oranges, de citrons, de figues & de dattes : les chevaux y sont maigres ; les lions redoutables : des cavernes creusées dans la terre y donnent du miel que les abeilles y amassent, & on y cultive la canne à sucre.

Salé autrefois *Sala* & *Sella* est située au bord de la mer, dans le lieu où le Burregreg ou Burggrag se jette dans la mer : de l'autre côté du fleuve est le nouveau Salé : le premier est bâti en quarré, le second en quarré long : un troisieme quartier nommé *Rabat* est séparé de la mer par le second qui est le plus beau, le mieux peuplé, défendu par des rochers vers la mer, par un double mur vers la terre : des tours, des boulevards ronds de terre grasse environnent le vieux Salé : dans tous les quartiers les maisons sont bâties à l'antique : leurs murs sont de terre grasse, elles n'ont qu'un étage, point de fenêtres sur la rue, mais toutes les chambres aboutissent à un centre commun qui est un espace découvert par lequel elles reçoivent le jour : autour sont des galeries, & l'on peut se promener sur leur toît : le port formé par la riviere est large à son entrée, mais il manque de fond. Cette ville est la derniere place maritime où les Romains ont étendu leur puissance : on y fabrique des cuirs : le terroir de ses environs est rougeâtre & ne produit que du millet : on y trouve beaucoup de scorpions.

Mequinez, *Mikenez* ou plutôt *Meknez*, ville ancienne à 5 lieues de l'Atlas, dans une vallée,

DU ROYAUME DE FEZ.

près d'un fleuve. Elle fut la résidence des derniers empereurs de Maroc, parce que l'air y est plus sain qu'à Fez. Moulei Ismaël y a bâti un palais & trois férails, dont l'aspect est agréable par la multitude de leurs tours & de leurs pavillons couverts de tuiles proprement vernies ; leur enceinte occupe la moitié de la ville qui renferme 300000 habitans, de belles mosquées, trois colleges, douze maisons à bains, des rues fort larges, mais sans pavé, remplies de boue en hiver, de poussiere en été ; un canal commode rempli par l'eau d'une source abondante, qui naît à peu de distance de la ville : ses environs sont féconds en excellens fruits, comme des coins, des grenades, des prunes blanches, des prunes de Damas, des figues, des raisins, des olives : on y recueille aussi beaucoup de lin. Les esclaves chrétiens sont gardés dans des souterrains qui forment un quartier séparé, & ils y sont traités durement. La ville des Noirs touche à Meknez & n'est guere moins étendue : ses habitans sont bons hommes de cheval.

Tifelselt, petite ville ruinée qu'on croit la *Tamusige* de Ptolomée, & qui est dans une vallée à trois lieues de l'océan : ses masures servent de retraite aux Arabes : celles de *Gemaa-el-Hamem* ne servent qu'au même usage. *Hamir-Metagare* fut détruite de même, mais rebâtie par les Maures Grenadins.

Beni-Baçil, ville rebâtie par les Maures, sur le bord de la riviere de Nye. *Gualili* conserve des vestiges d'antiquités qui la font reconnaître pour la *Volubilis* des anciens.

Halvan ou *Chaulan*, grande bourgade près de la riviere Subu & de Fez : il y a des bains fréquentés.

Fez, mot qui, dit-on, signifie de l'or, & qui fut donné à cette capitale, parce qu'on trouva de ce métal en creusant ses fondemens. Les Arabes la nomment *Fas* ou *Fes*. Cette ville, située sur la pente de deux montagnes séparées par la rivière de ce nom, est une des plus grandes villes de l'Afrique : on la divise en *Fez-Bélé* ou la vieille, & en *Fez-Gelide* ou la Neuve ; toutes deux formant deux villes distinctes, & l'on peut considérer la derniere comme la citadelle de l'autre. La vieille Fez fut bâtie au commencement du neuvieme siecle par *Edris*, prince Arabe, fondateur de cet Etat : elle a environ quatre lieues de circuit ; mais ses jardins occupent la plus grande partie de cet espace. Ses maisons mesquines au dehors, sont propres au dedans : ses rues sont étroites, & se ferment la nuit par des barrieres. On y compte douze quartiers, soixante-deux places de marchés, enrichies de belles boutiques ; quatre-vingt-six portes, 200 grandes rues, 5 à 600 mosquées, dont 50 sont remarquables par leur magnificence, plus de 200 ponts sur les canaux que forme la riviere, & qui emmenent tous ses immondices, & 86 fontaines publiques. La riviere s'y divise en six branches qui font tourner 366 moulins, & donnent de l'eau à autant d'étuves. La grande mosquée, nommée *Caruven*, a demi lieue de tour, 30 portails d'une grandeur étonnante, une tour très-haute soutenue par 50 colonnes, 400 cuves pour se purifier avant que d'y entrer, plusieurs galeries, plus de 900 arcades avec des colonnes de marbre, & chacune éclairée par une lampe qui brule durant la nuit : on comprend dans son enceinte un college & des caravanserais : c'est la plus belle mosquée de l'Afrique, & la plus riche, puisqu'elle a 800000 ducats de revenus: une cour pavée en mosaïque, ornée de douze bassins de jaspe l'entourent. C'est autour d'elle que sont rassemblées les boutiques des marchands qui demeurent ailleurs. La ville est environnée de jardins & de marais cultivés qui lui procurent abondamment des légumes & des fruits: elle n'a de défense que deux anciens châteaux & quelques bastions sans artillerie, & tombant en ruines. Ses habitans sont fiers & peu endurans: on y trouve des Turcs, des Tartares, des Persans, des Maures, des Grecs, des Français, des Anglais, des Hollandais. Au dehors sont 32 fauxbourgs. La Fez Gelide ou la nouvelle, fut fondée par un roi de Maroc qui assiégeait l'ancienne éloignée de 1200 pas, vers la fin du treizieme siecle: elle est ceinte d'un double mur: le scherif Arehi y a fait construire un vaste palais, dont l'espace comprend le tiers de la ville: la grande mosquée est magnifique; l'eau y est amenée par une machine hydraulique qui l'élève au dessus des murs d'où elle tombe dans la ville. Les Juifs y occupent un quartier séparé & y sont au nombre de dix mille. La longitude de Fez est de 12 deg., sa latitude de 33 deg.

VI. *Province de Chauf ou Cuft.*

C'est la plus étendue & la plus orientale du royaume, mais non la plus riche; la plus grande partie en est pierreuse & stérile: on y voit une plaine longue de 14 lieues, large de 10, & un grand nombre de montagnes: celle de *Matgare* est escarpée, fertile, couverte de bois, remplie de bêtes fauves & de chèvres : le mont *Cavata* est aussi escarpé, a 50 villages, deux belles sources qui forment deux rivieres, beaucoup de singes & de léopards : le mont *Miatbir* ou la montagne de cent puits, a sur son sommet d'antiques bâtimens près desquels est un puit sec, si profond qu'on n'a pu, dit-on, encore en trouver le fond : le mont *Cunaigelgherben* n'a ni villes, ni villages, parce qu'il est froid, plein de forêts qui recelent beaucoup de lions & de léopards, & que le vent du nord y accumule des monceaux de neige. Son nom lui vient d'un roc où nichent les corbeaux & les corneilles. Le mont *Beniguertenaz* rapporte du lin, du bled, des olives, des citrons & des coins : celui de *Benijechfeten* rapporte sur sa pente une espèce de millet dont on fait du pain, & à son pied sont de beaux jardins qui fournissent des raisins, des dattes, des pêches qu'on séche & conserve toute l'année. *Beni-Yasga* nourrit beaucoup de moutons dont la laine est très-fine & dont on fait des étoffes aussi belles, aussi légères que celles de soie, des couvertures, des matelats : ses habitans sont honnêtes & modestes : le mont *Leligo* est ombragé de pins, & nourrit des lions, des singes, des léopards : ceux de *Benimerasen*, de *Zis*, de *Mesetraze*, nourrissent un grand nombre de chevaux, d'ânes, de mulets & de brebis : dans celui de *Zis*, près de la ville de Gerceluyn, on voit une multitude de serpens peu farouches, qui s'apprivoisent comme les chiens & les chats, mangent ce qu'on leur donne, & ne font du mal que pour se défendre : les habitans de quelques-unes de ces montagnes marchent avec des souliers de jonc : les femmes y coupent le bois, y veillent sur les troupeaux : plusieurs de ces montagnes font partie de l'Atlas, & font peuplées par les Bereberes *Zenetes*, peuples belliqueux & prefque indifciplinables.

On y voit un pont fur le Subu affez extraordinaire : fur fes deux rives font affurées deux fortes poulies fur lefquelles roule une corde à laquelle on fufpend un panier qui peut porter dix hommes, & par le moyen des poulies, on le fait aller d'un bord à l'autre : on fait de femblables ponts en Amérique.

Teurert ou *Tevrert*, ville ancienne, bâtie fur un côteau, près de la riviere Za, environnée de déferts arides & de difficile accès où errent quelques camps Arabes.

Hadagia, petite ville longtems dévaftée, & repeuplée par une colonie d'Arabes : elle eft fituée au confluent du Mullule & du Mullooya.

Garzis, autrefois *Galafa*, ville bâtie fur un roc, près de la Mullooya, entourée de murs, compofée de maifons bâties en pierres noires : elle fut le grenier des rois de la branche des Merinis : autour d'elle font des jardins abondans en figues, raifins & pêches.

Dubdu, ville antique, fur une haute montagne, habitée par les Zenetes, arrofée par des canaux, environnée de vallées couvertes de vignobles.

Tezar, nommée auffi *Meza*, ville forte, ancienne, autrefois une des plus floriffantes du royaume, & où l'on ne voit plus aujourd'hui que 4 à 500 maifons : fa mofquée était plus grande que Fez : fes palais, fes colleges, quelques mofquées lui confervent encore un refte de fplendeur : fes habitans font les hommes les mieux inftruits de la province : fon territoire eft vafte & renferme des montagnes habitées par diverfes peuplades.

Sofroi, petite ville au pied de l'Atlas : fes habitans sont sales, & n'ont d'autre commerce que celui de l'huile qu'ils font & transportent à Fez.

Mezdaga est aussi au pied de l'Atlas : ses maisons mal bâties ont chacune une fontaine ; les bois qui sont dans son voisinage sont remplis de lions qu'un homme armé met en fuite.

Benthulud est au pied de l'Atlas, ainsi que *Hamlisuan*, mot qui signifie, *fontaine d'Idoles*, parce que cette ville eut un temple où se rassemblaient les hommes & les femmes, où ils véneraient des idoles immodestes, placées près du petit lac d'où descend un ruisseau. *Menhaia*, située dans un lieu de plaine, entre des bois & des ruisseaux, est habitée par des Arabes. *Tezerghe*, petite ville formée de cabanes, au bord d'une riviere. *Umemgivenibe* & *Gerceluin* sont des villes anciennes qui n'offrent rien de remarquable.

VII. *Province de Temesna.*

C'est la province du royaume la plus occidentale ; elle touche à celle que nous venons de parcourir, & est située au midi de celle de Fez : le sol en est plat, gras & fertile, arrosé par diverses rivieres : telles sont surtout les plaines d'Anfa, du Nuchaile, de Zarfa, qui produisent d'abondantes recoltes de bleds : le canton de Thagia seul est maigre & peu fécond ; mais il est riche en miel : les arbres fruitiers couvrent la plaine ; surtout un arbre qui donne le *Rabieb*, fruit semblable aux cerises qui a le goût des jujubes, & de petits palmiers sauvages : cette province a été si florissante qu'on y a compté, dit-on, 120 grandes villes, 500 bourgades murées, & un grand nombre de villages très-peuplés ; mais à peine en trouve-on aujourd'hui des traces. Ses anciens habitans furent détruits par la guerre : les Zenetes, les Haores s'y font établis enfuite. Ses habitans actuels font nommés *Chaviens* ou *Chavanets*, & l'on prétend qu'ils font Espagnols d'origine. On dit qu'Almanfor, roi de Maroc, de la Dynaftie des Almohades, ayant amené d'Espagne 60 mille captifs, employa une partie de ces malheureux à relever les murs de Salé, & l'autre à conftruire un aqueduc à Maroc, leur promettant de les renvoyer dans leur pays quand ils auraient achevé cet ouvrage : il remplit fa promeffe à l'égard des premiers, mais regrettant de fe défaifir de tant d'hommes, tandis qu'il avait des provinces prefque défertes, il fe borna à rendre la liberté à ceux de Maroc, & leur donna des terres dans le Temefna, dont ils prirent poffeffion au mois de *Chaban*, d'où leur eft venu le nom de Chabanets : la plupart devinrent Mufulmans : leur langue eft un mélange d'Arabe & d'Efpagnol ; leurs femmes font plus blanches que les autres Africaines, & auffi infideles. On dit que cette province peut armer encore 50000 fantaffins & 8000 cavaliers. Le pays renferme encore beaucoup de bêtes féroces.

Anasfe ou *Anfar*, eft peut-être l'*Exploratio ad Mercurium* des Romains, le lieu où ils plaçaient une garde avancée pour veiller fur la frontiere, & qu'ils confacrerent à la divinité qui avait infpection fur les chemins : elle eft près de la mer, & d'une fortereffe bâtie par les Arabes : elle était embellie de fomptueufes mofquées, de fuperbes palais, de riches magazins, de boutiques bien fournies ; mais les Portugais n'y laifferent que des mafures & elle n'a pu fe relever : fa plaine féconde la fait feule connaître : outre les bleds, elle produit des melons hâtifs, & nourrit des troupeaux de chèvres; mais aussi des lions & des léopards. *Sidna-hines*, *El Junes* sont des bourgades au bord de la mer.

Almansor, ville dans une plaine agréable, arrosée par le Guir, peuplée par quelques Arabes.

Sala ou *Sella*, est, dit Dapper, une ville différente de Salé : le roi Mansor y fit bâtir une mosquée, un palais & une chapelle de marbre remplie de statues & de sculptures où il voulut être enseveli, & ses successeurs l'imiterent : elle est au midi du Burggrag, plus éloignée de son embouchure que Salé : c'est peut-être une des parties de Salé déja décrite.

Rotime fut une ville près de la mer & de quelques isles, parmi lesquelles est celle de *Pena*, nommée ainsi par les anciens. *Nuchaile* est une petite ville ruinée dans l'intérieur du pays. *Adenda* est enfermée entre des côteaux & des monts où l'on trouve du fer. *Tegeget* ou *Tegegilt*, est située sur l'Ommirabih qui sépare la province du royaume de Maroc; son territoire nourrit beaucoup de menu bétail & de nombreux vols de tourterelles.

Hain-el-Chalu, petite ville peuplée, située dans une plaine. *Madaravan*, autrefois *Dorath*, est au bord du Burggrag, à quelques lieues du mont Atlas : il y a des mines de fer dans les monts qui l'avoisinent. *Thagia* fut connue par la vertu d'un saint qui forçaient les lions à se dépouiller de leur férocité. *Zarfa* est dans la plaine : quelques Arabes l'habitent : presque toutes ces villes sont en ruines.

ROYAUME DE MAROC.

IL est borné au midi par le royaume de Sus, comptée par divers Géographes au nombre de ses provinces, au levant par la mer, au couchant par le royaume de Tafilet, au nord par celui de Fez, dont le fleuve *Ommirabih* ou *Uma-rabe* le sépare. Sa longueur est de soixante lieues, sa largeur de cinquante. Le sol en est fertile, bien arrosé, fécond en olives, en dattes, figues, pêches, noix, sucre, chanvre, lin, miel, &c. : les Espagnols y ont porté la vigne qui y prospere : on y trouve des mines d'argent & de cuivre ; ses montagnes renferment du marbre & un grand nombre d'animaux sauvages ; ses rivieres sont abondantes en poissons, & on y trouve de l'ambre gris : ses habitans sont robustes & bien faits ; ils sont mélancoliques, ingénieux, actifs dans leur jeunesse, mais bientôt épuisés : ils aiment le commerce, l'agriculture, les sciences, comme on les connaît parmi eux, & sont de bons soldats : leurs femmes vivent retirées, filent, cousent, font de la tapisserie : ils aiment les festins, & ont abondamment du bœuf, du mouton, de la volaille, du gibier, de l'excellent poisson : ils font une liqueur composée avec des raisins confits au sucre & de l'eau, & boivent aussi de l'hydromel : le moût cuit tient lieu de vin à plusieurs, & ils s'enyvrent en sûreté de conscience, parce qu'ils n'appellent pas ce moût, du vin. (*) Ils s'habillent, les

---

(*) Ils ont une raison plus naturelle pour justifier cet usage : le vin de raisins crus est mauvais : celui de raisins cuits est fort agréable.

riches avec magnificence, & tous au moins avec propreté : l'or, l'argent, les perles brillent sur les habits longs des premiers ; ils observent dans leurs mariages quelques usages judaïques ; on dit que lorsqu'une femme est en travail, on donne à quatre enfans un linge, dans chaque coin duquel on renferme un œuf ; ils courent alors dans la rue en faisant des vœux qui facilitent l'accouchement : le bleu est la couleur dont on se pare dans le deuil : on y pleure, on y fait pleurer les morts à prix d'argent ; avant de l'ensevelir le mort est lavé, enveloppé d'un linge blanc, enfermé dans une bierre qu'on porte à grands pas vers la tombe hors des villes, & faite de maniere que le fond en est large, l'ouverture étroite & voûtée : on ensevelit avec eux leur argent, leurs joyaux, afin qu'il s'en pare dans le monde où il est passé. Parmi les habitans de ce royaume, il en est qu'on nomme *Larbusses* : ce sont des Arabes presque toujours en guerre pour s'enlever leurs troupeaux : leurs chevaux sont toujours sellés lorsqu'ils errent dans les pâturages, afin de les trouver prêts au besoin : ils font trève pour recueillir leurs grains, & recommencent la guerre dès qu'ils les ont renfermés pendant la nuit dans des lieux secrets, dans des creux où ils se conservent long-tems, couverts de planches & de terre ; ils labourent & sément sur leurs magasins : ils conservent l'eau qu'ils vont chercher sur des chameaux avec des outres, dans des fosses profondes : dès que la recolte est faite, ils abbattent leurs tentes, & délogent par troupes, conduits par un chef qu'ils nomment *Cobeilles*, & vont demeurer ailleurs un tems pour revenir ensuite après que la terre s'est reposée. Les principaux fleuves du pays sont le *Tensyst* qui en reçoit plusieurs autres avant de se jetter dans l'océan, & l'*Umma-Rubia* ou *Ommirabih*, qui sort du mont *Magran*, traverse des vallées étroites, puis de vastes plaines, sans être guéable nulle part ; on le passe dans des corbeilles suspendues à des cordes, & mues par des poulies ; il fourmille d'aloses, & se jette dans l'océan près d'Azamor.

On divise le royaume en six provinces. *Maroc propre*, *Escure*, *Gesula*, *Dukuela*, *Tedle*, *Hea* ou *Haha*.

I. *Province de Ducalle* ou *Dukuela*.

Elle est séparée de celle de Temesna par l'Ommirabih, elle touche à celles de Hea de Maroc, & à l'océan. Ses montagnes sont peu nombreuses ; les plaines y abondent en grains & en bestiaux. Marmol croit que celle de *Beni meguer* est le mont du soleil des anciens. *Jukel-badwa* ou le mont verd, est la retraite d'hermites qui n'y vivent que de fruits, qui y ont des cabanes & des especes d'autels : au pied est un petit lac. Cette province est peuplée, mais ses habitans sont durs & lâches.

Azamor est sur le bord de l'Ommirahib : elle est grande & assez peuplée : une garnison veille à sa sûreté, la pêche sur le fleuve fait sa principale richesse.

Elmedine, ville ancienne, autrefois florissante, située dans une plaine agréable & fertile : les femmes y ont le teint plus blanc que dans les autres villes.

Mazagan ou *Boreyja* fut autrefois considérable, & n'a aujourd'hui que 500 pas de tour, elle fut abandonnée des Portugais en 1769 & n'a que quelques hommes misérables pour habitans. Leurs maisons plus basses que les murs de la ville ne se peuvent voir du dehors. Ses environs sont fertiles, & on y seme du froment, de l'orge, des pois, des feves & autres légumes : les limaçons y sont très-gros, & les abeilles y font un miel blanc, & d'une odeur suave.

Tit n'est plus qu'un monceau de ruines ; près d'elle est le cap *Cantin* qu'on croit être le mont du soleil, ou *Soloes*, découvert par le Carthaginois Hannon, & l'*Atlas minor* de Ptolemée. *Velidia*, *Eder* sont des bourgades au bord de la mer.

Saffie, *Asfi*, *Azazi* ou *Assaffi-Aksa*, autrefois *Rusupis*, ville fermée de bonnes murailles flanquées de vingt-quatre tours, défendue par une bonne garnison : on y compte 8000 maisons, mais chétives ; son port est bon & vaste : selon d'Herbelot il n'y a dans son territoire que de l'eau de pluie conservée dans des citernes : le sherif voulut céder cette ville en 1751 aux Danois, pour 100000 ducats ; mais les habitans refuserent de l'abandonner, & la vente n'eut point lieu.

Maramer, ville de 400 maisons, entourées d'un vieux mur. *Cernu*, petite ville peuplée. *Agus*, *Tehrez*, *Umez*, sont trois villes misérables, habitées par les Bereberes. *Miathir* est nommée aussi la ville aux cent puits, du grand nombre de creux profonds qui servent de greniers aux habitans, & où le blé peut se conserver un siecle. Ses maisons sont bâties d'éclats de marbre, & reposent sur un roc. *Sudeit*, *Tamarrox*, *Terga*, *Benesafit*, *Cea* ont été des villes ; on ne sait ce qu'elles sont aujourd'hui, ainsi que *Balaguan* & *Guilez-Terrer*.

II. *Province*

II. Province de *Hea* ou *Haha*.

C'est la plus occidentale du royaume : elle est au midi de la précédente, & s'étend sur les bords de l'océan : elle est hérissée de montagnes, & de rocs pelés, arrosée par une multitude de ruisseaux, entrecoupée de vallons qui produisent peu de froment & beaucoup d'orge : il y a beaucoup de fruits & de miel : les buissons y rapportent un fruit nommé *erguen* dont on fait une huile désagréable & amere, dont on remplit les lampes, & qu'on mêle même aux alimens. On y trouve peu de chevaux, peu de bœufs & de brebis : les premiers sont d'une forme singuliere, & courent avec une grande vitesse : les ânes, les chevres, les chameaux y sont nombreux ; les singes, les lievres, les cerfs peuplent ses bois ; ses monts ont des mines d'or & d'argent : on exploite celles de l'île Mongador : on y recueille beaucoup de cire & de miel ; on y prépare ces belles peaux, connues sous le nom de *maroquins* : des pains sans levain, des gâteaux de farine d'orge & arrosés d'huile, du miel, du lait, du beurre, quelques légumes, de la chair bouillie, sont tous les mets des habitans : ils s'enveloppent d'une piece d'étoffe, & mettent sur leur tête des bonnets énormes, faits d'étoffe & d'écorce de noyer : la disette du chanvre y produit celle du linge : la barbe est le privilege des hommes mariés : des nattes de poils & de joncs leur servent de chaises & de lits : ils labourent presque partout avec des ânes. Les monts d'*Aidvacal* qui font partie de l'Atlas, séparent cette province de celle de Sus ; ils ont jusqu'à vingt lieues de large en quelques endroits, & renferment des villages peuplés : ceux de *Demenfere* commencent où ceux-là finissent, & sont remplis de hameaux : le *Gebel el Hadith* s'étend parallelement à la mer : son nom signifie *montagne de fer*. En général ce sont les Berebers qui forment la plus nombreuse partie des habitans, ils errent dans ces montagnes avec leurs troupeaux, & campent sous des tentes, quoiqu'ils ayent des villages.

Tednest, *Tedoest*, ville ancienne & bâtie dans une campagne marécageuse, détruite en 1514, rebâtie en partie par les Juifs, & ayant aujourd'hui 3000 maisons.

Agobel & *Alguer* sont deux villes, toutes deux sur une montagne, & ceintes de murs : la derniere est arrosée par deux ruisseaux.

Tecaleth est dans une situation agréable, sur la pente d'un mont, près de la riviere Elba qu'on croit être la *Diure* de Ptolemée.

Hedequis, ville dans une plaine ; elle eut, dit-on, vingt-mille maisons, dévastée par les Portugais, les Juifs ont relevé une partie de ses maisons.

Texeuit ou *Teyeut* est située entre deux montagnes, & est entourée d'un mur de pierres de taille.

Ileusugaguen, espece de citadelle sur une montagne, dont une petite riviere baigne le pied. *Tesegdebt* est la plus grande ville des montagnes : on y comptait 1000 maisons il y a un siecle : une riviere la baigne, des rocs escarpés la défendent. *Tagtesse* est sur une montagne élevée & circulaire, autour de laquelle serpente un grand ruisseau. *Fildevet* est encore une ville ancienne sur un mont.

Culeyhat-Elmuhaidin, ou la forteresse des disciples, est sur un roc, entre des écueils & de grands arbres ; elle fut bâtie par un sectaire Mahométan.

Tefethne, *Teftane*, ville fortifiée, au lieu où

naît l'Atlas, ayant devant elle un port profond de quatre lieues. *Gazole*, ville mesquine, ainsi que *Tafalle*.

Mogador ou *Mogodor*, île & château voisin d'une montagne qui renferme des mines d'or & d'argent : elle peut être le *Mysocoras* de Ptoleméé. *Goz* ou *Gozen* est un bon havre où abordent des vaisseaux marchands. *Engueleguingit*, petite ville au pied d'une montagne.

III. Province d'*Escure* ou d'*Hascora*.

Elle est située à l'orient des deux précédentes. Son sol rapporte des olives, des raisins, des noix, des figues & autres fruits : les abricots y sont de la grosseur des oranges de Portugal, les raisins de celle d'un petit œuf de poule : l'huile & le miel dont il y a du blanc & du jaune, font une de ses richesses : le froment, l'orge y réussissent ; les boucs & les chevres y prosperent ; les brebis y sont moins nombreuses. Le mont *Tevendez* fait partie de l'Atlas : il y croît beaucoup d'orge & de pastel, & quoiqu'il y pleuve rarement, son sommet toujours couvert de neiges, arrose sa pente qui nourrit des troupeaux de brebis & de chevres.

Le mont *Tensites* fait aussi partie de l'Atlas, & s'étend au midi vers les déserts de Dara, & le long du fleuve de ce nom : on y avait construit des châteaux entourés de murs : il est abondant en palmiers : le *Guigina* ou *Gogideme* est peuplé vers le nord, désert au midi. On y nourrit des chevaux, du menu bétail & une espece de buffle. Le mont *Tescevin* d'où descend une belle riviere qui serpente ensuite dans une plaine magnifique. Ses habitans font moins grossiers que dans les provinces précédentes, ils s'appliquent au commerce & aux arts; leurs mœurs faciles y attirent les étrangers.

Elmadine ou *Almedine*, ville sur le penchant du mont Atlas ; il ne faut pas la confondre avec celle de la province de Dukuela qui en est à plus de 20 lieues.

Alendin en est voisine, elle est située dans une vallée, environnée de hautes montagnes : on y comptait environ mille maisons. *Tagodast* ou *Isadagas* est dans une situation semblable : les canaux qui la traversent & l'arrosent en font l'agrément. *Egnimuha* ou *Elgiemuha* est une ville de 600 feux, sur un mont qui fait partie de l'Atlas; elle est environnée de monts escarpés & de côteaux chargés d'oliviers & de vignes. Presque tous ses habitans sont selliers ou corroyeurs : près d'elle est une mine de fer qu'on travaille & vend par le pays en petites barres. *Bzo* ou *Bizu* est dans les montagnes.

Province de Tedle ou Tadila.

Elle est encore à l'orient de la précédente : l'Atlas la traverse en partie, & fait qu'il n'y a pas de grandes plaines ; celles qu'on y voit produisent beaucoup de grains, & leurs jardins sont ombragés par de beaux arbres fruitiers. Ses principales montagnes sont *Seggheme*, voisine du Tescevin, *Magran* qui touche à celui-ci, borde le pays de Farcle, & finit où commence le *Dedès*, dont les habitans presque nuds, sont fourbes, querelleurs & fripons, oisifs & voulant l'être, persécutés par des moucherons. Pour n'avoir pas à les craindre, il faut en prendre un pour guide, & payer un tribut aux autres. Cette montagne sert de rempart aux plaines de Tolge ; elle s'étend au loin, & montre à son pied les ruines de l'ancienne Tedsi. Le mont *Cithibeb* a des vallées ombragées de vignes, de noyers, de figuiers dont les fruits sont d'une grosseur étonnante. Ses habitans sont presque tous Berebers ou Arabes errans, & on pourrait dire qu'ils sont sans temples, sans prêtres, sans religion : les Juifs y exercent librement leurs métiers & le commerce ; on y voit quelques chrétiens ; ceux qui veulent apostasier doivent paraître dans une assemblée où les Mahométans & les chrétiens se trouvent en nombre égal : ceux-ci peuvent lui représenter toutes les raisons propres à le retenir : s'il persiste, il est libre de le faire.

Tefza ou *Tef-za*, ville bâtie par les Arabes sur le penchant d'un mont ; le mur qui l'environne est formé de blocs de marbre, & c'est de-là que vient son nom : elle est peuplée, embellie par des mosquées, ayant au dessous d'elle une belle plaine qui prend le nom du grand village de *Fixtele*, situé au pied de l'Atlas.

Cithibeb, ville au couchant de Tefza, sur la haute montagne de ce nom. *Eitiat* en est voisine, & renferme 3000 maisons ; défendue vers la plaine par des rocs escarpés, ailleurs par des murs, elle a une belle mosquée qu'environne un canal.

V. Province de Maroc.

Elle n'est presque qu'une vaste plaine, très-abondante en grains, en lin, en chanvres, en fruits ; & située au midi du Dukuela, à l'orient de Hea, au nord du pays de Sus : à l'orient & au midi ses bornes font hériffées de montagnes toujours blanchies par la neige, & dont le fol ne produit que de l'orge. Le mont *Nefufe* eft fort peuplé d'hommes fimples & groffiers. Le mont *Semmed* en eft féparé par la riviere de Xauxave qui fort de la montagne de ce nom, habitée par des hommes fanguinaires, toujours armés contre leurs voifins, adroits à fe fervir de la fronde, vivant d'orge, de miel & de chair de chevre : les Juifs qui font parmi eux s'occupent à faire du favon, des crochets & autres utenciles de fer : leurs maifons font de pierres enchaffées dans la terre détrempée : le mont *Sicfive* eft fort élevé; fes habitans n'ont pour fouliers qu'une femelle liée à leurs pieds, pour habit qu'un morceau de drap attaché autour des reins ; ils vivent longtems, & l'on y voit encore des vieillards de cent ans garder les troupeaux. Le mont *Hantete* femble cacher fon fommet dans la nue ; fes habitans font guerriers, & dans un état d'aifance ; les Juifs y font en grand nombre, & tous hommes de métiers. Au pied de ces monts on trouve toutes fortes de fruits, du lait, du beurre, du fromage ; les fources nombreufes qui en defcendent en rendent les terres très-fertiles, & propres à nourrir les beftiaux.

Maroc fut autrefois nommée *Boccanum Hemarum* : bâtie dans le neuvieme fiecle par les princes Marabutts, peut-être l'une a fuccedé à l'autre : les Arabes l'appellent *Marakafch* : c'eft une grande ville environnée d'un bon mur, d'un foffé & de tours, fermée par vingt-quatre portes ; on y compta autrefois 100,000 habitans, & n'en a pas aujourd'hui 35000 dont les Juifs forment la neuvieme partie ; elle eft fituée entre les rivieres de Neftis & d'Agmet, à huit lieues du mont Atlas, dans une plaine de cinquante lieues de circuit : une partie de la ville est couverte d'arbres fruitiers : la plupart de ses édifices publics ont été détruits par les guerres : il en est trois encore qui sont très-somptueux. Le palais y ressemble à une ville de moyenne grandeur : il est environné de fortes murailles : au centre est une belle mosquée, au haut de laquelle quatre pommes d'or pesant 700 livres, sont enfilées à une verge de fer : le palais est très-orné au dedans : on y voit une belle fontaine qui coule dans un bassin de marbre blanc travaillé avec beaucoup d'art : à demi lieue de là est un verger où sont plantés 15000 arbres des plus beaux fruits, & qui est embelli de fleurs & de simples rares : une eau poissonneuse l'arrose : on y voit une fontaine dont l'eau coule de la gueule d'un lion, fixé sur une colomne, dans un bassin de marbre, dont chaque coin est orné par un léopard de marbre tacheté ; il touche à un parc où l'on conserve des éléphans, des lions, des cerfs, &c. Tous les différens édifices sont décorés de fontaines ; les jardins ont deux lieues de circonférence : le sherif *Moulei-Ahmed-Beibit* qui décora le palais, y plaça la représentation des douze signes du zodiaque, & le peuple, le blâmant d'avoir voulu imiter l'ouvrage de la création, le suppose tourmenté en enfer jusqu'au jour du jugement. Près du palais, les Juifs ont un quartier fermé de murs, & n'ayant qu'une porte gardée par les Maures. Les maisons de la ville sont basses ; les murs en sont de terre grasse, enduites de chaux : quelques-unes sont belles, grandes, bâties en pierres, ornées d'une haute tour où l'on va prendre le frais. La plupart des mosquées sont de marbre, & couvertes de plomb. La longitude de

Maroc est de 10°. 20 min. sa latitude de 31°. 10 min.

Agmet, *Agmat*, ville sur le penchant d'une haute montagne, qui fut autrefois très-florissante, & renfermait 6000 familles : aujourd'hui elle est le repaire de bêtes féroces, quoiqu'environnée de jardins délicieux, & de riantes vallées. Une riviere limpide naît près d'elle, descend dans la plaine, se perd près de Maroc, & reparait ensuite pour se joindre au *Tensifi*. *Elgiehama*, ville sur le Xauxava ou Chauchava, à deux lieues de l'Atlas. Sous le regne des Almohades, elle avait plus de 6000 maisons : elle fut détruite par la dynastie qui leur succéda : on voit encore les ruines de ses murs & de ses édifices où demeurent de pauvres gens qui veillent sur les moissons : le terroir y est mal cultivé, & cependant très-fertile.

Emegiagen, ville & citadelle sur le sommet d'une montagne, & entourée d'un roc qui lui sert de mur & de rempart. *Tezarat* est au couchant de l'Atlas. *Teneze* est à son pied. *Gemaagidid* ou *Delgumutu* est une ville dans une situation agréable, à la source de l'Eciffelmel : elle renferme plus de mille maisons. *Temelet* est au milieu des montagnes. *Imizimis* est sur la pente du Guidimyre d'où part un chemin qui va, le long de l'Atlas, de Maroc à Gezale : on le nomme *Burrix* ou plumeux, parce que la neige en flocons y flotte comme des plumes. *Animency*, petite ville sur la pente de l'Atlas, près d'une jolie plaine.

VI. *Province de Gezula* ou *Guzula*.

C'est la plus méridionale, elle parait avoir fait partie de l'ancienne Getulie, & peut-être en a-t-elle conservé le nom; des géographes en font une partie du Tafilet : elle a le mont Atlas au nord, le mont Idle au midi : ses habitans se regardent comme le plus ancien peuple de l'Afrique; ils sont simples & grossiers, vêtus d'une chemise de laine courte & sans manches, couverts d'un chapeau de feuilles de palmiers : ils sont riches en orge, en bétail, en mines de fer & de cuivre dont ils font des vases, des utenciles qu'ils portent en différens lieux, & échangent contre des draps, des épices, des chevaux & d'autres objets dont ils manquent : l'étranger qui les visite y est bien reçu : tous les ans ils ouvrent une foire réglée dans une plaine entre des montagnes, sous des tentes; leurs voisins, les Négres même y accourent; chaque genre de commerce y a son quartier, & chacun y étale à son gré sa marchandise; les marchands de bétail se tiennent hors du camp. Pendant qu'elle dure, on observe une trève exacte, & des hommes armés veillent à la sûreté du commerce; ils punissent sur le champ les coupables, les voleurs surtout, qui sont tués à coups de lance, & leurs corps abandonnés aux oiseaux : cette foire dure deux mois, & commence le 12e du mois de Rahib, le jour de la naissance de Mohammed.

Ces peuples sont libres : le sherif de Maroc est plus leur allié que leur souverain; ils ont paié peu de tems le tribut que leur avaient imposé les Portugais : leurs armes sont des sabres, des épées larges, aigues, à deux tranchans; & des lances : ils sont nombreux, n'habitent point de villes; mais forment, ou des camps ou des villages.

ROYAUME DE SUS ou SOUS.

Il est peu étendu, & forme aujourd'hui la partie méridionale du royaume de Maroc : plusieurs géographes le mettent au nombre de ses provinces. De l'extrêmité du mont Atlas où il commence, il s'étend jusqu'au cap Non, où il est borné par le désert. Le fleuve Sus lui donne son nom, l'arrose en le coupant en deux parties presqu'égales, & c'est sur ses bords que sont assemblées les bourgades les plus peuplées. Ses montagnes les plus remarquables sont le mont *Henquise*, qui forme le bras le plus occidental de l'Atlas, & qui d'orient en occident occupe un espace de douze lieues; les neiges qui le couvrent & le froid qui y regne, font que ses environs rapportent peu de grains, mais sont riches en orge & en miel : le mont *Ilalem* ou *Laalem Gezule*, s'éleve où finit le précédent, borne le pays des Gezules, & finit dans la plaine de Sus; il nourrit des chevaux, renferme une mine d'argent, & est habité par des hommes courageux. Les plaines méridionales sont couvertes des troupeaux & des tentes des Arabes : on y éleve beaucoup de chameaux. Le peuple qui habite ce pays est en général le plus industrieux & le plus brave de tous ceux qui habitent l'empire de Maroc. Ils sont Mahométans, & vénerent, dit-on, le corps de St. Augustin qu'ils croyent posséder. Leur principale richesse est dans les productions végétales du pays, dans l'indigo, l'alun, la calamine & le cuivre rouge.

Tarudant en est la principale ville; elle est à douze lieues de l'Océan, à trois de l'Atlas, dans une vallée agréable, longue de dix-huit lieues, sur une largeur de huit. L'Agus baigne ses murs: elle fut une république indépendante, & aujourd'hui elle est la résidence des gouverneurs de Sus. Autour d'elle, le terroir est fertile en grains, en légumes, en fruits; on y trouve des *enguen*, des vignes, des cannes à sucre que les sherifs y apporterent, de l'ambre qu'y viennent échanger ses voisins; les belles plumes d'autruche y sont communes.

Faraixa, petite ville. *Tedsi*, au levant de Tarudant, a été une ville commerçante qui renfermait quatre mille familles; mais les guerres l'ont remplie de décombres. Son terroir est fécond en froment, en pastel, en sucre.

Tagoast ou *Tagaost*, ou mieux encore *Tagavost*, ville au midi des précédentes, & où l'on comptait 6000 maisons: un auteur y en compte 8000 aujourd'hui, il est permis d'en douter. St. Augustin y nâquit, dit un auteur; il y est enterré, disent les habitans de Sus. Son territoire rapporte beaucoup de bled & nourrit de nombreux troupeaux: une garnison de quatre cent hommes y veille à la sûreté publique.

Teceut ou *Techait*, ville ancienne où l'on compte 4000 familles; au milieu de la ville qui a la forme d'un triangle, est une belle mosquée qu'entoure un bras du fleuve Sus. Son territoire vers le nord est arrosé par ce fleuve qui s'y répand en plusieurs canaux; il est rempli de villages & de hameaux, abondant en grains, en dattes, en raisins, en figues, en pêches, & en cannes à sucre : vers le midi il est presque inculte & n'est habité que par les Arabes.

Messa, l'ancienne *Temese* ou *Temest*, est une grande ville, divisée en trois, que des murailles entourent ; elle est située près de l'Océan, au pié d'une partie de l'Atlas ; le Sus l'arrose, & en inondant ses champs les rend fertiles : sur ses bords, à l'extrêmité de la ville, on voit une espece de mosquée, dont les poutres & les soliveaux sont d'os de baleine ; le peuple croit que ce sont ceux de la baleine qui engloutit Jonas, & que ce prophète doit sortir de ce temple selon les prédictions de Mohammed ; cette opinion le rend vénérable à ses yeux : son territoire fournit des dattes qui ne se gardent pas ; on trouve de l'ambre sur ses côtes.

Gared, ville bâtie en 1500, dans une plaine, près de la source *Haincequie*, qui arrose des plantations de sucre, fait tourner plusieurs moulins & va se rendre dans le Sus. On y travaille l'excellent cuir de Maroc si recherché & dont on transporte un si grand nombre en Europe, que le péage seul, en rapporte annuellement 34000 ducats.

Le Sus est bordé par le cap d'*Aguer* ou de *Ger*, qu'on croit être le cap *Usagium* de Ptolemée, & qui paraît être plus probablement le promontoire d'Hercule : c'est là qu'était située la ville *Aguader-Aguer*, ou *Guartguessem*, presque détruite par un tremblement de terre en 1731 : les Portugais y possédaient le fort de *Ste. Croix*, qui protege une grande anse au fond de laquelle il est situé : ce fort était dominé encore par le château de *Tamara*, autrefois *Tamusiga*. Les Maures nomment aujourd'hui Ste. Croix, *Darumnie* ou maison des Chrétiens.

Aguilon, *Algansib*, *Samotmat*, sont des lieux situés

le long des côtes : le cap de *Guilon* & celui de *Nun* ou de *Non* terminent ce pays.

Nous décrirons en trois articles différens les autres parties des états du roi de Maroc : ce sont celles de *Darah*, de *Tafilet* & de *Sigulmeſſe*.

LE DARAH ou *DRAS.*

LE Darah reçoit son nom de la riviere qui l'arrose : le grand Atlas le sépare des pays que nous avons décrit : il a au couchant Gezule & Sus, au levant Tafilet, au midi la Lybie intérieure : il a plus de cent lieues de long. On y voit beaucoup de bourgades fermées de murs, situées le long du fleuve, & dont les poutres & les soliveaux sont de bois de palmier : il y a des champs de bleds qui deviennent très-féconds quand le fleuve les a inondés ; mais ils ne suffisent pas pour nourrir ses habitans, & ils échangent leurs dattes contre le froment des provinces de Fez. On y cultive l'indigo : les bords du Darah, dans un long espace large de quatre lieues, sont couverts de beaux palmiers, & les dattes en sont excellentes : des moins bonnes, ils nourrissent les chevaux & les chameaux : de leurs noyaux pilés ils nourrissent les chevres, & cet aliment leur donne beaucoup de lait. Les habitans sont basanés ; la chaleur du climat, leurs alliances avec les Negres leur donnent un teint presque semblable : leurs femmes sont bien faites, ont de l'embonpoint, & du tempérament : leur mets ordinaire est la bouillie faite de farine d'orge & de dattes : le pain de froment est réservé pour les jours de fêtes; ils y ajoutent de la chair de cheval, de chameau, & d'autruche. Les uns dépendent de scheiks ou seigneurs vassaux du sherif de Maroc; les autres obéissent immédiatement aux kaides que ce prince leur envoye.

Benisabih, ou *Mucubah* est une bourgade sur le Darah, qui sortant de l'Atlas, vient se perdre dans un lac du Sahara, dont la bourgade la plus voisine est celle de *Teseren* : elle a un château. En remontant le fleuve on trouve *Tacumaders* ou *Tigumedes*, ville fameuse pour avoir été la patrie originaire des sherifs qui regnent à Maroc. *Taragot* ou *Taragale* est plus haut, & *Tinculin* ou *Tinzulen* plus haut encore, toutes deux sur la rive occidentale du fleuve : cette derniere ville est la plus considérable du Darah, on y compte plus de 6000 habitans, & près d'elle est une forteresse qu'on nomme *Alcacava*. *Tabornost* est à l'orient & à quelques lieues du fleuve : c'est un château fort qui défend l'entrée du pays, ainsi que celui d'*Afra*, bâti par les sherifs. *Quiteva* ou *Kitea* est à quelques pas du fleuve, & est défendu par un château. *Timeskit* ou *Timesquit* est voisine des fontaines du Gezule : on compte 2000 feux dans l'enceinte de ses murs, & ses fauxbougs renferment 200 maisons. *Tesut* était la capitale des anciens rois de Darah, & n'est plus qu'un monceau de ruines. Les sherifs de Maroc entretiennent des hommes armés dans presque toutes ces villes.

ROYAUME DE TAFILET.

IL est au nord-est du Darah, dont des géographes font une de ses provinces. Le terroir y est montueux, sablonneux, peu fertile en bleds : l'eau y manque dans tous les endroits éloignés des rivieres, & l'on y remplit pendant l'hiver des citernes, dont l'eau sert durant l'été. La plus grande partie du pays est couverte de pâturages, il produit des dattes excellentes, & de l'indigo. Ses habitans sont riches en bétail ; ils nourrissent les chevaux avec de l'avoine, de l'orge & des dattes; ces animaux sont très-légers à la course : on y voit aussi de fort grandes autruches, & des dromadaires d'une agilité extrême. La riviere de Tafilet l'arrose : elle sort comme le Darah du mont Atlas, & comme lui se perd dans un lac. Les habitans sont, dit-on, ingénieux ; ils trafiquent avec l'indigo, & les cuirs préparés faits de la peau d'un animal qui paraît être le *Bubalus* des anciens ; ils fabriquent aussi de belles toiles raiées de soie à la façon des Maures : leurs dattes sont encore un grand objet de commerce, & c'est d'ici que viennent principalement celles qu'on apporte en Europe. Ces habitans parlent un mélange de l'ancien Africain & de l'Arabe, qui ne ressemble bien ni à l'un ni à l'autre : ils sont courageux, & habitent au milieu des palmiers qui fournissent presque à tous leurs besoins : les courses des Arabes les incommodaient beaucoup autrefois.

La ville de *Tafilet* est au bord de la riviere de ce nom : elle est fermée de murs, renferme deux mille maisons, & est défendue par un château fort. Ce sont des Berebers qui l'habitent.

LE SIGULMESSE ou SEJILMESSE.

IL prend son nom de sa ville principale, & est arrosé par le Zis, qui descendant de l'Atlas, court au sud-sud-est pour se perdre dans le Sahra. Il produit peu de bleds & beaucoup de dattes. La chaleur y est extrême ; elle y engendre une multitude de scorpions & de serpens, & y fait enfler les yeux des hommes qui y naissent & devraient y être accoutumés : ces Africains sont simples, crédules, superstitieux ; ils prétendent avoir des secrets pour commander aux démons, conjurer les tempêtes, & guérir tous les maux. Diverses villes y sont dispersées ; nous en dirons peu de chose, même en réunissant sous le nom de cette province de petits cantons qui en sont voisins & dépendent comme elle des sherifs de Maroc.

Sejilmesse est au bord du Zis ; elle fut autrefois très-florissante : les ruines de ses murailles montrent qu'elles étaient hautes & fortes : des troubles la rendirent déserte ; mais elle a été repeuplée depuis : on dit que l'air y est mal sain : on compte encore 350 bourgades voisines du fleuve. *Tenegent* est voisine de Sejilmesse, *Tubuhaçant* en est à trois lieues. *Mamum* est une ville peuplée.

Queneg ou *Quenena*, canton qui touche à l'Atlas, & que le Zis arrose : les champs qui en sont voisins produisent de l'orge & du millet ; par-tout ailleurs, on ne recueille que des dattes : les habitans ont des troupeaux de chevres qu'ils enferment avec eux dans des cavernes pendant l'hiver : ces cavernes font profondes, creufées fur la croupe des rochers, leur entrée eft étroite, le fentier qui y conduit peut être facilement rendu impraticable. On y remarque le château de *Zehbel*, fitué fur un roc très-élevé; celui de *Gaftir* fur la pente d'une montagne & prefque dans la plaine, & celui de *Tammaracoft* : ailleurs on ne voit que des hameaux ou de chetifs villages.

Le *Matagara* eft encore fur le Zis, & c'eft fur fes bords que font fituées fes bourgades, dont la principale eft *Hilela* ou *Helel*, il touche à celui de *Reteh* ou *Arratama*, habité par un peuple lâche : il touche à l'orient à une montagne inhabitée, au couchant à une plaine inculte & fablonneufe, & renferme plufieurs villages & des bourgades entourées de mur. *Suahyla* eft fituée dans un défert que borne le Zis, & où il n'y a ni fruits, ni jardins, ni champs. *Umelhedegi* eft environnée d'un fol aride, où l'on trouve cependant un fruit qui reffemble à la pêche. *Umelhefel* fut bâtie par les Arabes, & fes murs font conftruits d'une pierre noire comme le charbon.

Togda ou *Todga*, diftrict où l'on compte quatre petites villes & dix villages : fon fol eft abondant en dattes, raifins, figues & pêches : fes habitans s'occupent à travailler les cuirs, ou à cultiver les champs ; la ville principale eft fituée fur une petite riviere qui fe jette dans celle de Tafilet.

Le *Fercala* ou *Forcala*, eft à l'orient du Togda ; c'eft un fol abondant en fruits, mais qui produit peu de bleds. On y compte trois petites villes & cinq villages.

Le *Tezerin*, est un district agréable, fertile, renfermant six bourgades & quinze villages qui se succedent sur les bords d'une riviere qui descend de l'Atlas & se jette dans le Darah. Le sol est sur-tout abondant en dattes : on y voit des ruines de villes dont le nom même est inconnu.

Le *Tebelbelt* renferme trois villes peuplées, & de vastes plaines couvertes de palmiers dont le fruit est estimé, mais on y manque d'eau : les autruches qu'on y poursuit, les cerfs qu'on y peut atteindre, font la seule viande dont on s'y serve. Ses habitans trafiquent avec les Negres : on le place ordinairement au dehors des limites de l'empire de Maroc.

Le *Benni-Besseni*, est situé au pied de l'Atlas : on y voit trois châteaux bâtis par les anciens Africains, dont les environs sont remplis de fontaines, de fruits, de jardins ; mais le bled, les dattes, le bétail y sont rares. Une mine de fer fournit un bon objet de commerce aux habitans, & c'en est presque le seul : on y trouve peu de villages.

Le *Chassaïr* ou *Casaïr*, a une petite ville, dans un désert, à sept lieues de l'Atlas : ses habitans fouillent des mines de plomb & d'antimoine qu'ils portent vendre à Fez. *Mazalig* & *Abuhilan*, sont près des bords de la riviere de Guaehdé ou de Ghir : ce sont des châteaux entourés de maisons habitées par des Arabes, qui ne vivent que de dattes & de ce qu'ils peuvent enlever à leurs voisins.

Le *Fighig* renferme trois châteaux : il est au levant de Mazalig : ses habitans sont libres, & vivent dans l'aisance : les femmes y font des draps de laine &

fins qu'on les croiroit faits avec de la foie. Ils font recherchés en Barbarie, & s'y vendent fort cher : les dattes y font bonnes & abondantes : on y commerce avec les Negres, avec Fez où quelques-uns des habitans vont étudier.

Le *Tſebid* ou *Tecebit*, eſt peuplé de Berebers, plus au levant encore que les précédens. On y compte quatre châteaux & pluſieurs villages, la plupart élevés ſur le chemin qui va de Tremeçen ou Tlamſam en Nigritie : ſes habitans font pauvres, preſque tous noirs ; mais leurs femmes font belles & gracieuſes : tous ne vivent que de dattes, & d'un peu d'orge.

Le *Guahedé* eſt plus au midi : une riviere qu'on nomme auſſi le *Ghir*, en a reçu ſon nom ; on y compte trois bourgades fermées de murs, & quelques villages : on y recueille un peu de bled, & beaucoup de dattes qui font l'objet du commerce des habitans avec les Negres.

Le *Beni-Cumi* ou *Beni Gomi*, eſt arroſé par le Ghir qui le borne au couchant : on y compte huit châteaux & quinze villages : ſes habitans font pauvres & ſe louent à Fez ou ailleurs pour remplir les emplois les plus vils : leur pays cependant eſt riche en dattes ; ils trafiquent en chevaux qu'ils achetent à Fez & conduiſent aux Negres.

Au midi du Darah & de Maroc, on trouve quelques diſtricts qui dépendent du sherif ſelon quelques géographes : parcourons-les rapidement ici.

Le diſtrict d'*Eſtuque* ou *Eſque*, eſt formé de quarante villages ou hameaux, dont le chef réſide dans une eſpece de château à *Terguez*, l'un de ces villages : le pays eſt hériſſé de rocs fertile en orge, & a des pâturages où l'on éleve beaucoup de chèvres, objet du commerce des habitans, qui font Africains d'origine, difent les uns, ou Arabes, felon les autres.

Le diftrict de *Nun* touche à l'Océan, & eft peuplé de Berebers de la tribu d'Ydeuzel; des villages, des hameaux y font répandus; le fol y produit un peu d'orge & de mauvaifes dattes: fes habitans vont travailler dans le *Gualata*, fitué au midi, & reviennent dans leurs cabanes enfumées jouir du fruit de leurs peines : des Arabes pafteurs & errans vivent au milieu d'eux : ces hommes pauvres ont encore à craindre leurs voifins plus puiffans, & plus avides. Le cap de *Nun* leur a fait donner ce nom fans doute ; car les Portugais le donnerent, à ce qu'on nous affure, à ce cap, parce que peu des vaiffeaux qui allaient au-delà, en revenaient.

Le *Bubus*, le *Zorgan*, ont les mêmes habitans, les mêmes productions. Le dernier canton eft le plus montueux.

Le *Teffet* a quelquefois le nom de royaume. La bourgade de ce nom renferme 400 feux ou 600 maifons felon Hubner: elle eft fermée d'un mur de pierres ; il n'y a point de commerce, point de police, & les femmes, dit-on, y ont la principale autorité. Dans fes environs eft une plaine étendue, où l'on compte dix à douze mille habitations : c'eft un pays fablonneux : autour de la ville on feme de l'orge & du millet, on recueille quelques olives ; ailleurs on ne trouve que des dattes & il n'y en a pas partout : les plus riches habitans ont un troupeau : ils labourent avec des chevaux, ou avec des chameaux, voyagent beaucoup, font ignorans & pauvres ; leur teint eft bazané ; ils font maigres ; leurs femmes font plus blanches : la plupart filent, toutes prennent soin de leurs enfans qui sont robustes.

L'*Ifren*, *Ifran* ou *Ufaran*, est plus voisin de l'Océan : quatre bourgades fermées de murs, quelques villages, des cantons ombragés par les palmiers, des mines de cuivre, c'est tout ce qu'il offre. Les commerçans qui vont au Tombut y passent : ils ont un juge qui appaise ou décide leurs querelles, mais ne punit jamais de mort : ils sont Mahométans.

L'*Aca* renferme trois bourgades : il fut peuplé & riche : les guerres l'ont dévasté : mais un marabutt en calmant les querelles, y ramena la prospérité & il en devint seigneur. Le sol n'y produit que des dattes.

DU SAHRA OU SAHARA.

Quelques-uns des districts dont nous venons de parler en font partie: il est borné au nord par la Barbarie, au levant par l'Egypte & la Nubie, au midi par la Nigritie, au couchant par l'Océan. Il a plus de 800 lieues de long, & environ 250 dans sa plus grande largeur. Les anciens le nommaient *désert de Lybie*, les Arabes lui ont donné le nom de *Sahara* ou *Désert*. Il s'élève sous le Tropique, n'offrant que de vastes plaines de sable, où la chaleur est brûlante. Tout le pays est plat, sablonneux, stérile: il faut pour le traverser, se diriger avec l'aiguille aimantée, se munir de bottes pour éviter la morsure des scorpions, porter avec soi tout ce qui est nécessaire à la vie, des tentes, des provisions de bouche, de l'eau dont la disette fait périr bien des voyageurs, souvent aussi ensévelis sous des sables. On montre dans ce désert le tombeau de deux hommes dont l'un acheta de l'autre une tasse d'eau pour dix mille ducats, & tous les deux périrent: pour éviter cette mort affreuse, les chameaux portent de l'eau dans des outres: on y trouve quelques puits, mais l'eau en est salée, & cependant on les conserve avec soin: on les entoure d'un mur fait d'os de chameaux, & on les couvre de peaux pour que le sable ne les comble pas: on dit que quelquefois la soif, irritée encore par le sable brûlant que le vent élève & force de respirer, oblige de tuer les chameaux pour se désaltérer de l'eau qu'ils ont bue avant de pénétrer dans ces déserts. Quelquefois on peut faire ce voyage fans danger, c'eft lorfqu'il pleut du mois d'Août à celui de Septembre : alors les pâturages y font abondans, & pendant l'hiver on y trouve de l'eau & du lait.

Il eft coupé de chaînes de montagnes peu élevées qui ne portent que des épines & des buiffons : çà & là des champs favorifés de la nature peuvent nourrir leurs habitans avec de l'orge, du millet & des dattes, mais les ferpens y font nombreux, & des nuées de fauterelles y dévorent fouvent toute la verdure. Ses habitans font, ou Arabes ou Africains naturels. Les premiers font nuds la plupart : ceux qui font les plus modeftes, portent une piece de gros drap dont ils s'enveloppent la moitié du corps, & fur la tête un turban de drap noir : les riches ont une robe de coton bleu, à manches larges, qu'on fabrique en Nigritie : ils couchent fur des nattes de jonc, dans des tentes faites d'un drap de poils de chameaux, & de la fubftance cotonneufe qui eft autour de la datte : ils ne connaiffent point ce qu'on appelle *Loi*, la volonté du chef qu'ils choififfent leur en tient lieu : leur religion eft un Mahométifme défiguré. Les Africains ou les Berebers font les reftes des anciens Getules & Garamantes : ils font réunis par tribus, quelquefois par familles, & forment des villages de tentes rangées en cercles : leurs beftiaux font raffemblés au centre ; des fentinelles y veillent fans ceffe pour éviter les furprifes d'un ennemi, d'un voleur, des bêtes féroces : quand les pâturages qui les environnent font épuifés, ils vont s'établir ailleurs : pendant la faifon des pluies ils s'approchent de la mer, & fément alors du millet & du maïs ; dans les fécherefles, ils cherchent les rives du Niger : leurs chameaux, leurs bœufs tranſportent aiſément tout leur bagage qui n'eſt pas embarraſſant : leurs femmes, leurs enfans, ſe placent dans des paniers ſur le dos de ces animaux.

Lorſqu'ils ont recueilli leur bled, ils le font ſécher au ſoleil & l'enferment dans des caves profondes, dont l'ouverture étroite eſt recouverte avec des planches & de la paille que preſſe une couche de terre ; le bled s'y conſerve très-long-tems : ils ont des moulins portatifs, & mangent leur pain tout chaud après l'avoir fait cuire ſous la cendre : ils font bouillir leur riz à petit feu dans un peu d'eau, puis quand il s'eſt gonflé lentement ils le mangent à poignée : ils ſe ſervent avec la main droite & ne lavent qu'elle : pour faire cuire la viande, ils la coupent par petits morceaux : ils ne font de repas que le matin & à l'entrée de la nuit, toujours aſſis à terre les jambes croiſées & en ſilence : la table eſt un cercle de cuir rouge, ou une natte de palmier ; les plats ſont de bois ou de cuivre : après leurs courts repas, ceux qui ſont aiſés prennent le café, fument, & boivent quelques liqueurs. Leurs marabutts ſeuls ſavent lire, mais l'habitude de jouir pendant la nuit d'un ciel pur & ſerain, les rend aſtronomes, le loiſir en fait des muſiciens ; ils ont peu de maladies, & point de médecins : leur mort eſt annoncée par les cris de leurs parens, par les louanges de leurs voiſins : le cadavre, lavé, habillé, eſt porté dans une foſſe creuſée au ſommet de quelque colline, placé la tête élevée, le viſage tourné à l'orient : puis on couvre l'ouverture avec des pierres.

Ils ſont d'excellens cavaliers : leurs armes ſont le ſabre, la zagaie, le poignard ; quelques-uns ont des fuſils & des piſtolets qui viennent des Européens, mais ils en font peu d'uſage & ne ſavent pas les conſerver. Ce ſont de petits hommes, bien faits, d'une figure agréable, robuſtes & braves : les uns portent des peaux de chêvres autour de leurs reins, les autres ont des chemiſes de toile avec une caſaque ſans boutons, une ceinture, des hauts de chauſſe qui leur deſcendent juſqu'aux talons, & ſouvent par deſſus le tout une robe ſans manche à laquelle eſt joint un capuchon : à leurs pieds ſont des ſandales de cuir de bœufs. Les femmes ſont vêtues d'une chemiſe de coton blanc, couvertes d'une piece d'étoffe rayée en forme de jupe ou d'écharpe : une partie de leurs cheveux eſt relevée ſur la tête, l'autre eſt liée par derriere, & tombe juſqu'à leur ceinture. Un manteau de drap les couvre de la tête aux pieds : elles ont des pendans d'oreille, des bagues à chaque doigt, des bracelets aux jointures du bras; des chaines à la cheville du pied. Les filles ne ſont vêtues que d'une piece d'étoffe rayée qu'elles paſſent autour des épaules, & d'une jupe de peau fort courte, coupée en pluſieurs bandes. En général elles ſont belles, mais leur teint eſt olivâtre : jamais elles ne paraiſſent devant un étranger ſans être voilées, jamais il n'entre dans leur chambre, jamais elles ne ſortent ſeules de l'enceinte de leurs tentes, & les hommes ont l'attention de ne pas les regarder, lorſqu'elles ſe trouvent ſur leur paſſage; chaque voiſin ſe croit le gardien de leur réputation, & les hommes qui n'ont qu'une tente, traite de leurs affaires à leur porte. Elles filent le poil de chevre & de chameau, en font des étoffes, préparent les alimens, font la proviſion d'eau & de bois. Ces travaux leur ſont adoucis par la complaiſance & les égards de leurs maris, ils s'empreſſent de les parer, & de leur offrir tout ce qu'ils gagnent par le commerce & le travail.

Les chefs font choiſis parmi les plus anciens, les plus conſidérés de la tribu : quelques-uns ſe font payer le droit de paſſage aux caravanes, & celui de protection à leurs ſujets : ils reçoivent de ceux-ci des chevaux & des peaux de bêtes féroces.

On y trouve beaucoup de lions, de léopards, de tigres, de pantheres, de ſinges, de gazelles, &c. Les chameaux y ſont la plupart d'une groſſeur & d'une force extraordinaires : leur lait eſt un des principaux alimens du peuple : les dromadaires y ſont auſſi fort communs. L'autruche eſt le principal oiſeau du pays, & on l'y voit ſouvent en troupes nombreuſes : il eſt ſi vorace qu'il dévore tout ce qu'il rencontre, herbe, bled, offemens, pierres, métaux, mais il ne digere pas ces deux derniers, comme on l'aſſurait autrefois.

On divife le Sahara en cinq parties principales : ce ſont les déſerts de *Zanhaga*, ceux de *Zuenziga*, de *Terga*, de *Lempta*, & de *Berdoa*, rangés dans cet ordre du couchant au levant.

I. *Déſert de Zanhaga ou Zanzaga.*

Le *Zanhaga* touche à l'océan Atlantique, vers le midi au Sénégal, à l'orient au royaume de Tombut & au déſert de Zuenziga, vers le nord aux pays que nous avons décrit. C'eſt dans cette partie que ſont ſitués les forts de Portendic & d'Arguin, les villes de Tegazza, de Hoden & quelques autres bourgades. Là eſt le cap *Bojador* ou cap de l'oueſt, au-delà duquel les Portugais crurent quelque tems qu'on ne pouvait pénétrer, parce qu'il s'avance au loin, & qu'il y a un courant violent qui entrainait les vaisseaux vers le lieu d'où ils partaient, qui fait briser avec force les vagues sur les bancs de sable qui bordent la côte; Gunami ou Gilles Yagnes le doubla en 1433. A 150 lieues plus au midi est le *cap Blanc*, puis le cap *St. Anne*, qui semble éloigner les vagues élevées par le vent du nord, du golfe d'Arguin, où l'on voit l'île de ce nom, appellée *Ghir* par les Arabes, habitée autrefois par les Portugais, auxquels ont succédé les Anglais, les Hollandais, & enfin les Français qui ont démoli & abandonné le fort qu'ils y possédaient : sa longueur est d'une lieue & demi, sa largeur d'une lieue ; elle est stérile ainsi que deux petites îles voisines : on n'y a d'eau que celle de deux citernes. Cette île peut être celle de *Cerné*, découverte par Hannon. Entre le cap Blanc & celui de Bojador est *Rio-de-ouro*, riviere qui semble être la *Salathi* de Ptolemée, & peut être la *Lixus* du periple d'Hannon. Sur cette côte habite une nation, dont le chef est respecté, mais paye tribut à Maroc : c'est ce qu'on appelle *Royaume d'Azan*. Ses habitans sont fort pauvres. Plus au midi est la riviere St. Jean, qui arrose ce qu'on appelle encore le *Royaume d'Hagi*, connu aussi sous le nom d'*Addi*, du nom d'un chef qui avait traité avec les Européens. Là est un port qu'on nommait *Porto-Addi* ou *Portendic*, & que les habitans du pays appellent *Gioura* ; c'est une baie poissonneuse; mais où l'on n'arrive pas sans danger à cause des bancs de sable qui l'environnent. Les Français y avaient un fort qu'ils ont abandonné comme celui d'Arguin. Le chef-lieu des Maures de *Hagi* est une bourgade nommée *Marza* : le commerce qui y attirait les Européens est celui des gommes : on les tire de trois forêts qui ont dix lieues de long sur six de large : les arbres qui produisent la gomme sont des acacias, petits & toujours verds. Ces trois forêts sont situées au nord du Sénégal, à vingt-cinq lieues à l'orient de Portendic, près du lac Caer ou Kayor qui communique au Sénégal : la plus méridionale se nomme *Alfatok*, & les deux autres *Lebiar* & *Sahel*. La sève de ces arbres est si abondante qu'elle passe au travers de l'écorce : le soleil ardent l'épaissit & en fait une gomme qu'on recueille deux fois l'année, au mois de Mars & au mois de Décembre : celle de cette derniere saison est la meilleure. On lui attribue de grandes vertus, de guérir la colique en la faisant dissoudre dans du lait, & l'avalant chaud ; celle de rafraîchir le sang, d'épaissir les humeurs séreuses & les empêcher de se mêler au sang : on s'en sert dans les manufactures de laine & de soie ; elle est d'un grand usage pour les teinturiers, & on en fait autant de cas que de la gomme Arabique. Les habitans du pays l'apportent dans une foire qui s'ouvre ordinairement au mois d'Avril : on leur donne en échange des draps de laine bleus ou rouges, de petits miroirs, des peignes de bois, des cadenats, des couteaux, de l'ambre jaune, du corail, des barres de fer, des cloux de girofle, du papier, des chauderons, des bassins de cuivre, des grains de verre de différentes couleurs, &c.

Le lac de *Caer* ou *Cayor* est rempli par les inondations du Sénégal, & quand le fleuve baisse, les eaux du lac s'y rendent : une partie du canal qui les joint dépend du Siratik, l'autre du Brak, princes dont nous parlerons plus bas : les bords en sont fertiles & abondans : le lac même est fort grand, le commerce y est avantageux, ses bords desséchés donnent d'abondantes moissons de millet & de riz.

L'intérieur du pays est peu connu ; on dit qu'il est plat, n'ayant ni bois, ni montagnes, ni rivieres ; que pour s'y guider, ceux qui n'ont pas de boussole consultent les vents, les étoiles, le vol des oiseaux carnaciers, comme les corbeaux & les vautours qui cherchant des cadavres & les troupeaux volent d'un lieu habité en un autre. Diverses peuplades, la plupart Arabes, & presque toutes voleurs, errent dans ce désert : la plus considérable est celle de Zanhaga qui a donné son nom au pays : on parle aussi des *Ludayes*, qui pouvaient, dit on, se mettre en campagne avec 80000 hommes armés. On nomme les *Berveches*, les *Duleyns*, les *Senegues*; ces derniers se vantent d'être les plus anciens du pays, & par conséquent les plus nobles : ils croyent être la tige des rois du Tombut. Presque toutes ces peuplades vivent du lait de leurs chameaux & de la chair des gazelles & autres bêtes qu'ils chassent & tuent.

Tegaza en est le canton le plus heureux peut-être. Là est une carriere de sel très-blanc & solide qui n'appartient à personne, puisque ceux qui le veulent, viennent travailler à couper ce sel, & le vendent aux caravanes qui se rendent en Nigritie. Quoiqu'il n'y ait rien dans ces déserts dont l'homme puisse se nourrir, qu'il faille leur porter des alimens de très-loin, qu'un vent dangereux s'y éleve, y affaiblit ou ôte la vue, cependant on n'y manque jamais d'ouvriers ; l'avidité du gain fait tout braver.

La partie méridionale de ce désert forme le royaume de *Gualata*; état bien peu connu, & qui pourrait bien n'être que le royaume des *Foules* ou de *Siratik*. Les anciens géographes voyent l'origine de son nom dans sa capitale, disent qu'il est habité par un peuple qu'ils appellent *Benais*; qu'on y trouve de grandes bourgades, & *Haden* ou *Guaden*, espece de ville dont nous avons parlé, qui n'est point fermée de murs, & est sur le chemin de la Barbarie au Tombut; que lorsque les Senegues dominaient dans cet état, c'était à Gualata que le roi résidait, & que le commerce a passé de-là dans les lieux voisins: qu'il s'en fait encore dans Haden, dont les Arabes étaient maîtres: c'est peut-être ce qu'on appelle aujourd'hui le *Royaume d'Azan* : les femmes y vont presque nues, & les hommes n'y sont couverts que d'une petite robe blanche. On y recueille du riz, du petit millet, de l'orge, des dattes, des légumes, du miel; la viande y est rare & chere, les deux sexes s'y voilent le visage : ce peuple est grossier, mais bon & franc dans le commerce : il est sans études & sans juges; sa vie est quelquefois dure; mais des hommes qui ne se souviennent que du présent, sont rarement malheureux. Plus à l'orient, est une contrée marécageuse, qu'on nomme *Azgar*. *Gualata*, disent quelques auteurs qui le rangent dans la Nigritie, n'a que trois bourgs & quelques villages; ses habitans sont d'un beau noir & ne vivent que de dates.

II. *Désert de Zuenziga.*

Sa partie orientale est inhabitée : dans la méridionale on trouve les peuplades de *Soutra* & de *Chinquela*, dont les habitans vivent de millet, de dattes, 'olives & de chair de chameau : Dapper y place *s Guanaseris*. Cette contrée peut être regardée omme encore inconnue, & ce qu'on en fait se éduit à des notions très-incertaines; & ce qu'on n peut aſſurer, c'eſt qu'il y erre quelques tribus rabes dont les chefs ſont eſtimés. On dit qu'il y une contrée où l'on voyage neuf jours ſans trou- er de l'eau : c'eſt ſans doute la partie du déſert ommée *Azared*, où il n'y a que deux puits dans n eſpace de plus de 60 lieues.

III. *Déſert de Terga* ou *de Haïr*.

Il doit ſon nom à un peuple qui l'habite : l'air y ſt moins brûlant que dans les déſerts précédens; n y trouve des puits profonds, & des terrains u'on peut cultiver. Près d'*Agadez* & de *Haïr*, on ecueille beaucoup de manne que l'on conſerve dans n état de fraîcheur dans des courges, & porte endre dans les lieux voiſins : on la boit mêlée vec de l'eau, on en aſſaiſonne les viandes, elle eſt ſtimée très-ſaine. Quelques tribus Arabes habitent ans ce déſert : leur commerce conſiſte à vendre en Barbarie les Negres qu'ils vont enlever dans les tats voiſins.

IV. *Déſert de Lempta* ou *d'Iguidi*.

Il eſt bordé au ſud oueſt par une chaîne de mon- agnes qu'on nomme les *Amededes*. *Iguidi* eſt le nom e ce qu'on dit en être la principale bourgade. *Lem- a* eſt celui des habitans du déſert. Cette partie du éſert eſt fort ſéche, & les marchands qui partent e Conſtantine pour aller trafiquer avec les négres ne la passent point sans danger : ses habitans sont fiers & féroces ; ils volent ceux qu'ils haïssent, & haïssent tous ceux qui résistent à leurs prétentions. Des Arabes errent au milieu d'eux.

Ce désert fait partie de celui que les orientaux nomment *Varkelan*, & ses habitans *Ahel-Varkelan-el-Saara*, ils vont acheter les productions de Segelmesse & du Zab pour les porter au pays des négres, d'où ils rapportent de la poudre d'or qu'ils fondent, battent & travaillent. Là, est dit-on, la ville de *Lametounah* d'où sortit autrefois la dynastie des Almoravides : cette ville est peut-être la même que *Tibedou*, située près d'un torrent desséché dans lequel la caravane de Tripoli marche pendant sept jours.

V. Désert de Berdoa & de Levata.

Il touche à l'Egypte, au désert de Barca, au désert dont nous venons de parler. C'est-là proprement l'ancien pays des Garamantes. Les *Levata* ou *Lebates*, peuple Arabe qui habite sous des tentes, en occupe la partie orientale & la septentrionale. C'est vers l'occident qu'il est le plus aride, là demeurent les *Berdoa*, hommes durs & peu civilisés ; mais qui savent respecter les traités. On y remarque la ville de *Zala*, qui par sa verdure ressemble à une île au milieu d'une vaste mer de sable : elle est entourée de palmiers, & on s'y rassemble à des jours fixés pour faire des échanges & le commerce.

Ce désert est borné au midi par le mont *Tantavoh*, qui paraît être le *Girgiris* de Ptolemée. Au centre de ces montagnes est le pays de *Kawar*, arrosé par diverses petites rivieres ; il y a plusieurs

villes :

villes : telle est *Gherma* ou *Germa*, ancienne capitale des Garamantes, & *Tasauka*, située à l'orient, & *Izer*, *Ancalas*, *Medheram-Iza* vers le couchant. *Zawila* qu'on place dans le Berdoa dépend du Fezzan. *Balmala*, *Termalma* sont encore de grandes bourgades : presque toutes sont placées sur de petites rivieres.

Les Etats que nous allons parcourir dans l'intérieur de l'Afrique sont rangés ordinairement sous le titre général de Nigritie, & nous ne voyons pas de raisons pour déranger cet ordre.

DE LA NIGRITIE.

C'Eſt une des plus vaſtes contrées de l'Afrique, dont elle occupe le centre, & c'en eſt une des moins connues : on en ignore les limites; mais elle ne peut avoir moins de 1100 lieues d'orient en occident : le Sahra la borne au nord, & des chaînes de montagnes l'en ſéparent; au levant elle l'eſt par la Nubie & l'Abyſſinie, au midi & au couchant par l'Ethiopie & la Guinée. On en fait quelquefois une partie même de l'Ethiopie, mais nous en faiſons une partie diſtincte, qui peut avoir 330 lieues dans ſa plus grande largeur. Ses habitans ſont d'un beau noir, & de là vint le nom de *Melanes*, de *Nigrites* que leur donnerent les anciens, & dont nous avons formé le mot de négres. La Nigritie eſt fertile le long des rives du Niger, ailleurs elle n'eſt qu'un déſert ſtérile & ſablonneux. Elle eſt diviſée en un grand nombre de petits royaumes, dont à peine on connait bien le nom. Le *Niger* qui l'arroſe a été longtems mal connu : le Sénégal, la Gambie, la riviere de S. Jean étaient ſes trois bras; mais on s'eſt aſſuré qu'elles formaient trois rivieres diſtinctes, dont les ſources ſont fort éloignées les unes des autres, & qui ne touchent en aucune maniere le Niger : on plaçait la ſource de celui-ci ſur les frontieres de l'Abyſſinie, elle en eſt à 500 lieues; on dirigeait ſon cours vers le couchant, & il coule à l'orient, comme Hérodote pouvait le faire ſoupçoner : il est très-probable qu'il se perd dans un lac qu'on croit être celui de Bournou. Les pays que nous allons parcourir, n'ont été visités par aucun Européen instruit depuis Léon l'Africain, qui vivait, il y a bientôt trois siecles : on n'a corrigé la plupart de ses recits que sur des rapports & des conjectures ; cependant on peut assurer qu'il s'est trompé souvent.

Royaume de Kaugha ou *Gaoga.*

Il est habité par des hommes grossiers : ceux des montagnes surtout ressemblent à des animaux couverts de poils ; ils n'ont pour habits qu'un petit tablier de cuir : leurs maisons sont des huttes couvertes de feuilles, leurs richesses des troupeaux. Le principal lieu est *Kaugha*, situé sur le bord septentrional d'un lac qu'on croit être le marais *Nube* de Ptolemée ; il se décharge au couchant dans le Nil des négres qui se perd ensuite dans un lac, & au levant dans le Nil des Arabes par un canal nommé *Bahr-el-Azrac* ou la riviere bleue.

C'est au nord de Kaugha qu'est *Tagva* ou *Taguva*, près des marais Chelonides de Ptolemée, qui reçoivent une riviere laquelle descend des monts *Tantaneh*, & c'est sur les bords de cette riviere qu'est située *Koukou* ou *Kougou*, qui fut la résidence d'un roi puissant dans le douzieme siecle. *Tagva* formait un royaume particulier, & peut-être le forme encore. Plus au couchant est le pays de *Canem* dont le chef lieu est *Angimi* sur la riviere de la Gazelle. Léon l'Africain fait l'histoire du premier roi de Gaoga, mais ce n'en est pas ici le lieu.

Royaume de Gorham.

Plusieurs géographes le placent dans l'Ethiopie : il est arrosé dans sa partie orientale par le Nil des Arabes qui y sort du lac Couir, formé par deux rivieres qui s'y rendent. Au couchant, il est traversé par le Gir ou Nil des négres qui naît au pied d'une chaîne de montagnes que Ptolemée a nommé *vallée Garamantique* : on dit que ses peuples presque sauvages parlent une langue qui n'est entendue de personne, qu'ils vivent très-misérables, & encore ils ont un roi. Au couchant du Gorrham est le désert de *Zeu*.

Royaume de Bournou ou Burnam.

Ce pays est un des plus considérables de la Nigritie : il est arrosé par le Niger qui vient se perdre dans le lac de Bournou, lac assez étendu : il l'est aussi selon M. Danville par la riviere de la Gazelle qui sort de ce lac : le sol y est mêlangé de plaines & de montagnes ; toutes sont peuplées ; les habitans en sont doux & honnètes : aussi des étrangers ne craignent pas de s'y fixer. Les monts y sont couverts de fruits & de grands troupeaux de gros & menu bétail qui y paissent ; on y séme du millet & d'autres grains, on y recueille du coton : ceux qui gardent les troupeaux ne sont vêtus que d'un tablier de cuir : l'hiver ils s'habillent de peaux de brebis sur lesquels ils se couchent pendant la nuit. On ne connait pas quelle est leur religion, il paraît qu'ils en ont une qui leur est particuliere : on dit que les femmes & les enfans y sont communs, & que chacun adopte celui qui lui plait davantage ; ils n'ont point de noms propres, point de familles ; ils ne fe diftinguent les uns des autres que par des qualités phyfiques ou morales. On dit que leur roi eft riche, que fes utenciles font d'or, que la bride de fes chevaux, fes éperons, les chaînes de fes chiens font de ce même métal : il entretient 3000 cavaliers, on ne fait point le nombre de fes fantaffins ; tous fes fujets font foldats lorfqu'il l'ordonne. Ses revenus confiftent dans la dime qu'il perçoit fur les recoltes, & dans le butin qu'il fait fur fes ennemis ; il eft prefque toujours en guerre avec un peuple du grand défert : il achéte beaucoup, & ne paye jamais qu'en efclaves.

Mathan fut l'ancienne capitale de cet Etat : aujourd'hui c'eft *Karné*, fituée plus haut, arrofée comme elle par la riviere de la Gazelle : au nord de cette ville eft un défert qui porte le nom du pays : il eft très-étendu, mais il n'eft pas partout inhabité : il renferme la grande bourgade de *Tamatma*.

Au midi eft le défert de *Zeth*, dont la principale bourgade eft *Zaghara* : plus au midi encore, entre des montagnes, font les villes de *Secmara*, fur un bras du Niger, de *Semegonda* ou *Semegda* fur le lac qui reçoit la branche feptentrionale de ce même fleuve, de *Reghekill*, fur un autre petit lac où fe perd fa branche méridionale. Les cartes donnent à ces villes, & à ce fleuve des fituations diverfes, parce qu'on en eft mal inftruit.

On place plus au midi quelques Etats qu'on ne fait même où placer, parce que Léon n'a fait que les indiquer : ce font le royaume de *Bito*, dont les habitans font riches : celui de *Temiam* ou *Tenuamia*, dont les habitans antropophages ont les dents aiguës comme les chiens ; celui de *Dauma*, dont le chef ne peut toucher la terre fans infpirer de la terreur, parce que c'eſt un préſage des plus grands malheurs, & celui de *Medera* ou *Madra*.

Royaume de *Wangara* ou *Guangara*.

Il s'étend fur les deux rives du Niger, & comprend une grande ile que forme ce fleuve au deſſous de Tirca. *Ghanara*, ville ceinte de murs, eſt fur la branche méridionale du Niger, *Marafa* fur la feptentrionale ; toutes les autres habitations font de chétifs villages. Le pays eſt borné au couchant & au midi par une chaîne de montagnes ; celles qui font au midi, ont fur la pente oppoſée à celle qui le borne des mines d'or : là elles font fi efcarpées que les animaux ne peuvent les franchir, & ce font des efclaves qui y tranfportent tout ce qu'on exporte du pays, & tout ce qu'on y amene ; on dit que les hommes y font ignorans & groffiers, mais que la fertilité du climat les rend indépendans de leurs voifins. Ils y gagnent peu : ils font efclaves d'un roi qui a toujours 7000 fantaffins, & 500 cavaliers à fes ordres.

Royaume de *Zanfara*.

Il eſt fitué au nord de Guangara : fes habitans font fans loix & fans religion, ce qui paraît affez difficile à croire, car on ne voit pas de fociétés anciennes foumifes à un roi, fans avoir des idées religieufes fages ou ridicules : ils font grands, bien faits, robuſtes, forts, leur teint eſt d'un noir d'ébene, & leur vifage large & plat. Ce pays produit beaucoup de bleds, du riz, du millet & du coton. On le dit soumis au Tombut.

Royaume de Cano.

Il est situé à l'orient de Zanfara, au nord de Zegzeg & de Caffena. Au centre est une ville qui lui donne son nom ; ses murs & ses maisons sont de craie ; ses habitans sont doux & civils ; la plupart s'adonnent aux arts & au commerce ; le reste est dispersé dans des villages ou des hameaux, ils s'occupent de leurs troupeaux ; plusieurs cultivent des champs. Le sol en est assez fertile, & produit du bled, du riz & du coton : on y voit des déserts, des forêts, des montagnes couvertes de citrons & de limons sauvages presqu'aussi bons que ceux qui sont cultivés. Le roi de Cano est tributaire du Tombut, ou l'a été. Vers le nord-ouest il touche à la terre & aux montagnes d'Amedede.

Royaume de Ghana.

Lenglet l'a confondu avec celui de Cano, fondé sur l'autorité de quelques géographes : Sanson, Robert, &c. l'en distinguent ; l'erreur est peu importante dans des descriptions si vagues & si incertaines, mais si l'on ignore que *Cano* ou *Ghana* soit le même pays sous deux noms différens, presque tous les géographes conviennent qu'il y a un lieu nommé *Cano*, situé au nord de Zegzeg, & un autre nommé *Ghana* au couchant de ce même pays ; sur le Nil des Négres ou Niger, près d'un lac qu'il forme.

Royaume de Zegzeg ou Zezag.

Il est au couchant de Zanfara : une partie de son étendue forme une vaste plaine où il fait très-chaud, l'autre est couverte de montagnes où le froid se fait sentir assez vivement pour obliger les habitans à chauffer leurs chambres ou leurs cabanes. Il en descend différens ruisseaux qui arrosent & fertilisent la plaine ; les fruits & les grains y sont abondans, le commerce assez actif.

Royaume de Casena.

Ce pays est à l'orient de celui de Zegzeg : le terroir en est montueux & aride, il produit de l'orge & du millet ; les villages n'y sont formés que de huttes faites de branches d'arbres : les habitans sont d'un beau noir, ils ont le nez plat & large, les levres très-grosses & sont d'une paresse extrême.

La terre de *Lemlem* n'est pas mieux connue : on dit qu'elle a des montagnes fertiles, & qu'elle est arrosée par une riviere qui se jette dans le Niger, & donne son nom au pays. Là est la ville de *Malel*. Le géographe Edrisi dit qu'elle était de son tems peuplée de Juifs.

Royaume de Gago.

Une ville lui donne son nom : elle n'est défendue ni par des murs, ni par des tours ; ses maisons ne sont que des cabanes : un mur en sépare le palais du roi, qui devant lui a une cour où le prince vient s'asseoir pour juger les procès : tous les marchands d'Afrique se rendent dans cette ville qui est située au pied d'une chaîne de montagnes, & on y trouve en effet des marchandises de toute espece; des draps de Barbarie & d'Europe, des esclaves de tout âge & de tout sexe, des chevaux, des éperons, des brides, des épées, d'autres armes encore. Tous les autres lieux du royaume sont des villages habités par des laboureurs ou des pasteurs, qui dans l'été n'ont qu'une ceinture & dans l'hiver s'enveloppent avec des peaux : les vexations des grands reduisent ce peuple à une grande misere; il est très-ignorant, & on traverse des espaces de 50 lieues sans trouver un homme qui sache lire ; cependant le sol y est abondant en bleds, en riz, en citrons, en melons, concombres & citrouilles : il n'y a pas d'autres fruits ; les pâturages y sont beaux & les troupeaux nombreux; la viande y est commune; le vin de palmier, les dattes, le sel y sont rares; l'eau de puits y est bonne. On dit que cet Etat est tributaire de Maroc : au moins les habitans de Maroc tirent de l'or de ce pays qui en renferme des mines.

A l'orient de Gago, est dit-on, le royaume d'*Ysa* dont l'existence même peut être contestée.

Royaume de *Tombut* ou *Tombouctou*.

C'est peut-être le royaume le plus puissant de la Nigritie : sa capitale est voisine du Guir ou Jça, riviere qui prend bientôt après le nom de Niger: elle fut bâtie en 1222 par un Soliman qui prétendit être de la race des rois de Maroc : ses maisons sont des huttes de craie, ou de bois enduit de terre grasse, couvertes de chaume. Il y a, dit-on, une mosquée & un palais bâtis en pierres de taille liées avec de la chaux, & assez bien construits : cette ville rassemble beaucoup de marchands, d'artistes, de fabricans de toiles de coton : les caravanes de Tripoli & des autres Etats de Barbarie y apportent des draps, des serges, de la verroterie, du corail, du papier, & y reçoivent en échange des dattes, du séné, des esclaves, de l'or, des plumes d'autruche. On y voit des commerçans fort riches. Les hommes y sont d'un caractere gai, doux & paisible ; ils aiment la danse avec passion, & passent souvent des nuits dans cet exercice au son des tambours & des sonnettes : ils sont Mahométans : les femmes y sont toujours voilées, les esclaves seules ne le sont pas ; les mets ordinaires sont le lait, le beurre, la chair & le poisson ; on y en compose un de tous ces objets ensemble, qu'on dit être la cause de diverses maladies qui affligent les habitans. La ville a beaucoup de puits & de fontaines ; le pays est abondant en bleds, en orge & en millet ; il y a de beaux pâturages, & diverses especes de palmiers ; le bétail y est abondant & le sel très-rare, il est apporté par les caravanes qui passent à Tegaza, & par les marchands Mandingos ; autrefois on y échangeait l'or contre le sel à poids égal. Les chevaux y sont petits, mais on y en amene de la Barbarie ; le roi se fait céder les plus beaux, mais les paye en roi : il y a des mines d'or dans le royaume ; la monnaie courante y consiste en coquilles apportées de la Perse, dit-on, & quarante y valent une piece d'or qui pese un peu moins d'une once.

Presque tous les voisins du Tombut sont tributaires de son roi, & lui-même, disent quelques voyageurs, est vassal de Maroc : ses trésors sont immenses, sa cour est magnifique : lorsqu'il part pour la guerre, c'est sur un chameau conduit par les premiers seigneurs de sa cour : il a toujours à ses ordres 3000 cavaliers, & un grand nombre de fantassins; on ne l'aborde qu'en se prosternant, & jettant de la poussiere sur sa tête; les ambassadeurs doivent se soumettre à cette cérémonie humiliante. Les hommes les plus considérés dans cet Etat sont les juges, les docteurs & les prêtres, qui tous sont nourris & entretenus aux dépens du roi : les livres y sont une marchandise recherchée : les Juifs y sont détestés ; c'est assez pour mériter la confiscation de ses biens, que d'entretenir quelque correspondance avec eux.

Kabra ou *Cabra*, est le port du Tombut sur le Niger : c'est-là que les noirs viennent aborder pour commercer dans ce royaume. La partie sud-ouest de ce pays se nomme Terre de *Meczara*, & l'on y voit quelques villes considérables, toutes situées sur le fleuve : telles sont *Sala* au couchant, *Berissa* au levant. Au midi est le pays habité par des *Bambara*, peuple peu connu ; leur chef-lieu, situé sur le Niger encore, se nomme *Timbi*.

Au nord sont deux petits royaumes, dont nous allons parler.

Royaume d'Agadés.

Il est au midi du Sahara : ses habitans sont pasteurs, surtout ceux de la partie méridionale, & menent une vie errante, construisant dans les lieux où ils se fixent un tems, des cabanes de rameaux d'arbres, recouvertes de feuilles ou de nattes de jonc. La capitale est la seule ville environnée de murailles : elle a des maisons construites à la moresque, & n'est habitée que par des commerçans étrangers, des artisans, des soldats du prince, dont le palais est situé au centre ; il ménage ceux de ses sujets qui habitent le désert, & qui sont de la tribu de Zuinziga, parce qu'il a beaucoup à les craindre, & qu'il en peut espérer. Les impôts sur les marchandises lui rapportent de grandes sommes, dont il donne une partie au roi de Tombut. Le pays est abondant en pâturages, & riche en bestiaux : un grand nombre de sources y arrosent les vallées & la plaine : les lieux déserts sont abondans en manne que l'on conserve fraîche dans des courges. Vers le mont Amedede est le pays de *Farar*.

Royaume de Guber.

Il est au couchant du précédent, & est environné de hautes montagnes ; les vaches, les bœufs, les moutons y sont plus petits que chez leurs voisins, & forment leur principale richesse : on y trouve un grand nombre de villages habités par des pasteurs : il y a aussi dans cet Etat beaucoup d'artisans tels que des tisserans, des cordonniers qui fabriquent des souliers semblables à ceux que portaient les Romains du moyen âge. La capitale est un grand village où sont rassemblés environ 6000 familles, & où l'on trouve des marchands de toute espece. Ce pays a été désolé par le roi de Tombut : on ne peut savoir d'une maniere précise son état actuel.

Royaume de Guimbala.

On le place au couchant du Tombut ; mais on n'en dit que des choses incertaines ; le lac *Maberia* est dans son enceinte ; ce lac est la source du Sénégal, & est séparé par une chaine de montagues d'un autre lac qui est, dit-on, le *Marais Nigrite* de Ptolemée où nait le Niger, qui d'abord a le nom d'Iça ou de Guir.

Royaume de Kaſſon ou Kaſſou, ou pays des Foulis de Kaſſon.

Ses bornes s'étendent au couchant jusqu'entre les rochers de Felu & de Govina où le Sénégal forme des cataractes : une île de ce nom située entre deux bras de la riviere Rouge qui ſe joint au Sénégal, en est la partie la plus fertile : l'un des bras du fleuve ſe nomme *riviere Blanche*, l'autre *riviere Noire*, & après ſoixante lieues de cours, elles ſe jettent dans le lac de Kaſſan qui est peu connu, & qui déborde comme les rivieres qui s'y rendent, & d'où le Sénégal réuni ſort vers le couchant. L'île a ſoixante lieues de long & ſix de large; ſa hauteur la préſerve des inondations : elle est fort peuplée, d'une fertilité extrème & cultivée avec ſoin. Le roi de Kaſſon y réſide ; il prend le titre de Jegadova, & est ſi puiſſant & ſi reſpecté que la plupart des rois voiſins lui payent un tribut, ſans en excepter même le roi de Galam. Ses principales villes ſont *Galama*, *Gonghira* ou *Kaignu* ou *Caignou* qui contient 5000 habitans, & jouit d'un commerce conſidérable, parce qu'elle est ſur la route des caravanes qui ſe rendent ſur la Gambra : ſes habitans ſont de la nation des *Peuls*; ils ſont nombreux. On dit qu'il y a des mines d'or, d'argent & de cuivre, qu'elles ſont ſi riches, que le métal paraît preſque ſur la ſurface, & qu'on n'a qu'à délayer la terre dans un vaſe avec de l'eau pour en retirer le métal dans toute ſa pureté.

Le pays qui nous reste à parcourir jusqu'à l'océan, fait partie, selon les uns de la Nigritie, selon les autres de la Guinée; nous en ferons un article séparé sous le nom de contrée du Sénégal.

CONTRÉE DU SÉNÉGAL.

L'Etendue que nous lui donnons ici peut être de 260 lieues de long & de presque autant de large. Cet espace comprend diverses nations partagées en petits états : par-tout il est bien arrosé; il est peuplé au midi, mais presque dévasté au nord par les fréquentes incursions des Maures qui y viennent enlever des esclaves. La plupart des peuples y sont idolâtres; plusieurs sont Mahométans : ils sont assez malheureux, & la rapacité que les Européens leur ont inspirée par l'achat des esclaves a beaucoup ajouté à leurs miseres : ils cherchent mutuellement à se surprendre, pour vendre comme esclave celui que peu de tems auparavant on embrassait comme ami. C'est pour faciliter ce commerce & celui de l'or que diverses nations Européennes ont formé des établissemens sur la côte : les Français y ont l'île de Goerée & le commerce exclusif dans les petits royaumes du *Damel*, de *Baol*, de *Sin*, de *Thin*, de *Salum* & de *Bar*; les rois de ces contrées leur ont cédé les côtes de leurs états; ce qui forme une liziere longue de cinquante lieues, large d'environ six : les Portugais & les Anglais ont un plus grand nombre d'établissemens que les Français sur les côtes de la Guinée, & nous en parlerons en les décrivant.

CONTRÉE DU SÉNÉGAL.

Cette contrée est bornée au nord par le Sénégal, au midi par la Gambra. Le premier fleuve a long-tems été pris pour le Niger : on le nomme encore *Sanaga*, & on lui a donné aussi le nom d'*Ordeck*; il paraît qu'il est le *Daradus* de Ptolemée; du lac Maberia, près duquel il prend sa source, il a un cours de près de 500 lieues : il naît près des montagnes que ce géographe Grec nomme *Caphas*, & on y voit encore un lieu nommé *Caffaba*; mais on n'en parle que sur des rapports vagues faits par des commerçans Negres : on connaît à peine la moitié de son cours : des cataractes ne permettent pas d'aller au-delà ; remontons-le jusqu'à cette partie.

Ses eaux rapides ont formé un grand banc de sable à son embouchure, qui est large de demi-lieue, & où l'on ne peut entrer que par deux passages mobiles, dont l'un reçoit des barques de quarante à cinquante tonneaux, & l'autre que des canots : quand on les franchit, on entre dans une riviere large, claire, bordée à gauche par une pointe de sable longue de vingt-cinq lieues, large de deux, remplie de tourlourous & d'oiseaux qu'on nomme *grands-gosiers* ou *pélicans*, d'abord stérile, puis se couvrant insensiblement de pâturages où paissent des troupeaux de chèvres & de moutons ; & à droite par un pays uni, couvert de verdure, de petits bois de différens arbres, dont l'intervalle est ombragé par des palmiers & des cocotiers. La riviere forme différens canaux, différentes îles ; l'une est appellée *Bokos*, le sol en est bas & marécageux, & c'est-là que les Français s'établirent d'abord. L'île de *Moghera* est déserte & sans culture ; vis-à-vis d'elle sont huit riches salines, dans une situation singuliere : ce sont de grands étangs, au fond defquels un fel corrofif fe forme en maffe, & ne fert qu'à faler les cuirs : les bords font garnis d'huîtres : plus haut eft l'île de *Jean de Barre* qui a fix lieues de tour, dont le fol eft fertile, couvert çà & là de grands arbres : plufieurs autres font difperfées au nord de celle-ci ; celle du *Sénégal* ou de *St. Louis* eft la plus connue, celle de *Bifêche* eft la plus grande ; à fon extrêmité commence celle de *Brukfal* ; plus haut encore le fleuve eft bordé de rians pâturages, coupés par des canaux qui conduifent à des lacs ; on y voit les villages de *Serinpata*, de *Queda*, puis l'île de *Menage*, île agréable, fertile, baffe, inondée tous les ans, & tous les ans rapportant d'abondantes moiffons de tabac, de riz, de millet & de légumes : en remontant toujours on arrive au *Terrier rouge*, village où l'on fait le commerce des gommes : il eft voifin de l'île d'*Yvoire*, longue de 60 lieues, large de treize : enfuite à celle de Bilbas, qui n'en eft féparée que par un canal : elle n'a que trente-cinq lieues de long, & l'on y commerce en yvoire, en cuirs & en bétail. La plus grande île que ferait le fleuve ferait celle qui eft formée par la riviere Blanche qui fe jette dans le Sénégal vis-à-vis de Bilbas : elle en fort, dit-on, plus de foixante lieues au-delà. Le Sénégal qui baigne la partie méridionale de cette île qu'on nomme *Kaffon*, n'a plus fon cours embarraffé que de petites îles, dont quelques-unes rapportent du tabac, du coton & des légumes : il arrofe enfuite le royaume de Galam, la ville de *Tafalisga*, fort bien peuplée, célebre par fon commerce, ayant une mofquée, & près d'elle une montagne de marbre rouge, veiné de blanc ; celle de *Dramanet*, la petite île de *Kaignou*, que fa hauteur préferve des inondations :

plus

plus haut font les cataractes de Felou, où l'eau forme une chûte de trente toises, en sortant d'un canal étroit resserré entre des montagnes, & bordé ensuite par des déserts inconnus. On trafique sur cette riviere de la gomme, de l'or, des cuirs, de l'yvoire, des esclaves qu'on échange pour de l'ambre jaune, des draps, d'autres étoffes de laine noire ou bleue, d'autres encore tissues avec le coton; des chaudieres de cuivre, du corail, du fer, du papier, de la toile, des grains de verre, des épiceries; ses eaux nourrissent différens poissons, on y trouve beaucoup de crabes & d'écrevisses.

La *Gambra*, *Gambie* ou *Gambu*, paraît être celle que Ptolemée nomme *Stachir*; son embouchure embarrassée de quelques îles est large de six lieues, & l'on n'y trouve que deux canaux, dont l'un peut recevoir des barques, & l'autre est assez profond pour les plus grands vaisseaux: ses côtes sont bordées de bancs de sable & de rocs: son canal est profond, mais cependant il faut y avancer avec la sonde: après avoir passé les îles des Oiseaux & de Barra, on arrive aux bourgades d'*Albreda* & de *Jifrai*, où la riviere a encore trois lieues de large; là est située la petite île où est bâti Jamesfort, la riviere se resserre ensuite, & dans l'étendue de cinquante lieues, jusqu'à Joar, elle est large d'une lieue & navigable pour les vaisseaux de quarante canons & de 300 tonneaux: elle en porte de 150 tonneaux jusqu'à 180 lieues de son embouchure, près de Barakonda, où la marée se fait sentir encore dans le tems de la sécheresse; mais dans celle des pluies les flots sont si violens, qu'il est très-difficile de la remonter par un bon vent: son cours est tortueux, ses rives sont basses & coupées de ruisseaux. On y navige plus la nuit que le jour, parce que le jour y est calme, & la nuit agitée par des vents frais : elle est très-poissonneuse ; les bêtes fauves, les oiseaux de riviere sont abondans sur ses rives ; les crocodiles y répandent une sorte odeur de musc, les serpens y sont communs. On n'a pu la remonter au-delà de *Tinda. Baraconda*, moins éloignée, a été une borne aux découvertes que le navigateur Stibbs se proposait de faire : là sont des courans rapides & des chaînes de roc sur lesquels l'eau s'élance & se précipite : on peut encore les passer, ainsi qu'une seconde cataracte, mais des basses qui se présentent vingt lieues au-dessus de Baraconda ne permirent pas de s'avancer plus avant : son cours entier peut être d'environ 300 lieues, près de sa source elle forme le lac de Saper, tout couvert de roseaux. Le principal commerce qu'on y fait consiste en or assez fin, qu'on y apporte en petits lingots, tournés en forme de bague ; en esclaves qu'on amene de l'intérieur des terres au nombre de 1000, & qui sont pour le plus grand nombre de deux nations qu'on désigne sous le nom de *Bumbrongs* & de *Pecharis* : on les conduit au marché attachés par le col, en une longue file, portant sur la tête une dent d'éléphant, ou sur le dos un sac de bled, avec une petite outre, qui renferme l'eau nécessaire pour traverser sans périr de soif les déserts qui les séparent de la Gambra : les bords mêmes de la riviere fournissent beaucoup d'esclaves : tous ces petits princes avides punissent les plus grands crimes & les fautes les plus légeres par l'esclavage, parce qu'ils en retirent le prix. Les Mandingos apportent beaucoup d'yvoire sur les bords

CONTRÉE DU SÉNÉGAL. 403

du fleuve : la chasse des éléphans le leur procurent, & souvent ils en trouvent dans les bois : une des plus grosses dents d'éléphans qu'on y ait vue pesait 130 livres : il en est plusieurs de jaunes qui n'en valent & ne s'en achetent pas moins : les plus grosses sont les plus cheres, même relativement à leur poids. La cire est encore un des plus grands objets du commerce de ce fleuve : les abeilles sont rassemblées dans des ruches de paille couvertes de branches d'arbre : de leur miel on fait une espece de vin, & l'on sépare la cire de ses saletés, en jettant le gateau dans de l'eau bouillante, qu'on fait passer ensuite au travers d'un drap de crin : il s'en fait une quantité prodigieuse : la gomme commence à devenir aussi une source d'échange avec les peuples voisins, ainsi que le coton, l'indigo, les cuirs & le sang de dragon. Les Portugais y font aussi un grand commerce : ce sont des descendans des anciens Portugais, qui sont devenus noirs par leur mêlange avec les Mandingos ; on les distingue par la maniere de bâtir leurs maisons, maniere imitée aujourd'hui par les Mandingos opulens ; par leur adresse, leur courage, leur facilité à se servir des armes à feu : ils sont fort ignorans, & leur Christianisme consiste à porter un grand chapelet autour du col, & dans leurs habits ressemblans à ceux de leurs ancètres ; plusieurs ne sont point baptisés.

Dans ce pays, l'année est divisée en saison séche & en saison humide : la premiere dure huit mois, & les chaleurs y sont souvent excessives, la seconde est l'hiver : la pluie y commence par des ondées accompagnées d'éclairs & de tonnerre ; puis la pluie, l'orage, le tonnerre deviennent si violens qu'on craint de voir tous les élémens se confondre & se diffoudre, les éclairs y rendent la lumiere continuelle pendant la nuit : la premiere & la derniere tempête font ordinairement les plus violentes : les nuits font fraîches alors, mais les jours font d'une chaleur ardente quand la pluie eft fufpendue : les tornados y font redoutables : les inondations des rivieres y font à craindre auffi, mais utiles & régulieres. Pendant la faifon féche, l'air eft doux & les arbres toujours couverts de fleurs & de fruits : généralement les côtes y font mal-faines & donnent aux Européens des maladies qui les tuent en peu de jours ; ils y prennent des vers aux jambes qu'on tire infenfiblement, mais qu'on ne peut rompre fans s'expofer à la gangrene & à la mort. Le fol eft fablonneux & ftérile fur les côtes de l'Océan, fécond & riche au bord des rivieres : c'eft dans la faifon des pluies qu'on laboure & qu'on feme ; trois mois après on moiffonne : la variété des arbres y eft extrême : on en a vu fur les bords du Sénégal dont vingt hommes ne pouvaient embraffer le tronc : près de Gorée on en a mefuré un qui avait foixante pieds de circonférence ; le tronc en était creux & vingt hommes auraient pu s'y loger. On y compte huit efpeces de palmiers, dont ceux qu'on diftingue le mieux font le dattier, le cocotier, l'areka, le cyprès & celui qui donne le vin : ce dernier eft le plus commun ; le cocotier fe trouve rarement ou jamais fur les côtes : on peut tirer du vin de tous, mais on n'en tire que de l'efpece dont les fruits font les moins utiles : il y a une efpece de dattier dont les fleurs font rouges, à cinq pétales ; il leur fuccede un fruit de la groffeur d'un petit œuf ; fa couleur eft d'un rouge leger, fa chair eft blanche mêlée d'une teinte de rouge, ayant l'odeur de la violette & le goût un peu amer ; il forme des grappes de soixante à cent noix ; on le fait bouillir, on le sépare du noyau, & le réduit en une substance couleur de chair pâle, espece de beurre aussi doux, aussi agréable que celui d'Europe : c'est l'huile de palmier : on s'en sert pour le même usage que pour le beurre & le lard : il rend la peau douce & les membres souples, quand on s'en frotte ; il est utile pour la goûte & le rhumatisme ; mais en vieillissant, il perd sa douceur ; le noyau renferme une amande de fort bon goût. Le *siboa* est peu différent du palmier, & est d'une hauteur extraordinaire ; ses feuilles servent à couvrir les maisons, son tronc donne un vin moins doux que celui du palmier : le *latanier* a le tronc égal, droit, haut de cent pieds, formant une tête de quarante à cinquante branches vertes, unies, flexibles, creuses, se fendant comme l'osier & qu'on employe à différens usages ; elles se terminent en une feuille qui a la forme d'un évantail & est longue d'un pied : elles ont au-dessous un fruit rond de six à sept pouces de circonférence, dont la chair est spongieuse, plus agréable que le coing, & purgative : le *cotonnier* y est de la hauteur d'un abricotier : le *sanara* est de la grosseur du poirier : c'est un bois dur, d'autant meilleur pour la construction des vaisseaux, que dans l'eau il devient encore plus dur : le *locuste* est un arbre assez haut, qui produit de longues cosses dont les enfans sont avides, & où les abeilles font souvent leur miel : le *calebassier* fournit le... res de vases de différentes formes & de diverses g...ndeurs ; ils se servent de la feuille pour rendre leur kuskus plus agréable, ils mangent sa graine grillée : le *tamarin* est un arbre touffu de la hauteur du noyer ; de ses aiffelles naiffent des feuilles, fa chair & fa graine broiées font tranfportées en Europe : c'eft fous le *bifchalo* que les Negres aiment à danfer : près du lac Kayor croît l'ébène de la plus belle efpece : le *pao de fangre*, ou *komo* donne la gomme adragante ou fang de dragon, & de fon bois on fait des inftrumens de mufique : le *kurbari* donne un fruit qui a le goût du pain d'épices : le *polon*, un duvet couleur de perles, très-fin, doux, luifant, plus court que le coton commun, mais aifé à filer & propre à faire de beaux bas : le *ghelola* eft un bois amer, qui conferve la blancheur des dents : le *foap* ou *favonier*, un fruit dont la chair fert au même ufage que le favon : le *mifchery*, un bois où les vers ne fe mettent jamais ; une efpece de *mabot* fournit une écorce fibreufe qui fert d'étoupe pour calfater les vaiffeaux ; les Negres font leur vaiffelle avec le bois du *figuier*; fon ombre eft impénétrable au foleil : le *guave* eft connu par fon fruit de la groffeur d'une pomme renette ; mais couronné comme la grenade : les orangers, les limoniers, les limiers, les citronniers ; un grand nombre d'autres arbres y profperent ; mais nous ne parlerons plus que de l'*arbre fenfitif*, dont on ne peut toucher une feuille fans que la touffe entiere ne fe retire & ne fe refferre ; & du *jaajah* ou du *mangle*, dont les branches avançant fur l'eau fe chargent d'huîtres qu'on y va recueillir : l'*indigo* y fert à donner une couleur très-vive aux étoffes de coton que fabriquent les Negres : le *bananier* ou *plantain*, plantes que des auteurs diftinguent & que d'autres confondent, y donne le meilleur fruit de cette région : c'eft une efpece de rofeau qui s'éleve à la hauteur de douze pieds & fe multiplie par boutures ; fon tronc ne paraît formé que de feuilles roulées; son fruit ne mûrit que dans quatre mois; c'est une grappe de trente à soixante bananes, dont chacune ressemble à un concombre & la chair à un fromage gras; son goût offre un mélange de la poire de coing & de celle de bon-chrétien; il est sain & nourrissant : l'ananas, l'igname, le melon d'eau, y sont communs : parmi ces derniers il en est de rouges : la chair en est rouge & luisante, le jus doux & rafraîchissant; ils pesent jusqu'à soixante livres : on y trouve le manioc, des patates rouges, des blanches, des jaunes, du pourpier, le *kollilu* qui ressemble à l'épinard, dont il tient lieu; le maïs, le millet, le bled d'Inde, celui de Guinée, le kuskus, le jernotte, grain qui ressemble au maïs & qui vient sans culture, renfermé dans une cosse rouge & mince : le riz y est très-abondant dans les cantons marécageux, ou que les rivieres inondent : il donne souvent quatre-vingt pour un. Par-tout on voit une grande variété de fleurs différentes de celles d'Europe, mais il en est qui frappent par leur beauté : celle qui ressemble à la *belle de nuit* est du plus beau cramoisi; mais les Negres ne sont pas attirés par la vue d'une belle fleur & la négligent : on y voit une sorte de lys dont les Anglais se servent pour assaisonner leurs sauces.

Parmi les animaux de cette contrée, on remarque le *lion* qui ne se trouve nulle part plus grand, plus courageux & plus terrible, mais qui cependant s'y apprivoise & devient doux & caressant : les Maures se servent de sa peau pour faire des garnitures de lits; l'*éléphant*, dont les Negres mangent la chair lorsqu'elle commence à se corrompre; le *jackal*, animal aussi féroce que le tigre, qui dévore des vaches, des chevaux, & n'est que de la grosseur d'un mouton; sa force est dans ses griffes & dans ses dents; le *tigre* qui est de la taille d'un grand levrier, plus grand qu'en Abyssinie & plus féroce; mais sur la côte on en voit de plus grands encore; ils égalent le buffle par la taille; pris dans leur jeunesse on le peut rendre aussi familier que les chats : le *chat-tigre* a la forme du chat d'Europe, il est trois à quatre fois plus gros, & tire son nom de ses taches noires & blanches : le *léopard*, la *panthere*, les *loups* y font redouter leur force, leur agilité, leur cruauté : le busle y est plus gros que le bœuf ; çà & là on y voit des vaches sauvages & brunes, de gros sangliers bleus, des chevres, des gazelles, des cerfs, des biches : près du cap Verd, on remarque un animal qui a le corps du chien, les pieds du daim, le museau de la taupe & qui vit de fourmis : les singes y sont de diverses espèces & de divers caracteres; la plupart vivent en société, voyagent en bon ordre, & ont des chefs qui marchent à la tête de la troupe; les plus vigoureux forment l'arriere-garde : les porcs-épics, les civettes, y font une guerre cruelle à la volaille; les lievres, les lapins y sont en aussi grand nombre qu'en Europe : les chevaux semblent y être venus de la Barbarie ; les ânes, les bœufs, les vaches y multiplient beaucoup ; mais les bœufs y sont gros, les vaches petites, & assez agiles pour servir de montures : il y a deux espèces de moutons, l'une couverte de laine, portant des queues si pesantes que les bergers les soutiennent sur des roues pour aider l'animal à marcher; l'autre couverte de poils, plus grasse, plus forte que la premiere, ayant quelquefois jusqu'à six cornes : les chevres y ont la chair plus agréable qu'en Europe : les chiens y sont laids, presque sans poils, & n'aboyent jamais ; leurs oreilles ont la forme de celles du renard, sa chair est préferée à tout autre par les Negres.

Les reptiles & les insectes y sont nombreux : le *guana* moins gros que le crocodile est de l'espece du lézard, les lézards y sont très-gros ; on y voit deux especes de cameléon, & un plus grand nombre de serpens : il en est qui ont quinze à vingt pieds de long, il en est de verts, de rouges ; d'autres, dit-on, ont deux têtes : on prétend aussi qu'il en est une espece ornée d'une crête, & qui chante comme le coq. Les insectes y pullulent, les sauterelles y volent en armées nombreuses & traînent à leur suite la disette & la désolation ; les mouches y sont très-variées : les bugabugs, espece de punaises, y causent de grands ravages ; des légions de fourmis y travaillent & voyagent sous la terre ; des millions de mosquites obligent les Negres à vivre une partie de leur vie au milieu de la fumée : les abeilles y sont en assez grand nombre pour faire la cire, une des richesses de cette contrée ; les grenouilles y sont fort grosses, les scorpions y sont quelquefois longs d'un pied : il y a des abeilles hideuses, aussi larges que la main : les chiques & d'autres especes de vers y sont, dit-on, engendrés par les eaux.

Le pelican, les aigles, les faucons, l'autruche volante, oiseau de la taille du coq d'Inde, le peigné, les oies, les perdrix, les pintades, les perroquets, le heron nain, la nonette qui a la taille de l'aigle, le cormoran, le vautour, l'écouye qui est une espece de milan, le paon d'Afrique ou la demoiselle de Numidie, la trompette qui a la grandeur de l'oie & un double bec, le *suce-bœuf*, qui vit du sang du bœuf & est de la grosseur d'un merle, le quatre ailes qui est de la grosseur du pigeon, le kurbalus ou pêcheur, les chouettes, les perdrix, une multitude d'autres oiseaux y rendent les bois animés & embellissent la nature. La mer y nourrit deux especes de marsouins, la baleine, le souffleur, la lamie, le requin, le suceur, le pilote, la zigene, la vache marine, l'épée, le sponton, la vieille, la torpede ou torpille, &c. On trouve dans les rivieres la carpe, le mulet, l'anguille, l'écrevisse, le crabe, le barbeau, la tortue, &c. un grand nombre d'animaux amphibies, le crocodile qui peut s'apprivoiser, l'alligator, le cheval marin, qu'on y nomme *malley*, &c.

Royaume de Galam ou des Serakolez.

On ne sait quelle est son étendue du midi au nord; il a 45 lieues du levant au couchant: il touche au Sahara, au royaume de Kahon, à ceux des Peuls, de Kombo, aux républiques de Bondou & de Bambouk. Il est habité par deux peuples différens, dont l'un habite la partie du nord, l'autre celle du sud : le premier se nomme les Saracolez ; les autres sont Mandingots. Les premiers sont inquiets, turbulens, paresseux ; les seconds sont doux, polis, laborieux, adonnés au commerce, & forment une espece de république presque indépendante. *Lanel* en est la capitale ; elle est sur le bord méridional du Sénégal : d'autres villes sont dans ce royaume qui est peuplé : les Français y possédaient le comptoir de *S. Joseph* ou *Mankanet*, dans un lieu agréable, sain & d'un abord commode, quatre lieues au dessus de Lanet, mais ils l'ont cédé aux Anglais. Cet Etat a diverses villes le long du Sénégal : telle est *Tafalioga* & *Dramanet* : cette derniere a 4000 habitans, la plupart Musulmans, & qui ne reconnaissent point l'autorité de roi de Galam : ils ont du goût & des talens pour le commerce. Le roi y prend le titre de *tonka* : au milieu d'un pays très-riche, il parait pauvre ; son palais ne se fait distinguer des cabanes de ses sujets, que par ses fondemens qui sont d'un marbre rouge & brut : le pavé de sa cour est aussi de marbre ; il réside ordinairement à *Tuabo* où sont des carrieres de cette pierre : son autorité n'est pas sans limites : les principaux seigneurs du pays sont autant de petits rois ; ceux qui gouvernent des villages se font appeller *siboyez*. Les Mandingos qui s'y sont établis venaient du Jaga situé plus au midi, ils sont aujourd'hui la partie la plus nombreuse des habitans de Galam ; tous sont Mahométans, & se disent Marabutts ou prêtres : presque tous savent écrire & lire l'arabe : les *Serakoles* sont moins savans, & moins paisibles ; souvent ils détrônent leurs rois, quelquefois ils lui désobéissent : ils forment même des especes de république telle que celle de *Conyur* ; les maisons de cette bourgade sont de pierre & couvertes de tuiles ; le peuple en est Mahométan, & il est redoutable à ses voisins, parce qu'il a beaucoup de Marabutts, qui vendent des grisgris qui préservent des blessures & de la mort.

Les mariages, dans le royaume de Galam, se font sans beaucoup de cérémonie : les deux peres s'arrangent sur les conditions, puis vont le déclarer à un marabutt, & le mariage est conclu : la femme reste pendant trois ans voilée, même pour son mari : un homme y a plusieurs femmes, & lorsqu'il en prend une nouvelle, il ne peut que partager l'année entr'elles, non donner tout son tems à celle qui lui plait davantage.

Ce royaume est riche en or ; le commerce y en amene de Bambouk où les mines sont plus abondantes : on y trouve aussi beaucoup de crystal de roche, de pierres transparentes, du beau marbre ; il y a différens bois de couleur, & quelques-uns donneraient de l'éclat à la teinture des étoffes Européennes. On y trouve beaucoup de salpètre.

Royaume de Bambouk.

Il est situé au midi de celui de Galam, & quelques auteurs l'envisagent comme s'il en faisait partie : il est extrèmement peuplé, & les villages y sont très-voisins les uns des autres, sur-tout sur le rivage des rivieres, dont les principales sont celles de *Ghannon*, de *Mansa* & de *Sannon* : par-tout ailleurs le pays est sec & aride, & ne produit ni millet, ni riz, & peu d'herbes potageres ; il n'y a pas même de paille pour couvrir les maisons : le seul légume est une espece de pois dont la cosse est ronde & a deux pouces de diamètre ; sa tige rampe & s'étend au loin, ses feuilles longues de six pouces ont la forme de celles du trefle ; les poids sont ronds, d'un gris marbré, de la grosseur d'une balle de mousquet d'une once : ils sont très-durs, & se cuisent difficilement ; mais ils viennent sans culture, raison très-forte pour les faire préférer à un peuple paresseux : l'*ambrette* y vient aussi par-tout ; c'est une espece de *ketmia* qui la porte ; elle est de la grosseur du millet, & quoiqu'elle ait l'odeur du musc, les Negresses qui aiment les odeurs, qui portent des paquets de cloux de girofle à leur col, n'en font

CONTRÉE DU SÉNÉGAL. 413

aucun usage, parce qu'elle est trop commune. On y voit un arbre de grandeur moyenne, dont le fruit rond & de la grosseur d'une noix, couvert d'une peau séche & brillante, renferme au lieu de chair une graisse qui ressemble à celle de mouton, & qui sert de lard & de graisse aux Negres; on dit qu'elle est bonne pour les maux de nerfs; c'est ce qu'on appelle *beurre de Bataule*: le tronc même de l'arbre donne de cette graisse, & ses feuilles petites & rudes, rendent un jus huileux lorsqu'on les presse.

Les animaux les plus singuliers de Bambouk, sont, une espece de singes plus blancs encore que les plus beaux lapins blancs d'Europe, qui ont les yeux rouges, & de la docilité; mais qui ne peuvent souffrir le transport: le renard blanc qui y est commun; on en mange la chair & on en vend la peau: le *ghiamaia* est un animal plus haut & moins gros que l'éléphaut; sa figure approche de celle du chameau, ses jambes sont très-longues, il marche rapidement; c'est sans doute la *girafe* que Compagnon nous trace ici, mais quand il ajoute que le ghiamaia a deux bosses comme le dromadaire, qu'il a sept cornes sur la tête, droites, longues de deux pieds, il parle d'un animal que personne ne connaît encore, ou il défigure son modele.

Il nous dit aussi qu'on y trouve des merles blancs, & que les pigeons y sont verts; tout cela est possible.

Les mines d'or de ce pays sont au nombre de six: celle de *Furcarane* est à l'orient du *Faleme*, entre des montagnes qui forment une chaîne: celle de *Sambunara* est encore à l'orient de la même riviere, à cinq lieues de la ville de ce nom, dans un canton sablonneux: celle de *Segalla* sont voisines du fleuve fur fa rive droite, au midi de la ville de *Queigne* : celle de *Ghingifaranna*, font fur les deux rives de la riviere de Kaghiufe, près du lieu où elle fe joint au Faleme : la terre dans ces lieux eft mêlée de grains d'or pur, le gravier des montagnes voifines eft couvert de paillettes de ce métal : tous les ruiffeaux en charrient avec le fable, & les Negres en recueilleraient une grande quantité, s'ils étaient moins pareffeux. La plus riche des mines du Bambouk eft celle de *Nettoko*, près du Sannon & de Tamba-Awra : la plus ancienne eft celle de *Fahana* ou *Farbanna* dans une efpece de prefqu'île que forme le Sannon. Et ces mines ne font pas les feules richeffes métalliques de ce pays : il en eft encore d'argent, d'étain, de plomb, de fer & d'aimant. Ces cantons font environnés de montagnes hautes, nues, ftériles; les terres en font argilleufes, différemment colorées, & on s'en fert pour faire des têtes de pipe.

Le pays n'eft gouverné par aucun roi : chaque village eft en quelque maniere un état indépendant, dont le chef, nommé *Farim* fur les bords du Faleme, *Elemanni* dans l'intérieur du pays, jouit de la même autorité qu'un roi, auffi long-tems qu'il ne s'éloigne pas des ufages établis : s'il viole ces ufages, s'il afpire au pouvoir arbitraire, il eft bientôt dépofé, ou fes biens mis au pillage. Tous ces petits états fe réuniffent pour former une armée contre l'ennemi commun.

Ce font les Farims qui permettent d'ouvrir & de fouiller les mines : ils font publier que la mine fera ouverte à un jour qu'ils fixent; alors ceux qui ont befoin d'or s'y rendent; les uns creufent, les autres tranfportent la terre ; ceux-ci apportent de l'eau, ceux-là lavent le minéral : les chefs veillent sur l'or qu'on nettaie, ils président au partage, & n'oublient pas la moitié qui leur en revient : ordonnent-ils qu'on cesse de travailler, chacun se retire chez soi. Ces richesses seraient un bien dans un pays qui n'aurait pas besoin de ses voisins pour les choses de la premiere nécessité ; elles sont un mal pour les pauvres, parce que ceux qui leur apportent des vivres, les font attendre, & en font naître la disette pour les vendre plus chers.

A l'orient du Galam & du Bambouk, on trouve le pays de *Gadua*, & celui de *Tamba-Awra* ou *Tanboura* dont on ne connaît à-peu-près que les noms : on sait seulement que ce dernier est peuplé, quoique le sol en soit stérile, parce qu'il a des mines d'or, de fer & de salpêtre.

Au midi est le royaume de *Makanna*, dont on connaît peu de chose ; sa principale ville est *Dambanna*, située au pied d'une montagne, à la source de la *Mansa*. Au couchant de ce petit Etat est celui de *Kombregudu* : comme Bambouk il a le titre de royaume, mais il est gouverné aussi par les chefs des villages : il est arrosé par le Falémé, & n'est fertile que sur ses bords ; il a des mines d'or ; ses deux principales bourgades sont *Queigne* & *Saissandin*.

Kontu est au nord de Kombregudu ; il est arrosé par le Fakmé, est gouverné par les chefs des villages, & compte entre ses principales bourgades *Tragollés*, *Dadlemullet* & *Sambunara*, toutes sur le Faleme.

A l'orient de Kontu est le pays de *Bondu* ou *Bondou* ; c'est encore une espece de république dont le territoire est d'environ 40 lieues du midi au nord, & 25 du levant au couchant : on ignore quelles sont ses productions.

Royaume des Foules ou *Foulis* ou *Peuls.*

Il est fort étendu : du couchant au levant on lui donne 196 lieues ; on ignore son étendue du sud au nord ; il est arrosé par le Sénégal qui y forme des îles. Ce pays est peuplé, le terroir y est fertile, & pourrait fournir à un commerce avantageux : la couleur des habitans est bazanée ; on n'en voit pas qui soient d'un beau noir : leur taille est médiocre, bien prise, aisée : sans avoir la force de corps de leurs voisins, ils soutiennent le travail, sont bons fermiers, & cultivent avec soin le millet, le coton, le tabac, les pois, les légumes ; ils entretiennent un grand nombre de bestiaux ; leurs chevres, leurs moutons sont d'une beauté extraordinaire ; leurs bœufs sont fort gras, & c'est d'eux qu'on tire les meilleurs cuirs : ils aiment la chasse, & savent la faire. Le pays est rempli d'animaux : le sabre, la zagaye, l'arc & la flèche sont leurs armes : plusieurs savent se servir de l'arme à feu : ils ont de la vivacité dans l'esprit, de la civilité dans les manieres ; mais ils savent tromper pour parvenir à leur but : la danse, la musique sont une de leurs passions, un de leurs besoins : leurs femmes sont bien faites, d'une complexion délicate ; leur visage est agréable ; la parure est leur grande occupation, & les étoffes les plus belles sont les meilleures pour elles ; l'ambre jaune, les grains de verre de cette couleur, plaisent à leurs yeux, elles savent en faire des nœuds & des garnitures, qu'elles entrelassent dans leurs cheveux ; elles ont l'esprit vif & les manieres douces & polies. Leur religion est celle de Mohammed ; ils apprennent aussi l'arabe. Ce peuple est répandu dans les
petits

petits Etats voifins, & nous aurons encore occafion d'en parler.

Ce pays eft femé d'un grand nombre de bourgades que les voyageurs appellent des villes : la principale eft *Agnam* ou *Ghoumel* où le roi réfide : ce roi eft puiffant, fes voifins lui paient un tribut en efclaves & en bœufs : le nombre de fes troupes eft confidérable, fa cavalerie eft bien montée, parce que les Maures le fourniffent de bons chevaux : fon Etat eft divifé en un grand nombre de diftricts dont il nomme les gouverneurs : chacun obligé de lui envoyer le nombre de foldats qu'il demande : pour fe rembourfer de leurs dépenfes, ils ont le droit de faire efclaves tous les négres qu'ils rencontrent dans l'étendue de leurs diftricts : le roi ne jouit de ce privilege qu'envers les négres qui font convaincus de crime.

Le roi des Foulis ou Peuls a le titre de Siratik : fon palais eft compofé de cabanes environnées d'un enclos de rofeaux entrelaffés, & d'une haie vive d'épines noires fi ferrées qu'il eft impoffible que les bêtes fauvages y paffent. Après fa mort, ce n'eft pas fon fils qui fuccede, c'eft fon frere ou fon neveu par fa fœur. Son principal miniftre a le nom de *kamalingo*, & c'eft ordinairement le fucceffeur préfomptif qui en eft revêtu.

Son Etat renferme diverfes îles formées par le Sénégal : telles font les îles de *Morfil* ou d'*Ivoire*, & de *Bilbas*. Les productions les plus importantes du fol font les dattes, le millet & de beaux pâturages. On y voit un lac qui porte le nom de la nation qui habite fes bords : il eft ovale, long de fix lieues, large de trois : une grande partie demeure à fec après le tems de l'inondation, & cette partie

Tome X. D d

deſſechée & cultivée produit d'abondantes moiſſons de maïz, de tabac & de légumes.

Royaume des Oualofs ou Jalofs ou Yolofs.

On lui donne 40 lieues du midi au nord, & 35 du levant au couchant : au midi il touche aux royaumes d'Yani & de Salum, au levant à ceux de Kombo & de Kontu, au nord à celui des Foulis, au couchant à ceux de Kayor & d'Oualo ou d'Hoval. Le roi prend le titre de *Burba-oualof* ou *grand roi* ; il fut autrefois un des plus puiſſans monarques de l'Afrique ; mais accablé ſous le poids de ſa puiſſance, il diviſa ſes Etats en provinces, donna celles de Sin, de Baol, de Kayor, d'Oualo, de Thin & autres à différens hommes de ſa cour qui ſe firent déclarer rois dans leurs gouvernemens, & en formerent autant de petits royaumes dont le peuple était Oualof ou Yolof. C'eſt ici que nous devons placer le portrait qu'on nous trace de ce peuple, & de ſon gouvernement.

Le roi a ſous lui pluſieurs grands officiers : tel eſt le *kondi* qui a le commandement général des armes ; le grand *jerafo* qui eſt le chef de la juſtice, l'*Alkair* qui eſt le grand tréſorier : ces officiers viſitent le pays, & ſe font rendre compte de la conduite des chefs de village : il y a parmi eux une claſſe de nobles qu'on nomme *ſabibobos*, les grands ſont appellés *tenbalas*. Les préſens y décident preſque toujours des procès que le roi ou les grands juges ont à terminer.

Les armées n'y ſont pas nombreuſes, & des eſcarmouches y font l'effet des batailles : les cavaliers ſont armés de longues zagayes, de trois ou quatre dards dentelés, & de grisgris ou amulettes pour éloigner les blessures : ils ont de plus un cimeterre, un couteau & un bouclier rond couvert d'un cuir fort épais. Les fantassins ont un cimeterre, une javeline, un carquois rempli de cinquante flèches barbelées & empoisonnées, d'un arc formé d'un roseau dur semblable au bambou ; ils se nourrissent de ce qu'ils trouvent en leur chemin, marchent sans ordre, mais se servent de leurs armes avec beaucoup d'adresse.

Les Oualofs sont plus noirs & plus beaux dans leur noirceur que les nations voisines ; ils sont droits, bien faits, agiles, robustes, leurs dents sont blanches & bien rangées, leur nez plat, leurs levres épaisses : des auteurs leur donnent des traits plus beaux ; on les peint comme des hommes doux & civils, mais paresseux, débauchés, impudens, lâches, vindicatifs, menteurs, trompeurs dans le commerce, plus enclins à voler & assassiner sur le grand chemin, qu'à s'occuper d'un travail honnête, cherchant à se nuire les uns les autres, se vendant entr'eux comme esclaves ; tels vendent leurs voisins, leurs parens, leurs enfans. Mais une partie de leurs vices viennent des Européens.

Au couchant de la contrée où regne le Burba Oualof, sont de petits royaumes qui bordent la côte : nous allons les parcourir en commençant par ceux du nord.

Royaume d'Oualo ou *de Hoval.*

Il a environ 20 lieues de côte & 25 du levant au couchant, Brue lui donne 45 lieues dans cette direction, mais notre description offre bien d'autres incertitudes encore : il touche vers le nord aux habitations des Maures du défert appellés *Serins*, renferme diverfes îles formées par les branches du Sénégal, & dont les plus confidérables font celles de Bifèche & de Brikfal : la première eft longue de 25 lieues, large de 8, arrofée & coupée par deux autres petits bras du Sénégal : le terroir en eft riche & fertile ; il abonde en maïz de deux efpeces, en riz, en légumes, en indigo, en tabac ; le froment y profpere après la feconde moiffon ; le coton y eft abondant ; on y voit de vaftes prairies où paiffent des troupeaux de gros & menu bétail, dont la chair eft excellente ; la volaille & le gibier, furtout les perdrix, les pigeons, les pintades y foifonnent : on y voit des forêts, des bois de palmiers, & fes rivages font couverts d'habitations nombreufes. L'île de *Brikfal* ou l'île aux Bois, eft remplie de bois ; celle des *Palmiers* a pris fon nom de l'arbre qui y eft le plus commun : toutes deux font cultivées par des négres qui ont placé leurs villages dans les cantons les plus élevés pour échapper aux inondations : plus haut eft *Serinpeta* où fe font les meilleurs canots du Sénégal. Au deffus de ce lieu eft le défert que le commerce des gommes a rendu célebre, plaine vafte & ftérile, bornée par des montagnes de fable rouge, où l'on ne trouve que des buiffons, & aucune autre verdure.

Près de-là eft *Angherbel*, ville & réfidence du roi de Hoval, près de laquelle le Sénégal reçoit les eaux du lac des Foules, & les lui rend pendant l'inondation : ce canal naturel, long de fix lieues, a fes rives ombragées par des arbres, & embellies par de nombreux villages : le terroir en eft auffi fertile que les habitans en font pareffeux.

On donne encore le nom de capitale du royaume à *Nguiangue*, ville ou bourgade voisine sur le bord du lac des Foulis, qu'on appelle aussi Peipeul; on dit que le roi réside aujourd'hui à *Macas*, située dans le voisinage de l'embouchure du Sénégal, qui forme aussi là différentes îles, dans l'une desquelles les Français ont bâti le fort de *S. Louis*, longue de demi-lieue, cottaiée par deux bras de la riviere, larges, l'un de 380 toises, l'autre de 210; elle est platte, sablonneuse, stérile, défendue des inondations par de hautes dunes de sable; sa pointe septentrionale est ombragée par des mangles qui ont toujours leurs racines dans l'eau : elle a deux étangs dont la fange plait aux porcs; il y végéte une herbe courte qui engraisse les bestiaux qui vont se reposer sous l'ombre d'un petit bois : on n'y a de l'eau douce, que pendant une moitié de l'année; on la trouve dans des puits où l'on dit qu'elle devient salée quand l'eau de la riviere devient douce, & douce quand la derniere devient salée; il faudrait mieux voir ce phénomène avant de l'expliquer. Là est le fort *S. Louis* dont les murs sont flanqués de quatre tours rondes bâties à l'antique, & entourés d'une palissade revêtue de terre : il a été cédé aux Anglais en 1763.

Le roi de Hoval se donne le titre de *Brak* ou d'empereur. Son palais est formé de petites huttes renfermées dans un vaste enclos de roseaux, planté de plusieurs grands arbres qui y donnent de l'ombre & de la fraicheur : la porte en est gardée par cinq ou six négres armés. Il fut autrefois très-puissant : aujourd'hui il manque quelquefois de millet pour sa nourriture; alors il sort de son indolence, assemble ses courtisans, parcourt avec eux les villages de sa domination, mange les provisions qu'on y trouve, enleve les bestiaux, & souvent expose les hommes en vente.

Royaume de Kayor.

On lui donne 35 lieues d'étendue sur les côtes de l'Océan, & 30 dans l'intérieur des terres. Il renferme le cap *Verd* qui tire son nom des petits bois toujours verds qui le couronnent, & présentent la perspective la plus agréable : au dessus on découvre deux collines rondes qu'on a nommées les *Mammelles*; il s'avance au loin dans la mer, & passe pour le plus grand de tous les caps, après le cap de Bonne-Espérance : les habitans du pays l'appellent *Beseeher* : au couchant il est escarpé & ceint de rocs ; au midi il est bas, mais son rivage est orné de longues allées d'arbres ; plus au fond le sol est uni, & la côte à une petite distance est bordée de villages & de hameaux qui se suivent & s'étendent jusqu'au *cap Emmanuel* dans un espace de cinq lieues : du cap nord à la distance de quelques lieues on trouve la forêt de *Kramptane* remplie de palmiers dont on tire deux especes de vin : près du cap Emmanuel sont deux grands rochers dont l'un se fait remarquer par un arbre d'une grandeur extraordinaire, l'autre par une vaste caverne où l'eau tombe continuellement avec un bruit prodigieux, & qui sert de retraite aux oiseaux qui peuplent les rochers, & dont la fiente blanchit la surface ; ce cap reçut son nom des Portugais ; les Hollandais y ont bâti un fort ; il est formé par une montagne ronde, dont le sommet est plat, & qui étant toute couverte d'arbres, offre de tous côtés la forme d'un amphithéâtre : le pays aux environs de ces deux caps est rempli de poules, de perdrix, de lievres, de pigeons ramiers, de chevres & de bêtes à cornes.

 L'île de Gorée est en face du cap Emmanuel ; son nom lui vient des Hollandais qui lui trouverent de la ressemblance avec l'île de Zelande qui porte ce nom : elle est à une lieue du continent, & n'a qu'un quart de lieue de tour ; elle n'est qu'une langue de terre basse qui est jointe à une montagne escarpée où est bâti le fort que les Français y occupent : au midi elle ne voit que la mer ; au nord elle découvre le cap Verd, au levant tout le rivage du continent : quoique située sous la Zone torride, on y respire presque toute l'année un air frais & tempéré que lui procurent l'égalité des jours & des nuits, & les vents de terre & de mer qui s'y succedent presque sans interruption : longtems elle parut séche & stérile : en 1749 M. de S. Jean y découvrit des sources d'eau, y fit semer de bons légumes, y planta de beaux arbres fruitiers, & en fit enfin un séjour charmant ; la plus grande incommodité qu'on y éprouve, vient des fourmis nommées *vagvagues* qui font des galeries de terre de la grosseur d'une plume d'oie, cimentée avec art & délicatesse : elles les élevent sur les corps qu'elles veulent attaquer : elles y travaillent à couvert & sans être vues, & rongent, consomment en peu de tems toutes les matieres auxquelles elles s'attachent : si elles attaquent un lit, il est presque impossible de les en écarter ; le vinaigre, l'eau salée ne les effrayent pas ; la nuit elles reparent promptement le dommage fait dans le jour, & il faut leur abandonner le lit, ou s'exposer à éprouver les douleurs les plus vives, causées par leurs morsures : la nuit y offre un spectacle singulier ; les poissons, les coquilles y jettent une lumière phosphorique qui en rend sensibles toutes les formes diverses, & dans l'orage, les vagues émues semblent des montagnes de feu. Les richesses naturelles y sont des bœufs, des vaches, des moutons, des ânes, de la volaille, des pintades, des perroquets, des aigles, &c. il y a des serpens de différentes espèces, des serpens géans, des serpens verds, des serpens rouges : les aigles qui les enlèvent & les déchirent en empêchent la multiplication : il en est qui s'apprivoisent, fréquentent les maisons, & ne font point de mal.

Kayar est dans le département du comptoir de Gorée : le commerce y produit annuellement 300 esclaves, vingt-mille cuirs & 250 tonneaux d'ivoire : les cuirs y étaient autrefois bien plus abondans, mais l'avarice du prince, irritée par le voisinage des Européens, a dévasté les campagnes : on donne en échange des bijouteries à l'usage des négres, des boëtes d'argent pour les parfums, des grains creux d'argent qu'on entremêle avec le corail & l'ambre, des koris, coquilles qu'on tire des îles Maldives, des barres de fer, des émaux, des verres.

Le roi a le titre de *damel* : son palais de *Makaya* est distingué par sa magnificence : il est ceint d'un enclos vaste où l'on trouve d'abord une grande & belle place pour exercer ses chevaux, puis les huttes des seigneurs négres qui l'entourent : une longue allée de calebassiers conduit ensuite à la premiere place du palais, & des deux côtés sont les cabanes des officiers entourées de palissades : chacune des femmes du roi a près de là son enclos particulier; on arrive enfin dans la cour des gardes, puis dans une salle ouverte où le fauteuil royal est toujours placé, ayant des tambours suspendus à ses côtés: autour sont les grandes cabanes qu'il habite. Le prince est respecté & très-despotique ; ses principaux ministres sont l'*alkaïde* & le *jenaso* qui administrent toutes les affaires, & perçoivent les droits du prince : on appelle de leur sentence au *kandi* ou capitaine général. Ses sujets passent pour les meilleurs esclaves de toute l'Afrique : un morceau d'étoffe cache leur nudité ; les femmes lient leurs cheveux sur la tête, & attachent par dessus de petites pieces de bois plattes qui les préservent de l'ardeur du soleil : elles sont lascives, & leurs maris sont peu jaloux, ils offrent eux-mêmes ce qu'elles désirent accorder.

Les principaux lieux de ce petit royaume sont : *Rufisco*, mot corrompu de *Rio-fresco*, riviere fraiche, nom que lui donnerent les Portugais : cette bourgade est dans une situation agréable, elle est environnée d'un grand bois d'arbres divers, & on y compte 300 maisons bâties avec des roseaux & des feuilles de palmiers, assez grandes & commodes : on y vit de poissons qu'on a laissé pourrir sur le sable où ils exhalent une odeur fétide, insupportable aux Européens : on y commerce en esclaves, cuirs, gomme, ivoire, plumes d'autruche, indigo & étoffes de coton raiées de blanc & de bleu. *Enduto* est un village dont le chef est toujours de la plus ancienne famille. *Sanyeng* fut peuplée de Portugais, & l'on y voit encore deux de leurs maisons, ayant chacune devant elle un arbre d'une grosseur extraordinaire : on y voit, dit-on, un puits dont l'eau a le goût de miel. *Mangor* est la résidence du damel pendant une partie de l'année. C'est

à *Emboul* qu'est le palais des femmes du damel, &
il est défendu aux hommes d'en approcher de plus
de cent pas. *Embar* est la résidence de l'héritier du
royaume. *Biyurt* est située sur le Sénégal, presque
vis-à-vis de *S. Louis* : là sont les officiers du damel
pour recevoir ses droits : ses habitans aiment l'oisiveté, leurs femmes travaillent tandis qu'ils font la
débauche avec les matelots Européens : ils vivent
de racines : leurs maisons sont des huttes de paille,
toujours remplies de fumée : les Portugais y avaient
bâti un fort aujourd'hui détruit : ses environs sont
bas & mal-sains ; l'embouchure de son canal est
presque bouchée par un banc & deux îles : le commerce s'y fait par l'entremise des femmes.

République des Sereres.

Ils sont répandus dans le voisinage du Cap Verd
sans dépendre du Kayor : c'est une nation libre &
indépendante, qui semble sentir que le bonheur &
la liberté d'une nation est dans son obscurité : leurs
habitations sont dispersées dans les bois où ils forment de petites républiques qui se réunissent en une
seule pour résister aux efforts de ceux qui les attaquent. Ces peuples n'ont d'autres loix que celles de
la nature ; ils sont nuds, n'ont aucune idée de l'E-
tre suprême, & n'imaginent point qu'il reste quelque
chose de l'homme après sa mort ; ils sortent quelquefois de leurs retraites & viennent attaquer les
passans pour se pourvoir d'armes : leurs voisins les
regardent comme des barbares, & leur nom est pour
eux une insulte ; cependant on a éprouvé qu'ils sont
honnêtes, doux, charitables, généreux envers les
étrangers, & laborieux ; ils savent cultiver la terre :

CONTRÉE DU SÉNÉGAL. 427

Ils vivent de kuskus, graine produite par une efpèce de gramen, de bananes, de différens fruits, & de poiffons qu'ils pêchent dans un lac d'eau faumache, formé par une petite riviere d'eau douce, & qui fe décharge dans la mer entre les Caps Verds & Emmanuel; on le nomme *lac des Sereres*: fur fes eaux voltige une efpece de faucon qui pêche avec adreffe.

Cette nation ignore l'ufage des liqueurs fortes; ils enterrent leurs morts dans des efpeces de huttes rondes couvertes avec foin; le corps y eft placé dans un lit, puis ils bouchent la hute exactement avec de la terre détrempée; les unes font furmontées d'un arc & de flèches; les autres d'un mortier & d'un pilon : c'eft ainfi qu'ils diftinguent les tombeaux des hommes de ceux des femmes : ces huttes mortuaires forment des efpeces de villages très-nombreux. Ils ne parlent pas la langue des Oualofs, & la leur, femble leur être particuliere; ils boivent le vin de *Latanier*, efpece de palmier fouvent haut de cent pieds, dont la tête eft formée de quarante à foixante branches vertes, unies, flexibles, longues de quatre pieds, dont l'extrèmité a une feuille longue d'un pied, qui s'ouvre & forme un éventail naturel : on fe fert de cette feuille à différens ufages : au-deffous croît un fruit rond de fix à fept pouces de circonférence, couvert d'une peau rouge & épaiffe, renfermant dans une chair fpongieufe, agréable, relâchante, un noyau dont l'amande eft amere. Parmi les animaux que leur pays nourrit, on remarque le *Bomba* ou *Capi-verd*; il eft de la groffeur d'un petit porc, couvert d'un poil blanchâtre, court, menu, roide, ayant des pieds armés d'ongles pointues qui lui fervent à monter & defcendre les arbres où il fe nourrit de fruits : fa tête reſſemble à l'ours; ſes yeux ſont petits, vifs; ſon goſier eſt large, ſes dents pointues; il vit dans l'eau comme ſur terre, & la chair en eſt excellente. C'eſt le cabiai de l'Amérique.

Royaume de Baol ou *Baul*.

Il a 28 lieues dans ſa plus grande largeur; il n'en a que 98 le long des côtes: ſon Roi a le titre de *Tin*, nom qui déſigne un petit royaume différent, ſelon l'hiſtoire de l'Afrique Françaiſe: Bool ou Baool a été une province de l'empire des Oualofs, puis réunie au royaume de Kayor; aujourd'hui il forme un Etat ſéparé : ſes habitans ſont Oualofs, ſes productions ſont les mêmes que ceux des Etats voiſins. Son Roi réſide à *Lambaya* ou Lambai, quelquefois à *Sangaya*, bourgades formées par des huttes. Les Français ont dans ce petit royaume un comptoir à *Portudal* ou *Sali*, le meilleur port de la côte.

Royaume de Sin.

Il eſt ſitué au midi du précédent; il n'a qu'environ huit lieues d'étendue ſur la côte, depuis la pointe de Serere juſqu'à la riviere Burſalum, & 28 dans les terres. On le nomme auſſi *Barbeſin* : ſa capitale eſt *Joab* ou *Juala*, ville grande & peuplée, qui a une rade où les vaiſſeaux peuvent mouiller, où l'ancrage eſt ſûr, le débarquement aiſé: les Français y ont un comptoir pour le commerce des eſclaves, des cuirs, des dents d'élephans & de la cire: ils en tirent auſſi toutes ſortes de proviſions pour l'isle de Gorée: un chemin commode conduit de ce lieu, au travers des villages qui bordent la côte jusqu'à Rufisco. Les habitans de Joal sont insolens, mais ils aiment le commerce : autour d'eux les chevaux, les bœufs sont en grand nombre, la volaille commune, le maïs & le riz abondans : le pays est couvert de palmiers, de bananiers & produit beaucoup de fruits & de coton. Le roi se donne le titre de *Bur* : ce Bur ne voyage qu'à cheval, il visite quelquefois ses sujets qu'il ruine par ce moyen, & qui cherchent à l'éloigner le plus qu'ils peuvent : le royaume est borné par la riviere de Palmerin. Sur la côte sont les trois isles désertes de *Barbesine*, où l'on voit de beaux arbres & qu'habitent un grand nombre d'oiseaux.

Royaume de Salum ou Bursalo.

Il doit son nom au Salum, qui a sa source particuliere & n'est point un bras de la Gambra, comme on l'a d'abord supposé : il touche à l'océan par un espace fort étroit & s'étend le long de la Gambra dans une étendue de quinze lieues, après avoir bordé les royaumes de Barra, de Kolar, de Badelu, & de Sanjally qu'il enferme ainsi entre l'océan, la Gambra & lui. Ses principales villes sont *Nani-Jar*, *Kower*, où le Roi réside le plus souvent, *Morakunda*, *Tombakunda*, *Joar* où le Roi réside quelquefois, *Bursali*, *Fellam*, *Kohone* où viennent les marchands Mandigos avec l'or, l'ivoire & les esclaves qu'ils ont tirés des pays voisins. *Kowar* sur la Gambra, est le lieu où se fait le plus de commerce, surtout en esclaves : elle est située dans une vaste prairie, est divisée en trois villes qui chacune ont un mille de tour, & dont l'une est habitée par les

Oualofs : de petites collines les environnent & on y fabrique des étoffes de coton. *Joar*, à une lieue de la riviere, est dans une plaine très-agréable, environnée de bois qui sont le repaire de bêtes féroces. Plus loin est une chaîne de montagnes qui s'étendent vers l'orient dans un espace de 100 lieues, & qui offriraient des promenades charmantes en été, si elles n'étoient infestées d'animaux redoutables. Joar a été commerçante & a cessé de l'être deux fois. Près de *Fekam* il y a des salines.

Le chef a le titre de *Bur* ou de Roi, son Etat est un des plus puissans de ce pays. Il est, dit-on, Oualof; son peuple est mêlé de Mandingos & de Foulis, mais les premiers dominent, & c'est ici le lieu d'en parler. C'est la Nation la plus nombreuse de toutes celles qui habitent ces côtes & les bords de la Gambra : elle est vive, enjouée, sociable, mais querelleuse, aimant l'oisiveté ; les jeux puériles, ayant sans cesse la pipe à la bouche. Ils viennent originairement de l'intérieur des terres, sont zélés Musulmans, & ne connaissent point l'usage du vin ni de l'eau de vie ; ils font l'office de missionnaires, mais leur religion ne consiste qu'en la croyance d'un Dieu, & la pratique de deux ou trois cérémonies ; tous portent un couteau suspendu à la ceinture, plusieurs portent une épée sur l'épaule droite, ou une zagaye & des dards à la main, ou un arc & des flèches : ils portent la délicatesse sur le point d'honneur à l'excès : ils se saluent en se secouant la main ; ils saluent une femme en approchant sa main de leur nez : celle-ci se met à genoux pour présenter à boire à son mari : leur nez plat, leurs grosses levres les distinguent des Foulis, ou Peuls ou Pholeys qui vivent avec eux : ceux-ci ont des femmes de la taille la plus élégante, les traits de leur visage sont fort réguliers : quelques chèvres, des vaches sont toutes leurs richesses, & la plupart quittent leurs habitations pour errer avec leurs troupeaux, vendant du lait doux, du lait aigre, du beurre frais & blanc, du beurre dur & d'une belle couleur : leurs villes forment des sociétés agréables, parce que ce peuple est doux, & aime la justice ; ils cultivent aussi la terre, & n'en tirent que ce qui est nécessaire pour suffire à leurs besoins : ils vendent à bon marché le bled & le coton qui leur deviennent superflus : ils sont humains & charitables ; si l'un d'eux tombe dans l'esclavage, tous le rachetent à frais communs, jamais ils n'en abandonnent dans le besoin : les Mandingos cherchent à les opprimer, mais leur courage repousse l'oppression, & leur industrie les rend utiles même à ceux qui voudraient être leurs tyrans.

Les chefs des deux peuples ont des lieux destinés aux exercices de leur religion, où ils se rendent deux fois le jour, s'y tiennent debout les yeux fixés vers le levant, puis se prosternent contre la terre, la baisent & jettent du sable sur leur visage avec les deux mains : chaque village a son marabutt qui rassemble les habitans le matin, à midi & le soir dans un champ : là il prononce des mots d'une voix lente & haute, fait diverses contorsions, des cérémonies, se jette de la poussiere sur la tête, & prie : tous les négres l'imitent avec un air respectueux & une contenance modeste.

Ils observent le ramadan, auquel ils ont joint quelques observations particulieres, & ils le finissent par des fêtes où la danse n'est pas oubliée, car la danse console & délasse les négres. On circoncit les enfans à quatorze ans. Les Marabuts font tempérans, ils font honnêtes & charitables, inftruifent les enfans, vifitent le peuple pour l'inftruire, & payent leur dépenfe en vendant des amulettes ou grifgris : ils font vénérés des petits & refpectés des grands : plufieurs fe fervent des privileges que donne leur titre pour faire un commerce avantageux, comme font les fakirs en Afie ; & il leur eft facile d'en impofer à des hommes fimples & fuperftitieux. On retrouve chez les Mandingos toutes les idées bizarres & les fuperftitions du vulgaire : les éclipfes font caufées par la griffe d'un chat qui cache la lune ; ils lifent les malheurs qui les menacent dans les entrailles d'un poulet ; ils ont des jours heureux & malheureux ; ils font des vœux, ont des amulettes, des vifions, des miracles, &c. On y voit une idole haute de neuf pieds qu'on nomme *mumbo-jumbo*, couverte d'une robe d'écorce d'arbre, & d'une toque de paille : fur le foir elle pouffe des cris horribles, épouvante les femmes, & décide les différends qu'elles ont avec leurs maris ; pour foutenir fon autorité, on n'a pas craint de commettre des meurtres. Ils ont différens ufages encore, dont l'énumération nous ménerait trop loin, & d'ailleurs plufieurs leur font communs avec leurs voifins.

Le roi de Burfalli a fous lui des chefs qu'on nomme *Manfa*, qui fuccédent à ce titre comme le roi à fon état ; toutes les terres, tous les palmiers lui appartiennent : on ne fait pas la moiffon, on ne tire pas du vin des palmiers fans fon ordre, & il s'en fait payer la permiffion qu'il en donne, par deux jours de travail dans la femaine ; il tire encore 4000 écus des étrangers qui font dans fes états ;

CONTRÉE DU SÉNÉGAL.

états; les Portugais paient cinquante écus par tête, & il est imité en cela par les autres rois de la côte. Outre les présens qu'ils reçoivent des vaisseaux qui viennent charger sur la côte, ils exigent encore cent barres de fer : ils font enlever les habitans pour les vendre, & souvent ils vendent les exécuteurs de leurs ordres, pour paraître satisfaire aux plaintes du peuple. Ces rois Mandingos ne se distinguent de leurs sujets que par la quantité des grisgris dont ils sont couverts : la loi leur permet d'avoir sept femmes, & autant de concubines qu'ils veulent : on les approche à genoux, & mettant de la poussiere sur le front. Chez plusieurs d'entr'eux, surtout chez le roi de Baol, le conseil s'assemble dans une épaisse forêt où l'on creuse un grand trou sur les bords duquel les ministres se placent, avancent la tête vers le fond, écoutent, déliberent, & quand la résolution est prise, on rebouche le trou pour y ensévelir tout ce qui a été dit. Les ministres ont des titres de dignité, les princes des titres & des appanages : des Alkades dans les villages reglent le travail du peuple & la moisson, ils jugent les procès. Les villes, les villages sont toutes de forme ronde, les cabanes y ressemblent à des ruches qui n'ont qu'une ouverture : une armoire, une natte élevée sur des pieux, des mortiers de bois, sont tous les meubles de ces maisons. Entre la Gambra, l'Océan & le royaume de Bursalli sont les petits états suivans.

Royaume de *Sanjalli* ou *Joally*.

Il est borné à l'orient par le Bursalli, au midi par la Gambra, ou plutôt par la riviere de Bursalli, au couchant par la mer; il a quatorze lieues d'étendue, & malgré sa petitesse, il est indépendant. *Salt-Pans*, au bord de la Bursalli ou Sango-mar, *Fowel* dans l'intérieur des terres, *Fattik* sa capitale, sur la riviere de ce nom, sont ses principales villes. Il y en a une encore qui porte le nom du royaume & est sur le bord de la mer. Le roi est Mandingo.

Royaume de *Barra* ou *Bar*.

Il est au midi du précédent & de Bursalli, au nord de la Gambra, sur les bords de laquelle il s'étend dans un espace de vingt lieues. Le roi en est Mandingo, & tributaire de Bursalli. En entrant dans le fleuve on découvre une touffe d'arbres, dont l'un est plus élevé que les autres; on l'appelle le *pavillon du roi de Barra*, il faut saluer ce pavillon, ou le roi défend le commerce. L'île *Charles* ou *des Chiens*, entourée par la Gambra, dépend de cet état: les Anglais s'y étaient d'abord établis: on les en chassa & depuis ce tems elle est inculte & déserte. Ses principales villes sont *Barrinding*, sur une petite riviere qui se rend dans la Gambra, où le roi réside une partie de l'année. *Albreda* sur la Gambra, où les Français ont un comptoir, & d'où ils ne peuvent traverser la riviere sans la permission des Anglais. *Silifrey*, près de la Gambra, est peuplée de Mandingos, & l'on y voit une mosquée: son territoire mal cultivé s'y couvre d'une herbe haute de sept à huit pieds: on croit y avoir découvert un cerisier semblable à ceux d'Europe : les Anglais y ont aussi un comptoir, dans une position agréable & entouré de jardins qui fournissent des légumes à l'île *James*. *Jokkato* est dans l'intérieur du pays, qui est bordé d'îles basses, très-fécondes en ris, & où l'on fait du sel, objet de commerce pour les pays voisins. On dit qu'il y a sept villages de Chrétiens dans ce royaume ; ce sont des descendans des anciens Portugais qui se sont multipliés dans le pays, & ont perdu la blancheur du teint en se mêlant avec les habitans naturels. Vis-à-vis d'*Albreda* & *Jucfras*, est l'île *James* où les Anglais ont formé leur principal établissement. Cette île est formée par la Gambra, à dix lieues de son embouchure dans la mer, est à une égale distance de ses rives, c'est-à-dire, à plus d'une lieue de l'une & de l'autre : elle n'a qu'un tiers de lieue de tour, & n'est qu'un roc stérile & plat. On y a bâti un fort régulier à quatre bastions, qui renferme divers édifices, des magasins, des loges d'esclaves : les soldats, les artisans, sont logés hors du fort dans des barraques bâties de pierres liées avec du mortier : le tout est environné d'une palissade, d'ouvrages à redens, & de la riviere ; elle fut fortifiée en 1664 & a été prise plusieurs fois.

Royaume de Kolar.

Il est situé au nord-est du précédent, & est très-peu connu ; sa puissance ne le fait pas redouter, ses productions ne le font pas rechercher : ses principales villes ou bourgades sont *Kolar*, où les Anglais avaient un comptoir, où se faisait le commerce de l'ivoire, de la gomme & de la cire, mais trop peu floriffant pour l'entretenir, & *Tullindin-Kunda*.

Royaume de *Badelu* ou *Badibou*.

Il s'étend dans un espace de vingt lieues sur les bords de la Gambra : ses principales villes sont *Badibou*, placée au bord d'une riviere qui se jette dans la Gambra ; *Marakunda*, ville habitée par les Madingos, & c'est ce que son nom signifie. *Berinding*, sur la rive de la Gambra. Le roi de Badibou est Mandingo : il possede une île qu'un ruisseau sépare du continent, & où les Anglais venaient chercher des pierres avant qu'ils en eussent trouvé dans leur voisinage, à *Kabeschir*, île qui n'est séparée de la terre que par un torrent.

Royaume d'*Yani*.

Il est à l'orient de celui de Bursalli ; on le divise en haut & bas, & chacun a son roi. Le bas Yani est au couchant de l'autre, & on croit qu'ils ont aussi le nom de *Bruko* & d'*Yaniyami Konda*, mais il nous semble que c'est une erreur : *Bruko* est le même lieu sans doute que *Brukoc*, situé sur le rivage méridional du fleuve, & Yani est sur le septentrional. *Yamiya-Konda* fut aussi sur le bord méridional : les inondations ont seules forcé ses habitans à se transporter sur la rive septentrionale. On les cotaie sur la riviere pendant un espace de quatre-vingt lieues, mais on connait peu ces deux états, qui sont habités par des Mandingos & des Pholeys ou Foulis. Dans le bas Yani sont les villes d'*Yanimazew* où l'air est sain & qui a un port à une lieue de là fur la Gambra, & de *Kaffan* qu'un large chemin unit au fleuve où elle a un port : elle est peuplée; le fel y eft un objet de commerce; le poiffon y eft abondant, le roi y réfide, & elle eft fortifiée de tours & de paliffades. *Jaramey* eft dans l'intérieur des terres. *Woolley-Woolley* eft la plus grande ville de ce pays. Le fleuve y forme l'île de *Bird*, dont le fol eft marécageux & n'eft ombragé d'aucun arbre, dit Jobfon en 1621, & qui eft couverte de grands arbres felon Stibbs en 1724, celle de *Paboon* qui a trois lieues de long, celles de *Sapa*, dont aucune n'eft habitée, celle de *Lemain* qui a quatre lieues de long, eft remplie de bêtes fauves, & de palmiers. Dans le *haut-Yani* on trouve *Kuttejar*, ville affez grande, dans l'intérieur des terres, & le comptoir des Anglais de *Kuttejar*, au bord de la Gambra, renverfé par les inondations en 1725. *Samey*, ville & comptoir des Anglais fitués près de la riviere de ce nom, & que leur éloignement de la Gambra a fait abandonner : il y en avait un plus loin encore, à *Madkana*, près de la fource de la Sami ou Samey. *Walley* ou *Wallia*, autre comptoir, & diverfes bourgades habitées par les Mandingos & appellées par cette raifon *Morakunda*; *Nakvay*, ville habitée par des Mandingos, & qui a un port fur le fleuve éloigné d'elle d'environ une lieue : la partie la plus méridionale de ce pays, eft celle où eft la bourgade de *Kobas*, & un petit lac d'eau dormante, abondant en poiffons. On dit que les habitans de ces lieux haïffent les Européens, & on peut le leur pardonner; que le terroir y eft riche, & eft cultivé par des bourgades de Pholeys, peuple décent, induftrieux, & affable.

Royaume de Woolly ou *Ouly.*

C'eſt le dernier état que l'on connaiſſe ſur la rive ſeptentrionale de la Gambra; les cataractes, les bas fonds ont empêché les voyageurs de pénétrer au-delà: il s'étend au loin ſur la riviere, & renferme différentes villes; le roi réſide dans celle de *Kaunkane* ou *Kuſſaua*, ſituée dans l'intérieur du pays: *Tinda* eſt près d'une montagne, & ſur une riviere qui ſe jette dans la Gambra: le ſel y eſt la marchandiſe la plus recherchée. *Sutteko* ou *Settiko* eſt à trois lieues dans les terres; ſa forme eſt circulaire, les maiſons en ſont petites, les rues larges; les édifices renferment plus de beſtiaux que d'hommes. *Fatatenda* en eſt le port; mais il n'y avait de maiſons qu'un comptoir Anglais & quelques huttes, qui diſparaiſſent bientôt avec ceux qu'y attire le commerce: la Gambra qui eſt alors à 130 lieues de ſon embouchure, y eſt encore auſſi large que l'eſt à Londres la Tamiſe: ſon cours y eſt rapide, ſon lit profond; la marée s'y éleve encore de quatre pieds: des deux côtés le pays eſt couvert de bois; & pendant toute la nuit on y entend les cris effrayans des bêtes féroces. *Barakonda* eſt détruite, une herbe haute de douze pieds couvre le ſol où elle exiſta: elle était dans une vaſte plaine qui s'éleve par des gradations inſenſibles, & qu'habitent des éléphans, des loups, des tigres, & d'autres bêtes féroces; *Jab* s'eſt augmentée de ſes débris & en eſt à trois lieues: la riviere y eſt large de 130 toiſes & nourrit des crocodiles & des hippopotames: deux chaînes de rocs s'avancent dans le fleuve des deux côtés & reſſerrent ſon lit; l'eau ſe déborde & paſſe ſur leurs cimes: le lit qui n'eſt point bouché par ces rocs continus, l'eſt par des maſſes ſéparées, mêlées avec confuſion, laiſſant entr'elles des intervalles où le paſſage eſt impoſſible par le peu d'eſpace qu'ils ont, & la rapidité prodigieuſe de ces torrens, formés au milieu de la riviere qui y a 160 toiſes de large : plus loin la riviere s'élargit, perd de ſon fond, & d'autres cataractes s'oppoſent encore au paſſage. Le pays eſt habité comme les précédens par les Mandingos & les Foulis, ou comme les Anglais l'écrivent, les Pholeys.

Au-delà doit être le royaume de *Jaka*, au midi du Bambouk, gouverné en république par des chefs de villages.

Des pays entre la Gambra & la Haute Guinée.

A l'orient & au midi de la Gambra eſt ce qu'on appelle dans pluſieurs relations & dans des cartes le royaume de Mandingos : la plus grande partie de cette contrée eſt en effet habitée par ce peuple, & la principale bourgade qu'il y poſſéde eſt celle de *Sôngo* ou *Sango*, ſituée près des lieux où l'on place la ſource de la Gambra, au pied d'une chaîne de monts : c'eſt delà peut-être qu'ils ſe ſont répandus dans toutes les contrées plus voiſines de l'océan. *Songo* eſt à environ 250 lieues de l'océan ; mais c'eſt la ville la plus orientale du Mandinga ; 50 lieues plus au couchant on trouve le lac de *Saper* que traverſe la Gambra, & qu'on a dit être ſa ſource. Les autres habitans ſe nomment les *Souſes*, dont la domination s'étend encore plus loin vers le midi. *Seluco* ou *Selico* eſt une des villes les plus commerçantes de ce pays, elle eſt ſur la rive ſeptentrionale de la Gambra. Les habitans du Mandinga ſont les nègres les mieux faits de l'Afrique ; ils manient un cheval avec force & avec adreſſe, ils ſont eſtimés les meilleurs, les plus intrépides cavaliers de ces contrées, & les rois voiſins ſe croyent redoutables quand ils en ont à leur ſervice ; ils ſont toujours l'avant-garde de leurs armées. On dit que des marchands Arabes, ou plutôt des habitans des côtes ſeptentrionales de l'Afrique viennent commercer avec eux au Tombut où ils portent leurs marchandiſes. Ce peuple était idolâtre, mais depuis longtems il a mêlé ſes anciennes ſuperſtitions au mahométiſme ; ils ſont, dit-on, civils & humains, ils vont au loin faire le commerce, ſont fort unis entr'eux, & ne font point d'eſclaves.

Royaume de Kantor.

C'eſt un des plus conſidérables de ceux qu'on trouve ſur la rive méridionale de la Gambra. Ses voiſins plus faibles que lui ſont devenus ſes tributaires ; il commandait autrefois à tout le pays qui eſt entre lui & l'océan : il eſt peuplé ſurtout à une lieue des rives du fleuve ; les villages ſont à peu de diſtance les uns des autres, & il préſente une perſpective très-agréable : une riviere l'arroſe & porte ſon nom juſqu'à la Gambra où elle ſe perd. Le pays eſt abondant en gibier. La ville où le roi réſide eſt connue par ſa ſituation, non par ſon nom ; Leach ne lui donne que celui de *Kings-Town* ; ſans doute elle a le nom du pays même : celle de *Foleykunda* eſt habitée par les Pholeys, & c'eſt ce que ſignifie ſon nom. *Sama* eſt à deux lieues du fleuve où elle a un port déſert : le port de *Prey* ou *Prye* doit ſon nom à un bourgade éloignée de trois lieues ;

mais une petite riviere poiſſonneuſe y forme un port naturel aſſez commode.

Royaume de Tomani.

Situé au couchant du précédent, il s'étend le long du fleuve dans l'eſpace de 26 lieues. C'eſt le pays le plus peuplé de ces contrées ; ſon roi eſt de la race des Mandingos. Sa ville principale eſt *Burdah* ; c'eſt là que le roi réſide. *Kolar* a un bon port. *Baſſey* ou *Baſſi* en a un auſſi : entre cette ville & celle de Burdah eſt une petite montagne très-eſcarpée ; c'eſt une maſſe de rocs entaſſés & couverts d'arbres. *Sutema* ou *Sutamor*, ville à trois lieues des rives du fleuve : près d'elle eſt un lac abondant en poiſſon. *Yamyama-Kunda* eſt une ville aſſez conſidérable, près de laquelle les Anglais ont un comptoir ; il eſt ſur les bords du fleuve. *Danuba* eſt une jolie bourgade où l'on fait quelque commerce.

Royaume de Jemarrow.

Il eſt ſitué au couchant de Tomani, & ſon étendue ſur les rives du fleuve eſt de 32 lieues : preſque tous ſes habitans ſont Mandingos & zélés Muſulmans : ſes principales villes ſont *Fattiko* qui a un port ſur la Gambra dont elle eſt éloignée de quatre lieues : *Chaukunda* qui n'en eſt qu'à deux lieues & eſt environnée de paliſſades, au pied d'une montagne pierreuſe. *Sandala* & *Dubokunda*, deux villes voiſines, dans une ſituation agréable ; cette derniere eſt diviſée en deux villes, l'une environnée de pieux ou d'arbres enfoncés en terre à peu de diſtance & joints par un parapet de terre ; l'autre entourée de roseaux & de claies comme un parc de bétail. *Kolikunda* est renommée par les agrémens de ses jeunes filles. *Bruko* ou *Brukoc* est une grande ville, & la résidence ordinaire du roi; elle n'est habitée que par des Mandingos. *Kora*, petite ville où un roi détrôné par ses sujets a passé sa vie dans la tranquillité. *Sappa* a un port. On remarque encore dans ce pays le mont *Arsechill* composé d'une pierre noire : les négres ne le voyent point sans lui montrer le cul, en dansant, chantant, frappant des mains, persuadés que s'ils oubliaient cette cérémonie, ils mourraient bientôt.

Le roi de Jemarow est Mandingo.

Royaume d'Eropina, ou de Kiakonda.

Il est situé au nord-ouest du précédent, & peut avoir 14 lieues le long de la riviere qui forme un coude & l'environne presque de trois côtés. Ses habitans sont Pholeys & Mandingo, aussi y trouve-t-on diverses villes qui ont le nom de *Foleykunda* & de *Morakunda*. *Eropina* est le siege de son roi ; elle est à six lieues de la Gambra. *Paboon*, *Malo* sont encore des bourgades assez considérables.

Royaum d'Yamina.

Il a la même étendue qu'Eropina, & est arrosé par diverses rivieres qui le rendent fertile. Sa capitale porte le même nom; ses habitans sont Pholeys & Mandingo; *Indea*, près de la riviere de ce nom est une de ses principales villes. Son terroir est abondant en grains ; on y trouve beaucoup de volaille : vis-à-vis de ses rives est une belle île qui porte son nom, & plus loin une plus petite qu'on nomme l'île au cheval Marin, parce qu'il s'y trouve toujours beaucoup de ces animaux.

Royaume de *Jagra* ou *Giarra*.

Il est plus étendu que les deux précédens, & ses habitans ont la même origine que les leurs : cependant ceux-ci se distinguent par leur amour du travail, comme le pays par sa richesse en riz, en bleds, en coton : l'île de l'*Eléphant*, formée par le fleuve, en dépend ; elle a deux lieues de long, le sol en est marécageux & couvert de bois. Les principales villes sont celles de *Damasensa* située sur une riviere de son nom, bordée d'arbres, & remplie de crocodiles, *Jeojerey* située à dix lieues dans les terres, *Japéné* qui est à cinq lieues du fleuve, & quelques autres qui ont le nom de Marakunda & de Foleykunda, indice certain du mélange des deux nations qui l'habitent.

Royaume de *Kaen*.

Il s'étend à l'occident de Jagra, sur les bords de la Gambra dans une étendue de 23 lieues : il est gouverné, dit-on, par un empereur & par un roi, titres que sans doute ils doivent aux Européens qui les en gratifient assez libéralement ; leurs sujets sont Pholeys & Mandingos ; on y remarque diverses villes. *Kaen* est la capitale, *Tendebar* n'est qu'à trois lieues de cette derniere, & a un port sur le fleuve à six lieues d'elle. *Tankrowal* est une grande ville à peu de distance du fleuve ; elle a deux parties, l'une habitée par les Portugais, qui y ont une église

& un prêtre, l'autre par des Mandingos : le grand nombre de canots qu'on y voit en mouvement lui donne un air de vie & d'opulence; les Portugais y ont des maisons quarrées & commodes ; derriere elle est une longue colline couverte de bois qui offre d'agréables promenades pendant les chaleurs.

Royaume de Fonia.

Il n'occupe qu'un espace d'environ sept lieues sur les bords de la riviere; mais selon des relations il occupe une grande étendue de terres vers le midi, & est gouverné par deux empereurs auxquels les autres rois paient un tribut : peut-être a-t-on confondu le pays de Fonia avec celui de *Jereja*, qui selon d'autres auteurs a son prince particulier : les Français, les Anglais, dit-on, y ont des comptoirs, & dans les querelles des deux nations, il s'efforce de soutenir la plus faible ou de les faire vivre en paix. Ce pays, ou ces deux Etats, sont arrosés par plusieurs rivieres qui y répandent la fertilité ; il produit beaucoup de bled, de légumes, de fruits, de racines ; les bestiaux & la volaille y sont à très-grand marché; le vin de palmier y est très-bon & coute peu : ses nombreux habitans sont laborieux & aiment le commerce; ils sont doux, civils, accueillent les étrangers; avec ces qualités ils joignent l'insouciance de l'avenir ; ils n'amassent rien , & vendent tout ce qui leur parait superflu; s'ils manquent ensuite de provisions, ils supportent la disette, même la faim avec patience pourvu qu'ils puissent fumer : de petites armoires pour mettre leurs habits, une natte soutenue par des planches pour leur servir de lit, un grand vase de terre pour conserver de l'eau des calebasses qui leur servent de plats & de tasses, des mortiers pour piler leur bled, des manequins pour le renfermer; voilà tous leurs meubles & leurs utenciles : leur habillement consiste en un pagne de coton qui tombe de la ceinture aux genoux, & en une autre piece de la même étoffe qui couvre l'épaule droite; ils ont tous le bras gauche nud : leur tête est couverte d'un bonnet de coton, orné de plumes & de queues de chêvres. Les femmes sont plus exactement vêtues & leurs habits descendent jusqu'au milieu de la jambe : elles prennent grand soin de leurs cheveux, & la maniere dont elles les coupent & les arrangent n'est pas sans agrément. Les principales bourgades de ce pays ou de ces pays, si en effet *Jereja* est différent de Fonia, sont *Barasat* située dans une presqu'île formée par la Gambra & deux rivieres qui s'y jettent : *Kabachir* qui est dans une situation semblable. *Malo* est dans l'intérieur des terres : *Vintain* ou *Bintam* la capitale est sur le penchant d'une colline qui se termine à la riviere que les Français nomment riviere de *S. Grigou*: elle est habitée par des Portugais & des négres Mahométans : les uns y ont une église, les autres une mosquée plus belle que l'église & couronnée au sommet d'un œuf d'autruche; ses maisons ont sept à huit toises de circonférence, sont composées d'argile & couvertes d'herbes ou de feuilles de palmier : les portes en sont petites, & au lieu de tourner sur des gonds, elles coulent dans l'intérieur du mur : elles sont propres au dedans, mais non sans mauvaise odeur : les Flups qui habitent au midi & plus près de l'océan, dans le Jéréja, apportent aux habitans d'abondantes provisions : les abeilles y forment de nombreux essaims, & ses environs fournissent beaucoup de cire, unique raison qui a porté les Anglais à y placer un comptoir. Plus haut on voit un beau tapis verd ombragé par quelques arbres, & là les négres viennent chanter & danser.

Jereja est habitée par des Portugais & des négres Bagnons : le commerce de la cire y est avantageux ; les Anglais y ont un comptoir placé à quelque distance de la ville, sur les bords de la riviere de Vintain, dont l'entrée est facile & le canal profond : ses rives sont agréables & propres pour la chasse, les chevaux qu'on y voit sont petits & mal faits ; on y trouve de fort grosses oies sauvages & des serpens verds. Plus au midi sont diverses bourgades habitées par les *Bagnons* ou *Beuhuns* ou *Banyons*, & les *Flups* ou *Floupes* ou *Faluppos*, peuple qui a une langue qui lui est propre, & dont la religion est bien vague ou n'est pas connue : ceux qui habitent les lieux où l'on commerce sont doux & honnêtes, les autres sont farouches & durs ; parmi les Bagnons les hommes ont du courage, les femmes de la sagesse, & se livrent avec application au soin de leurs affaires domestiques & à ceux de leur famille ; on dit que pour s'épargner des discours inutiles, elles se remplissent la bouche d'eau pendant qu'elles sont au travail : ces peuples habitent la rive méridionale de la Gambra & sont idolâtres, ainsi que leur roi qui réside à *Kasamansa*, ville à 13 lieues de la mer : ils adorent, dit-on, les bois & les forêts, peut-être parce qu'ils s'y rendent pour des cérémonies religieuses. Dapper leur donne un Dieu nommé *China* ; il ajoute qu'ils font annuellement une procession à son honneur, conduite par leur grand prêtre qui porte un voile de soie bleue, où est peint un faisceau de menu bois avec des ossemens de mort : qu'ensuite ils met=

tent l'idole du Dieu dans le creux d'un arbre, où ils font bruler des holocaustes, & lui offrent du miel avec des prieres, puis ils se retirent chez eux. *Kasamansa* ou *Caxamansa* est sur la riviere de ce nom qui se jette dans l'océan : cette riviere & celle de St. Domingo, divisées en plusieurs bras arrosent le pays qui paraît cultivé avec soin : les cantons bas y sont divisés par de petits canaux & semés de riz : chaque bord du canal est relevé par une bordure de terre : les lieux élevés produisent du millet, du maïs, des pois de différentes espèces, des melons d'eau excellens ; on en trouve qui pesent soixante livres ; leur graine est couleur écarlate, le jus en est très doux & rafraichissant : la volaille & toutes les nécessités de la vie y sont en abondance ; le bœuf y est excellent, mais le mouton trop gras : ils boivent de la bonne eau, du vin de palmier, du *farob*, sorte de bierre faite d'un fruit du pays, & qui a l'odeur & le goût du pain de gingembre. Leurs villages sont entourés de palissades hautes de sept à huit pieds, qui forment une enceinte dont les cabanes occupent le centre : elles sont couvertes de feuilles de palmier & divisées en plusieurs chambres : on y voit des chauve-souris de la grosseur d'un pigeon dont les Negres mangent la chair, des fourmis blanches qui élevent des pyramides de terre semblables à des tombeaux, & des oiseaux qui répétent la syllabe *ha*, *ha* avec la même expression que la voix humaine. Le roi de Jereja entretient à *Paska*, grand village de Bagnons ou Beuhuns, une garde de cent hommes armés de mousquets, chargée de contenir les Flups sauvages & de leur faire payer le tribut : il est entouré de six rangs de palissades, & contient 300 habitans. Revenons aux Flups ; ils habitent par petites peuplades les rives méridionales de la Gambra, le pays arrofé par les rivieres de Kafamanfa & de S. Domingo jufqu'à celle de Cachao : ceux qui font encore indépendans font courageux, barbares & fe font redouter des Européens ; ils font prefque fans-ceffe en guerre avec leurs voifins : chacun d'eux, dit un anonyme, a fon Dieu qu'il revere à fa maniere ; l'un adore la corne du taureau, l'autre un arbre ou quelqu'animal ; ils ont fur leur habit une piece de coton rayé qu'ils fufpendent à leur ceinture : le plus puiffant y devient leur chef, ou felon un voyageur, ils font indépendans, mais fi bien unis que les peuples voifins n'ont pu les fubjuguer : ils cultivent affez bien leurs terres, font ennemis cruels des Mandingos, & ne font gueres plus amis des blancs ; ils n'oublient jamais les bienfaits, & ne pardonnent jamais les injures. Près de *Jamez* ou *Yam* ils forment une efpéce de république gouvernée par les plus anciens d'entr'eux ; il fe fait dans ce lieu un grand commerce de cire que les Portugais qui ont un fort près de là, achetent, purifient & tranfportent à Cachao.

Royaume de Kumbo.

Il eft environné par la Gambra, l'océan, le pays des Flups & des Bagnons, & s'étend l'efpace de onze lieues du cap de Ste. Marie à la riviere de *Kurbata* où eft un grand village qui porte ce nom, connu par l'abondance de la volaille ; de fes chèvres & des autres beftiaux qu'on y trouve. Les Anglais y ont un comptoir : d'autres villages ceints de paliffades font répandus dans ce petit Etat.

Au midi de l'embouehure de la Gambra, en fuivant

vant les côtes, on arrive à celle du Kafamanfa qui en eft à 12 lieues : nous avons déja parlé de cette riviere : difons encore qu'on l'a cru un bras de la Gambra, que fon vrai nom paraît être *Zamenée* ou *Jameniz*, qu'elle eft affez large, affez profonde pour recevoir de gros vaiffeaux ; mais que l'entrée en eft dangereufe ; que le pays qu'elle arrofe eft encore divifé par plufieurs torrens qui fortent d'un grand lac, qui fe forme dans la faifon des pluies & devient un marais dans la faifon féche. Près de la riviere eft un fort Portugais, défendu par deux baftions du côté de la terre, & le village de *Bayto* où cette même nation a un magafin paliffadé, défendu par de l'artillerie & quinze foldats, qu'un air malfain rend hydropiques. Plus loin eft *Ghirghin* ou *Guanguin*, bourgade fituée à la fource d'une petite riviere qui fe perd dans celle de *San-Domingo*, qui coule à quelque diftance de la Kafamanfa, & fe jette dans la mer plus au midi, après un cours tortueux de plus cent lieues : les Bagnons & les Portugais en font les habitans, & ont des efclaves qui cultivent leurs plantations. Le pays eft agréable ; les fruits y font abondans ; partout on y voit travailler l'abeille & errer des troupes de finges : la riviere, en fe divifant & fe réuniffant pour fe jetter dans la Kafamanfa, forme une isle longue & étroite ; les bords des canaux qui la bordent, font garnis de citroniers dont le fruit eft rond, couvert d'une peau fine, rempli de jus, & n'ayant ni pepins, ni femences : au-deffous de l'endroit où la riviere fe perd dans le San-Domingo, eft la ville de *Kachao*, le principal établiffement des Portugais dans ces contrées.

Kachao eft fur la rive méridionale de San Domingo, à 20 lieues de son embouchure : elle est entourée d'un rempart bien palissadé, défendu par une bonne artillerie : elle a deux longues rues, traversées de plusieurs autres; les maisons sont de terre glaise, blanchies en dedans & en dehors; elles sont grandes, couvertes en été d'une toile, en hiver par des feuilles de lataniers & n'ont qu'un étage. Il y a une église paroissiale & un couvent de capucins où l'on ne trouve que deux moines : sa garnison est de trente-cinq hommes qu'on change tous les trois ans, & qui attend toujours ce terme avec impatience ; la plupart sont des bannis, qui mal paiés se nourrissent par leurs vols : elle est défendue encore par deux forts triangulaires, entourés d'une simple palissade : un cinquieme des indolens habitans de la ville sont des Papels ou Papais, nation qui habite dans les environs : ils n'ont point adopté la religion des Portugais ; mais ils en ont pris les mœurs : ses environs sont marécageux ; quelques cantons en sont cultivés, & on y recueille un peu de maïs & de riz : on n'y voit point de fermes, point de prairies ; quelques chêvres seulement broutent l'herbe qui croît dans ces fanges: les rosées y sont très-abondantes : la riviere y a un quart de lieue de large ; ses deux rives sont couvertes d'arbres, la septentrionale surtout l'est des arbres les plus beaux de l'Afrique par leur hauteur, leur grosseur, l'excellence de leur bois : d'un de leur tronc creusé on ferait un canot capable de porter le poids de dix tonneaux & trente hommes : les pluies qu'il y fait l'ont fait appeller le pot de chambre de l'Afrique.

On trouve à Kachao des assassins à louage ; les

hommes y sont très-jaloux; les femmes ne sortent point de leurs maisons : les femmes des Papels seules se montrent dans les rues.

Entre les rivieres de Kasamansa & San Domingo est le *Cabo Roxo* ou *Cap Rouge*, situé sous le 11me degré 36 minutes de latitude septentrionale, & doit son nom à la terre rouge qui le forme : c'est entre ces deux rivieres que sont encore les deux bourgades de *Zekinchor*, de *Bulal* & de *Ginairi* : cet espace est habité par les *Papels*, *Papais* ou *Baramos*, peuple ennemi des Portugais, & qui s'étend jusqu'aux bords de Rio-Grande & au delà : une de leurs principales bourgades est *Jarim* ou *Farim* sur le San Domingo, à plus de soixante lieues de son embouchure, à la réunion des deux petites rivieres qui la forment : les Portugais en sont les maitres & y ont un fort. Plus haut encore est la ville de *Geba* : ces Papels venerent des dieux fétiches ; leurs maisons sont petites, & faites de terre grasse, couvertes de feuilles de palmier : les deux sexes se liment les dents, pour leur donner la beauté qu'ont à leurs yeux des dents pointues : on attribue aussi à leurs femmes l'usage de remplir leur bouche d'eau pour s'empêcher de babiller en travaillant. Ce peuple habite aussi les isles Bissagots, & là nous en parlerons encore.

A l'embouchure de la Kasamansa est une petite isle déserte & qui pourrait ne point l'être : vers celle de S. Domingo, on en voit plusieurs dont le séjour est agréable par les arbres qui les ombragent & les fruits qu'ils portent; de petits ruisseaux les arrosent : elles sont habitées par les Papels qui ont un roi qui ne dépend point de celui de Kasamansa

(*) : l'embouchure même de la riviere est défendue par un petit fort Portugais, gardé par cinq soldats & quatre canons : là aussi est un bois qu'on nomme *Maila Formosa* où est un village de Flups qui fait avec les Portugais le commerce des esclaves & du riz. On a remarqué avec étonnement que les crocodiles de cette riviere sont si doux & si privés que les enfans en font leur jouet, leur montent sur le dos, les battent, sans jamais en être blessés : il est vrai qu'on prend soin de les nourrir.

Des isles *Bissao* & *Bissagots*.

On peut les distinguer sous ces deux noms : les premieres sont celles qu'on trouve en sortant de la riviere San Domingo & les plus voisines de la côte : au couchant & au midi de celles-là sont les Bissagots : presque toutes sont environnées d'un banc de sable qui en rend l'approche difficile dans une partie de leur enceinte. Les premieres qu'on trouve en descendant la riviere, sont les *Trois Isles*, toutes trois peu considérables, habitées par des Negres issus d'esclaves Portugais échappés des mains de leurs maitres : ils étaient chrétiens & presque tous ont cessé de l'être ; ils cultivent leurs isles avec soin ; elles produisent beaucoup de coton dont ils font les étoffes avec lesquelles ils s'habillent : ils voient avec peine les étrangers approcher de leurs isles ; ils se bornent à faire le commerce avec les Negres du continent qu'ils visitent avec leurs canots.

(*) Ces isles, quoiqu'on en parle comme étant distinctes de *Bissao*, pourraient bien être les mêmes ou en faire partie.

L'isle de *Buſſi* ou de *Buſſiſſi* ou *Boiſſiſi*, eſt voiſine des précédentes : le canal qui les ſépare n'a pas ſouvent plus d'un pied de profondeur : mais celui qu'elle forme avec l'isle de Biſſao eſt large & profond : l'entrée en eſt dangereuſe ; elle a douze lieues de tour ; ſes habitans ſont des Papels, qui craignent les Européens & leur nuiſent, les attaquent même s'ils le peuvent. Ils ont un roi dont l'autorité eſt bien faible : on y achete à bon prix des bœufs & d'autres beſtiaux, de la volaille, des faiſans d'une bonté médiocre, du riz, du millet, des noix de palmier dont on exprime l'huile & donne le marc aux eſclaves pour les nourrir : on les échange contre des grains de verre. L'isle a deux ports où l'ancrage eſt ſûr & commode, l'un à l'orient, l'autre eſt plus au midi.

L'isle de *Biſſao* eſt à deux lieues de celles de *Buſſi*, à deux lieues du continent : ſa circonférence eſt de trente-cinq à quarante lieues ; de ſes bords elle s'éleve inſenſiblement juſqu'au centre, formé de collines entre leſquelles ſont des vallées & des ſources d'eau, formant de petites rivieres qui ſe perdent dans l'océan, après avoir fertiliſé les champs voiſins : partout elle eſt cultivée ; le ſol y eſt riche & fécond ; on y trouve des ombrages ſous de petits bois de palmiers ; les orangers y ſont en abondance, les cabanes y ſont environnées de bananiers & de guaviers : le riz, le maïz qui y eſt de deux eſpèces, s'y élevent à une grande hauteur : on grille le dernier, on en fait des gâteaux ; les autres grains s'y mangent bouillis ou en pâtes : les bœufs & les vaches y ſont d'une groſſeur extraordinaire ; le lait, le vin de palmier y ſont abondans, les bananes, les guaves, les autres fruits y ſont très-communs :

les Portugais y ont planté le manioc; les patates, les ignames font une partie de la nourriture des Negres : il n'y a point de porcs, point de chevaux; ceux-ci, dit-on, n'y peuvent vivre; les vaches y servent de coursiers, leur pas est doux, & on les guide par une corde passée à un trou fait dans leurs narines. Cette isle est fort peuplée & le serait davantage sans les incursions fréquentes qu'y font les Negres du continent : ses habitans sont *Papels*; ils demeurent dans des cabanes dispersées, & l'on n'y voit de villages proprement dits, que les deux qui se sont formés auprès de l'église & du couvent propre, mais pauvre, que les Portugais y ont élevés : ils y ont aussi un fort, & y avaient formé en 1701 une paroisse de 150 hommes & de 400 femmes de l'isle : ces habitans très-noirs prennent le nom de Portugais; les autres méprisent ceux-ci & haïssent leurs patrons. L'habillement ordinaire des hommes consiste en une peau de chêvre passée entre les jambes, qui leur couvre le derriere & le devant du corps; un pagne de coton, des bracelets de verre ou de corail sont tout l'habillement des femmes; les filles sont nues : les plus distinguées portent des fleurs & d'autres figures dessinées sur leur corps, qui est semblable à du satin travaillé. Ces Papels sont d'excellens mariniers, de bons rameurs; leurs rames sont de petites pelles de bois, & ils les meuvent en cadence : leurs usages, leur langue sont particulieres à leur nation; ils expriment aussi des idées avec des espèces de castagnets : ils sont idolâtres; leur principale idole a, dit-on, le même nom que celle des Bagnons. Chacun s'en fait une autre à sa fantaisie : ils ont des arbres consacrés qu'ils regardent comme l'asyle de quelque Dieu & leur sacrifient des chiens, des coqs, des bœufs qu'ils engraissent & lavent avec soin ; lorsqu'ils les ont égorgés, ils arrosent de leur sang les branches & le pied de l'arbre ; attachent les cornes à son tronc & coupent le corps en pieces, dont les grands & le peuple emportent chacun une partie. Le chef de l'isle y exerce une autorité despotique : on dit qu'un Negre peut lui donner la maison de son voisin, & que celui-ci est obligé alors de la racheter ou d'en élever une nouvelle : il a ses gardes, une armée, ses femmes toujours autour de lui : sa flotte est composée de cinquante canots, chacun de vingt hommes : l'arme unique de ses soldats est un cimeterre : s'il meurt ses femmes les plus aimées, ses esclaves sont mises à mort & ensevelies à ses côtés avec son or, son argent, son ambre gris & ses étoffes, afin de pouvoir le servir dans l'autre monde : sous lui, sont huit gouverneurs qui sont *Jeagres*, titre affecté à ceux qui ont droit de succéder au chef principal : on dit qu'ils s'assemblent en cercle autour de la tombe du roi mort, faite de roseaux & de bois fort léger : des Negres l'élancent en l'air, & le Jeagre sur lequel elle tombe, obtient le sceptre : ce roi, ses sujets, portent souvent la guerre aux peuples du continent : souvent ils la reçoivent d'eux : avant de partir on sonne le *bonbalon* ou tambour ; on consulte les Dieux, on immole des victimes, puis on s'embarque, on arrive sans bruit, on tache de surprendre des cabanes écartées & d'en emmener les habitans & les effets : la moitié du butin appartient à l'empereur, le reste se divise entre ceux qui ont fait la capture, & les soldats triomphans reviennent montrant leurs blessures, suivis de leurs prisonniers qu'ils obligent de chanter leurs louanges : mais s'ils ont été battus, on sacrifie quelquefois les prisonniers, & l'on fait des funerailles bruiantes à ceux qui ont péri. Les Français avaient un comptoir dans cette isle.

Les petites isles des *Sorciers* & de *Bourbon* n'offrent rien d'intéressant ; la premiere est couverte d'arbres, & tous les ans les Negres y viennent faire des sacrifices : celle de *Formosa* est longue de deux lieues, large d'une ; ses côtes sont basses & couvertes d'arbrisseaux : plus loin son sol est uni, fertile, couvert de grands arbres ; mais elle manque d'eau douce & d'habitans : on la compte parmi les isles Bissagots.

L'isle de *Bulam* est séparée du continent par un canal large d'une lieue & bordé de côtes élevées ; un banc ne permet pas de passer entr'elle & l'isle de Formosa : elle a neuf lieues de long & cinq de large ; le sol s'éleve insensiblement des bords de la mer jusqu'au pied de quelques collines qui servent de base à des montagnes dont la pente est aisée, couverte de grands arbres, capable de culture : des vallées qu'elles forment sortent des ruisseaux qui ne tarissent jamais, & roulent sur un sable pur. Le terroir en est gras, profond & riche ; il s'y trouve des palmiers de toutes les espèces, des chênes verts bons pour bâtir, des poiriers semblables à ceux des isles d'Amérique : le bois en est bon pour toutes sortes d'usage, mais il craint les insectes : ses côtes sont bordées d'huîtres & de coquillages : sa pointe méridionale est une prairie naturelle dont l'herbe est excellente, & où l'on voit paître des troupeaux de vaches & de chevaux sauvages : les premieres y sont très-grandes & les seconds petits : les cerfs, les daims, les buffles y sont en grand nombre : quelquefois on y voit des éléphans, qui sans doute y passent du continent. On y voit beaucoup d'oiseaux, la mer fourmille en poissons ; les tortues, les coquillages de toutes espèces y offrent un aliment facile. Malgré ces avantages, cette isle était déserte au commencement de ce siecle, & peut-être l'est encore : les *Biafaras* l'habitaient, mais les *Bissagots* leurs ennemis leur ont fait une guerre si cruelle, y ont fait un si grand nombre d'esclaves, qu'ils les ont forcé de retourner dans le continent ; & les vainqueurs se contentent de s'y rendre chaque année, au nombre de trois à quatre cent pour y faire leurs plantations, & la fin de la moisson les rappelle chez eux : quelques-uns y vont chasser aux éléphans dont ils mangent la chair.

Les isles qui nous restent à visiter sont proprement les isles *Bissagots* ou des *Gallines* : elles sont au couchant des précédentes ; peut-être doivent-elles leur nom à une isle qui le porte, formée par les bras du *Rio-Grande* & dont nous parlerons lorsque nous en serons à cette riviere. On en compte quatorze, dont les principales ou les plus fréquentées sont *Kasnabak*, *las Gallinas*, *Kazegut*, *Karache*, *Aranghera*, *Papagago*, *Babachoka*, *Bissague* & *Warange*. Il en est d'autres encore ; mais elles sont moins considérables ou moins connues. Chacune est gouvernée par un chef revêtu d'une autorité presque sans limites : tous sont indépendans les uns des autres & souvent se font la guerre ; toujours ils s'unissent aux Biafaras leurs anciens ennemis qui habitent le continent. Les habitans de ces isles sont grands & robustes : leurs alimens ordinaires sont le poisson, les coquillages, l'huile & les noix de palmier ; ils vendent leur riz, leur maïs, leurs légumes aux Européens, vénerent des Dieux fétiches, & sont très-cruels envers leurs ennemis : ils leur coupent la tête, l'écorchent, font sécher la peau du crâne avec la chevelure, & en ornent leurs maisons comme d'un trophée : au moindre sujet de chagrin, ils tournent leur furie contre eux-mêmes ; ils se pendent, se noient, se jettent dans un précipice, ou se percent d'un poignard ; ils sont passionnés pour l'eau de vie, & pour en acquérir, le pere vend ses enfans, le fils vend son pere. Ils ont des canots qui peuvent contenir vingt-cinq à trente hommes avec des provisions & leurs armes, qui sont l'arc & le sabre. On en tire annuellement 3 ou 400 esclaves ; on y porte de l'ambre jaune, des étoffes de laine ou de coton jaunes & rouges, de l'eau de vie, des armes à feu, des sonnettes, de la vaisselle d'étain, des bassins de cuivre, des grains de verre colorés, des toiles diverses & des paremens de lit jaunes ou rouges.

La premiere de ces isles, en sortant de Bulam ou Boulam, est l'isle *des Gallinas*, séparée de celle que nous venons de nommer par un canal large d'une lieue, long de cinq, semblable à une longue rue : elle doit son nom à l'abondance de sa volaille : elle est d'ailleurs fertile & peuplée.

La plus méridionale de toutes est celle de *Kasnabak* ; elle est aussi une des plus étendues : son sol est fertile, ses côtes sont remplies de poissons & de coquillages ; l'eau fraiche y est abondante, sa population est nombreuse ; il ne manque que de l'industrie aux habitans pour y faire un commerce considérable.

On trouve ensuite celles de *Aranghera*, de *Bissague*, *Babachoka*, *Papagago* & *Ders*, dispersée au milieu des bancs & des écueils qui environnent ce petit Archipel. Les deux plus septentrionales sont celles de *Karache* & de *Warangue* : entr'elles & les premieres est celle de *Kazegut*, qui est une des plus grandes & des plus fertiles : elle est renfermée dans un cercle de bancs de sable, & les vaisseaux ne peuvent y arriver que par deux petits canaux : ses habitans sont les plus civils des Bissagots, parce que c'est là qu'on fait le plus de commerce : les plus belles maisons y sont bâties à la maniere des Portugais, blanchies en dehors, avec un porche ouvert, environné de grands palmiers & garni de chaises : les habitans les plus distingués par le rang & les richesses, se frottent les cheveux d'huile de palmier, qui les fait paraître rouges : les femmes & les filles n'ont autour de la ceinture qu'une frange épaisse, faite de roseaux, qui descend jusqu'aux genoux en hiver, une autre frange couvre leurs épaules & tombe sur la ceinture : quelques-unes en ont une troisieme sur la tête, elle pend jusqu'aux épaules : leurs bras & leurs jambes sont ornés de bracelets de cuivre & d'étain. Les deux sexes ont la taille belle, les traits du visage régulier, la couleur du jais le plus brillant ; ils n'ont point le nez plat, ni les levres trop grosses : ils auraient de la dextérité pour les arts, mais leur indolence est insurmontable : ils ne craignent point la mort pour se délivrer de l'esclavage ; leur fierté & leur paresse font qu'on ne les achette qu'avec répugnance.

Des Balantes.

Ils occupent un espace long de douze lieues, situé entre les rivieres de San Domingo & de Geves : ils n'ont aucune correspondance avec leurs voisins, se suffisent à eux-mêmes, & éloignent autant qu'ils le peuvent les étrangers de leur pays ; ils ne contractent d'alliance qu'entr'eux, sans se relâcher jamais de cette loi par les mariages : leur religion est l'idolatrie, leur gouvernement est républicain, & leurs anciens, les vieillards font leurs magiftrats : ils ne vendent jamais pour efclaves aucun homme de leur nation ; mais ils en font fur leurs voifins qui le leur rendent ; ils échangent ces efclaves pour des beftiaux : le commerce qu'ils font avec ceux qui les environnent confifte en riz, maïz, légumes, volaille : leurs armes font le fabre, la zagaye, les flèches : ils font laborieux, intrépides, ils ne craignent pas d'attaquer les Européens mêmes, & ont cédé à leur artillerie plus qu'à leur courage.

On croit qu'ils ont des mines d'or dans leur territoire, & que telle eft la caufe du foin qu'ils prennent d'en éloigner les étrangers : les Portugais, dit-on, ont trouvé de l'or dans le gozier des poules qu'ils en ont acheté, & comme leur or differe de celui de Galam ; que le tribut qu'ils doivent au roi de Kafamanfa, ils le payent en or ; qu'ils n'ont pas de commerce avec les peuples qui en poffedent & en vendent, on en conclut que l'or naît dans leur pays : ces raifons paraiffent fortes, mais font-elles vraies ?

Ils n'occupent pas tout l'efpace entre les deux rivieres : au bord méridional du San Domingo eft un village de Flups, nommé le *Pot* ou le *Bot* où le riz eft excellent, & dans une extrême abondance ; on l'achete avec de l'ambre jaune, des criftaux, du fer, du cuivre, de l'étain, des fabres, des couteaux, des fonnettes & de la mercerie. Au bord feptentrional de la riviere de Geves eft la bourgade de *Bole*, dont les habitans font Papels : on y échange du maïz & des bœufs pour du fer, du cuivre, des baffins, des grains de verre noir, des couteaux, du criftal.

La Geves eft une riviere rapide : cette rapidité eft augmentée encore par l'irrégularité de la marée qui monte en fix heures & defcend en trois, quelquefois elle descend plus vite encore, & alors les vagues de la riviere s'enflent, roulent & se brisent avec violence. La ville ou bourgade qui lui donne son nom renferme environ 4000 ames, entre lesquelles on compte quatre ou cinq familles de blancs : tout le reste est noir ou bazané, & n'en prend pas moins le titre de Portugais : elle est située sur une éminence, & n'a ni murs, ni enclos ; les maisons y sont de terre, blanchies au dehors, couvertes de paille ; mais l'église est fort ornée : ses environs sont fertiles & négligés ; on y fait annuellement un commerce de 250 esclaves, de 80 à 100 quintaux de cire, d'autant d'ivoire, de 4 à 500 gululans ou pagnes communs qu'on revend aux Bissagots.

Du Kabo.

On le place aussi entre les mêmes rivieres que les Balantes, mais plus dans l'intérieur du pays, & même à 130 lieues dans les terres ; c'est un Etat monarchique ; on connait peu le peuple qui l'habite, mais on nous a parlé du faste de son roi ; sa cour, nous dit-on, est nombreuse, il a pour 4000 marcs de vaisselle d'or ; six ou sept mille hommes l'environnent & le gardent ; ils vendaient 500 esclaves tous les ans, & achetaient de belles armes, des selles, des fauteuils de velours, des liqueurs : tout commerçant est défrayé au moment qu'il entre dans ses Etats ; on ne l'approche qu'avec des présens ; mais il en rend de plus riches encore. Ajoutons que pendant la vie du roi qui y régnoit encore au commencement de ce siecle, les négotians pouvaient étaler sans crainte leurs marchandises ; des loix séveres reprimaient le penchant naturel que les négres ont pour le vol; les esclaves mêmes n'étaient point enchaînés, parce qu'ils ne pouvaient échapper. Comme l'ordre, la police de ces Etats tiennent au caractere de celui qui y gouverne, & que le bien y est momentané, on ignore si les mêmes avantages se retrouvent encore dans ce pays.

Des Biafaras.

Ce peuple habite une péninsule formée par la riviere de Geves, Rio-Grande, & quelques ruisseaux: on le peint comme un peuple adroit & avide de butin: on les voit épier tous les bâtimens qui suivent les côtes, & s'ils le peuvent ils les insultent: pour marcher sur la vase sans enfoncer, & approcher de plus près ceux qu'ils veulent surprendre, ils attachent à leurs pieds des semelles d'écorce d'arbre, longues de deux pieds, larges de sept à huit pouces. On dit qu'ils vendent aux Européens une partie des prisonniers qu'ils ont pu faire sur leurs voisins, & sacrifient le reste à la divinité qu'ils nomment *china*, c'est le même nom que lui donnent d'autres nations: sur les bords de leur péninsule on trouve des sources d'eau fraiche. On connait le nom de quelques-uns de leurs villages: tel est celui de *Malanpagne*, situé sur la côte de *Mal Formosa*, dont le terroir produit les plus beaux arbres du monde pour la construction des vaisseaux; celui de *Gonfede*, dont les habitans sont civilisés par le commerce qu'ils font en millet, riz, ivoire, bestiaux & esclaves: celui de *Golli* ou *Colli* dont les habitans sont doux & peu enclins au mal, & où l'on commerce en esclaves, en ivoire & en pagnes de coton: ils haissent beaucoup les Portugais.

Cette péninsule parait dépendre du royaume de *Ghinala* ou *Guinala* qui s'étend dans tout l'espace borné d'un côté par la riviere de Geves, & de l'autre par celle de Rio Grande. Le village de ce nom est sur le bord de cette derniere ; il est habité par les Portugais, ou il l'était ; un grand nombre de cette nation se sont établis dans cette contrée, & y vivent dans l'aisance : les uns sont devenus noirs, les autres sont bazanés ; quelques-uns sont blancs encore ; tous se logent bien ; leurs maisons sont précédées d'une espece d'antichambre, qui est agréable & bien meublée : ils sont jaloux, & cette passion seule les fait cesser d'être civils & complaisans.

Le roi de *Ghinala* ou de *Biafara* réside le plus souvent dans une bourgade située sur le Karbaly, riviere qui se perd dans celle de Geves, & dont les bords sont unis & cultivés avec soin : mais les habitans sont obligés de veiller sans cesse sur leurs plantations pour les conserver, & en éloigner les chevaux marins & les éléphans, dont on voit assez communément des troupes de quarante à cinquante qu'on approche sans danger, lorsqu'ils se reposent dans la fange ; ils ne s'éloignent qu'avec lenteur quand on les effraye, & deviennent des ennemis dangereux lorsqu'on les blesse. Le pays parait très-beau ; les bananiers & les autres arbres dont les maisons sont entourées, les enclos de roseaux, les haies d'épines y présentent des perspectives riantes : les rivieres aident encore à la fertilité de ce terroir riche & fecond par lui-même, & il le serait bien plus encore cultivé par des mains industrieuses & actives : le riz y est fort beau & la volaille abondante : partout on trouve des singes, des gazelles, des daims & d'autre gibier : on y respecte le *flamingos*, oiseau singulier. On fait construire des vaisseaux dans un port à six lieues de l'embouchure de Karbaly, mais on y manque de mâts : la plupart des villages, le long de cette riviere, sont habités par des Portugais qui y font un grand commerce, en se servant de mains étrangeres ; car pour eux ils demeurent en chemise & en hauts de chausse, assis tout le jour sur des nattes à l'entrée de leurs maisons, ils discourent & fument ; tous les exercices un peu fatigans leur sont étrangers : leurs usages sont à-peu-près les mêmes que ceux des négres : leur nourriture la plus ordinaire est la chair des chevaux marins ; leur boisson est le vin de palmier, leur liqueur est le rum. Le commerce consiste en esclaves, cire, ivoire, cuirs séchés, coton, plumes d'autruche, différentes gommes ; il fournit même de l'or.

Le roi de Ghinala, dit Dapper, ne parait en public qu'avec beaucoup de magnificence & environné de gardes ; il est gardé pendant la nuit, ainsi que le village par des hommes & 50 chiens couverts d'un cuir de bœuf marin, qui les rend presque invulnerables, & cette garde en éloigne les voleurs. Lorsque le roi est mort, douze hommes vêtus d'une longue robe de plumes de diverses couleurs, vont annoncer sa mort dans les rues, & tous les habitans se revêtent d'un drap blanc ; on lave, on brûle le corps après qu'on l'a parfumé avec du baume, de l'encens, de l'ambre gris, du musc que les sujets apportent en offrande ; puis tous l'accompagnent au tombeau en habits blancs & au son de tous les instrumens du pays : on immole sur ce tombeau ses femmes, ses favoris, ses domestiques, son cheval, pour qu'il soit bien servi dans l'autre monde ; mais la plupart s'enfuient, quand ils s'apperçoivent que leur maître est
sur

ſur ſa fin : ſon ſucceſſeur eſt nommé par ſes principaux miniſtres.

Ce ſont auſſi des Biafars qui habitent le pays de *Biguba*, arroſé par un bras du Rio-Grande : on dit que lorſque le chef eſt mort, les principaux ſe battent entr'eux pour lui ſuccéder, & ce n'eſt que par la défaite de tous les autres que l'un d'eux regne enfin en paix. On en connait deux bourgades ; l'une eſt celle de *Biguba* ſur le Rio-Grande, où quelques Portugais ſe ſont établis ; l'autre eſt *Balola*, habitée par les *Tangos-Maos*, hommes nés du mèlange des Portugais & des négres, allant nuds, ſe découpant le corps pour ſe parer, & ne conſervant aucun reſte du chriſtianiſme.

Le *Rio-Grande* eſt navigable pour les barques juſqu'à 150 lieues de ſon embouchure ; on y fait un grand commerce d'eſclaves. A vingt lieues de ſon embouchure elle forme l'île *Biſſague*, longue de ſept lieues, large de trois, habitée par les Biafars.

Des Nalous.

On les nomme auſſi *Anallus* : ils s'étendent des bords de la mer, entre Rio-Grande & le fleuve de Nunez ou Nunho, qui eſt un eſpace de 16 lieues de large, juſqu'à 30 lieues de leur embouchure : ils aiment le commerce ; on y trouve de l'ivoire, du riz, du maïz, des eſclaves ; ils ſont idolâtres, ainſi que les peuples ſitués au midi de la riviere Nunez. Leur pays eſt peuplé : les bords des deux fleuves ſont bordés de grands arbres, parmi leſquels on remarque le *misheri*, qui donne des planches excellentes, faciles à travailler, & que les vers ne rongent jamais, parce que cet arbre eſt imbibé d'une réſine onctueuſe & très-amere : ſon tronc eſt très-gros ; mais rarement il s'éleve à la hauteur de vingt-quatre pieds : dans les terrains marécageux & au bord des ruiſſeaux on trouve auſſi des arbres d'une hauteur médiocre, dont le bois & les feuilles reſ-ſemblent au mahot d'Amérique, & dont l'écorce ſert d'étoupe pour calfater les vaiſſeaux : l'huile de palmier, mêlée à de la glu y ſert de goudron : des roſeaux y ſuppléent aux cables ; on les bat, on en ſépare les parties les plus groſſieres, puis on en fait des cordes, mais il n'y a point de mâts : le misheri eſt trop court, le palmier trop peſant, tous les autres arbres trop faciles à fendre. Le pays d'ailleurs paraît fécond, & les proviſions y ſont aſſez abondantes.

La riviere de *Nunez* ou *Nogne* n'eſt pas connue juſqu'à ſa ſource : on ne lui connait qu'un cours de quarante lieues ; les Portugais devenus preſque négres, habitent des villages qui ſont ſur ſes bords : on y fait le commerce de l'ivoire dont on retire annuellement 300 quintaux des pays voiſins, du bois de cam, de l'or, des eſclaves ; le riz y eſt excellent & à bon marché ; les cannes à ſucre, l'indigo croiſ-ſent naturellement près de ſes bords. Le ſol, aux environs du fleuve, produit un ſel que les Portugais croient être un contre-poiſon ; ils crurent voir un éléphant bleſſé d'une flèche empoiſonnée, ſe guérir en mangeant de ce ſel avec avidité ; ils firent divers eſſais, & ſe confirmerent dans l'opinion que ce ſel était un des plus puiſſans antidotes que la nature ait préparé pour l'homme : que le poiſon agiſſe en dedans ou au dehors, ſon effet eſt le même. Nous ignorons ſi ce ſel ne perdrait rien de ſes vertus par un examen éclairé.

On connait mal l'espace qui s'étend entre la riviere de Nunez & celle de Sierra Leona. Cinq rivieres principales ont leur embouchure dans cet espace : ce sont celles de *Ponghé*, de *Tafali*, de *Jooles*, de *Samos* & de *Casseres* : il en est un plus grand nombre de petites. La riviere des *Idoles* est celle peut-être dont le cours est le plus étendu ; elle paraît devoir son nom à des îles stériles, pierreuses, qui semblent n'être que des rochers dont le tems a brisé les sommets, qu'on nomme les *Idolos* ou îles de *Tamara* : il en est de cultivées, & l'on y trouve des rafraichissemens & du tabac : leurs habitans sont défians ; ils aiment beaucoup le sel & l'eau de vie : ils dépendent du roi de *Fatama* qui habite le continent voisin, & dont le peuple est aussi connu sous le nom de *Felouques* : ses habitations s'étendent autour du cap *Verga* : l'intérieur du pays est habité par différens peuples dont les *Kokolis* sont les moins connus, & les *Zapez* ou *Kapez* les plus nombreux : ceux-ci se divisent en quatre peuplades, les *Zapez Sasez* ou *Sousez*, les *Rapez*, les *Volumez* & les *Errans* ; tous vénerent des dieux fetiches, mais reconnaissent cependant un être spirituel, auquel ils ne demandent rien, & dont ils ne croient pas avoir rien à craindre : leurs flèches sont imbibées d'un venin si dangereux, qu'il donne la mort en demi heure, s'ils n'y opposent un contre-poison puissant, que seuls ils connaissent : leur pays présente aux navigateurs de hautes montagnes : leur principal commerce est celui de l'ivoire & du *kola*, fruit très-recherché des Indiens & des Portugais.

Du royaume de Bena.

Il est dans l'intérieur des terres, & touche presque à la source de la riviere de *Sierra Leona*, au midi de l'Etat de Mandinga. Le sol en est inégal, semé de monts, de côteaux couverts d'arbres & de verdure, & entrecoupés de diverses rivieres; on croit y connaitre à la couleur des terres qu'il y a des mines de fer, & ce métal, dit-on, y est plus fin qu'en Europe. On y voit des serpens aussi gros que la cuisse, & dont la peau est tachetée des couleurs les plus vives. Quand un habitant est mort, tous les hommes du canton poussent de grands cris & se rassemblent pour ses funerailles, en portant dans leurs mains des offrandes dont on enferme le tiers dans la tombe du mort : le reste se partage entre le roi & ceux qui portent le mort dans la fosse : les rois, les grands sont ensevelis de nuit, & comme en cachette, à l'embouchure des rivieres, dans des lieux que l'eau recouvre bientôt : quelquefois on couvre la tombe d'une tente de drap ; & les parens & amis du mort, lorsqu'ils sont affligés, viennent dans ce lieu lui raconter leurs craintes, leurs peines, certains qu'il les entend & s'intéresse pour les soulager.

Le roi de Bena est puissant ; mais lui-même est vassal d'un autre prince qui commande à tous les Sousez ou Sousos.

HAUTE GUINÉE.

Elle s'étend des lieux que nous venons de parcourir jusqu'au royaume de Benin, dans un espace de 500 lieues de côtes du couchant au levant : le nom de *Guinée* est inconnu à ses habitans : on croit en voir l'origine dans le nom de *Geneboa* qu'on avoit donné à une de ses parties.

De Sierra Liona.

Ce nom signifie *montagne de la lione*; le pays l'a reçu, dit-on, du bruit des vagues qui se brisent contre des rocs qui bordent la côte, & qui ressemblent au rugissement du lion ou des nues qui couvrent les monts & y font rouler des tonnerres majestueux; ou du grand nombre de lions qui les habitent. La riviere qui porte ce nom est désignée aussi sous le nom de *Mitomba* & de *Tagrim* : sa source est inconnue, son embouchure est large de quatre lieues, & se divise en trois canaux par un banc de sable & des îles qui la partagent au midi : le canal du milieu est embarrassé d'écueils; ceux du nord & du midi sont profonds & libres en tout tems. Au dedans de ces canaux, sous la côte méridionale sont diverses baies, dont les plus considérables sont celles des *Corsaires*, de *Serborekota* & de *France* : la derniere est la plus sûre & la plus commode : elle a dans son voisinage une fontaine excellente, près de laquelle on dit que les Normands éleverent autrefois un comptoir, & les négres y parlent encore la langue française.

Dans le fleuve même, à peu de diftance de fon embouchure on voit s'élever de petites îles & une multitude de petits rochers; la plus voifine de la mer eft celle de *Togu*, elle eft petite & déferte; celle de *Taffo* ou de *S. André* eft plus étendue, & n'a que trois lieues de tour : les Anglais y ont une belle plantation qu'ils font travailler par des efclaves; le refte de l'île eft couvert de bois, mais furtout de cotonniers d'une hauteur finguliere; on y cultive auffi le coton ordinaire & l'indigo. Plus haut eft l'île de *Benfe* ou *Brent*, & ils y ont un fort qui a été ruiné deux fois; fa force eft dans fa fituation, fur un roc où l'on ne parvient que par les degrés qu'on y a taillé : il renferme un magafin; l'île eft peu étendue, & fon fol eft ftérile : plus haut la riviere fe refferre, un grand nombre d'autres rivieres viennent s'y réunir, & defcendent des monts *Machemala*, qui fe dirigeant du nord au midi viennent fe réunir à celles du pays de Sierra Leona. Les vaiffeaux de grandeur médiocre peuvent la remonter jufqu'à 80 lieues de fon embouchure; fa rive méridionale eft ombragée de grands arbres, partout elle eft poiffonneufe, & c'eft auffi ce qui la rend fi féconde en crocodiles qui y trouvent fans peine leur nourriture.

Cette riviere fépare deux royaumes : celui de *Bulum* ou *Bohn* ou *Balom* au nord, celui de *Burré* au midi. Le premier fe nomme auffi *Bulemberre*, mot qui fignifie terre baffe & fertile : elle n'a d'inconvéniens que celui d'être occupée de marais qui y répandent des exhalaifons mal faines : les Portugais y ont fait quelques établiffemens particuliers & des chrétiens très-ignorans; le plus grand nombre de fes villages eft difperfé fur les bords de la riviere; les principaux font ceux de *Binque* & de *Turquam*.

Le royaume de *Burré* ou *Bourré* est plus considérable, & s'étend à quarante lieues dans les terres: il fut autrefois plus puissant; mais les divisions intestines l'ont morcelé en petites principautés indépendantes & souvent ennemies : on y remarque deux nations distinctes, les *Kapez* & les *Manez* ou *Kombas*, les premiers sont estimés les plus doux & les plus polis de tous les Négres; les autres sont barbares, audacieux, inquiets, & dit-on antropophages : On les croit une colonie des Galas-Monus qui habitent au nord de la riviere de Sestos ; ils vinrent pour ravager le pays ; sa beauté, sa fertilité les engagea à s'y fixer; ils rendirent les prisonniers qu'ils avoient faits, & mangerent les morts. Les Kapez firent d'inutiles efforts pour les chasser, mais au moins ils se maintinrent ; une haine implacable les anime encore ; mais le commerce rendant les Manez moins féroces, il semble que ces deux nations pourront se souffrir dans le voisinage l'un de l'autre, & s'allier enfin.

Le chef-lieu de cet Etat est à huit lieues au midi du fleuve, & a le nom de *Burré*. On n'y compte que 500 habitans, & 300 maisons ou cabanes de forme ronde, toutes égales & semblables, mais les riches composent les leurs de plusieurs huttes : elles reposent sur des piliers de sept à huit pieds de hauteur sur lesquels sont assurés des chevrons qui se réunissent en forme de cône; le tout est couvert de roseaux ou de feuilles de palmiers si bien entrelassés avec les lattes qui les soutiennent, que ce toit est impénétrable au soleil & à la pluie ; l'intérieur est revêtu de roseaux & de petites branches recouvertes de plâtre composé de coquillages calcinés : le foyer est au centre, la porte n'a que trois pieds de haut sur deux de large. Les meubles sont des nattes qui servent de lits, des pots de terre, des gourdes, des corbeilles pour ramasser les coquilles; des sacs d'écorce pour porter les provisions. Telles sont les maisons & les villes de cette contrée : quelquefois on voit de ces villes abandonnées, ses habitans attirés par une situation plus heureuse, un sol plus abondant, s'y fixent & le cultivent. Atkins en vit une dont les huttes orbiculaires formaient au centre une grande place quarrée sur laquelle s'ouvraient toutes les portes dont le devant était pavé de coquillages : la place était ombragée par des pins, des palmiers, des limoniers, & çà & là on voyait des monceaux de ruches composées de vieux arbres creux : au centre était un arbre plus élevé que les autres, dont les branches nombreuses semblaient plier sous le poids des nids suspendus à leur extrêmité.

Les hommes y sont grands, bien faits, ayant les traits réguliers, une peau d'un noir brun ; leurs joues, leur nez ont de petites marques faites avec un fer chaud : leurs doigts sont chargés des bagues d'or, leurs bras de bracelets : les plus riches dans les deux sexes portent une petite robe de coton rayé ; les autres se bornent à porter une ceinture de cuir depuis l'âge de quinze ans ; ils ont souvent des querelles ensemble, ils sont tempérans, c'est par le malheur que les échappés sont devenus courageux & chastes : leurs armes sont l'arc, la flèche, la javeline & le dard. Leurs femmes portent une espece d'écharpe qui tombe sur leurs genoux : en général elles sont mal faites, la longueur de leurs mamelles leur permet d'allaiter les enfans qu'elles portent sur le dos ; le travail qui leur est imposé les rend très-robustes : elles cultivent la terre, sont l'huile de palmier, les étoffes de coton: chaque bourgade a une maison publique où les filles viennent pour danser, chanter, & faire différens travaux, sous l'inspection d'un vieillard distingué : lorsqu'elles y ont passé un an, elles montrent dans la grande place de la ville des preuves de leurs progrès : c'est dans ce tems que se font les mariages ; & pour qu'ils soient conclus il suffit de déclarer son intention, & de faire quelques présens au pere & au vieillard qui a présidé sur l'éducation de la future. Leur instrument est un tambour fait d'un tronçon, d'arbre creux, recouvert de peau de chevres, on y marque la mesure en frappant des mains.

Leur culte est celui des Fetiches : chacun y a son dieu qu'il choisit & honore comme il lui plait : pour l'un c'est un clou, ou une coquille, ou un caillou, pour l'autre c'est une corne, une patte de crabe, un crane de singe: ils n'entreprennent rien qu'avec ces deux protecteurs, & s'ils font heureux, ils leur témoignent beaucoup plus de respect; cependant ils croyent en un Etre supérieur à tous les autres : ils se font tous circoncire sans être ni Musulmans, ni Juifs.

Autrefois la dignité de roi était héréditaire, le plus jeune des fils succédait à son pere, & le jour qu'on l'élisait il était lié, raillé, bafoué, fustigé même par le peuple, puis il était proclamé, on lui mettait une hache dans les mains, & on lui rendait hommage : on les enterrait sur les grands chemins. Aujourd'hui chacune des deux nations qui occupe le pays a un gouverneur ou *Dongah*, qui donne son audience sur une espece de galerie qui entoure sa cabane, assis sur un banc recouvert de belles nattes; ses conseillers, qui sont les vieillards notables, se placent autour sur des bancs plus bas :

on élit & confacre un juge en le frappant au vifage, en lui frottant le corps avec une freffure de bouc encore fanglante; les avocats plaident, un mafque fur le vifage, des cliquettes aux mains, des fonnettes aux jambes & une cafaque bigarrée de plumes d'oifeaux fur le corps: le dongah recueille les opinions & décide: fes revenus confiftent dans un tribut d'étoffes de coton, de dents d'éléphans, d'or, & dans le pouvoir de vendre les fujets comme efclaves s'ils ont commis des crimes, dans fa portion des prifonniers de guerre. Pendant l'été, les jours font très chauds dans cette contrée jufques dans l'après midi que le vent du fud-ouest amène la fraicheur: l'air y eft mal fain pour les Européens; la pluie, les tonnerres y font violens pendant fix mois; d'affreux ouragans y infpirent l'effroi: mais le terroir eft fertile en riz, millet, en *pene*, efpece de gramen dont on fait du pain: on y trouve des limons, des oranges, des bananes, des figues d'inde, des melons d'eau, des ananas, des poires, des prunes, des noix de kola, du poivre, du manioc, des pattates, des ignames: les forêts renferment un raifin fauvage d'un goût agréable, des *Beninganions*, fruit rougeâtre dont le fuc eft fain, & un fruit nommé *Beguil* dont la peau eft rude, & qui a la grandeur d'une pomme; mais fa chair a le goût, le grain, la couleur de la fraife. Tout le pays femble une forêt, mais les palmiers, les hêtres font les principaux arbres qui y vegétent, & il y a trois efpeces des derniers; tous trois produifent des efpeces de fèves recouvertes d'une peau dure qui reffemble à de l'écaille, & dont la chair eft un poifon, excepté dans la plus petite efpece: les mangles bordent les rivieres: le bois de cam, le cocotier y font communs : il eſt des arbres dont les branches recourbées jettent en terre des racines, reproduiſent de nouveaux rejettons, & forment des haies impénétrables où ſe refugient les crocodiles, les vaches marines & autres animaux amphibies : les prairies, les bois ſont remplis de chevres, de porcs, de lions, de tigres, de ſangliers, d'éléphans, de cerfs, de bœufs, de moutons; le chevreuil, la civette y ſont très-communes; on y voit trois eſpeces de ſinges, dont l'une nommée *barrys* eſt très-grand ; on ſe les rend utiles dans leur jeuneſſe, en les exerçans à broyer des grains, à puiſer, à porter de l'eau, à tourner la broche, & à ſoulager ainſi les femmes dans une partie de leurs fonctions. Ils dévaſtent les champs & ſont regardés comme des ennemis publics ; ils ne ſe prennent pas deux fois au même piege & ſavent ſe ſecourir dans le beſoins. On y voit des ſerpens d'une groſſeur monſtrueuſe ; une multitude de rats, de crapauds, de moſquites, de ſcorpions, de lezards, de fourmis infeſtent les maiſons, la volaille y eſt commune ; les bois y ſont remplis de perroquets, de pigeons, de ramiers & d'autres oiſeaux parmi leſquels on remarque le pelican blanc, le heron &c. les requins, la tortue, le mulet, la skate, le dix-livres, la brême, le chat qui doit ſon nom à ſes mouſtaches, la torpéde, le barricado, poiſſon de bon goût & mal ſain, l'huitre, d'autres poiſſons ſont en grand nombre dans la riviere.

On achete dans ce pays de l'ambre gris, des dents d'éléphans qui ſont eſtimées les meilleures de la Guinée, des bois de teinture, des eſclaves, de la cire, de la civette, du poivre long, des perles, du criſtal & un peu d'or : on donne en échange de l'eau-de-vie, du rum, des barres de fer, des toiles de coton & de fil, des chaudrons, des anneaux & des bracelets de cuivre, des pots de terre, des pendans d'oreilles, des couteaux de Hollande, des serpes, des haches, des armes à feu, du papier, des bonnets rouges, des dentelles, de l'huile d'olive, &c. Au delà du royaume de Burré, sur les bords de la même riviere est celui de *Mitomba* qui lui donne son nom : les Portugais y ont un établissement dans la bourgade d'*Alagoa*.

La riviere est terminée au midi par le cap *Tagrim* ou *Ledo*, espece de péninsule avancée qui se joint aux basses de St. Anne, derriere lesquelles s'ouvre un large golfe qui porte ce nom, offre un bon abri aux vaisseaux, & reçoit les eaux de quatre rivieres, dont la premiere, en parcourant le golfe du nord au midi, est navigable & profonde pour de grands vaisseaux, mais son embouchure est gênée par un banc de sable : la seconde s'enfonce dans une épaisse forêt peuplée d'éléphans, de bufles, de sangliers & de singes; un banc de sable défend encore l'entrée de la troisieme, c'est la plus grande & on la nomme *Rio Banquo*, la derniere est salée & profonde : dans tout ce golfe la profondeur n'est que de six à sept brasses sur un fond bourbeux & mouvant. Les îles *Bravas* ou *Bannanas* occupent la partie du nord : elles sont ombragées de grands arbres, & la plus grande qui est aussi la plus élevée, fournit des provisions, de l'eau, du bois à bruler, du bois de cam, de l'ivoire : vis-à-vis d'elle, est le mont *Machamala* où l'on voit un grand roc de cristal, dit-on, & qui présente diverses pyramides. La partie méridionale est terminée par les îles *Sambreros*, où l'on trouve une grande abondance d'oranges, de limons, du poivre long, des palmiers, des cannes de sucre, des bananiers, du miel, de la cire, du bois de construction & de teinture : avec l'huile & la cendre de palmier, les habitans font un savon estimé ; ils prétendent que leurs îles ont des mines d'or & de fer, & qu'elles ont été séparées du continent par les secousses violentes d'un tremblement de terre Deux lieues plus au midi est l'embouchure du *Rio Gombaas*, riviere navigable, mais fermée d'une barre : des chaloupes s'y font un passage & la remontent pendant quinze lieues pour arriver à la ville de *Koucho* qui paraît faire partie encore du pays montueux de Sierra Léona. De cette riviere à celle de Scherbro, la côte est basse, presque déserte, peu connue bordée de bas fonds ; elle a seize lieues de longs.

De la Scherbro, ou Cherboroug.

Dapper la nomme *Riodas Palmas* ; elle a aussi les noms de *Rio Selboba* & de *Madre Bomba* & de *Cerbera*. Elle est fort large & paraît avoir un long cours, mais sa source est inconnue : les grands vaisseaux la remontent jusqu'à *Bagos* ; les chaloupes de soixante à quatre-vingt tonneaux jusqu'à *Kedham*, qui est à plus de quatre-vingt lieues de son embouchure ; mais son canal se resserre toujours davantage, & il paraît l'être plus encore par les arbres qui couvrent ses rives & s'avancent sur ses eaux ; la navigation y est dangereuse par les *Tornados* qui y sont fréquens ; ses bords sont habités par des hommes doux & civils ; ses eaux nourrissent beaucoup de crocodiles & de vaches marines ou manatées : la pêche y est abondante : l'ivoire & le bois de cam sont les principales richesses qui la font visiter des Européens. Elle reçoit plusieurs rivieres dont les plus considérables sont celles de *Torro* & de *Ste. Anne* : la premiere se déborde deux fois, forme de petites îles à son embouchure, est peu profonde & interrompue par de fréquens bancs de sable, ce qui ne permet d'y naviger qu'avec des chaloupes de quinze à vingt tonneaux ; la seconde se joint au Scherbro vers le midi, au dessous d'un lieu où les Anglais avaient autrefois un comptoir : on l'appelle aussi *Couxea*.

La ville la plus éloignée que l'on connaisse sur les bords du Scherbro, est *Quanamora* : au delà de cette ville le fleuve forme des cataractes : la ville est grande, on y compte 5000 familles ; ses habitans trafiquent avec les blancs, quand ils sont les plus faibles ; ils les attaquent s'ils se croyent les plus forts ; un bois la sépare du fleuve & en cache la vue aux chaloupes ; elle est mal bâtie, à la reserve d'un vaste édifice qui s'éleve au centre & où les Nègres tiennent leurs assemblées.

En remontant le fleuve, on arrive au pays de *Hando* bien peu connu, divisé en quatre principautés dont le roi de Quoja nomme les chefs, qui tous jouissent d'une autorité égale, & lui payent un tribut annuel de bassins & de chaudrons de cuivre, d'étoffes diverses & de sel. Le peuple y parle un langage particulier.

En descendant le fleuve depuis Quanamora, on arrive au pays de *Silm* ou *Cilm-Monou* dont elle fait partie : *Monou* signifie peuple : les bords du fleuve y sont embellis par un grand nombre de villages. Plus bas encore est *Bulm-Monou*, contrée marécageuse, inondée dès que la saison des pluies font enfler les rivieres, sa principale ville est *Bogas* ou *Baga* ; là réside son chef, nommé par le roi de

Quoja : les Anglais & les Hollandais y avaient autrefois des magafins : aujourd'hui les Anglais prefque feuls y font quelque commerce.

A l'embouchure de la riviere de Scherbro, on trouve un grand nombre de petites îles, la plupart fans noms, ou dont les noms font inconnus : celle de *Scherbro* ou *Mapacoye*, eft longue de dix lieues, large de quatre ; les extrèmités font couvertes d'arbres & font un indice pour la faire reconnoître : les Portugais l'appellent *Favulba* ou *Faralloens*, de la beauté de fes productions : elle eft ceinte de rocs & de bancs de fable ; fon fol eft uni & peu élevé ; il produit abondamment du riz, du maïz, des ignames, des bananes, des ananas, des patates, des figues d'inde, des citrons, des oranges, des melons d'eau, des noix de kola, différens grains : la volaille y eft très-abondante ; les éléphans, plufieurs autres animaux y deviennent incommodes ; les huitres y donnent des perles eftimées, mais les requins n'y permettent pas de fe livrer à cette pêche, & on ne la fait jamais fans danger : les habitans ont la même religion que ceux de Sierra Léona, & comme eux ils fe font circoncire.

Les Anglais avaient d'abord élevé un fort fur le continent, au nord de la riviere Ste. Anne ; ils l'abandonnerent pour fe fixer dans l'île d'*York*, qui a un peu plus d'une lieue de tour : là ils éleverent un fort qu'ils abandonnerent en 1726 pour fe retirer dans la ville de *Jamaïque*, élevée par un mulâtre, fils d'un Anglais, & fituée dans la partie feptentrionale de l'île.

L'extrèmité occidentale de l'île forme le cap Ste. Anne : dans la même direction de la longueur de l'île, on trouve quatre plus petites îles nommées îles de *Tota* ou des *Plantains*, parce que ce fruit y eſt très-commun; elles ſont baſſes, plattes, environnées de rochers, fertiles dans les mêmes productions que celle de Scherbro, bien peuplées: on y recueille beaucoup de miel; les habitans ſont doux & paiſibles, & des Négocians Anglais s'y établiſſent quelquefois.

De Rio das Gallinas ou du *Maqualbary*.

On ne l'a pas remontée bien avant; mais on croit qu'elle a ſa ſource dans le pays de *Hando*, & qu'elle arroſe le pays des *Karabados* ou *Caradoboë*, à quinze lieues de ſon embouchure; elle entre enſuite dans le pays de *Quilliga* : deux îles ſont placées à ſon embouchure; ſon nom lui vient des poules & des autres volailles qu'on nourrit dans les villages qui la bordent. Les Européens tirent par cette riviere des cuirs ſecs, & des dents d'éléphans des pays de Hando & de *Karodabo* ou Karabados, qui ſe font ſans ceſſe une guerre cruelle, quoique tous deux reconnaiſſent l'autorité du roi de Quoja. On y trouve auſſi du bois de cam qui y eſt le meilleur de toute la Guinée : les uſages des habitans ſont les mêmes que ceux de la riviere de Scherbro. Les Karabodos paſſent pour être ſtupides; mais leur intérêt les réveille & leur donne de l'activité : ceux de *Quilliga* ont une langue qui leur eſt particuliere & qui differe beaucoup de celle de leurs voiſins. La côte entre les Gallinas & Scherbro eſt baſſe & marécageuſe; les vents y viennent preſque toujours du ſud-oueſt.

De

De Rio Maguiba ou Magwiba.

Les Portugais lui donnent aussi le nom de *Rio Nugnez* du *Nueva* : un banc ou aterrissement ne permet pas aux grands vaisseaux d'y entrer : on remarque qu'elle est plus grande en hiver qu'en été ; ce qui n'est point extraordinaire, & que la marée rend ses eaux salées à deux lieues de son embouchure : diverses nations, telles que les Français, les Portugais venaient commercer dans les villages nombreux qui l'abordent ; mais sans doute le gain ne les a pas excité long-tems à être les rivaux des Anglais, & ils leur ont abandonné la navigation de cette riviere : ceux-ci remontent jusqu'au village de *Dora Ruja*, & pendant cet espace elle est profonde & large de 400 pieds ; mais au delà de la bourgade de *Choucha* la riviere est embarrassée par des rocs, qui font tomber l'eau en cascades, & en rendent l'approche impossible ou du moins fort dangereuse.

DU PAYS DES QUOJA.

IL s'étend de la riviere Maguiba à celle de Mesurado, ou de S. Paul, & renferme le cap *Monte* : il est habité par deux nations différentes, & les pays qu'elles possedent se distinguent par les noms de *Vey-Berkomas* & *Quoja Berkomas*. Berkoma signifie pays. Les Veys sont les descendans des anciens habitans du pays autour du cap Monte, de la riviere *Massah*, jusqu'au pays des *Monu*, c'était une nation autrefois nombreuse & guerriere, aujourd'hui resserrée, affaiblie & dépendante.

Les *Quojas* sont bornés par les *Galas*, les *Galaveys*, les *Hondos*, les *Konde-Quojas*, les Monus, les *Folgias* & le *Karrow* : les *Galaveys* sont descendus des Galas : ils ont été chassés de leur pays par les Hondos, & forcés de mettre en se retirant une vaste forêt entre le peuple dont il tire son origine & lui. Les *Galas* sont puissans, ils ont un grand nombre de villes & de villages, & une partie de ces villages sont sur la Maguiba. Nous avons dit tout ce qu'on sait des *Hondos*, qui dépendent des Quojas; parlons ici de ce dernier peuple.

Il a des usages qui lui sont particuliers, comme sa langue. Ils mettent à toutes leurs actions une sorte de solemnité : le serment absout l'accusé s'il n'a qu'un accusateur; s'il fait un faux serment, on lui cache les yeux, on l'effraye par des invocations, des mouvemens, un bruit extraordinaire, & quand il est glacé d'effroi, des voix qu'on annonce être celle des esprits lui annoncent son pardon, parce qu'il ne s'eſt rendu coupable qu'une fois, mais on lui impoſe une pénitence & une retenue ſévere : c'eſt ainſi qu'on agit avec la femme adultere ; ſi elle ſe corrige, tout eſt oublié ; ſi elle retombe, le *bellimo* ou grand prêtre vient avec ſes miniſtres la ſaiſir, ils la conduiſent dans la place publique, l'y font faire pluſieurs tours au ſon des inſtrumens, puis la menent dans un bois conſacré aux eſprits, & elle diſparait pour jamais. Pour les crimes qu'on ne peut prouver, on met un mêlange d'herbes dont le ſuc eſt âcre & brûlant, dans la main de l'accuſé ; ſi le mêlange eſt ſans effet, il eſt innocent : quelquefois on lui fait prendre un breuvage ; s'il le rend, il n'eſt point criminel ; il l'eſt s'il le fait écumer : on tranche la tête du coupable dans un bois ſacré : on le met en quartiers qu'on diſtribue à ſes femmes, & ſa tête eſt livrée à ſes amis qui la font cuire, boivent le bouillon, & clouent ſes machoires dans le lieu de leur culte.

Ils reconnaiſſent un être ſuprême, un créateur de tout ce qui exiſte, qu'ils nomment *Kanno*, qui fait & peut tout, à qui rien n'eſt caché, qui fait tout le bien dont nous jouiſſons, mais qui doit avoir pour ſucceſſeur un juge ſévere : les morts, ſelon eux, deviennent des eſprits qu'ils nomment *Jannanis* ou *Patrons* : ils le font de leurs parens & de leurs amis, qui ſauvés du danger par leur ſecours ſe hâtent de leur en témoigner leur reconnaiſſance : s'ils ont reçu quelque outrage, ils viennent leur demander vengeance dans le bois ſacré ; s'ils ſont inquiets de l'avenir, ils viennent les conſulter : ils ne boivent, ils ne mangent rien ſans leur en offrir les premices. Chaque village a un bois ſacré où l'on vient faire des invocations, où l'on porte ſes offrandes, & ce feroit un facrilege pour le fexe d'ofer s'y préfenter. Ils croient aux forciers, & même aux vampires, car la fuperftition peut enfanter les mêmes fantômes en des lieux différens; les maniaques leur paraiffent livrés aux démons nommés *Sova*: toutes ces craintes d'efprits les épouvantent, & ils n'ofent traverfer un bois, s'ils ne font bien accompagnés: ils circoncifent les enfans à l'âge de fix mois; ils fe repofent ou chaffent tous les jours de nouvelle lune. Tous les peuples voifins ont comme eux une coutume finguliere; c'eft une forte de confrairie qui fe renouvelle tous les vingt-cinq ans, & qui a pour objet d'apprendre à la jeuneffe, à danfer, à pêcher, à combattre, à chaffer, à chanter le *bellidong* ou chanfon affez obcene: le jeune homme inftruit de ces arts devient capable de tous les emplois: c'eft dans une vafte enceinte tracée dans une forêt de palmiers que fe fait cette inftruction; nulle femme n'en peut approcher, & le cours d'exercice dure quatre ou cinq ans, pendant lefquels les jeunes gens ne fortent jamais du lieu qui les enferme, & où ils vivent nuds; les anciens y préfident, ils les initient en leur coupant quelques éguillettes de chair depuis le col jufqu'à l'épaule, enfuite leur donnent un nom nouveau: les parens leur apportent leurs alimens; font-ils inftruits, on les conduit dans la ville royale, on les orne de colliers de verre, d'anneaux & de grelots de cuivre; fur leur tête eft un bonnet d'ofier, fur leur corps on arrange des plumes; enfuite ils montrent leurs talens pour la danfe, & les femmes applaudiffent ou cenfurent: ce n'eft qu'après cette cérémonie qu'on les rend à leurs parens.

Les femmes ont une confrairie à-peu-près femblable : elles apprennent de la même maniere, dans une retraite aussi rigoureuse, sous l'inspection de femmes âgées, les chants & les danses qu'on juge nécessaires, & cette étude est précédée d'un bain & de la circoncision : elle finit par un examen public, comme pour les jeunes gens : leur premier nom imposé deux jours après leur naissance est changé aussi.

Les Quojas sont des hommes adonnés aux plaisirs des femmes ; mais d'ailleurs ils sont sociables, modérés, ne faisant la guerre que pour se défendre, vivant unis entr'eux, se secourant, s'aidant mutuellement ; rarement on voit des exemples de vol entr'eux : pour obtenir une épouse, l'amant doit faire trois présens de noce, d'abord du corail, puis des habits, ensuite un coffre : le pere de la fille en fait un à son gendre qui consiste en provisions, en armes, en esclaves : le soin des enfans mâles est le partage des maris, les filles sont confiées à leurs meres. On peut y avoir plusieurs femmes ; mais l'une d'elles commande à toutes les autres.

Parmi les maladies qui sont inconnues aux Européens, il en est une qui s'attache avec plus de force aux animaux, & qui tue beaucoup d'éléphans, de buffles, de sangliers & de chiens ; on n'en sait que le nom : c'est l'*Ibatheba*. La rougeole y fait périr beaucoup de monde, ainsi que le flux de sang & la vérole : le mal de tête y est violent, celui des dents plus violent encore ; les cancers y sont communs.

On s'y occupe beaucoup de la culture des terres, & peu du commerce : on y trouve peu d'esclaves, & l'ivoire, la cire, le bois de Cam y sont bientôt épuisés : le riz est leur principale nourriture, & sa culture est leur occupation la plus importante : ils en entourent les champs de fortes palissades pour en écarter les éléphans & les buffles; des enfans en éloignent les oiseaux; la premiere moisson se fait dans les terres basses; ils en font une seconde dans les terres plus élevées, & une troisieme quelque tems après sur les hauteurs; les femmes labourent ou sement; elles broient le grain, & le font cuire: le riz leur demande de grands soins avant qu'ils le recueillent, & quand il est coupé, il faut du tems pour le sécher, il en faut pour le mettre en gerbes, & pour paier la dixme au roi. Dans l'intervalle des moissons on pêche, on chasse, on éleve ou repare sa cabane: le roi prend le tiers de tout le gibier qu'on atteint, & la moitié des buffles que l'on tue: il fait quelque léger présent au chasseur: les pêcheurs doivent aussi une partie du poisson qu'ils ont pris aux prêtres de la nation.

Les cabanes ont toutes la forme ronde: il est des bourgades ouvertes, & celles-là sont bâties en cercle, & entourées d'arbres; il en est de fortifiées, & elles le sont avec des bastions formés d'une palissade de pieux d'un bois dur, serrés & joints par des arbres qui entourent la ville: on y entre par une porte étroite & basse; les rues sont tirées d'un bastion à l'autre; elles se réunissent au centre où elles forment une place de marché: leurs rivieres sont des especes de torrens sur lesquels on construit un pont de pieux liés ensemble avec des cordes de chaque côté, retenues à des arbres sur les deux rives.

Leur langue est assez étendue; leurs funerailles different de celle de leurs voisins par quelques cérémonies: le mort bien paré comme dans un jour de fête, armé de son arc & d'une flèche, est placé au milieu de fes parens & de fes amis qui femblent vouloir fe combattre, puis fe mettent à genoux autour de lui, ils tirent leurs flèches au loin devant eux, pour annoncer qu'ils font prêts à venger fa mémoire ou fa mort, puis on étrangle des efclaves, après leur avoir fait un feftin, afin qu'ils aillent fervir le défunt dans l'autre monde : cette coutume s'affaiblit aujourd'hui : toutes les femmes accourent pour confoler la veuve : fur la foffe où l'on defcend le cadavre & celui des efclaves facrifiés, avec les utenciles qui lui fervirent, on éleve une petite cabane fur laquelle on fufpend fes armes déformais inutiles, ou fi le mort eft une femme, on y fufpend les baffins dont elle fe fervait. Pendant plufieurs mois, on ne laiffe point ce maufolée fans alimens ni fans liqueur. Après les funerailles on jeune dix jours, on en jeune trente pour les perfonnes de grande confidération : hommes, femmes, parmi ceux qui lui étaient attachés, font vœu de fe priver de tels alimens, ou de tels plaifirs, ou de tels ornemens ; le vœu rempli, ils levent les mains vers le ciel pour attefter qu'ils y ont été fideles, & la nuit fuivante on fait un feftin, une fête que termine un préfent de la famille du mort.

Leur roi porte le titre de *Dondagh*, quoique dépendant du roi des Folgias qui n'en porte pas un autre ; il donne à fon vaffal de Bulmberre le même titre qu'il reçoit de fon fouverain. Il le reçoit profterné en terre ; le roi des Folgias lui jette un peu de terre fur le dos, lui demande le nom qu'il defire porter, il le lui accorde avec celui de dondagh, & lui ordonne de fe lever : on l'arme, & il rend hommage.

Cette vaffalité ne l'empêche pas d'être defpotique

chez lui ; sa gloire est de ne trouver nulle résistance devant lui ; elle est encore d'avoir plus de femmes que les autres : s'il paraît en public, c'est toujours appuyé sur son écu ; si un seigneur balance à se rendre où le devoir l'appelle, il lui envoye cet écu, qui le force par la crainte à venir lui demander grace : on ne parvient à son audience qu'avec des présens ; mais on les rend si la demande est rejettée : on l'approche à pas lents, on met un genou en terre, & l'on baisse la tête. Le conseil du peuple est formé des hommes les plus sages, & c'est par-là qu'il conserve son autorité sur les pays voisins, quoique plus étendus, plus peuplés que celui qu'il possede. Tous ces peuples paraissent connaitre le droit public, & l'étiquette dans la reception des ambassadeurs, mais peut-être les voyageurs ont-ils fait d'un exemple une coutume générale.

Revenons à la description du pays. La côte depuis la riviere Maguiba jusqu'à celle de Massah, est basse, unie, couverte de villages & de hameaux, & on y fait beaucoup de sel. La riviere de Massah ou Mavah prend sa source dans les montagnes, & n'a qu'un cours de trente lieues ; elle coule dans un large canal, se perd dans les sables, & ne se rend à la mer que dans le tems des inondations ; quelquefois on la confond, quelquefois aussi on la distingue de la riviere de *Plazoge* ou *Plizoje* : les Quojas habitent la partie voisine de la mer, & ont succedé au *Puy-Monus*, nation dont le roi résidait à *Jegworga* sur la rive occidentale du Massa, à deux lieues de la mer : son frere habitait le pays de *Tyja*. Plus haut habitent les *Foljas*, & leur roi réside dans une île située dans le lac de *Plizoge*, large de deux lieues, long de six. *Tochu, Kammagoja, Jerbosaja, Jerra-*

balliſa, ſont des bourgades ſituées ſur les bords de cette riviere.

Le cap *Monte* ſe découvre de loin en mer, & ſe préſente ſous l'apparence d'une île ; c'eſt une terre fort haute qui ſe diviſe en deux ſommets, entouré de la mer, excepté dans un ſeul de ſes côtés : ſes flancs offrent des abris aux vaiſſeaux. Autour on voit s'étendre une belle plaine, bordée d'arbres toujours verds : vers le nord on découvre une vaſte forêt qui couvre de ſon ombre une petite île, à l'embouchure de la riviere : les prairies y ſont vertes, parſemées de fleurs, raffraichies par divers ruiſſeaux : le riz, le maïz, le millet y proſperent; on y voit des amandes, des oranges, des ceriſes, des melons, des gourdes, & une ſorte de prunes; la volaille, le gibier y ſont communs, les poules, les pigeons, les canards, les pintades s'y donnent pour rien : le poiſſon de mer & de riviere y eſt très-bon, les tortues y ſont excellentes; mais l'écaille n'en eſt pas eſtimée : diverſes petites rivieres y coulent, aucune n'eſt navigable, les chutes d'eau, les bancs de ſable en interrompent le cours.

Au delà du cap eſt la riviere de *Rio Junco* : ſon embouchure a 500 pas de large ; mais elle eſt peu profonde ; ſes rives ſont ornées d'arbres & de fleurs ; le pays eſt couvert d'orangers, de citronniers & de palmiers. Les habitans de ces divers lieux ſont doux, ſociables, bien faits, induſtrieux, fideles, déſintéreſſés; planter le riz, faire le ſel, ſont leurs principales occupations ; ils ſont plus propres que les autres négres. Les Français commerçaient dans ces contrées vers le commencement du ſiecle dernier; les Anglais & les Hollandais y achetent des peaux de lions, de pantheres, de tigres, &c. de belles nattes, des pagnes, de l'ivoire : on y trouve, dit-on, des dents d'éléphans de 200 livres : on y voit aussi de l'or : les forêts y sont remplies de bois rouges propres à la teinture.

Les Foljas de qui dépendent les Quojas, reconnaissent eux-mêmes l'empire de *Monus* : leur pays est arrosé par le Junco & l'Avoredo ; ils se sont unis avec les Karrows qu'ils avaient soumis ; la langue de ce peuple est la plus élégante de toutes celles des nations qui habitent l'intérieur de cette partie de l'Afrique.

Les *Gebbes Monus* habitent aux environs du cap Mesurado : ils parlent une langue qui parait être unique : leurs mœurs, leurs usages, leur religion sont peu différens de ceux des Quojas qui habitent à leur couchant, & des Foljas qui sont vers l'orient.

Au nord habitent les Monous ; leur chef étend son autorité sur les nations voisines, & il en reçoit des tributs d'esclaves, de barres de fer & d'étoffes : il donne à son tour à leurs chefs des étoffes de Quaqua : ce chef a le nom de *Mandi* qui signifie seigneur. On est étonné que le pays des Monous, mal peuplé, d'une étendue fort médiocre, renferme le peuple dominateur de tant de peuples, qu'il maintienne son autorité après l'avoir fait reconnaitre, & surtout sur les Folgias ou Foljas, nation nombreuse & puissante : il faut que la politique & la sagesse de ce peuple suppléent à ses forces, & en assurent l'emploi.

Entre le cap Monte & celui de *Mesurado*, la côte est unie & basse ; mais elle est assez peuplée, & présente un aspect riant ; le Menoch l'arrose : on compte 16 lieues de l'un de ces caps à l'autre : les terres s'élevent en approchant du dernier qu'on nomme aussi *cap Cortese* : il est rond, presque environné de la mer, escarpé vers elle, d'un accès facile vers la terre ; son sommet est une platte-forme naturelle, d'une lieue & demie de circonférence, dont le sol est fertile, & qui est entourée des plus beaux arbres. Au couchant il offre une belle baie où se rend la riviere de son nom : on voit près de là un village & une source qui en sortant du rocher forme une jolie cascade, & peu après un ruisseau de l'eau la plus pure & la plus fraiche qui serpente au travers des bois : son eau se conserve longtems en mer.

Le cap est environné d'écueils, & c'est de là qu'on tire son nom *Miserado*, miséricorde : la riviere a aussi celle de *Rio Duro* & de *S. Paul* : elle parait venir du pays des Monus & de plus loin encore : avant de se jetter dans la mer elle forme deux iles, dont l'une est appellée l'*Isle du roi*, parce que ses bestiaux & sa volaille s'y nourrissent sous l'inspection de quelques-uns de ses esclaves ; elle est longue de deux lieues sur moins de la moitié de large : elle n'est jamais inondée ; elle est ombragée des plus beaux arbres : des vents frais qui viennent de l'orient & du nord y temperent les chaleurs, mais elle manque d'eau douce. La riviere est grande & belle ; son embouchure est gênée par un banc de sable où les flots brisent avec violence : ses deux rives sont ornées d'arbres toujours verds qui rendent la perspective charmante ; l'eau y parait salée à plus d'une lieue de la mer : elle reçoit quelques autres rivieres ; on trouve de l'or chez les habitans, mais il parait leur être parvenu par le commerce : on y va chercher le bois de Cam ; les cannes de sucre, l'indigo, le coton y croissent sans culture ; le tabac y serait excellent si on savait l'y préparer. Les lions, les tigres n'y font pas affez nombreux pour empêcher les beftiaux de s'y multiplier prodigieufement, les chevres y font fort petites : les arbres y font chargés de fruits ; les limons, les oranges, les pommes de pin y croiffent en abondance ; les dents d'éléphans y font petites & rares : les hommes y font de belle taille, robuftes, courageux, mais doux & humains : ils aiment l'agriculture, font capables de la plus grande conftance dans l'amitié, font jaloux de leurs femmes, & indifférens fur la conduite de leurs filles : ils aiment leurs enfans avec paffion : le pays eft très-peuplé. A moins d'une lieue du cap il y a trois villages dont les maifons font conftruites avec propreté & élégance : chaque maifon a trois appartemens fort propres où fe raffemblent plufieurs familles ; ordinairement elles font environnées d'un mur de terre entouré d'un foffé. Au centre de chaque village eft une place couverte comme une halle de marché, élevée de fix pieds, & où l'on monte par des échelles : c'eft le lieu où l'on s'affemble dans toutes les heures du jour pour y converfer, fumer fa pipe, écouter des nouvelles. A trois lieues de l'embouchure de la riviere eft la ville d'*Andrea*, à 12 ou 1500 pas du bord ; elle eft environnée de bois, compofée d'une cinquantaine de maifons dont les murs font d'argile ou de branches entrelaffées & revêtues de plâtre : les portes font des trous où l'on n'entre qu'en rempant : un banc de terre couvert de nattes y fert de lit : ces nattes font belles, variées de rouge & de blanc : un toit foutenu par des piliers dans un lieu élevé y fert de cour de juftice.

Chaque village ou plutôt chaque habitant a de plus encore des magafins circulaires, fermant à clé, où l'on renferme fes provifions de riz, de millet, de légumes, d'huile de palmier & autres objets nécessaires. Le maître diſtribue chaque jour ces proviſions à ſes femmes, qui paiſibles, actives, vivent dans l'union. On dit qu'on tire de ce pays environ 1500 eſclaves par an, 4 ou 500 quintaux d'ivoire, du bois de teinture autant qu'on en deſire, beaucoup de riz ; on les échange contre des barres de fer, des étoffes rouges, de l'eau de vie, &c.

Ce pays juſqu'au delà du Junko eſt celui des *Gebbés Monus* : la côte entre cette riviere & celle de Meſurado dans une étendue d'environ 15 lieues eſt peu élevée, & couverte de bois : on y voit la forêt nommée par les Portugais *Mata de Santa Maria*; elle eſt très-vaſte & traverſée par une riviere qu'on nomme auſſi *Ste. Marie*.

Rio de Junco a auſſi le nom de *Rio del Punto* : ſon embouchure eſt vis-à-vis de trois monts qui s'élevent dans l'intérieur des terres ; elle a environ 500 pas de large, mais elle a peu de profondeur & eſt embarraſſée de bancs de ſable ; ſes rives ſont ornées d'arbres & de fleurs, ſon cours eſt lent & majeſtueux, & des deux côtés l'œil ſe promène ſur un payſage charmant, que l'oranger, le citronier & le palmier embelliſſent encore. La volaille, le vin de palmier n'y manquent jamais ; on y trouve des dents de chevaux marins, de l'ivoire, des eſclaves, & quelques productions naturelles du pays : elle reçoit l'Alveredo.

Le pays à l'orient de cette riviere s'élève & ſe couvre de buiſſons & d'épines; là coule celle de Noel; trois lieues plus loin la côte s'enfonce pour former une baie conſidérable où ſe rend la riviere de Tabo ou de Rio corſo : ſur ſon rivage oriental eſt un village grand & bien peuplé, nommé *Tabo Dagrou*;

près de là est la petite île où les Normands avaient fondé vers le milieu du quatorzieme siecle le *petit Dieppe* : l'embouchure de la riviere est semée d'écueils. De là jusqu'à *Rio Sesto* on trouve une côte unie, arrosée par les rivieres de S. Pierre, de S. Jean & de Barsay ; mais où l'on ne trouve pas de bons ports. Cette côte dépend des Foljas & des Karraws.

Dans toute l'étendue que nous venons de parcourir, les végetaux, les animaux different peu de ceux qu'on trouve dans le voisinage de la Gambra ; d'ailleurs les animaux qui pourraient y être particuliers au pays, sont mal connus ; tel est le *Sylla-Vandoch*, animal de la taille du cerf, de couleur jaune & raié de blanc, qui a des cornes longues d'un pied, percées d'un trou par lequel l'animal respire : on y voit deux sortes de porcs-épis dont l'une est très-dangereuse, quatre especes d'aigles, des perroquets bleus à rouge queue, le Komma qui a le col vert, les ailes rouges, la queue noire, le bec crochu, le *Kosifou-Keghossi*, oiseau noir que les négres redoutent & dont le chant n'annonce que des malheurs, le *Fanton* qui guide les chasseurs, & des hirondelles, des pigeons, diverses espèces d'autres oiseaux ; le *Joua* dont le nid placé en terre est respecté des habitans qui croyent qu'un homme qui casseroit ses œufs perdrait bientôt tous ses enfans. Dans les environs des caps Monte & Mesurado, on pêche des poissons extraordinaires & peu communs, on n'en sait pas même les noms. Le *Bang* est un arbre dont on tire un vin rouge : ses feuilles longues d'une aune servent à des nattes, des cordes & des sacs : ses tiges droites & flexibles sont employées par les habitans.

Côte du Grain ou de Malaguette.

Elle commence à Rio Sesto, & s'étend jusqu'au delà du cap des palmes : on la nomme aussi Côte *du Poivre*, & tous ces noms ont la même origine : elle l'a pris de son poivre long, nommé malaguette ou graine de paradis, plante dont la tige s'éleve du milieu de feuilles épaisses, longues de quatre pouces : elle est haute, & donne un fruit ovale de la grosseur d'une figue, roussâtre, vénimeux, qui recouvre de petits grains polis, anguleux, bruns, pesans, moins gros que le poivre, ayant le goût du gingembre. Son étendue peut être de soixante lieues, & elle renferme différens petits Etats dont nous parlerons en la parcourant : généralement elle est basse & platte ; le terroir en est humide, gras, couvert de forêts, arrosé par un grand nombre de rivieres, & de ruisseaux : ses bords sont vaseux & semés d'écueils.

La premiere riviere qu'on y rencontre & l'une des mieux connues est *Rio-Sesto* ou *Sestre* : ses environs offrent un mouillage facile, un ancrage excellent : au couchant la côte est basse, au levant on voit des collines agréables ; des rocs cachés à son embouchure qui est large d'une lieue, n'en permettent l'entrée qu'à des barques & à des chaloupes : ses rives sont bordées de beaux arbres ; près d'elle est un excellent puits d'eau fraiche, & l'on peut y faire promptement des provisions d'eau & de bois : son lit est parsemé de cailloux-cristaux, plus durs, plus transparens que ceux de Medoc : on peut la remonter pendant vingt cinq lieues ; là des rochers arrêtent encore : une multitude de ruisseaux y viennent mêler leurs eaux aux siennes, & de nombreux villages font difperfés dans fon voifinage : autour le pays eft fertile, bas, uni; le riz, le millet y font la nourriture commune des habitans qui font du pain : la volaille y eft abondante; on y commerce en poivre, en cuir, en ivoire, en efclaves, en poudre d'or, mais le climat y eft mal fain pour les étrangers : pendant le mois de février, mars, avril, le calme n'y eft troublé que par les Zephirs; l'air y eft toujours ferain, les orages y font fréquens dans les autres mois, les équinoxes y font fur tout à craindre.

A cent pas de l'embouchure de Rio-Seftos fur fa rive orientale eft une bourgade de foixante maifons, bien bâties & fort hautes, quelques unes ont trois étages : des piliers les élevent de quatre pieds au deffus du rez-de-chauffée, pour en mettre le premier étage à l'abri de l'humidité & des infectes : on y entretient fans ceffe du feu : au deffus font les greniers pour le riz & le bled d'inde, conftruits en forme de pyramides : près d'elle font deux villages; dont les planchers des maifons font compofés de foliveaux rangés fort près les uns des autres : la ville royale eft au couchant fur une petite riviere : fes environs font couverts de bananiers & de palmiers dont les feuilles fervent de tuiles aux habitans. Le prince n'y eft diftingué que par une maifon plus vafte où il renferme fes femmes & fes efclaves : dans la falle du confeil on voit un bloc de bois fur lequel on a tracé groffierement en relief la figure d'une femme & d'un enfant auquel on offroit des provifions : c'eft devant cette efpece d'idole que les négres viennent prononcer leurs fermens. Ces hommes font grands, bien faits, robuftes, courageux, civils, pacifiques

&

& ne manquant point d'induſtrie pour le travail des mains, ni pour le commerce : jamais ils ne ſe couvrent la tête ; ils ſe cachent d'un haillon le milieu du corps ; leurs uſages, leur religion ne différent pas ou diffèrent peu de celle des Quojas ; ils s'occupent à nourrir des beſtiaux, ont beaucoup de volaille, dont ils ſe ſervent pour le commerce, & ſe nourriſſent preſqu'uniquement de légumes, de fruits & de poiſſons. Ils ont pris des Français l'uſage de porter des noms, comme ceux de Pierre, Paul, André : pour ſaluer quelqu'un, ils lui prennent le pouce & un doigt, & le font craquer en diſant *aquio*, votre ſerviteur ; ils achetent leurs femmes ; celle qui donne le premier enfant à ſon mari eſt la maitreſſe de la maiſon, mais on l'enterre vive dans le tombeau de ſon époux : leur langue eſt difficile pour les Européens qui n'y font le commerce que par ſignes : ils ſavent tremper le fer & l'acier, beaucoup mieux, dit-on, que les Français : les vaiſſeaux viennent y acheter du riz, du coton, des chevres, de la volaille, du poivre qu'ils paient en chaudrons de cuivre, en baſſins, en poudre & en plomb. Cette nation eſt nommée *Quabo-Monou*.

On trouve dans ce pays une grande diverſité d'oiſeaux : les chiens y ſont rares, parce qu'ils ſont un des mets les plus friands des habitans : les moutons y ſont petits, couverts de poils, ayant une criniere comme les lions : leur chair eſt un aliment médiocre : on y voit auſſi quelquefois des hommes dont le teint eſt d'un blanc de lait. Les Anglais y avaient formé un établiſſement qu'ils ont abandonné. Les Portugais y avaient des forts qu'ils ont perdus ; mais il en eſt reſté dans les terres qui ſe ſont alliés avec les naturels, & ſont devenus noirs comme eux ; ils ſe font rendus puiſſans dans l'intérieur du pays, & ſe ſont fait accorder partout la liberté du commerce ; les négres paraiſſent les reſpecter, & s'ils recevaient régulierement des marchandiſes d'Europe, s'ils étaient plus indépendans des autres nations, ils pourraient étendre leur commerce dans un eſpace preſque immenſe. Les Portugais d'Europe pour ſe conſerver un appui dans ce pays, reconnaiſſent ces hommes devenus noirs pour leurs compatriotes, leur donnent le nom de gentilhommes, leur accordent l'ordre de Chriſt, les admettent aux ordres ſacrés & aux gouvernemens de leur forts.

La côte qui s'étend à l'orient eſt bordée d'écueils ; on ne voit entr'eux que des canots de négres qui pêchent : on arrive à la pointe de *Baxas-Suino* ou *cap Sée*, qui a devant elle un roc dont le ſommet blanc ſemble être une voile qu'on découvre au loin : autour ſont des bancs de ſable qui en défendent l'approche. Cinq lieues plus au levant encore on découvre le village de *Sanguin* ou *Zanwijn*, ſitué à l'embouchure étroite d'une riviere de ce nom, qui dans ſa plus grande largeur n'a que 500 pas : des vaiſſeaux peuvent la remonter l'eſpace de 18 lieues, pendant leſquelles ſes rives ſont bordées de grands arbres. Le village ou la ville renferme cent maiſons ; les Anglais y avaient un comptoir, mais la multitude des vaiſſeaux qu'ils n'en pouvaient exclure, y a fait hauſſer le prix des marchandiſes, & la réduction du gain, les tracaſſeries des Portugais naturaliſés dans le pays les ont forcés de l'abandonner. Ces Portugais s'y ſont rendus redoutables ; ceux qui leur déplaiſent n'y peuvent vivre, ils ſemblent commander aux négres qui ne ſecouent pas le joug de leur autorité, & n'y penſent pas même : le poivre

& l'ivoire y font les principaux objets de commerce : on vient aussi pour s'y fournir de provisions, de bois & d'eau. *Sanguin* a donné son nom à une grande partie de cette côte ; le roi qui réside dans la ville n'est pas puissant ; & cependant on parle du royaume de Sanguin comme si son étendue & sa population pouvaient le faire respecter : les habitans qui sont à son couchant sont les *Quabo-Menou*.

Deux lieues plus au levant est la bourgade de *Baffa*, *Bofo* ou *Bofou* : une pointe de sable environnée de rocs la fait reconnaitre : on peut y faire quelque commerce, tel que celui de l'ivoire & du poivre.

A deux lieues de Baffa est *Seterra* ou *Setres* dont le cap est bordé de rocs ; on y fait le même commerce que dans le lieu précédent : les mêmes objets se présentent encore à *Taffe* ou *Deffe*, à *Battoua* ou *Botavay*, grande bourgade près du *cap de Sino* ou *Swijne*, formé par deux grands rochers, dont l'un s'avance près d'une lieue en mer : derriere la ville on voit de grandes collines où le poivre prospere : les negres y aiment le commerce ; ils échangent leurs richesses contre des chaudrons de cuivre, des barres de fer & autres objets ; mais il faut se défier de leur adresse. Au-delà du cap est la bourgade de son nom sur une belle & grande riviere dont le cours est fort long : dès qu'un vaisseau y parait, on en voit sortir des canots chargés de malaguette dans des paniers d'osier. Près de ce village est celui de *Souverabo*, *Sabrebou* ou *Sabrebou*, placé à peu de distance de la mer. A cinq lieues de celui-là est celui de *Seftre-Kro* ou *Krou* ; celui-ci est grand, agréable ; près de lui est un cap formé par trois collines, embelli par de grands arbres, défendu par une chaine de rocs: autour la terre est basse & platte.

Wappo est encore une grande bourgade située sur les bords d'une petite riviere: un tertre couvert de beaux arbres en indique la place aux navigateurs: devant elle est une petite ile environnée de rochers: on y trouve de l'eau fraiche qui sort d'un bois où le reflux de la mer ne s'étend point, des dents d'éléphans & beaucoup de malaguette. Dans ses environs on remarque que les habitans sont des hommes doux.

Drova-Drue ou *Drou*, *Niffo*, *Droma* sont des villages connus aussi par le commerce du poivre: les côtes y sont très poissonneuses: près de *Rio das Escravos* est le *grand Sestre* ou le grand Paris, nommé ainsi par les Dieppois qui y commerçaient, dit-on, dans le XIV. siecle: c'est une des plus grandes bourgades & une des plus peuplées de cette region, un rocher en indique l'approche; on y commerce en poivre & en ivoire: entre des rochers battus de la mer, sur un roc, on trouve toujours un vaste bassin d'eau fraiche. Le *petit Sestre* ou petit Paris n'est pas éloigné de là. On ne voit plus que deux bourgades entre ce lieu & le cap des Palmes: ce sont *Goyava* & *Garouai* ou *Garovay*: le premier se distingue par une haute montagne qui s'éleve au loin derriere elle; la seconde par *Rio de S. Clemento* qui coule près d'elle, & arrose ses champs, mais n'est navigable que pour des esquifs, à cause des bancs de sable qui entrecoupent son lit: on y trouve de l'eau fraiche, du bois, du poivre & de l'ivoire.

Le *Cabo das Palmas* ou *Cap des Palmes* doit son nom au grand nombre de palmiers qui bordent le rivage & couronnent les deux collines qui le forment: à son extrémité est une chaîne de rocs qui en éloignent les vaisseaux. Derriere le cap est un enfoncement où les vaisseaux trouvent un asyle contre le vent du midi ; à l'orient, il a un grand rocher qui s'avance d'une lieue dans la mer & a souvent été funeste à des navigateurs : c'est à deux lieues au levant de ce cap, à la bourgade de *Grova*, que se termine la côte de Malaguette.

L'intérieur n'en est pas connu : on sait qu'en général on y trouve beaucoup de pois, de fèves, de courges, de limons, d'orangers, de bananes, & une sorte de noix dont la coque est fort épaisse & le fruit délicieux : les chèvres, les porcs, la volaille, divers oiseaux y sont à très-bas prix : la malaguette en fait la principale richesse ; mais il y croît encore une espèce de poivre nommé Piment ou poivre d'Espagne, produit par un arbuste semblable au grozeiller ; il en est de deux espèces & la plus petite est la plus estimée ; les Européens en ont perdu le goût. Les hommes y sont intempérans, l'yvresse & les femmes semblent être leurs seuls plaisirs, ils sont avides de présens, & très-fripons. On n'y fait le commerce que par des gestes & des signes ; en général ils sont bien faits & d'une physionomie agréable : les hernies sont une de leurs maladies les plus cruelles : ils savent forger & tremper le fer, construisent adroitement des canots : leur roi qu'ils nomment *Taba-Seyle* exerce une autorité arbitraire : ils rendent un culte aveugle aux grisgris & aux ames des morts, saluent la nouvelle lune avec des chants & des danses, & redoutent les sorciers.

CÔTE D'IVOIRE OU DES DENTS.

L'Intérieur en est couvert d'arbres & presqu'entierement inconnu ; du bourg de Grova au cap Apollonie, elle a 90 lieues ; d'autres la prolongent jusqu'au cap *Tres Puntas* ; quelques-uns la resserrent jusqu'à *Rio de Suciro d'Acosta* : la partie qui s'étend du cap *La Hou* à celui d'Apollonie, est ordinairement appellée Côte des Quaqua, ce qui en retranche environ vingt-cinq lieues. Comme toute la côte que nous avons parcourue depuis Sierra Leona, elle est basse, unie, ayant peu de baies, peu d'isles, & par là même les lieux y sont difficiles à distinguer ; les vagues y sont très-hautes, la mer presque toujours agitée & l'abordage dangereux : le fond même y est mauvais. Le sol y produit beaucoup de riz, de pois, de fèves, de citrons, d'orangers, de noix de coco, de cannes-à-sucre, de coton, de l'indigo ; la perspective des montagnes qu'on voit au loin, celle des villages qui sont plantés de palmiers & de cocotiers, y est charmante. La verdure des plaines y contraste avec la terre des montagnes qui est rouge ; les bœufs, les vaches, les chèvres, les porcs s'y donnent presque pour rien ; les daims, les chevreuils y sont très-communs ; la côte abonde en poissons, dont les plus remarquables sont le *taureau de mer* ou le *poisson cornu*, qui a onze pieds de long & a le corps quadrangulaire, le *Zighna* ou le *marteau*, qu'on nomme en Amérique le *Pantouflier*, est assez connu; le *Diable de mer* est une espèce de raie longue de vingt-cinq pieds, large de quinze à dix-huit. Nous ne parlerons des habitans qu'en décrivant les lieux qu'ils habitent. Les seuls objets de commerce qu'on y trouve sont les étoffes de coton, le sel, l'or & l'ivoire. On y fabrique, surtout dans le pays des Quaquas, des étoffes composées de six bandes longues de trois aunes & demie, & très-fines; on dit que les Négres de l'intérieur du pays en vendent une grande quantité à des peuples blancs qui habitent bien loin delà, & voyagent sur des mûles ou des ânes, armés de pieux & de zagayes. C'est de l'intérieur du pays qu'on apporte cette quantité étonnante de dents d'éléphans, qui donnent le plus bel ivoire du monde: on dit qu'il s'en est vendu dans un seul jour jusqu'à cent quintaux, & que le pays est si rempli d'éléphans, que les habitans pour n'avoir point à les craindre, habitent des cavernes dont la porte est très-étroite: on dit encore que tous les trois ans ces animaux changent de dents, ce qui, si le fait était vrai, rendrait moins étonnante la multitude de ces dents: cependant, soit que les Négres soient devenus moins actifs pour les chercher, ce qui parait assez difficile à croire; soit que le nombre des éléphans ait diminué, il est certain qu'elles y deviennent moins communes & plus cheres: les habitans mettent de la poudre d'or dans leurs cheveux; ce qui fait penser qu'il y en a dans le pays; mais cette poudre d'or peut n'en avoir que l'apparence; & l'on convient qu'il y a beaucoup de cuivre mêlé avec cet or. On donne en échange les mêmes marchandises que dans les lieux précédens;

seulement on y ajoute ici des anneaux de fer de la grosseur du doigt, que les Négres portent aux jambes. Le commerce des esclaves y est peu actif, parce que le pays est divisé en petits Etats qui vivent en paix.

A l'est de Grova, on trouve *Tabo-Dune*, bourgade remarquable par un grand cap verd qui en est voisin & qui est couvert de grands arbres ; il a un grand rocher au couchant, sa rade est sûre : il est éloigné de trente-cinq lieues du cap des Palmes, & dans cette étendue on ne remarque que les villages d'*Ostende*, de *Robes*, de *Cavalia* dont on ne connaît bien que les noms. Près de Tabo coule la petite riviere de *San-Pedro*, dont les bords au couchant touchent à des montagnes appellées *Sierra de Santa Apollonia*.

Petri, ou *Pétiero*, est voisin d'un rocher contre lequel battent les flots de la mer. *Tabo*, *Berbi* sont deux villages qui se reconnaissent par les montagnes qui sont dans leur voisinage. *Druyn* ou *Drevin-Petri* ou le *grand Drevin*, bourgade voisine de la riviere *St. André* : on la voit de loin parce que des maisons occupent un tertre élevé, près du rivage, & qu'au couchant il a de grands arbres & des plaines au milieu des bois : une petite riviere qui sort d'une vallée étroite, qui conduit à des prairies dont l'œil ne distingue pas les limites, forme une isle dans laquelle cette bourgade est située : plus loin on remarque trois villages entourés de troupeaux de vaches & d'autres bestiaux : on accuse ce peuple d'être cruel, féroce, antropophage, de ne paraître vouloir commercer que pour attirer les Européens à terre, les attaquer, les tuer, les dévorer. Il se peut que ce peuple ait à venger d'anciennes injures, que le souvenir de quelques violences l'ait rendu farouche & défiant ; en effet leurs précautions, leurs inquiétudes quand ils approchent d'un vaisseau, leur promptitude à se jetter dans la mer au moindre bruit extraordinaire qu'ils entendent, quand ils y sont montés, tout décele leurs craintes, & il suffit d'elles pour le rendre cruel, ou lui donner la reputation de l'être. Une mauvaise ceinture cache leur nudité, les plus riches sont couverts d'un ou deux pagnes : tous portent un long couteau à leur ceinture : les femmes y sont petites & bien faites, leurs traits sont réguliers, leurs yeux vifs, leurs dents belles ; elles sont gaies & enjouées ; les hommes robustes, bien faits, & ne manquent ni de sens, ni de courage ; ils aiment les grelots, les anneaux & tout ce qui fait du bruit quand ils dansent, parce que ce bruit les excite à danser avec plus de force encore : ils appointissent leurs dents, ils se peignent différentes parties du corps avec un vernis rougeâtre, & treffent leurs cheveux avec un mélange de lin ; leurs nobles se distinguent en multipliant les anneaux de fer qu'ils portent à leurs jambes.

La riviere *S. André* se divise en deux bras avant de se jetter dans la mer : de petits vaisseaux peuvent la remonter à quatre lieues de son embouchure dans un canal large & profond ; mais en été ses eaux sont si basses qu'un banc de sable en défend l'entrée : elle est bordée de grands arbres, de prairies charmantes, de plaines unies, & on a proposé d'y élever un fort dans une presqu'île que forme la riviere à 150 pas de son embouchure : c'est un rocher de 400 pas de circonférence, qui domine ce qui l'environne, escarpé de toutes parts, inaccessible vers la mer, défendu par des rocs qui empêchent d'en approcher par la riviere, ayant une source d'eau fraiche à son pied, & qu'on ne pourrait attaquer que par l'Isthme qui le joint à la terre. Autour le pays est fort habité : de là on voit au couchant *Tabo* qui termine une plaine charmante, entremêlée de bois agréables, & au levant *Giron*, bourgade située au bord d'une grande & belle prairie : le terroir y est arrosé d'un grand nombre de ruisseaux qui le fertilisent ; le riz, le millet, le maïz, les pois, les ignames, les patates, les melons y prosperent : autour on voit des bosquets de palmiers, d'orangers, de citronniers, de cotonniers & d'autres arbres qui produisent sans soins d'excellens fruits ; des noyers qui portent une noix plus petite que la nôtre, mais du goût des meilleures amandes, des cannes à sucre plus grosses, plus douces que celles d'Amérique : les vaches, les bœufs, les chevres, les moutons, les porcs, toutes sortes de volaille y sont très-communes & à vil prix ; la malaguette s'y recueille aussi : on y trouve des dents d'éléphans qui pesent 200 livres ; on y achete quelques esclaves, & un peu d'or. C'est ici que se sont retirés les *Esieps*, chassés par les Issinois.

Au levant de la riviere S. André, la côte est escarpée, rouge & bordée de monts qui ont la même couleur : entr'eux on distingue la bourgade de *Dromwu Petri* dont les habitans sont sauvages & cruels : plus loin sont la riviere & la bourgade de *Kotrou*, située dans une vallée aride, & où l'on découvre beaucoup d'ivoire : on arrive au cap *Lahou* ou *Labo* où la terre est basse, couverte de bois : le cap est bas aussi, & couvert d'arbres : c'est ici le lieu le plus favorable au commerce ; les dents d'éléphans y font abondantes & fort groffes. La ville de Lahou eft bien peuplée, & s'étend le long de la côte l'efpace d'une lieue fur un rivage d'un beau fable jaune où la mer fe brife avec force : les environs abondent en provifions ; les habitans font doux & fociables, & un grand nombre de vaifleaux s'y rendent toutes les années.

C'eft ici que finit la côte que l'on a nommé du *mauvais peuple* ou des *malegens* : le véritable nom du peuple qui l'habite eft *Adaous* : le refte de la côte eft celle du bon peuple, ou des Quaquas, ou des fix bandes.

Au couchant de Lahou eft une grande riviere qui fe fépare en deux bras : la ville eft ombragée par une multitude de cocotiers ; la terre y eft haute, couronnée au loin par des montagnes : la côte forme enfuite un enfoncement où fe jette la petite riviere de *Jaque-Lahou* ou *das Barbas*; elle n'eft point navigable, le village eft peu confidérable ; le terroir aux environs eft d'une fertilité médiocre. *Wollo* ou *Wolloch*, bourgade où il fe fait quelque commerce en ivoire. Plus loin font *Jak in Jakko* & *Korbi la Hou* : entr'eux on voit couler plufieurs ruifleaux, & un lieu profond qu'on appella un *abyme*, & qui n'a cependant que 60 braffes à une portée de moufquet de la côte. A une lieue & demi de Korbi la Hou, eft la bourgade de *Gammo* qui a une rade commode où les habitans du voifinage fe rendent pour vendre des étoffes de Quaqua, des dents, un peu d'or & beaucoup de provifions : les négres y font d'excellens plongeurs.

On trouve enfuite *Rio de Sueiro d'Acofta*, riviere affez grande & profonde ; la côte eft de là jufqu'au cap Apollonie bordée de grands arbres, & remplie de villages. Celui de *Boquu* est situé dans les bois. *Issini pequena*, les *Trois villages*, *Issini grande*, se succedent & se touchent presque : le dernier est à l'embouchure d'une riviere qui se perd dans les sables une partie de l'année, & ne parvient à la mer que dans la saison des pluyes : devant elle est une île où les Français éleverent un fort au commencement de ce siecle, & qu'ils abandonnerent bientôt après ; ce lieu est célebre par le commerce de l'or qui vient d'un pays nommé *Frita* ou *Assiente*, près des sources de la Sueiro d'Acosta, qu'on pourrait remonter fort loin sans des cataractes, & si elle n'était semée de rocs vers le lieu nommé *Caceres d'Anguinas*. Ce pays de Frita est riche, mais on le connait bien peu.

Les villages dont nous venons de parler, font partie du royaume d'*Issini* dont nous parlerons plus bas.

Plus au levant on trouve les bourgades d'*Albiani* & de *Tabbo*, situées au bord de la mer dans des bois de palmiers. *Akanimina* est voisine du *cap Apollonia* : le pays situé au delà de ces lieux est semé de monts, & fournit de l'or très-fin, de l'ivoire & quelques esclaves ; ces derniers n'y sont pas chers.

Près du cap Apollonia est le petit royaume de *Guioméré* qui ne comprend qu'un petit espace de la côte, mais qui s'étend dans les terres, & qui est bien peuplé, riche, renommé pour le commerce ; l'or, dit-on, y est commun, l'ivoire abondant, & la guerre y fournit beaucoup d'esclaves.

Le cap Apollonia est composé de trois monts élevés & couverts de grands arbres, mais ses rives sont basses & unies. Autour de lui sont quelques villages qui forment une espece de république sous la

CÔTE D'IVOIRE.

protection ou la tyrannie des Hollandais. Le cap reçut son nom des Portugais qui le découvrirent le jour de Ste. Apolline : l'agitation des vagues empêche les vaisseaux de l'approcher, & la côte qui le joint est sablonneuse & a peu de fond ; on y fait le commerce de l'or : on y voit des champs où l'on cultive le bled d'Inde, grain qu'ils paraissent avoir reçu des Portugais : les hommes y sont du plus beau noir ; ils sont vifs, exercés au commerce, & ont des pagnes plus grands & plus propres que ceux de leurs voisins : ils portent des coliers d'ambre, des anneaux de cuivre, des kowris & d'autres ornemens ; leur chevelure est une espece de laine divisée en petites tresses mêlées de brins d'écailles & de paillettes d'or : sur la joue & différentes parties du corps ils ont empreinte la figure d'un poignard. Ils vendent des esclaves qu'ils enlevent dans les pays intérieurs : on y mange avec délices la chair du chien, celle du singe, du poisson pourri, des mêlanges de volaille & d'herbes cuites avec l'huile de palmier, de l'ocre & du poivre. Les Anglais y ont formé depuis peu un établissement pour la traite des esclaves, & ils cherchent en vain à y jouir d'un commerce exclusif.

La plus grande partie de ce pays est habitée par les *Quaquas*, mot tiré du mot qu'ils prononcent lorsqu'ils se saluent, ou lorsqu'ils témoignent de la joie : leur taille est haute, bien proportionnée, mais leur physionomie est rude & repoussante : des voyageurs, & Dapper le dit comme eux, les peignent comme des hommes doux, sociables, de bonne foi, sobres, détestant l'ivrognerie ; d'autres assurent qu'ils sont barbares, cruels, fripons, qu'ils mangent leurs ennemis : dans leurs usages, c'est faire un affront à un homme que de l'embraſſer ; leurs dents ſont pointues, quelquefois crochues, leurs ongles ſont longs, leurs cheveux enduits d'huile de palmier & de terre rouge, leurs femmes ſont jolies ; ils parlent très-vite une langue barbare, & la rendent inintelligible : le fils y eſt toujours de la profeſſion de ſon pere, & cet ordre eſt ſi bien établi, qu'on ne permettrait pas de le changer : ils ont peu d'arts méchaniques : leurs pratiques religieuſes reſſemblent à celles des peuples de la côte d'Or dont nous allons parler : leurs prêtres, leurs rois ſont pour eux des magiciens. Le roi de *Jaka*, voiſin du cap Lahou, leur ſemble le plus grand magicien de l'univers & c'eſt auſſi le chef le plus reſpecté ; ils font des ſacrifices à la mer pour obtenir qu'elle daigne vouloir être calme pendant l'été, & ne point troubler leur commerce : leur commerce fini, ils la laiſſent s'agiter à ſon gré, ſans l'importuner par des prieres.

Ils aiment beaucoup le commerce ; mais ils ſont inquiets & défians ; pour leur donner le courage d'approcher, il faut ſe mettre dans les yeux quelques goutes d'eau de mer, ferment redoutable dont l'infraction rendrait aveugle ; rarement on en voit monter plus de deux ſur un vaiſſeau, ni qu'ils y apportent à la fois plus de deux dents : il faut toujours commencer par des préſens : nous avons parlé ailleurs des objets de leur commerce.

Le royaume d'Iſſini n'eſt formé que de douze ou treize villages, ſitués ſur la côte, ou le long de la riviere de ce nom : ſa capitale a le nom d'*Aſſoko*, & eſt ſituée dans une ile formée par le fleuve à deux lieues de la mer : on y compte deux cent maiſons, & plus de mille habitans : ce fleuve ſerait navigable ſi ſon embouchure n'était bouchée par un banc de sable : à huit lieues de son embouchure il forme un lac long de six lieues sur autant de large, qui au milieu a une île dont les bords sont escarpés, & la surface est une terre grasse & fertile : à 50 lieues de là il est traversé par une chaine de rocs qui y forme une cascade dont le bruit se fait entendre à plusieurs lieues. Le palais du roi est bâti de roseaux entrelassés, dont les intervalles sont remplis de terre ; son toit est couvert de feuilles de palmier ; il est environné de grandes palissades de roseaux qu'on traverse par le moyen d'échelles : le terroir est composé d'un sable sec & blanc, mêlé d'autre terre & d'argille ; il produit tous les végétaux, les fruits qu'on trouve sur la côte, des papas, des cannes à sucre d'une grosseur prodigieuse : il y a beaucoup de tabac & de coton, le poivre y est commun ; on y trouve une espece de pois dont la cosse est attachée aux racines, non à la tige : la chaleur y est supportable ; mais des brouillards mal-sains y regnent pendant trois mois ; dans le reste de l'année, le pays est de la plus grande beauté : les bois y sont remplis d'éléphans, de tigres, de pantheres, de singes & d'*assomanglie*, animal, dit Loyer, qui a le corps du chat, la tête du rat, & qui attaque & tue les tigres ; les vaches y sont presque inutiles, les brebis y sont estimées, leur poil est ras ; elles portent deux fois l'année, & toujours deux agneaux ; les porcs y ont presque été tous détruits par les bêtes féroces. Les oiseaux, les poissons y sont les mêmes que sur toute la côte d'Ivoire ; on y voit des serpens qui avalent, dit-on, des négres tout entiers ; le nombre des souris & des rats y est incroyable ; les sauterelles, les grillons, les maringouins, les cousins y tourmentent le jour & la nuit ; les mille-pedes y sont dangereux ; tout y est rempli de grosses araignées chevelues, de scorpions volans (c'est peut-être une espece de cerfs-volans) de mittes, de teignes, de fourmis de terre ou ailées qui dévorent tout : les abeilles y fournissent de la bonne cire & un miel délicieux.

Ce royaume, si l'on peut lui donner ce nom, ne renferme que 4000 habitans, quoique deux nations y soyent fixées : ce sont les *Oschins* ou *Issinois*, qui habitaient au levant du cap Apollonia dans le lieu qu'on appelle le vieux Issini, & les *Veteres*, anciens possesseurs du pays. Ces deux nations vivent unies, & ont cependant chacune leur chef, leurs usages, leurs loix : dans la guerre elles ne forment qu'un peuple; à la paix elles rentrent dans l'ordre qui les distingue : les Oschins habitent la côte, & sont estimés meilleurs soldats que les Veteres : ceux-là portent les cheveux longs & tressés, ont des pagnes de coton, un cimeterre, s'occupent du commerce, & ont des femmes vêtues : ceux-ci ont les cheveux courts, & souvent se font raser la tête, leurs pagnes sont un tissu d'herbe ou d'écorce, ils portent un long poignard, se couvrent de la peau d'un animal, s'occupent de la pêche, échangent leurs poissons contre les productions végétales des peuples des montagnes voisines, & habitent des cabanes assises sur des pilotis enfoncés dans l'eau; leurs femmes sont nues. Dans les deux peuples, les hommes sont bien proportionnés, robustes & ont le visage agréable, les femmes sont bien faites, mais laides; leur caractere, leurs usages sont à-peu-près ceux des peuples voisins : tous deux reconnaissent un être suprême qui a sous lui des dieux particuliers: leurs fétiches publics sont de grands arbres, des montagnes auxquels ils élevent des autels de roseaux

CÔTE D'IVOIRE.

feaux dans les places publiques, & leurs fétiches particuliers des morceaux de bois, des dents de chien, des os de poulets, &c. ce font de tels dieux qu'ils confultent, qu'ils craignent, qu'ils appaifent, & nous auffi nous fommes hommes!

Leurs grands nommés *Brembis* & *Bahumets* ont feuls le droit de commercer avec les Européens ; feuls ils font riches, & le refte eft d'une pauvreté extrême.

Les Français y éleverent un fort en 1701, ils le défendirent avec courage en 1702, ils l'abandonnerent par dégoût en 1706.

Au nord d'Iffini habitent les *Kompas*, dont le gouvernement eft ariftocratique : les chefs de chaque village forment le confeil de la nation qui décide des intérêts de l'Etat à la pluralité des voix. Leur pays a 40 lieues de long, 15 de large : il eft agréable, femé de collines abondantes en grains, & fes habitans favent les cultiver : ils font prefque nuds, & ne font pas renommés par leur courage.

CÔTE D'OR.

Elle commence au cap Apollonie ; & finit à la riviere de Volta ; ses côtes ont environ 120 lieues d'étendue ; on y compte quinze petits Etats le long de la côte, & un bien plus grand nombre dans l'intérieur ; les Français, dit-on, y commercerent avant toutes les autres nations ; les Portugais s'y rendirent puissans par la terreur, & odieux par leur tyrannie à laquelle les Hollandais succederent : ceux-ci éleverent divers forts, & voulurent en vain éloigner les autres nations, & faire seuls le commerce ; la richesse du pays, l'or qu'on y croyait plus abondant encore, les esclaves les plus robustes de la Guinée, ont engagé les nations commerçantes de l'Europe à y multiplier les comptoirs ; les Danois y en ont cinq, les Hollandais douze ou treize, dont la Mina est le principal ; les Anglais y en possèdent neuf ou dix, & le chef de tous réside au cap Corse. Les Français ont voulu en former un qu'ils n'ont pu soutenir.

Comme dans les contrées précédentes, la saison séche est l'été, celle des pluies est l'hiver, & c'est dans celle-ci qu'on séme & qu'on moissonne ; les arbres y sont toujours verts & couverts de feuilles, plusieurs donnent des fleurs deux fois l'année ; on a remarqué que dans les mois qui forment le printems parmi nous, les pluies sont rouges, que l'homme qui en est trempé longtems peut difficilement échaper à la mort, & que les habits qui en sont imbibés tombent par pieces en se séchant : les négres la craignent & la fuient ; ils s'oignent d'huile pour affaiblir son action corrosive. Les tornados y sont fréquens, & d'une violence extrême; la foudre y a des effets prodigieux, elle fond l'or dans les coffres qu'elle ne consume pas, & les épées dans leurs fourreaux : un vent de terre froid & perçant s'y soutient souvent avec violence pendant quatre ou cinq jours, & amene un air épais & âcre qui géne la respiration, tue les bestiaux qui y demeurent exposés, & oblige les Européens même à se tenir renfermés auprès du feu, mais on ne le sent que du mois de décembre à celui de février. Sa force est telle qu'il change le cours de la marée. L'ardeur du soleil y est extrême; le passage subit de la chaleur au froid y cause des maladies fréquentes aux Européens, & la côte étant montueuse, des brouillards s'y élevent au matin, & infectent tous les lieux où ils passent ; c'est surtout dans l'hiver qu'ils sont communs.

L'or est, dit-on, le seul fossile qu'on y trouve, il en est de très-fin, & les négres le recueillent dans plusieurs cantons parmi le sable de leurs rivieres & de leurs torrens après la pluie ; on y en voit des mines, mais on ne les travaille qu'en grattant ou creusant la terre : les rois du pays en font de la vaisselle & divers ornemens; on le divise en or fétiche, or en lingots, or en poudre : le premier est fondu, travaillé, souvent altéré par son mélange avec d'autres métaux, les lingots sont aussi souvent alliés, quoiqu'on dise qu'ils soient tels qu'on les tire de la mine : la poudre d'or vient des bords des rivieres, mais on n'en lave le sable que loin des côtes.

Le sel y est un des principaux objets du commerce, & seul il pourrait y amener les richesses des contrées intérieures, où il est des lieux où l'on donne deux esclaves pour une poignée de sel : la maniere la plus longue, la plus dispendieuse de le former est de faire bouillir l'eau de la mer dans des chaudieres de cuivre, & de la laisser ensuite refroidir ; sur les côtes basses on creuse des trous & des fossés dans lesquels on fait entrer l'eau de la mer pendant la nuit : la terre en absorbant l'eau, le soleil en l'évaporant y forme un fort bon sel ; il en est d'une blancheur & d'une pureté extraordinaire.

Le pays offre des bosquets charmans, & la perspective la plus riante : on dit qu'on y voit des arbres qui peuvent mettre vingt-mille hommes à couvert sous leur feuillage ; une balle de mousquet ne s'élance pas à une étendue qui surpasse le diamètre des plus larges de ces arbres ; du tronc on fait des canots qui peuvent porter un poids de 20 à 24000 livres, avec 18 ou 20 rameurs : on en voit que dix hommes peuvent à peine embrasser ; on les nomme *kapots;* ils donnent un coton qui sert à faire des matelats : leur bois est léger & poreux. Le pays y est abondant : on y recueille un raisin bleu, gros, de fort bon goût ; les cannes à sucre s'y élevent à la hauteur de 7 à 8 pieds dans les jardins cultivés, à celle de 18 à 20 pieds dans les lieux incultes : le calebassier, les palmiers de toutes les especes, le guavier, le tamarin, le mangle, tous les arbres, les légumes, les racines des contrées précédentes s'y retrouvent : l'ananas y est de la grosseur du melon, sa fleur est verte, ornée d'une couronne rouge ; la couleur de son fruit est un mélange de verd, de jaune & d'incarnat : coupé en tranches dans le vin d'Espagne, il est un mets délicieux : le melon d'eau y est excellent, mais la pareſſe des habitans le rend rare : la ſerpentine & le tabac y ſont très-communs ; mais ce dernier y eſt très-puant ; on y voit une ſorte de gingembre ; l'ail y eſt le mets le plus cheri des négres ; les ignames y ſont les racines les plus abondantes ; le maïz & le millet ſont les ſeuls grains qui ſervent à la nourriture des habitans ; le riz y eſt rare.

On y nourrit des troupeaux nombreux de taureaux & de vaches ; mais il eſt des cantons où ils ſont maigres, décharnés & de mauvais goût ; il y a peu de chevaux ſur la côte ; dans l'intérieur des terres il en eſt d'aſſez grands qui portent la tête & le col fort haut, ont la démarche chancelante, & ſont ſans activité : les ânes y ſont plus vifs, même plus grands, & les moutons y ſont petits, couverts de poils & chers ſans y être rares ; le nombre des chévres y eſt prodigieux, elles valent mieux que les moutons, & ſont fort petites ; il eſt des porcs dont la chair eſt déſagréable ; ceux de Juida l'ont excellente : les chiens ſont de toutes couleurs, & on en mange juſqu'aux inteſtins ; ceux qu'on y porte y dégenerent, & au lieu d'abayer, ils heurlent. Les éléphans y ont douze à treize pieds de hauteur ; on en diſtingue pluſieurs eſpeces : l'éléphant de marais a les dents bleues & ſpongieuſes, remplies de nœuds & difficiles à travailler ; celui de montagne eſt farouche & dangereux ; celui de bois a les dents les plus groſſes & les plus blanches ; il eſt le plus doux & le plus docile ; on n'y en voit point de blancs : l'eſpece la plus commune du tigre eſt de la groſſeur du veau, & ſa férocité eſt terrible, les jackals y ſont forts & furieux ; les bufles ſont rares ſur la côte d'Or, leurs cornes ſont droites & leur courſe agile : le nombre des cerfs eſt très-grand dans certains cantons, & l'on dit qu'il y en a de vingt efpeces, la plupart rougeâtres, & quelques-uns mouchetés : le plus rouge eft le plus beau ; il porte de petites cornes d'un noir luifant, & a des jambes fi minces qu'on les compare au tuyau d'une pipe : on y voit beaucoup de gazelles qui font des fauts de dix pieds de hauteur : les rats y font très-nombreux, & font de grands ravages dans les champs. Parmi les animaux de cette contrée on remarque le *fluggard* ou *pareffeux*, qui dans un jour, dit-on, ne parcourt que l'efpace de dix pas, mais qui grimpe fur les arbres, & en dévore les feuilles & le fruit ; l'*arompa* ou *mangeur d'hommes* qui eft long, mince, & vit de cadavres : il y a une multitude incroyable de finges : celui que les Hollandais nomment *finitten* eft haut de cinq pieds, couleur de fouris pâle, laid, hardi & d'une méchanceté incroyable ; le *mandrill*, l'*orang-outang* font regardés par les négres comme des hommes fauvages : les lézards font très-communs dans ces contrées ; le *Quoggelo* en eft une efpece ; il eft long de huit pieds, & fes écaillles reffemblent aux feuilles de l'artichaux ; fa langue longue & gluante lui fert à prendre les fourmis ; il ferait prefque impoffible de décrire la multitude de chenilles, de grillons, de fauterelles, de vers, de fourmis, d'efcargots, de grenouilles qui pullulent dans ce pays ; on y voit des ferpens longs de vingt pieds, & on dit qu'il en eft de plus grands encore ; des crapeaux prefqu'auffi grands que des tortues, deux efpeces de fcorpions, des araignées hideufes par leur grandeur, des mouches qui brillent dans l'obfcurité, des abeilles qui donnent un excellent miel.

Parmi les oifeaux, il en eft qui font communs à ce pays & à l'Europe : telles font les poules, les canards, les pigeons, les poules d'Inde : les perdrix & les faisans y sont fort beaux, mais ils ne ressemblent point à ceux d'Europe : les perroquets y sont remarquables par leur nombre & par leur beauté : on y voit deux especes de petits oiseaux qui se portent entr'eux une affection singuliere, l'un a le corps verd & la tête orangée ; l'autre a le corps rouge, la queue noire & une tache de cette couleur sur la tête ; l'oiseau à couronne se distingue par sa huppe, sa longue queue & les dix couleurs qui l'embellissent. Le pokko est aussi remarquable par sa laideur que sa rareté : il en est un grand nombre d'autres encore, mais mal connus, dont on ignore jusqu'au nom.

Les poissons qui y sont les plus communs sont la dorade, la bonite, l'albicore, le grampus, le poisson royal ou le négre, le brochet de mer, la morue, le thon, la raie, la sardine, le *jacot* qui est de la grosseur d'un veau, le poisson fétiche qui est d'une beauté rare, & long de 6 à 7 pieds.

Les habitans de cette côte ont l'esprit facile & la conception vive, leur mémoire est surprenante ; leur adresse dans le commerce étonne ; ils sont jaloux des marques de considération, méprisent leurs inférieurs, rampent devant ceux dont ils ont à espérer, sont avides de posséder, & sans attachement pour ce qu'ils possedent : s'ils tombent malades, leurs femmes, leurs enfans les abandonnent ; eux-mêmes ne tendraient pas un verre d'eau à un homme mourant de soif qui ne pourrait pas les payer : ils se déshonorent en se volant entr'eux ; mais ils se vantent des vols qu'ils font aux Européens ; pendant le jour ils boivent de l'eau & du *peyiou* ; espece de biere faite avec le maïz ; le soir ils boivent du vin de palmier : le matin il leur faut de l'eau de vie : chacun d'eux prend autant de femmes qu'il en peut nourrir ; de riches marchands en ont vingt à trente ; des rois ou des gouverneurs en ont cent : elles s'occupent de la culture des terres, excepté deux d'entr'elles dont l'une gouverne la maison, l'autre est consacrée au fétiche de la famille : toutes accouchent publiquement sans crier, sans donner des marques de douleur, & elles se remettent à leurs exercices ordinaires après quelques heures de sommeil. Leurs enfans sont oisifs, négligés, courant en troupes dans les champs & les marchés, acquerant une agilité extrême pour la course & l'art de nager, ils sont nuds, garçons & filles, & ne paraissent pas connaitre la pudeur ; ils ne sont chatiés que pour avoir battu leurs pareils, ou s'en être laissé battre. A dix ou douze ans le pere apprend à ses fils ce qu'il sait & pratique lui-même ; à dix ans ils abandonnent la maison paternelle, se construisent des cabanes, achetent ou louent un canot, & se pourvoient de ce qui leur est nécessaire : les filles apprennent à faire des paniers, des bourses, des bonnets, à les teindre de diverses couleurs, à broier les grains, à en faire des pains, à les vendre au marché, & leurs petits profits sont confiés à leur mere qui les reserve pour leur dot.

Dès qu'un pere est mort, son bien passe à son frere ou à son pere ; on ne rend à la femme que ce qu'elle apporta à son mari, & il faut qu'elle prenne soin des enfans : le fils même légitime n'hérite de son pere que dans le canton d'Akra, dans les autres l'aîné succéde à l'emploi de son pere, s'il est roi ou chef de ville, mais il n'a rien à prétendre à son héritage, & là, ce n'est pas un titre pour s'énorgueillir que d'être né d'un pere riche.

L'adultere y est puni par des amendes : sur la côte le mari vend souvent les faveurs de sa femme; dans l'intérieur il est plus sévere, plus jaloux, & se fait paier plus cher pour pardonner la faute ; les femmes y ont le tempérament ardent, & souvent elles employent la violence pour se satisfaire ; elles aiment le célibat qui leur permet sans crainte les plaisirs ; il est peu de bourgades qui n'ait deux ou trois femmes publiques, instruites par des matrones instalées dans cet emploi par des cérémonies qui y sont analogues ; elles ne sont point méprisées aussi longtems qu'elles ont des agrémens, mais quand elles sont attaquées de quelques maladies ou qu'elles sont vieilles, elles sont abandonnées & périssent d'une mort funeste.

Il n'y a peut-être pas une ville, un village, une famille qui ne different par leurs opinions religieuses : tous croient un Dieu, mais cette idée est très-obscure ; plusieurs s'imaginent qu'il en est deux, l'un blanc & bon, l'autre noir & méchant ; ils tremblent au nom de celui-ci, & cherchent à l'éloigner par des cérémonies superstitieuses : ils croient qu'en sortant de ce monde, ils entrent dans un autre où ils s'occupent des mêmes objets, & n'ont aucune idée de récompense ou de châtiment à y attendre : quelques-uns veulent qu'après leur mort ils seront transportés sur les bords du fleuve *Bosmanque*, où Dieu leur demandera s'ils ont vénéré leurs fétiches, s'ils se sont abstenus de viandes défendues ; s'ils ont satisfait à leurs promesses, & sur leur réponse, ils sont transportés dans un lieu où tous les plaisirs abondent, ou noyés dans le fleuve. Le plus grand nombre croit qu'une araignée créa l'homme : quelques-uns que Dieu créa des blancs & des noirs, &

que leur ayant donné le choix des biens, les noirs avaient préféré l'or, & les blancs l'inftruction & les arts; il fut indigné de l'avarice des premiers, & voulut qu'ils fuffent les efclaves des feconds.

Il n'eft pas aifé de diftinguer les objets des inftrumens de leur culte : leurs fétiches, *fetiffo*, mot Portugais qui fignifie charme ou amulette, n'ont point de forme déterminée ; un os de volaille ou de poiffon, un caillou, une plume, la moindre bagatelle devient fétiche : chacun en a deux ou trois, & en porte toujours un avec foi ; ils les achetent de leurs prêtres qui difent les avoir trouvés au pied d'un arbre facré : dans l'affliction ils en achetent de nouveaux : un crochet confacré en touchant une pierre auffi ancienne que le monde, fait la fureté de leurs maifons ; ils s'abftiennent de quelques mets, de quelque liqueur en leur honneur ; tels font leurs dieux domeftiques ; mais il en eft d'autres qui font protecteurs de chaque canton : c'eft une montagne, un rocher, une pierre, un arbre, un poiffon, un oifeau : ils portent des offrandes de grains, de pains, de fruits, d'huile ou de vin aux plus hautes montagnes, parce que les éclairs qui en partent leur font croire que leurs Dieux y réfident : ces négres s'imaginent que leur fétiche voit & parle, & ils cherchent à lui cacher les actions qui n'en peuvent être approuvées : ils craignaient de jurer par eux, une mort foudaine aurait fuivi le parjure ; mais aujourd'hui l'activité du gain a vaincu leur crainte : il leur refte encore celle des éclairs & des tonnerres qui ne les portent qu'à s'enfuir dans leurs cabanes & à lever leurs mains vers le ciel. Les prêtres font très-refpectés : ils font feuls dans l'abondance, & font difpenfés du travail : leurs jours font diftingués en heureux & malheureux, dans les contrées intérieures ; tous mesurent le tems par lunes, par jours & même par semaines : ceux de la côte ont deux fêtes publiques, l'une pour les moissons, l'autre pour chasser le diable : tous ont deux fêtes particulieres par semaine, l'une est une espece de sabbat où l'on ne pêche point ; l'autre est consacrée au fétiche.

Les négres sont divisés en cinq classes ; les rois, les cabaschirs ou magistrats, les riches, les artisans & les esclaves : on n'y voit point de mandians, parce qu'il est aisé sans doute d'y vivre presque pour rien : leurs guerres sont cruelles ; ils tourmentent avec barbarie les ennemis qu'ils ont pu saisir, & les abandonnent ensuite après leur avoir déchiré la machoire inférieure qu'ils emportent en triomphe ; quelques-uns mangent la chair palpitante encore de ceux qu'ils ont vaincu. Venons à la description particuliere du pays.

C'est au cap Apollonia que nous nous sommes arrêtés dans notre description de la côte d'Ivoire : de ce cap à la riviere *Mankou* ou *Mancha*, qu'on nomme aussi la riviere d'Or, on ne trouve que deux villages qui sont entourés de palmiers & de cocotiers : la Mancha vient d'Eguira, & son canal est bouché par des rocs & des chûtes d'eau ; on tire de l'or du sable de ses bords.

Canton d'Ankabra.

Il est situé entre la Mancha & la riviere d'Ankabra ou de Cobre : il a un chef auquel les Européens donnent le nom de roi, la bourgade de ce nom est à deux lieues de l'embouchure de la riviere ; un grand nombre d'autres la bordent, & plusieurs forment les deux petits Etats ou républiques aristocratiques d'*Aborrow* & d'*Eguira*, situés sur le bord opposé : les Hollandais avaient un fort dans cette derniere ; ils y faisaient le commerce de l'or qui vient des cantons voisins, & des mines du pays même ; un seigneur négre y mit le feu pour se venger du chef, & depuis ce tems il n'a point été rétabli. Ils en ont un à Kobra. La terre est basse dans ce canton : les palmiers & les cocotiers l'ombragent ; le rivage est beau & facile, le sable y est ferme & uni : la riviere de Cobra est bordée d'un très-beau pays pendant l'espace de plus de 20 lieues : ses rives sont bordées de grands arbres, asiles d'une multitude d'oiseaux du plumage le plus varié, & d'un grand nombre de singes : son lit est profond ; mais vers son embouchure il cesse de l'être en s'élargissant.

Canton d'*Axem* ou *Axim*.

Il doit son nom à une bourgade, située au bord de la mer, à l'embouchure de la riviere *S. Antoine* ; il fut le siege d'un Etat assez puissant ; aujourd'hui il est divisé & affaibli, quoique rempli de villages grands & peuplés : les terres y sont bien cultivées, & produisent du riz, des melons d'eau, des ananas, des cocos, des bananes, des oranges, deux especes de limons, beaucoup d'autres fruits & de légumes, mais le sol y est trop humide pour que le maïs y prospere : il y pleut presque tous les jours ; aussi le riz & les arbres y croissent avec force : on y voit une abondance extraordinaire de moutons, de chevres, de vaches, de singes, de pigeons domestiques, de toutes sortes de volailles : le vin de palmier y est excellent. Il y a dans Axim un sénat de cabaschirs qui décident les affaires civiles ; joints à d'autres magistrats nommés *manceros* ; ils reglent tout ce qui concerne la guerre, la paix, les taxes : on dit que les premiers font des juges venaux ; le pauvre seul est puni par eux ; le vol n'est ordinairement puni que par une restitution forcée.

Au devant d'Axim est un écueil où les Portugais s'étaient fortifiés : les Hollandais le font aujourd'hui près de cette bourgade dans le continent : derriere est une colline dont le penchant est couvert de bois : les maisons mêmes sont séparées par des rangées de cocotiers & d'autres arbres plantés à des distances égales : la perspective en est très-agréable, mais l'air y est humide & mal-sain : la riviere d'Axim ou de S. Antoine qui l'arrose a fort peu d'eau, mais a de l'or dans son sable ; le rivage de la mer y est défendu par de grands & de petits rochers qui en rendent l'approche dangereuse : le fort est sur un roc qui s'avance dans la mer en forme de peninsule : d'autres rocs le défendent, excepté du côté de terre où il a des parapets, un pont levis sur un fossé taillé dans le roc, & une batterie de gros canons : il est peu étendu, bien bâti, & capable d'une bonne défense ; il est triangulaire, défendu par une batterie à chacune de ses faces, & par quelques ouvrages extérieurs ; la porte en est basse, & garantie par un fortin où l'on peut placer vingt hommes : la maison du gouverneur est bâtie en briques : la garnison ordinaire est de cinquante hommes dont la moitié sont noirs ; les pluies y nuisent aux fortifications, & font que les reparations y sont fréquentes. Près du fort est un grand réservoir de ciment formé d'écailles d'huîtres très-abondantes sur la côte, & qui sert aux reparations des autres forts que les Hollandais possèdent dans le voisinage.

Les négres d'Axim sont fort industrieux, la pêche du poisson & de l'or, l'agriculture & le commerce les occupent sans cesse ; ils vont sur la côte d'Or échanger leur riz contre du millet, des ignames, des patates & de l'huile de palmier, & vendre leur or à des vaisseaux interlopes, malgré les défenses des Hollandais qui s'attribuent tous les droits de l'autorité souveraine, jugent les causes des négres, reçoivent les amendes dont la plus grande partie est pour eux, ou plutôt pour leur chef ou *opper-keopman* : les pêcheurs lui doivent la huitieme partie de leur pêche.

Trois lieues au levant du fort est le mont *Mansro*, colline élevée, qui offre la situation la plus avantageuse pour un fort : près de là est *Pockeso*, grande bourgade bien peuplée, bâtie proprement, ayant des rues ombragées par deux cocotiers, & où l'on tient un marché de blé d'Inde, de gâteaux, de fruits. A quelque distance est le fort de Frederiksbourg, bâti, abandonné par les Prussiens, pris par les Hollandais, & qu'on dit habité par les Danois ; c'est un des forts les mieux construits de la Guinée : la porte en était très-belle, mais si grande qu'on lui appliquait ce qu'un bel esprit disait aux habitans de Minde, fermez vos portes, de peur que votre ville ne s'échappe : il a de beaux ouvrages extérieurs, les édifices intérieurs sont d'une beauté singuliere ; on y voit de beaux magasins, & les murailles en sont hautes, épaisses, fortes. L'ancrage y est bon, le débarquement facile, le climat sain, le pays riche & bien cultivé ; les habitans laborieux : ils s'occupent à plonger pour chercher de l'or, sans cependant négliger leurs terres; ils commercent en or, en esclaves, en ivoire & en sel que fabriquent leurs femmes dans des instans de loisir. Plus loin les Hollandais possédent le comptoir d'*Akquedan*.

Canton du petit Incassan.

Il renferme le cap *tres-Puntas* ou des trois pointes, parce qu'il est composé de trois collines couronnées de bois, situées à peu de distance l'une de l'autre, & formant entr'elles deux petites baies, sur les bords desquelles sont situés les trois villages d'*Akora*, d'*Ackron* & d'*Insianma* ou *Dickscove*: le premier au fond de la baie occidentale est défendu par le fort Dorothea, bâti par les Prussiens, le second au pied de la colline du milieu. *Dickscove* est plus au levant ; c'est un fort quarré, bâti de pierres & de ciment, défendu par des bastions réguliers, des pieces de canons & trente hommes, dont seize sont blancs. Près de lui sont deux hameaux & des jardins : l'ancrage est sûr dans sa petite baye, & le débarquement commode. Cette contrée est montueuse, couverte de forêts : on y trouve un bois jaune, qu'on estime pour faire des tables & des chaises.

Canton d'Anta, Hante ou Anten.

Il touche au précédent à l'ouest : sa longueur est de dix lieues ; on y voit de grands villages, de beaux arbres, beaucoup de petits monts & de vallées agréables. Il fut plus étendu autrefois, & le peuple qui l'habitait était une nation nombreuse, guerriere, avide de pillage : ce pays est bien arrosé ; il produit d'excellent riz, du très-bon maïz, des cannes de sucre, des ignames, de grosses patates, les meilleures huiles, & un vin de palmier des plus estimés, des noix de cocos, des ananas, des oranges, de petits limons : Il y a beaucoup d'éléphans, de serpens longs de vingt-quatre pieds, & un grand nombre d'autres animaux : les guerres ont détruit les habitans, les terres sont incultes, l'air y est sain, surtout à Botro : une grande riviere y coule bordée d'arbres qui protégent par leur ombre les mangles qui étendent leurs branches sur l'eau, & se chargent d'huîtres : à quatre lieues de son embouchure, des rocs en interceptent la navigation : des deux côtés on voit une quantité innombrable de beaux singes : ses plus beaux villages sont le long de sa côte.

Botro ou *Boatre* est situé sur une petite riviere au pied d'une colline élevée, sur laquelle les Hollandais ont bâti le fort irrégulier de *Badensteyn*, où sont deux batteries qui commandent aux environs : Botro est médiocrement peuplé : on n'y a de commerce qu'avec les négres d'*Adem* situé au nord, qui leur donnent de l'or pour des provisions : ses habitans sont doux & de bonne foi. Le roi d'Anta réside à quatre lieues de là.

Poyera, nommé aussi *Petri-grande*, *Pardos* qu'on appelle aussi *Pompemay*, sont deux villages peu connus par leur commerce ; ils sont habités par des pêcheurs, par des laboureurs qui s'occupent de la culture du maïz.

Tokorari ou *Tokkorado* est la bourgade la plus étendue de toutes celles qui sont sur les côtes : elle est située au sommet d'une colline qui s'avance dans la mer, environnée de rocs où les vagues se brisent avec un grand bruit : derriere elle a des plaines & des vallées délicieuses, ornées de grands arbres &

de

de bosquets charmans : on y voit les ruines d'un fott possédé successivement par différentes nations Européennes : les habitans fabriquent les meilleurs & les plus grands canots de la côte ; plusieurs ont 30 pieds de long sur huit de large, & c'est une de leurs richesses : on dit que leur mauvaise foi s'oppose à ce que le commerce y prospere : on trouve sur la côte beaucoup d'huîtres, dont les écailles servent à faire de la chaux utile aux Anglais pour la reparation de leurs édifices, mais les Hollandais afin de leur ôter ce secours y bâtirent un fort en 1707 pour la garde des huîtres.

Sukkonda est à l'autre extrêmité de la baye de Tokorari : on y fait le commerce de l'or, l'air y est pur & doux, les environs offrent de jolies plaines, des vallées enchanteresses, trop souvent dévastées par la guerre, & où quelquefois on ne distingue que les traces d'animaux sauvages : une chaine de rocs qui s'avance à une lieue dans la mer y rend la mer paisible & unie sur ses bords : les Français s'y étaient établis ; les Anglais & les Hollandais leur ont succédé ; les deux nations y ont chacune un fort, pris par les négres, rebâti avec plus de solidité : celui des Anglais est bâti de briques, défendu par vingt canons & trente-cinq soldats, dont environ la moitié sont Européens ; celui des Hollandais est appellé fort *Orange*. *Anta* est célebre par l'abondance de son vin de palmier ; son sol est fertile en légumes, en racines, en fruits, il nourrit beaucoup de chévres & de volailles ; on a remarqué que dans tous ses environs les pierres étaient brunes ou noires, & que ses habitans étaient dévorés par une faim canine ; on y apporte de l'or de Mampa & d'Eguira.

Boari, village où les Hollandais eurent un comptoir qu'ils ont transporté ensuite à Sama : derriere ces deux villages le pays est montueux & couvert de bois.

Sama ou *Schuma*, grande bourgade assez peuplée, mais dont les habitans sont très-pauvres ; elle est au pied d'une colline arrosée par la riviere S. George : on y compte 200 maisons qui forment comme trois villages, dont l'un est le fort Hollandais nommé *S. Sebastien* : on s'y occupe de la pêche ; le gouvernement y est aristocratique, & ses chefs sont sous la protection des rois de Gavi ou Comendo, princes riches & respectés. Le fort n'est pas grand, ses logemens sont commodes, sa situation est favorable pour le commerce, ou pour l'échange de l'or avec les marchandises d'Europe que viennent chercher les négres d'Adam & de Worchas : en tout tems les vaisseaux Hollandais y trouvent de l'eau, du bois & d'autres provisions. La riviere de Sama, nommée par les Portugais, riviere de *S. Jean*, est adorée par les négres qui prétendent qu'elle vient peut-être de plus de 300 lieues dans les terres ; elle est commode pour les barques qui n'ont d'écueils à craindre que le *pain de sucre*, rocher dangereux dans l'agitation des vagues : les Hollandais n'ont pu la remonter à plus de cent lieues.

Tabau, petit territoire dont les habitans apportent à Sama des racines, des fruits & de la volaille.

Canton de Jabs ou Yabbah.

Il est à l'orient du précédent, & ne s'étend qu'à quelques lieues ; son chef est si pauvre qu'on n'ose lui rien confier de peur qu'il ne soit insolvable ; le sol est cependant très-abondant en millet ; mais il est exposé au pillage de ses voisins : on n'y remarque que le village d'*Abrobi*, que de vastes plaines séparent des montagnes : les environs sont riches en grains & en volailles ; mais l'or qu'on y trouve y est falsifié.

Canton de Kommani ou *Guaffo* ou *Guavi*.

Il est peu étendu, ne comprend que cinq lieues de côtes, & ne s'étend pas plus avant dans les terres ; mais il est très-peuplé, & le roi peut y rassembler 20000 combattans : uni autrefois avec *Sabu* & *Fetu*, il formait le royaume d'Adoffenis ; le pays est divisé en petites collines & en petites plaines chargées d'arbres à fruit. Sa bourgade où réside le roi est *Guaffo*, & c'est celle que les Européens nomment *grand Commendo*, pour le distinguer du *petit Commendo* qui est sur le rivage : le premier est à quatre lieues dans les terres, situé sur une colline, contient 400 maisons bien habitées, & a près d'elle, dit-on, une mine d'or ; mais le roi pour ôter l'idée de la fouiller, a transformé en divinité la colline qui la renferme : le second nommé aussi *Ekki Tekki* a cent maisons, reste d'une plus grande ville détruite par un incendie, il est arrosé par un ruisseau qui forme un canal pour les canots : le rivage est bas au levant, élevé au couchant ; au-delà sont de belles prairies. Les negres y sont turbulens & artificieux ; ils s'occupent à la pêche ou au commerce : tous les jours on en voit sortir 50 à 60 canots pour le premier objet, & ils portent les poissons au marché où des negres de l'intérieur apportent des grains, des légumes & des racines. Les Anglais y ont établi un fort quarré, à 50 pas du rivage, & du milieu duquel s'éleve une

grosse tour : il a une citerne, 24 pieces de canon &
60 hommes pour le défendre. A une portée de
mousquet est le fort Hollandais de *Wedenbourg*,
aussi vaste que celui des Anglais : ces deux forts ont
près d'eux de beaux jardins & deux villages negres :
les Français y avaient établi un comptoir qui a sub-
sisté peu de tems. Les marchandises recherchées par
les négres de ce lieu sont les grains de verre colorés,
les p,tits bassins de cuivre, les draps bleus, les toiles larges : la guerre y rend le commerce des esclaves avantageux : l'or y est souvent altéré.

Canton de Fetu ou *Affuto*.

Il est à l'orient du précédent : un chef électif y
commande, & sa capitale est dans les terres : il a,
dit-on, dix lieues de long sur autant de large : son
peuple fut autrefois redoutable ; mais la division &
la guerre l'ont affaibli.

Il commandait au Commendo, aujourd'hui le
Commendo lui commande, & à peine lui reste-t-il
assez d'habitans pour cultiver ses terres : son sol est
fertile en grains de toute espece ; les bestiaux, l'huile
& le vin de palmier y peuvent être une source de
richesses ; ses beaux arbres formaient un ombrage
continuel le long de ses grandes routes : l'agriculture, la pêche, la fabrique du sel, le commerce y
amenaient l'opulence.

Mina, le principal établissement des Hollandais
sur cette côte, reçut son nom des Portugais qui
voulaient faire entendre peut-être que le château
valait une mine : la ville même s'appelle *Oddena* ;
elle est longue, étroite, renferme 300 maisons bâties
de pierres, ayant des rues irrégulieres & sales dans

le tems des pluies ; la tyrannie des Hollandais, les guerres, la petite vérole l'ont dévaſtée : la riviere Benja l'arroſe : un mur de roc, un large foſſé, du canon forment ſes défenſes ; elle touche d'un côté à un mont ſur lequel les Hollandais ont bâti le fort de *Conradsbourg* qui commande au château de Mina & à la ville : ſes habitans ſont bien faits, robuſtes, actifs, ils commercent le long de la côte juſqu'à Juida, ſavent altérer l'or, ont des fondeurs, des artiſans qui font des bijoux, des boutons maſſifs ou en filigrâme, des bagues, des chaînes, des poignées d'épée, & qui donnent au verre toutes ſortes de formes. On y peut compter 6000 ames ; elle ſe diviſe en trois parties, qui chacune a ſon chef nommé *Braffo* : ces trois magiſtrats y décident de tout ; mais cependant comme le veulent les Hollandais : la riviere n'a qu'une lieue de cours, & les eaux en ſont très-ſalées dans la ſaiſon ſéche ; en mai & juin elle eſt douce & fraiche comme l'eau de ſource. Le château ſitué au centre de la côte d'Or y protége le commerce : il eſt ſur un rocher que la mer baigne d'un côté : ſes ouvrages extérieurs & ſes édifices ſont de pierres : vers la terre & la riviere il y a deux baſtions, vers la mer il en eſt deux autres, d'une hauteur prodigieuſe, quoique le roc y ſoit preſqu'inacceſſible : il a deux portes ; au centre eſt une grande place, dont l'égliſe occupe le milieu : on n'a rien épargné pour l'augmenter & l'embellir : 48 gros canons de fonte ſont rangés ſur ſes baſtions ; des canons de fer ſont placés plus bas dans des ouvrages extérieurs : la garniſon y eſt de 200 hommes dont la moitié ſont noirs ; deux de ſes foſſés creuſés dans le roc ſont remplis d'eau de ſource & de pluie, & ſuffiſent à ſes proviſions : au dedans il y a encore trois belles citernes. L'intérieur offre une belle place d'armes; des magasins spacieux & toujours bien remplis, des comptoirs très-propres, un arsenal, un hôpital, un bel appartement pour le gouverneur: c'est avec des grues & des poulies qu'on y fait parvenir les provisions & les marchandises qu'on y amene de la mer : on les débarque à terre par un beau quai : de ce château on voit tout autour un des plus beaux pays du monde, qui doit aux Portugais diverses sortes de bestiaux, le maïz, les cannes à sucre & d'autres fruits qui y étaient inconnus. *Conradsbourg* est un fort quarré, dont les murs sont hauts de douze pieds, défendu par quatre batteries, & une garnison de vingt-cinq hommes : au pied du mont où il est situé est une espece de chantier; sur sa pente est un magnifique jardin, garni d'arbres, & de tous les légumes d'Europe : les oranges douces y sont excellentes : un pont fait communiquer les deux forts. C'est dans l'intérieur de celui de Mina que les négres font le commerce; le gouverneur a 300 florins d'appointemens & de grands droits sur ce qu'on y vend ou achete : son pouvoir y est trop étendu : il a sous lui un grand nombre d'autres officiers qui forment le conseil.

Ogoua, ville située sur la pente d'une colline, défendue par un rocher où les flots se brisent avec un bruit effrayant : on y compte 2 à 300 maisons de terre, mais propres & bien meublées de chaises, de bancs, de nattes, de pots de terre & de chaudrons : au centre est une grande place quarrée, entourée de boutiques, & d'où partent des rues allignées : on y apporte toutes sortes de provisions des lieux voisins, de l'or, du savon, de la cire, du sucre, &c. elle est gouvernée par ses magistrats. Ses habitans sont doux & sociables, mais rusés, n'aimant point la culture des terres, sachant altérer l'or & travailler le fer & le cuivre : leur adresse à la pêche, leur courage à la guerre sont connus. Près de la ville est le cap *Corse*, formé par une pointe angulaire : là est élevé le fort Anglais de ce nom, & le principal établissement des Anglais sur cette côte. Il appartint d'abord aux Portugais, puis aux Hollandais, à qui les Anglais l'enleverent ; les murs en sont hauts, épais, construits de pieces de rocs & de briques, fondés sur un grand rocher : il a quatre bastions montés de 29 pieces de canon : au haut est une esplanade quarrée d'où l'on découvre au loin, où l'on peut ranger 500 hommes en bataille, & qui a 13 grosses pieces de canon, lesquelles commandent la rade & son entrée : le lieu du débarquement est exposé de toutes parts à la mousqueterie : ses fortifications sont bien dirigées : on y entre par une porte grande & bien munie : une garnison de 200 hommes dont la moitié sont des négres libres, en défendent les approches : chaque nuit elle se ferme, & la garde s'y fait régulierement : trois grandes collines pourraient l'incommoder, si l'on y plaçait des batteries ; mais les négres sont affectionnés aux Anglais, & la somme qu'ils paient chaque mois au roi de Fetu fait qu'ils en sont protégés : au dedans les édifices sont spacieux, commodes, revêtus de briques ; les barraques des soldats, les loges des esclaves, les magasins y sont très-bien construits : la même salle où mange le directeur sert au culte public : les comptoirs, les appartemens sont très-bien entretenus : on y trouve une école pour enseigner à lire & à écrire aux négres ; sous le roc on a creusé une grande voûte où l'on renferme les esclaves, & qui peut en contenir 1000 : elle reçoit de l'air & de la lumiere par une grille de fer qui est à la surface : tous ont l'épaule droite marquée avec un fer chaud : la citerne taillée dans le roc peut recevoir 400 tonneaux : l'eau de pluie la remplit, & donne assez d'eau aux habitans qui en fournissent encore les vaisseaux, lorsqu'ils ne peuvent en prendre dans l'étang voisin : au dessus est une jolie promenade : l'abordage n'y est pas sûr ; les jardins du château ont près de trois lieues de circonférence, & on y trouve toutes les productions de la Zone torride, fruits, plantes, racines, la canelle, les choux de l'Inde & de l'Europe, les navets d'Angleterre, les salades, &c. il en est un autre qui sert pour l'agrément & le plaisir. A quelque distance du château sont deux forts ou redoutes qui l'assurent contre les attaques des négres. Le commerce y est actif; l'or qu'on y apporte de l'intérieur des terres, l'ivoire s'y échangent souvent avec le sel dont les Anglais se fournissent. Les environs sont montueux, les vallées y sont étroites, couvertes de ronces épaisses; la dixieme partie du terrein n'en est pas cultivée; plus loin, le canton de Fetu est d'une fertilité extraordinaire, & toutes les terres sont en valeur ; les habitans sont industrieux : les provisions, un poisson excellent, la volaille, les gros canards de Moscovie, les pigeons y sont à bon marché; mais la chevre & le mouton y sont mauvais, & le bœuf y est rare.

Manfro, bourgade voisine d'*Ogoua*, au pied du mont Danois, nom qui lui vient de ce que cette nation y avait un fort qui portait alors celui de *Frederikbourg*, & que les Anglais aujourd'hui ses possesseurs ont nommé *Fort royal* : l'air y est frais & sain : les murs sont de briques, & ses fondemens taillés dans le roc ; sa forme est quarrée, seize pieces de canon & dix-huit hommes sont sa garde ordinaire : sa situation est avantageuse, & commande au cap Corse : la ville est presque ronde ; des rochers en rendent l'approche difficile ; la pêche, l'agriculture, les salines occupent ses habitans qui ne sont pas bien nombreux.

Abrambo, grande bourgade à neuf lieues de la côte ; il s'y tient un marché très-fréquenté, & une assemblée générale & annuelle qui dure huit jours, pendant laquelle un nombre presqu'incroyable de négres dansent tout le jour, & une partie de la nuit : on y décide aussi des procès qui n'ont pu être terminés par les juges ordinaires : c'est le roi assisté de son premier ministre, de son général, de son premier juge & de deux Anglais du cap Corse qui prononce sur eux.

Aquaffo, bourgade au couchant du cap Corse : elle est grande & peuplée ; il s'y tient un marché d'esclaves, & c'est là qu'on achete ceux qu'on sacrifie à la mort du roi de Fetu, & qu'on ensevelit avec lui.

Canton de *Sabu* ou *Sabo*.

Il n'a que deux lieues d'étendue sur les côtes & quatre dans l'intérieur des terres : son sol produit beaucoup de bled d'Inde, de patates, d'ignames, de bananes, d'oranges, de limons & d'autres fruits : il fournit abondamment ses voisins d'huile de palmier : ses habitans montrent beaucoup d'industrie dans la culture de leurs terres, dans leurs pêches, dans leur commerce : ils étaient honnêtes & doux ; mais la tyrannie des Européens les ont irrités. La ville de *Sabu* est à deux lieues de la mer, & est bien peuplée : fa premiere place fur la côte eft le fort Anglais, nommé *cap de la reine Anne*, élevé en pierres liées avec de la chaux fur une colline à moins de demi lieue du mont Danois : il n'a que cinq canons & onze hommes pour fa défenfe : près de là eft le village d'*Ikon* où les Hollandais avaient un comptoir.

Mawri, bourgade de 200 maifons, féparées par des rues fales & des rochers, fituées fur une éminence ou pointe qui s'avance dans la mer : fes habitans affez nombreux font prefque tous pêcheurs : les vaiffeaux y viennent chercher de l'eau & du bois, & c'eft ce qui y rend le commerce floriffant ; les négres de l'intérieur y apportent beaucoup d'or crud : fon marché incommode eft bien fourni d'huile de palmiers & de fruits : au milieu de la bourgade s'éleve le fort *Naffau*, bâti par les Hollandais fur un rocher, dont la mer baigne le pied : c'eft un quarré long, défendu par quatre batteries de dix-huit pieces de canon : fes murs font de pierres & très-élevés : fa plus grande force & fon plus bel ornement confifte dans les quatre tours quarrées qui marquent fes angles. Cinquante ou foixante hommes veillent à fa défenfe : on y parvient par un pont levis, couvert d'une gallerie, d'où la moufqueterie peut éloigner l'ennemi ; au dedans, les logemens font propres & commodes, la vue en eft agréable, fon jardin eft bien fourni : fon défaut eft d'être commandé par les hautes collines qui en font voifines.

Canton de Fantin.

Il s'étend l'espace de dix lieues le long de la côte: le sol en est aussi fertile, aussi abondant que celui de ses voisins; ses habitans sont remplis d'audace & de courage; ils sont artificieux & trompeurs: leur gouvernement est aristocratique: les chefs sont un grand juge ou gouverneur, & le conseil des vieillards: chaque bourgade a son chef: leurs divisions intestines font la sureté de leurs voisins; en peu de tems ils peuvent rassembler une armée de dix mille hommes. Le pays est riche en or, en esclaves, en sel, en fruits, maïz, vin de palmier, dont il est une espece très-recherchée: les bourgades en sont très-nombreuses, & l'on compte plus de 4000 pêcheurs le long de la côte: sa capitale donna son nom au pays, & est à cinq lieues dans les terres.

La premiere bourgade qu'on y trouve en suivant la côte est *Anikan* ou *Inghenisian*, située sur une petite colline: les Hollandais y avaient un comptoir qu'ils ont abandonné: les Anglais & les Portugais y ont chacun un petit fort: celui des premiers est muni de deux pieces de canon, & d'une dixaine d'hommes; celui des seconds n'est qu'une redoute de terre, gardée par dix ou douze hommes: on y commerce en productions de l'Amérique, en rum, savon, confitures, tabac & pipes.

Anamabou ou *Jamissia* est grande & forte, & seule elle peut fournir autant d'hommes armés que le canton de Sabu: elle est divisée en deux parties: ses habitans sont turbulens, les plus grands fripons de la côte, & il n'y a pas de lieux où l'or soit plus mêlé de cuivre: les Anglais y ont un fort placé sur un roc flanqué de deux tours, & de deux bastions du côté de la mer; ses murs sont de briques & de pierres liées avec le ciment; il a douze pieces de canon & trente hommes de garnison : ses édifices intérieurs sont commodes ; mais un rivage semé de rocs où la mer se brise y rend le débarquement difficile : la terre y est propre à faire des briques : la quantité d'huitres qu'on y trouve permet d'y faire un bon ciment, & le pays abonde en bois de construction : il fut abandonné en 1730, & rétabli quelques années après. Les Français voulurent s'y fixer en 1749; mais les Anglais les en empêcherent : autour le sol est montueux, & la variété des arbres y présente une perspective agréable : on y trouve beaucoup de maïz, d'excellent vin de palmier, de petits perroquets verts & rouges, de très-bons choux verds & des papas, fruits verds de la grosseur du melon, & qui a le goût du chou-fleur.

Aga ou *Adja*, village de quatre-vingt maisons, où les Hollandais posséderent une petite maison couverte de chaume où l'on arborait leur pavillon; les Anglais les en chasserent & s'y établirent; mais on ignore s'ils y sont encore.

Le petit *Cormantin*, bourgade sur une éminence où les Hollandais ont bâti un fort de figure quarré, construit en roc & en chaux, défendu encore par des pieces de canon : au centre est une grosse tour, les parapets sont spacieux, la vue s'y étend au loin dans la campagne & sur la mer : les soldats y sont bien logés : on y en compte 36 : plusieurs citernes fournissent abondamment l'eau nécessaire : ses environs sont rudes & escarpés, un sentier étroit seul y conduit : le pays est bien peuplé, le terroir excellent, les habitans œconomes & bons cultivateurs.

Le *grand Cormantin* est situé sur une haute collirie ; c'eſt une ville grande & peuplée : on y compte 1200 hommes tous négocians ou pêcheurs ; les Hollandais & les Anglais ſe ſont longtems diſputés le fort qu'on y trouve ; il eſt reſté aux premiers qui l'ont appellé *Amſterdam* ; mais le commerce n'eſt plus dans ce lieu ce qu'il a été autrefois.

Le reſte du pays, le long du rivage, préſente un grand nombre de petits villages qui en rendent la perſpective très agréable ; l'air y eſt ſain, les grains & les fruits abondans ; on y fait du pain avec la pâte de banane, & une bierre excellente avec le maïz. Le commerce eſt faible dans chacun. *Aqua*, auprès d'une petite riviere, dans un terrein plat, fournit de l'eau & du bois. *Laguyo* ſur un ſol élevé n'offre que peu d'eſclaves, & un or mêlangé. *Tantumqueri* a un fort qui appartient aux Anglais ; il a quatre baſtions réguliers & douze pieces de canon ; ſa ſituation eſt agréable, mais le débarquement difficile. *Manfort* fournit du maïz & quelques eſclaves.

Canton d'*Akron*.

Il eſt peu étendu, fertile, bien cultivé & il abonde en faiſans, perdrix, lievres & daims : on y trouve beaucoup de ce bois jaune qui eſt d'une beauté admirable pour les tables & les chaiſes : il eſt diviſé en petit & grand *Akron* : le premier eſt dans les terres, il ſe gouverne ariſtocratiquement ; le ſecond a un roi : tous deux ſont indépendans, mais unis : on n'y remarque que la bourgade d'*Apam* ou *Apang* où les Hollandais ont bâti le fort nommé *Leydſaambeyde*, défendu par deux batteries où l'on compte dix-huit pieces de canon, & par une tour qui en fait l'ornement : Apam n'eſt habité que par des pêcheurs ;

sa situation est favorable au commerce, le poisson & la volalle y sont abondans : une riviere salée l'arrose.

Canton d'Agouna.

Il s'étend du mont *Diabolo* au village d'*Anouse*, dans un espace de 15 lieues : au couchant il est uni & bas près de la mer, montueux à quelque distance : au levant la terre est séche & couverte de bois : il doit sa fertilité à une grande riviere remplie d'huitres & de poissons, & dont les bords sont peuplés de singes & de babons : ses habitans sont guerriers & occupés de la pêche : ils savent altérer & contrefaire l'or & l'argent. C'est une reine, dit-on, qui y fait reconnaitre son autorité : l'ainée de ses filles lui succéde, ses enfans mâles sont vendus comme esclaves pour qu'ils ne puissent troubler le pays : la reine n'a point d'époux, mais un esclave.

Cet Etat a un grand nombre de bourgades le long de la côte qui est dangereuse par ses écueils. On trouve d'abord *Dajou* & *Polder* peu connues & peu fréquentées, *Mango* qui parait être ce qu'on appelle aussi le *mont du Diable*, parce que les négres y offrent des sacrifices à un esprit mal-faisant : les eaux en font descendre des paillettes d'or : sa hauteur le fait découvrir de fort loin : des bêtes féroces l'habitent, un volcan semble y travailler encore. *Wiampa*, *Winipa* ou *Simpa* n'a que 30 maisons, est environnée d'excellens pâturages, & est riche en bestiaux qu'on y éleve avec soin : les femmes y sont actives & intelligentes ; ses habitans sont la plupart pêcheurs ; ses champs sont séparés par de bonnes haies, & remplis de maïz, mais infectés par les singes : les terres y sont fort basses, & on y voit des étangs dont les bords sont peuplés de pintades & d'un grand nombre d'autres oiseaux : les daims y sont en abondance. Les Anglais y ont élevé un fort sur le penchant d'une colline plantée d'arbres, dont une belle avenue conduit jusqu'à la porte ; elle a quatre bastions, dix-huit pieces d'artillerie, 36 soldats, une citerne & une loge pour cent esclaves : les jardins en sont agréables.

Barka ou *Barra Ku* est situé au sommet d'une colline ; ses environs sont abondans en volaille, en perroquets ; les terres y sont plattes & unies, les habitans savent fondre l'or & en faire des chaines & des bijoux ; ils travaillent le fer qu'ils achetent & en font des armes : les Français y commerçaient autrefois, les Anglais leur succéderent, les Hollandais seuls aujourd'hui y dominent : ils y ont élevé un fort triangulaire défendu par douze pieces de canon & quelques hommes. Le *petit Barku* est à une lieue & demi de celui-là, près d'une petite riviere : quatre lieues plus loin est le fort ou le comptoir de *Schido* qui appartient aux Anglais : ces lieux sont bien situés pour le commerce ; mais on y trouve peu d'or & peu d'esclaves.

Canton ou *royaume d'Akra.*

Il fut un état indépendant, mais les Aquambos l'ont soumis : quelques-uns de ses habitans sont venus s'établir au bord de la mer où étaient des provinces qui dépendaient de leur roi : le pays y produit aujourd'hui peu d'arbres & de fruits : le fond du terroir est un argille d'un rouge pâle où les ignames, les pois & les feves prosperent : on y voit un canton uni qui femble être un parc, où des troupeaux de daims, de chèvres fauvages, de lievres, de lapins, d'écureuils, de grand & petit bétail, des pintades & un grand nombre d'autres animaux font renfermés pour le plaifir d'un prince. On y tue les lievres à coups de bâtons, mais leur chair eft infipide. C'eft dans cette partie de la côte d'Or qu'on trouve le plus de lions, de tigres, de léopards, de chats mufqués & d'autres bêtes féroces : on y voit, dit-on, une efpece de daim qui n'a que huit ou neuf pouces de haut, & dont les jambes reffemblent à un tuyau de plume : les mâles ont deux cornes longues de deux à trois pieds, fans branches, mais tortues & d'un noir luifant; ils font doux, familiers, careffans, trop délicats pour fupporter la mer : les fourmis y élevent beaucoup de pyramides. Dans l'intérieur, le pays renferme de grandes bourgades : telle eft le *grand Akra*, fituée à quatre lieues de la mer, au pied de monts peu élevés, & *Aboro* plus éloignée qu'elle, où il fe fait un grand marché d'or, d'ivoire, de cire, de mufc, échangées avec les marchandifes d'Europe : le roi y nomme des infpecteurs qui fixent le prix des marchandifes : trois autres bourgades font fur la côte & toutes trois ont un fort Européen. *Soko*, la plus occidentale, eft compofée d'un grand nombre de maifons féparées : c'eft une des plus grandes qu'on y voye; elle eft fur un terrein uni, & fes rues font régulieres. Elle commerce avec les Anglais qui y poffedent le *fort James*, édifice quarré, défendu par une batterie où l'on compte 70 canons, & dont les murs font hauts & épais, bâtis en rocs, mais mal cimentés pour un lieu où les pluies font violentes; au centre eft une tour quarrée où flotte le pavillon d'Angleterre; cinquante hommes le gardent,

dent, mais il n'y a que vingt Européens : sa situation est avantageuse, & le débarquement dangereux, sur une colline pierreuse & escarpée qui semble pendre sur la mer : près de lui sont des étangs de sel qui en fournissent beaucoup. Le *petit Akra* en est voisin : c'est un marché commode & fréquenté : là est élevé le fort de *Crevecœur*, château semblable par sa forme, par sa tour, ses logemens, à celui de James : il a une garnison, une artillerie aussi nombreuse, & jouit d'un air plus sain.

Orsoko, ou *Orsaki* fut une grande ville avant les ravages des Aquambos ; elle est dominée par le fort de *Christiansbourg*, élevé par les Danois, qui en ont été dépossédés & remis en possession tour-à-tour : il est quarré, défendu par vingt pieces de canon, & est mieux construit que les deux dont nous venons de parler. Ces forts furent utiles au pays, parce qu'ils arrêterent l'invasion jusqu'alors heureuse des Aquambos. Les Negres de ces trois villes sont les plus civilisés de toute la côte : leurs maisons sont quarrées & propres, leurs murs de terre sont assez hauts, les toits couverts de paille, leurs meubles simples. La guerre, le commerce, l'agriculture est l'occupation des habitans : ils négligent la pêche qui y serait riche, & la fabrique du sel qui y serait avantageuse : ce sont les étrangers qui en profitent : le commerce des esclaves y est très-actif, l'or y est commun & pur : ce peuple est laborieux, intelligent ; les marchandises qu'il préfere sont les draps rouges, la vaisselle de cuivre, les serges d'Espagne, les toiles, diverses étoffes, les fusils, la poudre, l'eau-de-vie, les colliers de verre, les couteaux, les petites voiles, &c. On y fait des canots longs de trente-cinq pieds sur cinq de large.

Canton de Labadde.

Il n'a qu'une lieue de côte, & qu'environ quatre de circonférence : un chef y fait reconnaître son autorité : sur la mer sont les deux villes d'*Orfo* & de *Labadde* : celle-ci est peuplée, environnée d'un mur de pierre seche, au centre d'une vaste prairie. Leurs habitans cultivent la terre & soignent de grands troupeaux de moutons & de porcs, qu'ils vendent à leurs voisins lorsqu'ils les ont engraissés : ils font du sel pour leur usage, & un peu d'or.

Canton ou *royaume* de *Ningo* ou d'*Allampi*.

Il s'étend l'espace de treize lieues le long de la côte : son chef porte le nom de roi de Ladingkour, mais il n'est lui-même qu'un sujet du roi d'Aquambo qui ordonne tout dans son état : le pays est d'une fertilité médiocre & n'est pas peuplé, le sol y est bas & uni, il nourrit beaucoup de volaille & de grands troupeaux de vaches, de porcs & de moutons : on y vend des canots & des esclaves : les habitans cultivent la terre ou pêchent ; mais surtout dans les rivieres & les lacs à cause de l'agitation de la mer & d'un rivage presqu'inabordable. Diverses bourgades sont sur la côte ; le *petit Ningo* est celle qu'on trouve d'abord, puis *Tema* ou *Temina* où les Hollandais s'étaient établis, & plusieurs autres, dont l'accès est dangereux & où le commerce est fort peu de chose : les seules où l'on en fasse, sont les bourgades de Sincho, grand Ningo & Lay.

Sincho ou *Chinco*, fut autrefois fort commerçante : aujourd'hui ses habitans sont pêcheurs & fournissent du poisson à *Spise*, grande ville dans l'intérieur des terres : ils achetent des Européens des toiles & des étoffes qu'ils revendent ailleurs, & donnent en échange du poisson & des productions du pays, parmi lesquelles on remarque les oranges par leur beauté & leur grosseur.

Le *grand Ningo* est presque caché aux navigateurs qui ne la connaissent que par la montagne de Redondo qui est plus loin dans les terres : dès qu'on y arrive, une multitude de canots en partent pour faire le commerce qui souvent y est avantageux en esclaves, en or, qui vient du pays de Quako, & en bestiaux ; derriere est une chaîne de montagnes.

Lay ou *Allampi* est sur un rivage d'un beau sable blanc bordé de collines élevées, quelquefois escarpées, toujours embellies d'arbres ; l'ancrage y est excellent ; sa situation est sur le penchant d'une colline qui regarde le Nord, & qui en cache la plus grande partie aux navigateurs : les habitans sont civilisés, mais timides & défians. Les Anglais y dominerent quarante ans, & aujourd'hui ils y dominent encore & y ont un petit fort : les guerres entre les rois voisins y font souvent prospérer le vil commerce des esclaves : les Français, les Portugais y viennent aussi chercher des provisions.

C'est ici que les Anglais & les Hollandais terminent la côte d'Or, parce qu'au-delà ce métal n'est plus un objet de commerce ; nous y joignons le *Soko* qui touche au pays de Ningo au couchant, & à la riviere de Volta au levant.

Canton de Soko.

On ignore s'il a une grande étendue dans les terres ; on n'y touche que par hazard, ou par le besoin de provisions : les grains y sont abondans ; on y apporte beaucoup d'étoffes du royaume d'Akkanès : ses habitans s'occupent de la pêche & de leurs bestiaux ; ils sont assez généralement pauvres : les bourgades d'*Angulan*, de *Bribekou*, de *Baya*, d'*Aqualla* sont sur les bords de la mer : entr'elles sont divers hameaux & des cabanes dispersées. Le port de Soko est sur une côte nue, basse, unie, mais s'élève ensuite & se couvre d'arbres.

Rio da Volta borde ce pays, & doit ce nom à son reflux, & à la rapidité de ses eaux : on la fait naître dans le royaume d'Akan sous le neuvieme degré de latitude, & traverser le pays de Tafou, riche en mines d'or : à son embouchure la côte est platte, plus loin on voit les montagnes s'élever : le pays est ouvert pendant quelques lieues & ombragé par des palmiers, ensuite on ne découvre que des bois entremêlés de ronces & de buissons ; au couchant ses bords sont hauts & fertiles, au levant ils sont bas & stériles. La riviere est grande, & on distingue ses eaux dans la mer à plus d'une lieue de son embouchure : elle est trop agitée pour qu'on puisse la remonter, & souvent les arbres qu'elle entraîne s'arrêtent & augmentent la confusion de ses vagues : des Negres osent y pénétrer dans le tems qui précede immédiatement la saison des pluies ; jamais en d'autres tems : des Portugais, des Hollandais cependant l'ont remontée, & y ont fait un commerce médiocre en or, en étoffes, ivoire & esclaves. Son lit resserré dans l'endroit où elle se jette dans la mer, eſt partagé encore par une île eſcarpée de toutes parts, déſerte & couverte de bois, environnée de bancs de ſable contre leſquels la mer ſe briſe; ſes inondations font beaucoup de ravages dans les pays qu'elle traverſe.

Telle eſt la Côte d'or : diſons un mot du peu qu'on a pu ſavoir des pays ſitués dans l'intérieur des terres : on dit qu'en général ils ſont riches en or, qu'on y tire ce métal, ou des rivieres, ou du ſein de la terre.

Au nord d'*Abroko* eſt le pays d'*Avina*, riche en or très-pur & très-fin; ſes habitans ſont d'une probité rare : plus au nord eſt *Iguira* ou *Eguira*, où l'on trouve de l'or très-fin; on pourrait y faire un grand commerce, ſi les chemins n'étaient infeſtés de voleurs, ou de nations ennemies : il touche à la partie méridionale du *grand Inkaſſan*, peuple qui voyage peu ſur la côte & confine au royaume de *Dinkira* ou *Inkahia*, qui fut jadis puiſſant, mais que ſes guerres avec celui de l'Aſſiante ont beaucoup affaibli : il eſt riche en or très-fin; ſes habitans deviennent des commerçans habiles. L'*Aſſian e* a les mêmes richeſſes & eſt plus mal connue encore.

Au nord d'*Hante* eſt le territoire de *Tahen* abondant en volailles, en grains, en fruits, & les ſauvages *Mompas* qui touchent au pays d'*Adom* qu'arroſe la Schama, où l'on voit des îles peuplées, & qui commercent avec Axim & Bourro : il n'a point de roi, mais un conſeil de ſix ſeigneurs puiſſans qui gouvernent un peuple de brigands redoutés de tous leurs voiſins. On y trouve des mines d'or & d'argent: l'abondance y rend les Negres fiers, & peu enclins au commerce : les terres y ſont excellentes, & elles produiſent beaucoup de grains & de fruits, & nourriffent un grand nombre d'animaux privés ou farouches : les rivieres y abondent en poiffons.

Waffab ou *Warfchabs* eft connu par l'or qu'on en tire, & qui eft fa feule richeffe, car fon fol eft prefque ftérile : il eft au nord d'Adom : les pays de *Wanqui*, de *Quiforo*, d'*Abrambo*, de *Kabefterra*, d'*Atti*, de *Dahu*, d'*Akim* qui eft étendu & riche en or, de *Quahu*, de *Komana*, ne font connus que par leurs noms, & encore on en connait mal les noms : on dit que les habitans de *Wanqui* favent fabriquer des étoffes d'un tiffu d'or. *Quiforo* eft une contrée ftérile dont les habitans font fimples & connaiffent peu le commerce ; ceux d'*Atti* commerçaient avec les Hollandais, mais les guerres les ont forcés de fe borner à la culture de leurs terres.

Aquambo, royaume qui a foumis plufieurs cantons voifins, eft un pays peuplé, & où le commerce eft confidérable ; fes habitans vont à Mawri échanger leur or contre des toiles & du fer : ils font braves & guerriers, & ont fouvent des querelles avec les Akkanès leurs voifins : leur roi eft defpotique, & l'on dit en proverbe qu'il n'y a dans le pays que deux fortes d'hommes, les amis du roi & leurs efclaves : ces amis font d'une arrogance peu fupportable, & la moindre réfiftance y eft un grand crime : les Hollandais y ont un comptoir.

Le royaume d'*Akkanis* ou *Akkenez*, eft divifé en grand & en petit : fes habitans font célebres par le commerce qu'ils font fur les côtes & dans l'intérieur des terres : ils font intelligens, fideles, fiers, audacieux & guerriers, ce qui les fait craindre ou aimer, & recevoir par-tout prefque gratis : ils ont pour armes la zagaye, le cimeterre, le bouclier : leur langage a plus de douceur que celui de leurs voisins. Le grand Akkani s'étend à une très-grande distance dans l'intérieur de l'Afrique : de monarchique son gouvernement est devenu aristocratique, & depuis ce tems les divisions l'ont affaibli : les habitans en sont orgueilleux ; ils commercent avec les peuples voisins de la Gambra & des fleuves de l'intérieur de l'Afrique : ils échangent des étoffes, du sel, d'autres marchandises contre de l'or.

Tafo ou *Tafa* a beaucoup d'or, ainsi qu'*Aboura* & *Quaku*. *Bonu*, *Equea*, *Latabi*, *Akkaradi* sont soumis au roi d'Aquambo : les deux premiers tirent leurs richesses de l'agriculture, les autres de leur or.

Insoko est à cinquante lieues loin de la mer, & par conséquent il est peu connu des Européens : ses habitans sont bons tisserans : ils fabriquent des étoffes curieuses, des pagnes, & connaissent si peu l'or qu'ils ne le distinguent pas du cuivre.

COTE DES ESCLAVES.

ELLE commence à Rio da Volta, & finit à Rio Lugos qui arrose le royaume de Benin : cet espace est d'environ cinquante lieues : on y renferme les cantons ou royaumes de Koto, de Popo, de Juidu & d'Adra : parcourons chacun de ces états.

Canton de Koto.

Il comprend un espace de dix-sept lieues de côtes, de la riviere de Volta au cap de Monte. Ses côtes sont peu fréquentées : le premier endroit remarquable est le cap *Montego*, ou *Monte da Raposa* : là est une habitation de Negres près du rivage, & d'un bois épais & fort étendu. La côte est plus au levant, trop agitée pour qu'on puisse l'aborder impunément : le sable y est très-fin ; la côte brisée, basse, unie, n'ayant que des buissons, & la terre marécageuse : quelquefois les eaux semblent en faire un lac continuel. A peu de distance du cap *Pucalo* ou *St. Paul* est *Kela*, *Kelay* ou *Quilla*, bourgade negre où est un fort Anglais : le lieu est abondant en subsistances : près du cap est une riviere & le village de *Beguo* : plus loin est la ville royale de *Koto* ou *Verhu*.

Le Roto n'a pas une colline ; c'est un terrain plat, sablonneux, stérile, ombragé de palmiers & de cocotiers, & n'ayant point d'autres arbres : il nourrit assez de bestiaux pour la subsistance des habitans : le brisement des vagues en éloigne le poisson de mer, mais celui de riviere y est abondant : le commerce des esclaves est le seul qui y attire les Européens, & il n'est pas considérable : les habitans sont bons & honnêtes ; leur religion, leurs usages sont ceux de la côte d'Or. Seulement ils ont un plus grand nombre de fétiches ; plus un particulier en possede, plus il se croit riche, & le plus pauvre en a au moins une douzaine : les maisons, les chemins, les moindres sentiers en sont couverts : les guerres de cet état avec le Popo l'ont beaucoup affaibli, & l'auraient détruit, si l'intérêt de celui d'Aquambo n'était de le soutenir.

Royaume de Popo ou *Papa.*

Il a dix lieues d'étendue sur la côte du cap de Monte au royaume de Juida, & est divisé en grand & petit Popo, celui-ci au couchant du premier : le terroir en est plat, sablonneux, sans collines, sans arbres, renversé par les rats ; ses habitans sont obligés de tirer la plus grande partie de leurs provisions du Juida.

La bourgade du *petit Popo* est sur le rivage de la mer, près d'une petite riviere : ses habitans sont une partie du canton d'Aora, que les Aquambos en ont chassés ; ils ne sont pas bien nombreux ; mais leur courage les rend redoutables : le pillage & le commerce des esclaves sont sa seule occupation : des Hollandais, des Français viennent y faire leur cargaison d'hommes ; les Portugais s'y arrêtent plus fréquemment encore : il n'y a pas de nation dans ces contrées qui surpasse celle du petit Popo pour la fraude & le vol.

Le *grand Popo* possede un sol plus fertile que le

petit : on y trouve des fruits, des racines, des bestiaux, de la volaille; mais vers la mer, il est marécageux, bas, presqu'inaccessible : la ville est à l'embouchure du Tari ou Torri, petite riviere gueable qui descend d'Ardra & sur les bords opposés de laquelle sont élevés deux pavillons, l'un au-dessus d'une loge Hollandaise, l'autre élevé par les Negres lorsqu'ils voient un vaisseau s'approcher : elle est dans une île formée par des étangs & des marais, & est séparée en trois parties : sa force est dans sa situation : le reste du pays n'offre que des hameaux dont les habitans se retirent dans la ville lorsqu'ils sont menacés de quelques dangers : le palais du chef est très-vaste, composé de petites huttes rangées autour de trois cours : il y vit au milieu d'un grand nombre de femmes qui l'amusent & le servent. Ses habitans vivent du produit de leur commerce d'esclaves & de poissons, qui leur procure des toiles, du fer, des colliers de verre & autres merceries qu'ils vendent à leurs voisins, ou dont ils se servent eux-mêmes : les Hollandais seuls ont bravé leur penchant pour le vol & s'y sont établis : pour en être servi, il faut acheter la protection de leurs prêtres, hommes revêtus de robes blanches, & portant à la main une espece de crosse épiscopale.

Royaume de Juida ou *Whidah.*

Il a environ dix lieues sur la côte & sept dans l'intérieur des terres : le Popo le borne entre le midi & le couchant, & le royaume d'Ardra entre le nord & le levant : deux rivieres l'arrosent; l'une prend son nom de la ville de Jaquin où elle passe, a une eau jaunâtre, un lit dont la plus grande profondeur eſt de trois pieds, & eſt à peine navigable pour les canots : l'autre a le nom d'*Euphrate*, nom corrompu peut-être, paſſe à Ardra, arroſe le pays de Juida, eſt plus large & plus profond que le premier ; mais ſon embouchure eſt engorgée par des bancs de ſable qui ne permettent pas d'y naviger : ſon eau eſt excellente.

Cette petite contrée eſt une des plus belles de la terre : les arbres y ſont grands & beaux ; la riante verdure des campagnes y eſt variée par des boſquets, des ſentiers agréables, des villages nombreux ; pas une colline n'y borne la vue ; le ſol s'y élève doucement & préſente un magnifique amphithéatre ; plus on s'éloigne de la mer & plus il eſt peuplé ; des grouppes de bannaniers, de figuiers, d'orangers y laiſſent découvrir les toits d'une multitude de maiſons couvertes de paille & couronnées de cannes : les terres ſtériles y demeurent ſeules en friche ; tout y eſt cultivé, ſemé, planté, juſqu'aux enclos de leurs villages & de leurs maiſons : le jour de la moiſſon, ils recommencent à ſemer, les pois ſuccedent au riz, le millet aux pois, le maïs au millet, les patates & les ignames au maïs : les bords des foſſés, des haies, ſont plantés de melons & de légumes ; pour moins perdre de terrain leurs grands chemins ne ſont que des ſentiers : les champs y ſont partagés en ſillons, pour que la roſée & le ſoleil y pénetrent mieux : le pays eſt ſi peuplé qu'il parait n'être qu'une ville dont les quartiers ſeraient ſéparés par des jardins : le terroir y eſt rouge ; les arbres ſont rares & ſtériles ſur la côte, & c'eſt par cette raiſon que les Negres en font des fetiches qu'ils vénerent : au-delà de l'Euphrate, leur pays eſt rempli de palmiers dont ils n'eſtiment que l'huile ; le *polmu* ou *fromager* y donne un duvet court, très-beau, dont on fait des étoffes recherchées par leur finesse, leur force, la beauté de leurs couleurs : on y cultive la canne à sucre, l'indigo y est abondant, & il égale, au moins, celui de l'Asie & de l'Amérique.

La grande population de Whidah en éloigne les bêtes farouches ; les éléphans, les buffles, les tigres, ne se trouvent que sur les montagnes qui le séparent du pays intérieur ; mais on y voit diverses especes de singes les plus beaux & les plus méchans. Les oiseaux les plus communs, & cependant les plus beaux, sont connus sous le nom d'oiseaux rouges, bleus, noirs & jaunes : ils ne se distinguent que par des nuances & par le plus ou moins d'éclat de leurs couleurs : on dit qu'à chaque mue ils changent de couleur, que celui qui fut noir, devient bleu ou rouge, pour devenir jaune ou vert l'année qui suit : les chauve-souris y sont si nombreuses qu'elles obscurcissent le ciel au coucher du soleil ; le jour elles sont suspendues à des branches d'arbre comme une grappe de noix de cocos ; elles sont de la grosseur d'un poulet. Parmi les poissons on distingue le singe de mer, animal long de dix pieds, dont la pêche est amusante.

La saison des pluies y est dangereuse pour les Européens ; la pluie y tombe en torrens, & elle est très-chaude, & dans les lieux étroits l'air qu'on respire semble sortir d'un four : des maladies dangereuses en naissent, l'air, la rosée, la pluie, la sécheresse même y amenent des maux longs & funestes.

L'abord des côtes est dangereux : les flots s'y succedent avec violence : le premier reflux sur le second qui recule, éleve & creuse en arcade le troisieme qui le suit, & cette arcade engloutit ou renverse les

CÔTE DES ESCLAVES.

chaloupes & les canots : il faut l'adresse, la force, le long exercice des negres pour lui résister : on a recours à eux pour aborder, & souvent ils se servent de ce besoin pour voler ; quelquefois ils font renverser le canot pour venir chercher la nuit les marchandises qu'ils ont fait couler à fond. Ces negres sont timides ; mais ils réparent ce désavantage par leur adresse à se servir de l'arme à feu ; avec plus de courage, ils deviendraient redoutables.

Ce petit royaume est divisé en seize cantons, dont chacun a un gouvernement héréditaire pour les principaux negres : le roi gouverne ainsi le canton de *Sabi*, qui passe pour le premier de tous, comme la ville de ce nom est la premiere de ses villes. Les Anglais, les Hollandais, les Français font le commerce sur ses côtes : tous les quatre jours il se tient un grand marché à Sabi, & un autre dans le canton d'*Aploga*, où l'on voit souvent cinq à six mille marchands rassemblés : ils sont très-bien réglés ; chaque marchand, chaque espece de marchandises y a sa place assignée : un juge & quatre officiers du roi veillent à ce que l'ordre ne soit point troublé, & terminent les disputes qui s'y élevent : il y a encore un magistrat qui prend soin que la monnaie ou les coquilles qui en tiennent lieu, soient aussi ce qu'elles doivent être. Autour du marché sont des baraques occupées par des cuisiniers & des traiteurs. C'est-là qu'on vend les esclaves, les bœufs, les vaches, les moutons, les chevres, la volaille, les oiseaux de toute espece, les singes, les draps, les toiles, la laine, le coton, les calicos, les étoffes de soie, les épices, les merceries, la porcelaine de Chine, l'or en poudre & en lingots, le fer en barre ou travaillé ; toutes sortes de marchandises : celles du pays sont des étoffes fabriquées par les femmes, les nattes, les paniers, les cruches, les calebaffes, les plats & les taffes de bois, le papier rouge & bleu, la malaguette, le fel, l'huile de palmier, &c. les hommes vendent les efclaves, les femmes tout le refte.

Les habitans de Whidah font grands, bien faits, robuftes, ils font moins noirs que ceux de la côte d'Or, auffi ignorans, plus induftrieux & capables de travailler. Les riches fe font porter fur les épaules de leurs efclaves dans des hamacs, dont les plus beaux viennent du Brefil; ils font de couleurs diverfes, bien travaillés, ornés de franges; on y voyage, on y dort: la chaleur ne permet pas aux Européens d'avoir une autre voiture: les naturels font très-polis: celui qui remontre fon fupérieur fe jette à genoux, baife trois fois la terre, & fait fon compliment, auquel on répond fans changer de pofture, en battant doucement des mains: fi l'inférieur fe retire le premier, c'eft en rempant & en demandant pardon: les enfans en agiffent ainfi pour leur pere, la femme pour fon époux; ils n'en reçoivent rien qu'à genoux, ils ne leur parlent qu'en mettant la main fur la bouche, de peur que leur haleine ne les incommode: deux hommes de condition égale, fe mettent tous les deux à genoux; un fupérieur qui éternue fait tomber à genoux, & baifer la terre à ceux qui l'entendent: ces cérémonies fe répétent vingt fois le jour: le Chinois même n'eft pas plus garotté de cérémonies dans les vifites, les audiences, les devoirs de la vie civile, ni n'eft pas fi enclin au vol & fi fubtil pour l'exécuter: les plus habiles filoux de Paris auraient à y apprendre encore. Ils n'ont pas d'ornemens précieux, mais font bien vetus; les hommes y ont communément plus de fem-

CÔTE DES ESCLAVES.

mes que sur la côte d'Or, le divorce y est facile: ils sont robustes; elles sont fécondes, & tel negre se vante d'avoir 200 enfans: une seule famille y forme quelquefois une armée de 2000 hommes: les enfans y sont la richesse du pere: il en dispose, il les vend, & ce petit Etat fournit quelquefois mille esclaves tous les mois: l'aîné des fils hérite des biens, il devient le mari de ses femmes; la circoncision y est pratiquée; le commerce, le jeu de hazard sont pour eux une passion: la mort, son nom même est leur épouvantail: ils croient à un Dieu trop grand pour s'intéresser à eux; quelques-uns ont des notions confuses d'une vie à venir, de l'enfer, du diable; mais ils n'honorent & ne prient que leurs fétiches, il en est de grands & de petits: les premiers sont le *serpent*, les *arbres*, la *mer* & l'*agoye*: le premier a la tête grosse, (*) les yeux grands & ouverts, la langue courte & pointue, le dos gros, la queue est petite, la peau belle; elle est un agréable mélange de raies & de taches jaunes, bleues & brunes sur un blanc sale: ils sont doux, privés, se laissent manier, entrent dans les maisons, dans les lits, y font même leurs petits, & n'ont de fureur que lorsqu'il s'agit d'attaquer un *serpent* venimeux; sa longueur ordinaire est de sept pieds & demi, sa grosseur est celle de la cuisse d'un homme: on lui éleve des temples dans toutes les parties du royaume; on lui consacre des filles, on lui amene celles qu'il a paru desirer, & qui deviennent l'objet de l'incontinence des prêtres: il a un grand pontife & des prêtres; on l'honore par des processions solemnelles; il préside à la guerre, au commerce, à l'a-

(*) Snelgrave dit qu'il l'a petite.

griculture, &c. c'eſt un crime affreux de l'attaquer & de le bleſſer. On invoque les arbres pour la ſanté, la mer pour obtenir une pêche heureuſe, l'*agoye* pour de ſages conſeils; cette figure de terre noire reſſemble plus à un crapaud qu'à un homme: avant de faire une entrepriſe on la conſulte: ſi l'on réuſſit c'eſt à l'agoye qu'on le doit, ſi elle échoue, c'eſt qu'on s'y eſt mal pris. Les prêtres, les prêtreſſes peuvent commettre les plus grands crimes ſans avoir à redouter le dernier ſupplice: leur chef eſt auſſi reſpecté que le roi dont il balance l'autorité: ſon office eſt héréditaire: tous les autres prêtres ſont ſoumis à ſes ordres: les prêtreſſes exercent l'empire le plus abſolu ſur leurs époux, qui leur parlent à genoux & les ſervent; elles ſe donnent le nom d'*enfans de Dieu*: pour parvenir à cette dignité, elles apprennent dans des cloitres les danſes & les chants ſacrés; puis on leur imprime ſur toutes les parties du corps avec une pointe de fer des figures de fleurs & d'animaux, ſur-tout de ſerpens: l'opération eſt douloureuſe, mais la peau ſemble être enſuite un ſatin noir à fleurs. Lorſqu'elles ſont nubiles, on les marie avec le ſerpent.

Le roi poſſede l'autorité ſuprême, mais il demande l'avis d'un conſeil qu'il peut ne pas ſuivre, & qu'en effet il ne ſuit pas toujours: à ſa mort ſon fils ainé ſuccéde: dès qu'il eſt né, il eſt tranſporté loin de la cour, élevé comme un homme privé, ignorant, ſon état eſt de garder quelquefois les porcs: l'inſtitution eſt ſage, mais on la rend ridicule par la maniere de l'exécuter. On ne ſait jamais où le roi dort: lui ſeul, ſes femmes, ſes domeſtiques peuvent être vêtus de rouge, & avoir une écharpe de cette couleur: le meurtre & l'adultere avec les femmes du roi ſont les
ſeuls

feuls crimes punis de mort ; les autres font punis par des amendes : la loi du talion y est fort en usage ; ces femmes destinées à plaire au roi, à l'amuser, en font méprisées, & souvent il s'en sert comme des esclaves, il les vend pour telles aux Européens : elles ne sont respectées que du peuple qui fuit ou tombe à genoux, & met la tête contre terre quand elles approchent ; elles regardent comme un malheur le choix qu'on en fait, & cherchent à y échapper même par la mort.

Dès que le prince est mort, les loix, le gouvernement paraissent suspendus, le peuple est libre, & chaque particulier se livre à sa haine, à divers excès, au vol ; & pendant quatre à cinq jours, l'homme qui n'est pas escorté n'ose paraître, ni la femme se montrer sans redouter des outrages : dès que le nouveau prince est arrivé de sa retraite, le canon l'annonce au peuple qui rentre dans l'ordre ; puis on pense aux funérailles du mort sous l'inspection du sacrificateur : on place le corps dans une grande fosse, & on y accumule huit de ses principales femmes qu'on étouffe bientôt en les couvrant de terre : son favori, quelques-uns de ses domestiques ont le même sort : l'état du premier est agréable pendant la vie du roi ; il n'approche le maître que pour lui demander des faveurs qu'on ne refuse jamais : dans les marchés il peut prendre impunément tout ce qu'il trouve à son usage ; il est exempt de toutes taxes, de tout travail ; il est respecté de tous ceux qui l'environnent ; mais à la mort du roi, il est gardé à vue, & bientôt il est mis à mort sur sa fosse.

Les Européens connaissent peu l'intérieur du royaume de Whida : la plupart sont satisfaits d'en connaitre la rade qui est entre le port & la capitale ;

les sondes y diminuent par degrés, & le fond en est excellent; mais l'agitation des vagues y est toujours si forte, que le débarquement n'y est jamais sans danger.

Sabi est située près de l'Euphrate, à trois lieues & demi de la mer, elle est grande & peuplée ; les Anglais, les Portugais & les Français y ont des comptoirs : elle a près de deux lieues de circonférence ; les maisons y sont bâties avec propreté, & couvertes de chaume, les rues qui les séparent ne sont que des passages étroits qui servent de cloaques, & répandent au loin l'infection : on n'y peut bâtir en pierres, il n'y a pas dans le pays un caillou gros comme une noix : il s'y tient tous les jours des marchés pour les commodités de l'Europe & de l'Asie, & pour les productions du pays. Le palais du roi est un amas de cabanes de bambou ; l'intérieur a de beaux appartemens bien meublés : on y voit des lits magnifiques, des fauteuils, des canapés, &c. les maisons des riches approchent autant qu'ils le peuvent du palais du prince : les comptoirs Européens bâtis à la maniere Européenne, sont solides, spacieux, composés d'appartemens qui ont chacun leur sale & leur balcon : les magasins sont au rez-de-chaussée : au devant est une grande place, plantée de beaux arbres, où les commerçans traitent de leurs affaires. Cette ville, ainsi que le royaume, fut conquise & dévastée par le roi de Dahomay en 1727. Les comptoirs des trois nations sont à présent dans l'île de *Gregoi* ou *Greboué*, formée par la riviere Jaquin, à une petite lieue de la mer. L'île a une ville de ce nom, qui est grande, peuplée de bateliers, formée par des maisons de terre, ou de branches entrelassées, enduites d'une couche d'argille. Le fort Français a quatre baſtions & un foſſé large & profond; mais il n'a ni glacis, ni paliſſade: on y compte trente pieces de canon : ſa garniſon eſt de quatorze Européens & trente eſclaves : il a une belle place d'armes, des magaſins, des baraques pour les ſoldats, des loges pour les eſclaves. Le fort Anglais en eſt à cent pas, ſa forme eſt quarrée, & chaque angle eſt marqué par un boulevard rond: il eſt entouré d'un foſſé ſec, ſans paliſſade; il a vingt-ſix pieces de canon, & une faible garniſon; ſes murs ſont de terre, il eſt au milieu d'un marais, & le ſéjour en eſt mal-ſain : la place intérieure eſt grande, les édifices ſont de terre & couverts de paille.

On ne connait que le nom des autres villes, *Banga, Panié, Agoga, Abanga, Aſſom,* &c.

Royaume d'Ardra.

C'eſt, ou du moins c'était une région vaſte & peuplée; le Popo, le Whidah en ont fait partie: on n'eſt pas certain de ſes limites : il n'avait que 25 lieues de côtes avant l'invaſion du Dahomay ; mais il s'étendait fort avant dans les terres, & comprenait l'*Oyeo* qu'on ne connait pas, l'*Alghemi* qu'on ne connait pas mieux & d'autres pays encore. L'air y eſt mal-ſain pour les Européens, non pour les naturels, qui deviennent vieux ſans être faibles qu'alors : le pays eſt plat, uni, & le terroir fertile: des cantons ſont couverts de ronces, d'autres de bois; les collines y ſont entremêlées de plaines & de vallées agréables : le bled d'Inde, le millet, les ignames, les patates, les limons, les oranges, les noix de cocos, le vin de palmier, y ſont abondans : on y fait beaucoup de ſel dans les lieux bas & marécageux : partout on y trouve des chemins commodes, & des rivieres petites, mais profondes, qui facilitent le commerce. Les animaux y different peu de ceux des pays que nous avons parcourus; on n'y voit prefque jamais d'éléphans : les chevaux n'y fervent qu'à la guerre : ils font gros & robuftes : on leur met des felles petites & plattes : les cavaliers font fans étriers, vêtus d'un pagne, couverts d'un bonnet pointu, ils ont des bottines de cuir avec un éperon à une feule pointe.

Les manieres, le gouvernement, la religion font à peu près les mêmes que dans le royaume de Whidah : les hommes y font robuftes & incontinens, les femmes lafcives : fur la côte ils s'occupent à pêcher & à faire le fel, dans les terres ils cultivent les champs à force de bras, & avec autant de vigueur que de foin : ils préferent la langue de leurs voifins à la leur : ils fe revêtent de cinq ou fix pagnes fabriqués dans le pays, & mis l'un fur l'autre : les grands portent fur les épaules un manteau court, que recouvre une étoffe de foie des Indes, ou une chemife de calicot blanc, dont ils font enveloppés : le roi porte deux pagnes l'un fur l'autre en maniere de jupon, une écharpe de foie paffe deffus, une forte de coëffe à dentelles tombe fur fes épaules; fur fa tête eft une couronne de bois noir d'une odeur agréable, dans fa main eft un petit fouet dont le manche eft travaillé avec art. Les femmes y font plus richement vêtues que les hommes; les filles y font nues jufqu'à l'âge nubile : les deux fexes fe lavent foir & matin, & fe frottent de civette ou de quelqu'autre parfum : les hommes y peuvent prendre autant de femmes qu'il leur plait, & le roi vendre les fiennes comme efclaves : le confentement des parens y fait le mariage qui n'y eſt pas fécond : la femme qui mettrait à la fois deux enfans au monde ſeroit crue adultere : rarement chacune d'elles a plus de trois enfans : les funerailles y different peu de celles des pays voiſins. Réſiſter au roi c'eſt mériter la mort, & la femme, les enfans du coupable deviennent les eſclaves du prince : le débiteur inſolvable, l'adultere peut y être vendu comme eſclave. On n'y fait ni lire, ni écrire : de petites cordes avec des nœuds aident à la mémoire pour les calculs. Chaque homme riche veut avoir un prêtre dans ſa maiſon ; ſans connaître l'immortalité de l'ame, ils ont une idée confuſe d'un être ſupérieur qui les fait naître, mourir & renaître, s'ils ſont morts en combattant pour la patrie ; ils tremblent au nom de la mort : chacun a ſon fétiche particulier qu'on recouvre d'un pot de terre. Tous les ſix mois le chef de la famille lui préſente ſes dons, lui fait ſes demandes ; le prêtre répond pour le fétiche, & n'accorde les demandes que lorſque les dons ſont de quelque valeur : après la réponſe la divinité rentre dans ſon pot : les prêtres ſont révérés : le grand pontife y eſt preſque adoré ; c'eſt un prophête, c'eſt un Dieu, & dès qu'il a converſé avec la figure difforme d'un enfant blanc qui repréſente le diable : l'avenir eſt pour lui le préſent.

Les Hollandais, les Anglais faiſaient un grand commerce dans ce pays ; les Français ont eſſayé de le partager, & s'en ſont dégoûtés : les marchandiſes qu'on y achete ſont des étoffes de coton, des pierres bleues nommées *akkoris*, recherchées ſur la côte de Guinée, & ſurtout des eſclaves, dont on tire annuellement environ 3000, qui ſont ou priſonniers de guerre, ou criminels, ou donnés en forme de tributs : la monnaie la plus en uſage eſt la coquille nommée bujos ou kowris : les barres de fer plates, le corail long, les pendans qu'on en fait, les cuirs dorés, les damas rouges & blancs, les draps rouges, les chaudrons, les baffins, les bagues de cuivre, la verroterie de Venife, les colliers de différentes couleurs, ou de Rouen, les agates, les miroirs à cadre doré, les ferges de Leyde, les toiles des Indes & de l'Europe, l'eau de vie, le vin de Canarie, la malvoifie, les chapeaux noirs, les taffetas blancs & rougés, les étoffes, les brocatelles d'or & d'argent, les couteaux de Hollande, les armoifins à fleurs ou rayes ou des Indes, les fufils, les moufquets, la poudre à tirer, les coutelas larges & dorés, les ferviettes damaffées, les écharpes de foie, les grands parafols, les fonnettes de forme cylindrique ou piramidale y font des marchandifes recherchées, comme dans tout le refte de la côte jufqu'à la riviere de Gabon. C'eft du roi qu'il faut acheter le droit de commercer dans le pays ; on acquiert & on entretient fa faveur par des préfens : ils peuvent monter pour chaque vaiffeau, à la valeur de 50 efclaves payés en marchandifes. Ceux qui veillent à la manutention du commerce perçoivent auffi des droits ; les Européens dépofent leurs marchandifes dans un village affigné; un crieur public annonce la permiffion du commerce, & quand les marchandifes font écoulées, il faut faire encore des préfens par reconnoiffance.

Cet Etat pouvait mettre 40000 hommes en campagne : c'eft une milice réguliere, entretenue conftamment, & qui ne manque que d'officiers & d'armes à feu pour fe rendre redoutable. Mais le roi de Dahomai l'a conquis & dévafté ; la nation dont ce prince eft le chef demeure au nord d'Ardra: elle eft féroce & fanguinaire, fait des facrifices humains, & felon Snelgrave, elle eft antropophage : fon roi entretient une milice reglée ; chaque foldat eft chargé d'un éleve, fes conquêtes prouvent fa fupériorité fur les Negres de la côte ; mais il manque de cavalerie, & la tyrannie qu'il a exercé fur les royaumes conquis les a rendu déferts ; loin d'être plus fort par l'étendue de fes états, il en eft devenu plus faible.

A l'orient de cette nation habite celle des *Yoe*, qui forme un empire puiffant dont les troupes font toutes compofées de cavalerie. Il n'eft pas connu ; mais nous remarquerons en général que les nations de l'intérieur de cette partie de l'Afrique font beaucoup plus étendues & plus puiffantes que celles de la côte ; que celles-ci femblent en dépendre, & qu'il eft probable que les pays que les Européens ont décrit, comme formant des royaumes indépendans, ne font que des provinces particulieres d'empires plus étendus, dont les gouvernemens font héréditaires.

Le royaume d'Ardra renfermait quelques villes qui peut-être exiftent encore : telle eft *Foulaon* fur la riviere de Torri, au bord de la mer, dont les habitans font cultivateurs & vendent des provifions aux Européens ; fon territoire forme un petit état féparé qui a quatre lieues de circonférence. *Praya* ou le *petit Ardra*, bourgade au fond d'une baye dans une terre baffe & platte, couverte de bois féparés, mais qui au couchant forme un cap compofé de trois petits monts. La riviere qui fépare Ardra de Benin fe jette dans cette baye : le fond de la baye fe nomme rade de *Jakin*. Praya eft fur un fol un peu plus élevé que le terrein qui l'environne, & à quelque diftance du rivage : la baye eft très-profonde devant le port : l'air y eft plus fain qu'ailleurs. *Offra* est à deux lieues & demi de là : les Anglais & les Hollandais y avaient & y ont peut-être encore un comptoir. *Jakin* est sur une petite riviere qui pourrait être celle de Torri, elle occupe un enclos de 1500 toises de circonférence : elle est ceinte d'un mur de terre épais & solide : les maisons en sont d'argille : les deux nations dont nous avons parlé y ont aussi des comptoirs : l'effroi qu'inspirait le Dahomai fit abandonner la ville aux habitans qui se retirerent dans une île fortifiée & formée par la riviere. *Grand-Foro* est un village spacieux où les voyageurs trouvaient une hôtellerie. *Azem* ou *Assem* était la capitale d'Ardra : elle est à seize lieues de la mer, sur le bord occidental de l'Euphrate : elle avait trois lieues de tour, mais la crainte des incendies y avait fait donner aux rues une largeur extraordinaire, & séparer les maisons par de grands enclos : les murs étaient larges, épais, élevés, formés d'une terre argilleuse, rougeâtre, compacte ; ses quatre portes étaient défendues par un large fossé qu'on traversait sur un pont léger; ses édifices étaient réguliers, son sol uni, son enceinte bien peuplée ; elle renfermait deux palais, l'un étoit la résidence ordinaire du roi, l'autre devait être son asile en cas d'accidens : le chaume couvre toutes les maisons : elle fut renversée par les Dahomais en 1724.

Jago, à trente lieues de la mer, est arrosée par la riviere de Formosa qui vient de Benin. *Ba* plus éloignée encore, a un comptoir de Hollandais : toutes ces villes ou bourgades sont en général dans une situation avantageuse; mais ne sont point entourées de murs. *Appak* ou *Appagh* défendue des invasions par une riviere & un marais, est la seule ville qui conserve son commerce.

Royaume d'*Ulcami* ou *Oulcama*.

Il est au nord-est d'Ardra, à l'ouest de Benin; on en tire des esclaves par le pays d'Ardra, car son territoire ne s'étend pas sur les côtes : les rivieres d'*Albo* & de *Dodo* l'arrosent. On y circoncit les garçons & même les filles : ce royaume peut avoir vingt lieues de long sur un peu moins de large. Il confine vers le nord au pays d'*Isago* qu'on ne connaît point : celui-ci confine au *Jabou* ou *Gabou* qu'on ne connaît point non plus. Ce dernier touche au levant à celui d'*Itanna* ou *Estanna*, dont on ne peut rien dire : ces états dépendaient autrefois, & dépendent peut-être encore de Benin : ils étaient puissans en cavalerie. Gabou est riche en acoris, & en jaspe : un grand nombre d'esclaves viennent de ce pays dont les habitans sont doux & affables.

ROYAUME DE BENIN.

Il a environ soixante lieues de côtes dans sa plus grande étendue au bord de la mer ; il s'étend peut-être bien plus loin dans les terres : on n'en sait pas l'étendue, on en connaît mal les productions & les richesses, on en sait à peine bien le nom que l'on écrit aussi *Binnin*, *Binni* & *Benni*. Il est arrosé par la riviere *Formosa*, ou *Araun* ou *Arbo* ou *Bénin*, qui vient du nord, coule au midi & se divise en plusieurs bras : quelques-unes de ses sources méritent le nom de rivieres, & paraissent s'étendre au loin, puisqu'on en voit descendre des habitans d'Ardra, de Kalabar & de divers autres lieux : son embouchure forme de petites îles & peut avoir huit à neuf lieues de large. Là sont établis les Negres d'*Usa*, nation pauvre, guerriere, adonnée à la piraterie ; presque son unique occupation est d'aller en course enlever çà & là les hommes & les bestiaux. Parmi les îles dont le lit de Rio Formosa est semé, il en est de flottantes, qui sont couvertes d'arbustes & de roseaux, & y rendent la navigation plus dangereuse : le sol du Benin à quelque distance de la mer est bas, marécageux & mal sain : ensuite le terrein s'éleve & l'air s'épure : on y trouve, dit-on, un canton si sec, qu'il y a des officiers nommés pour entretenir d'espace en espace de grands pots d'eau fraiche qui empêchent les voyageurs de mourir de soif : mais cette commodité n'est pas un bienfait gratuit ; on est obligé de paier pour boire.

Les rivieres nourrissent beaucoup de crocodiles, d'hippopotames & d'excellent poisson. On y prend une espece de petite torpille. La terre y est habitée par un grand nombre d'éléphans, de tigres, de léopards, de cerfs, de sangliers, de singes, de civettes, de chats sauvages, de chevaux, d'ânes, de lievres, de brebis velues ; par un grand nombre de reptiles, de serpens, de crapauds, de limaçons, &c. On y trouve des perroquets, des pigeons, des perdrix, des especes de cigognes, des autruches : le sol en général y est fertile : il est des chemins bordés d'orangers & de limoniers ; le poivre qu'on y recueille est plus petit qu'aux Indes : le coton produit par un arbre y est très-abondant : les habitans le travaillent & en font des pagnes.

Le climat y est semblable à celui des lieux que nous avons décrit : on y observe que les éclairs & les tonnerres y sont fréquens & terribles : l'eau y est d'une bonté singuliere.

Les Negres de Benin sont bons & honnêtes, ils cédent à la douceur, résistent avec courage à l'injustice ; ils sont attachés à leurs anciens usages, sont complaisans pour les étrangers, généreux, sensibles, & cependant réservés & défians : ils ne reçoivent pas de présens qu'ils ne rendent au double : leur nourriture trop excitante & le vin de palmiers les rend ardens au plaisir : ils ne connaissent qu'un jeu de hazard & n'y jouent jamais de l'argent : indolens, ennemis du travail, c'est sur les femmes que retombent celui que la nécessité impose : mais ils aiment le commerce & s'y montrent plus intelligens, plus fideles qu'actifs. Les enfans de l'un & de l'autre sexe sont circoncis & vont nuds jusqu'à l'âge de douze ans, c'est un privilege d'obtenir d'être plustôt vêtus : les grands portent un pagne de calico blanc recouvert d'une étoffe fine qui a quinze aunes de long & qu'ils pliffent avec élégance ; le fein & les épaules font nuds dans les hommes ; dans les femmes ils font couverts d'un voile : des colliers, des bagues, des anneaux de fer & de cuivre qu'elles portent aux bras & aux jambes font leurs principaux ornemens : les hommes portent leurs cheveux bouclés ; les femmes les raffemblent fur la tête en crête de coq ; elles les teignent en jaune avec de l'huile de palmier : le poiffon frais ou falé fait la nourriture du peuple ; les riches mangent feuls des beftiaux : tous font du pain avec la farine d'igname ou de fèves.

Le mariage y eft une convention de parens : la polygamie y eft commune, & le roi a, dit-on, 600 femmes : jaloux envers leurs voifins, ils offrent leurs femmes à un Européen : elles font fages & laborieufes, toujours occupées de foins domeftiques; la ftérilité eft pour elles un opprobre, & le grand nombre de leurs enfans eft un titre pour être refpectées : les filles font élevées par leurs parens ; le roi fe charge de l'éducation des garçons : on célebre leur naiffance par une fête ; on les embellit en multipliant les cicatrices fur leur corps ; ce font les prêtres qu'on confulte dans les maladies, & les facrifices font un de leurs remedes les plus fûrs : on ne les enfevelit que dans le lieu de leur naiffance ; s'ils meurent ailleurs on les feche afin de pouvoir les y apporter ; on fe contente de pleurer l'homme du peuple pendant quatorze jours ; on enterre trente ou quarante efclaves avec le corps des grands ; celui des rois eft renfermé dans une foffe large dans le fond, étroite à fon ouverture, & l'on y précipite un grand nombre

ROYAUME DE BENIN.

de ses domestiques de l'un & de l'autre sexe aux yeux d'un peuple innombrable : puis on bouche la fosse, & chaque jour on va leur demander s'ils ont rencontré le roi : quand leur silence prouve leur mort, l'héritier de la couronne vient sur cette fosse enyvrer son peuple, qui devenu furieux, court les rues en massacrant tout ce qu'il rencontre : c'est encore un sacrifice fait au roi défunt.

Le roi exerce une autorité absolue sur ses sujets : trois grands officiers distingués par un cordon de corail sont sans cesse autour de lui pour le consulter, l'instruire, ou décider en son nom : des ministres inférieurs nommés *chefs des rues* président sur les différens quartiers de la ville ; les *fladors* sont les agens du commerce, les interprètes des étrangers. Le roi nomme son successeur entre l'un de ses fils, qui, avant de gouverner, doit en apprendre l'art pendant quelque tems des personnes les plus expérimentées, & durant cet intervalle, les ministres sont chargés de l'administration : le premier fruit de ces leçons est de faire périr tous ses freres : on doit par cet exemple juger du reste. Il se montre rarement & toujours avec faste, au milieu de ses courtisans & de ses femmes : ses revenus sont considérables, & sont le produit des sommes que les gouverneurs de provinces lui paient tous les ans, & des tributs qu'on paie en nature : il n'y a point d'impôt sur les marchandises, mais on achete le droit de commerce : ce roi peut mettre 100,000 hommes en campagne ; la discipline y est rigoureuse : cette armée serait redoutable si les soldats étaient courageux & exercés, & s'ils étaient conduits avec intelligence : leurs armes sont l'arc, la flèche & la zagaie : ils portent des boucliers, mais si faibles qu'ils semblent n'être qu'un ornement.

Les pauvres infirmes font nourris au dépens de l'Etat : le fils ainé fuccede à tous les biens de fon pere, mais fa mere peut en jouir, & il peut des autres femmes faire fes concubines ou fes efclaves : le vol y eft rare & n'eft puni que par une amende : le meurtre, l'adultere, font les feuls crimes qu'on n'expie pas ainfi ; le premier eft puni de mort, le fecond l'eft quelquefois, plus fouvent on chaffe la femme coupable avec ignominie, quelquefois des préfens font oublier l'offenfe : lorfqu'on n'a point de preuve contre le coupable, il eft eftimé tel fi une plume de coq graiffée n'entre pas avec facilité dans fa langue, s'il en arrache plufieurs avec peine de la pâte où on les a fait entrer, fi le jus de certaines herbes enflamme fes yeux, fi un cercle rougi brûle fa langue, fi jetté dans un lieu profond de la riviere il y furnage : on n'employe qu'une de ces épreuves fur un homme & le prêtre en a le choix. Au refte, aucun habitant de Benin, ne peut être vendu comme efclave, criminel, débiteur infolvable, ou non : la femme feule peut être vendue.

Les favans de Benin difent qu'il y a un être invifible nommé *Oriffa* qui peut tout, qui créa, qui régit le monde, & qu'on ne peut repréfenter parce qu'il n'a pas de corps, mais que ne pouvant vouloir le mal & n'ayant rien à attendre de nous, il eft inutile de lui adreffer des facrifices, que c'eft l'efprit malfaifant qu'il faut défarmer par fes prieres : ils ont des *fetiches* de fantaifie comme des crânes & des fquelettes auxquels ils offrent des ignames bouillis, & facrifient des animaux ; ils en rempliffent leurs maifons, ils leur élevent de petites huttes ; ils croyent aux apparitions des morts, & tout ce qu'un mort demande, on fe hâte de le lui accorder : felon eux l'enfer & le paradis sont dans le sein de la mer; & l'ombre qui accompagne l'homme par-tout viendra y rendre témoignage de sa bonne ou mauvaise vie : ils croyent à la magie & que leurs prêtres lisent dans l'avenir. Ils vénerent des oiseaux noirs qui ont des ministres pour leur porter de la nourriture, pour les servir; & leur faire du mal, c'est mériter la mort. Tous les cinq jours on fait une fête où l'on immole des bestiaux, dont on mange une partie & on donne le reste aux pauvres : dans une fête consacrée aux morts, on sacrifie beaucoup d'animaux & même des hommes qui sont ordinairement des criminels, s'il s'en trouve alors. La fête du corail est la plus grande fête de toutes : on la célebre dans le mois de Mai, dans l'enceinte du palais; le roi y préside au milieu de ses officiers, de ses femmes & d'un peuple innombrable, & fait un sacrifice en plein air aux acclamations de tout ce qui l'entoure : le tout se termine par un grand repas. On ignore l'origine de cette fête.

On étend les frontieres de Benin jusqu'aux îles de Rio Lagos ; les petits royaumes de *Jabou* & d'*Oudobo* renfermés entre ce fleuve & celui de Benin sont ses tributaires, ou plutôt leurs chefs sont des gouverneurs héréditaires. C'est là qu'on trouve le port *Epée* où l'on amene quelquefois des esclaves. *Portonovo* où les Portugais ont le plus d'avantages, parce qu'ils y portent du tabac de Bresil dont les Negres sont passionnés, & que les autres nations ne peuvent leur fournir, *Badagry* où l'on amene beaucoup d'esclaves, que les Anglais & les Hollandais ne visitent plus, où le commerce se fait en concurrence entre les Français & les Portugais : *Kuran* ou *Kuramo*, ville environnée d'une double palissade,

& où l'on fabrique de belles étoffes ; *Jabun* , sur la Palmar, est défendue par un mur de bois.

Le fleuve de *Lagos* a une barre à son embouchure, ce qui joint à l'agitation de la mer ne permet pas d'y entrer avec un vaisseau, & en rend le passage difficile aux chaloupes : sur le bord de cette riviere, à quelques lieues dans les terres, est la ville de *Jubu* où les Portugais ont fait quelque commerce.

La ville de *Koramo* ou *Curamo* , donne son nom à un petit archipel situé plus au midi : on ne connaît pas le nombre d'îles qui le forme, ni même leurs productions : elles occupent un espace d'environ trente lieues de long, sur huit de large. On y connaît le port *Ahoni* dans une rade difficile, marécageuse & mal-saine, fréquentée par les Anglais qui y arrivent sur de grandes chaloupes. Elles sont séparées du continent par un canal dont la partie du couchant reçoit son nom de la riviere de *Lagos*, il a dix lieues de large à l'entrée, mais est si embarrassé de bancs de sable que pendant plusieurs lieues, il n'a d'espace libre pour la navigation qu'un canal semblable à une riviere médiocre. Le canal ou lac de *Karamo* est au nord de ces îles ; il n'a que quatorze à quinze brasses de fond dans son milieu, n'est navigable que pour les brigantins, est long d'environ trente lieues, large de quatorze, & se termine au canal de Benin, plus étroit que lui, & qui conduit à la riviere de Formosa. La distance entre la plus orientale des Curamos & l'embouchure de la Formosa est d'environ dix lieues ; on y trouve par-tout douze à quinze pieds d'eau : la riviere d'abord fort large n'a bientôt plus qu'une lieue & demi, puis moins encore. Sur sa rive occidentale le pays est uni & chargé de bois, sur l'orientale il est

ouvert

ouvert & plat, marécageux & couvert d'arbres touffus; l'air y est mal-sain & les mosquites y tourmentent les hommes. A l'embouchure est la ville de *Loebo* où résidait un prêtre qui prédisait les tempêtes & l'arrivée des vaisseaux. Sur ses bords on voit quatre villes principales. *Bododo* renferme 150 maisons bâties de roseaux, couvertes de feuilles : un magistrat & quelques seigneurs y reglent les affaires civiles : les autres dépendent de la cour. *Arebo* ou *Arbon* est à 60 lieues de la mer, & est le centre du commerce du royaume ; c'est une ville grande, belle, bien peuplée ; sa forme est ovale, ses maisons sont plus grandes que celles de Bododa, mais bâties de la même maniere : s'il y naît des jumeaux, un usage barbare veut qu'on sacrifie la mere & les enfans au Dieu qu'on y révere. Les Anglais & les Hollandais y avaient chacun un comptoir ; aujourd'hui ils occupent la même demeure. Les bâtimens peuvent remonter au-delà encore ; mais au travers d'un grand nombre d'îles.

Agatton ou *Gatton* ou *Goto* fut autrefois grande & commerçante, les guerres l'ont dévastée ; elle est située dans une île & très-voisine du bord : l'air y est plus sain que dans les autres villes, & par cette raison elle se rétablit : ses environs sont remplis d'arbres fruitiers & de villages. *Meyberg* ne peut être le véritable nom de la quatrieme ville : elle est assez peuplée, & les Hollandais y ont un comptoir. *Aguna* est une bourgade sur le bord occidental de la même riviere. Le commerce y est tombé entre les mains des Anglais. Les Français & les Hollandais en ont été dégoûtés par la bizarrerie des goûts des habitans.

La capitale du pays est *Benin*, ou plutôt *Oedo*, située dans une plaine charmante, & ombragée par les plus beaux arbres du monde. Elle a six lieues de tour en y comprenant le palais : on y voit d'abord une rue d'une largeur extraordinaire qui traverse toute la ville, elle a une lieue de long sans y comprendre les fauxbourgs : d'autres rues droites, & la plupart larges de vingt toises la coupent & s'étendent à perte de vue : les portes sont de bois, défendues par un boulevart de terre, par des soldats qui y veillent, par un fossé sec, large, profond & bordé de grands arbres, par une large levée de terre entre des pilots serrés. Elle est divisée en plusieurs quartiers, dont chacun a son chef. Les femmes y entretiennent une propreté charmante en nettaiant constamment le devant de leurs maisons qui y sont bien alignées : leur maçonnerie est de terre détrempée & séchée au soleil, épaisse de deux pieds ; les toits sont de roseaux, de chaume ou de feuilles : elles sont assez bien construites ; celles des riches sont les plus vastes & les plus hautes. Le palais offre un labyrinthe de cours quarrées qui se communiquent, & autour sont des bâtimens pour les hommes, pour les femmes, pour les provisions, pour les bestiaux, la plupart bordés de galeries. Les marchés y sont fréquens, & sont fournis de bestiaux, de coton, de dents d'éléphans, de productions du pays, de marchandises d'Europe, des produits de leurs manufactures, de viandes, comme des chiens, des singes, des chauve-souris, des rats, des perroquets, des poules, le tout ou vivant ou rôti, de lézards séchés au soleil, de miel, des armes, &c. Chaque marchandise a son quartier séparé, & l'ordre y regne avec la propreté : on y voit deux sortes de vin, dont l'un se boit le matin, l'autre le soir, & une sorte de fruit qui a le goût de l'ail, & qui est de couleur pourpre.

BASSE GUINÉE.

Royaume d'Aweri ou *d'Overri* ou *d'Oere.*

C'Est un petit état, dépendant de Benin, situé au levant de la riviere Formose, arrosé par quelques-uns de ses bras, & par celle que les Portugais ont nommé *Forcados*, dont la source est inconnue & fort éloignée, elle n'arrive à la mer qu'après de nombreuses sinuosités : elle est large de près d'une lieue, mais elle a si peu de fond qu'elle n'est navigable que pour les bâtimens qui ne demandent que 7 à 8 pieds d'eau : ses bords sont ornés de belles rangées d'arbres qui en rendent la perspective charmante. Près de son embouchure, sur la rive d'un ruisseau qui s'y rend, est le village de *Poloma*, habité par des pêcheurs : à son entrée est l'île *Forcades* qui la fait reconnaître : les Portugais y naviguent, & y achetent beaucoup d'esclaves : elle n'est remarquable d'ailleurs que par une sorte de pierres vertes, bleues ou noires, dont les négres se font des coliers : les habitans de ses rives sont tous nuds : quelques Portugais sont établis avec eux, & y font le commerce. C'est là qu'est situé l'état d'Overry : toutes ses parties ne sont pas également fertiles : les rosées y sont rares, l'herbe y périt en été, & on n'y peut nourrir beaucoup de bestiaux ; mais la volaille y est très-grosse & très-commune : on y voit beaucoup de palmiers, de limoniers, d'orangers, de bananiers, du manioc dont ils font de la farine & du pain, & tout ce que peut produire un sol maigre & sec. Les vapeurs qui s'élevent de la riviere y rendent l'air mal-fain & mortel même fi l'on n'y eft pas tempérant. Les hommes y font bien faits, les femmes d'une beauté remarquable; les deux fexes y font marqués de trois grandes cicatrices, l'une au-deſſus du nez, les deux autres de chaque côté des yeux : les hommes portent la chevelure longue ou courte, comme il leur plait : plus induſtrieux que ceux de Benin, & auſſi propres, leurs pagnes font plus fins : ils les paſſent fous les bras, autour du dos & de la poitrine, en les laiſſant pendre de toute leur longueur qui eſt de deux aunes, ils font de coton, de lin ou d'écorce, filés auſſi délicatement que la foie.

Rien n'y eſt réglé fur le nombre des femmes ; on en prend autant qu'on le veut, ou qu'on peut en nourrir ; mais à la mort du mari, les veuves appartiennent au roi qui en difpofe à fon gré : la religion y eſt femblable à celle de Benin, mais plus humaine : on n'y fait point de facrifices humains ; on n'y aime point la magie, & on y a confervé quelque teinture du chriſtianifme que les Portugais y avaient répandu : on voit, dit-on, dans la capitale une efpece d'églife qui a un autel, un crucifix, des figures d'apôtres, & les habitans femblent leur adreſſer des prieres : on prétend auſſi que la plupart favent lire & écrire, qu'ils achetent des livres des Portugais, circonſtances qui paraiſſent au moins douteufes. Le roi, quoique tributaire de Benin jouit d'une autorité très-abfolue. Le commerce n'y eſt pas bien actif, ce font les Hollandais & les Portugais qui le font : ils reçoivent des efclaves robuſtes & des pagnes en échange des marchandifes Européennes qu'ils y portent.

Overry, la capitale, eſt fur les bords d'une riviere qui fe joint à la Formofe, ou qui en eſt un bras:

d'autres voyageurs la placent fur le bord feptentrional du Forcados, à 30 lieues de fon embouchure, elle n'a pas une lieue de circuit, & eft environnée de petits bois ; fes maifons font agréables & propres : fes murs de terre peints en rouge ou gris, & les toits en font couverts de feuilles de palmier. Le palais du roi reffemble en petit à celui de Benin.

Depuis l'embouchure de Rio Forcado, la côte d'Owerry s'étend jufqu'au cap Formofe au midi dans un efpace de 46 lieues : la côte eft platte, couverte de bois, fi baffe qu'on ne la voit que lorfqu'on en eft tout près; elle eft divifée par plufieurs rivieres dont les plus confidérables font celles de *Ramos* ou de *Lamos* & celle de *Dodo*, mais aucune n'eft fréquentée par les Européens qui n'y font attirés par aucun avantage apparent.

Le cap *Formofe* eft auffi plat & couvert de bois ; il doit fon nom à la riante perfpective qu'il préfente depuis la mer : près de lui, au nord, eft la riviere *Sangama* fur les bords de laquelle eft le village de ce nom. Les Hollandais & les Portugais en tirent quelques efclaves, mais en petit nombre.

Le vieux & nouveau Calbari.

Du cap Formofe au nouveau Calbari, la côte fe dirige du couchant au levant dans l'efpace de 37 lieues; elle eft baffe, mal faine, inondée prefque fix mois de l'année : on y diftingue l'embouchure de fept rivieres, qui font *Rio Non* ou *Sto Benito*, *Rio Oddi* ou *Melfonfa*, *Filana* ou *Juan Diaz*, *Lempta* ou *S. Nicolas*, *Rio Meas* ou *Santa Barbara*, *Rio Tres Hermannos* ou *S. Barthelemi*, riviere remarquable par un mont voifin, & par l'écume que fes eaux amenent dans la mer. Enfin *Sombreito* est la derniere, & parait communiquer au Kalbari. On peut entrer dans chacune; mais la derniere est la plus avantageuse. Près d'elle est l'île de *Foco* dont les terres sont élevées; une ville lui donne son nom; elle est appellée *Wyndorp* par les Hollandais, de la multitude de ses palmiers qui y rendent le vin abondant; son nom *Foco* à la même signification : deux petites rivieres l'arrosent; on y trouve du bois & de l'eau, des ignames, des bananes : les rives du Kalbari qui passe auprès, sont bordées de villages, & lui forment un bon port.

La riviere du nouveau Kalbari que les Portugais nomment *Rio Real*, les Anglais *Kalabar* & d'autres *Kalberine*, a reçu son nom du pays qu'elle arrose. Sa source est très-éloignée vers le nord-ouest; son lit est d'une profondeur très-inégale, & elle n'est navigable que pour les chaloupes ou pour les brigantins. La ville du nouveau Kalbari est dans une île formée par le fleuve à 15 lieues de la mer : elle contient plus de 300 maisons, bien palissadées à la maniere des négres; l'île est assez grande, couverte de bois, & n'est séparée du continent que par un ruisseau : au nord elle a un grand marais, souvent inondé par la marée, & l'eau se répand même entre les maisons qui sont dispersées sans ordre : ses environs sont stériles, habités par des singes difformes & des perroquets blancs, ses eaux sont mal-saines; les habitans tirent leur principale nourriture des *Itakkous*, nation sauvage & guerriere, avide de pillage, qui tient deux marchés par semaine, où les négres du Kalabar vont se fournir d'esclaves & de provisions, surtout de vin & d'huile de palmier qui y sont très-abondans.

L'usage des Kalbariens est de se donner le soir des

festins mutuels, où le vin de palmier & les femmes augmentent & partagent la joie : chacun apporte sa felette, s'assied autour du tonneau, & reçoit la liqueur dans des cornes de bœuf qui contiennent deux pintes : une chaudiere d'ignames & de poissons assaisonnés d'huile de palmier, fournit les mets du festin. Les maisons, les rues sont remplies de têtes d'animaux séchés, & de petites figures de terre peintes & vernies, qu'ils vénerent, qu'ils nomment *jou-joux*, & auxquelles leurs chefs sacrifient une poule quand ils entreprennent quelque voyage, ou sortent de leur maison pour la chasse ou la promenade : on la remercie de la même maniere d'un succès heureux.

A 10 lieues de Kalbari, dans l'intérieur des terres est une grande bourgade nommée *Belli*, gouvernée par un chef ou capitaine : on n'y fait de commerce que celui de quelques esclaves.

Une riviere qui se jette dans le Kalbary à 16 lieues de la ville de ce nom, a ses rives bordées de villages. Le territoire de *Krika* est à quelques lieues de la riviere : plus au nord est celui de *Moko*, dont la monnaie est de fer, plate, de la grandeur de la main : il touche à celui de *Bani*, petit canton de 4 à 5 lieues de circonférence, qui renferme neuf à dix villages dépendans chacun d'un chef, qui ne reconnaît point de supérieur : le plus puissant est celui de *Kalebo* ou *Culeba*.

A l'embouchure du Calbary, sur la rive opposée à Foco, est l'île *Ferme* où l'on voit un édifice semblable à une grange, environnée de villages, & dans laquelle sont entassées 25 ou 30 têtes d'éléphans séchées, près desquelles les habitans se rendent en foule pour s'acquitter de leurs vœux, ou leur faire des offrandes.

Les négres qui demeurent sur la rive orientale du fleuve vendent les prisonniers qu'ils prennent dans les combats ; mais ils mangent, dit-on, ceux qui ont été tués en combattant : ils ont l'usage de circoncire les filles.

Les marchandises qu'on porte pour acheter des esclaves sur cette riviere, sont des barres de fer ou de cuivre, des colliers de verre grands & petits, des sonnettes, des chaudrons, des étoffes de Guinée, des cornes de bœufs travaillées en tasses, des pots d'étain, des toiles & perpétuanes bleues, des perles & des liqueurs fortes.

L'île de *Panis* est formée par la riviere de Bandi qui se sépare en deux bras pour se joindre à la mer ; on y fait un assez grand commerce : un chef de bourgade s'y fait respecter : la ville où il demeure a 300 maisons, & s'appelle *Bandi* : sa rade est bonne & assez profonde : elle est peuplée, & ses habitans s'occupent de la pêche & du commerce : leurs canots ont 60 pieds de long sur 7 de large, & sont pointus aux deux extrémités ; dix-huit à vingt hommes transportent dans les terres avec ces canots leurs poissons & les marchandises d'Europe, & en rapportent de l'ivoire & des esclaves.

Un des bras du Bandi se nomme riviere de *Doni* ou *Boni* ou *Audoni*, qui parait être la même que Dapper nomme *Loitomba* & les Portugais *Rio S. Domingo*, d'une ville située dans une anse que forme la riviere ou la mer dans le continent : cette ville est peuplée ; on y commerce en ivoire & en esclaves ; le terroir y est marécageux, inondé par le débordement des rivieres qui s'y dispersent en plusieurs branches :

on y trouve des vaches, des porcs, des chevres : tous ces beftiaux font noirs & petits : le vin de palmier y eft abondant : les habitans vénerent des os, des carcaffes d'animaux, des crânes humains, le gros lézard connu fous le nom de *guana* : on ne pourrait toucher à ces objets vénérables du culte fans s'expofer à la mort. Ces peuples font circoncis : ils ont un grand refpect pour les prêtres, & ne tuent point d'animaux, fans en offrir les entrailles à leurs idoles.

De là, on trouve une côte unie, ombragée par des bois : elle fe dirige au levant ; elle eft terminée par la riviere du vieux Kalbary que les Portugais nomment *Rioconde*. A fon embouchure font les deux villages que les Anglais ont nommé *Fish-Town* ou ville au poiffon, & *Salt-Town*, ville au fel, parce que ces deux objets font l'occupation des habitans : l'*île aux Perroquets* partage cette embouchure en deux canaux ; elle eft petite, baffe, de figure ovale : les vaiffeaux peuvent entrer dans le vieux Kalbary & y naviger : le pays qu'elle arrofe eft rempli de villages, & produit du bled d'Inde, des ignames, des bananes, toutes fortes de provifions : l'air y eft très-dangereux pour les étrangers, les marées y font impétueufes, les naufrages peu rares, ainfi que fur toute la côte que nous avons parcouru dans cet article. Les Anglais font ceux qui fréquentent le plus ces parages, & ils y achetent à bas prix 7 à 8000 noirs, les Français s'y portent aujourd'hui en affez grand nombre.

Des Kalbongos.

A dix lieues du vieux Kalbary on trouve *Rio del Rey* : la hauteur des terres qu'elle a au levant la font reconnaître, mais sur ses bords le terrain est bas & marécageux : son embouchure semble être une baie profonde, large de 7 à 8 lieues ; le milieu est un canal profond où les navires entrent sans danger ; elle reçoit un grand nombre de rivieres, sa source est inconnue, ses bords sont bien peuplés & couverts de villages : on va faire le commerce dans une bourgade au couchant, sur une riviere qui s'y jette, près de la mer, & ce sont les Hollandais qui presque seuls le font ; ils y apportent des barres de fer, du corail, des chaudrons, des bracelets & des anneaux de cuivre, des colliers de diverses couleurs, des presses pour exprimer le jus des limons & des oranges. On en tire annuellement 4 à 500 esclaves, mille à 1200 tonneaux d'ivoire, des pierres d'Aygris-bleu, des javelines, une sorte de couteaux que les negres savent fabriquer. Le pays n'a d'eau fraiche que celle de pluie qu'on reçoit du sommet des maisons, & l'air y est sans cesse chargé de brouillards.

Ce fleuve est habité par les *Kalbongos*, nation qui forme deux états, l'un près de son embouchure, l'autre plus au nord & au levant, & qui semblent être les ennemis naturels l'un de l'autre. Les hommes sont grands, robustes, pauvres, cruels, perfides, vendant leurs peres, leurs enfans, leurs femmes, d'une mal-propreté dégoutante : un vernis rouge dont ils se couvrent leur sert d'habit ; une ceinture est leur seul vêtement : ils ont le front marqué de grandes cicatrices, les cheveux bisarrement arrangés, les dents aiguisées en pointes : la pêche dans les rivieres qui arrosent leur pays est leur seule occupation ; quand ils sont accusés, ils succent le sang d'une cicatrice qu'ils se font au bras, & par là se justifient : cet usage leur est commun avec les nations qui les environnent & les détestent.

Pays & îles d'Ambazes ou Ambozes.

Ce pays est très-élevé : ses montagnes sont les plus hautes de cette partie de l'Afrique ; il est borné au couchant par Rio del Reys, au levant par la riviere de Camarones, dont quelques bras arrosent le canton le plus montueux, & le divisent en grandes îles, dont la plus orientale se nomme *Negrey* où est la baie blanche & un village de pêcheurs. On trouve dans le pays divers autres villages : tels sont ceux de *Serges*, *Bodi* & *Bodiva* où les Hollandais viennent chercher des esclaves : le sol y produit toutes les plantes, tous les fruits de la Guinée, mais il manque de palmiers ; on supplée au vin qu'ils donnent par le jus d'une certaine racine nommée *gajaudes* qu'ils extraient en le faisant bouillir : le goût n'en est pas désagréable, & il guérit la colique. Les bestiaux & la volaille y sont en abondance.

Les îles *Ambozes* sont au nombre de trois ; leur forme est circulaire, un canal large de trois lieues, profond de dix brasses les sépare du continent : la plus grande est la plus méridionale, celle du milieu est la plus petite ; les vaisseaux peuvent passer dans l'intérieur qui les sépare : elles paraissent d'abord hérissées de grands rochers ; mais en y abordant on les trouve fertiles, peuplées, abondantes en vin de palmier, pouvant suffire à la subsistance de leurs habitans ; la mer y est très-poissonneuse ; les habitans entendent la langue Portugaise, & sont les Nègres les plus fins, les plus dangereux, les plus redoutables de ces côtes : ils forment une espece de république qui s'est fait craindre dans le continent par ses incursions.

De Rio Camarones & du Biafara.

Ce fleuve est aussi appellé *Yamur*; il borde la partie septentrionale du *Biafara*, & tombe dans l'océan par une large embouchure : il a peu de fond, & ne peut recevoir que des brigantins & des chaloupes : à son entrée est l'*île des Buffles* ou *Buffs* : des chaînes de rocs escarpés en partent & bordent le canal : le flux & le reflux s'y fait sentir avec force dans l'espace de plusieurs lieues : le lieu où les vaisseaux jettent l'ancre avec plus de sûreté est au levant, à l'entrée de la petite riviere de *Maroca*, nommée par les Anglais *Bora*, & *Tendegatt* par les Hollandais. Plus haut sur la rive orientale de Rio Camarones est la ville de *Monambascha-gatt* sur les bords d'une petite riviere qui porte ce nom, & où les Européens font quelque commerce : plus haut encore, & du même côté est le village de *Bascha*, au dessus duquel est la ville de *Biafara*, à 20 lieues de la mer, laquelle donne son nom à un état qui s'étend au midi.

Sur la rive occidentale est la ville de *Medra*, qu'on dit être la capitale du royaume de son nom & de celui de *Tebelder*, arrosés par le Nygris ; ce sont des pays qu'on connaît peu ou point du tout. Les Calbongos s'étendent jusqu'à leurs frontieres, & font la guerre, & à ceux qui portent leur nom près de Rio del Rey, & à ceux qui habitent les bords du Camarones : leur chef s'appelle *Moneba* ou *Monnourba*, il est puissant, & son palais est un des plus beaux lieux de la Guinée par les agrémens de la perspective, la pureté de l'air, la fertilité du terroir qui produit abondamment toutes sortes de plantes & de fruits.

Dans ce canton la forme des maisons est quarrée ;

le commerce y a les mêmes objets que dans les lieux précédens. Les Négres de Camarones sont grands & vigoureux : ils ont la peau douce, & se distinguent par la longueur de leurs jambes.

La pointe qui termine l'embouchure du fleuve est appellée *Sualseba* ; de là, la côte se dirige entre le levant & le midi dans un espace de dix lieues jusqu'à l'embouchure de Rio *Borroa* ou *Borea*, près de laquelle est l'île de *Branca* ou *Barracombo* qui est à 3 lieues de la terre, produit toutes sortes de fruits, nourrit diverses especes d'animaux, surtout des kurbalos, oiseau charmant, dont le nid singulier est suspendu à l'extrèmité des branches d'arbres qui s'avancent sur la riviere. Ses habitans ont des fétiches ou mokissos, tels que la figure informe d'un enfant dont le tour des yeux est garni d'os de poisson ; ils se servent de tambour, de flutes & de branches vertes pour annoncer leurs intentions pacifiques.

De Rio Borroa jusqu'à *Rio de Campa* dans un espace de 15 lieues, les Portugais connaissent les quatre ports près desquels sont quatre villages qui leur donnent leur nom : ce sont *Serra-Querrera*, *Agrado-Ilhea*, *Pro de Nao* & *Porto de Garopo* : ce dernier par sa profonde baie, parait être le *Pan Navia* des pilotes Anglais, qui par son nom a quelque analogie avec le troisieme : il offre un asyle sûr, entre la terre & une petite île qui peut en défendre l'entrée. De Rio de Campo à *Rio S. Benito* est un espace de 10 lieues ; la rive est d'abord semée de rocs : puis on trouve le port de *Duas Puntas* ou la baye de *Bata* ; c'est une rade large & profonde où le fond est excellent : dans les terres on distingue une chaîne de monts : cet espace se termine par un long promontoire qui forme le rivage septentrional de l'embouchure du S. Bendo.

De ce fleuve à celui d'*Angra* ou de *Danger* on compte 15 lieues, la côte se dirige entre le midi & le couchant; la riviere se jette dans une baye qui forme un quarré de 8 à 9 lieues, & dont le fond est une terre basse, couronnée d'une petite chaîne de montagnes: la côte est couverte de grands arbres: au centre de la baye est une île nommée le grand *Corisco*, qui au nord se termine par un rocher de figure ronde, lequel forme deux petits caps couverts d'arbres: elle a 3 lieues de long, une de large: des basses, des rocs, des bancs l'entourent en partie: du côté de l'est elle a un port, elle est platte, basse, sablonneuse, couverte de grands arbres, desquels il est une espece dont le bois pesant, dur, brillant, est d'un plus beau rouge que le bois de Bresil: la mer est calme autour: un ruisseau d'eau douce l'arrose selon Dapper : selon d'autres voyageurs ce ruisseau est dans le continent à quelque distance de l'île, & descend des montagnes: la foudre qui s'y élançait de toutes parts lorsqu'on la découvrit lui fit donner son nom; on y trouve quelques familles Négres, établies au nord-est, gouvernées par un chef qui se dit seigneur de l'île. Sa vie est misérable, il ne vit que de concombres & d'oiseaux, l'air y est mal-sain. Les Hollandais y éleverent un fort de terre, & défricherent le sol; mais les maladies qui les accablaient les forcerent de l'abandonner; on y a fait autrefois un petit commerce d'ivoire.

Dans la même baye, à quelque distance de cette île, on en trouve trois petites où la violence des courans porta un Hollandais nommé *Moucheron*; il leur a donné son nom; il y conçut l'espérance d'y faire un commerce considérable dans le continent, y éleva un fort, y laissa des hommes. En effet le commerce devenait avantageux, & les Négres de Rio Gabon craignant qu'il ne nuisit au leur, surprirent & massacrerent, & les Hollandais & les Négres qui s'y étaient rassemblés : leur mort a été vengée par la guerre qu'ont fait à leurs meurtriers les Négres d'Angra. Les Anglais, les Hollandais se rendent à la baye de ce nom ; ils en tirent des dents d'éléphans, de la cire, des esclaves : ils jettent l'ancre à l'île de Corisco, & remontent la riviere sur la chaloupe & des canots : cette riviere vient de fort loin.

De Rio Angra, & de l'île Corisco on compte dix lieues jusqu'au *cap Ste. Claire* qui est une pointe élevée & blanche laquelle présente du côté du nord une double terre de grande hauteur ; c'est la pointe nord de Rio Gabon.

L'intérieur des terres n'est pas connu : des géographes le comprennent sous le nom de contrée de Biafara ; les voyageurs disent qu'il est habité par un grand nombre de peuplades qui chacune ont leur roi particulier. Celui de *Majumbo* est, dit-on, un des plus puissans : on appelle aussi son pays *Kajombo*.

De Rio Gabon.

Dès qu'on a passé le cap *Ste. Claire*, la côte se dirige à l'orient dans l'espace de six lieues pour former la baye de *Gabon*, *Gabam* ou *Gabaon*, elle est élevée, & semée d'arbres : la baye ou l'embouchure de Rio Gabon est large de 4 lieues ; mais elle diminue par degrés, & vers l'île de *Pungo* elle n'en a plus que deux ; du côté du midi est la *montagne ronde* ou *Round-Hill* & les Dunes blanches qui sont plus au midi encore : partout des arbres la ceignent : il y a des bancs & des rocs au nord, au midi, mais qu'il est facile d'éviter. Les îles *Pungo* sont à 3 ou 4 lieues de l'embouchure, dans la riviere, près de la rive nord; on les distingue par différens noms; la plus grande qui a deux lieues de circonférence a au centre une montagne ; les Anglais l'ont nommée *île du prince*, elle est très-peuplée, & servait de résidence au *Mari Pungo* ou roi du pays; l'autre doit son nom à la multitude de perroquets dont elle est remplie ; elle abonde en fruits , & est forte par sa situation : les Anglais pour s'épargner la peine de s'enfoncer dans les branches du fleuve, de visiter les nombreuses îles qu'il forme, au travers de marais infects , & des longueurs qui donnent la mort à un grand nombre d'hommes, voulurent fixer un marché général dans l'île aux perroquets, à dix lieues de l'embouchure du Gabon, & où peuvent aborder d'assez grands navires, mais celui qu'ils avaient envoyé dans ce but fut massacré en 1769, & l'entreprise fut abandonnée.

Les objets du commerce sont l'ivoire, la cire, le miel, les bois de teinture, les esclaves; les vaisseaux s'y rendent aussi pour s'y radouber. Les négres de Gabon sont divisés en trois nations, dont deux obéissent à des rois, & la troisieme est une espece de république : c'est en général un peuple féroce & cruel, il ne craint point d'attaquer & de tuer ceux qu'il peut espérer de vaincre & de dépouiller : les femmes y sont d'une impudente lubricité ; la fille s'unit à son pere, la mere à son fils; leur habillement est un pagne d'écorce d'arbre, bien travaillé, teint en rouge, & orné de quelques pelleteries : une sonnette pend sur l'estomac d'un grand nombre:

des

des couteaux font liés à leur ceinture de peaux de buffles : quelques-uns ont la tête couverte d'un panier de jonc, & les tempes parées de deux touffes de plumes, ou de deux plaques de fer ; la poudre d'un bois rouge fert à leur teindre le corps ; des anneaux de fer ou de cuivre, des pieces d'ivoire font fufpendus à leur nez, à leurs oreilles, à leurs levres qu'ils traverfent : leur peau eft cicatrifée de figures bizarres ; ils s'affublent avec joie de quelque mauvais habit de matelot, ou d'une vieille perruque, ou d'un chapeau déchiré : leurs princes font revêtus d'une efpece de harnois fufpendu à leur cou, à leurs bras, compofé d'os & de coquillages enfilés comme des grains de chapelets, ils fe peignent le vifage en blanc, exercent eux-mêmes un métier, & gagnent de l'eau de vie ou des habits en louant leurs femmes aux Européens : leurs maifons font femblables, mais plus grandes que celles de leurs fujets : devant elles font quelques canons de cuivre : chaque jour les habitans vont frappant des mains lui crier *fino, fino*, ou bon jour. Ils aiment l'eau de vie, mais ils n'en boivent que lorfqu'on leur a fait un préfent : ils en font eux-mêmes pour en recevoir à leur tour ; s'ils eftiment davantage celui qu'ils ont fait, ils le reprennent : ils font robuftes, bien faits, d'une taille avantageufe ; la graiffe & la couleur dont ils fe frottent exhalent une odeur fi puante qu'on la fent de 50 pas : leurs armes font les mêmes que celles des autres Négres de la côte, des zagaies, des dards, des flèches empoifonnées ; ils fe nourriffent d'ignames, de bananes, de patates & d'autres fruits auxquels ils mêlent un peu de poiffon féché au foleil : ils font du pain avec la banane pulvérifée, & mangent affis à terre avec une mal-propreté dégoûtante; après leur repas ils s'enyvrent de vin de palmier, d'hydromel ou d'eau de vie, desquels pour avoir une mesure ils donnent quelquefois une dent d'éléphant : la pêche, la chasse leur fournit leur principale subsistance : les maisons y sont bâties de roseaux & de cannes couvertes de feuilles de palmier; elles sont construites avec plus d'agrément que sur la côte d'Or. Ils adorent le soleil, la lune, diverses idoles, les arbres, la terre comme la mere de tous les biens, & ils la respectent trop pour cracher sur elle.

Le pays n'est pas d'une grande fertilité pour les grains, mais il est abondant en fruits & en cannes à sucre : la riviere est remplie de poissons, de crocodiles, de chevaux marins, de petites baleines : la saison des pluies y commence en avril, y finit en août : ces pluies y tombent avec une abondance prodigieuse, & le sol les absorbe dans un instant : les jours y sont égaux aux nuits, & celles-ci y sont humides & fraiches : pendant le jour la chaleur est excessive : partout on trouve une multitude d'animaux féroces, surtout d'éléphans, de buffles, de sangliers : les buffles y ont le corps rougeâtre, & les cornes droites, en courant ils paraissent boîter des pieds de derriere ; leur course n'en est pas moins rapide : il est dangereux de s'exposer à leur fureur quand on les a blessés.

Du cap Lopez-Consalvo.

Les côtes de Rio Gabaon au cap Lopez ont environ 30 lieues d'étendue; elles sont basses, couvertes de bois, coupées par la riviere de Nazareth, & par une autre riviere dont on ignore le nom, couronnées par une chaîne de collines ou dunes blanches : on trouve ensuite la riviere Olibato, d'où la côte se dirige entre le nord & le couchant, & forme une peninsule basse, plate, marécageuse, longue de 8 lieues, large de 2, formant vers le midi le golfe d'Olibato ; on lui donne le nom de Lopez Consalvo, du capitaine qui le découvrit.

A l'entrée de la riviere de Nazareth on découvre l'île de *Fanias* ou *Finas;* elle est ovale, & a environ 3 lieues de tour ; la baye d'*Olibato* contient plusieurs îles, & un grand nombre de bancs ; au centre est l'île de *Pirins* qui a deux lieues de tour, & deux autres îles qui sont plus petites ; la côte est couverte dans une large lisiere d'un beau sable blanc ; la marée porte au midi le long de cette côte. La rade du cap Lopez a un ancrage sûr, & offre des facilités pour caréner les vaisseaux ; on y trouve des rafraichissemens & des provisions abondantes ; mais les bancs de sable en rendent l'entrée difficile quand la mer est agitée : près de là est un hameau de vingt huttes qui ne sont habitées que lorsque des vaisseaux paraissent, ce qui arrive très-fréquemment. Les Hollandais sont ceux qui visitent le plus souvent ces lieux ; au delà du port, sur la riviere Olibato, est la ville de ce nom où demeure le fils du roi du pays qui réside à 6 lieues plus avant dans les terres, & sur la même riviere. Olibato a 300 maisons, elles sont bâties de branches entrelassées & couvertes de feuilles de palmier : d'autres bourgades sont dispersées dans le pays : la riviere nourrit beaucoup de crocodiles & de chevaux marins ; le poisson y est très abondant, les arbres qui bordent la baie ont les branches chargées d'huitres ; les éléphans, les buffles, les serpens, les singes, les perroquets, &c. y sont très-communs : la terre y produit sans soins, des bananes, des patates, des ignames, du poivre long, &c. On y trouve de la chair de buffle & de porc, de la volaille, du poisson, du bois, de l'eau à bon prix. Les habitans s'y donnent comme à Rio Gabon les noms Européens de princes, ducs, amiraux, &c. les usages & la religion est la même dans ces deux contrées, mais les hommes ici sont plus doux & plus humains. On y commerce en ivoire, en cire, en miel, en bois de teinture ou bois de cam qui croit dans les terrains marécageux : celui des lieux secs est d'une couleur plus pâle.

C'est au cap Lopez Consalvo que finit le golfe de Guinée : il est la pointe de terre qui s'avance le plus au couchant de toute sa partie orientale.

Les pays qui sont dans l'intérieur de l'Afrique, à l'orient de ceux que nous venons de parcourir sont très-peu connus. Nous avons dit un mot du royaume de *Medra*, & nous n'en pouvons rien dire de plus ; celui de *Mujaco* est plus au midi ; on sait qu'il est souvent en guerre avec le *Macoco*, & c'est tout ce que nous en avons pu apprendre. Le *Kourou-fa* qui a au nord le désert de *Ghet* est tout aussi inconnu ; les *Bakke-Bakkes* ou *Matinbas* ne sont connus que par les fables qu'on en raconte ; ce sont des nains, nous dit-on, de la hauteur d'un enfant de douze ans, mais très-gros, qui ne peuvent souffrir une nation voisine, dont les femmes manient l'arc & la flèche, & qui lorsqu'ils sont à la chasse, pour approcher plus près des animaux qu'ils veulent atteindre, se rendent invisibles : ils sont soumis au Macoco ; les *Bokkemeale* ou *Meyalu* sont au couchant de ces derniers: ils sont *Jaggos*, & forment un état & de grandes bourgades où les Nègres portent du sel dans de grands paniers, & en rapportent de l'ivoire. Le pays des *Amboes* ou *Ambous* eſt au couchant du précédent; puis on trouve le *Pungo* ou *Bungo*, à qui l'on a donné ce nom de l'île de Pungo où demeurait ſon roi : plus au midi eſt le royaume de Loango.

ROYAUME DE LOANGO.

CE pays eſt mieux connu des Européens que les précédens, cependant on en connait fort peu l'intérieur : on dit que le peuple qui l'habite a le nom de *Bramas*, & que de l'équateur, il s'étend dans les terres l'eſpace d'environ 70 lieues; qu'il en a plus de 100 le long des côtes. Lorſque le ſol en eſt bien cultivé, il produit trois moiſſons dans l'année : on y remue la terre avec une eſpece de truelle plus large & plus creuſe que celle dont ſe ſervent les maçons : il produit trois arbres ſinguliers, l'*enzanda*, plus commun encore dans le Congo ſera décrit dans cet article; le *métombas* s'y trouve par tout : du tronc découle une liqueur agréable qui ſert de vin ; de ſes branches on fait des ſolives & des lattes pour les maiſons & les bois de lit : ſes feuilles couvrent les toits, & réſiſtent aux plus fortes pluies, ſon écorce travaillée devient une étoffe dont ſe revêt le peuple : l'*Alikondi* ou l'Alekonde eſt d'une hauteur, d'une groſſeur ſinguliere : il en eſt dont douze hommes ne peuvent embraſſer le tronc; il en eſt de creux qui contiennent juſqu'à 30 à 40 tonneaux d'eau, & où l'on fait entrer des troupeaux de porcs pour les garantir d'un ſoleil brûlant : on enfonce des coins dans le tronc pour atteindre au ſommet; ſon fruit ressemble à la courge, & on en employe la coque à faire des vases : l'écorce intérieure, battue, mouillée, devient propre à filer, & le fil en est plus fin, plus durable que le chanvre : on en fait des espèces de velours, des satins, des taffetas, des damas & autres étoffes : ce sont des espèces de palmiers. On y recueille quatre sortes de grains ; le *massanga* dont la plante, de la grandeur d'un roseau produit un épi long d'un pied qui renferme des grains semblables au chanvre : le *massambala* mis en terre, produit quatre à cinq cannes hautes de dix pieds, portant chacune une demi pinte dans leur épi d'une graine semblable à l'ivraye : l'espèce la plus estimée a la tige semblable au bled ordinaire, & la graine à la semence de moutarde : le quatrieme ressemble au bled de Guinée : les pois y sont bons, & plus gros que les nôtres ; les uns naissent dans des cosses sous terre, les autres sont des arbustes hauts de 8 à 9 pieds. Le manioc, le tabac, le coton, le poivre, les noix de Kola, les cannes à sucre, la casse y sont communes : on y trouve un peu de cochenille, peu d'oranges, de limons, de cocos ; mais beaucoup de patates, d'ignames, de courges, de bananes & d'autres fruits : parmi ces derniers on distingue le *milinga*, fruit plein de jus, & la racine de *melando* dont la tige s'attache & grimpe le long des arbres comme le houblon. Le pays nourrit beaucoup d'éléphans, de zebres, de boucs & de chevres : ces derniers sont les animaux privés les plus communs : dans le grand nombre d'oiseaux qu'on y voit, il en est à qui Edouard Lopez donne le nom de pelican ; il est plus gros que le cigne, sa forme est celle du heron ; ses jambes sont grandes, son col fort long, son plumage noir, mais il est nud sur l'estomac.

Le peuple nommé Bramas pratique la circoncision : les hommes sont vigoureux, de haute taille, civils, mais sans mœurs, & avides ; généreux les uns envers les autres, passionnés pour le vin de palmier ; indifférens pour celui de la vigne, très-superstitieux : sur leurs pagnes ils portent des pelleteries, & dans les voyages quelques-uns en portent sept ou huit : les peres vendent leurs filles à celui qui les épouse ; souvent ceux-ci se passent du consentement du pere ; mais la fille séduite, & son séducteur doivent demander pardon au prince qui les absout de leur faute : le nombre des femmes n'y est point borné ; mais ordinairement on se borne à deux ou trois. Les femmes sont chargées de tous les travaux serviles, elles sont obligées même de labourer & semer les champs du roi, & pendant que le mari prend son repas, elles se tiennent à l'écart & mangent ensuite ses restes ; s'il arrive, elles se prosternent ; elles ne lui parlent qu'à genoux : l'aîné des fils est l'unique héritier, mais il doit élever le reste de la famille jusqu'à ce qu'elle soit en âge de se gouverner : tous les enfans y naissent blancs ; ce n'est que deux jours après qu'ils sont noirs ; cependant quelques-uns demeurent blancs, & on en fait des sorciers pour le roi, devant lequel ils peuvent s'asseoir : on les nomme *Dondos*, on les respecte, & dans les marchés ils peuvent prendre ce qui leur plait sans trouver de résistance : leurs yeux sont gris, leur chevelure blonde ou rousse : leur teint est cadavereux, leur vue est faible pendant le jour, la nuit ils ont le regard ferme, surtout à la clarté de la lune ; on dit qu'ils sont très-forts, mais que leur paresse est extrême ; ils président aux cérémonies religieuses.

Les Négres ne permettent pas qu'un Européen

soit enterré dans leur pays ; il pourrait y caufer la ſtérilité : on y a l'uſage des épreuves juridiques : une liqueur qui enivre leur ſert pour cet uſage, comme auſſi pour prédire l'avenir : tout eſt ſortilege à leurs yeux, tout malheur y eſt l'effet de la colere d'un *Mokiſſo*, il s'agit de trouver le coupable qui l'a irrité, & c'eſt par la liqueur qu'on le découvre, & bientôt il eſt mis à mort : un miniſtre nommé par le roi préſide à la recherche, & fait ordinairement tomber le ſort ſur le plus pauvre qui ne peut acheter l'impunité ou obtenir d'eux l'aveu de ſon innocence. Les femmes du roi ſont ſoumiſes à cette épreuve lorſqu'elles deviennent enceinte : on dit que le roi en a pluſieurs mille, & qu'il en choiſit une qui a l'autorité ſur les autres, ſur ſa propre mere : on la nomme *Makonda*, ſeule elle peut choiſir un amant & prendre celui qui lui plait, on le punit de mort s'il lui eſt infidele.

Ce royaume dépendait du Congo : un gouverneur s'étant rendu indépendant, s'empara de tout le pays au nord du Zaïre : ſes ſucceſſeurs ſont reſpectés comme des dieux, & on leur en donne le nom, car telle eſt la ſignification de *Sanba* & de *Pango* : on croit qu'il fait deſcendre la pluie du ciel à ſa volonté, & on achete de lui cette faveur : il indique un jour où il monte ſur ſon trône après diverſes cérémonies, là, il fait entendre d'énormes tambours & des trompettes de dents d'éléphans d'une grandeur extraordinaire, ſe leve & lance une flêche vers le ciel ; s'il pleut le même jour on fait des réjouiſſances extravagantes. Une loi défend ſous peine de mort de le voir manger, & cette loi s'étend même ſur les animaux ; il peut boire en compagnie ; mais dès qu'il leve la coupe, tous les aſſiſtans ſe proſternent contre terre, on ne boit pas même devant lui ; on ne peut toucher à ſes alimens, au vaſe qui lui a ſervi, tout ce qui ſort de ſa table eſt enterré ſur le champ : on dit qu'il poſſéde une ſonnette dont le ſon force les voleurs à rendre incontinent ce qu'ils ont pris : lorſqu'il eſt ſur ſon trône, des nains ſont devant lui & lui tournent le dos : ces nains ont une tête très-groſſe, & ils ſe l'enveloppent d'une peau de bête pour la rendre plus difforme encore. Ce roi entretient des armées nombreuſes, mais ſans diſcipline : les ſoldats ſe couvrent le corps d'une targette de cuir ; ils lancent la zagaie avec force, & ſavent ſe ſervir du poignard, & d'un ſabre tranchant.

Les images ou ſtatues de ces peuples ſe nomment *Mokiſſos* ; chacun peut les faire, mais il faut en apprendre l'art des prêtres : lorſqu'on veut créer une divinité, des amis, des voiſins bâtiſſent une hutte où le nouveau créateur ſe renferme pendant 15 jours, neuf ſe paſſent ſans parler : pendant les autres il peut ſaluer & converſer : le terme écoulé, on fait un cercle autour d'un tambour dans un lieu uni : on le fait entendre, on chante & danſe autour, le créateur commence à danſer quand les autres ont fini, & continue pendant deux ou trois jours ſans ceſſer que pour manger & dormir. Enfin un prêtre parait pouſſant des cris furieux, prononce des paroles myſtérieuſes, fait des raies blanches & rouges ſur les tempes de l'homme, ſur ſes paupieres, ſur chacun de ſes membres pour le rendre capable de recevoir le *Mokiſſo* : cet homme s'agite, ſe donne mille mouvemens extraordinaires, fait des grimaces affreuſes, jette des cris horribles, prend du feu dans ſes mains & le mord en grinçant les dents, puis comme entraîné malgré lui, il erre pluſieurs jours dans des lieux déſerts où ſes amis le cherchent ; il révient au son du tambour quand il peut l'entendre, & demeure couché dans sa maison sans mouvement; le prêtre lui demande quel engagement il veut prendre avec son Mokisso, il répond en s'agitant, en répandant des flots d'écume. Alors on recommence à chanter & danser autour de lui, & le prêtre lui met un anneau de fer autour du bras pour lui rappeller sans cesse ses promesses : cet anneau est sacré, & quand ils jurent par lui, ils perdraient la vie plutôt que de ne pas accomplir leur serment. Ces mokissos sont des idoles qui représentent des figures humaines, c'est un bâton, ou des roseaux, des cordes qui servent de ceintures, des pots remplis de terre, des cornes de buffles : les unes commandent au tonnerre, aux vents, aux saisons : on en place dans les champs pour avoir une bonne recolte, ou devant les maisons, & on les peint en rouge le jour de la nouvelle lune : les autres président à la pêche, sur les bestiaux, sur la vue, sur les jambes, &c. ils ont des dieux pour tous leurs besoins. Ce peuple est peut-être le plus superstitieux de toute l'Afrique: lorsqu'ils partent pour aller faire le commerce loin de chez eux, ils se chargent d'un sac de misérables reliques pesant 10 à 12 livres, & loin d'en paraître plus appesantis, ils croient en devenir plus légers.

Ce royaume était habité autrefois par différens peuples, dont chacun avait son chef : aujourd'hui réuni sous un seul chef il renferme diverses provinces que nous allons parcourir.

Province de Gobbi.

Elle s'étend jusqu'au cap Lopez Gonsalvo, est remplie de rivieres, de marais, de lacs que les habitans traverfent dans des canots ; fes rivieres font remplies de crocodiles, d'hippopotames & d'autres grands animaux ; la terre nourrit peu d'animaux domeftiques, mais beaucoup de féroces : les habitans font fi peu jaloux de leurs femmes que leur premiere politeffe eft de l'offrir aux étrangers ; l'adultere n'y a rien de honteux, on femble même s'en honorer ; les maris y traitent leurs femmes en tyrans, & les femmes, dit-on, croyent n'en être pas aimées lorfqu'elles n'en font pas battues. Le chef-lieu de cette province eft à une journée de la mer : la langue du pays differe peu de celle du Loango-propre : on y trafique en dents & en queues d'éléphans.

Province de Setté.

Elle eft au midi de la précédente : une riviere qui porte fon nom l'arrofe : ce bois rouge, qui fans doute eft celui que les Anglais nomment *bois de cam*, y eft très-abondant, & fournit l'objet d'un grand commerce fur toute la côte d'Angola. On en diftingue deux efpeces ; l'une eft le *quinep*, c'eft le moins eftimé, l'autre qu'on nomme *bifeffe* eft d'un rouge plus foncé, & fa dureté eft extraordinaire.

Province de Mayamba.

Elle eft fituée plus au midi : c'eft un pays couvert de bois, qui ne produit aucune efpece de grains, qui nourrit peu de beftiaux, dont les habitans vivent de racines, de fruits, de poiffons, de chair des bêtes farouches. Les forêts font remplies de finges, de perroquets, & de faifans : une baye qui a deux lieues d'ouverture, & une de profondeur, offre un asyle sûr aux vaisseaux, le débarquement y est facile : les Hollandais, les Anglais y vont chercher régulierement du bois rouge, & y achetent quelques esclaves : près du rivage est la ville de *Mayamba*, formée par une longue rue si voisine du rivage que dans les hautes marées les habitans sont forcés de quitter leurs maisons; non loin d'elle est une riviere abondante en huîtres, étroite & sans profondeur à son embouchure, large & profonde dans les terres : la contrée abonde en palmiers & en platanes, l'air en est mal sain, ses rivieres sont poissonneuses, on y faisait autrefois un grand commerce d'ivoire ; elle est gouvernée par un officier negre qui doit rendre compte au roi du bois rouge qui se vend dans l'année : les habitans se nomment *Morombas* ; ils pratiquent la circoncision, aiment la chasse, se livrent tout entiers aux superstitions : au milieu d'une cabane spacieuse, on y voit l'idole *Maramba* dans un grand panier, servie par des femmes, par des garçons qui lui sont consacrés & obtiennent cet honneur par des jeûnes rigoureux, par le silence, les persécutions, les blessures : ils jurent qu'ils lui seront fideles par leur sang qu'on a fait couler ; ils lui offrent les premices de tout ce qu'ils mangent ou boivent. Dans les terres est une montagne rouge près de laquelle est un grand lac salé, large de plus d'une lieue.

Province de Piri.

On n'y trouve pas de montagnes ; les terres y sont unies, couvertes de bois, fertiles en toutes sortes de fruits, peuplées d'une quantité prodigieuse de bestiaux & de volaille ; ses habitans nombreux forment une nation riche & tranquille, qui se nourrit de ses pâturages & de la chasse : on lui donne le nom de *Monvirissew* ou *Mouviris* : la rivière Kombi l'arrose.

Province de *Kilongo* ou *Kalongo*.

C'est la plus grande du royaume, & elle est très-peuplée ; elle est au midi des précédentes : ses terres sont un mélange de collines, de vallées, de plaines & partout règne la fertilité : on y recueille beaucoup de grains & de miel, on y fait un grand commerce de dents d'éléphans : sur son principal port sont situés deux villages ; les rivieres de *Quelles* & *Nombo* l'arrosent ; il fut autrefois un état libre, & conserve encore le droit d'élire son *manibelor* ou gouverneur, qui vit avec l'appareil d'un souverain : les habitans ont conservé leurs privileges, on les accuse d'être grossiers & farouches.

Province du *Loango propre*.

On la divise en quatre seigneuries, son territoire est uni, fertile en fruits & en bleds ; ses habitans industrieux fabriquent de belles étoffes de palmier. Presqu'au milieu de la province est *Baza-Loargiri* où réside le roi. Cette grande bourgade est située dans une plaine étendue : ses rues irrégulieres sont très-propres ; elle est ornée de longues allées de palmiers, de platanes & de bananiers qui y répandent un ombrage frais. Au centre est une belle place dont le palais occupe un côté, où se donnent les fêtes publiques, où se tient le conseil de guerre, où est le Mokisso, où aboutit une grande rue dans laquelle s'assemblent tous ceux qui y apportent des étoffes de palmier, de la volaille, du poiſſon, de l'huile, des grains & autres denrées. Le palais occupe autant de place qu'une ville ordinaire : un de ſes quartiers renferme les cent cinquante femmes du prince où un homme ne peut entrer ſans être puni de mort. Les maiſons des particuliers ſont uniformes à peu de choſe près, & renferment deux ou trois chambres : celles des grands occupent un enclos plus vaſte, & qui eſt environné d'une haie de roſeaux ou de branches de palmiers. Leurs meubles ordinaires ſont des vaſes d'argilles, des calebaſſes, des nattes, des paniers qui renferment leurs habits & quelques autres utenciles.

Cette ville a un port qu'on nomme *Konga* où l'on voit deux anciennes idoles, l'une mâle, l'autre femelle : le premier eſt *Chikokko*, placé dans une cabane, que le Négre ne voit pas ſans ſaluer en frappant des mains ; les artiſans, les marchands lui font des préſens pour s'en attirer les faveurs ; ſouvent ils ſe croyent agités durant la nuit par ce Dieu qui alors les inſpire : le ſecond eſt *Gomberi* idole qui vint d'elle-même habiter près de Chikokko : on boit avec excès en ſon honneur, & au milieu du ſon effroyable des tambours & des trompettes, elle, ou la prêtreſſe fait entendre une voix ſouterraine qui leur paraît divine. Les Européens y ont des comptoirs ſur une hauteur ; mais un air mal ſain, & l'agitation continuelle de la mer en éloignent le commerce. A deux lieues de la capitale eſt la ville de *Longeri* où les rois ont leur ſépulture, environnée de dents d'éléphants plantés en terre comme autant de gros pieux. *Kau* autre ville ſert de réſidence à l'héritier de la couronne. *Kimaya* renferme un Mokiſſo révéré, qui eſt un amas de pots craſſeux avec des bois pourris qui leur fervent de couvercles, orné de guenilles qu'on pend autour.

Inyami, grand village fur une colline où eft l'idole de ce nom, qui a la figure humaine : nul n'ofe la traverfer à pied de peur d'offenfer le Dieu. *Thiriko*, grand village où eft un femblable mokiffo, & dont le grand prêtre eft feigneur du lieu.

Provinces de Bungo & de Kargo.

Elles font au nord-eft & à l'eft de la précédente : la premiere fait, dit Battel, un grand commerce de fer, d'ivoire & d'étoffe de palmier : la feconde eft un pays rempli de montagnes, de rochers, & offre des mines d'excellent cuivre. On y trouve un grand nombre d'éléphans plus hauts & plus forts que dans les contrées voifines. C'eft delà qu'on tire la plus grande partie de l'ivoire que Loanga vend aux Européens.

Province de Kakongo.

C'eft la plus belle du royaume, & une des plus agréables contrées de l'Afrique. Sa fituation entre des ports fréquentés la rendent commerçante : celui de *Malembo* n'eft pas un de ceux là, car il faut que les vaiffeaux s'y arrêtent à une lieue du rivage ; on y fait le commerce fur un mont d'affez difficile accès, mais agréable : on y trouve plus d'efclaves qu'ailleurs, & ils font de meilleure qualité.

Province d'Angoi.

C'est la plus méridionale & elle est bornée par la mer & le Zaïre : sa principale ville est *Bamankoi*: celle de *Gabinde* ou *Kapinda* offre une baie sûre & commode sur le Zaïre, une mer assez tranquille pour permettre de radouber les vaisseaux : l'ancre se jette près des maisons qui sont misérables, & la traite se fait près du rivage. Les Anglais y avaient un comptoir. Le peuple de cette province est sauvage, livré à la magie, très-paresseux, n'ayant pour vêtement qu'un pagne en forme de tablier : le pays est peu cultivé, les côtes donnent du poisson & des huitres, les forêts une multitude de singes & d'autres animaux.

ROYAUME
D'ANZIKO ou MACOCO.

IL touche au nord à la ligne, & au couchant au royaume de *Loanga*; le Zaire le sépare du Congo, & quelques-unes des isles qu'il forme lui appartiennent. *Anzikos* est le nom du peuple, *Macoco* celui du prince: ses principales provinces sont *Pombo*, *Vamba*, *Mopenda*, *Mosongo*, *Bakko-bakka*, *Fungena* &c.: aucune n'est bien connue: on dit qu'on nomme aussi ce peuple *Monsal*, peut-être de la capitale de l'empire qui porte ce nom, & n'est remarquable que par le palais du prince, qui, dit-on, compte treize rois pour ses vasseaux: il est des auteurs qui donnent le nom de de *Monsoles* ou *Metikas* à un peuple qui habite la partie orientale de ce pays.

Cette contrée est abondante en mines de cuivre & en bois de sandal rouge & gris: ses habitans sont actifs, belliqueux & d'une extrême agilité; ils courent sur les montagnes comme autant de chèvres: ils sont sauvages & grossiers, mais point trompeurs; ils apportent des dents d'éléphants, du cuivre, des étoffes de Nubie, des esclaves qu'on prétend qu'ils mangent quand ils sont gras: ils emportent en échange du sel, des grains de verre qui leur servent de monnaies, des coquilles dont ils se parent, de la soie, des toiles, d'autres marchandises du Portugal.

Ils sont circoncis, & dès l'enfance ils se cicatrisent le visage avec la pointe d'un couteau ; le peuple n'y a pour vêtement qu'un morceau d'étoffe qui sert de ceinture, les femmes n'ont qu'un tablier ; les riches portent des robes de soie ; leur langue differe beaucoup de celle du Congo : ils se servent à la chasse de petits arcs couverts d'une peau de serpent & dont la corde est un tissu de fil de roseaux également souples & solides ; leurs flèches sont courtes, menues & d'un bois fort dur : ils se servent aussi dans les combats de petites haches dont le fer est luisant, le manche court & garni d'une peau de serpent, & enfin de dagues très-courtes.

On dit que la chair humaine s'y vend dans les marchés ; qu'on envoye les esclaves pour être exposés en vente à la boucherie publique ; qu'eux-mêmes lorsqu'ils sont fatigués de la vie, s'offrent à leurs princes pour en être dévorés : que leur roi fait tuer chaque jour deux cents hommes pour sa cuisine : tous ces faits paraissent trop exagérés pour être crus, & on connaît trop mal & ce peuple & ce pays pour qu'on n'en fasse pas des contes absurdes.

Le roi ne paraît qu'environné de la plus grande magnificence : il entretient beaucoup de soldats pour opposer au roi de Mujaco son ennemi : on dit que le *Gingir-bomba* ou le *Gingiro* est allié du *Macoco*.

Parmi les états qui en dépendent *Bungano* est un des plus considérables : les Portugais y achetent des esclaves & des choses qui sont recherchées dans le pays d'Angola.

ETATS
DES JAGGAS ou JINDES ou GAGUES.

LEs Jaggas font répandus au loin dans cette partie de l'Afrique: ils touchent à l'Abyssinie, possedent une partie du Monoémugis, & bornent au nord le pays des Hottentots. Leur figure est noire & difforme; ils ont le corps grand & l'air audacieux; leurs joues sont sillonnées & l'ont été avec un fer chaud, & souvent on ne leur voit que le blanc des yeux: ils vont nuds; la plupart n'ont pas de chefs, & vivent errans dans les forêts; leur férocité les porte à ravager le pays de leurs voisins, & lorsqu'ils attaquent, ils inspirent la terreur par les cris affreux qu'ils pouffent. Selon Lopez, ils ont de redoutables ennemis dans les Amazones ou femmes guerrieres qui vivent dans le Monomotapa. C'est dans des pays où le palmier est abondant qu'ils se plaisent, par ce qu'ils sont avides du vin & du fruit que donne cet arbre; ils mangent le fruit & en font de l'huile: pour le cueillir, ils abbattent l'arbre par la racine, & faisant des trous dans le tronc ils en tirent le vin: par cette méthode ils ont bientôt dévasté un pays, & c'est alors qu'ils le quittent. Dans le tems de la moisson, ils vont s'établir dans le canton le plus fertile pour recueillir le grain d'autrui & faire main basse sur les bestiaux: car ils ne plantent, ni ne sément jamais, & n'entretiennent point de troupeaux; ils vivent de brigandages. S'ils ont à craindre de la résistance, ils fortifient leur camp & harcelent sans cesse leurs ennemis : s'ils sont attaqués, ils se tiennent sur la défensive jusqu'à ce que leur ennemi soit fatigué, ou qu'ils aient pu le surprendre dans des embuches. Leurs femmes sont fécondes, mais pour ne pas être embarrassés ou retardés dans leur marche, ils ensevelissent leurs petits tous vivants au moment qu'ils voyent le jour. S'ils prennent des villes, ils conservent les garçons & les filles, comme s'ils étaient leurs enfans, & mangent les peres & meres ; ils traînent avec eux cette jeunesse après leur avoir mis un collier qu'ils n'obtiennent de quitter que lorsqu'ils ont offert la tête d'un ennemi au chef qui les guide : alors le jeune homme est déclaré *gonso*, c'est-à-dire soldat.

Le plus grand nombre de leurs tribus avait pour chef un *grand Jagga*, dont la résidence était *Kassanji* ou *Kasangi*, il entretenait dans ses troupes une discipline sévère, & où ceux qui se conduisaient mal dans une action, étaient mangés par leurs camarades : sa parure consistait en de longs cheveux ornés de coquilles, avec un colier d'une espèce particuliere de coquilles qu'on pêche sur la côte de Benguela ; il avait autour des reins & des cuisses une bande d'étoffe de palmier où pendaient des œufs d'autruche : un morceau de cuivre long de deux pouces lui traversait le nez, un semblable ornement lui traversait les oreilles ; son visage était fardé de blanc & de rouge, & son corps, cicatrisé d'incisions était frotté de graisse humaine : toutes femmes se jettaient à genoux devant lui, frappaient des mains, chantaient quelque air du pays pour lui rendre ses hommages. Lorsqu'il voulait entreprendre quelque affaire importante, il immolait des hommes à ses Dieux avant le lever du soleil, assis sur son escabelle, la tête couverte d'un bonnet où flottaient des plumes de paon : les funérailles de ce peuple font auſſi barbares que leurs facrifices, car on y enterre le mort avec deux de ſes femmes qu'on fait aſſeoir à ſes côtés.

Les femmes y portent leurs cheveux avec un haut toupet entremêlé de coquilles : elles s'enduiſent le corps de muſc; c'eſt une beauté parmi elles que d'avoir quatre dents de moins, deux en haut, deux en bas : on mépriſe celles qui n'ont pas le courage de ſe les faire arracher ; leurs bras, leurs jambes, leur col ſont chargés de coliers & d'anneaux : autour des reins elles portent un pagne de ſoie. Les armes des guerriers ſont le dard, la dague & de grandes targettes de cuir dont ils ſe couvrent tout le corps. On connaît trois royaumes qui appartiennent aux Jaggas : celui de *Bokka Meala* dont nous avons déja parlé ; il eſt, dit-on, ſi peuplé que ſon chef peut armer un million d'hommes, mais tous mauvais ſoldats. Lopez lui donne 100 lieues de long & 60 de large : celui de *Matamba* ; il eſt plus étendu encore que le premier, & renferme le haut & le bas *Umbé*. Anne Zhinga fille d'un roi de Congo y régna, & y fit longtems la guerre aux Portugais : le *Koanga* & le *Koanza* l'arroſent : on y voit le lac d'*Akalunda*. A l'orient & au midi de ce dernier, ſont ſitués les *Jaggas-Kaſſanji*, les *Jaggas Kokoques*, la province d'*Obila*, plus au midi celle de *Muzombo-Akalunga* qui eſt la plus voiſine de la mer : tous ces lieux ſont peu connus. Il eſt certain, nous dit-on, que ce peuple occupe dans l'intérieur de l'Afrique des contrées immenſes. *Kaſſanji* où réſidait le grand Jagga était une ville voiſine des frontieres du Matamba. Ce que nous pourrions ajouter ici ſerait trop incertain & nous paſſons à d'autres objets.

ROYAUME DE CONGO.

CE royaume fut autrefois beaucoup plus vaste : il renfermait le Loango que nous avons décrit, les pays d'Angola & de Benguela que nous décrirons ensuite : aujourd'hui, borné au nord par le Loango, à l'orient par les Jaggas, au midi par l'Angola, au couchant par la mer, il n'a qu'environ 160 lieues de long, sur 80 ou moins encore de large. Ses principales rivieres sont celles de *Zaïre*, le *Lelunda*, dont le lit est bas, sinueux, l'*Ambrizi* qui a un bon port à son embouchure semée de rocs, & dont les eaux bourbeuses sont abondantes en poissons : le *Lozo*, le *Koanza* qu'on remonte à plus de 50 lieues de son embouchure. La premiere est une des plus grandes de l'Afrique ; on n'en connait pas la source ; des voyageurs la font sortir du même lac que le Nil. Son embouchure est large de huit à dix lieues : telle est son impétuosité lorsqu'elle entre dans l'océan, qu'on en distingue les eaux courant encore à plusieurs lieues de la mer : on ne peut la remonter qu'à huit lieues de son embouchure où est une cataracte formée par des rochers d'où elle se précipite avec un bruit épouvantable. Elle nourrit un grand nombre de crocodiles, disent les uns ; on n'y en trouve point selon les autres ; mais il en est dans les autres rivieres : pourquoi cette exception ? Peut-être y a-t-il des crocodiles dans la partie du Zaïre qui s'étend de la cataracte à la mer, & n'y en a-t-il pas dans le reste de son cours : on y trouve un grand nombre d'autres poisfons, parmi lefquels on remarque la truite. Au deffous de la cataracte, elle forme plufieurs grandes isles prefque toutes peuplées, gouvernées par des Seigneurs foumis au roi de Congo, & fouvent en guerre les uns avec les autres : la premiere a pris fon nom de la multitude de chevaux marins qu'on y trouvait: elle eft peu étendue; les Portugais s'y étaient établis & y faifaient le commerce : à l'embouchure font les isles *Bomma* & *Quantalla* : la premiere eft riche en mines de fer; une partie eft couverte d'eau, les habitans font logés au fommet des arbres où ils fe font des cabanes entre les branches, & ils fe vifitent en canots : ces hommes font bien faits, robuftes, mais feroces : le commerce du fer leur procure des vivres pendant la paix, & dans la guerre ils forgent des flèches, des poignards, des zagaies qu'ils vendent bien; ils ne connaiffent pas le mariage : les deux fexes s'uniffent par l'impulfion du befoin, mais contractent des devoirs, fans qu'il y ait entr'eux aucune dépendance. La feconde eft célebre par une idole d'argent que fes prêtres dérobent à tous les yeux; on dit qu'elle eft cachée dans une grande plaine; que les rois voifins lui font des préfens, des facrifices, & que ces dons y demeurent fufpendus jufqu'à ce qu'ils tombent en pourriture.

Plus avant eft l'isle *Zaïra-Kakongo* qui produit toutes fortes de provifions & n'eft pas moins peuplée que fertile. Son fol eft élevé de huit braffes au-deffus de l'eau, mais il eft uni, & joint au Congo par un pont : d'autres font plus avant encore; toutes affez peu confidérables; diverfes rivieres tombent dans le Zaïre & en rempliffent le lit: les mangos en ornent les bords, fes eaux en font pures.

Ce pays jouit d'un beau climat: l'hiver y eft auffi

doux que les beaux printems d'Italie; il n'y tombe point de neige, pas même fur les hautes montagnes, on ne le diftingue que par les pluies qui regnent alors; le gel y eft inconnu : les jours y font prefque toujours égaux aux nuits; pendant l'hiver les pluies y tombent en gouttes très-groffes & très-preffées, les rivieres fe débordent, le pays eft inondé, les vents fouffent prefque toujours du côté du nord. En été le vent vient du midi & le ciel y eft toujours ferein. Le fol y eft bon, & on prétend qu'on y recueille deux moiffons chaque année; on n'y remue la terre qu'avec une efpèce de truelle légere; inftrument des femmes, qu'elles manient avec leurs enfans fur le dos; l'herbe, les racines qu'elles portent fans ceffe, arrachées, amoncelées, font mifes en cendres & y fervent d'engrais; la terre y eft noire, légere, & produit le *lugo* qui reffemble au grain de moutarde, qu'on broie & qui donne un pain égal à celui du froment; une forte de millet blanc; un maïs qui a du rapport avec le riz & fert à nourrir les porcs; le *maffa-mambala* qui reffemble au blé d'Inde, le *maffango*, l'*azeli*, l'*éluvo*, le *manioc*; les jardins y donnent des navets, des raves, des patates, des carotes, des choux, du pourpier, des épinars, &c. & des plantes qui nous font inconnues, comme les *anones*, efpèce de pommes cendrées, groffes comme le poing, les *aroffes* ou prunes de grenade, fort acides, très-agréables au goût; le *mabokke* fruit rond, à écorce rude, & dont le jus eft aigre; le *cont*, poire dont la chair eft d'un blanc de lait; le *kafchiu*, pomme douce & rafraichiffante, d'un jaune mêlé de cramoifi, dont la tête porte un fecond fruit de couleur cendrée qu'on cuit & grille fous la cendre, comme les chataignes dont il a le goût; le *kola*, le *fienko* qui est le même que le *gojave*, & un grand nombre d'autres fruits : on y voit des forêts d'orangers & deux espèces de poivre : la canne à sucre prospere dans les cantons marécageux : l'*angariaria* qui est un bois qui guerit la pierre, les maux de reins ; le *khisekko*, dont la poudre est un excellent fébrifuge, le *khilongo* excellent purgatif ; l'*ensaka*, le *mirrone* qui passe pour une divinité tutelaire, l'*alikonde* espèce de cocotier d'une grosseur prodigieuse ; les cèdres, les palmiers y embellissent les campagnes, & offrent des secours à ses habitans.

On dit que ce pays a des mines d'or & d'argent, mais qu'elles y sont cachées avec soin : celles de cuivre y sont communes ; on y en trouve de fer & de crystal : les montagnes y sont riches en porphyre, en jaspe, en marbre de toute espèce : on y rencontre encore une pierre marquetée dont les veines forment naturellement de très-belles hyacinthes, d'autres pierres imprégnées de parcelles de cuivre & d'autres métaux, susceptibles du plus beau poli.

Les vaches, les bœufs, les moutons, les chevres, les porcs, les bestiaux de toute espèce abondent dans cette contrée : les éléphans, les *empakassa*, espèce de buffle dont les cornes servent à fabriquer des instrumens de musique, l'*empalanga*, le *golongo*, l'élan, le *zébre*, l'*envoeri*, l'*engullo* & un grand nombre d'autres animaux peuplent ses déserts ; nous n'en parlerons pas par ce qu'ils ont encore été mal observés : elle fourmille d'une variété infinie d'oiseaux ; presque tous ceux de l'Asie & de l'Europe s'y retrouvent, & on y remarque l'*oiseau de musique*, gros comme le serin : il en est de toutes les couleurs : les côtes sont riches en poissons, & ils sont la principale nourriture des negres, quoiqu'ils foyent, dit-on, inférieurs à ceux d'Europe; il en eft un qu'on croit être la firene, & qu'on nomme ou *truie de mer* ou *poiffon femme*: il a deux bras, deux mains, deux mamelles, vit d'herbes, dont il fe repaît fans fortir la tête hors de l'eau, & pefe quelquefois jufqu'à 500 livres; les rivages abondent en coquillages comme huitres, moules, crabes, zimbres, &c. Ce dernier y fert de monnaie courante; les ferpens y font d'une grandeur prodigieufe, la morfure des viperes y tue dans 24 heures; les fcorpions, les mille-pedes, d'autres infectes dangereux y infeftent le pays & s'infinuent jufques dans les maifons: on y compte quatre fortes de fourmis, & deux efpèces d'abeilles dont l'une dépofe fon miel dans le creux des arbres, l'autre fe tient fous le toit des maifons.

Le roi jouit, dit-on, d'une autorité abfolument defpotique: il prend les titres de rois de *Matoma*, de *Quifama*, d'*Angola*, de *la grande & merveilleufe Zaïre*, &c. Sa cour eft nombreufe, fon confeil eft de dix ou douze perfonnes; les grands feuls peuvent l'approcher, il mange feul au milieu d'eux; le peuple ne peut parvenir jufqu'à lui: il difpofe à fon gré de tous les gouvernemens & de toutes les charges; il preffure comme il lui plait ceux qui les poffedent, & fes foldats font les inftrumens de fa juftice ou de fa vengeance: ils font nombreux, mais mal difciplinés & fans courage: deux armées en préfence difcutent le fujet qui les a fait venir; on fe fait des reproches, on fe dit des injures, on fe bat avec le fufil, la flèche, les poignards, la hache: quelques hommes tombent, les autres fuient, on fait des efclaves & on triomphe. La couronne eft depuis longtems dans une même famille; mais ce font les grands qui, après la mort du roi, choisissent entre ses fils celui qui leur convient davantage pour occuper sa place : on le proclame au son des trompettes ; on lui rend les honneurs les plus avilissans pour les sujets, presque des adorations ; mais si l'année est trop pluvieuse ou trop séche, s'il l'on a quelque mécontentement, on le tue ou le dépose.

Ces rois convertis au christianisme par les Portugais, n'ont qu'une femme qui se nomme *Mani-Moubada* ; mais ils entretiennent un grand nombre de concubines : une taxe annuelle imposée sur chaque maison forme les revenus de la reine ; elle a plusieurs dames d'honneur, & toutes vivent dans le libertinage.

Le gouvernement intérieur y est peu différent de celui de ses voisins ; les juges y décident à peu de frais les procès des particuliers : celui qui gagne paie une rétribution aux juges, donne des festins à ses connoissances ; le perdant s'en retourne sans se plaindre : les épreuves judiciaires y sont encore en usage : l'ancienne religion était celle des Mokissos ou Fetiches, qu'ils honoraient par des danses ; & c'est encore la religion du peuple : les prêtres, nommés *Gangas*, y sont très-respectés, ils ont un grand prêtre qui choisit parmi eux son successeur, lequel l'assomme ou l'étrangle ensuite : presque tous ces prêtres cherchent à mourir de mort violente ; ils détestent les missionnaires, & ceux-ci ne les épargnent pas & les livrent à l'inquisition : on dit qu'ils s'adonnent à la magie, suspendent ou font tomber la pluie, conversent avec les tigres & les lions, & commandent à tous les animaux ; leurs temples sont des huttes, leurs cérémonies sont presque toutes ridicules. C'est dans le milieu du 15me. siecle que les Portugais convertirent les rois de ce pays & les batiferent ; des églifes s'élevèrent, des miracles fe firent, un évêque y arriva, la religion chrétienne s'y étendit, puis un roi qui ne l'aimait pas la fit prefque difparaître : fon fucceffeur attaqué par les Jaggas, demanda du fecours au Portugal qui en accorda, mais voulut s'en dédommager par la découverte des mines d'or & d'argent : on les déroba aux recherches des Portugais & dès lors ils s'intéreffèrent peu à ce pays ; ils refuferent même des miffionnaires à fes rois qui en demandaient. La religion ne s'eft maintenue que dans la province de Songo, où les miffionnaires font extrêmement révérés, les capucins furtout y ont un grand pouvoir ; mais ils n'ont pas réuffi à faire de tous les habitans des chrétiens : un grand nombre ne l'eft que par le nom, plufieurs ne le font pas même de nom.

Les habitans du Congo, ou les *Mificongo*, font ou olivâtres ou d'un noir de jais ; leur taille eft de moyenne grandeur : leurs yeux font noirs, leurs cheveux noirs & cotonnés : quelques-uns ont les yeux d'un vert clair & les cheveux roux : en général, ils font doux, polis, faciles, pareffeux, n'aimant aucun art, aucune fcience : ils ignoraient l'art de l'écriture, comptaient leurs années par hivers, leurs époques par la mort de leurs rois ; & aujourd'hui ils ne font gueres mieux inftruits : ils aiment les liqueurs fortes avec paffion, & font avides de larcin ; les nobles difgraciés deviennent brigands, quelquefois empoifonneurs, & le peuple les imite : ils n'étaient vêtus que d'une étoffe de palmier qui leur couvrait la ceinture & les cuiffes ; les grands y ajoutaient un tablier de pelleteries, un capuchon, une chemife ; prefque tous marchaient à pieds nuds, quelques-uns avaient des fandales de bois : tel est encore l'habillement du peuple : mais les seigneurs s'habillent à l'européenne, & les dames en suivent de loin les modes, & se couvrent comme leurs époux des plus riches étoffes : on s'y nourrit de légumes; la viande y est très-rare, la volaille y est très-chère; le chant, la danse y sont la consolation de tous les malheurs qui arrivent, ils semblent être la jouissance de la vie ; ils ont aussi quelques jeux de hazard. Pour les festins, ils s'assemblent dans une campagne & s'accroupissent en rond sous un arbre épais : un grand plat de bois contient tous les mets, & le plus ancien de la troupe les distribue : les étrangers sont reçus sans façon dans le cercle : après le repas on chante, on danse au son des instrumens, puis on rentre dans sa maison qui est une hutte de terre ou de feuillages de palmier, couverte de paille; elle est commode & divisée en plusieurs appartemens, entourée d'une cour fermée de haies. La plus grande industrie des habitans du Congo se réduit à fabriquer plusieurs sortes d'étoffes avec des fils très-menus, tirés de l'écorce ou des feuilles de certains arbres : les esclaves qu'on y achete n'y sont pas bien robustes : la coquille *simbos* y sert de monnaie, l'ivoire & l'huile de palmier sont les richesses du royaume : les Portugais y portent des étoffes d'Europe, des toiles de l'Inde, des draps d'Angleterre, des chaudrons de cuivre, des colliers &c. : il n'y a dans le pays aucune monnaie d'or, d'argent ou de cuivre : tout s'y fait par échange ou se paie en coquilles : on n'y éleve pas de chevaux, parce qu'on y manque de fourages : les riches se font porter dans des hamacs par des esclaves; on y navigue avec vitesse dans des canots : le mariage y est terminé quand le pere de la fille a reçu le préfent de la famille du garçon, dans le Sonho : avant de fe marier on eſſaye de vivre quelques femaines enſemble : on punit l'adultere en forçant celui qui le commet de payer la valeur d'un efclave : le mari doit avoir une maiſon, habiller ſa femme & ſes enfans, défricher les terres, tailler les arbres, fournir la proviſion de vin de palmier : les femmes font chargées de procurer le reſte des proviſions de bouche ; elles vont aux champs dès le matin tandis que leurs maris repoſent ; elles en reviennent pour préparer le diné, & elles ne mangent que ſes reſtes. On lie les enfans avec des cordes magiques tordues par les prêtres ; on fuſpend à leur col des os & des dents d'animaux : mais on ne les emmaillote jamais, & lorſqu'ils marchent feuls, on y joint une fonnette afin de les retrouver lorſqu'ils s'écartent ; quelques remedes, toujours les mêmes, leur fervent pour tous les maux, qui ainſi que la mort, ne leur paraiſſent jamais que l'effet du poiſon : on en accufe toujours ſon plus proche parent qui eſt infulté, perfécuté, tourmenté, quelquefois banni : on n'enſevelit les morts qu'en préſence de toute la famille, ils font enveloppés dans une toile de coton ; & on les conduit à la foſſe par un chemin couvert de feuilles & de branches d'arbres, puis on fait des facrifices pour empêcher que leur ame ne vienne troubler les vivans.

Le roi de Congo eſt fous la protection du roi de Portugal, à qui il paie un tribut fans en être dépendant : on diviſe le royaume en ſix grandes provinces : chacune eſt gouvernée par un *Mani*, noble qui tient alors le premier rang entre les nobles : il y a encore dans pluſieurs diſtricts des Manis particuliers, chargés de la levée des tribus & de l'adminiſtration des terres du domaine royal. La cour envoye dans chaque province un officier de juftice pour décider des procès civils; le roi eft le juge des procès criminels. Si un Portugais fait citer un négre, ce doit être devant fon magiftrat naturel : fi un Noir cite un Portugais, c'eft devant le conful du roi de Portugal.

Province de Sogno ou *Songo*, ou *Sonho*.

Elle eft bornée au nord par le Zaïre qui la fépare du Loango, au couchant par la mer, au levant par l'Ambrife qui la fépare du Bamba. Elle comprend un grand nombre de feigneuries autrefois indépendantes & des isles formées par le Zaïre; on y voit beaucoup de bourgades & on les nomme *Banzas*; d'elles dépendent de grands villages nommés *Libattas*. Son gouverneur a le titre de comte, fon autorité eft abfolue, & n'eft foumis au roi de Congo que par le tribut qu'il lui paie. Les habitans font de taille moyenne; ils ont le vifage agréable, les jambes & les bras menus; fans ceffe les deux fexes ont la pipe à la bouche : les nobles y font couverts de camifoles de pailles; le peuple n'a qu'un petit pagne qui entoure les reins & tombe fur les genoux : pendant neuf mois de l'année, tous font nuds dans leurs maifons : ils font gais, induftrieux, vifs & fubtils : le fol y eft fec & fablonneux; il produit du coton, du fel, de l'ivoire, des dattes, le meilleur cuivre du royaume : il s'y fait un affez grand commerce d'efclaves.

Le Mani de cette province, porte dans les jours de cérémonie un habit court d'écarlate & quelquefois un long manteau : il a un bonnet de taffetas orné de plumes, des bas jaunes ou rouges, des cordons de corail qui lui tombent du cou fur la ceinture, des anneaux d'or aux doigts & aux bras : on porte devant fon hamac deux bâtons, l'un d'ébène, l'autre d'argent, des parafols, des queues de cheval pour écarter les mouches : un muficien marche devant lui chantant fes louanges. Son emploi eft électif; ce font les neuf premiers feigneurs de la province qui l'élifent, & dans l'intervalle de la mort du comte à l'élection de fon fucceffeur, c'eft un enfant qui doit gouverner : il faut que l'élection foit confirmée par les miffionnaires : la femme du défunt doit demeurer veuve, & fes enfans ne font plus que des hommes privés. Les neufs électeurs & le peuple prêtent chaque année ferment de fidélité au Mani, dans une place publique; chacun des premiers mène une bande du fecond tenant dans les mains une montre des denrées qu'il lui fournit pour la fubfiftance de fa maifon : la cérémonie eft fuivie de joûtes & de différens fpectacles.

La principale ville a donné fon nom à la province : le gouverneur ou comte y réfide : elle renferme 400 maifons ifolées & occupant un grand efpace : leur conftruction eft légère ; les murs ne font formés que de branches & de feuilles de palmier, proprement entrelaffées : le plafond eft formé d'un tiffu de rofeaux ; le faîte eft couvert de paille, & l'intérieur revêtu de nattes de diverfes couleurs. Les feigneurs ont des palais bâtis de planches, et duites d'un vernis épais ; les cinq ou fix églifes qui font dans la ville font bâties de ces planches vernifiées. *Kiova* eft après Sonho la ville la plus confidérable de la province.

Parmi les cantons jadis indépendans qui reconnaiffent aujourd'hui l'autorité du comte, eft le pays des

Manbalus

ROYAUME DE CONGO.

Mambalus, petite nation située près de la capitale du Congo ; c'est sur les confins du Sogno que sont les mines de *Demba*, d'où l'on tire en creusant à deux ou trois pieds de terre, un sel de roche beau & clair comme la glace, & sans aucun mélange : on la coupe en pieces d'une aune de long, qu'on transporte au loin, & c'est la marchandise la plus recherchée.

Province de Bamba.

Elle est au midi & à l'orient de la précédente : c'est la plus riche & la plus étendue du Congo ; elle touche au midi aux terres d'Angola, à l'orient au pays de *Quizama* : elle est gouvernée par un Mani qui a plusieurs autres princes sous sa dépendance : il serait inutile d'en faire l'énumération : car on ne connaît gueres que les noms de leurs territoires, qui tous ont des bornes déterminées, & ce sont ordinairement de hautes montagnes : c'est ici que naissent les montagnes où l'on trouve des mines d'argent & d'autres métaux qui s'étendent dans le royaume d'Angola : le pays est riche ; le commerce des esclaves l'enrichit encore ; un grand nombre de petites rivieres l'arrosent, on y voit beaucoup d'éléphans, de cerfs, de buffles, de tigres, de civettes & de perroquets : les habitans sont armés de sabres fort longs & fort larges ; telle est la force de ces hommes que plusieurs abbattent la tête d'un taureau du premier coup ; ils portent les fardeaux les plus pesans sans en paraître épuisés : cette vigueur des habitans jointe à leur nombre qu'on estime être de deux millions fait la sureté du royaume, sa plus forte barriere contre ses ennemis. Son Mani est général de l'état; il commande en chef toutes ses armées. Il réside à *Panza* ou *Penga*, ville dans une belle plaine entre les rivieres de Luze & d'Ambrize : son enceinte est très-vaste, mais ses maisons sont isolées & ses rues d'une largeur extraordinaire. *Bamba* est encore une ville grande & peuplée, située à 70 lieues de la mer & possédée par les Portugais qui en tirent des bois de construction pour Loanda. Au midi est *Mossula* ou *Marsoula* ; les vaisseaux Européens y envoyent des chaloupes pour y faire le commerce des esclaves. *Motola* est une bourgade.

Province de Pemba.

Elle est située au nord de la précédente, à l'est du Sogno, & est au centre du royaume : les rois en tirent leur origine & ils y résident : le sol en est très-fertile, le fleuve Lelunde & plusieurs autres l'arrosent : la premiere est fort poissonneuse, son rivage est bordé de cédres dont on fait des canots. La capitale est *St. Salvador*, nommée autrefois *Banza*, c'est-à-dire, *courroyale* : elle est à plus de 50 lieues de la mer sur une montagne élevée, qui n'est qu'un rocher énorme qui renferme du fer dans son sein : au sommet est une plaine de dix milles de tour, bien cultivée, fertile en grains de toute espèce, remplie de bourgades qui contiennent cent mille ames : de là on découvre au loin une multitude de plaines qui l'environnent : vers l'orient elle est escarpée ; plusieurs sources l'arrosent ; mais l'eau en est mauvaise : de belles prairies s'en abbreuvent, des arbres toujours verts l'ombragent ; l'air y est frais & sain ; les insectes n'y tourmentent point l'homme : la ville est dans un angle de cette plaine, une forte muraille l'entoure

ROYAUME DE CONGO.

ainsi que le palais : les Portugais en occupent un quartier séparé ; entre ce quartier & le palais est un grand espace où s'élève la principale église, où est un grand marché, & dont le fond est occupé par les maisons des seigneurs & de riches Portugais. Les rues en sont bien distribuées ; la plupart des édifices sont grands, uniformes, bien ordonnés, bâtis en pierre & presque tous couverts de chaume : le palais est spacieux ; diverses enceintes de murs l'entourent : les appartemens, les salles, les galleries en sont revêtues de belles nattes : entre les murs sont des jardins remplis de légumes & d'arbres. On compte cinq à six églises à St. Salvador, deux fontaines, un grand marché où l'on dit que se vendait autrefois de la chair humaine au poids : quarante mille habitans, la plupart nobles, & tous très-pauvres & 4000 blancs ou estimés tels. Des guerres l'avaient fait abandonner sur la fin du dernier siecle. *Lemba* est encore une des villes de la province & la résidence de son Mani ; elle est située au pied d'un mont que son aspect a fait nommer *écorché*, aux bords de la Loze ou de l'Onza.

Province de Batta.

Elle est au midi & à l'orient de celle de Pemba. Au levant elle se termine à la riviere de Berbela, aux montagnes du soleil & du nitre : au midi elle s'étend de ces mêmes montagnes au mont *Paruchato* ou écorché : elle formait autrefois un royaume puissant sous le nom d'*Aghirimba*, mais elle s'unit volontairement au Congo, & conserve beaucoup de privilèges ; ses *manis* sont toujours pris parmi les descendans de ses anciens rois ; ils sont estimés les premiers en rang après le roi : à l'extinction de la famille de celui-ci, ils doivent lui succéder : seuls ils mangent à la table du souverain & leur cour ne cede gueres à la sienne. Ce Mani peut mettre en campagne 70 mille hommes, & il entretient une compagnie de mousquetaires : un grand nombre de seigneurs sont dans sa dépendance.

Les habitans de Batta se nomment *Mouschos*; leur langue est différente de celle des Musicongo, mais ils peuvent s'entendre, leur caractere est dur & farouche ; les esclaves qu'on en tire sont plus brutaux, plus opiniâtres que ceux des autres contrées de l'Afrique : le sol de la province est presque partout fertile & bien peuplé. *Batta*, sa capitale, est peu remarquable ; elle est sur les frontieres du Sundi. *Cangon*, *Agisymba* sont de grandes bourgades.

Province de Sundi.

Elle est située à l'orient de Pemba, au nord de Batta, & sur les bords du Zaïre dont sa capitale n'est pas éloignée : son Mani est toujours le fils ainé du roi, ou son successeur désigné : plusieurs vassaux dépendent de lui. Cette province est riche en cristal, en différens métaux, dont le plus estimé des habitans est le fer dont ils font des couteaux, des haches, des armes, des instrumens de guerre : ils font un grand commerce de sel, & d'étoffes des Indes & du Portugal avec leurs voisins, & ils en reçoivent en échange des étoffes de palmier, de l'ivoire, des peaux de martre & autres pelleteries, des ceintures d'un tissu de palmier. Le sol y est susceptible de culture, mais on le néglige. *Betiqua*, *Iri* sont les principales bourgades.

Province de Pango.

Elle a le Sundi au nord, le Batta au midi, Pemba au couchant, & les montagnes du soleil au levant. Elle forma un royaume indépendant que les rois de Congo soumirent. Son Mani est toujours un noble distingué, son commerce est le même que celui du Sundi; son sol est moins fertile, & cependant le tribut y est le même. Sa capitale a le même nom, & eut autrefois celui de *Panguelongos*; la riviere de Barbela l'arrose. *Angote* est encore une de ses villes. Près d'elle doit être le territoire de *Kondi* ou de *Pango de Okango* que traverse la rapide & profonde riviere de Koango: une femme le gouverne, & paie un tribut au Mani de Batta: au delà, dit-on, est une nation presque blanche & qui porte de longs cheveux.

ROYAUME D'ANGOLA.

CE pays porte aussi le nom de *Dongo*, qui, selon d'autres auteurs, forme un royaume particulier, situé au levant d'Angola, & que les Portugais ont détruit. Angola est au midi du Congo, dont il fit partie autrefois : il est situé entre le 8 & le 11e. degré de latitude méridionale ; sa plus grande étendue de l'orient à l'occident, est entre le 32 & le 39e. de longitude. Le sol y est bon en général, & il est arrosé par un grand nombre de rivieres : telle est la *Koanza* dont l'embouchure est large d'une lieue & demie, & se fait reconnaître par une île noire & couverte de bois qui est à l'entrée. Son canal est profond de douze pieds dans la haute marée & de quatre dans la basse : on la remonte jusqu'aux cataractes voisines de *Kambamba* à soixante lieues de la mer ; son cours est tortueux & forme plusieurs petites îles : celle de *Massander* ou *Massandra*, à dix lieues de son embouchure en a cinq de long, une de large & produit trois moissons abondantes de millet, & fournit beaucoup de manioc, de palmiers, de guaves. Treize lieues plus haut est celle de *Mochiama* ou *Matahoama*, longue d'un peu moins de quatre lieues sur une de large : on y voit deux petites montagnes embellies par de rians pâturages où l'on voit se mouvoir de nombreux troupeaux de chèvres, de moutons, de porcs & de volailles : tout le reste de l'isle est plat : cinq ou six familles Portugaises s'y sont établies & y font le commerce des esclaves. Sa source semble sortir des montagnes de Monomblapa, & avant d'entrer dans Angola elle forme un lac nommé *Saxia.* Parmi les autres rivieres, on peut remarquer encore la *Kalukala* qui traverse le royaume d'*Ilamba*, & qui forme un très-grand nombre d'anses & de détours : plusieurs forment des lacs plus ou moins étendus.

On divise cet Etat en diverses provinces, gouvernées sous l'autorité du roi par les principaux seigneurs de sa cour, desquels dépendent les chefs de villages nommés *Sova*, qui ont des conseillers qu'on appelle *Maketo*, qu'ils sont obligés de consulter, mais qui ne leur parlent qu'à genoux. Ces chefs vivent simplement & sans faste : plusieurs sont sous la dépendance du Portugal & lui paient un tribut. Les habitans aiment avec passion la chair du chien ; leurs usages, leur religion sont les mêmes que ceux du Congo & du Benguela : nous en parlerons encore : ils se nomment *Ambandos*, & selon Dapper, le pays s'appelle *Ambanda* : on remarquera seulement que les rois de cette contrée ne peuvent ni posséder, ni toucher rien de ce qui vient d'Europe, à l'exception des métaux, des armes, des ouvrages en bois & en ivoire; peut-être pour s'imposer la nécessité de ne pas se livrer aux liqueurs qu'on apporte d'Europe, & donner l'exemple de cette sobriété à leurs sujets ; mais les despotes sont trop loin du peuple pour que celui-ci s'applique l'exemple qu'ils lui donnent. On dit qu'ils peuvent mettre en campagne un million d'hommes ; mais ce ne sont pas des soldats. Le pays doit son nom d'*Angola* au chef de la Dynastie regnante, qui simple *Sova*, sécoua le joug du Congo, & forma une monarchie indépendante. Ses provinces sont au nombre de huit : leurs chefs paient presque tous des tributs aux Portugais.

I. *Sinfo* eft dans la partie feptentrionale du royaume fur les bords du Bengu. On n'en fait rien de particulier.

II. *Loanda* eft au midi de Sinfo ; les Portugais en poffédent les plus belles contrées, & l'on y trouve la capitale de leurs poffeffions dans ce pays : c'eft *S. Paul de Loanda*, ville bâtie fur une colline baignée par la mer, & derriere laquelle s'éleve une montagne efcarpée ; elle eft grande, ornée de beaux édifices, d'églifes, de monafteres, peuplée de 1000 blancs, & de 3 à 4000 noirs ou mulâtres * : fa garnifon n'eft prefque compofée que d'officiers & de foldats exilés ou flêtris par les loix ; fes fortifications font devenues régulieres : les Portugais habitent des maifons de pierre couvertes de tuiles, les noirs des cabanes de bois ou de terre. On y voit un évèque, dix chanoines, divers couvens dont les moines inftruifent les enfans de leurs efclaves pour en faire des efclaves plus dévoués encore. Les Brafiliens y en viennent chercher un grand nombre.

Le pays abonde en beftiaux ; les moutons y traînent une pefante queue, & n'y donnent qu'une nourriture fade & mal-faine ; la terre ne produit pas du bled ; c'eft avec la racine du manioc qu'on fait le pain : quelques champs produifent du bled d'Inde dont on fait des gâteaux ; d'autres donnent du millet, différens légumes & beaucoup de fruits ; on n'y a que de l'eau faumâtre ou bourbeufe qu'il

---

* L'auteur de l'état préfent du Portugal dit qu'elle eft habitée par 5000 blancs & 50 000 efclaves ou négres du pays : l'hiftoire des voyages lui donne moins d'habitans, & des voyageurs inftruits la reduifent au nombre que nous fixons.

ROYAUME D'ANGOLA.

faut purifier avant de la boire : les côtes font très-poiffonneufes.

Vis-à-vis la ville de *S. Paul de Loanda* eft l'île de ce nom, qui s'éleve de la mer à peu de diftance du rivage : longue de 6 à 7 lieues, large de demi lieue, elle forme avec le continent un canal étroit qui offre un très-beau port : on y entre aujourd'hui par le nord : on y compte 7 à 8 villages ; le fol y eft ftérile en grains, mais les oranges, les citrons, les grenades, les figues, les bananes, les noix de coco, les raifins & d'autres fruits y croiffent abondamment : les Portugais de la ville y ont des jardins & des maifons de plaifance ; on pêche fur fes côtes le coquillage *zimbi* qui fert de monnaie comme les kawris de l'Inde.

III. *Ilamba* ou *Eluama* eft à l'orient de Loanda, fur les rives du Bengo : dans un efpace de 30 lieues : elle eft partagée en 42 diftricts très-peuplés, qui réunis peuvent fournir 10 à 12000 foldats : chaque bourgade eft foumife à une exacte difcipline que les *Sova* font exercer : ils veillent à la fûreté extérieure du pays, comme à l'ordre intérieur.

IV. *Ikollo* eft au nord & au levant d'Ilamba, elle borde la rive feptentrionale de la Lakala.

V. *Enfacka* eft borné au nord & au fud par les rivieres de Bengo & de Coanza ; elle eft peu étendue & affez bien cultivée ; fes habitans menacés trouvent leur fûreté dans un bois épais, entouré de montagnes efcarpées, fitué au centre de la province.

VI. *Mahangano* eft plus au midi, fur la Coanfa. On y voit une ville près de laquelle les Portugais ont un fort, qu'un auteur place à 300 lieues de la côte : la ville a de bonnes maifons de pierres : la cour y exile les nobles & les miniftres qui lui ont déplu ; elle y posséde de grands territoires. Dans cette province est une montagne escarpée qui a 7 lieues de tour, & est environnée de riches campagnes & de belles prairies, & où l'on ne parvient que par un passage défendu & fortifié avec soin : la jonction de deux rivieres lui donne son nom qui signifie *mélange d'eau*.

VII. *Kambamba* est sur la rive méridionale de la Coansa : les montagnes renferment des mines d'argent : une bourgade bâtie près du fleuve lui donne son nom : les Portugais ont aussi un fort dans ce pays où l'on fait la traite des esclaves.

VIII. *Embacka* est à l'orient sur la Lukala : on y voit la ville de *Luiola* ou *Luyaka* où se terminaient les possessions Portugaises avant le gouvernement du comté de Souza : cette nation y a bâti un fort.

Ces possessions sont partagées en plusieurs districts ou capitaineries, qui si on les réunissait, excéderaient peut-être en étendue celles du roi d'Angola : la plus considérable de toutes est celle de *Quisama*, dans la partie méridionale d'Angola, région étendue, remplie de montagnes & mal cultivée ; mais où l'on trouve abondamment du miel, de la cire & des mines de sel : les habitans en sont, dit-on, courageux ; pourquoi donc sont-ils soumis aux Portugais ?

Ce fut sous le roi Don Sebastien que les Portugais s'emparerent de ce pays : les Hollandais leur enleverent *Loanda* qu'ils garderent plusieurs années, ils éleverent le fort de *Mous* à l'embouchure de la Coanza : en 1648 les Portugais en redevinrent les maîtres : le comte de Souza qui gouvernait ce pays sous le ministere du comte d'Oeiras, en étendit encore les limites ; il découvrit dans des forêts des mines abondantes d'un fer qui surpassait en bonté celui de toutes les autres parties de la terre ; le comte les fit exploiter, il y éleva une ville à laquelle il donna le nom de *nouvelle Oeiras*, & qu'arrose une riviere qui se jette dans le fleuve Bemba : il espérait, en étendant au loin les limites du pays, parvenir aux riches mines du Monomotapa, & établir une communication facile au travers des terres, entre S. Paul de Loanda & Mozambique, mais le comte d'Oeiras ayant été disgracié, la superstition a repris son empire à Lisbonne, la nation est retombée dans son engourdissement, les mines, les projets, les espérances, tout a été abandonné.

On distingue dans ce pays plusieurs classes d'Européens : les prêtres & les moines très-considérés, mais en moindre nombre qu'on ne se l'imaginerait d'abord ; les soldats, les négotians, les criminels relégués, les Portugais de race Juive dont on purge le Portugal, & qui sont exclus des ordres sacrés, parce qu'on doute de leur conversion. Le nombre des mulâtres y est fort grand ; ils cherchent à s'égaler aux blancs devant lesquels ils ne peuvent s'asseoir, & sont d'une insolence extrême envers les négres ; ils peuvent être prêtres & soldats, mais jamais officiers ou prélats. Les Portugais s'y livrent à la dissolution la plus honteuse, ils font esclaves les négres, ils vendent comme tels les enfans nés de leur commerce avec les négresses ; les femmes y sont hautaines, orgueilleuses & avares : les deux sexes y montrent le plus grand faste : ce sont des animaux précieux qui dédaignent de toucher la terre, ils ne vont d'un lieu à un autre que dans des hamacs couverts de riches tapis, portés sur les épaules des habitans naturels.

Ces habitans sont presque tous esclaves ; ils sont occupés à la culture des campagnes, ils pêchent, ils construisent des maisons, plusieurs savent des métiers, on les loue à des étrangers : ils se disent chrétiens, & en pratiquent quelques cérémonies, mais plus par crainte encore que par persuasion.

Le gouvernement y est entre les mains d'un vice-roi ou gouverneur; de deux *Bradores* ou conseillers; d'un *Bridor*, ou grand-juge, assisté de deux *Jenses* ou juges inférieurs, & d'un secrétaire. Les *Sova* soumis à la colonie paient leur tribut en esclaves, & ce tribut est affermé à des traitans qui se rendent odieux par leurs vexations ; leur chef appellé *Contractador* tient son comptoir à Loanda où il exerce la fonction de consul, & où il juge en dernier ressort des procès qui s'élevent entre les négocians.

ROYAUME DE BENGUELA.

IL a au nord le royaume d'Angola, à l'orient le pays des Jaggas Kaſſanji dont le fleuve Kumeni le ſépare, au midi celui de Mataman, au couchant la mer : il s'étend du 10°. 30' juſqu'au 16°. 15' de latitude méridionale, & du 30°. 30' au 40°. de longitude. Il a fait longtems partie de celui d'Angola, & par conſéquent de celui du Congo. Sa borne méridionale eſt le cap Negro, d'où elle ſuit les ſinuoſités des montagnes froides, qui s'étendent au nord au delà de la ligne ſous laquelle ſont leurs plus hauts ſommets, toujours couverts de neige. ce qui leur a fait donner le nom de *Monti-Nivoſi*; il en deſcend un grand nombre de rivieres, qui fourniſſent de l'eau à pluſieurs lacs, ſurtout à celui de *Dumbea-Zokkbe*. Les rivieres qui arroſent le Benguela ſont le *Zongo* ou le *Morena*, la *Nika*, le *Katonbella*, le *Gubororo*, ou *S. François*, la *Farſa*, le *Kutembo* & le fleuve *Kuneuai*. Les productions du pays ſont à peu près les mêmes que celles d'Angola & du Congo ; mais le manioc y fournit la principale reſſource de l'homme ; on y trouve diverſes ſortes de palmiers ; les dattiers y ſont dans une grande abondance ; les vignes y forment naturellement des allées & des berceaux ; l'humidité du ſol leur fait porter deux fois du fruit chaque année, mais on n'eſt point parvenu encore à en faire du vin : la caſſe & le tamarin y proſperent. Les animaux qu'on y trouve ſont à peu près les mêmes que ceux des pays voiſins : on dit qu'il s'y trouve des rhinoceros qu'on ne trouve pas dans le Congo & l'Angola, & que les habitans le nomment *abada*. L'*empakasse* est, dit-on, une espece de buffle qui a les cornes du bouc, unies, luisantes, noirâtres, on en fait divers utenciles, & sa peau sert à un grand nombre d'usages : l'*empalanga* est de la grosseur d'une mûle, ses cornes sont droites, mais entrelassées, sa chair blanche & insipide, sa couleur variée, mais plus souvent d'un brun clair ; le zebre y est commun ; les sangliers qu'on y nomme *engullos* sont très-nombreux dans ses forêts : on dit que leurs dents reduites en poudre chassent la fievre, que leurs excrémens délayés dans une liqueur sont un contre-poison : les oiseaux, les reptiles y sont en grand nombre ; les côtes sont poissonneuses & fournissent aux habitans des ressources que le sol ou leur paresse leur refuse. L'air y est dangereux, & communique dit-on, aux alimens des qualités si nuisibles que les étrangers qui s'en servent ne peuvent éviter la mort ou de longues maladies : on craint de descendre sur le rivage, d'y manger, d'y boire une eau qui n'est qu'une lie épaisse, très-fraiche, quoique peu éloignée du rivage, & qu'on trouve par-tout à deux pieds de profondeur ; les habitans même du pays sont la plupart en de certains cantons, semblables à des morts qui sortent des tombeaux ; leur voix est faible & tremblante, leur respiration entrecoupée : leur nom général est *Endal-Ambandas* ; on dit qu'ils n'ont aucune espece de gouvernement, qu'ils sont divisés en tribus, qu'ils sont simples & timides ; qu'on peut s'avancer dans le pays sans les craindre, leur prendre des troupeaux de vaches, ou les leur acheter avec des coliers de verre bleu : une ceinture de peau, un colier sont leur habillement : leurs armes sont des dards de fer & des arcs : les femmes y sont habillées comme les hommes, mais leur ceinture est d'une étoffe faite de l'écorce d'un arbre, qui n'est ni filée, ni tissue. Leur religion, leurs usages different peu de ceux du Congo : ils ont des fétiches ou mokissos, des prêtres nommés *Gangas* ou *Singhillis*, *Dieux de la terre*, lesquels ont un grand prêtre nommé *Ganga-Kitorna* qu'on regarde comme un Dieu qui dispense les biens & les maux. En quelques parties on voit des femmes d'intelligence avec leurs maris, attirer d'autres négres dans leurs bras pour qu'ils y soient surpris, tombent en la puissance du mari, & en soient vendus comme esclaves. La monnaie du pays est une petite piece de corail qui leur sert aussi de parure. Les Portugais y ont des maisons & des forts bâtis en bois ou en terre ; elles reposent sur des piliers enfoncés dans le sol ; tous les intervalles sont remplis avec soin d'une terre bien battue, dont le dehors est uni avec soin : les planchers sont composés de roseaux étendus sur des solives.

Si les habitans avaient plus d'industrie, plus d'activité, on pourrait y faire un commerce plus avantageux : ils ont des mines ; ils en ont au moins d'un excellent cuivre, dont ils se servent pour se parer.

La principale bourgade est, dit-on, *Kaschil*, elle est fort grande, & les maisons en sont séparées par un si grand nombre de cedres, de palmiers, d'alikondes qu'elles en sont obscurcies : les especes de rues qu'elles forment sont palissadées de branches de palmier, chaque maison a la forme d'une ruche, dont l'intérieur est revêtu de nattes. Au centre est une figure d'homme élevée de 12 pieds, ayant à ses pieds un grand cercle de dents d'éléphans plantées en terre, dont chacune est couverte d'un crâne de quelque ennemi de la nation ; on lui fait des libations de vin de palmier & de fang de bouc ; on la nomme *Quefanga*, & elle eft très-refpectée : la ville eft ornée encore d'un grand nombre de ces idoles, ceintes d'un cercle de dents d'éléphans.

Les bourgades de *Sella*, de *Tamba*, d'*Oacco* font peu connues.

Le Pays doit fon nom à une bourgade au bord de la mer, dans le canton de *Lubolo* : on la nomme aujourd'hui la *vieille Benguela* pour la diftinguer de la nouvelle, ou de *S. Philipe de Benguela*, où les Portugais fe font établis, au nord d'une grande baye appellée la *baye des vaches* ou *Bahia das vaccas* & *Bahiare-Torre*, d'un roc femblable à une tour : le premier nom lui vient de la multitude de ces animaux qui paiffent dans les cantons voifins : elle eft ouverte, & la mer y eft fouvent fort groffe : les bâtimens de toutes fortes de grandeur peuvent y entrer, le mouillage y eft commode ; la côte eft douce : autour le pays plat, eft rempli de provifions, on y trouve, dit-on, des mines d'argent : les caraques Portugaifes, les vaiffeaux qui arrivent de l'Inde y paffent fouvent pour renouveller leurs provifions. La ville a un gouverneur, une petite garnifon de négres & environ 200 habitans blancs ; les négres y font en plus grand nombre ; leurs maifons ne font bâties que de terre & de paille : on y voit une églife conftruite avec de tels matériaux ; le tout eft défendu par un mauvais fort.

Dix lieues plus au midi eft une loge Portugaife où font élevés de nombreux troupeaux, & où l'on recueille le fel qui fe vend aux peuples voifins.

Le refte du pays eft divifé entre les diverfes tribus de la nation ; les plus confidérables habitent le haut & le bas *Bembé* : la partie méridionale eft

occupée

ROYAUME DE BENGUELA.

occupée par les Jaggas. On y voit le cap du *Vieillard* & un volcan.

Au midi de cette contrée jusqu'à celle des Hottentots est un pays peu fréquenté & mal connu; la côte est habitée par de petits princes très-pauvres, qui prennent des titres fastueux; les lieux maritimes les plus remarquables sont le *cap Negro*, au midi duquel sont deux îles, & vis-à-vis une partie du continent habitée par des sauvages, qui, dit-on, n'ont point l'usage de la parole, puis on trouve le cap *Ruyperez*, & le golfe de *Frio* qui forme l'embouchure de la riviere d'*Angra-frio*. C'est dans ces environs qu'habitent les *Cimbebas* ou *Climbebes*, ou qu'est situé le royaume de Mataman, dont ils forment le peuple. On dit que l'air y est pur & sain, que le terroir y est fertile, qu'on y trouve des mines de cryftal & de divers métaux, que les habitans sont idolâtres, & font quelquefois la guerre à ceux de Benguele & d'Angola.

La côte qui s'étend ensuite de ces lieux, dans un espace de 15 degrés de longitude est connue sous le nom de *Côtes désertes*. On ne peut guere y distinguer que le cap qu'on appelle la *Pointe*, qui est presque sous le tropique, le golfe de *S. Thomé*, *Porte de Ilheos* & le *cap das Voltas*. Il ne nous reste plus qu'à parcourir quelques îles dispersées dans l'océan méridional.

Tome X.

ISLES DE LA BASSE GUINÉE.

Isle Ste. Helene.

ELLE est sous le 16°. de latitude méridionale, & le 11°. 40' de longitude : son circuit est de 7 à 8 lieues, sa plus grande longueur de trois. Les Portugais la découvrirent en 1502. le jour de Ste. Helene, & ils lui en donnerent le nom ; elle était inculte & déserte. Un marchand las d'errer sur la mer y débarqua dans le dessein d'y finir ses jours ; il y fit descendre des vaches, des taureaux, des brebis, des porcs, des chevres, des lievres, des poules, des perdrix à jambes rouges, des pigeons, &c. Il y a aussi des faisans, des poules de Guinée & des lapins : ces animaux y multiplierent ; les grains & les fruits d'Europe y prospererent. On y voit des pommiers qui ont en même-tems des fleurs, des fruits verds, & d'autres qui sont mûrs ; les bois y sont remplis de limoniers, de citronniers, d'orangers & autres fruits. On y trouve quelques chevaux qu'on tire du cap de Bonne-Espérance ; ils sont petits, mais ont le pas sûr dans ce pays semé de collines. Il semble qu'elle ait été produite ou agitée par des feux souterrains, car on y voit des masses énormes de matiere noire caverneuse : les mondrains qu'elle présente au loin sont couverts d'une riche verdure, entremêlés de vallées fertiles où sont des jardins, des vergers, différentes plantations, des pâturages enclos de pierres, remplis de bétail & de moutons d'Angleterre, & où serpentent de petits ruisseaux qui descendent de deux hautes montagnes, souvent couvertes de nuages qui s'élevent du centre de l'île : ailleurs les rochers sont composés d'une pierre argilleuse, d'un gris foncé, d'une pierre à chaux, d'une autre qui est molle, onctueuse, semblable à la pierre à savon : souvent un riche terreau les recouvre à 10 pouces de profondeur ; il produit des plantes diverses, des arbrisseaux inconnus ailleurs, tels que l'arbre à chou, l'arbre à gomme, le bois rouge : le premier n'est point le palmier connu sous ce nom ; c'est un arbre dont on ne fait d'autre usage que de le bruler. Les jardins y sont embellis par la rose, le lys, le myrthe, le laurier ; des allées de pêchers y donnent un fruit d'une saveur exquise : les autres fruits y ont dégénéré ; la vigne n'y a pu réussir, les choux y sont dévorés par les chenilles ; les autres légumes y prospèrent : quelques cantons sont semés d'orge ; mais les rats y font de grands ravages, & presque tout le terrein est en pâturages ; l'île peut nourrir 3000 têtes de bétail, mais en améliorant son sol elle pourrait en nourrir davantage : le bœuf y est succulent, délicieux & fort gras : le genêt épineux y est très-commun, & on le rend utile par l'ombre qu'il répand, afin de protéger l'herbe tendre contre l'ardeur du soleil.

Toute l'île n'a pas plus de 20 000 habitans, en y comprenant 500 soldats & 600 esclaves. Les femmes y sont élégantes & belles, leurs traits sont réguliers, leurs formes gracieuses, leur teint est blanc : elles reçoivent une bonne éducation, sont gaies & spirituelles ; on dit qu'il y nait plus de filles que de garçons ; chaque année, un ou deux vaisseaux de la compagnie y apportent des provisions & des marchandises d'Europe; les esclaves s'occupent à la pêche, & en général ses habitans paraissent heureux.

Les Anglais s'en emparerent vers l'an 1678. La ville est enfermée de chaque côté par une montagne escarpée, dont les sommets sont tristes & sauvages, mais qui à leur pied ont de petites collines revêtues de verdure : on y débarque par des escaliers ; on y entre par des ponts levis, & une batterie considérable en défend l'entrée : il y a un fort, de jolies maisons, une église construite il y a peu de tems, des édifices commodes.

Isle de l'Ascension.

Elle fut découverte, non en 1508 comme on le dit communément, mais en 1501 par *Joao da Nova Galégo*, le même navigateur Portugais qui découvrit Ste. Helene : il lui donna le nom de *Nossa Senhora Conceïcao*. Albuquerque qui la vit deux ans après lui donna le nom qu'elle porte : elle a 3 lieues & demi de long sur 2 de large, elle est sous le 70°. 40' de latitude & le 3°. 10' de longitude : d'un côté l'aspect en est affreux; elle ne présente qu'un amas de roches brisées, noires, caverneuses, entassées les unes sur les autres, ceintes partout d'une greve de coquillages du blanc le plus brillant; un volcan parait y avoir déposé des torrens de lave, de cendres, de pierres ponces, interrompus çà & là par une terre rouge & déliée ; on croit y distinguer encore le cratere d'un volcan affaissé, déchiré par la violence des pluies : nulle plante n'en détruit la triste uniformité ; quelques creux offrent l'épurge, le liseron, quelques touffes de pourpier. On y voit une montagne qui semble être encore dans son premier état ;

ISLES DE LA BASSE GUINÉE.

fon fol eft une efpece de marne blanche qui produit quelques plantes dont des chèvres fe nourriffent ; elles fe tiennent dans cette partie de l'île, ainfi que les crabes de mer, qu'on dit être fort bons. On dit que quelques habitans y ont femé des turneps & d'autres végétaux utiles : on y trouve une belle fource & de l'eau douce qui remplit les trous des rochers : avec des foins, on pourrait la rendre propre à être habitée : aujourd'hui on y va chercher des tortues qui y viennent dépofer leurs œufs depuis le mois de janvier jufqu'à celui de juin. On y trouve auffi des frégates & des bobies, oifeaux qui voltigent au loin fur la mer.

Isle de St. Matthieu.

Elle eft fous le 1° 45' de latitude méridionale, & le 10° 55' de longitude. Elle fut découverte en 1526 par les Portugais : ils y ont encore quelques habitations : on y trouve un petit lac d'eau douce : les vaiffeaux s'y arrêtent fouvent plufieurs jours pour y prendre des rafraichiffemens.

Isle Annobon.

Elle eft fous le 1°. 45' de latitude méridionale, & le 24°, 36' de longitude. Découverte par les Portugais en 1526, elle fut d'abord habitée par eux; mais enfuite ils l'ont cédée aux Efpagnols : elle n'a que 6 lieues de tour : elle eft haute, montueufe, toujours couverte de verdure ; les oranges, les ananas y croiffent en abondance ; les bananes y fervent de pain aux habitans, les cocos leur fourniffent du vin, les champs du millet, du riz, du coton qui fait leur principal revenu : la mer qui l'environne est fournie d'excellent poisson : une petite île qui en est à une lieue & demie, roc stérile & nud y sert d'asyle à une prodigieuse quantité de pengoins dont la chair noire est de bon goût. On y trouve des négres esclaves de quelques Européens qui vont nuds, & dont les femmes allaitent les enfans par dessus le dos. Les Espagnols cherchent à en faire un lieu de rafraîchissement : déja on y trouve beaucoup de cochons, de chévres & de volaille. Elle se reconnaît par deux montagnes élevées, toujours couvertes de nuages : à leur pied sont des vallées fécondes ; mais elle n'a qu'un port dangereux qui manque de profondeur.

Isle S. Thomas.

Elle est de figure circulaire ; son diamètre est d'environ 12 lieues : l'équateur en coupe la partie méridionale, & sa longitude est de 26° 15'. Les Portugais la découvrirent le jour de S. Thomas en 1460 ; ses habitans la nommaient *Poncas* ; quelques navigateurs lui ont donné autrefois celui de *San Honoré*. Elle est arrosée de plusieurs rivieres ou ruisseaux d'eaux fraiches & limpides qui y répandent la fertilité, & descendent presque tous d'une montagne élevée, couverte d'arbres, dont le sommet se cache toujours dans les nuages, & qui est au milieu de l'île : l'air y est très-chaud, humide, mal-sain, funeste aux Européens qui n'y vivent pas la moitié du terme auquel parviennent ordinairement ses habitans naturels ; on prétend même que les jeunes gens qu'on y transporte cessent d'y croître ; l'air n'est pas le même dans toute son enceinte, ni dans tous les tems ; quelquefois il y regne des vapeurs épaisses & arséni-

ISLES DE LA BASSE GUINÉE. 647

cales qui forcent les habitans de s'enfermer dans leurs maisons ; le terroir y est gluant, argilleux, grossier, d'une couleur rouge jaunâtre, toujours mouillé par l'abondance de la rosée qui le pénètre chaque nuit ; il produit toutes sortes de plantes & de fruits ; les arbres y viennent très-hauts en peu de tems : on abbat des bois entiers qu'on brûle sur le sol où l'on veut planter des cannes à sucre qui y prosperent, mais donnent moins de sucre qu'au Bresil, & ce sucre est encore moins recherché des étrangers, parce qu'on ne peut lui ôter le goût du terroir : le bled qu'on y seme y produit une grande & longue tige sans épi : les vignes ne cessent jamais d'y avoir du raisin ; les oranges, les limons, les citrons, les noix de cocos, les figues, les melons d'eau y viennent très-bien, mais le pêcher, l'olivier, l'amandier n'y donnent pas de fruits. La principale nourriture des alimens se tirent de quatre sortes d'ignames, de la racine de Mandihoca ou manioc, des bananes, des pommes de Cascou, du maïz, de petites fèves : le *pessigos* y donne des fruits le long de sa tige dont le noyau est tendre & rafraichissant ; les palmiers, l'arbre à chou, l'arbre qui produit la noix de kola y sont en assez grand nombre, le gingembre y est commun, le coton y est abondant, & on y en fait des étoffes grossieres : les jardins y sont fournis de diverses herbes potageres : les porcs y sont très-bons, parce qu'ils y sont nourris de la canne à sucre ; les vaches, les moutons, les chèvres n'y manquent pas ; on y trouve aussi des petits chevaux : les oiseaux les plus communs y sont les oies, les poules d'Inde, les canards, les tourterelles, les poules, les grives, les perdrix, les étourneaux, les merles, les petits perroquets & d'autres eſpeces plus petites. Ses côtes abondent en poiſſons divers : on y trouve des écreviſſes de terre, des nuées de moucherons, des fourmis & des rats.

Il y a deux ſortes d'habitans dans cette île : les uns ſont Portugais, ou deſcendans des Portugais que Jean II, roi de Portugal y envoya pour l'habiter, & les autres ſont des Négres qui y furent tranſportés d'Angola pour l'habiter : les premiers ſont vêtus à l'Européenne: quelques Negres les imitent, & ce ſont ceux qui font le commerce des eſclaves; mais ces eſclaves y ſont nuds, à l'exception d'une piece d'étoffe de palmier qui ſert moins la pudeur qu'elle ne l'annonce : ces habitans y ſont expoſés aux fièvres chaudes, à l'hydropiſie, à des maladies véneriennes. On en tire chaque année trois à quatre millions de livres de ſucre noir, des proviſions, des étoffes de coton, des noix de kolas & d'autres fruits : on y apporte des toiles, des fils de toutes couleurs, des bas de ſoie, diverſes étoffes, divers inſtrumens de fer, des chaudrons, des cordages, de la poix, &c. Les revenus que le roi en tire ſont peu conſidérables, il y nomme un gouverneur, un corregidor, qui y décident de tous les procès, mais on en peut appeller à S. Paul de Loanda. Tous les habitans ſont cenſés être de la religion Romaine.

La ville de *S. Thomas*, nommée auſſi *Pavoaçan* contient 7 à 800 maiſons preſque toutes à deux étages, bâties d'un bois blanc & dur que l'île fournit : on y compte trois égliſes, & un plus grand nombre au dehors de ſes murs : un évèque y ſiege, & eſt ſuffragant de Lisbonne : ſon enceinte eſt ovale, & peut avoir demi lieue de tour. Elle eſt défendue par le château *S. Sebaſtien* fort quarré, bâti en pierres de taille ſur une pointe étroite qui s'avance dans la mer.

ISLES DE LA BASSE GUINÉE.

Auprès de cette île on en voit deux autres plus petites : l'une au midi forme avec elle un canal profond où les vaisseaux peuvent jetter l'ancre en sûreté : on la nomme île *Rolles* ; de là une petite chaîne formée par sept rochers conduit à l'île des *Chevres*, montueuse, remplie de limoniers sauvages, & formant aussi un canal qui sert de port.

Isle du Prince.

Située sous le 1°. 30' de latitude septentrionale, & le 26°. 45' de longitude, & elle fut découverte par les Portugais en 1471 : elle a 36 lieues de tour ; son nom vient de ce que son revenu fut assigné à un prince de Portugal. L'air y est assez sain, elle a un port dans sa partie septentrionale, une petite ville de 200 maisons, entourée d'un parapet & quelques hameaux : le sol y est couvert d'orangers, de limoniers, de bananiers, de cocotiers, de cannes à sucre, de différentes productions utiles, du manioc dont on fait de la farine, & du coton dont on fait des toiles ; on y voit quelques seps de vigne ; on trouve des poissons sur ses côtes & dans ses petites rivieres ; on y nourrit des porcs & des poules ; on y cultive le riz, le millet, le tabac. Ce sont les Negres qui travaillent, les Portugais jouissent de leurs travaux. On y compte 3 à 4000 esclaves.

Isle de Fernand-Pao ou Fernando-Po.

Elle est située sous le 2°. 45' de latitude septentrionale, & le 28° de longitude. Le Portugais qui la découvrit en 1471, nommé Fernand Lopez, lui donna le nom de *Formosa* ou belle ; elle a 26 lieues de tour ; fon fol eft élevé, fertile en manioc, en riz, en cannes à fucre, en fruits, en tabac : fes habitans étaient fauvages, & divifés en fept tributs, dont les chefs fe faifaient une guerre continuelle, ils font encore très-féroces. Les Portugais y avaient bati un château, élevé quelques villages, ils ont cédé le tout aux Efpagnols qui ont voulu fe procurer la facilité de faire le commerce des efclaves. On n'y trouve point de rades. L'air, le fol y font femblables à ceux de l'île du Prince.

DES ISLES DU CAP-VERD.

ELLES dûrent leur nom, ou au cap vis-à-vis duquel elles font fituées à la diftance de plus de cent lieues, ou parce que la mer dont elles font environnées eft couverte d'une herbe verte qui reffemble au creffon d'eau, & produit un fruit femblable à la grofeille : cette herbe qu'on nomme *fargoffo* eft quelquefois fi épaiffe qu'elle retarde & artète le cours d'un vaiffeau ; on ne fait d'où elle naît dans une mer fi profonde. Les anciens les connaiffaient fous le nom de *Gorgades*. Les uns comptent dix îles du Cap-Verd, les autres quatorze, parce qu'ils donnent le nom d'îles aux quatre rochers de *Ghuni*, de *Carnera*, de *Chaore* & de *Branca*, dont les deux derniers font au couchant de S. Nicolas : les deux premiers au nord de Brava, on en pourrait même compter vingt.

Elles font fituées entre le 352 & le 355° de longitude, & les 14° 45', 17°, 20' de latitude feptentrionale. Toutes sont en général montueuses ; mais les collines inférieures, couvertes d'une belle verdure, présentent des pentes douces, & des vallées étendues : il y a peu d'eau ; on n'en trouve dans plusieurs que dans des mares & des puits : leur situation les rend utiles aux navigateurs qui font le voyage de Guinée ou des Indes orientales ; leurs correspondances sont très-actives avec le Bresil. Elles furent découvertes en 1449 par Antonio Nolli, Genois au service de l'enfant Don Henri : l'air y est d'une chaleur extrême & très-mal-sain : il y pleut rarement, & la terre y est si brûlante qu'on ne sait où poser le pied dans les lieux exposés au soleil : à cette chaleur immodérée succede souvent une fraicheur subite & mortelle pour ceux qui s'y exposent : il est dangereux d'y passer la nuit en plein air : dans la plupart le sol est pierreux & stérile : plusieurs produisent cependant du riz, du maïz, du bled d'Inde, des bananes, des limons, des citrons, des oranges, des grenades, des noix de cocos, des figues & des melons : la vigne y produit annuellement deux fois ; les chèvres y font souvent trois portées par année, & dans chaque portée trois ou quatre chevreaux : la peau de ces animaux qu'on y prépare très-bien, & le sel, sont les principales richesses des habitans : on y vient prendre & saler un grand nombre de tortues qu'on transporte en Amérique : on en tire aussi des esclaves, du sucre, du riz, des étoffes de coton, de l'ambre gris, de la civette, des dents d'éléphans, du salpêtre & de l'or que les Insulaires tiraient eux-mêmes du continent. Elles étaient presqu'inhabitées quand les Portugais les découvrirent ; la sécheresse y détruit souvent des peuplades dispersées ; l'esclavage y a fait multiplier les noirs & les mulâtres, mais les Portugais n'y font pas en grand nombre : quelques-unes font inhabitées encore : toutes dépendent de feigneurs particuliers qui les ont peuplées de vaches, de chèvres, de cochons, d'ânes, de mulets, de lievres & d'autres beftiaux : deux dépendent immédiatement du roi; ce font *S. Yago* & *S. Philippe*, qui feules ont quelques fortifications. Le gouverneur y exerce le pouvoir militaire, un *ovidor* y eft revêtu de toute jurisdiction civile, & même du recueillement des revenus de la couronne : une compagnie excluſive y a le droit de vendre les bœufs : elles dépendent encore de la compagnie du Brefil qui y reçoit les bannis de la métropole. Une nation commerçante & active pourrait y trouver une fource de richeffes : la cochenille, l'indigo, le caffé même croitraient bien dans ce climat chaud ; un gouvernement doux y aurait bientôt rendu la population nombreufe; on mettrait à la place du peu de racines qui fubftentent les habitans, une nourriture faine & plus abondante; ils auraient des maifons agréables au lieu des trous où ils vivent.

On y voit très-peu de blancs aujourd'hui : l'influence du climat fur neuf générations, & le mélange des races y a transformé les anciens Portugais en Negres : c'eft parmi ces Negres que fouvent on prend les gouverneurs & les prêtres.

Les habitans les plus riches portent de vieux habits Européens; les autres n'ont qu'une chemife, une vefte, une culotte & un chapeau : les femmes y font laides, ornées d'une longue corde de coton à franges qui des épaules defcend aux genoux par devant & derriere : les enfans y font nuds jufqu'à leur puberté : le climat les rend indolens & pareffeux, le gouvernement ajoute à l'influence du climat en leur rendant le travail onereux sans leur faire espérer de jouir sans crainte de ses fruits : on croit que la population y est de 100 000 ames ; mais en 1771 la sécheresse y en dévora 7000 : le repos est le seul bien qu'ils connaissent. Passons à leur description particuliere.

I. *Isle de S. Jean* ou de *Brava*.

C'est la plus méridionale, son dernier nom signifie *sauvage*, & elle fut en effet longtems déserte ; la terre en est haute, composée de montagnes qui s'élevent l'une sur l'autre en pyramides : on y cultive le maïz, des courges, des melons d'eau, des patates, des bananes : les chevaux, les vaches, les ânes, les porcs y sont très-nombreux : elle est abondante en salpêtre ; les murs des caves, les rochers en sont couverts & imprégnés : on tire de sa terre la 15e. partie de son poids de nitre : on la croit riche en métaux, surtout en cuivre ; plusieurs de ses fontaines ont des eaux vitrioliques : on y trouve un sable bleu noirâtre, un qui semble pourpre, un autre d'un rouge foncé, un quatrieme qui est clair & brillant ; tous sont pesans : ses rives sont abondantes en poissons ; les tortues y viennent déposer leurs œufs dans la saison des pluies : les baleas, espece de baleine, se montrent souvent sur ses côtes ; on les harponne, & on en tire de l'huile : les habitans pêchent beaucoup à la ligne : on voyait autrefois beaucoup d'ambre gris dans ses environs.

Il n'y a pas plus de deux cents habitans dans cette île : jusqu'en 1680 il n'y avait que deux familles : la famine obligea les Negres de Fuego de s'y retirer :

ces hommes sont ignorans & simples ; leur hospitalité, leur humanité sont remarquables : c'est les offenser que refuser leurs services : ils respectent les vieillards, sont chrétiens, parce qu'on les a baptisés, mais conservent une partie de leurs anciennes superstitions, savent filer le coton, en faire des étoffes, cultiver l'indigo, & veiller sur les bestiaux; les chèvres y sont demeurées sauvages, & sont une possession commune à tous. Un gouverneur y exerce la justice, il décide sur les contestations qui s'élevent, & si quelqu'un refuse de se soumettre à sa sentence, il est mis en prison dans un parc découvert où il demeure des jours entiers sans songer à en sortir : il peut encore faire lier les pieds & les mains de ces delinquans, & les faire veiller par des soldats jusqu'à ce qu'ils aient satisfaits à ce qu'on demande d'eux ; quelquefois ils n'ont que leur cabane pour prison. Le gouverneur n'a pas le pouvoir d'infliger une peine plus sévere, & elle suffit parce que cette peine est très-redoutée.

II. *Isle de Fuego* ou *de St. Philippe.*

Elle fut découverte le jour de la fête de St. Philippe, & de là vient son nom : le volcan qu'elle renferme lui fait donner plus communément celui de *Fuego* ou *de Feu.* C'est la plus haute du Cap Verd : sa montagne la plus élevée est le pic où est le volcan qui jette sans cesse des flammes qui s'apperçoivent de très-loin pendant la nuit : il est au centre de l'isle : il en sort des rocs d'une grosseur effrayante : ils s'élancent dans l'air, puis retombent, roulent & se brisent sur le penchant de la montagne avec un bruit qui s'entend de huit à neuf lieues : il en sort encore des pierres enflammées, des nuées de cendres qui étouffent les beſtiaux, des pierres ponces qui flottent ſur la mer, & des torrens de ſoufre ſemblable au ſoufre commun, mais d'une couleur plus vive. Cette île eſt ſans rivieres, preſque ſans eau douce; cependant elle eſt féconde en maïs, en courges, en melons d'eau; elle n'a preſque d'autres fruits que des figues ſauvages : dans les jardins on trouve des goyaves; ailleurs des oranges & des pommes ſauvages, des vignes qui fourniſſent aux habitans un petit vin qu'ils boivent avant qu'il ait cuvé : on y a répandu des chèvres qui errent dans les montagnes, & le profit qu'on tire de leurs peaux eſt un revenu de la couronne : on y a tranſporté auſſi des vaches, des chevaux, des ânes, des porcs. On n'y compte que trois à quatre cent habitans iſſus d'eſclaves négres qui redevenus libres s'empreſſaient de s'éloigner de leurs anciens maîtres : on y voit des blancs qui ont beaucoup d'eſclaves; des noirs même en achetent pour du coton qui autrefois tenait lieu de monnaie dans l'iſle, & elle en était un grand marché; mais aujourd'hui il y eſt preſque épuiſé, & la vente en eſt défendue. Cette île peut avoir cinq lieues de long.

III. Isle de S. Jago.

C'eſt la plus grande des dix; les uns lui donnent 40 lieues de long, d'autres 20; Forſter ne lui donne que 7 lieues de long; mais ce nombre nous parait une faute d'impreſſion, ce doit être 17 : elle eſt remplie de montagnes hautes & déſertes; la partie la plus baſſe eſt agréable, fertile, arroſée par pluſieurs ruiſſeaux d'une eau limpide; elle a d'excellens pâturages & nourrit un grand nombre de bœufs, de vaches, de chevaux, d'ânes, de mulets, de chèvres de l'efpèce antilope & très-maigres, des moutons, des porcs qui ne valent gueres mieux, des finges qui ont les pates & le vifage noirs, le corps d'un vert brun avec des bourfes de chaque côté de la bouche, & la queue fort longue : ils font de la groffeur d'un chat : on dit qu'il y a auffi des civettes. Elle produit abondamment du maïs, du manioc, du bled de Guinée, des plantains, des bananes, des courges, des oranges, des grenades, des limons, des tamarins, des palmiers, des dattiers, des pommes de pin, des melons d'eau, des ananas, des figues, des noix de cocos, des guaves, des cannes à fucre qu'on y mange prefque tout en melaffe, des abricots filandreux qu'on dit venir d'Amerique ; la vigne y croît bien & l'on y pourrait faire du bon vin fi le gouvernement encourageait à le faire. Le coton y eft mieux cultivé que dans les autres isles ; on l'y travaille, & les étoffes de coton qu'on en fait fervent pour vêtir les habitans, & fourniffent encore une branche de commerce pour le Brefil. Toutes les plantes d'Europe y viennent bien, & dit-on, y dégénerent, l'indigo y eft négligé : les infectes y font nombreux ; on y voit différentes efpèces d'oifeaux, tels que des poules de Guinée qui volent rarement & courent très-vite, des cailles, des perdrix rouges, une efpèce de martin pêcheur qui fe nourrit de gros crabes de terre de couleur rouge & bleue qui fe renferment dans les trous de ce fol fec & brulé : l'isle eft couverte de pierres qui font une efpèce de laves : la terre eft affez fertile dans les vallées, & paraît être un mélange de charbons de terre & de cendre creufe : les rochers fur la côte font auffi noirs & brûlés : les montagnes

montagnes de l'intérieur font élevées; plufieurs font efcarpées & fourcilleufes.

L'isle eft divifée en quatre paroiffes, & on y compte environ 4000 maifons, dit Mr. Forfter, & 26000 habitans felon l'auteur d'un voyage à l'Isle de France, ce qui peut indiquer la faibleffe de fa population : les hommes y font de taille médiocre, laids, prefqu'entiérement noirs; leurs cheveux font laineux & frifés, leurs levres groffes comme celles des négres. La ville capitale eft appellée *Ribeira*, parce qu'elle eft fur les bords de la feule riviere de l'isle, qui à peine a une lieue de cours, & la largeur du jet d'une flèche à fon embouchure. On y compte 4 à 500 maifons, deux couvens qui ont de beaux jardins arrofés par un canal rempli par la riviere, une églife cathédrale : la maifon du gouverneur eft dans un lieu élevé & de là il domine fur toutes les autres : elles n'ont qu'un étage & font couvertes de branches & de feuilles de cocotiers, les fenêtres font de bois, les murs de pierres liées avec de la vafe : le plus grand nombre de fes habitans font Portugais : on en voit qui avec des manchettes blanches, un habit déchiré, munis d'une longue épée, marchent fans bas & fans fouliers, avec une fierté impofante. Partout ailleurs on ne trouve pas un Portugais fur vingt négres.

Porto-Praia eft encore une ville de cette isle : elle eft fituée fur un rocher efcarpé, & l'on y arrive par un fentier ferpentant; fes fortifications tombent en ruines du côté de la mer : du côté oppofé elle n'eft défendue que par un parapet de pierres feches, haut de quatre à cinq pieds : fes maifons ne font que des cabanes peu nombreufes, un feul édifice s'y fait remarquer; il appartient à une compagnie qui a le privilege exclusif du commerce & qui tyrannise les habitans : on n'y a d'eau douce que celle d'un puits entouré de pierres sans chaux ni ciment : elle est saumâtre & vaseuse : derriere est une vallée plantée çà & là de cocotiers, de cannes à sucre, de bananiers & autres arbres ; mais des brossailles en couvrent la plus grande partie : ses habitans sont lâches & fripons ; il semble que nés de Portugais transportés pour leur crime, ils en aient reçus les vices avec le sang.

IV. *Isle de May* ou *Mayo*.

Elle fut découverte la première par le Génois Nolli, le 1er. de Mai 1449 : le sol y est sec & stérile : c'est une sorte de sable ou de pierre calcinée que l'eau ne fertilise que dans la saison des pluies. On y trouve cependant des bestiaux, du bled, des yams, des patates & quelques lataniers ; des figues presque insipides, des melons d'eau, des ponpions, une sorte de fèves y sont la principale nourriture des habitans : il n'y a pas beaucoup de coton ; mais on y voit une sorte de soie cotonneuse qui croît sur les côteaux sablonneux des salines, dans une cosse portée par un arbrisseau haut de quatre pieds : cette soie sert à couvrir des oreillers & d'autres coussins : de grands arbres s'élèvent dans le centre de l'isle : il n'y a que des arbrisseaux sur les côtes : l'indigo, l'ambre gris n'y sont pas inconnus : les bœufs n'y sont pas rares ; les chèvres y sont nombreuses ; on remplit de leur chair salée des tonneaux qu'on transporte au loin ; leurs peaux travaillées sont recherchées. On y trouve beaucoup d'oiseaux tels que les pigeons, les tourterelles, des *miniotes*, des *ousias*,

DES ISLES DU CAP-VERD. 659

oiseaux gris de la grosseur du corbeau, dont le dernier ne paraît que la nuit, une espèce de hérons, des corbeaux, des poules de Guinée ou pintades, grandes perdrix portées sur de longues jambes, dont le bec est épais & tranchant, le col long & mince & la tête petite : le mâle a une crête & les ouies rouges, leur plumage est tâcheté de gris clair & foncé; elles se nourrissent de vers, de cigales ; leur chair est douce & agréable ; on se sert des chiens pour les prendre ; les jeunes s'apprivoisent facilement. Peu de rivages sont plus favorables que le sien pour la pêche au filet : on y voit paraître des tortues & de petites baleines ; mais sa principale richesse est le sel. Au couchant de l'isle est une grande baie sablonneuse traversée par un banc long d'une petite lieue, large de quarante pas ; entre ce banc & les collines qui bordent la côte est un étang de sel long de deux mille pas, large de cinq cent ; de petits aqueducs pratiqués dans le banc de sable y amènent l'eau de la mer dans les marées hautes ; il se couvre bientôt d'une croute de sel qu'on enlève à chaque instant & qui se renouvelle sans cesse.

En 1722 on n'y comptait que 230 habitans qui y avaient formé trois bourgades nommées *Pinosa*, *St. Jean* & *Lagoa* : les maisons en sont des cabanes, les habitans en sont Négres, gouverneur, prêtre ou autre ; & cette population n'augmente pas, parce que les Pirates en enlèvent souvent les bestiaux & leurs possesseurs.

V. *Isle de Bonna-Vista* ou *Bonne Vue*.

Découverte en 1450, elle reçut son nom du plaisir qu'elle donna aux navigateurs dont elle frappa les regards pour la premiere fois : on lui donne dix-huit lieues de tour ; son sol est bas dans sa plus grande partie ; mais on y trouve des rochers, des collines & des montagnes : autrefois très-fertile, elle est devenue stérile ; le lait, les chèvres, le poisson, les tortues y sont le principal aliment des habitans : ils s'occupent à y faire du sel qu'ils échangent avec les vaisseaux Anglais contre de vieux habits, du biscuit, de la farine, de la soie crue dont ils se servent pour orner leurs chemises & la coeffure de leurs femmes : les deux sexes y vont presque nuds ; ils ne se revêtent de leurs haillons d'Europe que dans les jours de fête : tous sont d'une paresse extrême ; ils négligent le coton qui pourrait être pour eux une source de commodités ; ils attendent pour en recueillir qu'on vienne leur en demander ; les femmes n'en filent que lorsque le besoin les presse : c'est cependant celle des isles du Cap Verd qui en produit davantage : l'indigo y croît naturellement comme le coton, & ils ne savent point le préparer : on y trouve de l'ambre gris, mais on l'y contrefait. Le gouverneur y dépend de celui de St. Yago.

VI. *Isle de Sel* ou *Sal*.

Elle a eu des habitans & des troupeaux de vaches, de chèvres & d'ânes : aujourd'hui il n'y a presque plus d'animaux & point d'habitans ; la sécheresse les a forcé de se disperser : on y peut recueillir du coton ; le bois de l'arbrisseau qui le porte s'enflamme par le frottement, le coton y propage une étincelle comme l'amadou, & son bois y donne une flamme éclatante ; on trouve sur ses côtes un poisson qui ressemble à la morue & se sale comme elle : l'ambre gris y est plus commun que dans les isles voisines : le sel s'y forme dans les fentes du roc, dans un espace d'une petite lieue de long; on en vient charger des vaisseaux. Parmi les oiseaux qu'on y remarque, on nomme le *Flamingos*, qui est plus grand que le heron dont il a la taille ; ces oiseaux vivent en société, & font leurs nids dans des lieux bourbeux : les nids sont en pyramides tronquées; & c'est par le haut qu'ils y déposent leurs œufs. On voit cinq montagnes dans cette isle : celles du nord & de l'orient sont les plus élevées.

VII. *Isle de St. Nicolas.*

Sa forme est triangulaire, elle a environ 40 lieues de tour : le centre en est montueux, les côtes en sont stériles. On y a compté plus de 2000 habitans; mais le nombre n'excede pas aujourd'hui celui de 1500 : ce sont des hommes noirs ou couleur de cuivre, & tous ont les cheveux frisés : ils sont chrétiens, & sous la direction d'un prêtre Portugais : les femmes y sont modestes & industrieuses ; elles savent broder, coudre, filer, & s'occupent à ces travaux quand elles ne sont pas dans les champs. C'est dans cette isle qu'on parle le mieux la langue Portugaise : ils sont aussi jaloux, aussi voleurs que la populace de cette nation : son sol est rempli de marcassite, de salpêtre, des mêmes sables & pierres que l'isle de *Feu*; au centre sont des vallées où l'on voit des vignobles dont on fait assez de vin, des bois & des champs de maïs, de plantains, de bananes, de courges, de melons d'eau & muscats ; on y recueille des limons & limes, des oranges ; on y voit quelques cannes à sucre dont on fait de la melasse : on y trouvait autrefois beaucoup de sang de dragon ; mais l'arbre qui le produit y est aujourd'hui fort rare, parce que les habitans s'en sont servis pour rebâtir leurs maisons détruites par un pirate. Autrefois elle nourrissait des troupeaux nombreux de vaches & de chèvres ; mais trois années de sécheresse les avaient beaucoup diminué : il y a encore de la volaille, des porcs, des chevaux : leur plus grand commerce est aujourd'hui celui des tortues & des poissons salés : leur isle est la seule où l'on voie une multitude de barques avec lesquelles ils vont pêcher entre les rochers de Chaon, de Branca & de Ste. Lucie. Les habitans savent aussi se fabriquer des habits d'étoffes de coton de la forme de ceux d'Europe, faire des boutons, des bas, d'assez bons souliers du cuir de leurs vaches, des draps de coton & des matelats que les Portugais achetaient d'eux pour porter en Guinée, ou qu'ils échangeaient avec les Français & les Anglais contre des utenciles & autres marchandises dont ils avaient besoin.

VIII. *Isle de Ste. Lucie.*

Elle manque d'eau douce, & n'a pour habitans que des chèvres & des ânes : on y trouve de grandes tortues, & deux bonnes baies où les vaisseaux sont en sureté.

IX. *Isle de St. Vincent ou San Vincenté.*

Elle est basse & sablonneuse au nord-est, haute partout ailleurs & offrant aux navigateurs des baies assez sûres : la pêche y est abondante : Froger y remarqua le poisson *bourse*, des yeux duquel sortent des rayons, & qui a le corps marqueté de taches exagones d'un bleu brillant. On y trouve des tortues de 3 à 400 livres; ses habitans sont quelques Négres nuds & sauvages, vivant sous des cabanes très-basses & se servant d'écailles de tortues au lieu de vases: quelques habitans de St. Nicolas y vont à la chasse, y tannent les cuirs des chèvres qu'ils tuent, & y prennent quelques pintades. En général la terre y est stérile; les vallées y sont ombragées par de petits bois de tamarins & des arbustes de coton: on y trouve l'épurge à branches, *l'abrotanum mas*, le *ricinus* d'Amérique, une fleur jaune dont la tige est sans feuilles, des pommes de coloquinte, du chien-dent, de la lavande sans odeur, une espèce de *beher*: on y pêche quelquefois de l'ambre gris.

Isle de St. Antoine.

C'est une des plus grandes, des plus élevées des isles du Cap Verd: l'eau fraiche y est abondante: les vallées y sont ombragées de bois & fertiles en maïs, en bananes, en plantains, en patates, en courges, en melons d'eau & musqués, en oranges, limons, limes & guaves: c'est celle où il y a le plus de vignes, & où le vin est à meilleur marché: l'indigo y est commun, & on y en avait formé de grandes plantations, comme aussi de coton qu'on y cultive, & dont on fait diverses étoffes : le sang de dragon y est moins rare que dans les autres : les ânes & les porcs y sont nombreux & plus forts, plus grands que ceux des autres isles; les vaches y sont communes, les chèvres sauvages peuplent ses montagnes, où l'on trouve une pierre transparente qu'on croit être une espèce de topaze : on prétend qu'on y trouve aussi de l'or & de l'argent. Les hommes y font d'un bazané fort fombre ; on y compte environ 3000 hommes iffus d'efclaves de Guinée ; les habitans anciens moins nombreux font d'un caractere doux & fociable : ces deux efpèces de Négres font divifés par de fréquentes querelles qui fe terminent par des combats.

Cette isle eft la plus feptentrionale & la plus occidentale de ce petit Archipel : l'air y eft moins mal fain que dans les autres : fon chef-lieu eft au milieu des montagnes & renferme 500 habitans capables de porter les armes : là réfident le gouverneur & un infpecteur pour les efclaves, on y voit un couvent de cordeliers & un petit fort monté de quatre pieces de canon deffus l'une de fes rades : à l'extrémité nord-oueft eft un village de 50 familles qui ont pour chefs un capitaine, un prêtre & un maître d'école, tous fort pauvres.

DES ISLES CANARIES.

Elles sont au nombre de treize, situées entre le 27°. & le 30°. de latitude septentrionale, entre le 1°. & le 5° 30' de longitude : la plus orientale est à 50 lieues de l'Afrique ; les Espagnols en sont les maîtres : on dit que Jean de Bethencourt, gentilhomme Normand les découvrit en 1402, qu'il en fut reconnu roi par Henri III roi de Castille, & qu'après sa mort, une somme considérable donnée à ses héritiers fit passer le domaine de ces isles dans les mains de l'Espagne : toute cette histoire nous parait bien incertaine, & nous pouvons la regarder comme fabuleuse : il est plus probable qu'il s'y établit de l'aveu de cette monarchie & lui en rendit hommage : on croit que ces isles sont les *isles Fortunées* des Anciens, & les Arabes leur ont donné le même nom, *Al-jazayr* ou *Al-Khaledat*. Ptolomée nomme l'isle *Canarie*, & il y faisait passer le premier meridien : Juba les avait connues, & il voulait y établir une teinture en pourpre qu'un coquillage y fournissait : on les retrouva de nouveau dans le 14me. siecle ; & en 1344, Rome en donna la propriété à un des Infans de Castille qui ne put y faire reconnaître le droit que lui avait donné le Pape.

L'air y est serein : les chaleurs y sont fortes sur les côtes, tempérées dans l'intérieur : on n'y trouva ni bled, ni vin lorsqu'on les découvrit ; elles ont aujourd'hui de l'un & de l'autre : ce qu'on y avait de plus utile était une bonne espèce de fromage, des peaux de boucs très-bien travaillées, & beaucoup de suif. Aujourd'hui on y trouve encore du sucre, des conserves, de l'orcal, de la poix qui ne fond point au soleil, du fer, beaucoup de bestiaux, des fruits de toutes les bonnes espèces ; on dit même qu'il y a des chameaux ; on vante les bleds, le miel, la cire, le sucre, le fromage, les peaux, les animaux qu'on en exporte ; leur vin est agréable & fort. On y fait dans certains cantons deux moissons chaque année : on connaît les serins de Canarie ; on y trouve des chevreaux & des daims, des poissons excellens, surtout le maquereau & l'esturgeon : les pois, les fèves, les grozeilles, les framboises, les cerises, les goyaves, les courges, les oignons y sont d'une beauté rare : toutes sortes de racines, de légumes, de salades y prospèrent, & la campagne y est embellie d'une variété infinie de fleurs.

Ces isles étaient habitées par un peuple que les Espagnols nomment les *Guanches* : leurs mœurs, leurs idées ont été mal connues. Ils avaient toujours deux rois, l'un vivant, l'autre mort : lorsque le premier cessait de vivre, ils en lavaient le corps, le plaçaient sur ses pieds dans une caverne, ayant dans ses mains une sorte de sceptre & à ses côtés deux cruches, l'une de vin & l'autre de lait. Ils n'adoraient pas les astres comme on l'a dit ; ils n'avaient point d'idoles, point de culte extérieur. Ils révéraient un Dieu qui leur donnait la nourriture & la vie, & demeurait *en haut* : chaque isle n'ayant pas le même idiome lui donnait différens noms ; mais tous signifiaient *sublime, tout puissant auteur, conservateur de tout, Etre sans commencement & sans fin, cause de toutes les causes*, &c. Sans croire à l'immortalité de l'ame, ils admettaient un enfer où le malfaisant *Gacogota* était renfermé ; cet enfer était le volcan de Tenerife &

ils le nommaient *Echeyde*. Pour demander à Dieu l'eau dont ils manquaient, ils raſſemblaient leurs troupeaux dans des lieux deſtinés à cet uſage, ſéparaient les agneaux de leurs meres attachées à une lance autour de laquelle elles tournaient en bêlant pour rejoindre leurs petits : ceux-ci bêlaient auſſi pour appeller leurs meres, & ces bêlemens reciproques diſpoſaient la Divinité à être touchée de leurs beſoins & à leur accorder une pluie ſalutaire : on dit qu'ils ignoraient l'uſage du feu. Dès qu'un enfant était né, des vierges conſacrées, vivant par troupes dans des cavernes, venaient répandre de l'eau ſur ſa tête en lui donnant un nom ; cette cérémonie ancienne parmi eux, qui a du rapport avec le batême, a fait croire qu'on leur avait autrefois prêché l'évangile. Le conſentement de la famille, ou celui de la fille ſi elle était orpheline, ſuffiſait ſeuls pour former le mariage, que l'on contractait en ſe donnant la main, que l'on rompait en ſe ſéparant librement : mais les enfans nés d'un mariage ainſi rompu devenaient illégitimes. La poligamie y était permiſe : on dit que les nobles y prétendaient au privilège de coucher la premiere nuit avec l'épouſe ; & qu'à chaque renouvellement du ſeigneur, quelques hommes du peuple ſe dévouaient pour lui en ſe précipitant du haut de quelque roc : de tout tems le ſang plut à la tyrannie. Ils juraient par le ſoleil & ce ſerment était ſacré. Adorer Dieu, honorer ſes parens, aimer ſes freres & ſes ſœurs, ne faire tort à perſonne, s'abſtenir de toute débauche, tel était le précis de leur morale : le vol, l'homicide, le viol, la déſobéiſſance à ſes parens étaient punis de mort : l'adultere était enterré vif ; la femme libertine était enfermée juſqu'à ce que celui qui l'avait corrompue, voulut l'épouſer.

Ils préparaient avec foin les peaux dans lefquelles on les envelopait à leur mort : leurs cadavres étaient féchés pendant quinze jours & baignés dans le fuc de différentes herbes ; revêtus de peaux, on les dépofait alors dans les caves ; les plus riches étaient placés dans le tronc vuidé d'un arbre dont le bois était regardé comme incorruptible : ceux qui s'occupaient du foin de préparer les cadavres, de les loger, étaient bien payés, mais regardés comme immondes : on les fuyait. Ces précautions font que les corps des Guanches fubfiftent encore aujourd'hui dans les caves creufées dans le fommet des montagnes : leurs defcendans, quoique chrètiens, n'aiment pas qu'on les découvre & les cachent avec foin. Leur poftérité eft peu nombreufe, parce que ce font les Efpagnols qui les ont conquis.

C'était une nation de haute taille, robufte, maigre, bazanée ; ils étaient vifs, agiles, hardis, naturellement guerriers & grands mangeurs ; ils parlaient peu & vite ; il en eft encore dans l'isle Teneriffe qui ne vivent que d'orge pilé, broyé avec le lait & le miel, & fufpendu dans des peaux au-deffus de leurs fours : ils ne boivent pas de vin & ne mangent pas de chair : on les voit defcendre des montagnes en fautant de rochers en rochers ; ils s'élancent d'un roc à l'autre aidés d'une longue pique, au travers des précipices avec une hardieffe & une légéreté qui étonnent ; ils fifflent avec une force extraordinaire ; ils jettent les pierres avec une roideur & une adreffe prefqu'inconcevables, & font fûrs d'atteindre au but qu'on leur marque : les pierres font leurs armes : ils fe fervent encore d'un dard de bois durci au feu : ils favaient peindre fur le bois ; leurs couleurs étaient l'ocre, le cinabre, le charbon, le lait de figuier, celui d'un autre arbre sauvage nommé *cardon*, & le suc de diverses autres plantes : leurs biens sont communs ; ils labourent la terre avec une corne de bœuf : leurs maisons étaient & sont encore des cavernes creusées entre les rochers.

Les habitans actuels de ces isles sont au nombre de 155200, sans compter plus de 500 prêtres, plus de 900 moines & 750 religieuses. Elles envoyent annuellement à la métropole 15 à 1600 mille francs, produits par la crusade, le droit de lance, le tiers du revenu des évêchés, la premiere année de tous les emplois qu'elle y accorde, &c. Passons à la description particuliere de chacune, sept seulement méritent qu'on s'y arrête : la *Gratiosa* qui fut une des premieres découvertes, la *Rocca*, l'*Allegranze*, *Ste. Claire*, *Infierno*, l'isle *Lobos* située entre Lancerotta & Fuertaventura, sont toutes peu considérables & presque sans habitans. Plus au nord encore sont l'isle *Salvaga*, le *Piton* & des roches dispersées qui ne sont utiles qu'à guider les navigateurs.

I. *Isle Lancerotta.*

Elle a environ 12 lieues de long, 8 de large, & le titre de comté. Une chaîne de montagnes la partage, & sert d'asyle à des bêtes sauvages qui n'empêchent pas les moutons & les chèvres d'y paître tranquillement, mais il y a peu de bêtes à cornes, & moins encore de chevaux ; les vallées en sont séches & sablonneuses ; on y recueille de l'orge, un froment médiocre, de l'orseille, & un peu de vin : ses barques portent aux îles voisines de la chair de chèvre séchée dont on se sert au lieu de lard : ses habitans sont grands & basanés ; ils combattent avec des dards & des pierres. Elle a une ville composée de plus de cent maisons qui ont l'apparence de cabanes, qui sont bâties de cannes & de paille avec quelques chevrons, & couvertes de boue séchée au soleil : tels sont aussi les matériaux dont on a bâti l'église qui ne reçoit de jour que par la porte : on y a bâti un couvent avec plus d'élégance & de meilleurs matériaux : sur la côte orientale, il y a deux ports dont l'entrée est dangereuse, mais ils sont déserts : on a bâti une église près de celui de *Cavallos*. Un volcan éleva une petite montagne dans cette île en 1730.

II. *Isle de Fuerte-ventura.*

Elle a 15 lieues de long & 10 dans sa plus grande largeur, mais elle est très-resserrée dans son milieu : elle produit du froment, de l'orge, un peu de vin & le lichen qu'on nomme orchel ou orseille, qui croît sur ses rochers, & dont on exporte annuellement 300 tonneaux : elle nourrit des chèvres, & n'est pas bien peuplée. Dapper y comptait cependant déja trois villes, mais ces villes ne sont que des villages. *Lanagla*, *Pozzo-Negro*, *Taratato*, sont ces villes toutes situées sur sa côte orientale : il en est une autre près du port de *Chabras* qui est le meilleur de l'île. Elle paraît être avec la précédente, celles que les anciens nommaient *Purpuraria*.

III. *Isle Canarie.*

Sa forme ressemble un peu à celle de l'île de Ceylan ; sa longueur est de 10 lieues, sa largeur de 6. Elle donne son nom aux autres, parce que le gouvernement y siege ; il y est composé d'un gouverneur & de trois affeffeurs, & y exerce une autorité fouveraine : il reçoit les appels de toutes les autres îles.

L'air y eft tempéré ; on y fait deux moiffons de froment qui y eft excellent, & donne un pain blanc comme la neige. On y cultive la canne à fucre, & on en fait diverfes efpeces de ce fel utile ; le vin qu'on y recueille eft très-recherché ; elle produit d'excellens fruits, tels que des melons, des poires, des pommes, des figues, diverfes efpeces de pêches, du plantain ; l'arbre qui produit ce dernier eft un palmier qui ne donne pas un bois de conftruction ; il croît fur le bord des ruiffeaux, fon tronc eft droit, fes feuilles épaiffes, & elles fortent du tronc même au fommet de l'arbre, longues d'une aune fur la moitié de large : chacun n'a que deux ou trois branches fur lefquelles croiffent les fruits au nombre de 30 ou 40, ayant la forme du concombre, & devenant noirs dans leur maturité ; ce fruit peut devenir une confiture délicieufe : on coupe l'arbre quand il a donné fon fruit, & de fa racine s'éleve un tronc nouveau.

L'île a beaucoup de bêtes à cornes, des chameaux, des chêvres, des poules, des canards, des pigeons, de groffes perdrix ; le bois y eft rare.

La capitale fe nomme *Cuedad Das Palmas*, *Palme*, *Canarie*, *Civitas Palmarum*. Elle eft ornée d'une cathédrale magnifique dont les offices & les dignités font en grand nombre : l'adminiftration des affaires civiles eft entre les mains de plufieurs échevins qui y forment un confeil. La ville eft grande, la plupart des habitans font riches : on y en compte environ 12000 ; elle peut avoir une lieue de circuit ; fes édifices font beaux, le plus grand nombre des maisons ont deux étages, & une plate-forme au sommet : on y compte quatre couvens.

On y trouve encore quelques bourgs, tels que *Galder*, *Tirachana* ; le port le plus fréquenté est celui de *la Luz*.

IV. *Isle de Teneriffe.*

Sa forme est celle d'un triangle émoussé au sommet, dont la base est de 11 lieues & la hauteur de 18. Elle est sous le 27°, 30′ de latitude septentrionale : le sol en est élevé ; elle produit les mêmes fruits que l'île Canarie, & plus de bled qu'aucune de celles qui composent ce petit archipel ; on y a vu 80 épis sortir d'une seule tige ; le grain en est jaune & transparent comme l'ambre ; ses rochers sont couverts du lichen qu'on nomme orchel ou orseille, utile pour la teinture, & de crête marine : sur ses côtes croit une herbe à larges feuilles, vénéneuse pour les chevaux, & que les autres animaux peuvent manger : l'arbre qui donne la gomme appellée *sang de dragon* lui est particulier : il croit dans les terres hautes & pierreuses, & l'on fait de son bois de petits boucliers où l'épée s'enfonce, s'arrête, & ne se retire pas sans peine ; son tronc est grand, élevé, couvert d'écailles, son bois spongieux ; ses branches sortent du sommet, rondes, douces, unies, ses feuilles semblent ouvrir l'écorce pour se développer : l'arbrisseau *taybayba* a un suc laiteux, qui lorsqu'on l'épaissit devient une glue excellente ; le *legman* donne un bois aromatique. La partie du nord est remplie de bois où le cedre, le ciprès, l'olivier sauvage, le mastic, le savinier, différens palmiers, des pins d'une hauteur admirable, & qui parfument l'air

d'odeurs

d'odeurs délicieuses ; une espece de ces pins est appellée l'arbre immortel, parce qu'il ne se corrompt, ni dans l'eau, ni sous terre : il en est d'une grosseur prodigieuse ; son bois est aussi rouge que celui du Bresil, & il l'égale en dureté. Sa principale richesse nait du vin qu'elle produit ; elle en a de trois sortes : celui qu'on nomme *vin de Canarie* vient, dit-on, d'un plan transporté des bords du Rhin. La *malvoisie* est regardée comme une des plus estimées de l'univers, & le cep qui la produit y fut transplanté de Candie : le *verdona*, ou vin verd est plus fort, plus rude que celui de Canarie ; mais il s'adoucit dans le transport aux Indes occidentales où il est fort estimé : les meilleures vignes sont sur la côte a un mille du rivage : dans l'intérieur du pays elles sont beaucoup moins bonnes. Les arbres fruitiers n'y manquent pas : on y trouve des abricotiers, des pêchers, des poiriers qui portent deux fois l'an : on y recueille des limons qui en ont un plus petit dans le centre, & que par cette raison on nomme *pregnada* ; du coton, & de la coloquinte : les rosiers y donnent à Noel des fleurs admirables par la vivacité du coloris & leur grandeur : les tulipes n'y peuvent réussir.

Les porcs, les lapins, les chêvres sauvages, les chevaux, les vaches y sont assez communes : les cailles, les perdrix, les pigeons ramiers, les tourterelles, les corbeaux, les faucons y sont en grand nombre : on connait le serin de Canarie, c'est d'ici qu'il est originaire : il est encore un oiseau fort petit, qui a la couleur de l'hirondelle avec une tache noire & ronde au milieu de la poitrine, dont le ramage est admirable, mais qu'on ne peut enfermer sans lui donner la mort. Le poisson y est de meilleur goût qu'en

Angleterre : on y trouve le *clacas* qui est le meilleur coquillage de l'univers, une espece d'anguille qui a 3 ou 6 queues, longues d'une aune, jointes à une tête & un corps de même longueur : les turtles, les cabridos sont des poissons qui l'emportent, dit-on, sur nos truites.

Une partie de l'île est hérissée de rocs stériles ; on remarque entre les villes de Larotava & Rialejo un canton qui n'a pas plus d'une lieue de circonférence, & rassemble pour ainsi dire tous les biens de l'univers ; une eau pure y descend des rocs qui l'environnent ; il produit des bois, des grains de toute espece, toutes sortes de fruits, de la soie, du chanvre, du lin, de la cire, du miel, d'excellens vins, une grande quantité de sucre.

Avant que les Espagnols l'eussent conquise, on y comptait sept petits Etats, dont les chefs vivaient dans des cavernes avec leurs sujets, se nourrissaient des mêmes alimens, & se vêtissaient comme eux de peaux de bouc : le principal de ces rois se nommait *Mensey*, mot qui signifie *secours*, *protection*, *défense* ; il portait pour couronne une guirlande de lauriers, de fleurs ou de palmes ; son sceptre était un os du premier de ses prédecesseurs : on le couronnait à *Fagazer*, lieu d'assemblée publique ; là il prenait le crâne ou quelques-uns des os de ce premier roi, les baisait, les mettait sur sa tête, & jurait de faire comme lui toute espece de bien à l'Etat, comme en étant le pere : les principaux sujets juraient aussi par ces os d'être gardiens fideles de l'Etat & de son chef. Les hommes y succédaient a la couronne préférablement aux femmes qui n'en étaient pas exclues, le frere du roi était préféré à son fils ou à son petit fils ; mais le dernier des freres avait pour successeur un des fils de son aîné : ces rois ne se mariaient que dans leur famille, & seuls ils pouvaient épouser leur sœur.

Mais ce qui fait connaitre encore davantage cette île est le pic qui porte vulgairement son nom, & dont le nom propre est *Pic de Teyde* ou *Theyte* : sa base est couverte d'arbres d'une hauteur surprenante qu'on nomme *Vinatico*; plus haut elle est ceinte de neige, puis on trouve des cendres, des pierres ponces, des pierres calcinées; du sommet il sort quelquefois des flâmes & toujours de la fumée : une seule route y conduit; on part pour atteindre à ce Pic de la petite ville d'*Orotova* ou *Larotava*; de là on arrive au pied d'un rocher d'où coule un ruisseau d'eau vive & pure, puis on trouve le *Monte-verte*, couvert de fougere, & d'une pente assez rapide : plus loin est la montagne *des Pins*, couverte de ces arbres souvent abattus par les ouragans, & dont on extrait une resine excellente. Après cette montagne est une plaine couverte de sable de pierres ponces, de genêts, de cette plante rampante qu'on nomme scorploide; où habitent des lapins & des chèvres sauvages; sur elle est placée la montagne de *Monton de Frige*, ou amas de bled, la seconde en hauteur de toutes celles de l'île : de son sommet à celui du Pic il y a deux fortes lieues encore, & le chemin est au travers de pierres ponces brisées, de petites pierres noires & brillantes dont quelques-unes ont la forme d'un couteau tranchant, & en tenaient lieu aux Guanches; de pierres rougeâtres & cendrées, scintillantes au plus léger coup de briquet; d'autres sont d'un beau jaune, ou bleue, & d'une variété infinie; plus haut sont des débris d'un roc noir : on arrive à une large calotte sur laquelle s'élève une pyramide de rocs noirs ou cendrés sur laquelle on monte par un sentier en zig-zag tracé dans fa partie méridionale : au milieu du fommet eft une foffe en cône renverfé appellée la *Caldera*, la chaudiere, dont le diamètre eft de 270 pieds *, taillée prefque à pic, bordée de rocs calcinés, roux, blanchâtres, profonde de 120 pieds : le fond eft une terre blanche, humide, mêlée de foufre dont la fleur couvre quelquefois toute la furface en forme d'écume jaune, fine, brillante comme le diamant, s'évaporant, brûlant le papier & l'étoffe dont on l'enveloppe : le dehors, le dedans de la chaudiere eft criblé de trous d'un à quatre pouces de diamètre, d'où il fort par courts intervalles, une fumée épaiffe, ardente, d'une odeur fœtide de foufre : il en eft un qui a huit pouces de diamètre d'où la fumée s'exhale avec un bruit femblable au mugiffement d'un taureau, & convertit le bois en charbon ; cependant l'humidité eft très-grande fur ce fommet, & les rochers y font couverts de mouffe au milieu de cette chaleur pénétrante : le vin, les liqueurs y perdent leur force, on n'y refpire qu'un efprit de foufre, on ne fent aucune faveur, la peau du vifage s'entrouve & s'éleve, les levres fe couvrent de veficules. A mi-côte du Pic eft un fouterrain qui s'étend du nord au fud, obfcur, haut de dix pieds, large de quinze, & ce qu'on en apperçoit peut avoir 120 pieds de long : le fol paraît y être de glace ; on y trouve une eau profonde de plus de deux pieds, limpide comme le cryftal, & d'une froideur extréme, formant quelquefois un petit ruiffeau : de la voûte tombent fans ceffe des gouttes d'eau : vers le fond eft un amas de glace qui préfente différentes figures : en hiver cette cave eft bouchée & couverte de neige.

* Selon *Edens* le diamétre eft triple.

Le fable, les pierres calcinées, noires & rouges, a pierre ponce, les cailloux de différentes espèces, & la plupart vitrifiés, le feu qui s'en exhalait sans cesse autrefois, font croire que ce Pic fut formé par l'éruption d'un volcan. On a dit qu'elle était la plus haute montagne de l'univers, qu'on la voit de 40, de 60 lieues en mer, qu'elle a plus d'une lieue de hauteur perpendiculaire, d'autres 2000 toises; quelques autres 1800. Le pere-Feuillée lui en donne 2070, le docteur Heberden 2500; il y recueillit du sel qu'on croit être le *natrum* ou *nitrum* des anciens. On en exporte du soufre natif. L'île parait d'un noir foncé lorsque le soleil est sous l'horizon; & la montagne éclairée encore, semble enflamée, & d'une couleur plus vive que la peinture ne peut la rendre. On dit que l'île fut nommée *Nivaria* de la neige qui environne le Pic, & *Teneriffe* par les habitans de Palma, chez qui *Tener* exprime de la neige, & *Itte* une montagne; elle appartient immédiatement au roi, ainsi que celles de Canarie & de Palma, qui ensemble lui donnent un revenu de plus de 50000 ducats: elles dépendent aussi d'un évêque qui en reçoit un de douze mille.

Les villes qu'on y trouve font *Larotava*, située sur sa côte occidentale: le port en est sûr, mais le rivage escarpé; on y fait beaucoup de commerce. *Santa Cruz* est sur le rivage oriental dans une plaine sablonneuse: son port est médiocre, deux petits forts le commandent, quelques batteries sont disposées le long de la côte; la ville est sans murs, défendue par deux autres petits forts: elle peut avoir 2 à 300 maisons, toutes de pierre & à trois étages: les édifices les plus beaux sont deux couvens & l'église: il y a six couvens & un hermitage très-agréable. *La-*

guna, capitale de l'île est à deux lieues de Ste. Croix sur une petite éminence, & à son penchant ; elle présente une perspective riante : autour est une plaine où sont des vignobles terminés par des rocs : elle a deux couvens de filles, quatre d'hommes, un hôpital, quelques chapelles, deux églises paroissiales décorées de beaux clochers : les rues en sont grandes & belles ; elles se réunissent dans une grande place qui est au centre : la plupart des maisons sont de pierres brunes, couvertes de tuiles, & ornées de jardins, de parterres ou de terrasses, embellies par des allées d'orangers & de limoniers ; presqu'aucun jour ne s'y passe sans qu'on y sente un vent rafraichissant, qui entretient dans les plaines voisines une verdure charmante : elle a plusieurs fontaines, & à l'orient est un petit lac d'eau fraiche de 400 toises de tour dont les bords sont remplis de bestiaux en été, & où les oiseaux de mer viennent jouer sur la surface pendant l'hiver : ce lac a donné son nom à la ville : tous les soirs des faucons plus gros, plus forts que ceux de Barbarie viennent se rendre dans ses environs, & les Negres s'occupent à les chasser & à les combattre. On peut encore donner le nom de villes à *Rialejo* & à *Garachio* ou *Garachico*, toutes deux sur la rive occidentale.

On prétend encore que cette île renferme une mine d'or près de la pointe *Nagos*.

V. *Isle de Palma.*

Sa forme est circulaire ; elle a 25 lieues de circuit : on vante l'abondance de ses vins, celle de son sucre qui occupe sans cesse quatre moulins ; le terroir y est peu fertile en bled : ces meilleurs vins

DES ISLES CANARIES. 679

croiſſent dans le canton de *Brenia* qui fournit tous les ans 12000 barils de malvoiſie; elle eſt abondante en fruits & en beſtiaux : en 1652 il s'y forma un volcan avec un bruit effrayant & un grand tremblement de terre : il vomit du ſable & des cendres : pendant ſix ſemaines la flame qui s'en éleva fut très-brillante; aujourd'hui il ne ſe fait plus remarquer : c'eſt l'une des deux montagnes formées dans cette île par des volcans depuis que les Eſpagnols s'en ſont emparés.

L'autorité y eſt dans les mains d'un gouverneur & d'un conſeil d'échevins. On y compte deux villes, l'une eſt *Palma*, ſituée ſur la côte orientale, commerçante en vins, ornée d'une très-belle égliſe : l'autre eſt *S. André*, ſituée dans la partie ſeptentrionale; elle eſt petite, mais jolie & bien ſituée.

VI. *Isle de Gomera.*

Elle a 8 lieues de long, 4 de large, & le titre de comté : les vaſſaux du comte ont droit d'en appeller aux juges royaux de l'île Canarie : elle ſuffit aux beſoins de ſes habitans pour les grains & les fruits qu'elle produit : ſes vignes ſont abondantes; elle n'a qu'un moulin à ſucre. Sa capitale porte le même nom; elle eſt ſituée ſur ſa côte orientale, & a un excellent port où la flotte des Indes vient ſouvent jetter l'ancre pour prendre des rafraichiſſemens; à quelque diſtance coule une petite riviere d'eau douce.

VII. *Isle de Fer* ou *Ferro* ou *Hierro*.

Son circuit eſt de 6 lieues : l'orſeille eſt ſa principale production; elle nourrit beaucoup de chèvres.

On n'y voit de vignobles que celui qui y fut planté par l'Anglais *Jean Hill*, ni d'eau douce que celle de la pluie qui se rassemble dans les rochers : on dit qu'un grand arbre au milieu de l'île, sans cesse couvert de nuées, arrête & fixe les vapeurs, & que de ses feuilles l'eau tombe continuellement pendant la nuit dans deux citernes creusées au pied : cette eau suffit au besoin des habitans & à celui de leurs bestiaux : sans être bien fertile, elle produit du bled, des cannes à sucre, beaucoup de fruits & de plantes ; les bestiaux que les habitans y nourrissent, fournissent du lait & du fromage aux habitans. Un volcan s'y ouvre quelquefois avec grand bruit, & y fait beaucoup de ravages. On y voit un bourg qui porte le nom de l'île. Les Français font passer le premier méridien par cette île, comme les Hollandais par celle de Teneriffe.

Fin du Tome X.

TABLE
POUR LE TOME X.

A

ABagnes.	112	Adjerud.	208
Aboro.	544	Adom.	549
Aborrow.	523	Adyrmachides, P.	13
Aboufir.	212	Aga.	540
Aboutig.	191	Agadès.	383, 395
Abrambo.	537	Agarfia, I.	58
Abrobi.	531	Agatton.	577
Abroko.	549	Agaves, P.	149
Abu Girgé.	195	Aghirimba.	627
Abuhilan.	370	Agifymba.	628
Abufam, I.	332	Agle.	337
Abutua.	97	Agmet.	360
Abyffinie.	120	Agnam.	417
Aca.	373	Agoa (baie)	89
Accum.	150	Agoas, P.	146, 149
Ackron.	527	Agobel.	354
Acra, I.	305	Agouna.	542
Adaous, P.	507	Agrado-Ilhea.	589
Adea.	112, 116	Aguader-Aguer.	364
Adel.	117	Aguilon.	364
Adem.	528	Agulhas (banc des)	67
Adenda.	348	Aguna.	577
Adjerafs.	316	Agus.	352
		Aheiram.	209
		Ahoni.	576

Aidcaval, M.	353	Al-Kennim.	158
Aidhab.	157	Alhffach.	50
Ain-Athreede.	297	Allampi.	547
Ain-Maithie.	317	Almanfor.	348
Ajan (côte d')	114	Alvahat.	182
Akanimima.	508	Amara, M.	108
Akaffeb-Affelam.	213	Amarah.	187
Akim.	550	Amba-Geshen.	124, 133, 150
Akkanis.	551		
Akmin.	175, 189	Ambandos, P.	631
Akora.	527	Ambazez, ou Ambozes, I.	587
Akra, R.	543, 545		
Akron.	541	Amboes.	597
Akfor.	185	Ambohitfmeme.	51
Alafaha.	192	Amboule (vallée d')	49
Alakiah, I.	183	Ambrizi, riv.	614
Alakunda, lac.	613	Ambara, Pr.	150
Al-Aleah.	246	Amirante (îles de)	57
Albargra.	34	Ammer, P.	289, 318
Al Baretoun.	212	Ammoniens, P.	14
Albiani.	508	Amoura.	317
Albreda.	401, 434	Ampatrès.	55
Alcaï, M.	333	Ampufa.	112
Alcani.	214	Amfterdam.	541
Alendin.	356	Anachimouffi.	50
Alexandrie.	209	Anamabou.	539
Al-faium.	199	Anasfe.	347
Alfatok.	380	Anealas.	385
Alganfib.	364	Andaloufe.	304
Alger, R.	366	Andouvouche.	52
Alger, V.	394	Andrea.	492
Alghemi.	563	Anggadd.	331
Al-Giofar.	218	Angherbel.	420
Alguer.	354	Angimi.	387

Angoi.	608	Arkiko.	142
Angola.	630	Aroe, fl.	90
Angos.	100	Arsechill, m.	442
Angot, Pr.	135, 145	Arzew.	303
Angote.	629	Arzeyla.	336
Angoxas, I.	100	Ascension (île de l')	644
Angra, riv.	590	Asfun.	184
Angular.	548	Asgangan.	331
Anikan.	539	Ashmunein.	194
Animency.	360	Ashmun-Tanah.	217
Anjuan, I.	58	Ash-oune-mon-kar.	285
Ankobra.	523	Asna.	183
Annobon, I.	645	Assiante.	549
Anossi.	46	Assako.	510
Anse aux Gallions.	47	Assouan.	181
Anta.	527, 529	Asum.	119
Antavarès.	51	Astith.	191
Antongill (baie d')	53	Atfieh.	197
Anziko.	609	Athrib.	216
Apam.	541	Atlantes, P.	14
Aploga.	557	Atlas, M.	7, 14, 280
Apollonia (cap)	508	Attaquas, P.	87
Appak.	568	Atti.	550
Aqua.	541	Auça-Gurule.	118
Aquaffo.	537	Auses, P.	14
Aquambo.	550	Avina.	549
Arabes, P.	274	Aweri.	579
Arabes (golfe des)	8	Axım.	523
Arahone, M.	335	Axuma.	123, 150
Arbailah.	308	Azamor.	351
Ardra, R.	563	Azam, R.	379
Arebo.	577	Azared.	383
Argo, I.	159	Azem.	568
Arguin.	378, 379	Azgar.	337, 382

B

Ba.	568	Balola.	465
Babel-Meluke.	185	Balou.	141
Baboura.	292	Bamba.	625
Badagry.	575	Bambara, Pr.	395
Badenſteyn.	528	Bambouk.	412
Badibou.	436	Banamatapa.	93
Badjoura.	188	Bandel-Caus.	119
Baffa.	499	Bandi.	584
Ba-gay.	286	Banga.	563
Bagemder, I.	150	Banhas, I.	57
Bagiah.	158	Bani.	583
Bagnons, P.	446	Banza.	626
Bagos.	477, 478	Baol, R.	428
Baha-Feluk.	117	Barabra, Pr.	158
Bahana.	199	Barafat.	445
Baheire, lac.	217	Baram, M.	182
Baher-Bellomah.	200	Barbarie.	220
Bahia das vaccas.	640	Barbeſine (îles de)	429
Bahiré, Pr.	209	Barbora.	119
Bahiré-Faraoum, lac.	264	Barca.	224
Baramout.	201	Barca. (déſert de)	225
Bakka-bakka.	609	Bardis.	189
Bakke-Bakke.	596	Bardo.	232
Bakke-Meales.	596	Barh-el-abiad, fl.	134
Bal-al-mandab.	118	Barh-nagash.	141
Balaguan.	352	Barka.	543
Balankoi.	608	Barra.	434
Balantes, P.	459	Barraboa.	116
Balbanins.	159	Barracombo.	589
Baleine (île de la)	140	Barrakonda.	401, 402, 438
Bali.	143	Barra-maa.	116
Balmala.	385	Barrinding.	434
		Baſcha.	588

Bafcias, I.	90	Beni-Guarid, M.	227
Bashlo, fl.	133	Beni-Guazeval, M.	333
Baffey.	441	Beni-Guriachil, M.	333
Baſtay.	218	Beni-Haſſan.	195
Baſtion de France (le)	281	Beni-Manſor, M.	333
Bathen, lac.	196	Beni-Meguer, M.	351
Batta.	627	Beni-Mezzab, P.	318
Baxas-Suino.	498	Benin, R.	570
Bay-jah.	245	Benin, V.	577
Bayto.	449	Beni-Rashid.	311
Baytur.	143	Beni-Sabih.	366
Baza-Loargiri.	605	Beni-Sahid, M.	331
Bedouins, Pr.	167	Beni-Teude.	337
Beghnis.	256	Beni-Yaſga, M.	344
Beiſſons.	253	Beni-Zarral, M.	333
Belbaïs.	218	Benſe, I.	470
Belkin.	216	Benthulud.	346
Belli.	583	Berangieh.	196
Bembé.	640	Bereberes, P. 318, 327,	
Bena, riv.	468		375
Bengaſe.	224	Berdoa (déſert de) 225,	
Benais, P.	382		384
Beneshouſe, M.	306	Berelos.	216
Beneſvief.	196	Berg-rivier.	82
Benguela.	637	Berigan.	318
Benguela (la vieille)	640	Berinding.	436
Benguzi.	224	Berin-Schul, I.	300
Beni-Aras, M.	335	Beriſſa.	395
Beni-Baçil.	341	Bertuma-Galla.	144
Beni-Beſſeni.	370	Betiqua.	628
Beni-Bou-Taleb, P.	292	Biafara.	588
Beni-Chelid, M.	333	Biafaras, P. 462, 463	
Beni-Cumi.	371	Bibays.	217
Beni-Gebura, M.	333	Bibeh.	196

Bicari-ab.	286	Boo-Staiter.	247
Bifeche, I.	400, 420	Bora.	215
Biguba.	465	Boren-Galla.	144
Bijige.	199	Borores, P.	112
Bilbas, I.	400, 417	Bot.	460
Biledulgerid.	262	Botavay.	499
Binque.	470	Botonga.	90
Bird, I.	437	Botro.	528
Birket-el-Hadsji.	209	Bottelary.	82
Birinas, P.	86	Bouche.	196
Biscara.	315	Bouferjoune.	317
Bissagots (îles)	452, 457	Boujaronie.	284
Bissague, I.	465	Boume-leah.	315
Bissao, I.	452, 453	Bourbon, île.	28, 456
Bito.	389	Bournou.	388
Biyurt.	426	Bausba.	253
Bizerte.	246	Braham-Aslemmy.	316
Bleeda.	298	Bramas, P.	597
Bludah.	300	Branca, I.	650
Boari.	529	Brava.	114
Bodi.	587	Brava, I.	653
Bodiva.	587	Bravas, I.	476
Bododo.	577	Bredcah.	308
Bokos, I.	399	Brenia.	679
Bojador (cap)	378	Bresk.	301
Bole.	460	Bruko.	436, 442
Bomma, I.	615	Bruksal, I.	400, 430
Bona.	282	Brulos (los)	214
Bondu.	415	Bubus.	372
Bonna-Vista, I.	659	Bucchia, M.	333
Bonne-Espérance (cap)	59	Buento.	97
		Buffles (iles dés)	588
Bonu.	551	Bugie.	284
Boohadjar.	254	Bulac.	204

Bulam, I.	456	Cangon.	628
Bulm-Monou.	478	Cani (les) I.	246
Bulum, R.	470	Cano.	391
Bungo.	597, 607	Cap (le)	76, 77
Burdah.	441	Cap-Blanco.	245
Buregreg, riv.	330	Cap-Bon.	8, 247, 250
Burgh-Souary.	297	Cap-Corſe.	535
Burré, R.	471	Cap-Delgado.	3
Burro.	97	Cap-Negro.	245
Burſali, R.	429	Cap-Oudia.	255
Buſir.	216	Cap de la reine Anne.	538
Buſſi, I.	453	Cap-Verd.	7, 422
Bzo.	356	Cap-Verd, voyez îles.	
		Caps ou Cabès.	229, 257
C		Carafah.	206
		Carcanoſſi.	47
Cabonas, P.	85	Caremboules.	54
Cabo-Roxo.	451	Carnera, I.	650
Caer, ou Cayor, lac,	380, 406	Cars-Eſſaiad.	188
		Carthage.	247
Cadenſis, P.	243	Caſaſa.	332
Cafres., P.	88	Caſar-el-Cabir.	338
Caire (le) ou Caherah.	204	Caſeir.	193
		Caſena.	392
Cairoan.	224, 258	Caſr-Caroon.	200
Calbari.	581	Caſs.	186
Caldera.	676	Caſſareen.	261
Calle (la)	281	Caſſilis.	213
Callah.	286, 292	Caſſir-Aſeite.	251
Cambat, Pr.	147	Caſſir-Jebbir.	287
Canaries (îles)	665	Caſtoula, P.	296
Canarie, I.	670	Cathieh.	218
Canaſtel.	303	Cavallos.	670
Canem.	387	Cavata, M.	344

TABLE.

Cedic.	288	Congo.	614
Cercasserum.	214	Congo, riv.	637
Cernu.	352	Conradsbourg.	533, 534
Ceuta.	335	Constantine.	287
Chakanga.	92	Conyur.	411
Changa, I.	105	Coptes, P.	168
Chaoa.	146	Coptos.	187
Chaore, I.	650	Corisco, I.	590
Charles (îles)	434	Cormantin.	540
Chassaïr.	370	Cosa-Ezzachir.	336
Chaukunda.	441	Côtes désertes.	641
Chaus ou Cust, P.	343	Couxea.	478
Chavanets, P.	347	Crabes (îles des)	53
Chelib, M.	335	Crevecœur.	545
Chelicie.	112	Cuama, fl.	93
Chevres (îles aux)	649	Culeyhat - Elmuhaïdin.	
Chicova.	98		354
Chinquela.	382	Cull.	283
Chiri.	101	Cunaigelgherben, M.	344
Chobras.	670	Curen.	224
Choucha.	481	Cussié.	192
Christiansbourg.	545	Cyrenéens, P.	13
Cimbebas, P.	641		
Cio.	112	**D**	
Cithibeb, M. & V.	357		
Ciudad das Palmas.	671	Dadlemullet.	415
Clybea.	251	Dahomay.	566
Coga.	149	Dalacca.	119
Colzim, M.	193	Dallaka, I.	140
Comeinacquas, P.	85	Damaquas, P.	87
Commendo.	531	Damasensa.	443
Comore (îles)	57	Danbanna.	415
Concha.	54	Dambée ou Dembée, P.	
Conchaa.	53		123, 148
		Damiette.	

TABLE.

Damiette.	174, 216	Dinkira.	549
Damot, Pr.	151	Dobarua.	142
Damroquas, P.	87	Dodo, riv.	569, 581
Damute.	146	Dofarzo.	146
Dancalé.	142	Dongo.	630
Dancaza.	149	Donkala.	159
Darah (le)	365	Drackenfteiu.	76, 82
Dar-el-Hamer.	339	Dramanet.	400, 411
Daffen, I.	66	Drevin (le grand)	504
Dattes (pays des)	221	Droma.	500
Dauma.	390	Dromwa-Petri.	506
Dauphin (fort)	47	Drou.	500
Daufan.	315	Duodu.	345
Debra-Selalo.	146	Duo.	102
Dedès, M.	356	Dugga.	253
Dejiffé.	201	Duhokunda.	441
Dekin.	159	Dukuela, P.	351
Dellys.	285	Dungala.	156, 159
Demafs.	255		
Demba.	625	**E**	
Demenhier.	214		
Demenfere, M.	353	Ebadie.	195
Demifchli.	217	Ebba.	264
Demfis.	219	Ebillée.	265
Dermadoud.	190	Ecais.	339
Derne.	223	Edfu.	183
Defié.	199	Eefah.	292
Defolate-Iflands.	57	Eguimuha.	356
Diable (monts du)	65	Eguira.	523
Dickfcove.	527	Egypte.	160
Diego-Garcie, I.	57	Ehmazaffen, riv.	330
Diego-Ruiz, I.	15	Eitiat.	357
Dieppe (le petit)	494	Ekki-Tekki.	531
Dimmidde.	318	Elalia.	255

El-Avish.	218	Enduto.	425
El-Bekier.	213	Enfans trouvés (îles des)	66
El-Berbi.	189		
El-Callah.	308	Engousah.	313, 314
Elcazar-Faron.	339	Engueleguingit.	355
Elco-le-ah.	299	Ensacka.	633
Eléphant (île de l')	443	Ensineh.	194
Eléphantine, I.	182	Epée (port)	575
El-Farastac.	215	Equéa.	551
Elgattar.	287	Erin-Dranou.	51
Elgiehama.	360	Erment.	184
Elgiminha,	338	Eropina, R.	442
El-Gourney.	190	Errif, M.	7
El-Hammah.	258	Errif, Pr.	332
El-Herba.	311	Esclaves (côte des)	552
El-houeh.	192	Escure, Pr.	355
El-Joube.	331	Esieps, P.	506
El-Junes.	348	Esna.	183
El-kas, M.	218	Esououd.	197
El-Koada-rah.	310	Essené.	181
Ellamaite.	256	Est (province de l')	251
Elmadine.	356	Estuque.	371
El-Mabres.	256	Etouerat.	187
El Medea-Mahdia.	255	Euphrate, riv.	554
Elmedine.	351	Ezagen.	337
Eluama.	633	Ezzab.	227
Embabe.	214		
Embacka.	634	F	
Embar.	426		
Emboul.	426	Fagazer.	674
Emegiagen.	360	Falos-jam, P.	149
Emmanuel (cap)	422	Fals (cap)	64, 67
Enarea, P. 125, 135, 147		Fanias ou Finas, I.	595
Enceada da Bela.	119	Fanshere, riv.	47

Fantin.	539	Foleykunda.	440
Faradeese.	252	Foljas.	488, 490
Faraixa.	363	Folis de Kasson.	397
Farar.	396	Fom-alouad, lac.	248
Farbanna.	414	Fonia, R.	444
Fasaa.	214	Fooab.	174, 215
Fatagar, P.	146	Forcados.	579
Fatama, R.	467	Formosa (baie)	112
Fatalenda.	438	Formosa, île.	456
Fattik.	434	Formosa, riv.	570
Fattiko.	441	Formose, cap.	581
Fatuca.	97	Fort Blanc.	28
Fekàm.	439	Fort-Royal.	536
Felaques, P.	167	Foulaon.	567
Felu (rochers de)	401	Foulis, P.	416
Fer (île de)	679	Foulpointe.	48, 52
Fereala.	369	France (île de)	16
Fermes, I.	583	Frati (les) îles.	245
Fernand-Pao, I.	649	Fredericsbourg.	526
Ferre-anah.	261	Fremona.	151
Fessen, Pr.	227	Frita.	508
Fetne, I.	196	Fua.	215
Fetu, R.	532	Fuego (île de)	654
Fez, R.	328	Fuerte-Ventura, I.	670
Fez, Pr.	338	Fungeno.	609
Fez, V.	342	Furcarane.	413
Fighig.	370	Furshut.	188
Filderat.	354	Fuschaa.	156
Fish-Town.	585	Fythe-el-Bothmah.	317
Fissato.	229	Fythe-el-Botum.	317
Fium, Pr.	198		
Fixtele.	357		
Flups, P.	445, 467		
Foco, I.	582		

Xx 2

G

Gabbs.	257	Garian, M.	227
Gabel-mousa, M.	336	Garzis.	345
Gabinde.	608	Gastir.	369
Gabou.	569	Gatton ou Gato, voyez Agatton.	
Gademis, Pr.	227	Gauros, P.	87
Gadua.	415	Gazole.	355
Gafates, P.	146, 147	Geba.	451
Gaffsa.	264	Gebel-el-Hadith, M.	354
Gago.	392	Gebel-Silsili.	183
Gaidhab.	157	Gebbes. Monus, P.	490
Galam, R.	410	Gelmœ.	289
Galama.	397	Gemaagidid.	360
Galas, P.	482	Gerba, I.	257
Galaveys, P.	482	Gerbié.	215
Galder.	672	Gerceluin.	346
Gallemboulou.	52	Geskon, M.	133
Galles.	143	Geves, riv. & v.	460
Gallinas, I.	457, 458	Gezula, P.	361
Gallo.	99	Ghana.	391
Galouwah.	159	Ghanara.	390
Gambie ou Gambra.	10, 401	Ghedemes.	227
		Gherma.	385
Gamelora, I.	247	Gherzé.	228
Gammo.	507	Ghet.	596
Gan, Pr.	125	Ghinala, R.	463
Gaoga.	387	Ghingifarauna.	414
Garachio.	678	Ghirghin.	449
Garamantes, P.	14, 227	Ghoumel.	417
Gardafui (cap)	7	Ghuni, I.	650
Gardeiah.	318	Gigamas, P.	13
Gared.	364	Gilma.	260
Garet, Pr.	331	Gindames, P.	14
		Gingir-bomba.	610

Gingiro.	147	Guber.	396
Giran.	309	Guça, M.	132
Girgé.	189	Guaffo.	531
Giron.	506	Guaguos.	611
Gizeh.	201	Guahedé.	371
Gobbi.	602	Gualata.	372, 382
Gojam, Pr.	122, 146, 513	Gualibi.	341
Gojeeda.	319	Guanches, P.	666
Golli.	462	Guangara.	390
Gomera, I.		Guardafu (cap)	118
Gomora, I.	57	Guerder.	149
Gomra.	317	Guerygure, M.	339
Gonféde.	462	Guigina, M.	355
Gonga.	148	Guimbala.	396
Gonghira.	397	Guinée (basse)	579
Goragues, P.	146, 147	Guinée (haute)	469
Gor-bota.	264	Guioméré, R.	508
Gorée, I.	423	Guish, M.	133
Gorgora.	149	Gumby, I.	53
Gorham.	388	Gurba.	251
Goulette (la)	248		
Gourgon.	192	**H**	
Gournou.	185		
Goyava.	500	Habaseh.	219
Goz.	355	Ha-beela, I.	304
Grande-Chaloupe.	32	Hadagia.	345
Grand-Foro.	568	Haden.	382
Granze.	116	Hadjoute.	312
Gratiosa, I.	669	Hain el Chalu.	348
Greboué.	562	Haïr.	383
Gregoi, I.	562	Halvan.	341
Grœnenekloof.	84	Hamam-et.	251
Grova.	501	Hamlisnan.	346
		Hamza.	296

Hando.	478	Icondre.	55
Hante.	549	Idoles (riv. des)	467
Hantele, M.	358	Ifren.	373
Harfgone.	305	Iguidi.	383
Hasbat, P.	334	Iguira.	549
Havash, fl.	117	Ijopjavian.	120
Hazon.	53	Ikollo.	633
Hea, Pr.	353	Ikon.	538
Hedequis.	354	Ilak, Pr.	159
Hen-neisbah, P.	287	Imizimis.	360
Henquife, M.	362	Im. miféa.	305
Herba.	297	Incaffan (le petit)	527
Herkla.	254	Indea.	442
Hefperis.	224	Inhamior.	97
Heffaquas, P.	87	Inhanbane, fl.	90
Heufaquas, P.	88	Inhaqua.	90
Hidrah.	261	Inhaquea.	92
Hiero.	679	Injami.	607
Hilela.	369	Inkaffan (le grand)	549
Hollande Hottentote.	80	Inshilla.	256
Hamam.	337	Ilalem, M.	362
Hofaib.	193	Ilamba.	631, 633
Hottentots, P.	67	Infoko.	551
Hou.	188	Iri.	628
Houlouve.	53	Ifago.	569
Hout-Baie.	66	Ifle Cap Verd.	650
Hovat.	419	Ifle du Prince.	592
Hucade, riv.	307	Iffini.	508, 510
Hugi, R.	379	Itakkous.	582
		Itanna.	569
I		Itomampo.	55
		Juanny, I.	58
Ibeebah.	260	Ivoire (côte d')	502
Ibrim.	158	Izame.	49

TABLE. 695

Izer.	385	Jim-mell-Auress, M.	290
Jab.	438	Jinnett.	293
Jabou.	575	Joar.	429, 430
Jabs, R.	530	Joal.	428
Jabun.	576	Joally.	434
Jaggas ou Jindes.	611	Jokkato.	435
Jaka.	510	Juba.	115
Jago.	568	Jubu.	576
Jagra, R.	443	Juhambane.	89
Jaka.	439	Juida, R.	554
Jakin.	567, 568	Jouuron Hehoc.	53
Jak-in-Jakko.	507	Jurjura, M.	296
Jalofs, P.	418		
Jalta, I.	245	K	
Jamaïque.	479		
James.	544	Kabachir.	445
Jamesfort.	401, 435	Kabeschir.	436
Jamez.	448	Kabinda.	608
Jakin.	554	Kabo.	461
Jaramey.	437	Kabra.	395
Jarim.	451	Kachao.	449
Jean de Barre, I.	400	Kaen, R.	443
Jelloulah.	259	Kaignou.	400
Jemarrow, R.	441	Kair-wan.	258
Jemme.	258	Kakango.	607
Jeraado.	252	Kalabar, voyez Kalbari.	
Jerads.	252	Kalbari.	582
Jerba, I.	229, 257	Kalebe.	583
Jereja.	444, 446	Kallangos.	585
Jibbel-Hadefsa, M.	263	Kalukala.	631
Jifrai.	401	Kambaba.	630, 634
Jigel.	284	Kantor, R.	440
Jimmelah.	292	Karabados.	480
Jim-mell.	301	Karaches, I.	458

X x 4

Kargo.	607	Kiova.	624
Karné.	389	Koanga, riv.	613
Karoun, lac.	196, 200	Koanzu, riv.	614
Kasamansa, R. & V.	446, 479	Kobas.	437
		Koebergen, M.	79
Kasbaite.	292	Kohone.	429
Kasnabak, I.	458	Kokbaquas, P.	84
Kasr-kiassera.	213	Kokotes, P.	467
Kassan.	437	Kolar.	435
Kassanji.	612	Kolbene.	228
Kasson.	397, 400	Kolikunda.	442
Kau.	606	Kolsum.	208
Kaugha.	387	Kombas, P.	471
Kau-il-kobbara.	190	Kombregudu.	415
Kaunkane.	458	Kommani, R.	531
Kawar.	384	Komol.	157
Kayor, R.	422, 424	Kompas, P.	513
Kazegut, I.	458	Kondi.	629
Kedham.	477	Konga.	606
Kefft.	261	Kontu.	415
Keiramacquas, P.	86	Kopmans, P.	87
Kaisers-rivier.	74, 79	Kora.	442
Kela.	552	Koramo.	576
Kena.	187	Korbi-la-hau.	507
Kena.	158	Korikambis, P.	85
Kept.	186	Korkora.	143
Khamtovers, P.	87	Kossir.	193, 194
Khirigriquas, P.	85	Koto.	552
Khourouxa.	596	Kotrou.	506
Kilfit.	157	Koucho.	477
Kilimane.	99	Koum-Ombo.	182
Kilongo ou Kalonga.	605	Kous.	186
Kimaya.	606	Kowar.	429
Kings-Town.	440	Kower.	429

TABLE.

Krika.	583	Lelunda, riv.	614
Kumbo.	448	Lemain, I.	437
Kuran.	575	Lemba.	627
Kurbata.	448	Lemlem.	392
Kuttejar.	437	Lempta.	254
		Lempta (désert de)	383

L

		Lerneb.	286
		Levant (Prov. du)	280
Labadde.	546	Leyd-Saamheyde.	541
Lagoa.	659	Licondœ.	228
Lagos, riv.	576	Lion (Mont du)	65
Laguna.	678	Loanda.	632
Laguyo.	541	Loango.	597
La-Hou.	506	Loango, propre.	605
Laila.	143	Lobos, I.	577
Lamalmon M.	132	Lo-ha.	310
Lamanou.	53	Longeri.	606
Lambaya.	428	Longue-pointe.	52
Lametounah.	384	LoperGonsalvo (cap)	594
Lamo, I.	112	Lorbuss.	253
Lampte.	329	Lowote, P.	318
Lanagla.	670	Luane.	97
Lancerotta, I.	669	Lubolo.	640
Lanel.	410	Ludayes, L.	381
Lapata, M.	113	Luiola.	634
Lavache.	338	Lusor.	185
Larbusses, P.	350	Luz (Lou.)	672
Larotava.	674	Lyœna.	314
Latomia, J.	214	Lybiens Nomade, P.	14
Lavata.	384		
Lawa-reah.	250		

M

Lay.	347		
Libida.	228	Maberia, lac.	396
Leda-Negus.	146	Macas.	421

TABLE.

Machamala, M.	476	Manatingha.	49
Machiama, I.	630	Manbone.	90
Machicore.	54	Mandingos, P.	402,
Machidas, P.	113		410, 439
Machlyes, P.	14	Mandreray.	49
Macoco.	609	Manez, P.	471
Macuas, P.	93, 101	Manfalouth.	192
Madagascar, I.	34	Manfort.	541
Madaravan.	348	Manfro.	536
Maddergat.	81	Mango.	542
Madecasses, P.	36	Mangor.	425
Madfune.	118	Manica.	91, 92
Maegoa.	151	Mankanet.	410
Magadoxa.	115	Mankou, riv.	523
Magrovah.	309	Mansourat.	218
Maguile.	339	Mansourah.	307
Mahafales, P.	54	Mansoureah, fl.	284
Mahangano.	633	Mansunah, I.	183
Mai-seerda.	331	Maoibo, I.	105
Majumbe.	591	Mapacoye, I.	479
Majyre.	313	Maracatos, P.	113
Makanna.	415	Maraisah.	250
Makaya.	424	Marakunda.	436
Malaguette (côte de)	495	Maramer.	352
Malanpagne.	462	Marasa.	390
Malel.	392	Maravi.	112
Malembo.	607	Mardogan.	93
Maliana.	311	Maroc (empire de)	320
Maller.	246	Maroc (royaume de)	349
Mamohre.	339	Maroc (prov. de)	357
Mamum.	368	Maroc (ville de)	358
Manacarongha.	50	Maroc, I.	152
Manamboule.	55	Marotte, I.	53
Mananghourou, riv.	52	Maroupé.	92

Marza.	379	Medea.	298
Marzali.	97	Medera.	390
Marza-Sufa.	224	Medheram Iza.	385
Ma-Saffran, riv.	299	Medra.	588, 596
Mafagran.	302	Meelah.	289
Mafcar.	308	Meggeo.	332
Mafcarenhas, I.	28	Mchalkebir.	216
Maffah, riv.	488	Mehal-Leben.	214
Maffander, I.	630	Mejerdah, fl.	247
Maffapa.	97	Mejidah.	310
Mafly.	112	Melavi.	192
Matagara.	369	Metille.	332
Matahoama, I.	630	Melinde.	110
Matamba.	613	Melulo, riv.	330
Mataré.	208	Memon.	310
Matabane.	50	Memphis.	201
Matemo, I.	105	Menage, I.	400
Matgare, M.	343	Menhaia.	246
Mathan.	389	Menif.	215
Matinbas.	596	Mensheeb.	189
Maures, P.	272	Menuthias, I.	3
Maurice, I.	16	Menzaleh (lac)	217
Maurucas.	101	Menzil.	258
Mawri.	538	Mequinez.	340
Mayamba.	603, 604	Mera-cobin.	119
Mayo, I.	658	Merdafs, P.	281
Mayotta, I.	58	Mereega (bains de)	312
Mazagan.	351	Mergo.	337
Mazalig.	370	Merjejah.	311
Mazelage.	53	Mer-Rouge.	8
Mazouna.	309	Merfel-Keber.	304
Mazua, I.	141	Mefemme.	334
Meatu-abuali.	215	Mesheagah.	252
Meczara (terre de)	395	Meffa.	364

TABLE

Mes-feelah.	291	Monomotapa.	92
Meftura.	253	Monfal.	609
Mefurado (cap)	491	Monfoles.	609
Meth, I.	119	Monte (cap)	489
Metikas.	609	Montego.	552
Mettijah.	298	Monti-Nivofi.	637
Meyalu.	596	Monts de la Lune.	7
Meyberg.	577	Monus, P.	490
Mezpaga.	346	Monviriffew.	605
Mezzel-jemeine.	246	Mopenda.	609
Miathir, M.	344, 352	Moravi, lac.	108, 112
Midi (province du)	254	Morfil, I.	417
Midroe.	319	Morombas.	604
Mina.	309, 532	Mofongo.	609
Miniet.	195	Mosho.	159
Mifias.	229	Moffegayes, P.	114
Mifocongos, P.	620	Moffelbank, fl.	79
Mitomba.	469, 476	Moffula.	626
Moghera, I.	399	Motola.	626
Mohilla, I.	58	Moucheron, I.	590
Moko.	583	Mous.	634
Mombaça.	108	Moufchos, P.	628
Mompas, P.	549	Mozambique, R.	102
Monadelli.	143	Mazambique, I.	103
Monambafcha-gatt.	588	Mugrabi, P.	167
Monafteer.	254	Mujaco.	596
Monbalus.	625	Mullooïa.	331
Mondeb, M.	118	Mumbos.	101
Mondel.	111	Muskats, Arabes.	109
Monfia, I.	107	Muftigannim.	302
Mongador, I.	353, 355	Muzombo Akalunga.	613
Mongale.	99		
Mongas, P.	98		
Mano-Etnugi.	113		

TABLE. 701

N

Nabal.	251
Nadies, P.	281
Nador.	319
Nafta.	265
Naïr.	228
Nakos (cap)	301
Nakrey.	437
Nalous, P.	465
Namaquas, P.	85
Narea, P.	147
Nasamones, P.	13, 225
Nassau.	538
Natal (cap)	53
Near-dée, P.	290
Nedromé.	305
Nefuse, M.	358
Negrey.	587
Negro (cap)	641
Nekaddi.	186
Nesle.	199
Neslet-Sharony.	196
Nettoko.	414
Nguiangue.	421
Nie-Kowse.	291
Niffo.	500
Niger, fl.	9
Nigritie.	386
Nikios.	216
Nil, fl.	8, 133, 173
Nimeamaya.	113
Ningo.	546, 547
Nivaria.	677

Nombo, riv.	605
Nossa senhora Conceïcao.	644
Nossi-Ibrahim.	55
Nubie.	152
Nuchaile.	346, 348
Nun.	372
Nun (cap de)	365
Nunez, riv.	466

O

Oacco.	640
Oarden.	214
Obila.	613
Occuba.	314
Oddena.	532
Oedo, voyez Benin.	
Oeiras (la nouvelle)	635
Offra.	568
Ofur.	97
Ogoua.	534
Oibo, I.	105
Olibato (riv. & baie)	595
Olkseïr, M.	195
Ollaki, M.	157
Ommirabilis, fl.	351
Ommo-Zaïdes	114
Ontampassemaci.	50
Or (côte d').	514
Oran.	303
Orange (fort)	529
Orfa.	546
Orgabra.	116

702   TABLE.

Orotova.	675	Petri.	504
Orfoko.	545	Peuls, P. 397, 416,	430
Ofchins, P.	512	Pholeys, P.	430
Oualo, R.	419	Phyloe, I.	182
Oudobo.	575	Picos-Fragofos	7, 103
Ouell (province de)	260	Pic de Teneriffe.	675
Ouguela.	226	Pignon de Vellez.	334
Ouly, fl.	438	Pin [île du]	118
Overry ou Oere.	580	Pinofa	659
Oyeo.	563	Piri.	604
		Pirins, I.	595
P		Pieterboth, M,	16
		Plintine.	212
Paboon, I.	437	Plizoge, lac.	488
Palamite, riv.	87	Pockefo.	526
Palma.	678, 679	Polóma.	579
Palmas (cap das)	500	Pombo.	609
Palmiers (île des)	420	Poncas, I.	646
Panes, I.	584	Popo, R.	553
Panié.	563	Port aux prunes.	51
Pangue.	629	Portendic.	378, 379
Panguelonguos.	629	Port-Louis.	27
Panza.	626	Porto-Farina.	247
Pao de Nao.	589	Porto de Garopo.	589
Papels, P.	451, 454	Portonovo.	575
Paruchato, M.	627	Porto-Praya.	657
Paska.	447	Portudal.	428
Paté ou Patta.	111	Poyera.	528
Pavoaçan.	648	Pozzo-Negro.	670
Pemba, I.	107	Praya.	567
Pena, I.	348	Prey.	440
Penga.	626	Primeiras, I.	100
Perroquets (île aux)	585	Prince (île du)	649
Pefcara.	315	Pfylles, P.	13, 225

TABLE.

Pungo, I. 591, 592
Puy-Monus, P. 488

Q

Quabo-Monou. 497
Quanamora. 478
Quantalla, I. 615
Quaquas, P. 503, 507, 509
Queda. 400
Queigne. 414, 415
Quelles, riv. 605
Queney. 368
Querkeiness, I. 256
Quiforo. 550
Quilliga. 480
Quiloa. 106
Quiloa (le vieux) 107
Quilonne. 90
Quimos, P. 35
Quirimba (île de) 104
Quitervé. 90
Quiteva. 366
Quitiqui. 97
Quizama. 625, 634
Quoja, P. 482

R

Rabat. 340
Ramos, riv. 581
Ranout-foutchi. 47
Ras-Ahehaz. 156

Ras-al-enf (cap) 193
Rafat (cap) 224
Raschid. 213
Ras-el-Hamrah. 283
Rassem. 226
Reghekill. 389
Retch. 369
Rhacotis. 24
Rhodes. 250
Rialejo. 674, 678
Ribeira. 657
Rif. 209
Righah. 197
Rio Camarone. 588
Rio Condé. 585
Rio-Cuavo, fl. 106
Rio Gabon. 691
Rio das Gallinas. 480
Rio Grande, riv. 465
Rio-Junco. 489, 493
Rio Maguila. 481
Rio San Benito. 589
Rio San Clemento. 500
Rio San Domingo. 584
Rio Sesto. 494, 495
Rio da Volta. 548
Robben, I. 66
Rodriguez, I. 15
Roida. 204
Rolles, I. 649
Romania. 214
Rondettin, I. 211
Roquepic, I. 57
Rosette. 174, 213

TABLE.

Rotime.	348	Saint Matthieu, I.	645
Rufisco.	425	—— Nicolas, I.	661
Rugga.	258	—— Paul.	32
Ruyperez (cap)	641	—— Paul de Loanda.	632
		—— Paul de Loanda, I.	633

S

		—— Philipe de Benguela.	
Sa.	215		640
Sabi.	557, 562	—— Philipe [isle]	654
Sabia.	90	—— Raphael [terre de]	
Sabmie.	219		107
Sabu, R.	537	—— Salvador.	626
Saca.	50	—— Sebastien.	530
Saccara.	197	—— Thomas, I.	646
Sacumba.	98	—— Thomé [golfe de]	
Saffle.	352		641
Sahaleet.	254	—— Vincent, I.	662
Sahara.	312, 374	Sainte Claire, I.	48
Sahid.	181	—— Croix.	364
Sainte (île)	92	—— Crux.	677
Saint André.	679	—— Helene.	183
—— André, riv.	505	—— Helene, I.	642
—— Antoine, I.	663	—— Lucie.	48
—— Augustin (baie)	54	—— Lucie, I.	662
—— Denis.	31	—— Marie.	32
—— Etienne, I.	150	—— Marie, I.	55
—— George, I.	104	—— Susanne.	32
—— Jago.	655	Saissandin.	415
—— Jaga, I.	104	Sakarah.	248
—— Jean.	659	Sal ou Sel [isle de]	660
—— Jean, I.	653	Sala.	348, 395
—— Laurent, I.	34	Salaka.	157
—— Laurent, riv.	81	Salasses, M.	29
—— Louis, I.	400, 421	Saldanha, baie.	66
		Salé.	

Salé.	340	Sciouth.	191
Saleoto.	255	Seba-adja.	147
Salonef.	213	Sebafé.	491
Salt-Town.	585	Sebaket-Bardoïl, lac.	218
Salum, R.	429	Secmara.	389
Salvaga, I.	669	Sechelles (île de)	33
Sama.	440, 530	Seedy-Abdel-abuft.	253
Samalout.	195	Seedy-Abdel, (Monum)	332
Sambreras, I.	476		
Sambunara.	413, 415	Seedy-Doude.	250
Samen, Pr.	150	Segalla.	413
Samey.	437	Sehama, I.	140
Samotmat.	364	Sei-boufe, fl.	282
Saneala.	148	Sekido.	543
Sandala.	441	Selamun.	214
Sangamo, riv.	581	Selico.	439
Sangaya.	428	Sella.	640
Sanguin.	498	Semegonda.	389
Sanhago, I.	53	Semmed, M.	358
Sanjalli, R.	434	Semmenud.	216
Sann.	217	Sena.	97
Sant-rieh.	226	Sénégal [contrée du]	398
Sanyeng.	425	Sénégal, fl.	10, 399
Sapa, I.	437	Senégues, P.	381
Sarbo, I.	140	Sennar.	158
Sbekkah.	264	Senfaon.	334
Sbybah.	309	Serakoles, P.	410, 411, 430
Scété (défert de)	214		
Scheduan, I.	194	Sereres [lac des]	427
Scheikhielgargih.	187	Sereres [repub. des]	426
Scherbro, fl. & I.	477, 479	Serges.	587
		Serinpeta.	420
Schewa.	146	Serra-Querrera.	589
Scioth.	191	Seftre [le grand]	500

Tome X.   Y y

Seftre krou.	499	Siouah.	226
Seteef.	292	Sment.	196
Seterra.	499	Sofalah.	90
Sethron.	217	Sofroi.	345
Sethé.	603	Sogno ou Songo.	623
Sfax.	256	Soko.	544, 548
Shabur.	214	Soliman.	250
Sharbieth.	216	Songo.	439
Shbai hée.	289	Sonquas, P.	87
She-ab.	255	Sorciers [île des]	456
Shellif, riv.	302	Souadi.	195
Sher-Shell.	300	Soudain.	159
Shibkab - el - Lowdeab.	263	Souf.	194
		Sour-Guflan.	296
Shil-ellah.	297	Soufes, P.	439
Shingen, I.	93	Soufez, P.	468
Shott [vallée de]	316	Soutra.	382
Sian.	112	Souverabo.	499
Sicfive, M.	358	Spaitla.	260
Sidna-hines.	348	Spartel.	336
Sidre [golfe de]	8, 215, 218	Spife.	547
		Steenbergen, M.	79
Sierra-Liona.	469	Stellenbofch.	76, 80
Sieul_	54	Stora.	283
Sifte. nis	219	Suahyla.	369
Siguln..an	368	Suakem ou Suaquem,	141, 156
Silifrey.	434		
Silin.	191	Subu, riv.	330
Silm-Mnou.	478	Suches, P.	156
Sin, R.	428	Sudeit.	352
Sinaab.	310	Suez.	207
Sincho.	547	Sufange-ul-bahri.	193
Sino [cap de]	499	Sukené.	228
Sinfo.	632	Sukkonda.	529

Sundi.	628	Tagteffe.	354
Surfeff.	258	Tagva.	387
Sufa.	254	Tahen.	549
Suffaquas, P.	85	Tailoun.	205
Sutema.	441	Taje-elt.	287
Sutteko.	438	Tamba.	640
Suz, R.	362	Tamboura.	415
Swamma.	309	Tammaracoft.	369
Sidra, I.	225	Tana.	216
		Tanger.	336
T		Tanica.	201
		Tankrowal.	443
Ta-banka.	244	Tanfor.	337
Tabau.	530	Tantumqueri.	541
Table [mont de la]	64	Taragot.	366
Tabo.	506	Tarcoa.	147
Tabo-Dagrou.	493	Targa.	334
Tabo-Dunc.	504	Tarudant.	313
Tabornoft.	366	Tafauka.	385
Tacafarta.	218	Taffe.	499
Tacafé, fl.	133	Taffo, I.	470
Tackumbreet.	305	Táttubt.	289
Tacumaders.	366	Tauna.	194
Tafaliogo.	411	Tebelbelt.	370
Tafalifga.	400	Tebelder.	588
Tafilet.	307	Tecaleth.	354
Tafo.	551	Teceut.	363
Taga-dempt.	309	Tedle, Pr.	356
Tagoaft.	363	Tedneft.	364
Tagodaft.	356	Tedfi.	363
Tagora.	119	Tefeffad.	299
Tagofa.	334	Tefethne.	354
Tagrim [cap]	476	Tefut.	366
Tagulmemmet.	308	Tefza.	357

TABLE.

Tefzra.	306	Tetuan.	331
Tegaza.	381	Teukera.	224
Tegeget.	348	Teurert.	345
Tegewfe.	264	Tevendez, M.	355
Tegorarin, Pr.	319	Teyde [Pic de]	675
Tegemoute.	318	Teyeut.	354
Tel-el-Judich.	219	Tezar.	345
Telemcen.	265	Tezarat.	360
Tel-Effabé.	218	Tezerghe.	346
Telles.	334	Tezerin.	370
Tema.	546	Tezout.	332
Temelet.	360	Thabal-Mariam, M.	132
Temefen, P.	346	Thabraca.	281
Temiam.	389	Thagia.	348
Tendebar.	443	Thainée.	256
Teneriffe, I.	672	Thebes.	184
Tenefe.	360	Thimida.	246
Tennis.	217	Thiriko.	607
Tenfités, M.	355	Thubana.	291
Tenegent.	368	Tibda.	307
Terané.	214	Tibedou.	384
Terfo.	258	Tierra dos Fumos.	89
Terga [défert de]	383	Tierra di Naonetas.	89
Terguer.	371	Tierra di Natal.	88
Termalma.	385	Tifelfelt.	341
Terrier rouge.	400	Tiffesh.	287
Tefcevin, M.	355	Tigré. 130, 135,	150
Tefegdebt.	354	Timbi.	395
Teferen.	366	Timeskit.	366
Teffailah.	308	Tinoulin.	366
Teffet.	372	Tinda. 402,	438
Teffum-Seedi.	310	Tineh.	217
Teftoure.	253	Tipfa.	286
Teté.	97	Tirachana.	672

TABLE.

Tit.	352	Tuberſoke.	253
Titteri, lac.	297	Tuberhaçant.	368
Titterih, Pr.	293	Tub-urbo.	245
Titulit.	359	Tuckaaber.	245
Tiem-Sam, Pr.	299, 306	Tuckereah.	319
Tmaié.	217	Tuckuſch.	283
Tmulga.	310	Tuigah.	315
Tniſs.	301	Tum-marrah.	313
Tobulba, lac.	254	Tunga.	253
Togda.	369	Tunis, R.	230
Togu, I.	470	Tunis, V.	249
Tokorari.	528	Twunt.	305
Tolometa.	224		
Tomani.	441	**V**	
Tombut ou Tombouctou.	393	Vagiat.	209
Tonge.	89	Valakas, Pr.	125
Tonges, P.	158	Vamba.	609
Tora.	201	Varkelan.	384
Toraca.	97	Velez de la Gomera.	334
Tota [Iles de]	480	Velidia.	352
Tout.	286	Veteres, P.	512
Tozer.	264	Veys, P.	482
Tradiamacquas, P.	85	Victoire [la]	98
Tragollés.	415	Vieillard [cap du]	641
Tremecen.	306	Vintain.	445
Tres Puntas [cap]	527	Vkkuſs.	286
Tripoli, R.	222	Ulcami.	569
Tripoli, V.	228	Umbé.	613
Trois iles [les]	452	Umemgivcaibe.	346
Truzza.	260	Umelhedegi.	369
Tſebid.	371	Umelheſel.	369
Tuabo.	411	Umèz.	352
Tubernoke.	252	Ungha.	256

TABLE.

Vohemaro.	53	Yoe.	567
Vohits-Amghombes.	51	Yolofs, P.	418
Vohits-Meffin.	47	York [ile d']	479
Voltas [cap das]	641	You-feph.	260
Voflani.	194	Yfa.	393
Ufa.	570	Yffer, riv.	293
		Yvoire [côte d']	400, 417
		Yvourbon.	50

W

Wadi-Quaham, riv.	228
Wadreay.	313
Wanqui.	550
Wappo.	500
Warran.	330
Waffab.	550
Waveren.	38
Wedenbourg.	582
Welled Abdenore.	291
Welled-Draaje, P.	291
Whidah.	554, 558
Wiampa.	542
Wollo.	507
Wooje-da.	331
Woolley-Woolley.	437
Wurglah.	313, 314
Wyndorp.	582

Y

Yamianna Kunda.	441
Yamina, R.	442
Yamiya-kunda.	436
Yani, R.	436
Yanimazew.	436

Z

Zaab.	213, 214
Zaghara.	389
Zaine, riv.	244, 281
Zaïra-Kakungo, I.	615
Zaïre, fl.	614
Zala.	384
Zalagh, M.	339
Zammo-ah.	292
Zanfara.	390
Zangibar, I.	107
Zanguebar.	105
Zapes, P.	467, 471
Zarfa.	348
Zarhon.	339
Zawamoure, I.	247
Zawila.	585
Zebe.	92
Zebée.	133
Zedie.	227, 228
Zegzeg.	392
Zehbel.	369
Zeidoure.	307

Zekinchor.	451	Zoara.		229
Zella ou Zeleg.	119	Zofala.		90
Zembre, lac, 106,	112	Zorgan.		372
Zenhaga (désert de)	378	Zour-el-Hamman.		202
Zermogete, I.	157	Zout-rivier, fl.		79
Zeu [désert de]	388	Zow-waan.		252
Zimbaoé.	92	Zuenziga [désert de]		382
Zimbas. 101,	112	Zuffoone.		285
Zirna, I.	229	Zung-gar.		260
Zis, M.	344	Zwarte-Land.		84
Ziuf.	252	Zwellendam.	76,	84

Fin de la Table.

ERRATA.

Page	ligne		*lisez*
11	21	commerce	de commerce
16	30	de hauteur	effacez ces deux mots
30	20	y creuser	y en creuser
37	35	terminés	terminées
40	1	pour expliquer,	pour s'expliquer
54	13	un fruit	un fil.
75	19	50000 hommes	15000
86	20	la	le
	30	ces peuples	ce peuple
91	30	y éleverent	y bâtirent
94	44	en nourrit un grand nombre	nourrit un grand nombre de femmes
105	28	finit	finir
108	20	Dappen	Dapper
111	12	des seigneurs	devant les seigneurs
114	22	il est peuplé	elle est peuplée
115	33	le soleï	le sol y

Page	ligne		lisez
121	8	le gouverneur	le gouvernement
	22	Adeliens Clau- de. tour	Adeliens. Claude tout à tour
123	35	leur	lui
130	13	affez différentes	affez grandes
135	6	ces	fes
	20	larges	rares
139	11	ils les appellent	il les appelle
148	33	paraît	qui paraît
	34	femé	& eft femé
149	30	Falmuld	Talmuld
150	2	fait faire	fait inventer
	28	comme de	comme couverte de
157	8	Caftre	Juan de Caftro
163	5	le dixieme de tous	le dixieme des biens de tous
166	14	lorfque de l'Europe avec les Indes, il	lorfque celui de l'Europe avec les Indes, fe
	31	confume	confomme
175	11	& paraît	qui paraît
207	4	Taraces	Thraces
231	11	aux chefs	au chef
240	18	& un grand nombre	on y trouve encore un grand nombre
246	14	ruiffeaux	vaiffeaux
292	24	l'ancienne.	effacez le point
326	12	plus	puis
329	28	3000 mille	300 mille
388	27	lefquels	lefquelles
409	21	faire la	faire de la
428	7	98	38
431	33	obfervations	obfervances
472	28	échapés	Zapés
473	19	deux	dieux

F I N.

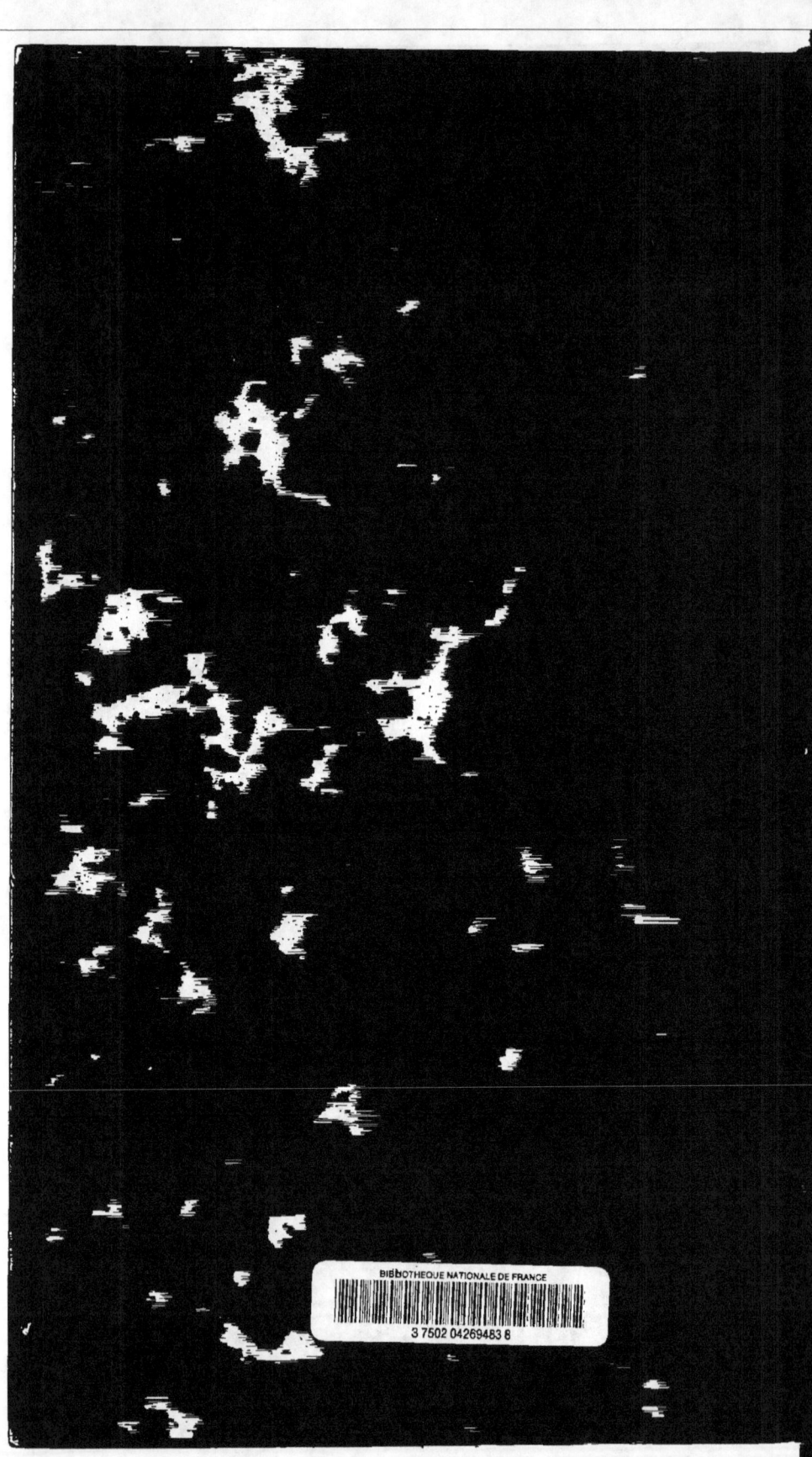

www.ingramcontent.com/pod-product-compliance
Lightning Source LLC
Chambersburg PA
CBHW071707300426
44115CB00010B/1344